本书是国家社科基金项目"木雅语西部方言语法研究"
（项目编号：16CYY058）的结项成果

沙德木雅语参考语法

黄阳 ◎ 著

中国社会科学出版社

图书在版编目（CIP）数据

沙德木雅语参考语法 / 黄阳著. —北京：中国社会科学出版社，2023.5
ISBN 978-7-5227-1997-9

Ⅰ.①沙…　Ⅱ.①黄…　Ⅲ.①羌语-语法-研究　Ⅳ.①H274.4

中国国家版本馆 CIP 数据核字（2023）第 110348 号

出 版 人	赵剑英
责任编辑	张　林
责任校对	王　龙
责任印制	戴　宽

出　　版	中国社会科学出版社
社　　址	北京鼓楼西大街甲 158 号
邮　　编	100720
网　　址	http://www.csspw.cn
发 行 部	010-84083685
门 市 部	010-84029450
经　　销	新华书店及其他书店

印刷装订	三河市华骏印务包装有限公司
版　　次	2023 年 5 月第 1 版
印　　次	2023 年 5 月第 1 次印刷

开　　本	710×1000　1/16
印　　张	30.25
插　　页	2
字　　数	577 千字
定　　价	169.00 元

凡购买中国社会科学出版社图书，如有质量问题请与本社营销中心联系调换
电话：010-84083683
版权所有　侵权必究

图1 沙德木雅语调查点沙德生古村（黄阳摄）

图2 康定沙德生古村民居（黄阳摄）

图 3　沙德镇旧式木雅民居（黄阳摄）

图 4　沙德镇藏式白塔（黄阳摄）

图 5　木雅藏族传统服饰（扎西智马摄）

图 6　沙德木雅语调查过程（泽仁卓玛摄）

序 一

木雅语是探讨藏缅语类型结构中较为重要，在藏缅语历史演变研究里具有重要地位的一种语言。木雅语分布在四川甘孜州东南部环贡嘎山周围，长期以来都备受国内外学者的关注。他们的族称"木雅"的藏文拼写 Minyag 由于跟历史上建立西夏的民族族称一致，同时近年随着西夏学研究的蓬勃发展，对全面描写木雅语材料的渴望日渐加深，但一直以来都未出现一部全面研究木雅语的汉语专著。回顾以往相关研究，大多以单篇论文为其成果，流于零散。除了几篇境外博士论文外，很难发现全面描写木雅语的专著。

本书是黄阳主持的国家社科基金青年项目"木雅语西部方言语法研究"的最终成果。据我所知，从2016年年底至今的5年时间里，他每逢寒暑假都定期前往四川甘孜州沙德镇及周边地区进行木雅语的调查。沙德地处极寒、高海拔地区，冬天常年积雪覆盖，夏天由于雨季影响，沿途常发生塌方。正是由于对田野调查和语言研究的热爱，他很多时候都孤身一人携带着田野调查设备前往调查点，跟当地母语者生活在一起，系统、全面地调查这种濒危语言。

以往西南中国少数语言的描述研究常常带着缺少深入分析的"调查报告"的色彩。换句话说，在预先准备的调查提纲和语法框架上填入该语言的词语或短句，不足于描绘出该语言本身的语法结构；这是短期调查研究所难以避免的。相反，本书作者坚持从事长期的实地考察，记音细致，描述正确，整理得当，基于可信的语言事实的记录分析，描述出木雅语的语法结构以及全面的语言面貌。

《沙德木雅语参考语法》一书有以下几点特色、创新和贡献：

1. **研究框架新** 本书描写时主要借助一般形态句法学和类型学框架，不管是在术语使用上还是在描写框架设计上都更为精细，更具针对性，重视语料的细致分析。例如量词部分除了介绍量词的类型和语法功能外，还描写了量词的语用功能及语序。动词部分从动词的具体小类入手，对动词的及物性，动作动词、趋向动词、心理和情感动词、言说动词、状态动词和轻动词的语法属性进行了描写。

2. **语言调查的深度和广度有明显提高** 作者采用沉浸式、引导式等调查方法系统全面地介绍了沙德木雅语的形态句法特征，并尝试从历时演变角度构拟某些多功能语素的历史来源，厘清相关演变路径。动词形态部分除了重点描写人称、数、趋向前缀、体、情态等跟动词相关的语法范畴外，还讨论了木雅语极其丰富的示证范畴。木雅语的名物化结构和多动词结构极具特点，作者在书中列举了大量的语料细致介绍不同的名物化类型以及多动词结构类型。

3. 现代语言学理论跟传统语法描写理论的有机结合　作者不但采用描写语言学、比较语言学等理论，同时以汉语为研究参照，分析了木雅语的词类、短语、句子的语法特点，突出木雅语与汉语的语法差异，对木雅语的语音系统、词汇特点、语法特征等内容进行了系统描写分析，并且还能合理运用现代语言学理论的某些方法。例如在分析音系结构时结合 Praat 等语音分析手段，描写木雅语的语音特征；在描写形态句法特点时运用形态学理论、认知—功能语言学理论、类型学理论、语法化理论。相关讨论为弄清木雅语跟西夏语之间的关系提供了重要的语言学材料，具有较大的学术价值。

4. 注重自然口语材料的研究　作者除了对木雅语的形态句法特征进行系统描写外，还关注对口语材料的分析。书中第九章"信息结构及话语连贯"主要对沙德木雅语的"话题—述题""焦点""话语标记""口误"等语言现象进行了分析。附录一"长篇语料"采用莱比锡标注法，详细记录、标注了 50 多页的长篇故事材料和母语者自述材料。这对自然口语材料分析研究而言都是弥足珍贵的。

全书框架合理，材料详实，逻辑明确。作者对于木雅语材料的收集和整理，下了相当大的功夫。作者从语言类型学的研究角度搭建沙德木雅语参考语法的研究框架，设置了"导论""语音""词汇""名词和名词的形态""动词和动词的形态""形容词和副词""简单结构""复杂结构""信息结构及话语连贯""汉—藏—木雅三语分类词表""长篇语料"共 11 个章节的内容。同时还提供了"动词词干元音交替""趋向前缀跟动词词根搭配情况"附录两则。框架设置合理，论证材料丰富，推理有据，逻辑明确。

田野调查是极其艰辛但又很有意义的研究工作。希望作者在今后的研究中能继续坚持"重视田野调查，到田野中去"的精神，在田野调查的过程中更加深刻地学习和思考语言学的理论、方法，真正做到理论和实践相结合。

池田巧

日本京都大学人文科学研究所教授

汉藏语方言学研究专家

2023 年 4 月 21 日

序 二

木雅语（Minyag）是木雅藏族使用的语言，分布在四川甘孜藏族自治州环贡嘎山周围的石棉、康定、九龙以及雅江县境内的部分村落，以康定县沙德镇周边较为集中。分为东部和西部两大方言。东部方言由于地处石棉县境内，长期与周围的四川方言接触，受四川方言影响较深。西部方言被藏语康区包围，受藏语康方言影响较深，长期兼用木雅语和藏语。诸多学者认为木雅藏族与西夏党项羌有密切关系，它一直得到人类学、社会学、民族学、历史学等学者的密切关注。民族史学家大多认为木雅藏族与党项羌具有一脉相承的渊源关系，并认为木雅藏族是西夏灭亡后由一部分西夏人南迁的后裔。王静如先生 1933 年发表《论四川羌语及弥药语与西夏语》（《西夏研究》1933 年第 2 辑）提出羌、弥药（木雅）在语言和民族方面与西夏有密切的联系。李范文（1983）认为木雅人是西夏遗民和原始居民融合形成的，其语言与藏语差距也很大，反而与西夏语比较接近。有些语言学家通过木雅语与亲属语言的比较研究认为木雅语与西夏语之间的异同应属于羌语支语言之间内部的异同关系，木雅藏族为西夏人南迁之说并无史实依据（Ikeda 2007；孙宏开 2016）。尽管众多学者关注木雅语并对其进行调查研究，发表了一系列研究成果，但还没有系统研究木雅语的专著。

黄阳以 2016 年的国家社科基金青年项目"木雅语西部方言语法研究"为依托，在木雅语母语人泽仁卓玛、郎曲拉姆、泽汪仁真、杰噶、尼玛的支持和协助下，先后进行 4 次田野调查，获取大量第一手语料，对当前通行于四川省甘孜州东南部的濒危少数民族语言"沙德木雅语"进行系统调查和描写，记录常用词汇，分析形态句法特征，并对长篇话语材料进行整理和注释。

早期的少数民族语言研究著作主要以拟定调查词表、语法调查大纲等诱导式田野调查方法获取语料的基础上撰写而成的，而诱导式田野调查有时很难真实体现该语言的本质特征，如利用语法调查大纲收集、翻译语法例句，有可能发音人模仿汉语结构翻译成民族语言的结构，而也很可能忽视了该语言固有的一些结构特征。黄阳为了避免诱导式田野调查方面的缺陷，充分利用本土研究资源，运用浸入式田野调查和访谈式田野调查相结合的方法获取语料，在第一手田野调查材料的基础上，系统地描写和研究沙德木雅语的语音、词汇和形态句法。该著作提供了真实的第一手语料，语料翔实、丰富，是读者了解木雅藏族知识体系的一本参考书。

整部专著共九章加四个附录。第一章导论介绍了沙德木雅语的分布、来源、风俗、语言系属、方言差异、濒危状况等；第二章讨论了音段音位特征和音变规则；第三章描写和分析了词汇特点、构词法以及词的来源；第四章讨论了名词、代词、数词、量词、形容词、动词、副词等实词和虚词的特点与语法功能；第五章分析了名词的词缀、性标记、数标记、小称标记、格标记等形态；第六章描写了动词的趋向范畴、人称范畴、体范畴、情态范畴、示证范畴、否定范畴形式和特点；第七章讨论了短语、存在领有、致使、比较等结构的特点和句式特点；第八章分析了关系子句、多动词结构、并列结构、主从结构一些特征；第九章讨论了信息结构和话语连贯问题。除此之外，还附了4个附录，包括6篇长篇语料、3000分类词汇、动词词干元音交替、动词词根与趋向前缀的搭配情况。该书内容很丰富、结构编排较为合理，是一本非常重要的木雅语参考书。该专著为木雅语方言、汉藏语比较、语言人类学以及语言类型学研究提供了十分珍贵的语料。

黄阳的这本专著在田野调查大纲和丰富的话语材料记录基础上，运用功能和类型学理论和方法以及当今国际通行的语料逐词对译、隔行对照方法，对沙德木雅语语法进行系统分析与研究。突破了以往以传统语法为框架的语音、词汇、语法研究框架，从语言类型学视角系统描写和分析语短语类型、存在领有结构、比较结构、致使结构、多动词结构、关系子句、并列结构等，突破以往以语音、词汇、语法等简单描写方法，使我们能更深入地了解沙德木雅语的组织规则和结构特点。

我们从黄阳的《沙德木雅语参考语法》可以看出他多年来的学术积累、学术功底、学术创新。也希望黄阳今后为我们呈现更优秀的学术成果。

是为序。

黄成龙
中国社会科学院民族学与人类学研究所教授、博导
藏缅语研究专家
2023年4月25日
于北京西三旗

语法标注缩略语对照表

缩略语	英语	汉语术语解释
1	1st person	第一人称
2	2nd person	第二人称
3	3rd person	第三人称
1sg	1st person singular	第一人称单数
2sg	2nd person singular	第二人称单数
3sg	3rd person singular	第三人称单数
1dl	1st person dual	第一人称双数
2dl	2nd person dual	第二人称双数
3dl	3rd person dual	第三人称双数
1pl	1st person plural	第一人称复数
2pl	2nd person plural	第二人称复数
3pl	3rd person plural	第三人称复数
ABL	ablative (marker)	从格／源点格（标记）
ASSERT	assertive (marker)	肯定强调语气（标记）
ATTR	attributive (marker)	定语（标记）
AUX	auxiliary	助词
BEF	benefactive (marker)	受益格（标记）
CAUS	causative (marker)	使动（标记）
CL	classifier	量词
CM	comparative (marker)	比较（标记）
COM	comitative (marker)	随同格（标记）
COMP	complementizer	标句词
CONJ	conjunctive (marker)	并列连接（标记）
COP	copula	系词

续表

缩略语	英语	汉语术语解释
DAT	dative (marker)	与格（标记）
DEM	demonstrative pronoun	指示代词
DIM	diminutive (marker)	小称（标记）
DIR	directive (marker)	趋向（标记）
DM	discourse (marker)	话语（标记）
DU	dual (marker)	双数（标记）
EGO	egophoric (marker)	自知示证（标记）
EQU	equality (marker)	等比（标记）
ERG	ergative (marker)	作格（标记）
EXP	experiential (marker)	经历体（标记）
FOC	focus (marker)	焦点（标记）
FUT	future aspect	将行体
GNO	gnomic evidential (marker)	叙实信息示证（标记）
HS	hearsay (marker)	传闻信息示证（标记）
IMM	immediate evidential (marker)	新知信息示证（标记）
IMP	imperative (marker)	命令式（标记）
IMPV	imperfective (marker)	非完整体（标记）
INCL	inclusive	包括式（人称代词）
INF	infinitive (marker)	非限定（标记）
INFER	inferential (marker)	测度信息示证（标记）
INST	instrumental (marker)	工具格（标记）
INTER	interjection	感叹词
INTRO	interrogative	疑问代词
LNK	clause linker	小句连词
LOC	locative (marker)	处所格（标记）
LVB	light verb	轻动词
MOD	modal	情态
NEG	negative (marker)	否定（标记）
NMLZ	nominalizer	名物化（标记）

续表

缩略语	英语	汉语术语解释
PFV	perfective (marker)	完整体（标记）
PL	plural (marker)	复数（标记）
POSS	possessive (marker)	领属（标记）
PROH	prohibitive (marker)	禁止式（标记）
PTC	particle	句末小词
Q	question (marker)	疑问（标记）
QUOT	quotative (marker)	引述示证（标记）
RECP	reciprocal	相互关系（标记）
REFL	reflexive pronoun	反身代词
REL	relative clause (marker)	关系小句（标记）
REP	repetitive (marker)	反复体（标记）
SEN	sensory (marker)	感官信息示证（标记）
SEQ	sequential linker	话语接连（标记）
SUBJ	subjunctive	虚拟语气
TOP	topic (marker)	话题（标记）
VIS	visual witness (marker)	亲见示证（标记）
↔	corresponding to	对应于……
→	develops to	演变为……
Ø	zero morphology	零形态
-< >-	infix	中缀
πA	loans from SW Mandarin	借自四川方言
†A	borrowed from Tibetan	借自藏语
*	ungrammatical	不符合语法
#A#A	redundancy in discourse	话语中重复冗长的内容
？小句	pragmatically odd	语用上不接受

目　　录

第一章　导论 ·· 1
　1.1　调查点概况 ··· 1
　　　1.1.1　地域概况 ·· 1
　　　1.1.2　历史来源及社会风俗 ······································ 4
　1.2　语言系属及方言差异 ··· 10
　　　1.2.1　语言系属 ·· 10
　　　1.2.2　方言差异 ·· 12
　1.3　濒危状况 ··· 18
　　　1.3.1　濒危程度 ·· 18
　　　1.3.2　口头文化传承 ·· 21
　1.4　研究概况 ··· 22
　1.5　调查说明 ··· 29
　　　1.5.1　田野调查过程 ·· 29
　　　1.5.2　发音人概况 ··· 30

第二章　语音 ·· 31
　2.1　元辅音系统 ··· 31
　　　2.1.1　辅音 ·· 31
　　　2.1.2　元音 ·· 35
　　　2.1.3　声调 ·· 40
　　　2.1.4　音节 ·· 45
　2.2　音变 ·· 46
　　　2.2.1　构词和构形中的音变 ····································· 46
　　　2.2.2　形态句法中的音变 ·· 47
　2.3　拼写符号 ··· 49
　　　2.3.1　辅音符号 ·· 49
　　　2.3.2　元音符号 ·· 51
　　　2.3.3　声调符号 ·· 52

第三章	词汇	53
3.1	词汇特点	53
	3.1.1 双音节词占优势	53
	3.1.2 造词的意合性	54
3.2	构词法	57
	3.2.1 语素分布	58
	3.2.2 复合法	59
3.3	词汇的来源	65
	3.3.1 固有词	65
	3.3.2 借词	67

第四章	词类	73
4.1	名词	73
	4.1.1 普通名词	73
	4.1.2 专有名词	74
	4.1.3 方位名词	75
	4.1.4 时间名词	80
4.2	数词	82
	4.2.1 基数词和序数词	82
	4.2.2 计数法和运算法	84
4.3	量化词	85
4.4	量词	87
	4.4.1 个体量词	87
	4.4.2 集合量词和度量词	89
	4.4.3 不定量词	90
	4.4.4 临时量词	91
	4.4.5 动量词	92
	4.4.6 量词的语用功能及相关语序	93
4.5	代词	95
	4.5.1 人称代词	95
	4.5.2 反身代词	102
	4.5.3 相互关系代词	105
	4.5.4 指示代词	106
	4.5.5 代词的复指功能	112
4.6	动词	113

	4.6.1 动词的及物性	113
	4.6.2 动作动词	118
	4.6.3 趋向动词	119
	4.6.4 心理、情感动词	121
	4.6.5 叙述、言说动词	124
	4.6.6 状态动词	125
	4.6.7 轻动词	125
	4.6.8 系词	126
4.7	形容词	131
	4.7.1 语义特征	132
	4.7.2 句法特征	135
	4.7.3 形容词的重叠	138
4.8	副词	140
第五章	**名词形态**	**146**
5.1	性范畴	146
5.2	数范畴	147
5.3	亲属称谓	150
5.4	小称	153
5.5	格	154
	5.5.1 作格和通格	154
	5.5.2 领属格	156
	5.5.3 与格	158
	5.5.4 夺格	160
	5.5.5 工具格	161
	5.5.6 方位格	162
	5.5.7 受益格	167
	5.5.8 伴随格	168
第六章	**动词形态**	**170**
6.1	人称和数的一致	170
6.2	趋向前缀	173
	6.2.1 元音和谐	174
	6.2.2 与词根的语义搭配	175
	6.2.3 趋向前缀的其他功能	177
6.3	体范畴	180

		6.3.1 完整体·················180
		6.3.2 经历体·················186
		6.3.3 非完整体···············188
		6.3.4 视点体·················190
		6.3.5 反复体·················191
		6.3.6 惯常体·················192
	6.4	情态范畴·····················193
		6.4.1 认识情态···············193
		6.4.2 道义情态···············195
	6.5	示证范畴·····················200
		6.5.1 经验感知信息············200
		6.5.2 叙实信息················208
		6.5.3 自知信息················212
	6.6	否定范畴·····················217
		6.6.1 一般否定···············220
		6.6.2 祈使／禁止否定··········226
		6.6.3 双重否定···············228
第七章	简单结构·······························230	
	7.1	短语类型·····················230
		7.1.1 偏正短语···············230
		7.1.2 动宾短语···············231
		7.1.3 述补短语···············232
		7.1.4 联合短语···············232
		7.1.5 主谓短语···············233
		7.1.6 同位短语···············233
		7.1.7 连谓短语···············234
		7.1.8 兼语短语···············234
	7.2	存在领有结构··················235
		7.2.1 语义特征···············235
		7.2.2 形态句法特点············236
	7.3	致使结构·····················244
		7.3.1 词汇型致使·············244
		7.3.2 形态型致使·············244
		7.3.3 分析型致使·············246

目　录

7.3.4　形态句法特征	251
7.4　比较结构	256
7.4.1　差比结构	256
7.4.2　等比结构	258
7.5　非动词谓语句	260
7.6　简单句式	261
7.6.1　陈述式	261
7.6.2　命令式	262
7.6.3　疑问式	265
7.6.4　感叹式	276
7.6.5　祈愿式	277
7.6.6　虚拟式	278
第八章　复杂结构	**280**
8.1　名物化和关系化	280
8.1.1　名物化类型	280
8.1.2　关系化结构	286
8.2　多动词结构	291
8.2.1　词汇化的多动词结构	291
8.2.2　系列事件的叠置	293
8.2.3　准连动式	294
8.3　并列结构	298
8.4　主从结构	302
8.4.1　时间状语从句	302
8.4.2　因果关系从句	304
8.4.3　条件关系从句	305
8.4.4　转折关系从句	308
8.4.5　目的关系从句	309
第九章　信息结构及话语连贯	**311**
9.1　信息结构	311
9.1.1　新信息和旧信息	311
9.1.2　话题—述题结构	314
9.1.3　焦点成分	317
9.2　话语的连贯	319
9.2.1　话语标记	319

9.2.2　话语连接标记····················326
　9.3　口误和话语的自我修正················330
附录一　长篇语料························334
附录二　分类词表························381
附录三　动词词根元音交替现象················437
附录四　动词词根与趋向前缀的搭配情况···········448
参考文献······························452
后记································460

第一章　导论

本章首先从调查点的地理位置、族群特征、风俗习惯、信仰等方面介绍木雅人的社会生活情况。然后重点介绍木雅语的语言使用面貌、木雅语的发生学关系、木雅语的方言差异、田野调查过程等问题。最后介绍木雅语的濒危状况，为后文介绍木雅语的语言情况提供具体的研究背景。

1.1　调查点概况

1.1.1　地域概况

木雅人世代长居在四川西南境内。区内海拔高，相对高度差异大，地势极其险峻。木雅全区地势东北高西南低，最高的贡嘎山主峰海拔7556米，最低的吉居乡各坝，海拔2280米，垂直地带性气候较为明显。全区由干旱河谷亚洲地带（吉居乡）向山地暖温带（普沙绒乡）、山地凉温带（沙德乡）、山地寒温带、山地亚寒带、高山寒带（六巴乡）过渡。高山寒带位于贡嘎山西坡，终年寒冷，仅有苔原植物生长，冰雪终年不化，或短期融化，海拔在4200米以上。全区年均温度7.2℃，1月温度1~6℃，六巴乡长冬无夏，吉居乡四季分明。无霜期120~210天。区境气候复杂多样。木雅区内沙德镇年均温度6~9℃，7月温度较高，约10~17℃，1月温度最低，约−3~−1℃。年降水量大约800毫米（康定县志编委1995：55）。

本研究调查点四川甘孜州沙德镇地处川藏高原东南部，位于康定西南132千米，力邱河下游，全镇沿河两岸分布，为半农半牧地区，北纬29°37′，东经101°21′，平均海拔3200米。沙德镇及周边区域属高山切割的山地地貌，山势陡峭，谷深坡陡。区内自然气候恶劣，气温昼夜变化大，空气稀薄，最低温度−10℃，最高温度20℃。新中国成立后，沙德周围相继开发多处矿区。矿区及附近为当地夏季游牧区，区内牧民全为藏族游牧民，人烟稀少，游牧区属于沟底、草甸地带。沙德镇西部山区多为山地寒温带，营官区的东俄洛乡、瓦泽乡、呷巴乡、甲根坝乡、朋布西乡、沙德镇六巴乡等地平均海拔在3000米以上，农作物一年一熟，气象灾害多为低温、早霜、早雪、冰雹。

沙德镇东与贡嘎山乡交界，南与普沙绒乡毗邻，西与雅江县祝桑乡接壤，北连朋布西乡，属山地凉温带气候，年均气温5.2℃。沙德镇辖区面积837平方千米。辖沙德、生古、瓦约、俄巴绒一、俄巴绒二、拉哈、上赤吉西、下赤吉西8个行政村，镇政府驻地生古村。2016年末，全镇有656户3469人。沙德系藏语sab de，意为"平坝"，乡政府原驻沙德村故名。民国时期为阿太乡所辖的赤吉西保，新中国成立后，仍为阿太乡辖地，属木雅区管辖，1952年成立沙德弄协会，1957年建沙德乡，1966年建沙德人民公社，1967年更名东红公社，1975年恢复沙德人民公社，1984年恢复沙德乡。2014年撤销沙德乡，设立沙德镇，辖沙德乡所属行政区域（康定地方志编委会2017：212）。

本研究常驻调查点沙德镇生古村在沙德镇上，东与康定下赤吉西村相连，南接冰古村，西靠力万奥、力外隆巴、额尼葛、雷洛哈尼垭等环贡嘎山众山峰，北与雅江县毗邻。生古村坐落在S215省道的环线上，周边有沙德镇政府、沙德镇卫生院、金龙加油站、莲花湖酒店等建筑，也是从康定沿省道S215前往九龙县的必经之路。

本研究附带调查点是环沙德镇的朋布西乡、贡嘎山乡和普沙绒乡。朋布西乡地处折多山以西，力邱河畔，距康定城98千米，北纬29°48′，东经101°31′，东邻甲根坝乡，西南与沙德镇毗邻，北与呷巴乡交界。朋布西乡属山地寒温带气候，年均气温4℃～6℃，辖区面积428平方千米，海拔3420米。朋布西乡辖甲根桥、西沙卡、夺让、木枯、日头、格尔底、木都、马达、日吾、江德、纳梯、提弄、马色13个行政村，乡政府驻地甲根桥村。纳梯、提弄、格尔底3个村为半农半牧区，马色村为纯牧区，其余9个村为农区。2016年末，全乡有516户2783人。辖区内有卫生院1所、派出所1所、中心校1所。朋布西系藏语"笨波西"的译音，意为笨波教派名，此处居笨波教寺庙下方故名。民国时期属阿太乡辖地，新中国成立后，仍为阿太乡，隶属木雅区。1954年属甲根坝和朋布西两乡，属营官区管辖，1966年更名前卫公社，1975年改为朋布西公社，1984年恢复朋布西乡。

贡嘎山乡位于贡嘎山脚下，距康定188千米，北纬29°32′，东经101°32′。东与甲根坝乡连接，南与雅安市石棉县草科乡、甘孜州九龙县、泸定县等地接壤，西与沙德镇毗邻，北与朋布西乡相连。属山地寒温带气候，年均气温3.4℃。辖区面积2150平方千米。内设夏色乌绒一、色乌绒二、上木居、下木居、上程子、下程子、六巴、玉龙西、贡嘎山9个行政村，其中玉龙西村为纯牧村，其余8个村为半牧半农村，乡政府驻地六巴村。贡嘎山乡旅游资源丰富，有玉龙西泉华滩、贡嘎雪山、仁宗海、八旺海、玉龙西草原、贡嘎寺、萨迦寺、司库寺、色乌绒西王国旧址、上程子村石林等10个景点。贡嘎山又称木雅贡嘎，"贡"藏语为冰雪之意，"嘎"为洁白无瑕，意为"白色冰山"，也意为"圣洁无比的神山"。民国时期贡嘎山乡属阿太乡六巴保，新中国成立后，属木雅区古瓦乡管辖，1957年建六巴乡，1966年建六巴人民公社，1967年更名向阳公社，1975年恢复六巴公社，1984年恢复六巴乡。2002年，次梅村更名为贡嘎山村。2003年6月，六巴乡更名为贡嘎山乡（康定地方志编委会 2017：214）。

普沙绒乡位于康定西南，力邱河下游，距康定城约163千米，北纬29°25′，东经101°71′。地处高山峡谷地带，为半农半牧地区，属山地暖温带气候，年平均气温9℃～11℃。平均海拔3200米，东与贡嘎山乡接壤，南连九龙县上团乡，西南与吉居乡毗邻，西邻雅江县波斯河乡，北接沙德镇，辖区面积668平方千米。辖普沙绒（普沙绒一）、波朗（普沙绒二）、火山、冰古、莲花湖、长草坪、宜代7个行政村，乡政府驻地宜代村。2016年末，全乡有524户2414人。普沙绒系藏语译音，意为"被烧死英雄的家乡"，故名普沙绒，乡政府以原驻普沙绒村而得名。民国时期属阿太乡宜代保管辖，新中国成立后，属木雅区古瓦乡管辖，1957年设普沙绒乡，1962年乡驻地由普沙绒村迁至宜代村，1966年建普沙绒公社，1967年更名为跃进公社，1975年恢复为普沙绒村公社，1984年恢复普沙绒乡。2015年8月，"苦西绒村"更名为"莲花湖村"（康定地方志编委会 2017：213）。

下图1-1介绍了甘孜州东南部操木雅语的大致区域。

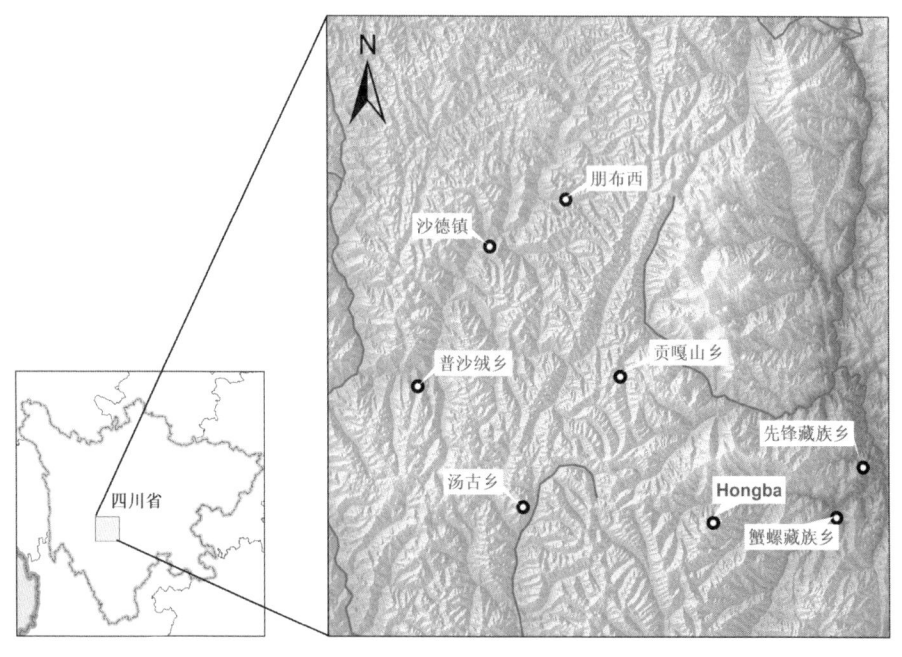

图1-1 甘孜州东南部使用木雅语的大致区域

1.1.2 历史来源及社会风俗

历史来源 木雅人自称和他称都为 mə³³ŋæ⁵³。据《旧唐书·党项传》记载：唐时吐蕃东侵，党项其故地陷入吐蕃，其处者为其役属，吐蕃谓之"弭药"。而在藏语文献中，皆以 མི་ཉག "弭药"指称木雅人（林俊华 2006）。按照木雅语的解释，"木雅"为一山之名，"弭"是"人"的意思。当地人称他们的语言为"木雅格"或"绒格"。木雅是我国古代党项羌所属一支部落的总称，也用于称呼该部落所居住的地区。藏文著作《夏尔巴世谱》中说木雅人的三大支系是夏尔巴（shar pa）、希扎巴（shis brag pa）、多主巴（mdo sgrub pa）。时至今日，木雅岗以外的散居木雅人，早已融合到其他藏族支系之中（上官剑璧 1994）。木雅人生活的区域在康区境内的范围十分广泛，上部自道孚以南，包括扎坝地方，下部抵达木里的八窝龙地方，雅砻江边界山峦以北，理塘附近的雅砻江以东，南达旱地边界的甲桑卡、鱼通以西，嘉戎丹巴娃以南①。公元 658—670 年，吐蕃北路大军蚕食唐朝所设生羌羁縻州 30 处。占领区的部落、屑民在政治上接收吐蕃的统治，文化上受吐蕃文化的熏陶，宗教上受吐蕃早期藏传佛教的影响，逐步促成了民族的融合。而这批接收吐蕃文化影响的党项羌人应为早期木雅人的重要来源。

木雅，藏文又作 mi nak 或 mi nyag，故可译为"密纳克"，亦即《蒙古源流》等数所译元"穆纳"。明代《华夷译语》译"密纳克"为河西，河西为地名，河西九州，兴州其一也。木雅是西康康定县折多山以西，雅砻江以东，乾宁（泰宁）县以南，九龙县以北之地，今仍以上下木雅乡称之（邓少琴 2001：752）。藏文文献《木雅五学者传记》第一卷中也多次提到木雅人的分布范围及"木雅"一名的由来。根据四川籍历史学家上官剑璧（1994）的考释，木雅是我国古代党项羌所属的部落名称，也是该部落群体居住地区的称呼，在汉文的历史典籍中有"穆纳、密纳、密纳克、母纳、木内、缅药、弭药、弥娥"等名称，均系对木雅不同称呼的音译。历史上，木雅的分布主要涉及三个区域：一是青海北部和甘肃一带，二是塞莫岗（今四川省白玉、德格、邓柯、石渠等县），三是木雅岗（今康定附近）②。木雅人是成吉思汗时代被歼灭的党项羌的一支，迁移到康区打箭炉附近称为"康木雅"（khams mi nyag）。

虽则在民族识别上被严格定义为藏族的一支，但早期木雅人活动的区域不可避免地经历了诸戎融合的发展过程。以羌为主的诸戎，历经 500 余

---

① 见《木雅五学者传记·第一卷》（藏文版）第 25 页。
② 见《木雅五学者传记·第一卷·大堪布·葛细巴日白森格传记》。

年,至秦时先后用兵。自是中国无戎寇。华夏地区的诸戎部分被融合,部分迁徙。据《后汉书西羌传》记载:羌无戈爱剑者,秦历公时为秦所拘执,以为奴隶。不知爱剑何戎之别也。后得亡归,而秦人追之急,藏于岩穴中得免。其后子孙分别各自为种,任随所之,或为牦牛种,越巂羌是也;或为白马种,广汉羌族是也;或为参狼种,武都羌是也。羌人向西南、南迁徙,与西藏、四川、云南等省藏区原始先民相互融合,成为藏族族源的重要组成部分(康定师专 1994:17)。

因与西夏王朝之间存在某些千丝万缕的联系,木雅与西夏之间的关系常常被民族史学家或人类学家赋予了某种神秘主义色彩,他们大都认为木雅人即夏人向西奔跑而现存的西康后裔。邓少琴(2001:752-767)早年在西康境内进行实地考察时就发现今木雅境内流传着"西吴甲尔布"的民间故事。作者在查阅了大量史籍后推测:夫如是乃恍然西吴甲尔布者,该西夏被灭于蒙古主后,而建立小国于西康域中之称也。因《西夏纪事本末》(卷36)言:晛既被杀,是西窜而亡入西康者,当为夏之王族,此西康有西吴甲尔布之称也。康定下木雅乡,其地理所具条件,正无异于兴庆,故夏人不惜作数千里之长征,由此而西,而立国是也。且夏人崇尚佛教,与康地无殊。

但也有史学家认为木雅人并非西夏遗民,而是自古以来就生活在这一区域的土著居民。吴天墀《西夏史稿》(2017:8)指出:木雅的称呼远比西夏建国早,最初是用以称呼居民群体,到后来才转变为地域的称呼,而该说法与藏文史料的说法一致。夏国的祖先在四川北部,所谓东至松州,西接叶护,南杂春桑、迷桑等羌,北连吐谷浑,处山谷间,延亘三千里,当然包括现在四川西北部以及甘肃之南部。六百年前在陕甘建国的西夏正是四川北部一部分民族迁移而去的。木雅即西藏称党项之名,亦即党项传中的弭药(mje-iak)。由打箭炉(今康定)北向到青海的土著结合鸭龙江(雅砻江)流域的丹巴、扎坝等十二部操藏语的群体而另自成系。木雅为当地土著人。

且不论史学家所持"西夏移民说"和"土著民族说"观点孰对孰错,但可以肯定的是古时木雅人生活的区域远远大于今天四川甘孜州西南部以及阿坝藏族羌族自治州的部分区域。古时的木雅人散居在非常辽阔的地区,有可能从北部的甘州三角地带、西宁和鄂尔多斯,向南一直散居在打件炉(康定)地区。甘孜藏族自治州是中国古代南北民族交流的一条主要通道,是"藏彝走廊"的重要组成部分。生活在这一走廊地带,至今保留着文化各异的族群,不仅对"一体"中国的"多元构成"具有重大意义,同时也是世界文化多样性构成中一个必不可少的组成部分。而木雅藏族群体正是这一走廊中构成多元文化的重要部分。

服饰 甘孜州东南部木雅人的衣食住行，婚丧嫁娶等诸多习俗受藏族文化影响很深，但也存在一定差异。在服饰上，妇女头顶戴袋状帽，将帽檐一侧内叠扣于头上，上沿额伸出头额前，宽至两鬓，长约30厘米的袋状帽箭垂于脑后，然后用大红头绳或五彩头绳编发辫缠盘于帽上，端庄妩媚。男着柔软的洁净光面羊皮袍，或在皮袍面上镶吉祥符，卷草花图案，质朴、粗犷而美观，头戴狐皮帽[①]。根据代刚（1993）、达瓦卓玛（2017）等人的考察，木雅妇女虽也辫发，但并不吊在脑后，而是将辫子盘在头上，或用一块布叠称瓦形盖在头上，再用红线将布绕拢顶在头上。衣着分成两部分，上衣一般是用摆布做成短衣，领口加以装饰，领口右边开口到腰间，然后用自做的盘扣相互连接；下装是折群，左边开一小叉。木雅妇女的服饰称为"巴果"，由上装和夏装结合裁缝而成，多是用氆氇、呢子、毛料等上品料制作，常绣有五彩斑斓的图案。古老的服饰采用自织的百皱裙，其外套采用带毛羊皮作的过膝坎肩。妇女大多喜欢穿红、紫、绿、黑色衣裤，腰间图案精美的围裙，外套绣有精美花纹的坎肩，后垂绣满各种图案的带子。男子服饰"赘规"选料昂贵，做工精美，是藏族服饰的精品。赘规上衣分内外衫：内衫藏语称为"裹规"或"对搪"，多选用丝绸和萤绸布料，颜色普遍为白色、浅黄色；外衫藏语称为"交规"或"崩冬"，选印有圆寿、妙莲及其他花卉图案的锦绣为料，样式与内衫相同，只是无袖。男子用红绳盘长辫于头上，腰间横一把长刀。

家庭婚姻 婚嫁习俗上，木雅人的婚姻习俗与康巴藏族的婚姻习俗大致相似。多是"父母之言、媒妁之命"，然后请巫师或喇嘛看相，认定是否相合相配，再后则打卦定日举行婚礼（代刚1993）。结婚仪式的头一天，男方派人把漂亮的服装，以及巴珠、嘎乌、手镯等装饰品用绸缎包好，送到女方家中，让新娘隔天过门打扮用。入门当天，传统仪式烦琐，从下马、进门、上楼到入厅，每次都需唱颂歌。新娘入厅后，坐在新郎下首，迎亲和送亲的队伍也入厅依次坐定，接着便献"切玛"，敬酒给佛像。参加婚礼的人唱谐青，以示祝贺。这种活动一直要延续几日。四周宾客往往在新娘入门的第一夜通宵达旦唱赞歌或谐青，男人、女人在厅堂围着火炉或中心木桌手牵手跳锅庄。谈笑风生、其乐融融，歌颂美好的生活，表达对新郎和新娘未来生活的祝福。而居住在雅安木堡子一带的东部木雅人在婚嫁过程中有"嫁女出门"和"男子上门"的习俗，嫁女出门时可分为说亲、定亲、结亲和回门四个步骤（冉琳闻2007），此类步骤几乎和汉族相同。但通

---

① 资料来源：中国藏族网通（https://www.tibet3.com/lvyou/wcfq/fsh/2017-08-29/59865.html）。

婚传统中有姑家儿子娶舅家女儿的惯例，因为他们认为姑姑家儿子与舅舅家女儿的婚配有优先权。

根据尹蔚彬（2013：7-8）的实地调查，雅安境内的东部木雅人基本是一夫一妻制。新中国成立之前一夫多妻现象很普遍，但如今已经很少出现。传统上，男方请媒人到女方家提亲，若女方父母同意，女方父母则提出相关要求，请喇嘛算男女双方的生辰八字是否匹配，若生辰八字不合还会影响男女交往。某些村落还沿袭老式的婚姻规矩，新娘背出时，和尚要念经烧香。等寨子人吃完饭，一起送新娘，一直到男方家堡子也都不允许女方走路，大部分是四个男方的人在背。背到快到男方堡子的路口坐下，让男方来人接亲。男方要拿烟、酒来。喝了酒，抽完烟，男方请和尚用乌篷（树）做 pa³³ŋgu⁵⁵tɕʰwæ⁵⁵tɕʰwan⁵⁵ "吉祥圈"，同时男方请本寨子的姑娘牵新娘。一见到堡子，男方请男女老幼"对吼"。男、女方来宾都要吼，声音越大越吉利。男方家准备海螺迎接，（方布旗）把竹竿旗拿到神龛供起来。和尚先向火笼、中梁、碗柜洒糌粑。出门时需要在上门框、水缸、圈门洒糌粑，待牲畜圈门撒完糌粑后就开饭。女方母舅和哥哥、兄弟单独一桌先吃，女方母舅一桌必须吃羊腿肉，若不是羊腿肉，女方亲属可以不吃。新娘吃饭时，婆家人不停地往新娘碗里添饭，等新娘母舅、哥哥等吃完后，所有亲朋才离开桌子。新娘碗里的饭要装得冒尖，上面插一双筷子，然后将碗放在碗柜里，预示着年年有余，有饭吃，生活好。

建筑 建筑上，据林俊华（2006）考察，木雅民居是一种碉与房的组合，一般在 2~3 层左右，有的甚至更高。墙体完全用石头片砌成，房高约 10 米。虽然此房在当地也称为"碉楼"，但这种碉楼与藏族其他的碉房区别较大。其他地区的碉房实际是一种类似碉的房，而木雅人将碉和房组合在一起，几乎每家每户的房屋都是既有碉又有房。墙体较高的碉楼目前主要见于沙德周边（如：朋布西）地区，碉楼房屋多为 4~5 层，房屋布局以及屋内装饰绘画跟周边其他藏族房屋无太大区别。较为偏僻的村社中目前还保留一些由早期土司修建的角楼。角楼多为 4 脚或 6 脚，其建筑风格和实际高度跟道孚或丹巴等地的角楼略有不同。木雅人的住房多"垒石为室"，住房一般分为四层，皆以石头砌成。底层作为牲畜的畜养之地，或是堆放杂草以及某些生活杂物的场所。第二层多作为客厅和厨房，客厅装修具有典型的藏式风格，四周安放雕刻精美的藏式家具，房屋顶梁柱上还可悬挂哈达或唐卡。第三层多为主人房间，有时还可供奉佛龛，该区域为主人私密区域，一般不允许客人随便参观。第四层为顶层，可堆放粮食或某些作物，起到有效通风的作用。由于生活水平的提高，当前很多木雅人的厨房中都使用统一定制的铁灶（多是灶台和灶路焊接于一体，且配有狮头等装饰），不再使用三石鼎足式火塘。但在一些年代久远的旧式房屋中（如沙德近郊保存的一间具有 200 多年历史的木雅民居）还能见到三石鼎足式火塘。旧式房屋的墙壁以白色图形装扮，所绘图形主要包括盛满食物的器皿和象征吉祥如意的苯教符号卍"雍仲"，从而达到祈求幸福生活和来年丰衣足食的目的。

饮食 食臭猪肉是雅砻江大峡谷居民的特色传统习惯，而这一饮食习俗也保留在某些年代久远的古老民居中。通常将猪喂肥之后，用绳索套颈勒死，在腹部切一小口去内脏，然后以干豌豆粒和圆根块填充腹部并缝合，再用黄泥糊严切口和七窍，埋入草木灰中。半年之后，被草木灰吸干的猪肉被悬挂在厨房一角，让其进一步腐熟变黄。臭猪肉如臭豆腐一般，闻着臭但吃着香，肉质细嫩，入口即化，是居家待客的最高规格（涂薇、李天社 2003）。当前在贡嘎山一带的木雅人还较好地保留了这一饮食传统，他们多在过节期间或有贵客拜访时以臭猪肉款待亲戚和客人，以示主人的热情与好客。沙德目前很少能见到食用臭猪肉的家庭。

宗教信仰 信仰上，木雅人多信奉苯教、黄教、红教等，某些家庭信奉民间原始教派。14 世纪末期，萨迦派僧人贡噶洛珠在康定县沙德区建立康所扎萨迦寺，元朝中期以前，康所扎萨迦寺和西藏一样，得到了较大的发展。1285 年（至元二十二年），噶玛拔希的弟子扎布巴在康定木雅贡噶（今康定沙德贡嘎山乡）建立了第一所噶玛噶举派寺庙贡噶寺。沙德贡嘎山乡色苦寺、萨迦寺，普沙绒乡苦觉寺、唐卡寺都是萨迦派寺院（康定师专 1994：96-100）。西部木雅人多在屋顶插经幡或白色玛尼旗，在建筑墙壁上用白漆绘制公牛头以起到辟邪的作用。雅安境内的东部木雅人当前主要信仰苯教，区内原有苯教寺庙已被拆卸，只能在当地的经堂进行宗教祭祀。区内经堂有猛种村王家经堂、吴家经堂，木耳村全村经堂。木雅人对宇宙有一个共同的认识，他们将宇宙分为神界，中界和下界，信奉山神、湖神、土地神等神祇（才让太、顿珠拉杰 2012：29、263）。宗教活动时，木雅人常使用羚羊角等法器，代表无罪与慈悲。东部木雅人过晒佛节（阴历冬月十五），有驱鬼等仪式。在雅安境内的木雅人生活区域当前还保留了年末"鼓曲布"的习俗和仪式，主要用来祭祀逝去的祖先，怀念仙人，庆祝一年的结束。除了晒佛节外，宗教节日和年末重要节日还有鼓起节（农历十月二十七到十一月初二之间，即木雅人的新年）、敬羊王菩萨节（七月初六）等。

民族禁忌 东部木雅人和西部木雅人的民族禁忌不同。石棉地区的东部木雅人禁止吃狗肉和马肉。民间相传，格萨尔王落难时，马和狗都曾帮助过格萨尔度过危险，因此当地人不吃马肉和狗肉。马、驴、骡等驮木雅人上山干重活，狗帮助木雅人看家护院，捕食猎物，所以不能吃马肉和狗肉。人若吃了狗肉，就不能敬神，敬祖先也不行，神和祖先都不接受。不仅如此,最可怕的是人死后还不能升天。其他禁忌还有不准向火笼里吐痰,脚不能伸进火笼,已婚女人一定要在娘家生孩子,生下孩子后,三天之内不允许外人进入。一般情况下女人不能坐在上把位位置(尹蔚彬 2013:11)。康定周边及环贡嘎山一带西部木雅人的民俗文化禁忌方式跟周边其他康巴藏族区域相似。主要是:禁止污染水源、空气,禁忌打捞水生动物,禁止杀生;禁止随意铲除草坪、污染水源、采矿,由此会触怒地神。语言上的禁忌较多,一般使用"圆寂""涅槃"代替"死";活人很少念叨死者的姓名,常用委婉语词代之,以表敬意,且不能直呼去世长辈的名字。饮食禁忌依照不同家族或村落有差异,一般人只吃牛羊肉,不吃马、驴、骡、狗肉,村里人一般不吃鱼、虾、蛇、鳝等海产品。婚姻上,忌讳近亲结婚,禁父系血统与母系血统之间的恋爱和婚配,有老人在场时禁止谈论男女之事。个人行为上,年尾忌债翻年,年头忌要债。妇女一般不允许站立在灶台上,且一般不允许外人在未经允许条件下参观、乱摸主人家的佛台,主人及客人在火塘首位就座,大多需盘坐或跪坐;不准随意跨越火塘,不准在神龛上放杂物等(凌立 2012:387-398)。

民族歌舞 木雅文化传统中,除了受外界关注的木雅婚嫁、饮食习俗以及独特的民族服饰和民族建筑外,还有其独具特色的舞蹈形式——"木雅锅庄"。木雅锅庄为特殊的祭祀、节日庆典舞蹈,以祈福五谷丰登。节奏明快、波荡起伏,是最具木雅文化特色的非物质文化形式。神秘的木雅锅庄具体起源于何时,无从考证。早在民间日常生活中,木雅锅庄是劳动人民辛勤劳作之余创作的舞蹈。在跳锅庄时,男女青年携手起舞,舞间抬脚出掌,以展示鞋底的补丁为荣,证明自己是勤劳之人,从而换取对方的欢心,寻找自己心爱的伴侣。在人群聚居的地方,男男女女都按一定的步法走村串户地跳锅庄。人们对优美的曲调和欢快的舞步感到惊奇,于是也跟着学。这样,一传十,十传百,人人都唱起来、跳起来。后来,木雅锅庄成了木雅地区独特的民间舞蹈。木雅锅庄旋律优美,节奏分明,快慢起伏,每段旋律不同,步伐不同。整个锅庄的曲调以浪漫的旋律和动感见长,动作起伏变化偏少。人们都十分注重歌词的内容表达,甚至在舞步的过程中席地而转,男女顺着唱,有种互诉衷情的表述。当前,木雅锅庄主要流行于沙德周围的木雅地区。在周边的雅江县,木雅锅庄(跩体卓)也算得上当地民间舞蹈中独秀一枝的康巴锅庄。目前在雅江境内的八角楼、祝桑等木雅地区还能看到跳木雅锅庄的藏族居民。

木雅文化受康巴文化影响较深,当前已很难发现以木雅语谱写的歌曲,而只能以藏语康方言吟唱某些民间歌曲。祭祀、丧葬也统一使用藏语。藏族著名英雄史诗《格萨尔王传》在沙德及周边木雅地区内流传范围并不广泛，而脍炙人口的长篇民间故事《阿叩登巴》(ɦæ³³kʰə⁵⁵tũ⁵⁵mbæ³³)，以及当地的一些民间故事《檀香树》《兔子的心计》《罗刹女和猴神》以及《西吴王（色吾王）与罗刹魔妇的故事》等传统神话故事在甘孜州东南的木雅境内流传范围还十分广泛。目前，如生古、普沙绒、贡嘎山、六巴等乡村里的老人、民间老艺人和当地寺庙高僧还能使用木雅语讲述长篇民间故事（见文后整理的沙德木雅语短篇故事《阿叩登巴巧斗猴王》）。因此，抢救木雅语民间故事的任务迫在眉睫。

正如费孝通（1980）论述"藏彝走廊"时所指出的那样："我们以康定为中心向东和向南大体上划出一条走廊，把这条走廊中一向存在着的语言和历史上的疑难问题，一旦串联起来，有点像下围棋，一子相联，全盘皆活。"川西"藏－羌－彝"民族走廊历来是多民族历史、文化和语言交汇的重要区域，这一区域较好地保留了史前人类生产、生活的众多遗迹，是研究民族史、遗民史以及语言学不可多得的历史活化石区域。在研究甘孜州东南部木雅人的语言使用情况问题，描写木雅语的整体语言面貌时我们应该将研究的视点放在整个"藏－羌－彝"走廊的大背景下，不但考察木雅语的内部特征，而且还应关注某些语言结构跟周边某些藏缅语相比所具有的共相与殊相。深入田野，在考察语言面貌的同时不应割裂对文化现象的关注，这样才能全面了解木雅藏族这一独具特色的藏族族群。

1.2 语言系属及方言差异

1.2.1 语言系属

木雅语（mi nyag；ISO 639-3：mvm）系藏缅语族羌语支的一种濒危语言①，通行于四川甘孜藏族自治州环贡嘎山周围的石棉、康定、九龙以及雅江县境内的部分村落，以康定县沙德镇周边较为集中。分为东部和西部两个方言区，西部方言使用人口约 13000 人（黄布凡 1985；康定师专 1994：127）。东部方言区由于地处石棉县境内，长期和周围的四川方言接触，因此受四川方言影响较深。西部方言区被藏语康区围绕，受藏语康方言影响较深，长期兼用木雅语和藏语。由于独特的地理分布和宗教文化影响，西部方言甲根坝乡只有 80 多岁老人还能操木雅语，新都桥东俄洛村木雅人四代前就早已无人讲木雅语。居于高山顶上的普沙绒木雅人罕有跟新都桥等

---

① 自 2021 年 4 月起，美国国际语言暑期学院（SIL International）已根据内部方言差异将木雅语的国际通用濒危语言识别码 ISO639-3 由之前的 ISO639-3：mvm 进一步细化为 ISO639-3：emq（木雅语东部方言）；ISO639-3：wmg（木雅语西部方言）。

地藏语接触，因此较为完善地保留了木雅语的本土语言特征。但近些年由于跟周边务工汉人交往密切，或跟周围讲四川方言的汉人接触，大多普沙绒木雅人为"木雅语－四川方言"双语人。事实上，普沙绒乡的木雅人跟汉人之间的接触由来已久。自明清晚期已有大量汉族移民居住在普沙绒乡周围的火山村，形成四川方言孤岛。由于他们跟普沙绒乡的木雅人密切接触，使得火山村人所使用的四川方言在一定程度上受到了周边民族语言的影响。

木雅语是木雅人日常生活中主要使用的语言，川西使用木雅语西部方言的区域较为集中，几乎都分布于贡嘎山以西区域。沙德周边木雅藏族所操的木雅语内部存在某些差异，除了康定朋布西乡"日头、甲根桥、木都、格尔底"四个村落并不全部使用木雅语以外①，其余区域都主要使用木雅语西部方言。早前研究认为跟沙德镇接近的雅江县祝桑乡也通行木雅语西部方言，但笔者近些年通过在雅江境内调查扎坝语时发现雅江祝桑乡当地已转用藏语康方言（新都桥藏语），老一辈藏族人还能听懂少量木雅语，但大多已无法使用木雅语交流。因此有理由推测木雅语西部方言在甘孜州东南部的使用范围正在逐渐减少。

木雅语属于汉藏语系藏缅语族（东北藏缅语族）的一种语言。在同语族的各语支中，木雅语的基本词汇和语法构造与羌语支语言最为接近，属于羌语支的一个语言（黄布凡 2009：19；孙宏开 2013：152）。从发生学上看，木雅语可独立为羌语支中支的一种语言，它和临近的西夏语、羌语、嘉戎语关系较为密切（孙宏开 2016）。语法结构上，木雅语跟邻近的扎坝语、却域语有些相似之处。以下根据 Matisoff（2003）、Bradley（2007）、孙宏开（2016）等学者的研究成果对木雅语的发生学关系作一介绍。如图 1-2 所示：

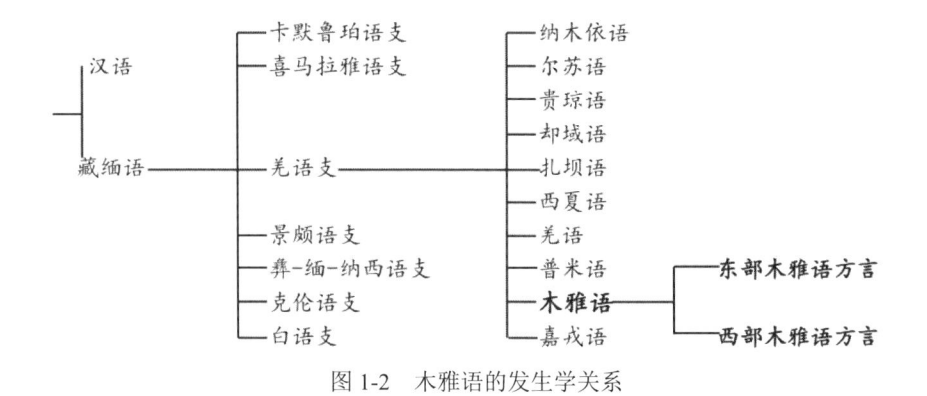

图 1-2　木雅语的发生学关系

---

① 该区域内大致有一半的木雅村民因为婚嫁移民而来，他们操藏语康方言。

从上图可知，木雅语属于藏缅语族羌语支语言，在语言结构上它更接近与其同属羌语支的西夏语、羌语、普米语等语言。语音上，它跟贵琼语、扎坝语、嘉戎语之间的差异更大一些。木雅语的复辅音并无嘉戎语、扎坝语、却域语丰富，某些复辅音的演变路径跟周边的羌语支语言类似。单元音向复元音裂变的情况在很多木雅语方言中还处于萌芽阶段，因此木雅语的元音裂变现象远不及周边的扎坝语及却域语丰富。同源词中有一部分跟羌语、却域语、扎坝语、彝语等藏缅语类似（黄布凡、戴庆厦 1992）。语法结构上看，木雅语跟羌语、扎坝语、却域语、普米语、嘉戎语等某些方言类似。木雅语不管是在音系结构、词汇结构还是语法结构上都跟西夏语比较相似（孙宏开 1991）。由于木雅地区所处地理位置较为独特（刚好处于"藏－羌－彝"民族走廊语言带的中间地带），因此它保留了大量的藏缅语同源词。

1.2.2 方言差异

木雅语分为东部和西部两个方言区。在甘孜州境内，分布在雅安县洪坝乡、湾坝乡、先峰乡、蟹螺乡的木雅藏族自称为"木勒"，属木雅语东部方言区，东部方言受汉语（四川方言）的影响较大。分布在九龙汤古乡、康定县沙德镇、贡嘎山乡、普沙绒乡、朋布西区内的木雅藏族，自称"木雅"，他们所操的语言属木雅语西部方言，西部方言受藏语康方言影响较大。历史上，讲木雅语的地区曾包括康定县营官区、道孚县八美、雅江县曲喀区。但现在这些地区都普遍使用康方言（康定师专 1994：127）。大约半个多世纪前，木雅语的使用范围还遍及到了雅江县祝桑乡，但当前该区域几乎转用藏语方言。值得注意的是，根据朋布西木雅语母语者吉嘎口述，近些年他在成都遇到过某些来自阿坝藏族羌族自治州的藏族居民，这些阿坝居民所操母语跟其聊天时双方大致能自由交流。因此，我们推测当前所操木雅语的某些地区应当还零星分布于川西甘孜州东南部以及阿坝州以南的某些村落，但木雅语零星分布的区域今后还需学界作更为全面的普查和研究[①]。

根据尹蔚彬（2013：1）的实地考察，分布在康定境内讲木雅语西部方言的木雅人大约 7000 人左右，分布在九龙汤古一带会讲木雅语的约有 1000

---

① 上官剑壁（1994）也提到阿坝藏族羌族自治州若尔盖县唐克牧场上也留有木雅军营遗址。当地曾有人拾得古代留下的木雅人的戈、茅等兵器。阿坝州的一些地方还有人把迭部、卓尼、诺尔盖农区一带称为木雅色吴绒。由此可见，当前木雅语使用的具体区域还有待今后更加深入的社会语言学调查。

人左右,分布在石棉县和九龙县湾坝、洪坝一带会讲木雅语的木雅人约有2000人左右。东部方言区的木雅人自称 $mu^{55}ŋæ^{55}$,由于贡嘎山的阻隔,石棉县境内的东部木雅人早前甚至不知道贡嘎山另一侧的康定沙德、九龙县汤古一带还居住着西部木雅人。石棉县的木雅人主要分布在大渡河流域的南桠河支流松林河以北的高山上。东部木雅人主要集中在蟹螺、先锋、新民和草科四个乡,尤以蟹螺和先锋两个乡人口最为集中。民间传说石棉当地的木雅人是从青海迁移而来,也有传说他们是古代木鲁王的后裔①。石棉木雅人与周边尔苏人有通婚情况,因此语言使用一定程度上会受到周边尔苏语的影响。

图 1-3 和表 1-1 分别就木雅语东部方言的使用区域(精确到村落)以及大致使用人口数量作一介绍和统计②。

图 1-3 雅安和九龙境内使用木雅语东部方言的区域

---

① 木雅语东部方言的具体使用村落和使用人口由雅安石棉县蟹螺乡东部木雅语母语者陈伟(现为爱沙尼亚塔尔图大学硕士生)提供。
② 木雅语东部方言使用人口的数据主要根据母语者陈伟的统计数据整理。

表 1–1　　　使用木雅语东部方言的村名及人口数量

乡名称	使用东部木雅语的村名	人口
蟹螺藏族乡	猛种村、木耳村、木耳沟、俄足村、白路村	约 875 人
先锋藏族乡	金坪村、解放村、先锋乡、野鸡塔、松林村、共和村、安全村	约 1256 人
九龙洪坝乡	洪坝乡、小堡子	约 522 人

西部方言的使用区域较东部方言更为集中，主要以康定市沙德镇为中心向四周发散。甲根坝乡在文化传统上虽保留了典型的木雅文化，但由于长期靠近新都桥，多年以前全乡大多木雅藏族居民都已经转用新都桥藏语。朋布西、沙德、宜代、普沙绒、贡嘎、六巴等地都统一使用木雅语西部方言。西部方言因长期处于康巴文化圈内，使得该区域内的木雅语受康巴藏语影响较深，藏语借词相对较多。藏语词汇借入木雅语的形式多样，有全盘借入的，也有采用合璧词的方式部分借入的。西部方言区内，朋布西、沙德、宜代三地因地处平地，距离新都桥较近，且处在省道上，因此该区域内大多木雅人精通藏语康方言和四川方言。不过，某些村子里的妇女或老人因较少外出，跟汉人接触机会太少，因此只能讲木雅语和藏语康方言，四川方言沟通能力较差。普沙绒、贡嘎、六巴等地多是环贡嘎山四周分布，因此居住在此地的木雅人所操木雅语跟平地居住的木雅人所操西部方言有些不同。普沙绒乡地处高山顶端，交通阻隔，与外界沟通并非十分方便。以往只能依靠骑马或骑摩托车进村，直到近些年当地政府精准扶贫，兴修道路，才基本解决了进村难问题。因此在木雅人群体中都有一类说法：普沙绒木雅语是最古老和原始的木雅语。普沙绒、贡嘎、六巴等地木雅人大多都能使用藏语康方言和四川方言，由于近些年来他们跟大批涌向贡嘎山区域旅游和经商的汉人之间的交流日益频繁，他们熟练使用四川方言的能力较强。

图 1-4 和表 1-2 分别就木雅语西部方言的使用区域（精确到村）以及大致使用人口数量作一统计和介绍[①]。

[①] 木雅语西部方言使用人口的数据主要由沙德木雅语母语者泽仁卓玛于 2017 年底分批次前往各地收集所得。泽仁卓玛从各乡政府及村委 2017 年当地"精准扶贫"的宣传海报里摘取了 2017 年当地"精准扶贫"的宣传材料，相关数据应当具有一定参考价值。但具体数据难免出现错误，待今后研究中继续完善。

图 1-4　甘孜州东南部使用木雅语西部方言的区域

表 1-2　　　　　使用木雅语西部方言的村落名及使用人口数量

乡名	使用木雅语西部方言的村落名	人口
朋布西	木都、马达、夺让、日吾、江德、提弄	约2110人
沙德镇	俄巴绒一村、俄巴绒二村、上赤村、下赤村、拉哈村、生古村、沙德村、瓦约村	约3450人
贡嘎山乡	上程子村、下程子村、上木居村、下木居村、子海村、玉龙西村、色乌绒一村、色乌绒二村	约3008人
普沙绒乡	普沙绒一村、普沙绒二村、冰古村、上草坪村、莲花湖村、宜代村	约2750人
九龙县汤古乡	中古村、汤古村、伍须村、崩崩村	约1000人

木雅语东部、西部方言差别较大，同一方言区内不同土语之间差别并不明显。

（一）音系结构差别

音系结构上，木雅语东部方言和西部方言差别比较大，西部方言的辅音比东部方言复杂，西部方言的小舌音较东部方言更为丰富。西部方言普遍使用的小舌鼻音 ɴ 和擦音 χ、ʁ 在东部方言中却很少使用。东部方言复辅音数量明显多于西部方言，这应该与不同作者进行音系处理或音节切分时所采用的不同方法有关。某些东部方言中被前人学者处理为双唇、龈音、龈后腭前部位的鼻冠音（如：np^h、nt^h、nts^h、$ntɕ^h$等）实际可直接并入到西部方言的鼻化元音一类。事实上，在东部方言中这类词大多出现在多音节词的第二个音节中，紧挨第一音节，两者之间容易发生同化影响。对该类鼻冠音的处理还有待今后调查更多数量的单音节词，从而理清音节切分方式的规则。西部方言内部，各家记音大致相似，分别是双唇、唇齿、齿龈、卷舌、龈后－腭前、硬腭、小舌、喉音一套，具体方言点之间的差距也仅仅是对个别音位的处理。例如，某些点的老派还能发出双唇擦音 β 或 ɸ，而大多方言点不见[①]。

各个方言点的元音差别较大，元音数量多则 43 个，少则 31 个。元音数量悬殊主要与复元音的处理有关，某些作者罗列了一些带有 u 介音的复元音，而其他作者仅仅将其处理为圆唇化的半元音 C^w 形式。同样，是否存在复元音也跟不同方言点音系结构密切相关，从本研究前期调查来看，沙德周边区域所使用的木雅语方言中并未发现太多复元音，仅有少许复元音也仅仅是通过四川方言借词全盘借入，而在民族词中几乎见不到复元音[②]。值得注意的是，在贡嘎山乡周边所操木雅语方言中已经能听到很多带有 u 和 y 介音的复元音，所以这一区域的木雅语中元音的裂变现象应该较沙德周边更加普遍。东部方言中复元音数量最丰富，这跟东部方言受四川方言影响密不可分。总的来看，木雅语的元音都可分为一般元音、紧元音、鼻化元音、卷舌元音。紧元音数量在各个方言点内有差别，且卷舌元音在西部方言中并不丰富，大多见于东部方言。

木雅语各方言中大致都有 2 个声调。由于前人有关声调的研究并未考虑声调演变中的调域情况，因此前期研究大多将木雅语的声调分为高平、中平、低升（或高升）、高降等 4~5 个声调，且认为低升（高升）－高降对立的词较多，而高平－中平对立的词很少；大多双音词后一音节读音极其不稳定，有时候就算单音词也会发现读音不稳的情况。本书认为，将木雅语严格定义为声调语言且用具体调值标记声调的方式可能还需进一步商榷。从木雅语方言点现有调查材料看，它的声调系统还仅仅处于发展阶段，更像是一种音高重音语言（pitch-accent language），因此只需标记调域类型

[①] 双唇浊擦音 β 的使用情况可能跟发音人的年龄以及所使用的具体方言有关。项目组在居于高山顶上的普沙绒村调查时发现当地老人将"猪"读作 $βi^{33}$，而该词在沙德周边区域大多读作 zi^{33}。某些方言中还存在 β → v 的音变形式（例如：六巴乡 $βə^{33}$ "做" → 生古村 $və^{33}$ "做"）。类似的音变情况可能在不同方言区中都存在。

[②] 池田巧（1998）与本书持有相同观点。

(register)的方法目前来看似乎是更好的处理方式。

（二）词汇差别

木雅语各方言点在词汇上的最大差别主要见于借词。西部方言中藏语借词较多，约占词汇总数的15%左右；东部方言借词大多源于四川方言，约占所有词汇总数的20%左右。某些原本不具备，且较为先进的词汇概念（如：瓜果、器具、行政名称等）在木雅语中直接借用四川方言或借用藏语，但借四川方言的情况较多。例如，东部方言中的 kuŋ³³si⁵⁵ "公司"、ɕo³³ɕao⁵⁵ "学校"、xui³³ui⁵⁵ "回族"、mian³³xua⁵⁵ "棉花" 或西部方言中的 kɔ⁵⁵liɑ̃⁵⁵ "高粱"、lɛ³³pʰø⁵⁵ "萝卜"、ja³⁵tsu⁵³ "鸭子"、i⁵⁵mi³³ "玉米"。某些以宗教为主的词汇可直接从藏语中借入，例如：东部方言的 mə³³tɕi⁵⁵ "火药"、nkʰæ⁵⁵wa⁵⁵ "国家"、pʰæ³³ji⁵⁵ "家乡"、la⁵⁵ma⁵⁵ "喇嘛"、me³³to⁵⁵ "花"、kʰa³³da⁵⁵ "哈达" 或西部方言的 gɯ³⁵mbɛ⁵⁵ "寺庙"、ge³³ge³⁵ "老师"、me³³to⁵³ "花"、tɑ⁵³ "老虎"、lɛ⁵³ "神仙"、ndzu³⁵ "龙"、dzo⁵⁵pø⁵⁵ "县长" 等（孙宏开 2013：169-170；尹蔚彬 2013）。同时，西部方言的借词中有一大批为"木雅语－藏语"合璧词，例如：nə³³ʁuɑ⁵³ "二十"、sə³³qua⁵³ "三十"、so⁵⁵lo⁵³ "三倍"中第一个语素从藏语借入（黄布凡 1985）。在构词形态上，东部方言和西部方言的四声连绵形式也有某些差异，在西部方言有 ABAC 式，但东部方言一般为 ACAC 式，例如：西部六巴的 ŋo³⁵de⁵⁵ŋo³⁵tsʰe³³ "宽敞合适"、ɲi³⁵ndza³³ɲi³⁵tsɐ⁵³ "不冷不热" 以及东部石棉的 pi³³ke⁵⁵pi³³ke⁵⁵ "摆来摆去"。同时，东、西两个方言区不同方言点中都存在大量的多义词，这大多跟当地文化以及当地人生活环境相关。例如，西部方言中有关"牛"的词数量较多，而东部方言中有关"羊"的词数量丰富。因此在进行词汇调查时不能仅仅使用汉语中的某一特定词项去简单对应木雅语，应该同时考虑文化和社会因素对当地人词汇使用所造成的影响。

（三）语法差异

跟语音和词汇相比，木雅语方言在语法结构上差异细微，但某些具体问题也不容忽视。总的来看，各方言点的名词都能添加性别标记 æ³³、复数标记 nə³³。方位词比较丰富，但各方言点的方位词并不一一对应。例如，表示前面（近指）、前面（远指）、后面（近指）、后面（远近）的一套方位词在木居村话中就无法使用，但在生古村话中却能分别使用 gə³³rə⁵⁵kʰu⁵³、ge³³ŋu⁵⁵、pʰɑ³³no⁵⁵、pə³³qa⁵⁵ 表示。不过在石棉蟹螺的东部方言中却不具有表示前面（远指）的方位词，仅仅使用其他三个方位词 qə³³rə⁵⁵、zu³³qʰua⁵⁵ 和 ji³³kʰæ⁵⁵（尹蔚彬 2011：323）。由此可见，空间方位的定义在不同方言区中区别较大，这跟当地居住环境所处地理位置有关。东部木雅人大多居住于山顶，而西部木雅人大多居住于河谷或山谷中；到底采用"绝对"还是

"相对"的空间认知框架去定义自己母语中的方位概念跟自己居住地所处位置联系密切。

除此之外，西部方言区内动词跟主语的人称一致现象较东部方言更为丰富，人称一致主要依靠动词词根元音交替的方式来实现。两个方言区中虽则都具有句末系词 ni^{33}，但在东部方言中系词常常省略，因此非动词谓语句（non-verbal clause）在东部方言中更为常见，例如：$æ^{33}lə^{55}kʰi^{55}$ 这儿 $æ^{33}je^{55}$ 他们的 $tɕi^{33}qa^{55}$ 家（这儿是他的家）。但在西部方言中该类情况出现概率不大，并不具有普遍性。同时，在西部方言各点中，句末大量使用示证标记 ni^{33} 和 ti^{33}，但在东部方言却很少发现使用 ti^{33} 的情况。就算在西部方言内部，示证标记 ni^{33} 和 ti^{33} 的使用情况也有较大差异：沙德周边区域两者都可使用，且具体语法功能不同；贡嘎山一带两者大多情况都已混用，并且 ti^{33} 的使用频率远大于 ni^{33}。同时，不同方言区的否定词也具差异：东部方言否定词大多都由双唇音的 m 类前置否定词 $mə^{33}$-、mu^{33}-、$m̩^{33}$-构成（尹蔚彬 2013），而西部方言中共有三套否定词，否定词不但可作为动词词根前缀，而且还可作为后缀和中缀（见"否定范畴"部分）。

因此，不管是从语音、词汇还是语法角度看，木雅语内部各个方言之间都存在或多或少的差异。东、西两个大的方言区差异最为明显，这跟两个方言区木雅人长期以来较少交流有关。就算在近些年，两个方言区的很多木雅人都不清楚在二郎山的另一边还住着其他的木雅同胞。同一大的方言区内部的木雅人也会因为群山阻隔、道路险阻等因素缺乏日常交往。加之受周边其他语言的影响和渗透，在语言使用上也或多或少存在一定差别。在这样的语言使用现状背景下就要求研究人员需要以村为单位，自下而上地对木雅语展开田野调查，方能从更加宏观的视角考察木雅语的语言特征及其方言差异所产生的动因。

自 20 世纪 70 年代新发现木雅语这种濒危藏缅语以来，木雅语一直都为汉藏语系语言的研究提供了比较重要的活语言材料。不管是历时比较、共时类型描写还是历史文化分析，它在语言学、人类学和民族学研究领域中都具有举足轻重的价值。

1.3 濒危状况

1.3.1 濒危程度

据联合国教科文组织（UNESCO）和世界少数民族语言网站（Ethnologue 2017）的报道，沙德木雅语目前已经是一种濒危语言，濒危等级为 6b，属脆弱型濒危型语言（vulnerable）①。Bradley（2007）也认为木雅语目前已潜在地处于濒危状态，是典型的濒危语言。Campbell et al.（2017）等人近期设计的世界濒危语言数据库也将木雅语列入脆弱型的濒危语言②。

李锦芳（2015）、范俊军（2006）等人综合了联合国教科文组织早年所颁布的濒危语言判定标准，进一步提出了几项标准用来判定中国境内濒危语言的濒危指标：代与代之间的语言传递情况；语言使用者的绝对数目；该语言的使用者在总人口中的比例；该语言使用领域的趋向；该语言对新语域和媒体的反应情况；语言和识字教育的资料状况；政府及机构的语言态度和政策；社区成员对他们自己语言的态度；文献数量和质量。根据以上标准我们发现沙德木雅语当前代与代之间的传递呈递减趋势，除了长期居住在乡间的年轻人木雅语运用较为熟练外，很多在外的木雅人常常有"开口忘词"的情况，若不作特别提醒，他们大多无法表达很多木雅语的词汇。当前使用木雅语的人数较以往有明显减少的趋势，且木雅语的使用仅仅局限在雅安境内部分村落和康定以西环贡嘎山的部分区域，使用区域极其有限。虽则有部分以木雅语编辑的新媒体视频在网上传播，但受众范围有限，并非主流媒体所采用的宣传素材③，更谈不上编撰了专门讲授木雅语的文献。因此，木雅语的使用范围相当有限，该语言的保护和相关语言规划工作任务迫在眉睫。

刘辉强（1985）20世纪80年代初统计康定县周边操西部木雅语的居民约8100人，九龙县木雅人约1600人，石棉县木雅人约2000人，雅江县木雅人约300人。操东部方言居民约2500人，西部方言居民约9500人，两者总计约12000人。据孙宏开、胡增益、黄行（2007：905）《中国的语言》估算数据统计显示，20世纪90年代木雅语的使用人数约10000人。近些年我们通过对川西使用东部木雅语和西部木雅语的各村委会人口统计（摘抄自各村委会精准扶贫数据），发现讲木雅语的居民约11000人，而使用沙德

---

① 联合国科教文组织对濒危语言的等级分别界定为：消失型（extinct）、极度濒危型（critically endangered）、严重濒危型（severely endangered）、濒危型（difinitely endangered）、脆弱型（vulnerable）、安全型（safe）。

② Campbell, Lyle, Lee, Nala Huiying, Okura, Eve, Simpson, Sean & Ueki, Kaori. 2017. The Catalogue of Endangered Languages (ElCat). Database available at http://endangeredlanguages.com/userquery/download/, accessed 2020-11-22.

③ 目前在微信或其他新媒体平台能见到某些专门介绍木雅藏族文化、木雅文化摄影以及木雅传统故事典藏的网站，例如：美国学者，澳大利亚悉尼大学博士生 Agnes Conrad 提交到伦敦亚非学院濒危语言数据库的木雅语长篇故事摄录材料（https://www.elararchive.org/）；石棉木雅语母语者陈伟在微信开设的"木雅藏族文化"公众号；六巴木雅语母语者拉姆在微信开设的"木雅微影"公众号。有兴趣的读者可检索相关新媒体平台，了解当前有关木雅文化、木雅语使用情况的最新介绍。

木雅语的人口大约 3450 人。总的来看，目前使用木雅语的人口应该不会多于 13000 人。沙德木雅语仅仅在木雅人的日常生活中使用，其使用环境极其有限，木雅人对外大都使用四川方言和康巴藏语。少数年轻人由于未受过藏文班训练，藏语基础较差，反而多讲四川方言和母语木雅语。没到过藏文班学习的年轻人藏文基础较差，但使用藏语沟通的能力较强。木雅区域内并没有以木雅语编撰的识字材料①，也几乎没有以木雅语作为记录语言的传世文献。当地学校多为藏汉双语授课学校，但教师在课堂上大多都不以木雅语作为授课语言。所以，沙德木雅语当前仅仅属于一种在家庭内部沟通，且使用情况特别有限的语言，它正在经历语言传递的衰退过程，已经是一种典型的濒危语言。

表 1-3 统计了木雅语当前的语言活力状况。

表 1–3　　　　木雅语的使用情况及濒危程度指标②

地区	木雅语（比例%）	藏语（比例%）	普通话（比例%）	四川方言（比例%）	濒危指标	语言使用情况	被试人数（人）
沙德镇	75.6(F) 85.7(M)	7.3(F) 7.1(M)	4.9(F) 2.4(M)	7.3(F) 0(M)	代际传承中等，使用人口缩减，使用较多，使用域较广泛。	出现了个别转用康方言、四川方言的现象，以及出现了木雅语兼用藏语和汉语的情况，但受访者跟父母交流时仍选择使用木雅语。	41(F) 42(M)
生古村	71.2(F) 92.3(M)	7(F) 6.2(M)	9.1(F) 3.3(M)	6.8(F) 13(M)	代际传承中等，使用较多，使用域特别广泛。	木雅语和汉语能力都很强，藏语能力不强，40 岁以下群体母语忘词情况普遍。	54(F) 60(M)

---

① 值得庆幸的是本书长篇语料发音人之一，木雅语母语者杰噶老先生以毕生心血收集、整理，已经编写了一部木雅词汇。编写工作耗时五年有余，目前已完成《木雅语 5000 词词典》的前期编撰工作。该词典以藏文记录木雅语中的基本词、文化词和某些只在木雅老者的母语中所使用的民族词汇。全书同时配以国际音标、英语、汉语翻译转写。该书的出版必将会推动木雅语以及木雅藏族文化研究的又一个高潮。

② "濒危指标"主要参考范俊军（2006）有关联合国科教文组织《语言活力与语言濒危》的研究评述。量表中的(F)表示被调查人与父亲交流的情形，(M)表示与母亲交流的情形。其中沙德、朋布西、贡嘎山的材料见蒲娜（2016：17-40）的统计数据，汤古的材料见何钰馨（2017：43）的数据，生古的材料为作者亲自调查。

续表

地区	木雅语（比例%）	藏语（比例%）	普通话（比例%）	四川方言（比例%）	濒危指标	语言使用情况	被试人数（人）
朋布西乡	97.4	67.9	69.2	62.8	代际传承较强，使用较多，使用域特别广泛。	木雅语交际水平保持在较高的水平上。康方言能力也较好。普通话掌握程度方面达到"能听懂并会说"等级，有30.3%的居民熟练掌握四川方言。	63
贡嘎山乡	98.2	57.9	84.2	45.6	代际传承较强，使用较多，使用域特别广泛。	贡嘎山乡受访者基本人人都掌握木雅语，本地的木雅语生存状况良好。贡嘎山乡掌握普通话的人数比例也较高，高达84.2%。	57
九龙汤古乡	85.3	4.9	3.2	19.4	代际传承较强，使用较多，使用域特别广泛（调查情况仅为与长辈交流）。	木雅语和汉语能力都很强，但藏语能力不强。木雅人外出使用的语言已经由康方言逐渐转变为汉语。	241

总的来看，目前使用木雅语的人口接近10000人左右。不过，木雅语也仅仅是在木雅人的日常生活中使用，且其使用场合也极为有限。目前，木雅人对外都统一使用四川方言和康巴藏语。此外，木雅区域内并没有使用木雅语的儿童读物或识字材料，也几乎没有记录木雅语口头传说、歌谣等语料的传世文献。木雅区当地学校多为藏汉双语授课学校，课堂上自然也不可能以木雅语作为授课语言。所以，木雅语当前仅仅属于一种在家庭内部使用，且使用语域特别有限的语言。它正在经历语言代际传递的衰退过程，已是一种典型的濒危语言。

1.3.2 口头文化传承

调查点的口传文化材料目前也处于濒危状态。以沙德木雅人为例，虽然他们在民族识别上被定义为藏族，但是在沙德区内几乎很难发现有人会讲述流行于德格一代，且脍炙人口的藏族史诗《格萨尔王传》，就算是寺庙僧侣和乡间的老者也大多不会讲《格萨尔王传》的史诗故事。史诗性口传文化在沙德区域流传范围极其有限，取而代之的是民间神话故事和民间趣味故事。常见的民间神话故事有《罗刹女与猴神》的故事、《治山鬼》《老虎和兔子》的故事，趣味故事有最为常见的藏族故事《阿叩登巴》以及略带历史传奇性色彩且版本数量较多的《西夏移民说》《西夏王》等民间故事或赞扬当地善良诚信之人的故事。

《罗刹女与猴神》主要讲述的猴神在雅砻河谷潜修菩提时，山中来了一个女魔（罗刹女），直截了当地提出："我们两个结合吧！"起初，猴神不答应，认为自己是观世音菩萨的徒弟，与女魔结合，会破戒行。猴神听后仍然拿不定主意，只好回到普陀山请示观世音菩萨。观世音想了想，开口说"你能与她结合，在此雪域繁衍人类，是莫大的善事。作为一个菩萨，理当见善而勇为；速去与魔女结成夫妻。"这样，神猴便与魔女结成伴侣，繁衍后代。但该故事在沙德当地也有其他不同版本，例如：有一沙德老农在路上偶遇罗刹女，罗刹女让老人背其回家，计划路上杀害老人，但老人灵机一动让罗刹女变成家中的洗锅刷 dzə^{33}ʁɣ^{55}，随即将其丢入火中，最终烧死了罗刹女，救了自己的性命。

1.4 研究概况

孙宏开（1983）《六江流域的民族语言及其系属分类》是国内较早对六江流域新发现民族语言进行介绍的文章。文中对川西走廊某些从未被报道过的民族语言进行了详细介绍，其中专列一小节介绍了木雅语的音系结构，词汇特点，以及常见语法结构的表达形式。该文出版后在学界引起了极大的反响，同时也为后学研究木雅语的语言特征打下了基础。同时，该文第一次从发生学关系上判定木雅语应属于藏缅语族羌语支的语言。

刘辉强（1985）《木雅语研究》一文调查了康定沙德镇生古村木雅语的语音、词汇、语法结构。作者认为现今的木雅人不是西夏灭亡后南迁的遗民，而是当地的土著居民，其族源和历史发展与毗邻操尔苏语、尔龚语、贵琼语和纳木依语的居民有着极为密切的关系。作者所调查语言点与本研究调查点相似，但由于调查年代久远，以及调查条件的制约，作者的调查报告中某些语料的音系结构、词汇表达跟当前本书调查语料相比略显不同。

黄布凡（1985）《木雅语概况》是较为系统地从语音、词汇、语法三个方面对木雅语西部方言进行细致描写的经典文献。作者根据六巴乡木居村木雅语的发音特征，共归纳出 42 个单辅音，7 个复辅音，27 个单元音及 16

个复元音。民族生活、文化的藏语借词丰富,叠音、加缀等构词形式丰富。有人称、数的形态变化,动词有趋向、人称、体、语气、式、态、示证等语法范畴。格形态丰富,使用形态标记或内部屈折的形式表达各种语法范畴。该篇文献在木雅语研究史上具有里程碑的意义,文中某些语言事实的描写在半个多世纪后的今天还经得起语言事实的检验,该文是当前研究木雅语的必备重要文献之一。

黄布凡、戴庆厦(1992)是对中国境内藏缅语族语言词汇较为全面的记录。该书是作者多年来研究成果的一个系统而全面的总结。书中所记录的词汇大多都是作者一手调查而在相关论著中并未发表的内容。书中详细记录了木雅语六巴乡话的 1822 条词汇,同时将其与其余 50 种中国境内藏缅语族语言进行比较,多角度、全方位地观察不同亲属语言词汇的异同。本书是进行川西民族语言历史比较和同源词比对研究时应当首要参考的一部著作。

林英津(1996)通过比较木雅语和西夏语中的同源词,重点考察了"马、看、开、水"等词汇在木雅语和西夏语中的读音。作者认为西夏语明显接近羌语支的语言,并借此词汇比较过程重点强调了"共同创新"在历史比较语言学中的重要性。

林英津(1998)对木雅语民间故事《狮子和兔子的故事》进行了记录和简略的标注。作者在文后的译注部分对该长篇故事中所记录的木雅语词法和句法使用情况作了详细解释。值得注意的是,作者借助自己的第一手调查资料对黄布凡(1985)中的某些语料分析提出了一定程度的质疑,例如:子句之间的 rə[33] 到底是连词还是格助词?句末助词 pi[55] 到底是不是亲验语气助词?ni[33] 到底是不是语气词?是否所有句子句末都必须添加 ni[33] 保持其完整性?而这一系列的疑问都只有借助更多语料并根据针对性地研究方法方可加以解决。

尹蔚彬(2011)从认知语言学的视角入手对雅安境内石棉木雅语空间关系的表述进行了详细描述。作者首先对康定木居村和生古村的木雅语进行比较,然后细致分析了石棉木雅语的方位词、指示代词、人称代词、量词、形容词、动词和格助词等在空间方式表达上的差别。作者最后认为,木雅人通过对自身的认识,进而使认知形式扩散到空间的物体、物体之间的序列、存在方式、相互关系等。

尹蔚彬(2013)是较为全面研究木雅语东部方言的著作。作者在前人的基础上对雅安市境内石棉县木雅语东部方言的音系结构进行了详细的梳理,并记录了 3183 个常用词。该文对某些语法现象的分析和解释较以往研究都更为深入。书中专列章节讨论了石棉木雅语的词结构、词汇特点,同时对动词、名词、代词、形容词、数词、量词、副词、名物化、叹词、语序、单句、复句等语法问题都进行了详细描写。总的来说，本书为研究石棉木雅语整体的语言面貌提供了十分重要的参考。

高扬、饶敏（2016）分析了木雅语动词人称范畴变化所遵循的规律性。作者认为动词词根元音与人称后缀形式之间存在着一种相互影响的关系，动词根据主要的人称而添加相应的人称后缀，人称后缀的选择很大程度上是由动词词根的末音节元音特点决定的。个别人称后缀还会对动词词根倒数第二个音节元音产生影响，将其同化为与人称后缀相同的元音。该文对木雅语人称一致问题的研究比前人相关研究更为深入，文章从语音演变的形态句法界面系统讨论了木雅语人称后缀的类型。

高扬、饶敏（2017）重点研究了木雅语趋向前缀受动词词根元音逆向同化从而发生趋向前缀元音交替的现象。作者首先将趋向前缀数量由前人总结的六个增加到七个，并且认为趋向前缀丰富的表层现象是由底层形态演变而来。趋向前缀存在舌根后缩（RTR）、元音和谐现象，同时还能通过-i、-u元音交替而表达致使前缀的功能。该文最后提出，在木雅语动词词干模块中实际还可添加两类底层形式的形态类型，即：使动前缀和三人称标记或是动词词根之后的人称后缀。

Bai（2019b）的博士论文以木雅语朋布西方言为研究对象。依靠第一手田野调查资料，作者从民族文化、音系特征、元音和谐、词缀和附缀的形态化过程、开放词类、封闭词类、名词形态、动词形态、趋向动词和多动词结构、否定和疑问、小句类型、复句类型、话语标记等方面对朋布西木雅语的形态句法进行了较为系统的描写和分析。借助当代类型学框架，作者文中的相关描写较前人研究有本质提高。文后同时还附上了长篇语料一则以及简短的词表，并采用莱比锡标注方法对语料进行了细致切分和标注。

黄阳、泽仁卓玛（2021：85-100）借助当代类型学的研究框架，从句法语义角度入手对沙德木雅语的致使结构进行了全面描写和分析。作者认为沙德木雅语具有词汇型、形态型、分析型致使结构。致使结构中论元成分格标记的使用主要遵循以下规律：在致使者之后添加施事标记，被致使者之后添加与格标记。同时，由于动词的及物性差别也可造成致使结构中的论元成分在格形态标记上的差别。复杂型致使结构和双重致使结构主要使用施事格和与格标记各成分。从历史发展上看，木雅语的致使标记分别源于"允让义""言说义"和"请求义"动词的语法化，但只有"允让"类的致使标记才需跟致使者的人称保持一致关系。

木雅语中丰富的语言现象同样也引起了国外学者的关注。日本学者池田巧是目前学界较为系统研究木雅语西部方言音系结构以及词汇形式的学者。他分别就木雅语语音分析问题（池田巧 1998）、木雅语和西夏语之间的同源词问题（Ikeda 1999）、木雅语声调问题的推断（Ikeda 2002）、木雅语、西夏语和藏语的"肾、脓、尿、年、磨（刀）、忘记"等基本词汇比较以及九龙汤古木雅人的族群生活介绍（Ikeda 2006）、汤古木雅语 200 简单句的形态句法分析（Ikeda 2007）等问题进行了细致讨论。通过跟周边某些羌语支语言的比较，相关研究成果从更深层次挖掘了木雅语的语言特征。池田巧的相关研究以实证主义为基础，凭借作者多年的田野调查经验，从不同角度更为详细地考察了木雅语的音系和形态句法特点。不管是从语言学角度还是从历史文化学角度，前期相关研究对于川西的木雅语使用状况都有较为细致地分析。作者通过大量同源词的比较推测木雅语与西夏语之间并非直接继承关系；相反，两者更像是源于同一原始语言的不同语言形式。

Van Way（2018）的博士学位论文研究了九龙木雅语的音系学特点。作者从音位系统、音节结构、擦音、小舌化等问题重点分析了九龙木雅语的语音结构全貌。借助实验语音学的相关方法，作者将语音研究建立在实验操作的基础上，从而更为客观和细致地分析了鼻冠音的产生、浊音同化、鼻音同化、卷舌音化、元音同化、浊喉塞擦音发音音姿等具体发音过程以及相关语音变化产生的原理。对于木雅语语音研究而言是一篇较为重要的参考文献。

通过半个多世纪的研究，川西木雅语的前期研究已经积累了一大批有价值的资料。但大多相关研究资料趋于零散，很少以专著形式系统展现木雅语的语言面貌。但不可否认的是，前期各家对木雅语内部方言语言结构的相关研究都体现出某些异曲同工之处。

不管是在语言学领域还是在人类学、社会学、民族学、历史学、考古学等领域，相关学者在其研究成果中也会附带论及木雅人的风俗习惯、木雅语的语言特征及其族源。早在 100 多年前，许多西方学者（如：美籍史学家人类学家 Bordon T. Bowles；德国学者 H. A. Jäschke）在四川西部大金川一带作语言调查时就发现川西某些区域所讲语言和西夏语可能具有联系。据此，他们根据自己当时的田野调查经历尝试勾画了古时四川北部的民族迁移路线。1882 年英国人巴贝尔在其发表的《中国西部旅行及考察》一书中，对雅砻江流域的敏里亚进行了调查，并绘制了语言分布图。但遗憾的是，由于时代与条件的局限，作者误将藏语安多方言当成了木雅语。1931 年，英国人伍尔芬顿远赴西康地区考察，根据对当地部分居民的语言特征的研究，提出木雅人可能是西夏亡国后南迁到西康的党项后裔。随后，德国人叶斯开编的《藏英字典》进一步认为"弥药"是指西藏对一个古代名叫"唐古特国"的名称。

王静如（1932）首先从民族史和遗民角度提出夏国的祖先在四川北部。所谓东至松州，西接叶护，南杂舂桑、迷桑等羌，北连吐谷浑，处山谷间，延亘三千里，当然包括现在四川西北部甘肃之南部。六百年前在陕甘建国的西夏正是四川北部一部分民族迁移而去的。夏人西奔西康和当前的木雅人有密切的联系。李范文（1983）认为木雅人是西夏遗民和原始居民融合形成的。作者从实地调查中发现木雅人并不承认自己是藏族人，且其语言与藏语差距也很大，反而与西夏语比较接近。

格勒（1988：406-423）专门设立章节讨论川西康区"木雅"一名的由来和木雅人的归属等问题。作者从吐蕃征服和同化党项族与木雅藏族的形成，木雅藏族与西夏，木雅人的分布，木雅人与杂人（扎坝人）、戈人、霍尔人几个专题研究入手，认为木雅语的发展史事实上就是党项族被藏族的同化史。该书所引史料丰富，除了参考汉族学者所撰史籍外，作者还翻阅了大量藏族学者的研究成果，弥补了以往众多"一家之说"的看法。

上官剑壁（1994）对"康区的木雅人是董族人东迁后一直住在该地的？还是自塞莫岗南下的？或是西夏明亡后南迁的一支党项羌人？"等民族史学界主流观点问题提出了质疑。认为该类有关族群源头、迁移等问题尚待进一步研究。作者随后论证了木雅岗的木雅人可能有新旧两种成分。其中一支在蒙古灭西夏之前，以扎坝人为主的木雅人，可能是未北迁而留居下来的土著木雅人，他们当中或许有来自塞莫岗而未西迁的一些木雅部落。另外一支在西夏灭亡后，木雅人的其他支系由他们的首领带领向南迁徙，来到他们同胞的住地；他们加入了木雅热堆擦岗这一系统，尔后又成为明正土司属下的木雅人。

卢梅、聂鸿音（1996）在对藏文史籍中的木雅诸王考进行考据后，认为木雅地区最早的故事见于藏族历史文献《红史》（1346）。木雅地区最初由汉族皇帝统治，在 byang ngos 城和 gha 地之间有一座名叫 smon shri 的山，地方神叫作 se hvu 或者 gai hu。一天他作为七名骑白马的骑士首领来到 byang ngos 城，与一个食肉魔妇结为配偶，生下了一个孩子。孩子降生之时，天上出现一颗异星，即为第一代木雅王。该文认为藏文典籍中记载的西夏王统并不完整，常见名号只有 se hvu、gai itsu rgod、seng ge dar、rdo rje dpal 五支；"西吴王"在藏文文献中写作 se hvu、sivu、sevu、si hu，这些人名都可看作是直接或者间接源于西夏文《夏圣根赞歌》的 se hu。

邓少琴（2001）在考察康定以南"西吴甲尔布者"时认为该区域是西夏被灭于蒙古之后，而建立小国于西康域中之称。《谈苑》记载：西夏亦农牧兼事之族，其亡西康当绕越熙州，趋松潘草原，出阿细，班佐，循金川河谷，经丹巴乾宁以至木雅。康定下木雅乡，其地理所具条件，正无异于兴庆，故夏人不惜作数千里之长征，由此而西，而立国是也。且夏人崇尚佛教，与康地无殊。而大多民族史学者也因此肯定了邓少琴关于"西夏遗民迁移至西康之说"推测的正确性，它对于证明民族迁徙和民族文化的价值是不容忽视的。

李国太、李锦萍（2015）重点回顾了20世纪80年代国外对木雅藏族居民的相关研究。通过对近百年木雅藏族研究文献的总结以及相关研究内容的梳理，作者将近百年来木雅语研究的历史分为四个时期。①滥觞期：清末民国时的木雅研究。这一时期的学者大多着眼于木雅地区的地理环境和历史文化记载。②低潮期：20世纪五六十年代的木雅研究。这一时期的木雅藏族研究大多着眼于民族识别和社会历史工作调查。民族调查分批展开，在康区选取了包括属于木雅文化区域的康定周边乡镇，集中进行经济状况、社会阶层等方面调查。在结合当地民间口述故事研究的同时，附带讨论木雅历史地理和祖先的传说等问题。③多元呈现：20世纪80年代以来的木雅研究。这一时期的木雅语研究呈现出多元趋向，除了族源探究外，还有产生了一大批从语言学、历史学、民族学等诸多角度，对木雅人的语言、民俗、建筑、旅游等方面进行研究的成果。④反思与展望：未来木雅研究之可能。作者认为未来的木雅藏族研究应该在现有研究基础上扩展到对木雅历史语言、文化遗产、族群认同、社会发展等全方位、多层次的研究。尤其应该关注新时代木雅藏族对现代社会发展的诉求，以及由此而造成的社会变迁和文化心态的改变。

李星星、袁晓文、刘俊波（2017：219–264）从人类学和民族文化采风的视角入手，以图录形式对川西南藏族的民风民俗、地理环境、建筑风格、寺庙、人物日常服饰等进行了考察，其中专列一章，对石棉蟹螺乡、康定尼曲村、康定贡嘎山乡、九龙洪坝乡等地的木雅藏族生活场景作了拍摄，从丰富的图录材料中可一窥当前木雅区内独具特色的生活状况。

从以上综述可知，近一个多世纪的木雅语研究已对该语言的大致面貌有了较为广泛的了解。前期研究涉猎范围较广，几乎能够涵盖木雅语内部比较典型的方言小片。但前期研究也存在诸多不足，主要体现在：

1. 前期研究多以单篇论文出现，成果流于零散。相关语言现象的讨论对象较为单一、离散，重在寻找木雅语和其他藏缅语同源词的比对，未能系统、全面地展示川西木雅语自身的语言特征。

2. 重在描写语音或音系结构，而对形态句法的描写和分析显得较为薄弱。前期相关研究大多立足于比对汉藏语内部语言同源词的目的，研究重心多锁定在木雅语的音系结构分析和词语调查描写的基础上，而忽略了对其形态句法的系统描写以及对音变造成形态句法变化等问题的全貌考察。

3. 语言调查的深度、广度和精准度不够。过去半个世纪的调查多以沙德镇为重心，虽扩大到了沙德辖周边雅安、九龙等地的木雅村落，但调查过程很少采用浸入式（immersion fieldwork）、引导式、母语者自述式（narrative performance）、调查者访谈式（interview fieldwork）等调查方法。从而很难甄别木雅方言区内部不同土语之间的语言差异。前人学者也对沙德生古村的木雅语作了简略介绍，但不管是从音系描写，还是形态句法分析上都存在较大问题。沙德生古村木雅语能代表木雅语西部方言标准语的语言特色，本书对沙德生古村木雅语的研究以期能够达到对木雅语西部方言的系统了解。

4. 缺少"有声数据库"建设。语言调查的基础是口耳记录、随查随记，同时需要使用语音仪器或有声记录软件分析语言的语音特征。当前木雅语研究中诸多问题存在争议，就因为缺少"活"的语料证据。过去调查时缺少"有声数据库"的建设，无法提供更多能印证的语料。而本书上传到在线数据库的相关有声材料能够帮助读者近距离感受该语言的魅力。

5. 描写框架较陈旧。以往描写采用"结构主义"框架，以普通话为基础，描写时遗漏了大量木雅语所具有的藏缅语的类型特点。描写术语模糊，单就音系结构而言描写分歧都较大。

6. 语法和长篇语料分析薄弱。现存有关木雅语的调查语料多集中在音系、常用词汇，对语法结构、长篇语料的分析薄弱。对特定语法范畴未作命名和分析，语法功能标注粗略、笼统，长篇语料缺少细致的转写、标注，无法达到全面研究的目的。

总的来看，过去有关木雅语及木雅文化的研究都试图回答以下几个问题：木雅语是否与西夏语具有直接的继代关系？若有继代关系，是否属于发生学上的继承？若无继代关系，木雅语跟西夏语在语言结构上所体现出的高度相似性应当属于羌语支语言之间的亲属关系还是由其他原因造成（西田龙雄 2011；孙宏开 2016）？要解答以上几个问题，需要不同研究背景的学者们在今后的研究过程中分别从历史文化及语言发展角度入手，更加深层次地对木雅文化及木雅语进行全面而系统地调查。长久以来，史学家大多认为木雅人与党项羌具有一脉相承的渊源关系，他们同时认为木雅人是西夏灭亡后由一部分西夏人南迁的后裔。但某些语言学家从语言发展角度入手，认为木雅语跟西夏语之间的异同应属于羌语支语言之间内部的异同关系，木雅人为西夏人南迁之说并无史实依据（Ikeda 2007；孙宏开 2016）。不同学科流派对同一问题所持的不同看法到底孰对孰错还有待于历史的验证。但可以肯定的是，通过近一个多世纪的研究，木雅语的相关研究成果已具雏形，且某些针对性研究已经达到一定深度。研究的范围不仅局限于语言学层面，同时在某些社会文化历史方面的研究也能为语言研究提供某些佐证。多角度的研究范式势必会为木雅语未来的研究提供更多可借鉴的材料。当前对于语言学研究而言，最应受到关注的是木雅语次方言的调查及比较，进一步分析构词法并整理其语音系统及研究语音、声调的交替现象、分析借词来源（池田巧 1998）。同时运用类型学框架对各方言点所操木雅语次方言的形态句法特征进行描写，多关注自然口语材料的记录和转写分析。最后，以莱比锡标注模式为模版，系统标注长篇语料。收集、整理那些在民间广为流传的民间故事、传说，以及生活中的话语或对话片段。

1.5 调查说明

1.5.1 田野调查过程

本次田野调查先后历时 4 年。2016 年 10 月初，受国家社科基金青年项目"木雅语西部方言语法研究"课题组安排，项目组成员第一次赴甘孜州康定市沙德镇生古村以及沙德镇普沙绒乡对木雅语 3000 基本词进行了调查，对音系进行了简单梳理，并完成前期录音、词汇调查、音系整理等工作。2017 年 8 月至 9 月，调查组随即完成了沙德木雅语 100 短句及部分语法例句的调查和分析，同时记录了部分口头文化和故事等长篇话语材料。2018 年 7 月，调查组再次进入川西甘孜州东南部的木雅区域，对先前调查的词、长篇语料进行核对，对不符合标准的音频文件进行补录。2018 年 10 月至 11 月，2019 年 3 月项目组负责人居住在沙德镇生古村对沙德木雅语进行全面调查，同时着手专著的撰写工作。

调查团队分两个小组。第一小组主要负责前期摄录和音频材料的剪辑、编辑以及后期处理、入库等工作，该小组由项目负责人和 1 名摄录人员以及 2 名助理构成（1 人为康巴藏语母语者，1 人为石棉木雅语母语者）。第二小组负责后期参考语法的撰写工作，除负责人外，还有 1 名沙德木雅语母语者（同时为康巴藏语双语者）以及 1 名石棉蟹螺木雅语母语者随同作为调查和专著撰写助理。整个调查团队成员多为青年学者，平均年龄在 35 岁左右。调查团队有一半成员为川西民族语言母语者。负责人母语为四川方言，在调查过程中全程使用四川方言跟调查对象进行交流，有效避免了单一依靠普通话对译而在调查过程中所产生的模糊性或太过书面语的表达。在语言调查过程中，项目组成员依靠各自的母语优势，有效甄别被调查对象所讲的木雅语哪些可能借自周边的康巴藏语、木雅语或四川方言，从而对今后语言接触和语言演变研究奠定了基础。由于调查能力有限，本研究无法逐条甄别借词的种类和类型，但一旦发现藏语借词或四川方言借词，都在词表部分以特殊符号标出。

1.5.2 发音人概况

泽仁卓玛为该项目主要发音人，女，生于 1988 年 12 月 25 日，藏族，四川甘孜州沙德镇生古村人①，目前就职于四川民族学院，担任该校康巴研究所科研秘书，硕士研究生文化。由于常年在康定生活，泽仁卓玛能纯熟地使用四川方言交流，日常表达中有时也会夹杂一些藏汉混合类型的倒话。同时由于多年四处奔波学习和工作，发音人在日常表达过程中除了使用木雅语以外，还能熟练地使用康巴藏语及少量英语。泽仁卓玛的母语能力较强，所讲母语几乎能够体现沙德木雅语当前的语言面貌。郎曲拉姆为项目的协助发音人，女，生于 2001 年 10 月 25 日，藏族，四川甘孜州沙德镇生古村人，西南民族大学学生，母语为沙德木雅语。郎曲拉姆能讲四川方言、普通话以及一口流利的康巴藏语。泽汪仁真是专著撰写阶段的主要翻译协助人，男，生于 1995 年 6 月 1 日，藏族，四川甘孜州康定市贡嘎山乡人，西南民族大学学生，现为甘孜州色达县公安局刑警大队警员。泽汪仁真的母语为木雅语贡嘎山乡话，他能操一口流利的木雅语、藏语、四川方言以及普通话，同时还能说一点日常交际用的英语。

其他几位发音人分别是杰噶、尼玛以及郎曲拉姆的父母。相对于前面几位年轻发音人而言，这几位发音人都为中老年，平均年龄 55 岁。除杰噶、尼玛以外，其他几位发音人受教育水平都不太高。同时由于年龄较大的缘故，这几位发音人都能使用木雅语绘声绘色地讲故事。因此本研究的长篇语料均摄录自于这几位中老年的发音合作人。相关语料转写工作由母语者泽仁卓玛、郎曲拉姆、泽汪仁真协助完成。同时，有一半的长篇语料转写工作在郎曲拉姆生古村的家中进行。每当遇到较为古老或年轻人不太熟悉的表达问题时，作者就当场咨询郎曲拉姆的父母以及邻居。调查过程中，当遇到某些汉语很难翻译或木雅人不太熟悉的专业词汇时（例如：动植物、建筑物、宗教食品、服侍、家庭用具等），项目负责人直接向发音人展示自己于 2017 年在康定博物馆所拍摄的 100 多张有关康巴藏族文化物品的图片，从而保证能够有效调查出某些民族词或独具民族特色意义的表达方法。

---

① 为保证隐私权，有关发音人的个人身份信息均已取得发音人正式行文或录音授权。

第二章 语音

沙德木雅语的音节由辅音、元音、声调三部分构成。辅音数量较多，复辅音数量较其他羌语支语言略为减少，元音数量丰富。声调根据高、低两个调域可分为不同小类；声调极其不稳定，双音节或多音节词的末尾音节常常变调。塞音和擦音分清浊，无送气浊音。在读单字调时，某些以元音开头的词前多带有喉塞音ʔ的发音动作。k－q、kʰ－qʰ、g－ɢ、ŋ－ɴ、x－χ、ɣ－ʁ等六组辅音与松紧元音的配合较有规律性，分别是：每组的前者多跟松元音配合，后者多跟紧元音配合（黄布凡 1985）。但该元音松紧配合规律也有例外，有时候舌根部位的辅音也会出现跟紧元音配合的情况，双唇鼻音 m、n 和龈后－腭前鼻音 ȵ 也能跟紧元音相拼。木雅语中有一大批小舌音。复辅音数量有限，主要依靠闭合音加塞音、颤音加擦音、擦音加近音、同部位的小舌塞音和擦音相互配合的方式构成复辅音。复辅音数量较周边其他羌语支语言较为匮乏，复辅音主要是由鼻冠音构成的。

在所有的 30 个元音中共有 6 个单元音具有松紧元音的对立。沙德木雅语中目前还未发现复元音。但在贡嘎山周边的某些木雅语方言点中，单元音能跟舌尖元音 i、y、u 以及舌尖后元音构成复元音。复元音仅有二合形式，数量极其有限。贡嘎山等地木雅语中的复元音应该是单元音裂变的结果。声调不稳定，只有高平（高降）、低升两组具有绝对对立，且不同方言点所讲木雅语在声调系统上差异较大。

以下分别就辅音、元音、声调以及音变情况对沙德木雅语的音系特征做一详细介绍。

2.1 元辅音系统

2.1.1 辅音

（一）辅音概况

沙德木雅语共有 54 个辅音，其中单辅音 44 个，复辅音 10 个。辅音按照发音部位分为 9 类，按照发音方法可分为 7 类。表 2-1 详细介绍了辅音的发音部位和发音方法。

表 2–1　　　　　　　　　沙德木雅语单辅音系统

发音方法		发音部位	双唇	唇齿	龈音	卷舌	龈后-腭前	硬腭	软腭	小舌	喉音
塞音	清	不送气	p		t				k	q	ʔ
		送气	pʰ		tʰ				kʰ	qʰ	
		浊	b		d				g	(ɢ)	
擦音	清	不送气		f	s	ʂ	ɕ		x	χ	ɦ
		浊	(β)	v	z	ʐ	ʑ		ɣ	ʁ	
塞擦音	清	不送气			ts	tʂ	tɕ				
		送气			tsʰ	tʂʰ	tɕʰ				
		浊			dz	dʐ	dʑ				
鼻音	浊		m		n	ɳ		ɲ	ŋ	ɴ	
边音	响				l						
颤音	浊				r						
近音	浊		w					j			

（二）单辅音说明

1. 卷舌音 ʂ、tʂ、tʂʰ 的音质接近龈后的 ʃ、tʃ、tʃʰ，但并不构成对立，因此不单独归纳为一类。

2. r 在松元音之前有 ʐ 和 ɾ 的自由变读形式，单音节词词首位置的 r 有变读为卷舌 ʐ 的趋势，而位于词尾的 r 大多时候都会略略颤抖，近似于拍闪音 ɾ。

3. 老年人发龈后－腭前的 ɕ 时舌头略微靠后，有点近似硬腭音 ç。

4. 塞擦音 ts 有些接近比较软的擦音 s，这充分说明前者有向后者演变的倾向。

5. f 几乎只出现在汉语或者藏语借词中。

6. 双唇浊擦音 β 的使用范围极其有限，并且多是老派木雅语母语者才会使用。中青年一代多将 β 读成相近发音部位的 v。例如，在环贡嘎山一带（如：普沙绒乡）的木雅语中"猪"读作 βa³³，而沙德等地大多的年轻人读作 va³³。

7. 喉门塞音 ʔ 一般只出现在单元音开头的音节前。事实上，沙德人在读很多自成音节的单元音时都倾向于在元音前添加一个喉门阻塞的 ʔ。因此，本书将自成音节的单元音统一处理为带有喉门塞音ʔ的音节，以此保持音系的一致，该处理方法跟某些彝缅语支语言相似[①]。例如：ʔe⁵⁵tsɿ³³ "这个"、ʔæ³³ɣu⁵³ "舅舅"。

8. 舌根音 k、kʰ 有向小舌音 q、qʰ 后移的倾向，这大多是受到了动词词根小舌辅音的逆同化影响。年轻一代木雅人并不区分两者，但在老年一代中这两类存在对立。由此可见，小舌塞音在年轻一代中有向软腭塞音合流的趋势，而老年人却保留了较为完善的小舌辅音。

9. 软腭浊擦音 ɣ 出现几率较大，除了跟开口呼相拼外，还可跟合口呼相拼。在实际语流中 ɣ 有脱落的迹象，且在某些邻近沙德的村落中还出现了辅音 w 向 ɣ 演变的趋势。

10. 小舌浊塞音 ɢ 出现的几率特别低，一般都是跟同部位的鼻音构成复辅音，几乎不单独出现。但有时候由于受到周围小舌音或喉音影响，软腭部位的 g 容易被同化为小舌浊塞音。不过该情况很少出现，仅在词表中发现了几例。

11. 鼻冠音在多音节词的非词首音节中使前一音节元音鼻化，例如：bɔ̃⁵⁵mba³³ "青蛙"、tɕɛ̃⁵⁵mbə⁵⁵ "虾"、kʰæ³³kʰæ̃³³nɐ⁵⁵xə⁵³ "离婚"。

12. 部分四川方言借词在听感上有 ŋ 韵尾，例如：ɕã³³tɕo⁵³ "香蕉" ↔ ɕaŋ³³tɕo⁵³、pʰɿ̃³³ko⁵³ "苹果" ↔ pʰiŋ³³ko⁵³。由于是直接借音成分，且全部出现在四川方言借词中，为了不影响音系结构，本书不作独立音位 ŋ 的处理，都并入鼻化元音部分。事实上，某些老派木雅人在读该类四川方言借词时大多读成鼻化元音。

（三）单辅音举例

p	pø³³	尸体	pɑ⁵³	草原
pʰ	pʰo³³	梁	tsʰɿ⁵⁵pʰo⁵³	树
b	bø³³	糖	bu³³de⁵⁵	褥子
m	mə²⁴	天气	mɛ²⁴	母亲
w	wa²⁴	（整块的）瓦	tu³³wæ⁵³	香烟
f	fu³³tu⁵³	胡豆	tʂʰe⁵⁵fi³³	车费
v	vu²⁴	鸟窝	və³³	雪
ts	tsɑ⁵³	肥肉	tʰu³³tsæ⁵³	赚钱
tsʰ	tsʰy⁵³	湖	tsʰə⁵³	藤条

[①] 黄布凡（1985）在归纳木雅语六巴话的音系结构时将某些单元音直接处理为自成音节的一类。与黄先生不同的是，我们在归纳沙德木雅语的音系结构时主要采用刘辉强（1985）和 Ikeda（2007）的严式处理方法，将其统一处理为带有喉门塞音ʔ的音节形式。

dz	dzu³³	碉楼	dzæ³³	棋子	
s	si⁵³	白天	sɿ³³	鼻子	
z	zi³³	豹子	zɑ³³	春天	
t	tɑ⁵³	老虎	tæ³³	帽子（统称）	
tʰ	tʰɑ³³	松香	tʰi³³	印章	
d	du²⁴	蚊帐	da³³mba⁵⁵	篱笆	
n	nə³³	齿龈	næ²⁴	你	
l	le³³	外面	læ³³	佛	
r	ra²⁴	土（总称）	ru²⁴	草	
tʂ	tʂɑ³³	岩石	tʂɿ³³	胆	
tʂʰ	tʂʰɿ³³	织布机	ge³³tʂʰu⁵³	徒弟	
dʐ	dʐe³³	水獭	dʐe⁵³	拖动	
ʂ	ʂɿ⁵³	缝儿	ʂɿ³³xu⁵³	运气	
tɕ	tɕə⁵³	溪流	tɕe⁵³	房子	
tɕʰ	tɕʰy³³	下	tɕʰi²⁴	油漆	
dʑ	dʑo³³	石头	dʑy³⁵	叶子	
ŋ̩	ŋ̩⁵⁵dzɿ⁵³	日食	tʂɑ³³ŋ̩ɿ⁵³	蚂蚁	
ɕ	ɕe⁵³	铁	ɕa⁵³	老鹰	
ʑ	zɐ⁵³	花椒	zi²⁴	猪	
j	jø²⁴	又	jy²⁴	玉石	
k	ki⁵³	岁数	kæ³³wæ³³	桩子	
kʰ	kʰu³³	里面	kʰə³³	狗	
ɣ	ɣə³³	梯子	ɣæ²⁴	肩膀	
g	gø²⁴	傻	ɕɐ³³gə³³	玻璃	
ŋ	ŋæ³³	锣鼓	ŋu³³	银	
x	xu⁵³	傍晚	xɑ³³	些	
q	qø²⁴	大麦	qo³³	马笼头	
qʰ	qʰɐ³³de⁵³	调羹	qʰu⁵⁵tɕə³³	孵化	
ɢ	ɦo²⁴ɢo⁵³	挖地	qo³³ɢo³³ɢo³³	弯曲	
ɴ	ɴæ³³ti⁵³	可以的	zɐ³³ɴæ⁵³	差点	
χ	χə³³χə⁵³	松的	mæ³³χe⁵³	水牛	
ʁ	ʁa²⁴	汉族	ʁə²⁴	门	

（四）复辅音

沙德木雅语一共有 10 个复辅音，只有二合复辅音而无三合复辅音，复辅音并不丰富。复辅音除鼻冠音以外，主要是由擦音 ɣ 和颤音 r 跟其他辅音相互配合，或是由鼻音 n、m、ŋ、ɴ 跟其他辅音配合而成。鼻冠音的组合几乎是同部位的，例如：ɳdʐ、ŋdz、ŋg、ɴG。为简化音系，将其处理为 ndʐ、ndz。以下对复辅音的种类进行介绍。

1. 以 r、ɣ 为前置辅音构成的复辅音分别是：
   rq、ɣj
2. 以 m、n、ŋ、ɴ 为前置辅音构成的复辅音分别是：
   mb、nb、ndz、nd、ndʐ、ndʑ、ŋg、ɴG

（五）复辅音举例

rq	rqæ³³	走路	mə³³tə⁵⁵rqə⁵⁵rə⁵⁵	尾巴
ɣj	ɣji²⁴	马	ɣu⁵⁵ɣji³³	鸡
mb	mbi³³	坐	ni³³mbə⁵⁵	脑髓
nb	nbə³³tʂa⁵³	虫子	nbø³³lø⁵³	蜜蜂
ndz	ndzo³³	桥	ndzi³³	食物
nd	ndo³³	长矛	ndæ⁵³	箭
ndʐ	ndʐɿ³³	肋	ndʐo³³	牦牛
ndʑ	ndʑə³³zø⁵⁵	窟窿	ndʑæ⁵⁵ræ³³	白酒
ŋg	ŋgɐ³³	腿	zi²⁴ŋgɐ⁵³	猪蹄
ɴG	ɴGæ³³ɴGæ³³	硬的	ɴGɑ⁵⁵ɴGɑ³³	哭

2.1.2 元音

（一）元音概况

沙德木雅语共有 30 个元音。其中基本元音 12 个，鼻化元音 10 个，卷舌元音 2 个，紧元音 6 个。表 2-2 介绍了沙德木雅语的元音系统。

表 2-2　　　　　　　　沙德木雅语的元音系统

	舌面				
	前		央	后	
	不圆唇	圆唇	不圆唇	不圆唇	圆唇
高	i	y	ɨ		u
半高	e	ø			o
中			ə		
半低					
	æ		ɐ		
低	a			ɑ	

10 个鼻化元音分别是 ĩ、ẽ、ø̃、æ̃、ɔ̃、ɐ̃、ã、õ、ũ、ỹ。同时，在目前的调查材料中还发现了 2 个卷舌元音，分别是 ɚ、ø˞。

沙德木雅语有六组对立的松－紧元音，元音松－紧对立情况以及松－紧元音的发声态特征遵循以下规律：

表 2–3　　　　　　　　　沙德木雅语的松－紧元音

松元音 （舌根不后缩、非咽化）	紧元音 （舌根后缩、舌位降低、咽化）
i、e	e̱
a、æ	a̱
ɔ	ɔ̱
ɐ	ɐ̱
ø	ø̱
u	u̱

（二）元音说明

1. 舌面元音 i 跟齿龈和卷舌部位的擦音和塞擦音相拼时分别有两个变体形式 ɿ 和 ʅ。

2. 元音 e 发音时有些近似舌位略为升高的 ie̯，它的实际音质处于 ɪ 跟 e 之间。

3. 元音 a 的实际音质接近 ʌ。

4. 央元音 ə 有向后拉的趋势，它一般出现在多音词中。有时候 ə 在听感上接近 ʌ 或 ɨ，但并非绝对对立，只跟发音人个人变体或不同方言点发音特色有关。

5. 元音 ɑ 相当于国际音标中的 ʌ。

6. 鼻化元音出现的情况可分为三类：在部分本族固有词中出现，例如：põ⁵⁵tʰɑ³³ "新郎"、wu⁵⁵bo³³gõ⁵⁵tʰõ³³ "棉衣"；在四川方言和藏语借词中出现，例如：四川方言借词 tẽ⁵⁵tʰõ³³ "手电筒"、pẽ⁵⁵tʰe⁵³ "凳子"，藏语借词 lõ³³dzu⁵³ "年底"、gõ⁵⁵dzi³³ "水果"；受后一鼻音同化而带上鼻化的调音方式，例如：ɦæ⁵⁵ndzi³³ "吃" ↔ ɦæ̃⁵⁵ndzi³³、la³³ɕe⁵⁵mbæ³³ "手艺人" ↔ la³³ɕẽ⁵⁵mbæ³³。

7. 央元音 ə 跟舌尖前擦音、塞擦音相拼的音值相当于 ɘ。为简化音系，合并入 ə。且擦音、塞擦音之后的 ə 有靠后的趋势，发音时声带稍微有紧缩的动作，听感上有些近似于紧元音 ə̱。不过，ə 的开口度并无 ə̱ 大，且两者有对立，因此不并入紧元音 ə̱，统一归纳为央元音 ə 的变体形式。

8. 央元音 ə 有时有上拉倾向，听感上容易向 ɨ 靠齐，例如：mũ⁵⁵kʰə⁵³ "烟" → mũ⁵⁵kʰɨ⁵³、nbə³³tʂɑ⁵³ "虫子" → nbɨ³³tʂɑ⁵³。央元音上拉应该跟元音同化有关。老派木雅人常常将央元音 ə 读作高的 ɨ。

9. 元音 o 在双唇音和舌尖中音之后的实际音质有些接近 ǫ，但还未到 ɔ 的舌位位置。

10. 某些本民族词或四川方言借词中出现了复元音 ui、uy、uæ、uə、uɐ 和 uã，这应该是元音腭化从而带上介音 u 的变化结果。由于该类例子很少出现，因此本书并不单独罗列复元音，只将带有介音的复元音处理为腭化的单元音 ʷi、ʷy、ʷæ、ʷə、ʷɐ 和 ʷã①。

11. 除了木雅语固有的几个卷舌元音外，卷舌的 ɚ 几乎都出现在四川方言借词中。

12. 两个卷舌元音 ɘɹ、ɵɹ 不但出现在某些四川方言借词中，还出现在一些藏语借词中。在有的本民族词中也能发现卷舌元音的例子。由于调查词汇量有限，目前在词表中并未发现太多卷舌元音，但本书将其单列一类，待今后系统收集相关用例。

（三）元音举例

i	mi⁵³	眼睛	mbi³³	坐下
y	dzy³⁵	叶子	ndzy²⁴	卧室
e	ndze̝³³	米饭	re³³	布
e̝	ɣe̝³³ɣe̝⁵⁵	香的	ze̝⁵⁵ze̝³³	陡的
ø	pø³³	尸体	mbø²⁴tɑ³³ne⁵³	甜的
ø̝	qø̝²⁴	面粉糠	ɦæ³³χø̝⁵⁵	衣服破
æ	læ³³	菩萨	læ³³nə⁵³	月亮
ə	mə³³	火	rə²⁴	露水
ə̝	ʁə̝²⁴	鱼	mə̝³³mə̝⁵³	风
ɐ	rɐ³³	舌头	tʰɐ³³	骡子
ɐ̝	dɐ̝³³dɐ̝⁵³	平的	nɐ̝⁵⁵nɐ̝³³	早晨
a	ɕa⁵³	老鹰	ma³³	油
a̝	la̝³³	新娘	qʰe⁵⁵ʁa̝³³	煮
ɑ	ʁɑ²⁴	缝衣针	pɑ⁵³	草原

---

① 黄布凡（1985）所记录的六巴村木雅语的音系中出现了大批带有介音 u 的复元音 ui、uy、ue、uø、uo、uæ、uə、uɐ 等，同时作者认为这类复元音还具有松紧对立。但是在沙德、朋布西、普沙绒、汤古等木雅语西部方言中，我们目前还没发现数量如此丰富的复元音。少量带有介音 u 的复元音大多只出现在四川方言借词里。通过对贡嘎山乡六巴村母语者拉姆的调查，我们发现，六巴木雅语中的确存在大量复元音例词，它们不但出现在借词中，还出现在很多木雅本民族词里，因此黄布凡（1985）的观察应该较为准确。但除了六巴木雅语以外，其他西部方言区中的复元音都较少见（见林英津 1998；Ikeda 2007；Van Way 2018：52）。

o	dzo³³	石头	ro⁵³	蛇
ɨ	sɨ³³	鼻子	ʂɨ⁵³	缝儿
u	xu³³	傍晚	pu³³	旁边
u̠	xu̠³³	（命令）快走	ɣu̠²⁴	鸟
ĩ	ɕĩ⁵⁵ndo⁵³	水果	ɣĩ³³tɕy⁵⁵	下蛋
ỹ	lỹ³³tɕʰo⁵³	年轻	ʂỹ⁵⁵tʰo³³	水桶
ẽ	pẽ⁵⁵tɕʰe̞³³	尿布	mẽ³³sɨ⁵³	棉絮
ø̃	tʂʰø̃³³tʂʰø⁵³	乖巧	lø³³ŋgø⁵³	年初
æ̃	dæ̃⁵⁵dzɨ⁵³	月食	ræ̃⁵⁵bæ⁵³	戒指
ɤ̃	mɤ̃⁵⁵dzɑ³³	雨	dzɤ̃⁵⁵mæ⁵³	沙子
ẽ̞	sẽ̞⁵⁵gi³³	地震	ndzẽ̞⁵⁵tsʰỹ⁵³	海
ã	dã³³ba⁵⁵	泥	pã⁵⁵dã³³	扁担
õ	lõ⁵⁵ba⁵³	山谷	lõ³³tsʰe⁵⁵kʰu³³	乡下
ũ	mũ⁵⁵kʰə³³	烟	pʰũ⁵⁵pu³³	人的尸体
y	tʂy³³	头顶旋涡	ndzy²⁴	卧室
ɹ̩	ɕɹ̩⁵⁵tʰo³³lə³³	放屁	lɹ̩⁵⁵pɹ̩³³	老板
ɻ̩	tsɻ̩⁵⁵tʂʰɻ̩⁵³tʂʰø⁵³	鹿茸		

（四）松—紧元音问题

戴庆厦（1979）认为我国藏缅语族彝语支、景颇语支某些语言元音都分松紧。元音松紧对立由两条渠道汇集而成：一条是从辅音的清浊对立转化而成，另一条是从元音舒促对立转化来的。前者是元音前面成分影响元音性质的变化，后者是元音后面成分影响元音性质的变化。木雅语中也有一些在听感上近似彝语支、景颇语支的松—紧元音，但在木雅语里元音松—紧的差别实则源于发声态的区别，松元音为常态化元音，紧元音是有些嘎裂声的元音，元音松紧有时会改变元音的音质。

在沙德木雅语中，发松元音时舌根不后缩（non-retracted tongue root），而发紧元音时舌根后缩（retracted tongue root）（Ladefoged & Maddieson 1996：300）。因此从发声态来看，紧元音事实上是咽化（pharyngealization）的结果，属于咽化元音[①]。以下语图分别介绍了沙德木雅语中6个常见咽化元音发声态的变化情况。

[①] 需要说明的是前人学者对元音"松—紧"的定义更多还是以发音时在听感上的喉头"舒缓""紧缩"为判定标椎，这也是"没有办法的办法"。而本研究主要采用 Ladefoged 和 Maddieson 等人的方法，将这种发音类型看成一种同样存在于阿拉伯语、非洲语言中的发音特征系统。但为符合国内研究习惯，全书还是采用松—紧的符号标记该类元音。

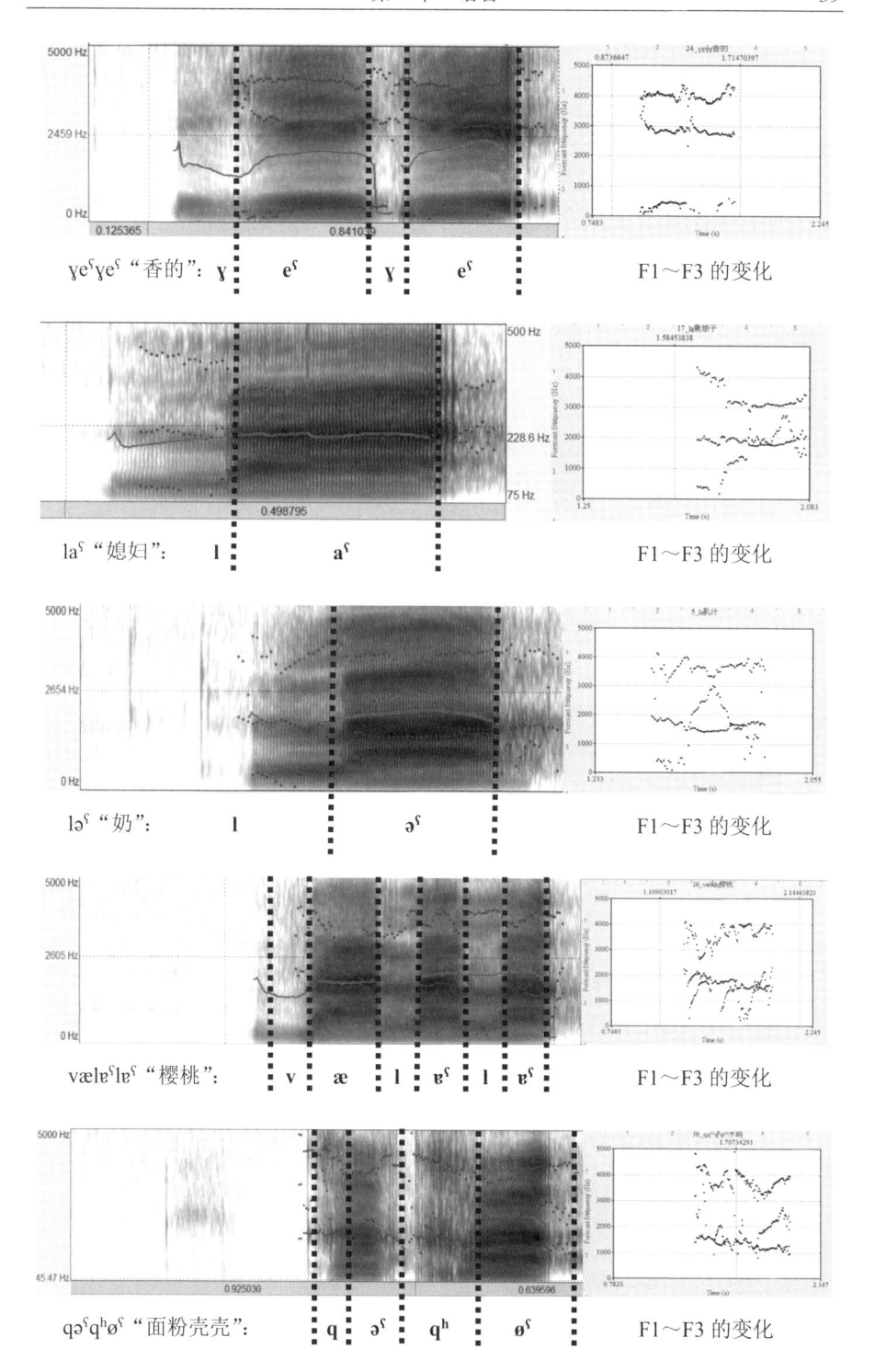

ɣeˤɣeˤ "香的"： ɣ   eˤ   ɣ   eˤ   F1～F3 的变化

laˤ "媳妇"： l   aˤ   F1～F3 的变化

ləˤ "奶"： l   əˤ   F1～F3 的变化

væleˤleˤ "樱桃"： v æ l eˤ l eˤ   F1～F3 的变化

qeˤqʰøˤ "面粉壳壳"： q eˤ qʰ øˤ   F1～F3 的变化

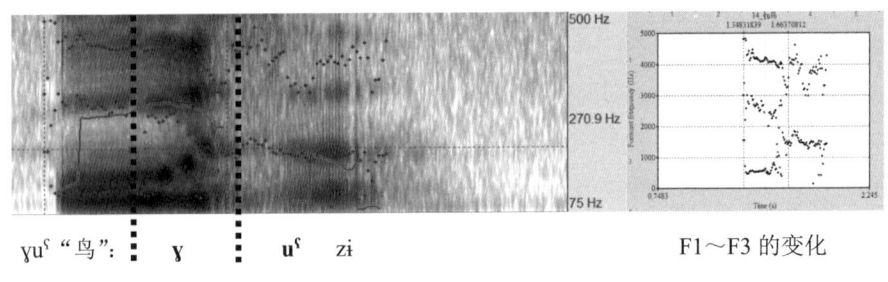

ɣuˤ "鸟": ɣ uˤ zɨ　　　　　　　　F1～F3 的变化

图 2-1　沙德木雅语咽化元音的语图

由以上六幅语图所示，当元音有咽化的发声态时，F2 几乎都呈下降趋势，而 F1 几乎都在上升，F3 的情况较为特殊，有的词中咽化元音的 F3 在下降，而有的词中咽化元音的 F3 却在上升。因此，若不考虑 F3 的变化情况，总的来看在沙德木雅语中咽化元音的 F1 都在上升，F2 都在下降。Chiu & Sun（2020）以实验语音学的方法观察了北部霍尔语中咽化元音的语图，并以核磁共振成像技术（fMRI）发现北部霍尔语咽化元音发音时都满足舌根后缩，且带有嘎裂化迹象，最直观的是咽化元音的 F1 都上升，而 F2 都下降。因此沙德木雅语的松－紧元音事实上是舌根后缩、喉部挤压的结果，是典型的咽音化噪音，即：舌头持续后缩到咽喉里而发出的一种音质[①]。

从当前的研究情况来看，我们推测沙德木雅语中元音咽化的条件主要有三种。辅音的同化：若辅音为软腭或小舌音，则容易使元音咽化，其中以小舌部位辅音带咽化元音的情况最为常见。鼻音、边音也容易使后面的元音咽化。很少出现塞擦音使元音咽化的情况。3000 词中偶尔出现几例塞音、擦音带咽化元音的情况，但例子较少，目前还无法系统归纳。

2.1.3　声调

沙德木雅语仅有两个声调，声调差别在于调域（register）高低/H/～/L/的不同，且声调还未进入到音节中用以区别意义。更多情况是整个词被分配一个音高重音，重音常常居于词首或词尾。由此可见，沙德木雅语更像是音高重音语言，而非典型的声调语言。声调发展仅仅处于起步阶段。

单音词和多音词中共有四种调形 ^{24}˩、^{53}˥、^{55}˧、^{33}˦，但其中只有低升的 ^{24}˩ 和高降的 ^{53}˥ 在单音词中具有绝对对立，其他声调均属于变调形式。声调极其不稳定，变调情况十分普遍。单音节词很多时候也会出现两读情况。

[①] 本研究团队目前还未配置核磁共振成像技术设备（fMRI）去观察相关元音发音时咽喉内壁的成像情况，仅仅采用了 Praat 观察共振峰的变化，因此其研究结果无法达到绝对精确。待今后具备了相关实验语音学研究条件后，本团队还会采用 fMRI 技术逐一分析本书中罗列的咽化元音。

这也证明木雅语的声调系统目前处于发展过程中[①]。

表 2-4 对沙德木雅语中具对立特征的声调类型进行了介绍。

表 2-4　　　　　　　　　沙德木雅语的声调系统

⁵³˧（⁵⁵˥）	²⁴˦（³³˧）
kʰi⁵³ "睡觉"	kʰi²⁴ "弟弟"
mə⁵³ "火"	mə²⁴ "天气"

以下是沙德木雅语声调的语图。

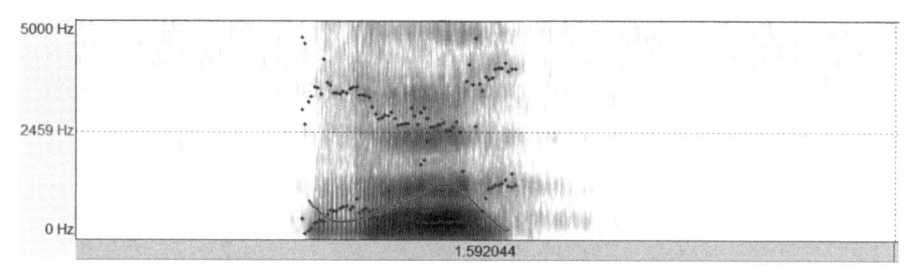

və²⁴ "雪"

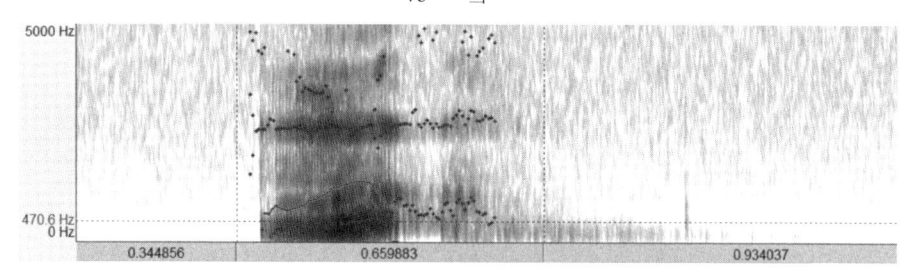

mə³³⁻²⁴ "天气"

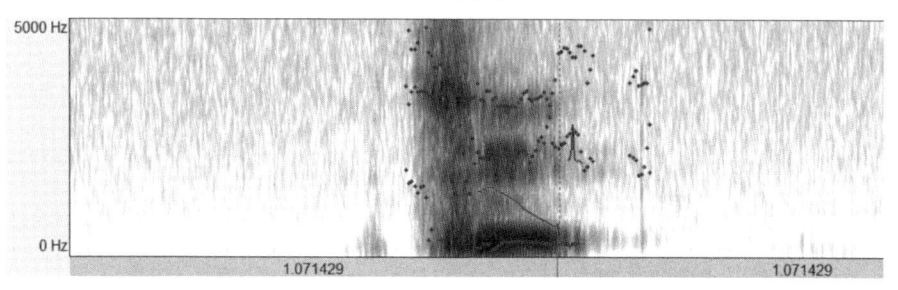

tsʰy⁵³ "湖"

[①] 声调差异除了源于方言不同外，还跟发音人个人差异有关。即便是来自同一村落的母语者泽仁卓玛和朗曲拉姆在读某些单音节词时都出现了声调使用不同的情况。由此可见，仅仅根据单音词具体调值而确定木雅语整个声调类型的方法难免受到某些挑战。而本书记录的声调类型仅为单一发音人的声调使用情况。

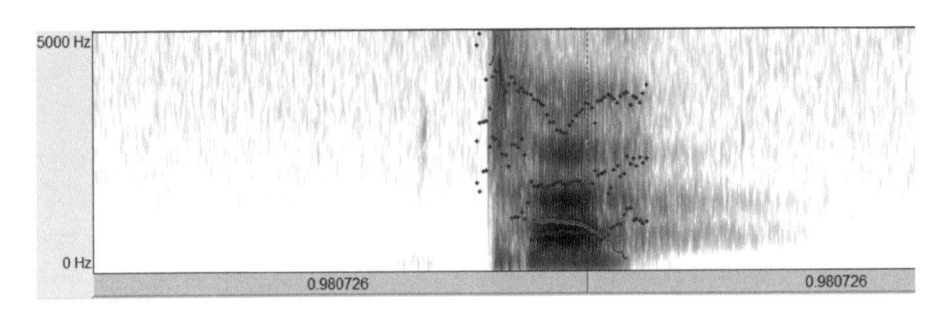

tsʰɑ⁵⁵⁻⁵³ "篱笆"

图 2-2　沙德木雅语声调的语图

（一）声调说明

1. 为跟中国境内语言的声调系统研究传统保持一致，本书采用标记具体调值的方法记录木雅语的声调，需要说明的是：四类调形仅仅为 /H/～/L/ 高低两个调域中的不同次类，调形的差别跟连续变调情况密切相关（Sun 1997），因此在声调标记上可将其简化为高音域急上升声调类型（high tone, acute accent）和中低音域无标记声调类型（grave/level accent, unmarked）（Hyman 2001：1379；Yip 2007：231）。/H/～/L/ 两个对立调域中的具体声调类型如下表 2-5 所示（σ 表示音节数量，/H/、/L/ 表示声调高低）：

表 2-5　　　　　沙德木雅语不同调域中的声调类型

调形 \ 声调种类	高调域 /H/ 声调类型 σ（有声调标记）	低调域 /L/ 声调类型 σ（无声调标记）
短促	⁵³˥	³³˧
长而舒缓	⁵⁵˥	²⁴˧

2. 单音词大多为 53 和 24 调。有时单音节词中会出现 13 调，但情况较少，且目前发现具有区别特征的 13 调单音词数量极其有限，因此 13 调应仅仅是个人变体。

3. 单音词中 55 调不稳定，有向 53 调变化的趋势。

4. 中平的 33 调实际没有调位价值，是无标记的；且在合成词、虚词以及句末音节时大多变为 24 调。

5. 53 和 33 调较短，55 和 24 调较长，24 调在多音词或停顿语调之前有时读作 35 调。

（二）单音词和多音词的声调类型

沙德木雅语变调情况不但出现在连续音变中，而且还容易出现在单音词中。林英津（1998：431）也提到在长篇语料中，特别容易出现单音节声调不固定的例子。因此，木雅语的声调问题有待进一步思考。跟某些藏语方言类似，在沙德木雅语中处于高调域的单音词其高声调/H/常常读作下降的/HL/，而处于低调域的单音节词其音高/L/常常读作上升的/LH/（Sun 1997：491）。多音词中，不同音节之间一般都有一个较高的声调类型/H/，而其他音节的声调类型较为灵活。

表 2-6 介绍了单音词和多音词中所表现出的声调类型。

表 2–6　　　　沙德木雅语单音节和多音节词的声调类型

	σ	σσ	σσσ	σσσσ
H	tɕɚ⁵³ "溪" ndzɿ⁵⁵ "碓"			
L	nə̩²⁴ "太阳" vo³³ "雪"			
HL		ti⁵⁵lɿ³³ "闪电" tɕʰə⁵⁵zɿ²⁴ "田"		
LH		læ³³nə⁵³ "月亮" pə³³qa⁵⁵ "以后"		
HH		se⁵⁵ræ⁵³ "冰雹" to⁵⁵sæ⁵⁵ "天亮"		
LL		ki³³ɣo²⁴ "往年" ɣo²⁴si³³ "后天"		
HLL			ndzu⁵⁵nẽ³³tɕ³³ "雷" mə⁵⁵ji²⁴nɿ³³ "晴"	
LHH			ɦa²⁴pʰo⁵⁵pʰa⁵³ "淹" tɕʰo³³ŋi⁵⁵pæ⁵³ "腊月"	
HHL			tsə⁵⁵lə⁵³ɣo²⁴ "公猫" mə⁵⁵nẽ⁵⁵ndæ³³ "老人"	
LHL			ɣo²⁴nde⁵⁵si³³ "大后天" zi³³mɿ⁵⁵xɿ³³ "啥时候"	
HLHL				tɕɚ⁵⁵kʰæ³³tʰi⁵⁵pʰɿ³³ "河岸" læ⁵⁵kʰə³³tʰə⁵³mi³³ "媒人"
LHLH				ʁo²⁴ʁa⁵⁵pʰẽ³³tsi⁵³ "洗脸盆" ʁa²⁴mu⁵³ɦa⁵⁵tʂa⁵³ "理发"
HHHL				mə⁵⁵tsʰi⁵³tɕ⁵⁵lø³³ "一辈子" ŋə⁵⁵qʰə³³sø⁵⁵rø³³ "耳朵"

	σ	σ σ	σ σ σ	σ σ σ σ
LHLL				ri^{33}ŋe^{55}ri^{24}si^{33} "大前天" me^{33}to^{55}gø^{33}gø^{33} "花蕾"
LHHL				ɲi^{33}mæ^{53}ɦa^{55}do^{33} "冬至" tɕʰə^{33}kʰi^{55}tɛ^{55}nbi^{33} "暖水瓶"
LHHH				ɲi^{33}mæ^{53}me^{55}to^{53} "向日葵" mə^{33}tə^{55}rqə^{55}rə^{55} "尾巴"
HLLL				tsʰæ^{55}pæ^{33}ɦæ^{33}ro^{33} "发烧" və^{55}lø^{33}ɦo^{24}ɕɐ^{33} "拉肚子"

由表 2-6 的分析可知，在沙德木雅语中单音词有/H/、/L/两种声调类型；低调域的声调在单音节词中不但可读成 33 调，而且还可读成低升的 24 调。高调域的声调在单音节词中不但可读成常见的 55 调，而且还可读成高降的 53 调。这种由/H/→/HL/以及/L/→/LH/的变化情况可能跟木雅语读单音节词时的词尾阻塞（checked）或停顿（pause）有关。单独读某些词时，发音人常常在词末添加一吼塞音ʔ，从而进一步造成声调的变化（Matisoff 1989：148；Hyman 2001：1374）。

双音节词主要有/H-L/、/L-H/、/H-H/、/L-L/四种声调类型。后附词表中虽则出现了/L-L/的声调类型，但需注意的是沙德木雅语的双音词的声调并非使用 33-33，而是 33-24～24-33 的低调域类型，因此在听感上/L-L/具有/L-LH/或/LH-L/的变化形式。但一般情况下双音词中几乎都需要有一个高调域的/H/。

三音节词主要有/H-L-L/、/L-H-H/、/H-H-L/、/L-H-L/四种声调类型。每个词中都必须出现一个高调域的/H/，各音节的声调抑扬顿挫。高声调/H/或低声调/L/可以从左到右扩展到相邻音节，使其带上与之同一调域的声调类型。但三音节词中目前还没发现/H-L-H/的声调类型。

四音节词主要有/H-L-H-L/、/L-H-L-H/、/H-H-H-L/、/L-H-H-H/、/L-H-L-L/、/L-H-H-L/、/H-L-L-L/七种声调类型。同样，在每个词中都必须出现一个高调域的/H/，声调扩展现象（tone spreading）十分常见，某一高声调/H/或低声/L/可以从左到右扩展到相邻多个音节上，使其带上与之处于同一调域的声调类型（如：/H-H-H-L/、/L-H-H-H/、/H-L-L-L/）。若词首音节为低声调/L/，则无法扩展到相邻音节，因此并不具有/L-L.../的声调类型。

沙德木雅语几乎没有五音节或六音节的词，某些由五个或六个音节构成的词事实上大多是通过意合手段构成的短语，例如：ɕə³³ɣæ⁵⁵-me³³-tʰə³³væ⁵³"咽气"（呼吸 + 没有 + 气）、mæ³³mæ⁵⁵ɣæ⁵⁵mæ³³mæ⁵⁵"外祖母"（妈妈的妈妈）、ŋi⁵⁵ɦæ³³nə⁵⁵ke³³rqæ⁵³"串门"（走亲戚家里去）、ɦæ⁵⁵zø⁵³-nɛ⁵⁵ɣji³³-rɛ³³"刮胡刀"（胡子 + 刮掉）、ri³³-wu⁵⁵ræ³³-kʰu³³-ɦæ⁵⁵kʰə³³"笼手"（手 + 袖子 + 装进去：笼手），等等。这些多音节成分都是短语，因此不放在声调部分进行介绍。有趣的是，这些多音节成分也严格按照/H/～/L/形式组合，每一个完整的韵律成分也必须出现一个高调域的/H/。

不管是在单音节还是多音节词中，沙德木雅语的声调类型仅仅在于高－低/H/～/L/音高类型（pitch）的差别，并未像汉语一样已经发展出四声别义的声调类型。跟川西众多藏缅语类似，沙德木雅语的声调系统还仅仅处于发展过程中，当前并未发展出数量众多的声调。声调系统较为简单，仅仅为高－低对立的两类声调形式[①]。

2.1.4 音节

沙德木雅语没有辅音韵尾。有时候某些四川方言借词中出现了韵尾 ŋ 的情况，但也仅仅存在于借词中，不破坏整个音系结构的归纳。由于受语流音变的影响，调值并非特别固定。以下是对木雅语音节结构的举例（V 代表元音、C 代表辅音、T 代表声调）。

CVᵀ　　　　　　　tʂɿ³³"胆"　　　　　rɛ³³"小舌"　　　　ɣi²⁴"鬼"
CCVᵀ　　　　　　rqæ⁵³"走"　　　　　ndzɛ³³"酒麴"　　　ɣje⁵⁵ɣje³³"轻"

多音词中由于后一音节的鼻冠音常对前一音节的元音进行同化，因此听感上前一音节的元音带上了鼻音韵尾。从实际调查中可以发现，沙德木雅语并不属于带鼻音韵尾的语言，后一鼻冠音有时候同化前方元音使其成

[①] 在研究木雅语的声调类型时，不同国家的研究者由于受到不同学术传统的影响，从而得出了差别较大的结论。其中较为极端的是 4 个或 5 个声调，主要见于黄布凡（1985）、孙宏开（2013：58）等前贤学者。他们主要根据单音节或多音节词中每个音节实际承载的声调调值（调类）从而确定木雅语的声调数量。Ikeda（2002）根据日语声调类型的相似情况，认为木雅语的词中各音节承载的音高变化跟日语近似，木雅语并非声调语言，而是音高重音语言（pitch-accent language），决定各音节音高变化的重要因素主要在于重音变化。而本书的研究持较为中性的观点，认为沙德木雅语应该属于音高重音语言，但因为其声调系统目前仅仅只发展出了单一/H/～/L/对立的模式，所以声调类型远不及汉语或其他南方民族语中发展完善且丰富的声调系统，它应该属于声调系统受限的语言（restricted tone system）（见 Voorhoeve 1973；Hyman 2001：1376）。

为鼻化元音。

除了在词首能轻易判定辅音 n、m 为鼻冠音外，在双音节或多音节词中，发音人比较容易接受的是将 n、m 作为后一音节的鼻冠音，而不是前一音节的鼻音韵尾。因此我们赞成黄布凡（1985）、孙宏开（2013：166）的处理方式，把听感上近似于前一音节的鼻音韵尾 n、m、ŋ 都处理为鼻化元音，并且认为沙德木雅语并无辅音韵尾。

2.2　音变

2.2.1　构词和构形中的音变

（一）元音和谐

沙德木雅语的元音和谐现象并不特别明显，就算西部方言区的不同方言点所使用的木雅语中元音和谐的表现方式也不完全相同。元音和谐主要体现在构词和构形上，大多见于：数量词之间元音和谐、趋向前缀跟动词词根元音和谐、否定词和动词词根元音和谐。以下分别介绍元音和谐的不同类型。

1. 构词中的元音和谐

基数词十一、十二，以及大多数序数词的构词语素之间会发生元音和谐。例如：

tɕə³³-　　　　　tɕo³³tɕi⁵³ "十一"　　　　　tɕo³³ni⁵⁵ "十二"
pu³³-　　　　　ȵi³³pæ⁵³ "第二"　　　　　sõ³³pæ⁵³ "第三"
　　　　　　　zə²⁴pæ³³ "第四"　　　　　ɴɑ³³pæ⁵³ "第五"

数词的元音跟量词元音容易发生和谐，以数词"一"为例：

tɐ⁵⁵-　　　　　tɐ⁵⁵lɵ³³ "一个"　　　　　tɐ⁵⁵pʰɐ³³ "一个"
　　　　　　　tæ⁵⁵zæ³³ "一条"　　　　　tæ⁵⁵væ³³ "一只"
　　　　　　　tɑ⁵⁵xɑ³³ "一些"　　　　　tɑ³³pʰə⁵⁵lɑ³³ "一碗"

2. 构形中的元音和谐

趋向前缀跟动词词根之间的元音和谐现象最常见，趋向前缀会根据不同的动词词根元音而改变其元音形式。若动词词根元音为紧元音（咽化元音）也会影响趋向前缀元音，使趋向前缀发生元音咽音化的变化。例如：

ti⁵⁵　　　　tə̱⁵⁵qɑ³³læ³³læ³³ "向上挺"　tə̱³³ɴɢə̱⁵⁵ɕy⁵⁵ɕy⁵⁵ "往上爬"　tɐ⁵⁵dzu³³ "往上跑"
ni⁵⁵　　　—　　　　　　　　　　　　nə̱³³ɴɢə̱⁵⁵ɕy⁵⁵ɕy⁵⁵ "往下爬"　nɐ⁵⁵dzu³³ "往下跑"
tʰi⁵⁵　　　tʰa̱⁵⁵qɑ³³læ³³læ³³ "向左挺"　tʰa̱³³ɴɢə̱⁵⁵ɕy⁵⁵ɕy⁵⁵ "往左爬"　tʰɐ⁵⁵dzu³³ "往左跑"
ŋgi⁵⁵　　 ŋgə̱⁵⁵qɑ³³læ³³læ³³ "向右挺"　—　　　　　　　　　　　　ŋgɐ⁵⁵dzu³³ "往右跑"

ɣi⁵⁵	—	ʁə̝³³ɴɢə̝⁵⁵ɕy⁵⁵ɕy⁵⁵ "向里爬"	ɣə²⁴dzu³³ "往里跑"
ɦi⁵⁵	—	ɦa̝³³ɴɢə̝⁵⁵ɕy⁵⁵ɕy⁵⁵ "向外爬"	ɦæ²⁴dzu³³ "往外跑"
kʰi⁵⁵	qʰə̝⁵⁵qa³³læ³³læ³³ "来回挞"	—	—

ti⁵⁵	to³³tɕo⁵⁵tɕɚ⁵³ "向上追"	tu³³ku⁵⁵ "往上背"	ti⁵⁵ndy³³ "往上推"
ni⁵⁵	no³³tɕo⁵⁵tɕɚ⁵³ "向下追"	nu³³ku⁵⁵ "往下背"	ni⁵⁵ndy³³ "往下推"
tʰi⁵⁵	tʰo³³tɕo⁵⁵tɕɚ⁵³ "向左追"	tʰu³³ku⁵⁵ "往左背"	tʰi⁵⁵ndy³³ "往左推"
ŋgi⁵⁵	—	ŋgu³³ku⁵⁵ "往右背"	ŋgi⁵⁵ndy³³ "往右推"
ɣi⁵⁵	ɣo³³tɕo⁵⁵tɕɚ⁵³ "向里追"	ɣu³³ku⁵⁵ "向里背"	ɣi⁵⁵ndy³³ "往里推"
ɦi⁵⁵	ɦo³³tɕo⁵⁵tɕɚ⁵³ "向外追"	ɦu³³ku⁵⁵ "向外背"	ɦi⁵⁵ndy³³ "往外推"
kʰi⁵⁵	kʰo³³tɕo⁵⁵tɕɚ⁵³ "催促"	—	—

ti⁵⁵	tɕe̝⁵⁵dzɚ̝³³ "向上撞"	ti⁵⁵li³³ "往上挡"	to³³lə⁵³ "往上放（气球）"
ni⁵⁵	nɕe̝⁵⁵dzɚ̝³³ "向下撞"	ni⁵⁵li³³ "往下挡"	no³³lə⁵³ "往下放（寄东西）"
tʰi⁵⁵	tʰe̝⁵⁵dzɚ̝³³ "向左撞"	tʰi⁵⁵li³³ "往左挡"	tʰo³³lə⁵³ "往左放"
ŋgi⁵⁵	ɴɢe̝⁵⁵dzɚ̝³³ "向右撞"	ŋgi⁵⁵li³³ "往右挡"	—
ɣi⁵⁵	ʁe̝⁵⁵dzɚ̝³³ "向里撞"	ɣi⁵⁵li³³ "往里挡"	ɣo³³lə⁵³ "往里放"
ɦi⁵⁵	je̝⁵⁵dzɚ̝³³ "向外撞"	ɦi⁵⁵li³³ "往外挡"	ɦo³³lə⁵³ "往外放"
kʰi⁵⁵	—	—	kʰo³³lə⁵³ "开（车）"

否定词跟动词词根以及趋向前缀的元音之间出现和谐的现象更为常见。由于否定词常常跟周围别的语素发生元音和谐，因此在沙德木雅语中否定词的元音形式几乎很难确定①。例如：

一般否定 ŋ-	ŋə³³	ŋu³³	ŋo³³	ŋi³³	ŋa³³
过去否定 m-	mə³³	mu³³	me³³		
禁止否定 tɕ-	tɕə³³	tɕu³³	tɕɚ³³	tɕi³³	tɕa³³ / tɕæ³³

（二）送气与否构成反义词

有极少数的反义词跟辅音送气与否密切相关，但该情况特别罕见，目前只发现一例，例如：qʰɑ⁵⁵rɐ³³ "远的" ↔ qɑ⁵⁵rɐ³³ "近的"。相关音变手段还需今后进一步调查。

2.2.2 形态句法中的音变

沙德木雅语的复辅音较匮乏，因此很少由辅音复杂化造成形态句法的变化。但是在某些例子中，元音屈折变化常常会引起形态句法的改变，相

---

① 否定词元音变化的例子见后文"一般否定"部分的详细介绍。

关变化主要通过元音交替手段表达人称、数、体、命令等语法范畴。以下简要罗列元音交替跟人称、数、体的一致性（agreement）变化。例如：

动词词根为 ni⁵⁵tʰæ³³ "踩"，且动作情状为完成
1sg:　　ni⁵⁵tʰø³³ŋɐ²⁴　　　　1dl:　　ni⁵⁵tʰe³³ŋɐ²⁴　　　　1pl:　　ni⁵⁵tʰe³³ŋɐ²⁴
2sg:　　ni⁵⁵tʰæ³³sø²⁴　　　　2dl:　　ni⁵⁵tʰæ³³se²⁴　　　　2pl:　　ni⁵⁵tʰæ³³se²⁴
3sg:　　ni⁵⁵tʰæ³³si²⁴　　　　3dl:　　ni⁵⁵tʰæ³³si²⁴　　　　3pl:　　ni⁵⁵tʰæ³³si²⁴

动词词根为 ni⁵⁵tʰæ³³ "踩"，且动作情状为未完成
1sg:　　ni⁵⁵tʰø³³po⁵⁵ŋɐ²⁴　　1dl:　　ni⁵⁵tʰe³³pe⁵⁵ŋɐ²⁴　　1pl:　　ni⁵⁵tʰe³³pe⁵⁵ŋɐ²⁴
2sg:　　ni⁵⁵tʰæ³³pe⁵⁵　　　　2dl:　　ni⁵⁵tʰæ³³pe⁵⁵　　　　2pl:　　ni⁵⁵tʰæ³³pe⁵⁵
3sg:　　ni⁵⁵tʰæ³³pi⁵⁵　　　　3dl:　　ni⁵⁵tʰæ³³pi⁵⁵　　　　3pl:　　ni⁵⁵tʰæ³³pi⁵⁵

动词词根为 ɦæ³³tɕu⁵⁵tɕɐ⁵³ "含"，且动作情状为完成
1sg:　　ɦæ³³tɕu⁵⁵tɕø⁵⁵ŋɐ²⁴　　　　1dl:　　ɦæ³³tɕu⁵⁵tɕe⁵⁵ŋɐ²⁴
2sg:　　ɦæ³³tɕu⁵⁵tɕæ⁵⁵ra²⁴　　　　2dl:　　ɦæ³³tɕu⁵⁵tɕe⁵⁵ra²⁴
　　　　ɦæ³³tɕu⁵⁵tɕɐ⁵⁵sø²⁴　　　　　　　　ɦæ³³tɕu⁵⁵tɕɐ⁵⁵se²⁴
3sg:　　ɣu³³tɕu⁵⁵tɕɐ⁵⁵ra²⁴/si²⁴　　3dl:　　ɣu³³tɕu⁵⁵tɕɐ⁵⁵ra²⁴/si²⁴
1pl:　　ɦæ³³tɕu⁵⁵tɕe⁵⁵ŋɐ²⁴
2pl:　　ɦæ³³tɕu⁵⁵tɕɐ⁵⁵ra²⁴
　　　　ɦæ³³tɕu⁵⁵tɕɐ⁵⁵se²⁴
3pl:　　ɣu³³tɕu⁵⁵tɕɐ⁵⁵ra²⁴/si²⁴

动词词根为 ɦæ³³tɕu⁵⁵tɕɐ⁵³ "含"，且动作情状为未完成
1sg:　　ɦæ³³tɕu⁵⁵tɕɐ⁵⁵po⁵⁵ŋɐ²⁴　　1dl:　　ɦæ³³tɕu⁵⁵tɕɐ⁵⁵pe⁵⁵ŋɐ²⁴
2sg:　　ɦæ³³tɕu⁵⁵tɕɐ⁵⁵pe⁵⁵ni²⁴　　2dl:　　ɦæ³³tɕu⁵⁵tɕɐ⁵⁵pe⁵⁵ni²⁴
3sg:　　ɦæ³³tɕu⁵⁵tɕɐ⁵⁵pi⁵⁵ni²⁴　　3dl:　　ɦæ³³tɕu⁵⁵tɕɐ⁵⁵pi⁵⁵ni²⁴
1pl:　　ɦæ³³tɕu⁵⁵tɕɐ⁵⁵pe⁵⁵ŋɐ²⁴
2pl:　　ɦæ³³tɕu⁵⁵tɕɐ⁵⁵pe⁵⁵ni²⁴
3pl:　　ɦæ³³tɕu⁵⁵tɕɐ⁵⁵pi⁵⁵ni²⁴

木雅语在表达命令式时也需使用元音交替的手段。主要是当动词词根元音为 i、ə 时，将其变为 y、e 或是 ø；当动词词根元音为 i、ɐ 时，将其变为 æ；当动词词根元音为高元音 u、o 时，将其变为 ø；直接将趋向前缀元音变为 u、æ 表达命令。例如：

ɦæ³³ndzi³³ "吃" → ɦæ³³ndzy³³ "你必须吃！"　　ɦæ³³ndze³³ "你们必须吃！"
ɦæ²⁴tɕʰə³³ "喝" → ɦæ²⁴tɕʰy³³ "你必须喝！"　　ɦæ²⁴tɕʰe³³ "你们必须喝！"
ɦæ³³və³³ni³³ "揉" → ɦæ³³və³³næ³³ "你必须揉！"　ɦæ³³və³³ne⁵³ "你们必须揉！"
kʰə³³ɕu⁵⁵ɕi⁵³ "摸" → kʰə³³ɕu⁵⁵ɕæ⁵³ "你必须摸！"　kʰə³³ɕu⁵⁵ɕe⁵³ "你们必须摸！"
tu³³ku⁵⁵ "背" → tu³³kø⁵⁵ "你必须背！"　　　　tu³³ke⁵⁵ "你们必须背！"

nɑ⁵⁵ʁo³³ "洗"	→ nɑ⁵⁵ʁø³³ "你必须洗！"	nɑ⁵⁵ʁe³³ "你们必须洗！"
kʰə³³jæ⁵³ "看"	→ kʰu³³jæ⁵³ "你必须看！"	kʰu³³je⁵³ "你们必须看！"
tʰɐ³³kʰe⁵³ "给"	→ tʰæ³³kʰæ⁵³ "你必须给！"	tʰæ³³kʰe⁵³ "你们必须给！"

2.3 拼写符号

对于某些没有文字系统的语言，为其创立拼写符号有利于母语者记录相关语料，也能帮助母语者学习母语。民族语言拼写符号的创立应当以语言的实际读音为准，在符号创立上可采用单一符号或多个附加符号叠加的原则，尽可能体现该语言的文化内涵及美学意蕴。沙德木雅语在读音结构上跟藏语有些类似，且民族识别上也属于藏族，因此在创立拼写符号时我们首先借用藏语的威利（Wylie）转写方案。某些沙德木雅语独具特色的语音结构，借用其他语言的拼写符号，且做特殊说明。

2.3.1 辅音符号

表 2–7　　　　　　　　沙德木雅语辅音拼写符号表

国际音标	拼写符号（小写）	拼写符号（大写）	例词
p	p	P	piké "时候"
pʰ	ph	PH	phëlʌ́ "碗"
b	b	B	budé "褥子"
m	m	M	miqé "眼泪"
w	w	W	wakha "那里"
f	f	F	tśhéfi "车费"
v	v	V	vëni "会干……事"
ts	ts	TS	tsïtsaé "小的"
tsʰ	tsh	TSH	tshetshé "细的"
dz	dz	DZ	tédza "辣的"
s	s	S	sívë "好的"
z	z	Z	zï "最（大）"
t	t	T	taelaé "一起"
tʰ	th	TH	thanyí "如果"
d	d	D	dönpaé "七月"

续表

国际音标	拼写符号（小写）	拼写符号（大写）	例词
n̥	n	N	n̥atsý "挤"
l̥	l	L	l̥átsï "麝香"
r	r	R	rumə́ "黄鼠狼"
tʂ	tś	ZR	rotśí "蛇胆"
tʂʰ	tśh	THR	tśhontśoń "白鹤"
dʐ	dź	ZZR	dźe "水獭"
ʂ	ś	SR	tháśi "麻烦"
tɕ	j	J	jënmbë "虾"
tɕʰ	q	Q	qəxá "涝"
dʑ	jj	JJ	vëjji "蝙蝠"
ɲ̥	ny	NY	nyænyi "垃圾"
ɕ	x	X	xevə́ "锁"
ʑ	ż	Ż	żi "猪"
j	y	Y	yapí "铅笔"
k	k	K	tokú "背（起来）"
kʰ	kh	KH	khëző "抓住"
q	q	Q	qánbae "钢"
qʰ	qh	QH	tiqhó "宁可"
ɴ	ń	Ń	zæńaé "大约"
ɣ	ḥ	Ḥ	ḥikí "伸手"
ʁ	r̄	R̄	r̄ētshí "高山麝"
g	g	G	sa̱ngi "地震"
ŋ	ng	NG	ngə́ma̱ "母牛"
x	h	H	hotí "要干……"
χ	x̄	X̄	x̄íni "应该"
ɦ	ḣ	Ḣ	ḣaépae "肯干……事"
rq	rq	RQ	rqaé "走"
ɣj	ḥy	ḤY	ḥyéḥye "轻的"
nb	nb	NB	nbönbő "粗的"

续表

国际音标	拼写符号（小写）	拼写符号（大写）	例词
mb	mb	MB	mbámba̱ "低的"
nd	nd	ND	thaendaé "老的"
ndz	ndz	NDZ	ndzendzé "深的"
ndʑ	njj	NJJ	njjënjjë "薄的"
ndʐ	nzzr	NZZR	nzzrinzzrí "稀的"
ŋg	ṅġ	ṄĠ	ṅġëjé "毛毛雨"
ᶰG	ngg	NGG	nggaetí "合算"

说明：

1. 某些跟藏文拼读相同或相似的读音，采用藏文拼写符号。主要参考孔江平等《藏语方言调查表》(2011)、Nicolas Tournadre 等 "Manual of Standard Tibetan"（2003）、汉语拼音方案等所拟定的拼写符号，若还存在书中未记录符号，根据实际读音由作者自己创立。

2. 拼写符号中的拉丁字母主要使用常见字母，若单一字母无法表达实际音质，就借用其他附加符号，例如：上加、下加符号，重叠拉丁字母，等等。

3. 复辅音拼写规则按照单辅音拼合原则创立，某些复辅音跟单辅音形式一致就采用添加上、下加符号的方法修改符号。

2.3.2 元音符号

表 2-8　　　　　　沙德木雅语元音拼写符号表

国际音标	拼写符号（小写）	拼写符号（大写）	例词
i	i	I	ḥikí "伸（手）"
ɨ	ï	Ï	śɨ́ "缝隙"
e	e	E	mehé "下午"
æ	ae	AE	tosae "天亮"
a	a	A	yazá "去年"
ɐ	a̱	A̱	jjalá "路"
ɑ	ʌ	Ǎ	rʌ "土"
y	ü	Ü	lüjɔ́ "江"
ə	ë	Ë	më "天气"

续表

国际音标	拼写符号（小写）	拼写符号（大写）	例词
ø	ö	Ö	qö́ "小麦"
u	u	U	khu "里面"
o	o	O	jó "瓢"
ĩ	in	IN	pínqë "糨糊"
ẽ	en	EN	penthʌ́ "女婿"
ø̃	ön	ÖN	thönthö́ "房子高"
æ̃	aen	AEN	nggaennggaén "顽皮"
ã	an	AN	zánna "锅烟子"
ḛ	ạn	ẠN	zạ́ngi "太阳穴"
õ	on	ON	lonthú "女式耳环"
ũ	un	UN	punqó "铜箔法器"
ỹ	ün	ÜN	lünqó "年轻"

说明：

1. 元音部分主要采用上、下加符号创立拼写符号，此符号创立方法跟某些使用拉丁字母作为拼写符号的西方语言类似。

2. 若某些借词中出现复元音，复元音部分主要参考汉语拼音方案的拼写符号制定方法。某些在汉语拼音方案中没有的符号则使用上、下加符号。

3. 紧元音拼写符号直接在对应的一般元音拼写符号下画横线。

2.3.3 声调符号

在创立声调符号时主要借助其他声调语言的情况，将各个调类分别归入两个不同的调域中（Yip 2007：229-252）。沙德木雅语是声调发展不太完善的语言，变调情况十分普遍。采用调类标写方法能从一定程度上避免由于变调问题对实际语言记录产生的影响。因此，若采用国际上声调类型的研究传统，沙德木雅语仅需标出两个声调。高调域类型的声调可用声调符号标记，而低调域类型的声调无标记。例如：

表2-9　　　　　　　　沙德木雅语声调符号

调值	调类	声调符号	说明
53、55	高降（高平）	á	高、上升调
24、33	低升（中平）	a	低、无标记

第三章 词汇

基本词或文化词最能体现一个民族的文化内涵及民族认知策略。本章首先介绍沙德木雅语词汇的特点，然后对构词法、词汇的来源及构成等进行详细描写。在词汇来源部分重点介绍沙德木雅语的借词以及同源词，从而对沙德木雅语的词汇特点有一个全面的把握。

3.1 词汇特点

3.1.1 双音节词占优势

沙德木雅语的双音节词占绝对优势。在所调查的 3000 多个词中，有绝大部分都为双音节词，而单音节词只占 667 个左右。双音节词的来源主要跟沙德木雅语的音步要求有关。体词性成分大多都是双音节。由于木雅语具有专用的数标记，因此不管是名词还是代词，在表达具体数范畴时都需要添加数标记，从而添加音节数量。就算数词也会受到双音节化的影响，基数词在单独列举时需要添加通用量词 lø^{33} "个"，最终也增加了音节数。对谓词性成分而言，动词词根大多都需要添加表示趋向的前缀，在音节数量上变为双音节或多音节；单音节形容词数量极其有限，大多需要重叠相同音节来构词。由此可见，沙德木雅语的构词手段严格受到双音节化的制约。

双音节词在沙德木雅语中占有明显优势，而单音节词仅仅出现在某些基本词中。黄布凡、戴庆厦（1992：1-608）统计了木雅语六巴话中的 1822 个词发现单音节词仅 334 个，约占 18.4%。在普通话中，双音节音步导致了普通话中的音节组合，不考虑语义、词法和句法因素，在韵律上优先实现为双音节音步的形式，通过停顿、间歇和其他韵律单位区别开。冯胜利（1998）、戴庆厦（2015）发现汉语以及汉藏语系藏缅语族的景颇语也是双音节音步作为其自然音步。在景颇语中，单音节名词大多能加 a^{31} 构成同义的双音节词。沙德木雅语跟汉语、景颇语类似，在韵律上也是优先实现为双音节音步形式。这种构词倾向主要体现在以下几个方面：

（一）动词以双音节居多

沙德木雅语的动词词根之前常常都需添加一个表示空间位移的趋向前缀（ti³³、tʰi³³、ni³³、ɣi³³、ɦi³³、ŋi³³、kʰə³³，等等），最终将单音节的动词词根变为双音节，例如：nẽ⁵⁵tɕʰɐ³³ "演戏"、kʰu³³jæ⁵⁵ "看"、tu⁵⁵tɕɐ³³ "吸收"、tə³³qa⁵⁵ "睁开"、næ³³mə̃⁵³ "闭"。有时候甚而还会重叠动词词根然后再添加趋向前缀，从而构成三音节或多音节的动词，例如：ɦæ³³tɕu⁵⁵tɕɐ⁵³ "含"、nɐ⁵⁵ŋgu⁵⁵ŋgu⁵⁵ "弄弯"、no⁵⁵gu³³gu⁵⁵ "低头"、kʰə⁵⁵də³³də³³ "搀"、tʰo³³tɕo⁵⁵tɕo⁵³ "追赶"、ɦæ⁵⁵qæ³³læ³³læ⁵³ "挺"、tʰæ̃³³ɴɢə⁵⁵ɕɣ⁵⁵ɕɣ⁵⁵ "爬"。由此可见，动词的主要构词形态都反映出双音节占优势的特点。在我们统计的 478 个动词中，约 354 个动词都带趋向前缀，约占 74.1%，且在音节数量上大多数动词都表现为双音节。

（二）形容词以双音节居多

形容词几乎都是双音节的，它们大多都由单音节重叠而成，词表中很少出现单音节的形容词。采用 AA 式重叠的一般形容词占大多数，例如：nbø³³nbø³³ "粗"、tsʰe³³tsʰe³³ "细"、ri³³ri³³ "长"、tsʰø³³tsʰø³³ "短"、de³³de³³ "宽"、ɣu³³ɣu³³ "窄"，等等。某些形容词即便不依靠叠音方式构词，但在音节数量上也倾向于采用双音节，例如：ki⁵⁵kɐ³³ "大"、tsi³³tsæ⁵³ "小"、tso⁵⁵ma³³ "清"、qə³³ræ³³ "瘦"、ndzã³³kʰu⁵³ "绿的"、tʰæ³³qæ³³ "歪的"、tʂɨ³³ŋɐ⁵⁵ "黏稠的"，等等。某些可以充当谓语的形容词同样不能以单音节形式出现，需要添加趋向前缀使其双音化，例如：næ³³mə⁵³ "腐烂的"、nɐ³³ndzɐ⁵⁵ "破烂"、tø³³me³³ "富裕"、tʰa³³tɕʰa³³ "贫穷"、kʰi³³ŋə³³ "痒"、tə³³qʰæ⁵⁵ "苦涩"、tə³³dzɐ³³ "辛辣"，等等。由此可见，"双音节音步"在形容词中也属于强制性的构词规则。

（三）副词以双音节居多

大多表达程度、范围、状态、时间、频率、情态、语气等的副词都毫无例外地采用双音节形式，例如：mə³³tsʰe⁵⁵ "只"、tæ³³zə⁵⁵ "才"、tso³³kə⁵⁵ "就"、ty⁵⁵dzə³³ "经常"、tɕʰə³³nə⁵³ "还"、tɕʰə³³tɕʰæ⁵³ "太"、me³³me⁵³ "都"、zæ³³næ⁵³ "差点儿"。甚而还会出现三音节或四音节的 ɦæ³³ndɐ⁵⁵lø³³ "不管"、ŋɐ²⁴ɕɐ³³ɕɐ³³ "肯定"、wo²⁴ti³³ti³³ "白白地／随便地"、tsʰi⁵⁵si³³kʰæ³³ "刚刚"、tɕʰə⁵⁵jɐ³³rɐ⁵³ "刚好"、ŋə³³ri⁵⁵væ³³si³³ "可能"，等等。某些单音节副词多借自藏语康方言或四川方言，例如：jø²⁴ "又"、kæ²⁴ "更加"，等等。因此，双音节／多音节化广泛见于沙德木雅语的副词中。

3.1.2 造词的意合性

沙德木雅语中某些概念无法像藏语或汉语一样直接使用单音节或双音

节复合形式来表达，某些本民族中不常见（非固有民族词）但实际交流中又必须使用的词，木雅人多使用意合法将多个词叠加，从而构成多音节的合成词。

（一）意义的范畴化

范畴化体现了木雅人对客观事物的认识以及对日常生产中与之密切相关事物的分类①。在汉语里马是古代汉族先民重要的生活帮手，因此古代汉语中有关马的词极其丰富，例如：駉~额白色的马、骧~后右蹄白色的马、騉~后左脚白色的马、騥~前脚全白的马、駽~四蹄全白的马、驙~膝下白色的马、騴~屁股毛色白的马，等等。而沙德木雅语的情况与之类似，有时候同一大类的事物下还有许多属于下位范畴（subcategory）的词。以下根据田野调查中所收集的部分词作一统计。例如：

牛　　公牛类：ŋə³³mɐ³³ "一般公牛"、ndzo⁵⁵ "公牦牛"、zi³³ʁɐ⁵⁵ "公耕牛"、mə³³ʁɐ⁵⁵ "公牛"、mbə³³ji⁵⁵zæ²⁴ "公黄牛"

　　　母牛类：ŋə³³mɐ³³ "一般母牛（黄牛）"、ri⁵⁵ma³³ "母牦牛"、ŋgu²⁴ "有牛角的母牦牛"、ɦæ³³ji⁵⁵gɐ³³lɐ̠⁵³ "没牛角的母牛"

　　　小牛类：mbə³³ji⁵⁵tɕe⁵⁵ "小牛"、dzɑ⁵⁵lo³³ "汉族的小牛"

耳环　　lõ³³tʰu⁵⁵ "藏式耳环（统称）"、ɦa⁵⁵lo⁵⁵ "（男人戴的）长耳环"

风　　mə̠³³mə̠⁵³ "大风"、lõ³³tʰe⁵³ "龙卷风"

奶　　nə³³nø⁵⁵ "人奶"、lə̠²⁴ "动物的奶"

碗　　pʰə³³la̠⁵³ "人的碗"、zø⁵⁵pʰə³³ "动物的碗"、ndzu⁵⁵ri⁵⁵pʰə³³la̠⁵³ "雕龙的碗"

毛　　zə̃³³ndə⁵⁵mo⁵⁵ "猴子的毛、人的毛"、mo⁵⁵ "动物的毛、一般的毛"

饭　　ndzi⁵⁵ "人的饭"、tɕʰu³³tɕʰæ⁵³ "牛食（汤类）"、kʰə³³ndzɨ⁵⁵ "狗食"、zi³³ndɨ⁵⁵ "猪食"

衣服　　tsɨ⁵⁵ŋə⁵³ "日常穿的衣服"、ndzə⁵⁵ "裤子相连的衣服"、ze³³ɐ̠⁵³ "僧袍"（借藏语）

帽子　　so⁵⁵dzæ⁵³ "结婚的帽子"、ta̠⁵⁵ "僧人的帽子"（借藏语）

锅　　ndi⁵⁵ "大平底锅"、mẽ³³kʰæ⁵³ "大蒸锅"

屎　　ɕə̠⁵⁵ "人屎"、rɐ³³vo⁵⁵ "马屎"、tɕʰæ̃³³mbɑ⁵⁵ "牛屎"、zi³³ɕə̠⁵⁵ "猪屎"、kʰə⁵⁵ɕə̠⁵⁵ "狗屎"、mi³³pə̠⁵³ "眼屎"、ŋi⁵⁵tɕʰə⁵³ "耳屎"

---

① 范畴化（categorization）是人类在歧异现实中所看到的相似性和相关性，并据此将可分别的不同事物处理为相同，从而对世间万物进行分类。木雅语中根据意义范畴化的造词手段与范畴原型（prototype）有关，主要是词义范畴中原型性更高的成员具有更多与同类其他成员共有的属性，但原型范畴具有层次概念，可以进一步细分为隶属的类。

除了将上位范畴细分为若干下位范畴外，沙德木雅语还可用同一上位范畴对应汉语中的若干下位范畴。该类情况一般都不需要区分词义，只要意义相近就用同一个词表达。例如：

ʁə²⁴"鱼"	ʁə²⁴"鲤鱼"、ʁə²⁴"鳙鱼"、ʁə²⁴"鲫鱼"、ʁə²⁴"甲鱼"，等鱼类
bə̃⁵⁵mba³³"青蛙"	bə̃⁵⁵mba³³"癞蛤蟆"、bə̃⁵⁵mba³³"牛蛙"，等所有蛙类
ro⁵³"蛇"	ro⁵³"毒蛇"、ro⁵³"蟒蛇"、ro⁵³"水蛇"、ro⁵³"眼镜蛇"、ro⁵³"菜花蛇"、ro⁵³"竹叶青蛇"，等所有蛇类
ŋgə³³"锅"	ŋgə³³"饭锅"、ŋgə³³"菜锅"，等所有锅的种类
ma³³"食用油"	ma³³"菜籽油"、ma³³"芝麻油"、ma³³"花生油"，等油类
tsʰɐ³³wu⁵³"孙子"	tsʰɐ³³wu⁵³"侄子"、tsʰɐ³³wu⁵³"外甥"、tsʰɐ³³wu⁵³"外孙"孙子辈（男性），很难区分具体亲属称谓
tsʰɐ³³mu⁵⁵"孙女"	tsʰa³³mo⁵³"外甥女"、tsʰa³³mo⁵³"外孙女"孙女辈（女性）
kʰi²⁴"弟弟"	kʰi²⁴"弟弟"、kʰi²⁴"弟媳"、kʰi²⁴"妹夫"、kʰi²⁴"堂兄"、kʰi²⁴"表兄"等同辈分的某些亲属称谓
ɦæ³³tɕi⁵⁵"耙地"	ɦæ³³tɕi⁵⁵"锄地"
ɦæ̃²⁴tɕʰə³³"喝"	ɦæ̃²⁴tɕʰə³³"抽烟"

由此可见，在沙德木雅语中词的范畴化大致可分为两类：同一上位范畴对应多个下位范畴，多个下位范畴之间不作区分同时对应一个上位范畴。依靠以上表达策略，某些语义范畴在沙德木雅语中似乎很难具有固定的词性类别，这也是认知策略上的模糊性在沙德木雅语中的具体表现。

（二）造词的理据性

理据性是沙德木雅语重要的造词方法，这使得沙德木雅语中许多词都呈现双音节或多音节化。通过对常用词的考察我们发现大量的多音节词都采用"理据性造词"的方法。当母语者遇到很多在汉语或周边藏语中有，而木雅语中没有的概念时，出于表达需要，他们要不直接采用借词，要不直接翻译目标语言的概念，从而使汉语或藏语中的同类概念在木雅语中的表达更为复杂，这一造词策略最终丰富了沙德木雅语的词汇数量。依靠理据方法造的词大多属于多音节的。以下罗列了一些较为常见的依靠理据性造成新词的例子。例如：

理据性造词的例子	内部结构	词义
tæ³³ɣæ⁵³tɕ⁵⁵li⁵³	tæ³³ɣæ⁵³ "月" + tɕ⁵⁵li⁵³ "一个"	满月
ndzɐ³³lɐ⁵³kə⁵⁵vɑ⁵³	ndzɐ³³lɐ⁵³ "路" + kə⁵⁵vɑ⁵³ "分开"	岔路
ji⁵⁵tʰi³³tɕʰə⁵³	ji⁵⁵ "酒" + tʰi³³tɕʰə⁵³ "灌"	说媒（灌酒）
mo³³mo⁵⁵kʰu⁵³	mo³³mo⁵⁵ "馍馍" + kʰu⁵³ "里面"	包子馅

（三）词义的意合性

意合型造词主要是对汉语中类似的某些复合词进行翻译，从而表达相关义项。从结构上看，沙德木雅语由意合造词法造的新词更像是以短语结构表达词汇意义。这类造词法是为了弥补木雅语中数量有限的词，同时也是新事物、新概念进入木雅语的体现。该类词汇数量也较多。例如：

沙德木雅语词形	汉语对应结构的意义	木雅语词义
tu⁵⁵pʰɐ³³	吐出来	害喜
mə³³ŋi⁵⁵ki³³kɐ⁵³	思想大的人	大人
ɦæ³³tɐ⁵⁵tɐ³³	扭动走动	崎岖
ŋi⁵⁵ɦæ³³nə⁵⁵ke³³rqæ⁵³	亲戚家里去	串门
ʔɐ³³tsi⁵⁵le⁵³qʰə³³tɕɐ⁵⁵re³³si³³kə⁵⁵	按照那个来说	对于

由意合型造词法造成的新词在沙德木雅语中占有相当大的比重。事实上，该类造词法的使用也跟被调查人的文化水平有关。某些年龄稍长的母语者文化水平并不特别高，当遇到某些生僻词时，他们倾向于使用该方法造成新词，从而表达具体含义。某些年轻人文化程度较高，能够更好理解调查语言中相关词的意义，能较为清楚地回忆起自己母语中对应的词。因此，选取年长的人作为调查人虽则能较为完整地反映沙德木雅语的面貌，但是在某些细节方面也往往出现不尽如人意的地方：年长发音人概念理解混淆、词义表达不准确、无法采用精确的表达方式，这也是词汇调查需多加关注的地方。

3.2 构词法

构词法主要分为屈折和派生两类方法。屈折构词属于同一词内不同形式之间的变化，屈折构词法并不构成新词。派生构词用来构成新词。沙德木雅语的前缀和后缀十分丰富，有某些中缀（infix），但目前还未发现环缀（circumfix）。木雅语的形态变化较为丰富，构成新词的方法多样，多采用复合、派生、重叠或词干交替的手段构成新词。某些实词还可添加黏着型的前缀、后缀，中缀一般不出现在单一构词形态中，它主要跟表达某些语法功能的形态相关。

从音节多寡看，单音词数量较少，而多音词的占比较大。在调查的3000个词中，单音词仅有660个左右。单音节一般出现在某些表达"人称、数字、人物、常见动物、身体部位、动作、天文地理"等类型的基本词中，而其他类型的词多是双音节或三音节的。跟周边某些羌语支语言相比，沙德木雅语中元音和谐现象更为普遍，合音现象明显，合音情况主要出现在某些表达语法功能的形态变化中。

从韵律角度看，沙德木雅语更像是采用"双音节音步"构词的语言。三音节或三音节以上的词数量不多，一般不见于基本词中。在附录3000词表里，发音人偶尔采用多音节对译汉语的单音节或双音节词，但事实上，很多表达都出现了"羡余"的情况，即：发音人以意译手法，采用短语去翻译不熟悉的单音节或双音节词。

以下从语素分布、复合法两个方面分别介绍沙德木雅语的构词法。

3.2.1 语素分布

沙德木雅语的语素可分为定位和不定位两种类型。定位语素位置固定，一般不可以单独使用，多表现为词缀；不定位语素可以单独使用，而且还可跟别的语素构成新词，多表现为词根形式。表示动词趋向的 ti^{33}-、$t^h i^{33}$-、$ȵ^{33}$-、$ʝi^{33}$-、$ɦi^{33}$-、$k^hə^{33}$-、q^hi^{33}-、$ŋgi^{33}$-、$ɴgi^{33}$-、$ʁi^{33}$-等等都不能单独使用，它们是定位的；而表示名词亲属称谓的$ʔæ^{33}$-，名词小称的-$tɕe^{33}$，双数和复数的-$nə^{33}zi^{33}$、-$nə^{55}$，名物化的语素-mi^{33}、-ri^{33}/$rø^{33}$-、-$rɤ^{33}$、-$zə^{33}$、-$tsɿ^{33}$、-$ɣæ^{33}$、-wu^{33}都必须跟核心成分添加在一起，属于定位语素；表示形容词程度的 $kæ^{33}$-、zi^{33}-、$q^hɑ^{55}ro^{55}$-几乎不能脱离形容词单独使用，它们属于定位语素。

汉语中不定位语素跟别的语素组合时位置特别灵活，不过这部分不定位语素在沙德木雅语中却往往置于词首位置。沙德木雅语中这类位置不确定的语素有别于汉语中位置绝对固定，像词缀一样的定位语素，但又不能称作位置绝对灵活的语素。这部分位置鉴于定位和不定位之间的语素更像是"准定位"的类型。除此"准定位"的语素外，沙德木雅语还有一批近似汉语不定位语素一样的语素类型。例如：

语素举例	沙德木雅语的词	语素的分布	汉语中的位置分布
羊（绵羊）	ʁa̠³³tʰy⁵³ "公羊"	ʁa̠³³～羊在前	"羊"在后
	ʁa̠³³re³³bɐ³³ "羊皮"	ʁa̠³³～羊在前	"羊"在前
刀	ri³³tɕe⁵³tɕe⁵³ "小刀"	ri³³～刀在前	"刀"在后
	ri³³pə⁵⁵ɕy⁵⁵ "刀鞘"	ri³³～刀在前	"刀"在前
肉	ndo³³kʰi³³sø⁵⁵næ³³ "烟熏肉"	ndo³³～肉在前	"肉"在后
	ndo³³re³³mbo³³ "肉皮"	ndo³³～肉在前	"肉"在前
花	kʰẽ³³bə⁵³me³³to⁵³ "桃花"	me³³to⁵³～花在后	"花"在后
	me³³to⁵⁵ndʐə³³bu⁵³ "花蕊"	me³³to⁵³～花在前	"花"在前
烟	tu⁵⁵wæ³³qʰə³³dø³³ "烟头"	tu⁵⁵wæ³³～烟在前	"烟"在前

由此可见，沙德木雅语的语素根据位置分布不但可以分为定位型和不定位型，而且还可分为其特有的"准定位型"语素，这类语素往往对应于汉语中的定位语素。

3.2.2 复合法

从词汇内部结构看，沙德木雅语共有四种类型的合成词，即联合型、偏正型、宾动型、主谓型。此外，木雅语中还有一些词涉及重叠型、状貌型等构词手段。汉语中常见的构词法还有连动型，但沙德木雅语一般不具有典型的连动式，递连动词之间需要使用别的语法标记连接，因此该类连动结构在木雅语中不能算作构词法讨论的范围。以下逐一介绍木雅语中由复合法构成的词语。

（一）联合型

沙德木雅语中不能直接将意义相同、相似或相反的两个语素直接排列在一起构成联合型合成词，它们之间必须添加连词 ri³³ "和"。某些汉语中的双音节联合型合成词对应到沙德木雅语中却变成单音节的词。即便是以双音节表示，两个语素之间也无必然关系，或者说两者之间无法拆开单独理解。由此可见，联合型构词法在沙德木雅语中并不能产。

以下例子分别比较了汉语中的联合型合成词与沙德木雅语中的对应表达式。例如：

汉语联合型合成词	木雅语的对应形式	木雅语的构词说明
声音	ndzæ³³ "声音"	单音节
牙齿	χʐ⁵⁵ "牙齿"	单音节
锣鼓	ŋæ³³ "锣鼓"	单音节
休息	ɣi²⁴ɲi³³ "休息"	双音节但不可拆分理解
心肠	sæ̃³³mbæ⁵³ "心肠"	双音节但不可拆分理解
雷电	ti⁵⁵lʐ³³ "雷电"	双音节但不可拆分理解
子孙	pə⁵⁵tsʰi³³ "子孙"	双音节但不可拆分理解
买卖	tsʰo⁵⁵də³³dzæ³³ "买卖"	多音节但不可拆分理解
早晚	nɛ³³ŋɛ⁵³ri³³tʰə³³ʁə⁵³ "早上和晚上"	多音节之间加连词
猪狗	zi³³ri³³kʰə³³ "猪和狗"	多音节之间加连词
花草	me³³to⁵⁵ri³³ɣu²⁴ "花和草"	多音节之间加连词
远近	qʰɑ³³ʐɛ³³ri³³qɑ³³ʐɛ⁵⁵ "远和近"	多音节之间加连词

（二）偏正型

汉语的偏正型合成词主要由[定+中]式偏正型构成。偏正型在沙德木雅语中同时还可以将修饰语放在核心名词之后，中间不需添加任何语法标记，从而构成[中+定]偏正型合成词。偏正结构中的修饰语除了由形容词充当外，还可由名词充当，此时采用[定+中]语序。偏正型合成词在木雅语中主要表现为"名词+名词=名词""名词+形容词=名词""形容词+名词=名词"三种结构。

以下偏正型合成词具有"名词+名词=名词"的内部结构。例如：

[名词+名词]类偏正型	内部结构
tsʰi³³rø⁵⁵tɕe⁵³ "木屋"	tsʰi³³rø⁵⁵ "木板" + tɕe⁵³ "房子"
ɕe⁵⁵di³³ "铁锅"	ɕe⁵⁵ "铁" + di³³ "锅"
ŋgu³³tɕe⁵⁵ pʰə³³la⁵³ "银碗"	ŋgu³³tɕe⁵⁵ "银" + pʰə³³la⁵³ "碗"
ɣu²⁴tɕe⁵³ "草棚"	ɣu²⁴ "草" + tɕe⁵³ "棚子"
ndi⁵⁵kʰæ³³lʐ⁵³ "锅盖"	ndi⁵⁵ "锅" + kʰæ³³lʐ⁵³ "盖子"
tsʰi³³rø⁵⁵gɐ³³ "木箱"	tsʰi³³rø⁵⁵ "木制品" + gɐ³³ "箱子"
me³³to⁵⁵dæ³³mæ³³ "花边"	me³³to⁵⁵ "花儿" + dæ³³mæ³³ "衣角"

而以下的偏正型合成词具有"名词+形容词=名词"的内部结构。例如：

[中+定]类偏正型	内部结构
wa³³tsi⁵⁵tɕʰɑ⁵⁵mɑ⁵³ "臭袜子"	wa³³tsi⁵⁵ "袜子" + tɕʰɑ⁵⁵mɑ⁵³ "臭的"
ŋə⁵⁵qʰə⁵⁵sø⁵⁵rø⁵³ki³³kɐ³³ "大耳朵"	ŋə⁵⁵qʰə⁵⁵sø⁵⁵rø⁵³ "耳朵" + ki⁵⁵kɐ³³ "大的"
qʰo⁵⁵pa⁵³ki³³kɐ³³ "高个儿"	qʰo⁵⁵pa⁵³ "个子" + ki³³kɐ³³ "高的"
pẽ³³tʰe⁵³tsɐ⁵⁵tsɐ⁵³ "热椅子"	pẽ³³tʰe⁵³ "板凳" + tsɐ⁵⁵tsɐ⁵³ "热的"
χa̠⁵³sæ³³pæ⁵³ "新鞋"	χa̠⁵³ "鞋子" + sæ³³pæ⁵³ "新的"
ŋə³³tsø⁵³tɕʰɑ³³mɑ³³ "臭嘴"	ŋə³³tsø⁵³ "嘴巴" + tɕʰɑ³³mɑ³³ "臭的"

采用"形容词+名词=名词"构成的偏正合成词在沙德木雅语中的数量并不太多,这类语序结构的合成词大多借自周边的藏语方言,此处不再赘述。

（三）宾动型

宾动型合成词主要由动词跟宾语构成。沙德木雅语宾动型合成词的宾语一律放在动词之前。若动词前有趋向前缀,趋向前缀就需要置于宾语跟动词词根之间,呈[宾语—趋向前缀+动词词根]的语序。例如：

木雅语的词	内部结构
xə⁵³ɦɑ³³ʂɑ⁵³ "刷牙"	xə⁵³ "牙" + ɦɑ³³ʂɑ⁵³ "刷"
ɣu²⁴tʰɐ³³mu³³ "喂草"	ɣu²⁴ "草" + tʰɐ³³mu³³ "喂养"
tɕə⁵⁵kʰə³³tə³³ "浇水"	tɕə⁵⁵ "水" + kʰə³³tə³³ "浇"
sø⁵⁵tʂʰæ⁵³ɲi³³χi⁵³ "放心"	sø⁵⁵tʂʰæ⁵³ "担忧" + ɲi³³χi⁵³ "不离开"
kʰo⁵⁵pa⁵⁵na⁵⁵ɣo³³ "洗澡"	kʰo⁵⁵pa⁵⁵ "身体" + na⁵⁵ɣo³³ "洗"
tsʰe³³no³³tʂʰi³³ "切菜"	tsʰe³³ "菜" + no³³tʂʰi³³ "切"
ʁə²⁴tʰi³³xæ⁵³ "开门"	ʁə²⁴ "门" + tʰi³³xæ⁵³ "开"
gẽ³³ndi⁵⁵na⁵⁵zi³³za³³ "叉腰"	gẽ³³ndi⁵⁵ "腰腹部" + na⁵⁵zi³³za³³ "握住"

（四）主谓型

主谓型合成词在沙德木雅语中主要按照主语在前,谓语在后的语序排列,这部分词数量并不是特别多。某些汉语中的主谓型合成词在沙德木雅语中却只能使用单音词表达。例如：

木雅语的词	内部结构
nə̠³³qʰə³³tsy³³ "日出"	nə̠³³ "太阳" + qʰə³³tsy³³ "升起"
ji⁵⁵ro³³kʰu³³ɦæ³³zi⁵³ "体瘫（瘫痪）"	ji⁵⁵ro³³kʰu³³ "身体" + ɦæ³³zi⁵³ "瘫掉"

mə⁵³to⁵⁵sæ⁵³ "天亮"	mə⁵³ "天" + to⁵⁵sæ⁵³ "亮了"
nə̰³³nu³³ɕə⁵³ "日落"	nə̰³³ "太阳" + nu³³ɕə⁵³ "落山"
χə̰³³tə³³ŋe³³ "牙痛"	χə̰³³ "牙齿" + tə³³ŋe³³ "疼痛"
tɕʰe⁵⁵rə³³næ³³ᴺGə³³ "骨折"	tɕʰe⁵⁵rə³³ "骨头" + næ³³ᴺGə³³ "折断（骨折）"

（五）重叠型

重叠型构词是沙德木雅语中常见的一种构词方法。动词、形容词、副词和疑问代词一般都能够重叠。重叠型在汉语中也是一种较为能产的构词方法，但汉语中的语素重叠并非单一且必要的构词形态，一旦语素重叠后，大多表达数量多、动作尝试性等额外的语义。沙德木雅语的重叠型构词手段是强制性的，也就是说，大多由语素重叠型构成的词都不能以单一语素组成新词，因此某些词结构从形态上看属于"强制性重叠"构词。

重叠词在木雅语中并不表达额外的语法意义，仅仅是受本语言双音节或多音节音步构词的强制需要。某些动词需要重叠动词词根，然后添加上趋向前缀构成多音节形式。动词词根能直接重叠，可以没有内部语音变化。但大多数重叠的动词词根最后一个音节的元音容易跟趋向前缀发生元音同化，从而变成开口度较大的元音 a、ɐ、æ、ɑ 等等。但也有特例，例如以下的 ɦæ³³ndʐi³³ndʐi̥³³ "瞄准"，动词最后一个音节的元音并未被趋向前缀同化。但该类型极其特殊，在 3000 词表中仅仅出现几例，多数情况下动词词根重叠后末尾一语素的元音都需要跟趋向前缀保持元音和谐①。例如：

木雅语的词	内部结构
pʰu⁵⁵tə³³tə³³ "吹"	pʰu⁵⁵ "噗" + tə³³ "上方" + tə³³ "说"
no⁵⁵gu³³gu³³ "低头"	no⁵⁵ "直下方" + gu³³gu³³ "低头"
tʰɐ³³tɕʰə⁵⁵tɕʰə³³ "搬"	tʰɐ³³ "向彼方" + tɕʰə⁵⁵tɕʰə³³ "搬"
kʰə³³ti⁵⁵ti⁵⁵ "遇见"	kʰə³³ "不定方" + kʰə³³tu⁵³ "偶遇"
ɣə²⁴zo³³za³³ "搓"	ɣə²⁴ "上游方" + zo³³za³³ "搓"
ɦɑ³³pʰo⁵⁵pʰa⁵⁵ "埋"	ɦɑ³³ "下游方" + pʰo⁵⁵pʰa⁵⁵ "埋"
nɐ⁵⁵tɕə³³tɕɐ³³ "扎"	nɐ⁵⁵ "直下方" + tɕə³³tɕɐ³³ "扎"
næ³³rə⁵⁵ræ⁵⁵ "搅拌"	næ³³ "直下方" + rə⁵⁵ræ⁵⁵ "搅拌"

---

① 此部分例子中虽则分析了添加趋向前缀后的动词结构，但事实上当这些动词省略了趋向前缀后都无法单独使用（动词词根不能单独成词，属于不自由语素）。为了方便，此处尝试对动词词根的意义进行分析。从动词跟趋向前缀的黏着关系看，趋向前缀已经跟动词词根发生了词汇化。

ɦɑ³³qɤ⁵⁵qɑ⁵⁵ "掏"	ɦɑ³³ "下游方" + qɤ⁵⁵qɑ⁵⁵ "掏"
tʰɑ³³tɕo⁵⁵tɕɑ³³ "跟随"	tʰɑ³³ "向彼方" + tɕo⁵⁵tɕɑ³³ "跟随"
ɦɑ²⁴qo⁵⁵qɑ⁵⁵ "刨食"	ɦɑ²⁴ "下游方" + qo⁵⁵qɑ⁵⁵ "刨食"
ʁə̣³³rə̣³³ræ³³ "绞"	ʁə̣³³ "上游方" + rə̣³³ræ³³ "绞"
tʰɐ³³mi³³mæ³³ "打听"	tʰɐ³³ "向彼方" + mi³³mæ³³ "打听"
ɦæ³³ndʑi³³ndʑi³³ "瞄准"	ɦæ³³ "下游方" + ndʑi³³ndʑi³³ "瞄准"

使用重叠型构词法构成的形容词在木雅语中最为常见。通过对 3000 词词表的统计，在 190 个形容词中，有 66 个都主要通过词根重叠的方式构成。从内部形态变化看，形容词重叠可采用三种不同的手段：直接重叠形容词词根，不发生任何内部音变，该类情况多见于双音节形容词；直接重叠形容词词根，不发生内部音变，但词根前需添加趋向前缀，该类情况多见于三音节形容词；直接重叠双音节形容词末尾一音节，不发生内部音变，词根之前也不添加趋向前缀。下面分别列举这三种重叠方式：

木雅语的词	内部结构
zi³³zi³³ "活的"	词根重叠
və³³və³³ "嫩的"	词根重叠
qø³³qø³³ "生的"	词根重叠
tɑ³³tɑ³³ "准确的"	词根重叠
ke³³ke⁵⁵ "空闲的"	词根重叠
tʂʰi³³tʂʰi³³ "节约的"	词根重叠
sɑ³³sɑ³³ "聪明的"	词根重叠
tʰə⁵⁵gy³³gy³³ "凸的"	词根重叠并添加趋向前缀
nɑ³³qʰo³³qʰo³³ "凹的"	词根重叠并添加趋向前缀
tʰi⁵⁵tʂʰe³³tʂʰe³³ "横的"	词根重叠并添加趋向前缀
pə³³re³³re³³ "模糊的"	重叠双音节词的末尾音节（无趋向前缀）
mbo³³ro³³ro³³ "麻利的"	重叠双音节词的末尾音节（无趋向前缀）
ŋẽ³³tʰæ̃³³tʰæ̃³³ "黑色的"	重叠双音节词的末尾音节（无趋向前缀）
pə³³ɕæ³³ɕæ³³ "灰色的"	重叠双音节词的末尾音节（无趋向前缀）

某些副词也是依靠重叠词根的方式构成的，不过跟动词或形容词的重叠构词形态相比，副词词根重叠的情况并不常见。副词词根重叠的方式同

样也可分成三大类：直接重叠词根构成双音节副词；重叠双音节的末尾一个音节构成三音节副词，词根内部不发生音变；重叠双音节末尾一个音节，但词根内部都会发生音变。其中第三类情况较少见，目前在词表中仅仅拾得一例，这类情况还需今后大量调查扩充语料。例如：

重叠类型	木雅语的词	内部结构
情况1	me^{33}me^{53} "都、一共"	词根重叠，无音变
情况2	wo^{24}ti^{33}ti^{33} "随便、白白地"	重叠双音节词的末尾音节
	ŋɐ^{24}ɕɐ^{33}ɕɐ^{33} "肯定"	重叠双音节词的末尾音节
情况3	tɕʰə^{33}tɕʰæ^{53} "很、特别"	词根重叠，有音变

需要说明的是，沙德周边某些羌语支语言可采用动词词根重叠的方法来表达相互关系[①]，但木雅语却不能将动词词根重叠从而表达相互关系。

（六）状貌型

状貌型构词（ideophone）通过对客观事物行为方式、颜色、声音、气味的描绘从而达到声情并茂的表达效果，它是人类语言表达客观世界象似性的重要手段。沙德木雅语的形容词大多以重叠形式构词，主要采用 ABB 的形式重叠双音节形容词的末尾音节，能对事物的颜色、气味状态、性质进行绘声绘色的刻画。例如：

ŋi^{55}tu^{33}tu^{33} "红通通"　　tʂø^{55}lø^{33}lø^{33} "白茫茫"　　nə^{55}zi^{33}zi^{33} "黄灿灿"
na^{55}qo^{33}qo^{33} "黑黢黢"　　ŋ^{55}si^{33}si^{33} "蓝唑唑"　　tsʰẽ^{55}ŋa^{33}ŋa^{33} "瘦嘎嘎"
tə^{55}lə^{33}lə^{33} "矮咯咯"　　mbə^{55}du^{33}du^{33} "粗嘟嘟"　　to^{55}gø^{33}gø^{33} "细咕咕"

但是木雅语很难像汉语一样对客观事物行为方式进行生动地刻画，因此很难表达"唧唧咋咋叫、咕噜咕噜转、滴答滴答响、啪啦啪啦炸"等状貌刻画方式，取而代之的是直接使用动词。状貌型构词在沙德木雅语中并不多见，数量远远不及周边嘉戎语族的语言丰富。

除以上构词法外，加缀型构词在沙德木雅语中也较为常见。一般是名词添加"数、小称、亲属称谓"等词缀；形容词添加"程度、级"等词缀；动词通过添加"体、式、貌"等词缀，以及专用的"名物化"词缀，从而表达相应的功能。加缀型构词跟不同词类的语法表现有关，以下各章在描写不同词类时再具体介绍加缀型对词义变化的影响。

---

① 例如雅江木绒扎坝语的 bdwe^{55}bdwe^{53} "（相互）打架"、mɲa^{55}mɲa^{53} "（相互）捉迷藏"、ɕə^{55}ɕə^{33} "（相互）认识"、pə^{55}pə^{33} "（相互）亲嘴"（田野调查语料）。

3.3 词汇的来源

3.3.1 固有词

除了一大批民族特色词以外，沙德木雅语里还有某些源于原始藏缅语的同源词。黄布凡、戴庆厦（1992）记录了中国境内藏缅语中 1822 个常用词并对其进行了比较，其中木雅语与其他藏缅语的同源词数量比例大致达到了 36%。孙宏开（2016）更为详尽地比较了羌语支诸语言中的 400 个同源词，从中也能进一步窥探沙德木雅语和其他亲属语言的同源词类型。该研究为挖掘原始藏缅语的雏形、历史比较及构拟、考察沙德木雅语的存古现象等提供了十分丰富的材料。并且作者认为木雅语跟西夏语的同源词数量最多。

与此同时，沙德木雅语受周边其他语言影响较深，在祭祀、民俗文化生活、节庆、婚丧、礼俗、社会称谓等领域中借入了大量的藏语借词。近些年由于汉族文化对康区少数民族的影响，沙德木雅语也借入了大量的四川方言词。根据刘辉强（1985）的统计，木雅语中藏语借词约占借词总量的 90%，借入的大多是名词，其次是数词和动词。汉语借词约占总数的 30%，借入的大多是名词，其次是动词和形容词[①]。

沙德木雅语的固有词不管是在名词、动词、形容词，还是量词、代词、连词中都有大量分布的情况，其中某些词跟周边藏缅语同源，有的是木雅语所特有的。数词大多借自藏语，因此本节不作介绍。下表 3-1 首先简要罗列沙德木雅语的某些固有词。

表 3–1　　　　　　　　　沙德木雅语的固有词

窟窿	ndzə³³rø⁵⁵	缝儿	ʂi⁵³
石	dzo³³	土	rɑ³³
烟	mũ⁵⁵kʰə⁵³	今年	pə⁵⁵vɑ³³
每天	si⁵⁵ɣo³³	上面	kɐ³³tə⁵³tɕʰɐ³³
乌鸦	qɑ⁵⁵ræ⁵⁵	爪子	ræ³³dzæ⁵⁵
白唇鹿	tsɐ⁵³	四川羚羊	ndzɑ⁵³

---

① 刘辉强（1985）的相关研究中仅仅提供了木雅语中借词不同来源的占比，并未详细介绍借词的类型、借词内部构造以及借词借入的方式等信息。本小节的研究除了总结 3000 词表中借词的数量，同时以表格形式介绍借词的类型，以此更加深入地介绍沙德木雅语借词的内部结构和借入方式。

白马鸡	ma̠⁵³	喜马拉雅山獭	pɐ⁵⁵kə³³rə³³
近	qɑ³³rɐ⁵⁵	浅	tsi³³tsæ⁵³
方	do⁵⁵do³³	尖	ndzɑ³³ndzɑ³³
肥	tsɑ⁵³	瘦	ɕɑ⁵⁵na³³
黑	ŋẽ³³tʰæ̃³³tʰæ̃³³	白	tʂʰø³³tʂʰø³³
熟悉	dzø²⁴jø⁵⁵	陌生	dzɿ³³me⁵³
一（个）	tɐ⁵⁵lø³³	二（个）	tɐ⁵⁵ndzɐ³³
六（个）	tɕʰy⁵⁵lø³³	七（个）	ŋə⁵⁵lø³³
我	ŋə³³	你	næ²⁴
他	ʔɐ³³tsi⁵³	咱们	jɐ³³nə⁵³
刚	tʂʰɿ⁵⁵si³³kʰæ³³	才	tæ³³zø⁵⁵
就	tsə³³kə⁵⁵	经常	tɿ⁵⁵dzə³³
还	tɕʰə³³nə⁵⁵	也	nə²⁴
这个	ʔɐ⁵⁵tsi³³	那个	wɐ²⁴tsi³³
哪个	xɐ⁵⁵tsi³³	谁	ɦæ²⁴nə³³
这样	ʔɐ³³ndɐ⁵⁵lø³³	那样	wɐ⁵⁵ndɐ⁵⁵lø³³
捉迷藏	ku⁵⁵ku⁵⁵qʰə⁵⁵və³³	唱歌	dzɐ⁵⁵lə³³nẽ⁵⁵tʰe³³
演戏	nẽ⁵⁵tɕʰɐ³³	下棋	dzæ⁵⁵kʰə³³dzɐ⁵³
看	kʰə³³tɕɐ⁵³ri²⁴	听	qʰə³³se⁵⁵ɴɢæ⁵³
闻	kʰə³³sø⁵⁵næ⁵³	吸	tʰu⁵⁵tɕə³³
张	tə³³qɑ⁵⁵	闭	nɐ⁵⁵dɐ⁵³
咬	kʰə³³væ⁵⁵læ⁵³	嚼	nɐ³³tsi⁵⁵tsɑ⁵⁵
亲嘴	kʰə⁵⁵və⁵³	吮吸	ɦæ²⁴tɕʰə³³
倒	ɲi³³ndzi̠⁵³	扔	væ⁵⁵næ³³dæ³³
一边	pi⁵⁵ɕy³³	和	ri³³
随	tɕʰi⁵⁵	替	qʰə³³ʁɐ⁵⁵
往	tɕʰɐ³³lɐ³³	如果	tʰɐ³³ɲi⁵⁵
不管	ɦæ³³ndɐ⁵⁵lø³³	趁	zo³³zo⁵⁵ro³³

3.3.2 借词

在木雅语中，凡是本族群里没有的概念都倾向于从藏语康方言或四川方言中借入。源于藏语和四川方言的借词对沙德木雅语的影响已经延伸到整个词汇系统里。沙德虽属于农区，但周边也不乏大量操康巴藏语牧区话以及其他羌语支语言的群体，因此语言的接触情况也在所难免。表 3-2 和表 3-3 分别简略介绍了沙德木雅语中常见的藏语借词和四川方言借词。

表 3-2　　　　　　　　　　沙德木雅语的常见藏语借词

词义	沙德木雅语	藏语	
		Wylie 转写	藏文
星星	ke^{55}mæ^{53}	skar ma	སྐར་མ།
台风	lõ^{33}tʰe^{53}	rlung tshub	རླུང་འཚུབ།
水田	tɕʰə^{55}zɐ^{24}	chu zhing	ཆུ་ཞིང་།
旱地	kɐ^{55}zɐ^{33}	skam zhing	སྐམ་ཞིང་།
山	ri^{24}	ri	རི།
水沟儿	tɕʰə^{33}ɣə^{53}	chu yur	ཆུ་ཡུར།
洪水	tɕʰə^{55}ɕa^{53}	chu log	ཆུ་ལོག
地震	sẽ^{55}gi^{33}	sa yom	ས་ཡོམ།
泥	dã^{33}ba^{55}	'dam	འདམ།
火	mə^{33}	me	མེ།
水	tɕə^{53}	chu	ཆུ།
开水	tɕʰə^{55}kʰi^{53}	chu khol	ཆུ་ཁོལ།
磁铁	tɕã^{55}kʰɐ^{33}lø^{33}	lcags khab len	ལྕགས་ཁབ་ལེན།
年初	lõ^{33}ŋgø^{53}	lo 'go ra	ལོ་འགོ་ར།
年底	lõ^{33}dzu^{53}	lo mjug	ལོ་མཇུག
傍晚	sæ^{33}sø^{53}	sa srib	ས་སྲིབ།
末尾	tʰæ^{33}kʰæ^{33}	mtha' mjug	མཐའ་མཇུག
角儿	zy^{53}	zur	ཟུར།
叶子	lo^{33}ma^{53}	lo ma	ལོ་མ།
花	me^{33}to^{53}	me tog	མེ་ཏོག
荷花	pe^{55}mæ^{53}	pad ma	པད་མ།

续表

词义	沙德木雅语	藏语	
		Wylie 转写	藏文
水果	ɕi⁵⁵ndo⁵³	shing tog	ཤིང་ཏོག
核桃	tæ³³gæ⁵³	star ka	སྟར་ཀ
蘑菇	ɕɐ³³mu⁵³	sha mo	ཤ་མོ
向日葵	ɲi³³mæ⁵³me⁵⁵to⁵³	nyi ma me tog	ཉི་མ་མེ་ཏོག
杜鹃花	ta³³ma⁵⁵me³³to⁵³	stag ma me tog	སྟག་མ་མེ་ཏོག
香菜	wu²⁴si⁵⁵	'u su	འུ་སུ
蒜	go³³pɑ⁵³	sgog pa	སྒོག་པ
老虎	tɑ⁵³	stag	སྟག
蛇	ro⁵³	sbrul	སྦྲུལ
青蛙	bə̃⁵⁵mbɐ³³	sbal ba	སྦལ་བ
狗	kʰɔ²⁴	khyi	ཁྱི
叫	ɦæ²⁴ræ³³	'bod	འབོད
兔子	ri³³vø⁵³	ri bong	རི་བོང
杀	nɐ³³sɐ³³	gsod	གསོད
灶	tʰy³³kæ⁵⁵	thab ka	ཐབ་ཀ
雨伞	ɕo⁵⁵du³³	char gdugs	ཆར་གདུགས
自行车	tɕa⁵⁵tæ⁵³	lcags rta	ལྕགས་རྟ
盐	tsʰi³³	tshwa	ཚྭ
眼睛	mi³³	mig	མིག
眉毛	mi⁵⁵mo⁵³	smin ma	སྨིན་མ
发烧	tsʰæ⁵⁵pæ⁵³	tsha ba rgyas pa	ཚ་བ་རྒྱས་པ
棺材	ro⁵⁵gɐ³³	ro sgam	རོ་སྒམ
灶神	tʰæ⁵⁵læ⁵³	thab lha	ཐབ་ལྷ
寺庙	ŋgu³³nbæ⁵³	dgon pa	དགོན་པ
木匠	ɕi⁵⁵zø³³	shing bzo	ཤིང་བཟོ
继父	pʰæ⁵⁵jæ⁵³	pha g.yar	ཕ་གཡར
继母	mæ⁵⁵jæ⁵³	ma g.yar	མ་གཡར
镰刀	zø³³ɦæ⁵³	zor ra	ཟོར་ར

续表

词义	沙德木雅语	藏语	
		Wylie 转写	藏文
相信	ɣi²⁴tɕʰe⁵³	yid ches	ཡིད་ཆེས
喜欢	gø²⁴ni³³	dga' ba	དགའ་བ
忌妒	tʂʰa⁵⁵to⁵³	phrag dog	ཕྲག་དོག
清澈的	tso⁵⁵ma³³	gtsang ma	གཙང་མ
鲜	sæ³³pæ³³	sos pa	སོས་པ
三	so⁵⁵lø³³	gsum	གསུམ
四	ri²⁴lø³³	bzhi	བཞི
五	ɴɑ⁵⁵lø³³	lnga	ལྔ
九	ŋgə⁵⁵lø³³	dgu	དགུ
二十	ɳi⁵⁵ɕə³³tʰæ³³mbæ³³	nyi shu	ཉི་ཤུ
三十	sø⁵⁵tɕə³³tʰæ³³mbæ³³	sum cu	སུམ་ཅུ
第一	ʔa⁵⁵tã³³bu⁵³	dang po	དང་པོ
刮风	lõ³³tʰe⁵³	rlung g.yab	རླུང་གཡབ
大雨	tɕʰa⁵⁵ɕo³³	char chen	ཆར་ཆེན
土地	sæ⁵⁵tɕʰæ⁵³	sa zhing	ས་ཞིང
岩洞	tʂɑ⁵⁵pʰu⁵³	brag phug	བྲག་ཕུག
漩涡	tɕʰə³³kʰø⁵⁵	chu 'khor	ཆུ་འཁོར
清水	tɕə⁵⁵tso³³ma³³	chu dwangs mo	ཆུ་དྭངས་མོ
火光	mə³³ndæ⁵³	me 'od	མེ་འོད
沸水	tɕʰə³³kʰi³³	chu khol	ཆུ་ཁོལ
初一	tsʰe³³tɕi⁵³	tshes gcig	ཚེས་གཅིག
初二	tsʰe³³ɳi³³	tshes gnyis	ཚེས་གཉིས
东	ɕʋ⁵³	shar	ཤར
南	lø⁵⁵	lho	ལྷོ
寨门	tɑ³³gø⁵⁵	grong sde'i sgo	གྲོང་སྡེའི་སྒོ
弓箭	ndæ³³	mda' gzhu	མདའ་གཞུ
铃	ri³³bu³³	dril bu	དྲིལ་བུ
棉布	re³³	ras	རས

续表

词义	沙德木雅语	藏语 Wylie 转写	藏语 藏文
皮革	qo³³wa⁵³	ko lpags	ཀོ་ལྤགས།
眼角	mi³³zy³³	mig zur	མིག་ཟུར།
药	me³³	sman	སྨན།
药水	me³³tɕə³³	sman chu	སྨན་ཆུ།
毒药	tu³³me³³	dug	དུག
医生	me³³mbæ³³	sman pa	སྨན་པ།
猎人	ŋgæ³³mi⁵³	rngon pa	རྔོན་པ།
老师	ge³³ge⁵⁵	dge rgan	དགེ་རྒན།
证人	tɑ⁵⁵tə³³pʰi³³mi³³	dpang mi	དཔང་མི།
子女	pu⁵⁵dzə³³	bu phrug	བུ་ཕྲུག
侄女	tsʰɐ³³mu⁵⁵	tsha mo	ཚ་མོ།
县	ndzõ	rdzong	རྫོང་།
纸	ɕo⁵⁵wu³³	shog bu	ཤོག་བུ།
债	pə³³lø⁵⁵	bu lon	བུ་ལོན།
输	nẽ³³pʰɐ³³	pham	ཕམ།
假	ndzø³³mæ³³	rdzun ma	རྫུན་མ།

表 3-3　　　　　沙德木雅语的常见四川方言借词

词义	沙德木雅话	四川方言①
打麻将	ma³³tɕa⁵³kʰə³³dzɐ⁵³	ta⁴²ma³¹tɕiaŋ¹³
毛	mo⁵³	mau³¹
玉米秆	ji²⁴mi³³dɐ³³nbɐ⁵³	jy¹³mi⁴²kan⁴²
玉米须	ji²⁴mi³³tsʰa³³lo⁵³	jy¹³mi⁴²ɕy⁵⁵

---

① 藏语以及四川方言记音方法主要根据第一作者及项目团队成员母语的自省方式记录。四川方言音系结构参照杨时逢（1984：476）所列达州音系。因作者的母语为四川达州方言，作者自省能力较强。藏语的记录主要参考项目成员、新都桥藏语母语者呷让拉姆的母语自省转写。音系特征上，达州方言音系跟重庆方言音系比较近，都属四川方言成渝小片。沙德等地川西片区所使用的四川方言除了有成渝片区域的四川方言外，当地藏族居民主要讲康藏小片的四川方言（黄雪贞1986），因此在读音上沙德当地的四川方言跟成渝片的四川方言还是存在少许差别。

续表

词义	沙德木雅话	四川方言
萝卜干	lɐ⁵⁵pʰə³³qə⁵⁵ræ³³	lo³¹pu¹³gan⁵⁵
萝卜缨子	lɐ⁵⁵pʰə³³lo³³ma³³	lo³¹pu¹³in⁵⁵tsɿ⁴²
级	tɕe⁵³	tɕi³¹
尺子	tʂʰi³³tsi³³	tsʰɿ³¹tsɿ⁴²
烧水壶	tʂʰa³³xu⁵³	ʂau⁵⁵ʂuei⁴²fu³¹
棉被	pʰu³³ke⁵³	mien³¹pei¹³
毯子	tʰã⁵⁵dzi³³	tʰan⁴²tsɿ⁴²
花盆	me³³tɐ⁵⁵pʰẽ³³zi⁵³	xua⁵⁵pʰən³¹
牙膏	ja³³kɐ³³	ia³¹kau⁵⁵
手机	ʂu³³tɕi³³	sɔu⁴²tɕi⁵⁵
飞机	fi³³tɕi³³	fei⁵⁵tɕi⁵⁵
粉	fẽ⁵³	fən⁴²
粉丝	fi⁵⁵tʰjau³³	fən⁴²tʰiau³¹
豆腐干	tu³³fu⁵⁵ræ³³ræ³³	təu¹³fu⁴²kan⁵⁵
老板	lɐ⁵⁵pɻ³³	lau³¹pan³¹ɚ
学生	ɕo³³se⁵³	ɕo³¹sen⁵⁵
秤盘	dzæ³³mæ⁵⁵pʰæ̃⁵⁵pʰæ̃³³	tsʰən¹³pʰan³¹

在沙德木雅语中藏语借词多于四川方言借词。木雅语更容易从四川方言中大量借入表示新鲜事物、先进概念的词，而数字、方位、历法、宗教活动、服饰等相关的词大多借自藏语。全盘借入藏语借词的情况并不多，大多情况下都是借入藏语的某一语素然后跟木雅语中的语素构成新词，例如："洪水"ཆུ་ལོག chu log → tɕʰə⁵⁵ɕɑ⁵³、"地震"ས་ཡོམ sa yom → sẽ⁵⁵gi³³、"年底"ལོ་མཇུག lo mjug → lõ³³dzu⁵³、"兔子"རི་བོང ri bong → ri³³vø⁵³、"发烧"ཚ་བ་རྒྱས་པ tsha ba rgyas pa → tsʰæ⁵⁵pæ⁵³、"喜欢"དགའ་བ dga' ba → gø²⁴ni³³、"皮革"ཀོ་ལྤགས ko lpags → qo³³wa⁵³，等等。名词借入的数量最多，约占所有藏语借词数量的92%，其中某些植物类、日用品类、建筑类、天文历法类、数字类等名词几乎都借自藏语。动词和形容词不是很容易被借入。某些借入的动词都必须在动词词根上添加趋向前缀，这也符合木雅语的语言表达习惯。需要说明的是，本书附录二词汇表部分虽然详细标出了某些藏语借词，但其中有的词汇借用情况可能是属于"藏语—木雅语"等汉藏语同源词。例如 nɐ³³sɐ³³

"杀"≍ གསོད gsod ≍ 上古汉语 *sred 几者就有很强的同源词对应关系，有可能是同源的。所以附录词汇部分所罗列的"藏语—木雅语"借词部分还需要在今后的历史比较中更进一步地甄别出哪些不属于借词而是同源词。当前研究只能笼统地处理为借词，仅提供在读音上相似的词汇类型。藏语借词在 3000 常用词中占比约为 10%。

汉语借词大多是全盘借入，只有少数汉语借词是采用合璧词的方式借入一部分四川方言的语素，然后再跟木雅语的语素一并构成新词，例如：tsʰən¹³pʰan³¹ "秤盘" → dzæ³³mæ⁵⁵pʰæ̃⁵⁵pʰæ̃³³、təu¹³fu⁴²kan⁵⁵ "豆腐干" → tu³³fu⁵⁵ræ³³ræ³³、xua⁵⁵pʰən³¹ "花盆" → me³³tɕ⁵⁵pʰẽ³³zi⁵³、lo³¹pu¹³in⁵⁵tsɿ⁴² "萝卜缨子" → lɛ⁵⁵pʰə³³lo³³ma³³、lo³¹pu¹³gan⁵⁵ "萝卜干" → lɛ⁵⁵pʰə³³qə⁵⁵ræ³³、jy¹³mi⁴²kan⁴² "玉米秆" → ji²⁴mi³³dʐ̩³³nbʐ̩⁵³，等等。汉语借词也是大量借入名词，形容词和动词几乎都不需要从四川方言借入。

有时候还可同时借入四川方言跟藏语的语素，或采用藏语和四川方言组合，从而构成合璧词。如表 3-4 所示：

表 3–4　　　　　　　　沙德木雅语中部分合璧词的来源

词义	木雅语的词	合璧词来源
三	so⁵⁵lø³³	so⁵⁵ "三"（藏语）+ lø³³ "个"（木雅语）
玉米须	ji²⁴mi³³tsʰa³³lo⁵³	ji²⁴mi³³ "玉米"（汉语）+ tsʰa³³lo⁵³ "根须"（木雅语）
洗脸盆	ʁo²⁴ʁa⁵⁵pʰẽ³³tsi⁵³	ʁo²⁴ʁa⁵⁵ "脸"（木雅语）+ pʰẽ³³tsi⁵³ "盆子"（汉语）
花菜	me³³to⁵⁵tsʰe⁵⁵	me³³to⁵⁵ "花"（藏语）+ tsʰe⁵⁵ "菜"（汉语）
葵花籽	ɲi³³mæ⁵⁵qa⁵⁵tsi³³	ɲi³³mæ⁵⁵ "太阳"（藏语）+ qa⁵⁵tsi "瓜子"（汉语）
萝卜缨子	lɛ⁵⁵pʰə³³lo³³ma³³	lɛ⁵⁵pʰə³³ "萝卜"（汉语）+ lo³³ma³³ "穗子"（藏语）

藏语借词跟周围康巴藏语中对应词语的读音差别不大，借入的历史应该不会太早[①]。汉语借词大多属于近期的借词，但有的借词借入的层次明显更早。不管是藏语借词还是汉语借词，在借入沙德木雅语后都需要符合木雅语自身的音系结构，因此大多借词都出现了鼻音韵尾弱化为鼻化元音，复元音简化为单元音，产生卷舌元音、小舌元音等情况。事实上发音人一旦遇到回想不起来的词，就更容易借用汉语或藏语。某些连藏语也不太清楚的表达就立即采用汉语的形式。不过当前研究还无法对沙德木雅语中汉语、藏语借词的具体比例进行量化。

---

① 我们推测也有部分更早借入的词汇，但还需在今后的研究中进一步甄别。

第四章　词类

　　本章将沙德木雅语的词分成体词性和谓词性两个大类，然后尝试对各类词的语法特征及语法功能进行系统地介绍。体词性的词语具有类似名词的语法功能，指名词、代词、数词、量词等几类。它们主要充当句子的主语、宾语。木雅语的名词和代词能够带数标记、小称标记、领属标记、格标记等形态标记，普通名词和代词没有性范畴的区别。体词性的词语大多情况下都不可以在句中单独充当谓语，需要添加系词才合乎语法。谓词性的词语包括动词和形容词。其中，动词主要在句中充当谓语，可以添加时、体、语气、情态、示证等语法标记。形容词主要在句中充当定语，添加了趋向前缀的"唯谓形容词"可在句中充当谓语，可以添加体、语气、情态等语法标记。木雅语中还有大批形容词主要依靠重叠词根语素的形态手段构词。

4.1　名词

　　名词是一个开放的词类。木雅语的名词按照所指对象的不同可分为普通名词、专用名词、亲属称谓名词、方位名词、时间名词。木雅语的名词能带性标记、数标记、小称标记、格标记等语法标记。名词还能带上名物化标记表达有定意义。跟名词相关的形态句法特征在名词的句法功能部分详细介绍，本节仅仅介绍名词的类型。

4.1.1　普通名词

　　普通名词是对客观事物的具体反映。沙德木雅语普通名词分为指物名词和指人名词两大类。普通名词以事物为核心，直接添加表示"形状、颜色、状态、动作、方位"的成分。

　　木雅语中最常见的是指物名词。例如：

γæ^{24}gə^{33}mɐ^{33} "青椒"　　　　γæ^{24}gə^{33}ræ^{33}ræ^{33} "干辣椒"　　　dzo^{33} "石头"
tsʰe^{33}ŋə^{33}ŋə^{33} "青菜"　　　pi^{33}tsi^{33}ki^{33}kɐ^{33} "大杯子"　　dzə̃^{55}mæ^{53} "沙子"
tæ^{33}ndi^{55}ɲi^{33}ɲi^{33} "红灯"　　tsʰi^{33}rø^{55}ræ^{33}ræ^{33} "干柴"　　　nŋ̥^{55}nŋ̥^{33} "上午"

ʁə̠²⁴tə³³mi³³ "熟鱼"　　　　ndø³³qø³³qø³³ "生肉"　　　　me³³ɦe²⁴ "下午"
tse³³ŋgə³³ŋə³³ŋ³³ "绿衣服"　wa³³tsi³³tɕhɑ³³mɑ³³ "臭袜子"　tshi⁵⁵pho⁵³ "树"
mbu³³thø³³thø³³ "高山"　　　tɕə³³ki³³kɐ³³ "大河"　　　　qø²⁴ "小麦"
kæ³³ɣæ⁵³ "柱子"　　　　　　rə̠³³ "扫帚"　　　　　　　　khɐ³³de⁵³ "汤勺"
tse⁵⁵ŋgə³³ "衣服"　　　　　põ³³khe⁵³ "围裙"　　　　　　pẽ⁵⁵tɕhɐ⁵³ "尿布"
ʁɑ²⁴mu³³ "头发"　　　　　　ɣo²⁴ji³³ "脸"　　　　　　　　ŋə³³tsø⁵³ "嘴巴"
tshu³³ji²⁴ "锄头"　　　　　　kə³³lø⁵⁵ "箩筐"　　　　　　kho³³lø⁵³ "轮子"
qo³³si⁵³ "商店"　　　　　　　zẽ⁵⁵qhɑ³³ "饭店"　　　　　　tʂo⁵⁵pæ⁵³ "集市"

沙德木雅语中还有一大批的普通指人名词，这部分词主要说明某人的工作身份、社会角色，或从事各行各业的各类人员。例如：

pə̠²⁴thɑ³³ "新郎"　　　　　　vy²⁴tɕə³³mi³³ "孕妇"　　　　lɑ̠³³ "新娘"
tʂi̠²⁴gu⁵³ "和尚"　　　　　　ʔæ³³ɲi³³ "尼姑"　　　　　　mə³³tɕo⁵³ "单身汉"
tɕhə̃²tshi⁵³ "邻居"　　　　　 ndæ²⁴væ³³ "客人"　　　　　 zi̠³³pæ⁵³ "农民"
tsho²⁴mbɑ⁵³ "商人"　　　　　lɑ³³ɕẽ²⁴mbæ³³ "手艺人"　　tshi³³xo⁵³ "裁缝"
tɕɐ²⁴mɐ⁵³ "厨师"　　　　　　khə³³phi²⁴mi³³ "乞丐"　　　　zo²⁴thy²⁴mi³³ "妓女"
læ̠³³ "菩萨"　　　　　　　　ndzi̠³³mæ⁵³ "观音"　　　　　kə²⁴mi⁵³ "贼"

4.1.2　专有名词

专有名词分为人名、地名、专有机构名、专有处所名等。沙德木雅语的专有名词很多都借自四川方言和藏语康方言，专有名词很大程度上承载了先进的社会文化内涵。从借入方式看，专有名词大多是直接借入，但有时候会同时选取被借入语言中某一部分的语素跟木雅话的语素构成新词。例如：

人名	来源	地名	来源	专有处所	来源
lɐ⁵⁵mu³³ "拉姆"	藏语	ŋæ⁵⁵tɕi³³kæ³³ "雅江"	藏语	khə³³ɕi⁵⁵rɐ³³ "旅馆"	木雅语（落脚地）
zã⁵⁵nbu³³ "让布"	藏语	ræ⁵⁵ŋɑ³³khæ³³ "新都桥"	藏语	tɕɐ³³ʂi⁵³ "教室"	四川方言
ndzi̠⁵⁵mæ³³ "卓玛"	藏语	læ⁵⁵sæ³³ "拉萨"	藏语	ɕaŋ⁵⁵khu³³ "乡上"	四川方言＋木雅语
ɲi³³mæ⁵³ "尼玛"	藏语	tø³³dzi⁵⁵ndy²⁴ "康定"	藏语	sẽ⁵³khu³³ "省里"	四川方言＋木雅语
tʂɐ³³ɕi⁵³ "扎西"	藏语	tʂhẽ³³du⁵⁵ "成都"	藏语	tʂhɑ³³xu⁵⁵ "茶壶"	四川方言

4.1.3 方位名词

方位名词主要用以表达空间方位的位置、处所和距离等。不同民族由于生活环境的空间处所和地势条件不同，对方位名词的空间认识、参照物所处位置、指称关系判别等都存在差异。沙德木雅语的方位名词主要按照近、远的距离细分为两类。空间方位的定位根据水平、垂直、倾斜等方向又可划分出不同的方位名词类型，例如：直上方、直下方、斜上方、斜下方、上游方、下游方、前面、后面、里面、外面、面前、背后、旁边，等等。只有在表示"前面""中心"和"后面"的方位时才有"远－近"之分，其他方位都不分远近。

表 4-1 对木雅语的方位名词进行了总结。

表 4–1　　　　　　　　沙德木雅语的方位名词

方位	近处	远处
直上方	tsi³³mu⁵³	
直下方	tɕʰy³³	
上面（紧挨）	pu³³	
斜上方	ŋgɐ³³tə⁵⁵tɕʰɐ³³	
斜下方	ŋgɐ³³nə⁵⁵tɕʰɐ³³	
上方（地势）	kʰæ³³pʰɐ⁵³	
下方（地势）	NGa̠⁵⁵	
上首（火塘、席位）	wu⁵⁵tə³³kʰæ³³	
下首（火塘、席位）	wu⁵⁵tɕʰə³³væ³³	
火塘两边（客人坐）	ɕi³³ku⁵⁵（以灶旁边木头借代方位）	
上游方	ŋgɐ³³tə⁵⁵tɕʰɐ³³	
下游方	ŋgɐ³³nə⁵⁵tɕʰɐ³³	
前面	ŋə³³rə⁵⁵kʰu⁵³	ŋgɐ³³rɐ³³tɕʰɐ³³
后面	pʰɑ³³no⁵⁵	ŋgɐ³³rə³³tɕʰɐ³³
中心	ŋgə³³lɐ⁵³	wu⁵⁵ŋgə³³lɐ⁵³
里面	kʰu³³	
外面	le³³ / wu⁵⁵le³³	
垂直表面上	le³³	
面前（较近）	ŋgə³³ri³³kʰu³³	

续表

方位	近处	远处
河对面	tʰi³³pʰɐ⁵⁵	
河这边	ɦæ³³pʰɐ⁵⁵	
背后	pʰa³³no⁵⁵ / pə³³qɑ⁵⁵	
旁边	kɐ⁵⁵rɛ³³ / ja³³jø³³	
右边	mi⁵⁵ro³³	
左边	ɣə²⁴ro³³	
对面	tʰi³³pʰɐ³³	
底部	tɕʰy³³	
附近	ŋga⁵⁵rɛ³³	
附近（仅一边）	tə³³tɕʰi⁵³	

从表 4-1 可知，"斜上方"和"上游方"，"斜下方"和"下游方"使用相同的方位名词，这应该是跟木雅人居住环境的相对位置有关。木雅人多沿河而居，因河水多是沿着山谷蜿蜒而下，因此他们会自然而然地将水流方向跟倾斜方向视为相同方位。前后方向分"远－近"，这主要跟木雅人居住房屋位置的格局有关。木雅房屋多建于大山山腰或山脚，同村不同住户房屋之间位置零散分布。当前村村通建设虽然增加了集中居住的比例，但在某些偏远的木雅区域（如：环贡嘎山一带）各村之间距离较远，每家每户并非集中居住于一处，因此离说话人距离较远的"前－后"方位就显得尤为敏感。在所有方位词中，表示"前－后"的方位内部还细分出了"远－近"的类别，而离说话人较近的方位一般都没有"远－近"之分。

同理，木雅地区从贡嘎山以东延续至贡嘎山以南大都多为依山傍水之地，区内的力丘河、冷噶措等河流常年水流不断，因此水流走向也成了木雅人判断方向的主要参照。比较有趣的是以说话人为参照点，距离说话人较近的空间和方位在木雅语中使用多个方位词表达具体的空间方位，例如：kɐ⁵⁵rɛ³³"旁边 / 较近的周围"、ŋga⁵⁵rɛ³³"附近（不清楚远近，只要是附近即可）"、tə³³tɕʰi⁵³"附近的一边"。同时，在甘孜州东南的某些羌语支语中，"左"和"右"的方位概念相对模糊[①]，但沙德木雅语中有两个专用的方位词 mi⁵⁵ro³³"右边"、ɣə²⁴ro³³"右边"表达这一组空间概念。

沙德木雅语还有几个以厨房火塘为参照点的方位名词 wu⁵⁵tə³³kʰæ³³"上

[①] 这一特殊的空间方位体系和木雅人环山而居，且沿河居住的环境有密切关系。

首（火塘、席位）"、wu⁵⁵tɕʰə³³væ³³ "下首（火塘、席位）"、ɕi³³ku⁵⁵ "火塘两边（客人坐）"。这一空间方位的确定应该跟木雅藏族家庭厨房和饭厅共用同一空间有关。一般情况下，木雅民居进门即是厨房灶台，而就餐空间一般在灶台四周。旧时灶台为三脚架，一家人大多围坐在三脚架周围就餐、聊天，冬天灶台还能起到保暖的目的。目前新式的木雅藏族民居跟藏区其他地区民间厨房设计相似，很多地方已经不再使用三脚架，而是直接购买铜质，且自带烟囱的一体化灶台，就餐空间也已经挪到灶台旁的自动加热木桌上。比较有趣的是沙德木雅语中表示火塘两边客人围坐的方位词 ɕi³³ku⁵⁵ 原本是表示古建筑中灶台边的木头，这里将其借代指方位。

　　从句中出现的句法位置看，方位名词可以自由充当句子的主语、宾语、定语等句法成分而不需要额外添加其他标记。例（1）～（5）中方位名词在句中充当主语，例（6）～（7）方位名词充当宾语，例（8）～（9）方位名词充当介词的宾语，例（10）～（12）方位名词受定语修饰，充当名词短语的中心语。例如：

(1) pu³³　　　　tsə³³lə⁵³　tɐ⁵⁵-lø³³　mə³³.
　　上面　　　　猫　　　　一-CL　　有.VIS
　　（房子）上面有一只猫。

(2) kɐ³³tɐ⁵⁵tɕʰɐ⁵⁵　　tsʰɨ³³pʰo⁵⁵　ta³³-pʰo⁵³　ji³³=ti⁵⁵.
　　上游　　　　　　树　　　　　一-CL　　　有=GNO.IMM
　　上游有一棵树。

(3) ja³³jø³³　　mə³³ni⁵⁵-ŋə³³-mə⁵⁵.
　　旁边　　　人-NEG-有.VIS
　　（看见）旁边没有人。

(4) tʰi⁵⁵pʰɐ³³　　mə³³ni⁵⁵　　tɐ⁵⁵-zɨ³³　ɦæ³³-tʰø⁵⁵=ni³³.
　　对面　　　　人　　　　　一-CL　　　DIR-过来.IMPV=GNO
　　对面将要走过来一个人。

(5) kɐ³³nə³³tɕʰɐ³³　　ɕɐ³³mu⁵⁵　kæ⁵⁵ji⁵³　ru³³tɕə³³-si³³.
　　下面　　　　　　松茸　　　很多　　　放-PFV.3
　　下面放了很多的松茸。

(6) ne²⁴　ŋə³³rə³³=kʰu⁵⁵　　ɣə²⁴-ɣə³³　ʔɐ³³tsi⁵⁵　pʰɑ³³no⁵⁵　ɣə³³-rɐ³³.
　　2sg　前面=LOC　　　　DIR-走　　3sg.ERG　后面　　　　DIR-过来
　　你去前面，他来后面。

(7) pu³³　ɦæ³³-zi³³=ri³³=nə³³　ri²⁴tɕə³³, tɕʰy³³　ɦæ³³-tɕʰə³³=ri³³=nə³³ ri²⁴tɕə³³.
　　上面　DIR-吃=NMLZ=PL　　放　　　下面　　DIR-喝=NMLZ=PL 放
　　吃的放上面，喝的放下面。

（8）$tʰi^{55}pʰɐ^{33}$=tsə^{55}kə^{55} tɕʰə^{33}je^{33}re^{55} mə^{33}ŋi^{55} tɐ^{33}-zɨ^{33} ɦæ^{33}-xi^{55}-rɑ^{33}.
　　　对面=ABL　　　　刚刚　　　人　　　一-CL　　DIR-过来.PFV-PFV.VIS
　　　刚刚从对面过来一个人。

（9）ne^{55}　　　kɐ^{33}tɕʰɐ^{55}　　kɐ^{55}re^{33}=tsə^{55}kə^{55}　　ɦæ^{33}-ri^{33}!
　　　2sg　　　　快点　　　　旁边=ABL　　　　　DIR-过来.IMP
　　　你快从旁边过来!

（10）tʂo^{33}tsi^{55}=ɣæ^{55}　　tɕʰy^{55}　　zɨ^{33}mbə^{55}　　tɐ^{55}-tʂʰi^{53}　　mə^{53}.
　　　桌子=POSS　　　下面　　　鞋子　　　一-CL　　有.VIS
　　　桌子下面有一只鞋。

（11）tɕə^{33}=ɣæ^{33}　　mi^{55}ro^{33}=kʰu^{33}　　ndy^{55}　　ni^{33},　　tɕə^{33}=ɣæ^{33}
　　　河=POSS　　　　左边=LOC　　　　康定　　COP　　河=POSS
　　　ɣə^{24}ro^{33}=kʰu^{55},　　n̪ɐ^{33}tɕʰi^{33}kʰæ^{33}　　ni^{33}.
　　　右边=LOC　　　　雅江　　　　　　COP
　　　河的左边是康定，河的右边是雅江。

（12）tʂo^{33}mba^{55}=ɣæ^{24}　　le^{55}　　tɕə^{55}　　tæ^{33}-zæ^{33}　　kʰə^{33}=ni^{33}.
　　　村子=POSS　　　　下面　　河　　一-CL　　有=GNO
　　　村子的下面有一条河。

当方位名词充当名词短语中心语的时候，定语跟方位名词之间一般都需要添加定语标记 ɣæ^{33}。但有时候方位名词可直接后置于表示空间方位的其他名词，此时的方位名词进一步语法化为方位格标记。例如：

（13）tɕæ^{33}=kɐ^{33}re^{33}tɕʰɐ^{33}　　pa^{33}　　tɐ^{33}-lø^{33}　　ndə^{33}=ni^{33}.
　　　房子=LOC　　　　　　坝子　　一-CL　　有=GNO
　　　房子前面有一个坝子。

（14）tɕæ^{33}=kɐ^{33}və^{33}tɕʰɐ^{55}　　tʂʰi^{33}pʰo^{55}　　ta^{55}-pʰo^{53}　　ji^{33}=ni^{33}.
　　　房子=LOC　　　　　　树　　　　一-CL　　　有=GNO
　　　房子后面有一棵树。

（15）tɕʰə^{33}do^{55}=kʰu^{55}　　ʁə^{24}　　tæ^{33}-zæ^{33}　　mə^{33}.
　　　水池=LOC　　　　鱼　　一-CL　　有.VIS
　　　水池里有一条鱼。

（16）n̪ɐ^{33}qø^{33}sø^{33}lø^{33}=pʰa^{33}no^{55}　　nda^{55}　　tɐ^{55}-lø^{55}　　ji^{33}=ti^{55}.
　　　耳朵=LOC　　　　　　　　痘痘　　一-CL　　有=GNO.IMM
　　　耳朵后面有一颗痘痘。

除了方位名词外，沙德木雅语经常采用方位格标记配合动词趋向前缀表达空间方位，从而使物体空间定位以及空间位移方向的表达更为明确。但在使用频率上，方位格和动词趋向前缀配合使用的场合更为普遍。例如

（13）、（14）中，单独使用方位名词 ŋə³³rə³³ "前面"、mi⁵⁵ro³³ "左边"、ɣə²⁴ro³³ "右边" 的话，ɣə²⁴ro³³ "右边" 可以不加方位格 kʰu⁵⁵ "里面"；若这些方位名词在句中出现的话，方位名词之后必须添加 kʰu⁵⁵，由此配合动词之前的趋向前缀，使动作的方向更加明确。

沙德木雅语还能使用 ABAB 式的方位名词重叠结构从而表示空间方位距离的远近以及程度的极限，该重叠结构主要用以强调距离说话人更远的空间方位。方位名词重叠时一般都需要在中间添加 wu⁵⁵ 从而构成 [AB+wu⁵⁵+AB] 的结构。但并非所有的方位名词都可用此方法重叠，当空间方位是说话人感觉较为确定的位置时，一般都不能再重叠。因此，表 4-2 中的 "火塘上首" "火塘下首" "火塘两边" "中心较远处" "外面" "旁边" 等方位名词就不能再被重叠，因为它们大多处在木雅民居内，是木雅人日常接触到且较为熟悉的空间方位。如表 4-2 所示：

表 4–2　　　　　　沙德木雅语方位名词重叠的具体形式

方位	可否重叠	近处	远处
最最直上方	+	tsi⁵⁵mu⁵⁵wu⁵⁵tsi⁵⁵mu⁵⁵	
最最直下方	+	tɕʰy³³wu⁵⁵tɕʰy³³	
最最上面（紧挨）	+	pu³³wu⁵⁵pu³³	
最最斜上方	+	ŋgʁ³³tə⁵⁵tɕʰʁ³³wu⁵⁵ŋgʁ³³tə⁵⁵tɕʰʁ³³	
最最斜下方	+	ŋgʁ³³nə⁵⁵tɕʰʁ³³wu⁵⁵ŋgʁ³³nə⁵⁵tɕʰʁ³³	
最最上方（地势）	+	kʰæ³³pʰʁ⁵³wu⁵⁵kʰæ³³pʰʁ⁵³	
最最下方（地势）	+	NGa⁵⁵wu⁵⁵NGa⁵⁵	
最最上首（火塘、席位）	—	wu⁵⁵tə³³kʰæ³³	
最最下首（火塘、席位）	—	wu⁵⁵tɕʰə³³væ³³	
最最火塘两边（客人坐）	—	ɕi³³ku⁵⁵（以灶旁的"木头"借代方位）	
最最上游方	+	ŋgʁ³³tə⁵⁵tɕʰʁ³³wu⁵⁵ŋgʁ³³tə⁵⁵tɕʰʁ³³	
最最下游方	+	ŋgʁ³³nə⁵⁵tɕʰʁ³³wu⁵⁵ŋgʁ³³nə⁵⁵tɕʰʁ³³	
最最前面	+	ŋə³³rə⁵⁵kʰu⁵³wu⁵⁵-ŋə³³rə⁵⁵kʰu⁵³	ŋgʁ³³rʁ³³tɕʰʁ³³wu⁵⁵-ŋgʁ³³rʁ³³tɕʰʁ³³
最最后面	+	pʰa³³no⁵⁵wu⁵⁵-pʰa³³no⁵⁵	ŋgʁ³³rə³³tɕʰʁ³³wu⁵⁵-ŋgʁ³³rʁ³³tɕʰʁ³³
最最中心	—	ŋgə³³lʁ⁵³	wu⁵⁵ŋgə³³lʁ⁵³
最最里面	+	kʰu³³wu⁵⁵kʰu³³	

续表

方位	可否重叠	近处	远处
最最外面	−	le³³ / wu⁵⁵le³³	
最最垂直表面上	+	le³³wu⁵⁵le³³	
最最面前（较近）	+	ŋə³³rə³³kʰu³³wu⁵⁵ŋə³³rə³³kʰu³³	
河对面最最远	+	tʰi³³pʰɐ⁵⁵wu⁵⁵tʰi³³pʰɐ⁵⁵	
河这边最最远	+	ɦæ³³pʰɐ⁵⁵wu⁵⁵ɦæ³³pʰɐ⁵⁵	
背后最最远	+	pʰa³³no⁵⁵wu⁵⁵pʰa³³no⁵⁵ / pə³³qa⁵⁵wu⁵⁵pə³³qa⁵⁵	
最最旁边	−	kɐ⁵⁵rɐ³³ / ja⁵⁵jø⁵³	
最最右边	+	mi⁵⁵ro³³wu⁵⁵mi⁵⁵ro³³	
最最左边	+	ɣə²⁴ro³³wu⁵⁵ɣə²⁴ro³³	
最最对面	+	tʰi³³pʰɐ³³wu⁵⁵tʰi³³pʰɐ³³	
最最底部	+	tɕʰy³³wu⁵⁵tɕʰy³³	
最最附近	+	ŋɑ⁵⁵rɐ³³wu⁵⁵ŋɑ⁵⁵rɐ³³	
最最附近（仅一边）	+	tɐ³³tɕʰi⁵³wu⁵⁵tɐ³³tɕʰi⁵³	

4.1.4 时间名词

时间名词是用来记录具体时间的名词小类。沙德木雅语对一年四季的时间区分较为模糊，这点跟周边使用的汉语和藏语不同。木雅语中全年只有春夏、秋天、冬天的区别，春季、夏季习惯都使用表示季节的名词 zɑ⁵⁵，春夏两季内部不再做更加细致的区别。这种季节划分方法应该跟沙德地区常年平均气温偏低有关。因沙德地处高海拔地区，夏季温度多干燥温暖，而受其周边高山季风气候影响，夏季一般不会出现过分炎热的情况。夏季跟春季的天气较接近，在语言使用上不作特别区分。除此之外，历法等具体时间（如：2019 年 1 月 1 日）几乎无法使用木雅语表达，若在日常会话中的确需要对某一具体时间进行描述，大多直接借用四川方言词汇，或直接用"那天""那时候"等形式。因此，大多木雅人对历法概念的认识都是模糊的。以下列举沙德木雅语常见的时间名词。例如：

zɑ⁵⁵ "春天"　　　zɑ⁵⁵ "夏天"　　　tsʰo³³ "秋天"　　　tsʰo⁵³ "冬天"
pə⁵⁵sɿ³³ "今天"　　sæ⁵⁵sɿ³³ "明天"　　ɣo²⁴sɿ³³ "后天"　　ɣo³³nde⁵⁵sɿ³³ "大后天"
ji³³sɿ³³ "昨天"　　ri²⁴sɿ³³ "前天"　　pə⁵⁵və³³ "今年"　　sɿ³³ŋe⁵⁵ri²⁴sɿ³³ "大前天"
mə⁵⁵rɐ³³ "明年"　　ɦɣ²⁴və³³ "后年"　　ja³³zɑ⁵⁵ "去年"　　ʁo²⁴zɑ³³ "前年"

时间名词也可在句中自由充当句法成分，此时时间名词后不需要添加语法标记。例（17）中时间名词"冬天"在句首作状语，（18）中时间名词在句中作介词宾语，（19）和（20）中时间名词在句中作定语。例如：

(17) tsʰo⁵⁵   mə³³   tə³³-ku⁵⁵-pi³³=ni³³.
　　 冬天　　天气　　　DIR-冷的-IMPV=GNO
　　 冬天天气总是很冷。

(18) pə⁵⁵tsʰɿ⁵⁵-ni³³   ji²⁴si³³=tsə⁵⁵kə³³   pə⁵⁵si³³   pæ³³
　　 孩子-PL.ERG   昨天=ABL   今天   为止
　　 ɦõ³³-ndzi³³   tsə⁵⁵kə⁵⁵   tu³³-tɕe⁵⁵-si³³.
　　 DIR-吃　　　　　 SEQ   DIR-吃饱的-PFV.3
　　 孩子们从昨天吃到今天，已经吃饱了。

(19) ja³³za⁵⁵=ɣæ⁵⁵   və²⁴   ŋə⁵⁵-ʁe³³   tʰə³³-væ⁵⁵-si³³.
　　 去年=POSS   糌粑   NEG-好吃的   DIR-变成-PFV.3
　　 去年的糌粑变得不好吃了。

(20) ŋi²⁴   ja³³za⁵⁵=ɣæ⁵⁵   və²⁴   ɦæ³³-ndzø³³=ŋe³³.
　　 1sg.ERG   去年=POSS   糌粑   DIR-吃了.1sg.PFV=EGO
　　 我吃了去年的糌粑。

时间名词还可作为定语去修饰别的时间名词，此时它们之间不需要强制添加定语标记，如（21）和（22）中就是两个并列的时间名词做主语。例如：

(21) ja³³za⁵⁵   tso⁵⁵   tɕe⁵⁵tɕe⁵³   tə³³-ku⁵⁵-rɑ³³.
　　 去年　　　　冬天　　　十分　　　　　DIR-冷-PFV.SEN
　　 去年冬天十分冷。

(22) sæ⁵⁵si³³   nɐ̯³³nɐ̯⁵³   χo³³χo⁵³   tæ³³kæ³³   tə⁵⁵-re⁵⁵!
　　 明天　　　　早上　　　早早的　　　一点　　　　DIR-起床.IMP
　　 明天早上早一点起床！

有时候为了强调具体时间，还可在时间名词之后添加话题标记 tʰɐ̯³³ŋɐ̯³³tʰɐ̯³³ni⁵⁵ "这样的话"或其省略形式 tʰɐ̯³³ŋɐ̯³³ / tʰɐ̯³³ŋɐ̯³³tʰɐ̯³³，此时全句采用"话题—评述"（topic-comment）结构对句中事件发生的时间进行强调。例（23）、(24)的时间名词 mə⁵⁵ro³³ 和 zɑ³³tɕe⁵³ 在句首做话题，话题后面的小句对整个事件进行评述和介绍。例如：

(23) mə⁵⁵rɐ̯³³=tʰɐ̯³³ŋɐ̯³³tʰɐ̯³³   sɐ̯⁵⁵de³³   ɦæ²⁴-xə³³=rø³³   ŋo³³-tæ⁵⁵=ni⁵⁵.
　　 明年=TOP   沙德   DIR-去=NMLZ   NEG-MOD:可以=GNO
　　 明年的话，去不了（不能去）沙德。

（24）zɑ³³tɐ⁵³=tʰe³³ŋe³³tʰe³³　　tsʰi³³pʰo⁵⁵-nə⁵⁵　　ɦæ³³-ŋə³³-pi³³=ni³³.
　　　春天=TOP　　　　　　　树-PL　　　　　　DIR-变绿-IMPV.3=GNO
　　　春天的话呢，树开始发芽了。

4.2　数词

4.2.1　基数词和序数词

　　数词由基数词和序数词构成。沙德木雅语的基数词多使用固有词汇，但也偶尔掺杂藏语借词，序数词大多借用藏语词汇。刘辉强（1985）早年调查发现木雅语中一、三至十九的基数词一般不能单独使用，表达数目时要与量词"个"连用；二十到九十的基数词都有一个特定的词尾；一百以上的数词第一位数字后需要加连词"和"；两百以上的数词借用藏语。当前通过深入调查，笔者发现木雅语在表达基数词时的借词使用情况大致符合前人的研究结论。不过在某些方面也存在一定差异。

　　单独罗列特定的数字时，木雅语的基数词大多需要跟通用量词 lø³³"个"一起使用，若按照顺序方式数数，可以脱离 lø³³ 单独使用基数词。以一到十的基数词为例：

tɐ⁵⁵（lø³³）	"一"	tɐ⁵⁵ndzɐ³³	"二"
so⁵⁵（lø³³）	"三"	ri²⁴（lø³³）	"四"
ɴɑ⁵⁵（lø³³）	"五"	tɕʰy⁵⁵（lø³³）	"六"
ŋə⁵⁵（lø³³）	"七"	ɕæ⁵⁵（lø³³）	"八"
ŋgə⁵⁵（lø³³）	"九"	ɣæ³³kø⁵⁵（lø³³）	"十"

　　十一到二十的基数词是使用加合的方法，分别以十位数 tɕə³³ 加上相应的个位数。除了十一和十二，十位数 tɕə³³ 和个位数的读音之间一般不会发生元音和谐。例如：

tɕo³³tɕi⁵³	"十一"	tɕo³³ni⁵³	"十二"
tɕə³³so⁵³	"十三"	tɕə³³zi⁵³	"十四"
tɕə³³ɴɑ⁵⁵	"十五"	tɕə³³tʂu⁵³	"十六"
tɕə³³dø⁵⁵	"十七"	tɕə³³dzɐ⁵⁵	"十八"
tɕə³³ŋgu⁵⁵	"十九"	ni³³tɕə⁵³	"二十"

　　二十以上的基数词是采用十进制，四十、五十、六十、七十等等的十位数直接在个位数后面加上后缀 tɕə³³。一百以上的数词使用加法形式，将表示一百的数字单位 dzæ³³"百"直接加上个位或十位数字，中间不需要添加连词。沙德木雅语也可以表达一千、一万、十万、百万等位数较大的数

字单位，但几乎都是借自藏语的词汇。例如：

dzə³³tɕə⁵³	"四十"	ɴæ³³tɕə⁵³	"五十"
tʂu³³tɕə⁵³	"六十"	ndø³³tɕə⁵³	"七十"
dze³³tɕə⁵³	"八十"	gə³³tɕə⁵³	"九十"
dzæ³³	"一百"	dzæ³³tæ³³ɕi³³	"一百零一"
ȵi³³dzæ³³	"两百"	ȵi³³dzæ⁵⁵tæ³³ȵi³³	"二百零一"
so³³dzæ⁵⁵	"三百"	so³³dzæ⁵⁵tæ³³sõ³³	"三百零三"
dzə³³dzæ⁵³	"四百"	dzə³³dzæ⁵⁵tæ³³dzə³³	"四百零四"
ɴɑ³³dzæ⁵³	"五百"	ɴɑ³³dzæ⁵⁵tæ³³ɴɑ⁵³	"五百零五"
tʂu³³dzæ⁵³	"六百"	tʂu³³dzæ⁵⁵tæ³³tʂu⁵³	"六百零六"
ndø³³dzæ⁵³	"七百"	ndø³³dzæ⁵⁵tæ³³ndø³³	"七百零七"
dze³³dzæ⁵³	"八百"	dze³³dzæ⁵⁵tæ³³dze³³	"八百零八"
ŋgə³³dzæ⁵³	"九百"	ŋgə³³dzæ⁵⁵tæ³³ŋgə³³	"九百零九"
tõ³³tʂʰa³³tɐ³³lø³³	"一千"	tʂʰɨ³³ŋu³³tɐ³³lø³³	"一万"
mbo³³tɐ³³lø³³	"十万"	tʂʰɨ³³ŋu³³dzæ⁵³	"百万"

百位或以上的基数词，若不表示整数，则通常采用位数加合的方式表达，在位数单位后添加连词 ri³³ 或者 tæ³³，但连词一般只添加在整个基数词中最大的位数之后。例如：

（25）tõ³³tʂʰa³³tɐ³³lø³³=ri³³　　　dzæ⁵⁵tæ³³　　tɕə³³tʂu⁵³
　　　一千=CONJ　　　　　　　　 一百　　　　 十六
　　　一千一百一十六

（26）tʂʰɨ³³ŋu³³ tɐ³³lø³³=ri³³　　　to³³ɕi³³　　　ȵi³³dzæ³³
　　　一万=CONJ　　　　　　　　 一千　　　　 二百
　　　一万一千两百

（27）dze³³dzæ⁵³=tæ³³　　　tɕə³³tʂu⁵³
　　　八百=CONJ　　　　　 一十六
　　　八百一十六

有时候位于较大位数和较小位数之间的连词也可以被省略，但这种用法并非特别常见，年老一代木雅人不是太能接受该类表达，年轻一代的木雅人常用此省略式，这应该是受汉语数字表达结构的影响。例（28a）和（28b）在年轻一代木雅人的群体中都能接受，但使用（28a）的情况更加普遍。例如：

（28a）tʂʰɨ³³ŋu³³tɐ³³lø³³=ri³³　to³³so³³　ɴɑ³³dzæ⁵⁵　 ɴæ³³tɕə⁵³ɴæ³³ŋɑ⁵³
　　　 一万=CONJ　　　　　　 三千　　　 五百　　　 五十五
　　　 一万三千五百五十五

（28b）tʂʰi³³ɕi³³　　to³³so³³　　　ɴɑ³³dzæ⁵⁵　　ɴæ³³ɕə⁵³ɴæ³³ŋɑ⁵³
　　　一万　　　　三千　　　　　五百　　　　　五十五
　　　一万三千五百五十五

表达约数的时候除了可以并排排列不同数字，且同时添加量词 lø³³ 以外，还可将数词跟表示位数的不定量化词 qʰɑ³³tʂo³³ "大约" 组合，或者把表示疑问或不定数量的词 "几" 当作约数使用。以下表达约数的方法中都不需要添加任何连词。例如：

so³³ri⁵⁵lø³³　　　　　　"三四个"　　　tɕə³³kʰɑ³³tʂo³³　　　"十多个"
ndø³³dze⁵⁵　　　　　　"六七个"　　　ɕe³³ŋə³³lø³³　　　　"八九个"
dzæ³³qʰɑ³³tʂo³³　　　　"一百多个"　　tõ³³tʂʰɑ³³qʰɑ³³tʂo³³　"一千多个"
ȵi³³tɕə⁵³qʰɑ³³tʂo⁵³　　"二十几个"　　dzə³³tɕə⁵³qʰɑ³³tʂo⁵³　"四十几个"

沙德木雅语的序数词几乎都借用自藏语，主要是在基数词后面直接添加表序数的 pu³³。有时候 pu³³ 会跟前面基数词的元音发生和谐，pu³³ 的元音 u 被交替变为 æ。例如：

tã³³pu³³　　　　　　"第一"　　　ȵi⁵⁵pæ³³　　　　　　"第二"
sõ³³pæ³³　　　　　　"第三"　　　zə²⁴pæ³³　　　　　　"第四"
ɴɑ³³pæ³³　　　　　　"第五"　　　tʂu³³pæ³³　　　　　"第六"
ndø³³pæ³³　　　　　"第七"　　　dze³³pæ³³　　　　　"第八"
ŋgu³³pæ³³　　　　　"第九"　　　tɕə³³pæ³³　　　　　"第十"
tɕo³³tɕi⁵⁵pæ⁵³　　　"第十一"　　tɕo³³ȵi⁵⁵pæ⁵³　　　"第十二"
tɕə³³sõ⁵⁵pæ⁵⁵　　　"第十三"　　tɕə³³zi⁵⁵pæ⁵³　　　"第十四"
tɕə³³ɴɑ⁵⁵pæ³³　　　"第十五"　　tɕə³³ʂu⁵⁵pæ⁵³　　　"第十六"
tɕə³³dø⁵⁵pæ⁵³　　　"第十七"　　tɕə³³dze⁵⁵pæ³³　　　"第十八"
tɕə³³ŋgu⁵⁵pæ⁵³　　"第十九"　　ȵi³³ɕə⁵⁵pæ⁵³　　　　"第二十"

4.2.2　计数法和运算法

表达加减法时，需要在相应结构中分别使用动词 nẽ⁵⁵tsʰe³³ "相加" 和 nɑ³³tʂɑ⁵³ "相减"。有时在表达加法时，可在位数后添加方位格标记 pu³³ "上面"，而表达减法时一般添加方位格标记 le³³ "外面、垂直平面上"。陈述加法的运算结果时使用动词 kə⁵⁵ "汇总等于"，而陈述减法的运算结果时除了使用 kə⁵⁵ 以外，还需添加动词 ɦɑ³³ɣi⁵³ "剩下"。例如：

（29）tʁ⁵⁵lø³³=pu⁵⁵　　tʁ⁵⁵-lø³³　　nẽ⁵⁵-tsʰe³³　　kə⁵⁵　　tʁ⁵⁵-ndze³³
　　　一个=LOC　　　一-CL　　　DIR-加上　　　就是　　二-CL
　　　一加一等于二

（30）tɕʰy⁵⁵lø⁵⁵=le⁵⁵　　ɴɑ⁵⁵-lø³³　　nɑ³³-tʂɑ⁵³　　kə⁵⁵　　ʈʂ⁵⁵-lø³³　　ɦæ³³-ɣi⁵³
　　　六个=LOC　　　　五-CL　　　DIR-减去　　　就是　　一-CL　　　DIR-剩下
　　　六减五等于一

乘法是以"倍数"的方式表达，通常只能表达 1 倍到 4 倍的关系，4 倍以上的倍数关系很难表达。表示乘法的时候也几乎借用藏语的数词，同时添加表倍数关系的 dzæ⁵⁵。例如：

一倍	a x 1	dzæ⁵⁵
二倍	a x 2	ni⁵⁵dzæ⁵³
三倍	a x 3	so⁵⁵dzæ⁵³
四倍	a x 4	zə²⁴dzæ⁵³

木雅语很难表达除法以及分数的计数关系。同时几乎没有小数表达式，分数使用场合也极其有限。老派一般都不了解如何使用分数，只有年轻一代还能根据四川方言的思维模式勉强对译。分数表达式在分子和分母中间添加表示等分的动词 tɕʰæ⁵³ "平均分配"。例如：

⁴/₁₀　　dzə³³　　tɕʰæ⁵³　　zə²⁴　　　　"十分之四"
　　　　十　　　　分　　　　四

¹/₃　　　sõ³³　　　tɕʰæ⁵³　　tɕi³³　　　"三分之一"
　　　　三　　　　分　　　　一

4.3　量化词

沙德木雅语中除了使用数词和计数法以外，还可使用量化词表达数的概念。常见的量化词有全称量化词（universal quantifier）和存在量化词（existential quantifier）。全称量化词对句中的"全称敏感算子"进行量化，类似于汉语的"都、全部、所有"的含义；存在量化词表示总量中的一部分，或整体中的一些。量化词数量极其有限，沙德木雅语很难区分汉语中"每人、每时、每个、任何一个、所有、一切"等词项。常用的量化词只有"每天、全部、都"。除了使用专用全称量化词 me³³me⁵⁵ 以外，有时候还可使用 ji²⁴ "都"、ʈʂ⁵⁵zɨ³³tɕʰə³³mə³³ "每个、任何一个"表达全称量化功能。例如：

（31）tɕʰɔ³³tsʰi³³-nə³³　　　me³³me⁵⁵　　qʰə³³-tʂɑ³³-rə³³.
　　　邻居-PL　　　　　　全部　　　　　DIR-来-PFV.VIS
　　　（看见）邻居们全部都来了。

（32）ʔɤ³³tsi⁵⁵　　pʰɨ³³ko⁵³　　me³³me⁵⁵　　ɦõ³³-tsɨ³³-si³³.
　　　3sg.ERG　　苹果　　　　全部　　　　　DIR-吃-PFV.3
　　　他吃了所有的苹果。

（33）tɕ⁵⁵zɿ³³tɕʰə³³mə³³　　　　ji²⁴　　　pʰɿ³³qo⁵³　　　ɦiæ̃³³-tsɨ³³-pi³³.
　　　　每个人　　　　　　　　都　　　苹果　　　　　　DIR-吃-IMPV.3
　　　　每个人都吃了苹果。

（34）ʔɐ³³nə³³　　　　pu³³ɕɐ³³　　　tɕ⁵⁵lø³³tɕʰə³³mə³³　　　si³³və³³=ti³³.
　　　　这些.PL　　　玛瑙　　　　每一个　　　　　　　　好看的=GNO.IMM
　　　　这些玛瑙每个都好看。

全称量化词 me³³me⁵⁵、ji²⁴ 和 tɕ⁵⁵zɿ³³tɕʰə³³mə³³ 一般都置于名词之后强调名词"整体范围"的意义。除此之外，沙德木雅语还可使用量化时间的副词 si⁵⁵ʁo³³"天天"、tɕ⁵⁵ki³³tɕʰə³³mə³³"每年"、tɕ⁵⁵ki³³tɕʰə³³mə³³"年年"，以及量化具体事物的 tɕ⁵⁵wu³³tɕʰə³³mə³³"每顿"、ta³³pʰo⁵⁵tɕʰə³³mə³³"每棵"、tæ⁵⁵zæ³³tɕʰə³³mə³³"条条"表达全量关系。从构词形态看，该类表示全称量化的副词大多都是数量词跟表全量关系的 tɕʰə³³mə³³ 组合而成。值得注意的是，沙德木雅语一般都不能通过重叠量词或名词的方法表达全称量化功能，这点跟汉语或其他语言不同。

存在量化词的词项也比较有限，仅仅使用 tɑ³³pi⁵⁵ 对应表达汉语中的"有些、有的、某些、一些"等意义。存在量化词可在句中做主、宾语等论元成分。在（35）和（36）中 tɑ³³pi⁵⁵ 跟句首话题成分"这些人""藏民们"具有回指关系，tɑ³³pi⁵⁵ 充当后续小句的主语。例如：

（35）ʔɐ³³nə⁵⁵　　　mə³³ɲi⁵⁵-nə⁵⁵　　tɑ³³pi⁵⁵　　ndy⁵⁵=tsə⁵⁵kə⁵⁵　　ŋgə̪³³-rə̪³³
　　　　这些　　　　人-PL　　　　　　有的　　　康定=ABL　　　　　DIR-来
　　　　tɑ³³pi⁵⁵　　　sɐ⁵⁵de³³=tsə³³kə⁵⁵　　ŋgə̪³³-rə̪³³-ra³³.
　　　　有的　　　　沙德=ABL　　　　　　DIR-来-PFV.VIS
　　　　这些人有的从康定来，有的从沙德来。

（36）pu⁵⁵pæ⁵⁵-nə⁵⁵　　tɑ³³pi⁵⁵=ji⁵⁵　　ʁə̪²⁴　　ɦiæ̃³³-tsɨ³³-pi³³=ni³³
　　　　藏族人-PL　　　有的=ERG　　　　鱼　　　DIR-吃-IMPV.3=GNO
　　　　tɑ³³pi⁵⁵=ji⁵⁵　　ɦiæ̃³³-tsɨ³³-tɕæ²⁴-pi³³.
　　　　有的=ERG　　　DIR-吃-NEG-IMPV.3
　　　　藏族人有的吃鱼，有的不吃鱼。

例（35）、（36）的部分量化词分别对应汉语中的"有的"，"有的"在汉语中可作核心名词的定语，但木雅语的部分量化词却不能作定语。发音人习惯先将核心名词放句首作为话题，然后将 tɑ³³pi⁵⁵ 用作具有回指功能小句里的主语。例如：

（37）mə⁵⁵zæ⁵³　　　tɑ³³pi⁵⁵　　tsʰo³³və⁵⁵=ni³³　　　tɑ³³pi⁵⁵　　tsæ²⁴-ŋɐ²⁴.
　　　　女孩　　　　有的　　　　丑的=GNO　　　　　有的　　　　NEG-COP
　　　　有的女孩丑，有的不丑（女孩呢，有的丑，有的不丑）。

(38) tʂo⁵⁵   ta³³pi⁵⁵   lø³³ŋø⁵⁵   dzɐ³³dzɐ⁵⁵   tu³³-ɕɐ⁵⁵-sɨ⁵⁵=ni³³=sɑ³³
    故事   有的   年份   很多   DIR-讲-PFV.3=GNO=LNK:但是
    tɕʰə³³   nə³³tu⁵⁵-ɕɐ⁵³-pi⁵⁵=ni³³.
    还要   DIR-讲-IMPV.3=GNO
有的故事讲了很多年还在讲。

4.4　量词

量词是东南亚语言中一种对名词类别进行分类和计量的特殊词类。个体量词强调对名词类型（classification）进行鉴别且突出名词的个体性（individualization）；集合量词用以衡量物体的多少，突出物体的整体性（Bisang 1999）。跟汉语类似，木雅语的个体量词、集合量词、度量词等同样都比较丰富，个体量词根据它所搭配的名词种类又可分为不同的小类。木雅语同时还具有为数不多的临时量词和一批与动词搭配的动量词（verbal action classifiers），动量词根据动作行为实现的方式或手段而选择相应的类型。以下分别对几类量词进行介绍。

4.4.1　个体量词

个体量词从语义特征上看具有物理属性、功能和社会条件三类特征。沙德木雅语的个体量词种类并无汉语南方方言或南方民族语言丰富，个体量词大多能涵盖多种语义关系，且个体量词一般都以物理属性划分成不同的小类。个体量词对名词进行分类的理据主要跟本民族的社会认识、个人情感、习惯用法等相关。

个体量词和数词组合时，需要置于数词之后，且个体量词一般都不能单独出现，必须跟数词搭配之后才能单独使用。数词 tɕ⁵⁵ "一" 跟个体量词搭配时经常会发生元音和谐，将数词 tɕ⁵⁵ 变成 tæ⁵⁵。以下以数词 tɕ⁵⁵ 跟个体量词的组合为例，对个体量词所搭配名词的类型进行总结。例如：

tæ⁵⁵zæ³³ "一条"　　→　　tʰɑ³³qɑ⁵³tæ⁵⁵zæ³³ "一条裤子"、ro⁵⁵tæ³³zæ³³ "一条蛇"

tɕ⁵⁵lø³³ "一个"　　→　　pi⁵⁵tsi³³tɕ⁵⁵lø³³ "一个杯子"

tæ⁵⁵kæ⁵³ "一个"　　→　　le⁵⁵dzy⁵⁵tæ⁵⁵kæ⁵³ "一段历史"、mbø⁵⁵tæ⁵⁵kæ⁵³ "一个糖果"

tɕ⁵⁵pʰɐ⁵³ "一个"　　→　　lõ³³tʰu⁵³tɕ⁵⁵pʰɐ⁵³ "一个耳环"、mi³³tɕ⁵⁵pʰɐ⁵³ "一个眼珠"、ri³³tɕ⁵⁵pʰɐ⁵³ "一只手"、ŋe³³qʰə³³so³³rø³³tɕ⁵⁵pʰɐ⁵³ "一个耳朵"

tæ⁵⁵væ³³ "一只" → ɣu⁵⁵ɣi⁵⁵tæ⁵⁵væ³³ "一只鸡"、tɕɛ⁵⁵gi³³tæ⁵⁵væ³³ "一只老鹰"

tɕ⁵⁵tsu⁵³ "一株" → ɣu²⁴tɕ³³tsu⁵³ "一株松茸（草）"、dzɛ⁵³tɕ³³tsu⁵³ "一堆石头"

tæ⁵⁵tɕʰæ⁵³ "一双" → ŋɔ³³qʰə³³sø³³tæ⁵⁵tɕʰæ³³ "一双耳朵"、kʰe³³tsi⁵³tæ³³tɕʰæ³³ "一双筷子"

tɕ⁵⁵lø³³ "一粒" → ndzɛ⁵⁵tɕ⁵⁵lø³³ "一粒米"

tɕ⁵⁵ndu⁵⁵ "一滴" → mi³³tɕə⁵³tɕ⁵⁵ndu⁵⁵ "一滴眼泪"、ju²⁴tɕ⁵⁵ndu⁵⁵ "一滴油"

tæ⁵⁵tsæ⁵³ "一首" → dzo⁵⁵lə³³tæ⁵⁵tsæ⁵³ "一首歌"、mɐ³³ŋi³³tæ⁵⁵tsæ⁵³ "一首经文"

个体量词内部也存在功能上的差距，它跟名词之间的组合规律与汉语中的情况并不完全等同。有时候汉语中需要使用不同的个体量词，但在沙德木雅语中却只使用同一个个体量词，这反映了木雅人对物体几何形状或社会功能认知上的差别。

从个体量词跟名词搭配的语义关系看，tɕ⁵⁵lø³³ 和 tɕ⁵⁵pʰe⁵³ 都相当于汉语的通用量词"一个"，它们主要用于修饰普通类型的物体。tɕ⁵⁵lø³³ 是使用范围较广的一个通用量词，它不但能修饰体积较小的物体，相当于汉语的"一粒"，而且还能修饰"消息、声音、愿望"等某些较抽象的事物。tɕ⁵⁵pʰe⁵³ 多用于指人名词或身体各个器官，有时还可表示方形的事物。例如：

ŋɔ³³tsø⁵⁵tɕ⁵⁵lø³³ "一个嘴巴" pə⁵⁵tsʰi³³tɕ⁵⁵lø³³ "一个孩子" dzo⁵⁵tɕ⁵⁵lø³³ "一个石头" tɕʰe³³lø⁵⁵tɕ⁵⁵lø³³ "一个消息" ndzæ⁵⁵tɕ⁵⁵lø³³ "一个声音" mu⁵⁵le³³tɕ⁵⁵lø³³ "一个愿望"

通用量词 tɕ⁵⁵lø³³ 有时还能用 tæ⁵⁵kæ⁵³ "一个"替代。虽则两者的汉语翻译都是"一个"，但只有 tɕ⁵⁵lø³³ 才勉强对应汉语中的通用量词"个"，而 tæ⁵⁵kæ⁵³ 大多指体积较小的物体。但也有例外，如下例中的"马"也可受 tɕ⁵⁵lø³³ 修饰，相当于汉语中的"一匹"。例如：

pi³³ko⁵⁵tɕ⁵⁵lø³³ "一个苹果" ɣɔ̃³³ndə³³tɕ⁵⁵lø³³ "一个字" ndə³³xə⁵³tɕ⁵⁵lø³³ "一个豆子" ndzɻ³³bu⁵⁵tɕ⁵⁵lø³³ "一个果" tɕʰɔ̃⁵⁵ŋi⁵⁵tɕ⁵⁵lø³³ "一个肉痣" ɣji⁵⁵tɕ⁵⁵lø³³ "一匹马"

量词 tɕ⁵⁵pʰe⁵³ 主要指成双成对物体中的一个，因此能跟 tɕ⁵⁵pʰe⁵³ 搭配的名词大多是耳环、眼珠、耳朵、手、袜子等成对出现的物体。例如：

lõ³³tʰu⁵³tɕ⁵⁵pʰe⁵³ "一只耳环" mi⁵⁵tɕ⁵⁵pʰe⁵³ "一只眼珠" wu⁵⁵re⁵³tɕ⁵⁵pʰe⁵³ "一只袖子" ri²⁴tɕ⁵⁵pʰe⁵³ "一只手" ŋge³³tɕ⁵⁵pʰe⁵³ "一只脚" wa³³tsi⁵⁵tɕ⁵⁵pʰe⁵³ "一只袜子"

量词 tæ⁵⁵zæ³³ 主要用于长条状事物，相当于汉语的"匹、头、条、头、把、根、支"，等等。不论名词有无生命，只要外形满足为长条状的物体都可用 tæ⁵⁵zæ³³ 修饰。因此跟 tæ⁵⁵zæ³³ 搭配的名词仅仅要求形状符合长条状即可。例如：

dzy²⁴tæ⁵⁵zæ³³ "一条鱼"　　ri³³tɕe⁵³tæ⁵⁵zæ³³ "一把刀"　　tʰa³³qa⁵⁵tæ⁵⁵zæ³³ "一根绳"
pi⁵⁵tæ⁵⁵zæ³³ "一支笔"　　ndzo⁵⁵tæ⁵⁵zæ³³ "一座桥"　　tɕe⁵⁵tæ⁵⁵zæ³³ "一条河"
dzʐ³³lə⁵³tæ⁵⁵zæ³³　　　　wɿ¹³tɕʰe⁵³tæ⁵⁵zæ³³　　　　nbə³³tʂa⁵⁵tæ⁵⁵zæ³³
"一条路"　　　　　　　　"一条肠子"　　　　　　　　"一条虫"

上例中的名词在外形上都呈长条状，因此使用 tæ⁵⁵zæ³³ 修饰。值得注意的是，对物体物理属性或形状的判定严格反映了木雅人不同的认知以及文化内涵。以上对事物外形的划分标准并不能完全类推，有的名词对量词的选择受该民族认知和情感影响，这些名词需要搭配专有的量词。下面例子中的物体虽然也呈长方形，但木雅人认为这些物体所占有的空间方位相对较大，因此不再使用 tæ⁵⁵zæ³³ 修饰，只能使用通用量词 tɐ⁵⁵lø³³ 修饰。例如：

zi⁵⁵tɐ⁵⁵lø³³ "一头猪"　　kʰə⁵⁵tɐ⁵⁵lø³³ "一条狗"　　zi²⁴ŋə³³tsø⁵⁵tɐ⁵⁵lø³³ "一张猪嘴"
ɣji²⁴tɐ⁵⁵lø³³ "一匹马"　　tɐ⁵⁵tɐ⁵⁵lø³³ "一头公驴"　　ŋə⁵⁵mɐ⁵³tɐ⁵⁵lø³³ "一头牛"

量词 ta⁵⁵væ³³ 用于片状物，或有翅膀的某些动物，相当于"只、片、张、面、块"，与 ta⁵⁵væ³³ 搭配的事物体积都不能太大。例如：

ɣu⁵⁵ɣji⁵⁵tæ⁵⁵væ³³ "一只鸡"　　　　　　ɣu³³zæ⁵³tæ⁵⁵væ³³ "一只虫子"
ɕɐ³³gɐ⁵³tæ⁵⁵væ³³ "一面镜子"　　　　　ɕo⁵⁵wu³³tæ⁵⁵væ³³ "一张纸"
tʰã⁵⁵dzi³³tæ⁵⁵væ³³ "一床毯子"　　　　　kə⁵⁵lə³³tæ⁵⁵væ³³ "一块地板"

量词 tɐ⁵⁵ndu⁵⁵ 和 tæ⁵⁵tsæ⁵³ 分别相当于汉语的"一滴"和"一首"。tɐ⁵⁵ndu⁵⁵ 主要修饰液体类物质，tæ⁵⁵tsæ⁵³ 修饰文字、乐曲、经书等名词。例如：

və³³tɐ⁵⁵ndu³³ "一滴雪水"　　　　　　mi³³tɕe⁵³tæ⁵⁵tsæ⁵³ "一滴眼泪"
ndzõ³³bə⁵³tɐ⁵⁵ndu⁵⁵ "一口痰"　　　　dzɐ⁵⁵lə³³tæ⁵⁵tsæ⁵³ "一首汉歌"
zæ³³læ⁵⁵tæ⁵⁵tsæ⁵³ "一首舞曲"　　　　tɕe⁵⁵tæ⁵⁵tsæ⁵³ "一层楼"

4.4.2 集合量词和度量词

集合量词用于成组或成群的事物。沙德木雅语的集合量词并无汉语丰富，目前只发现两个常用的集合量词 tæ⁵⁵tɕʰæ⁵³ 和 tɑ⁵⁵xɑ⁵³。量词 tæ⁵⁵tɕʰæ⁵³ 主要指成双、成对的物体，可以是穿戴在身体的某一部位上的物体（例如：鞋子、袜子，等），也可以是仅仅以成对关系出现的物体。例如：

χe⁵³tæ⁵⁵tɕʰæ⁵³ "一双鞋子"　　　　　wɑ³³tsɿ⁵³tæ⁵⁵tɕʰæ⁵³ "一双袜子"
ge²⁴tæ⁵⁵tɕʰæ⁵³ "一对钥匙"　　　　　mi³³tæ⁵⁵tɕʰæ⁵³ "一双眼睛"
və⁵⁵kʰi⁵³tæ⁵⁵tɕʰæ⁵³ "一对弟兄"　　zɐ⁵⁵mi⁵³tæ⁵⁵tɕʰæ⁵³ "一对夫妻"
la³³ɕy³³tæ⁵⁵tɕʰæ⁵³ "一双手套"　　　mi⁵⁵mo⁵³tæ⁵⁵tɕʰæ⁵³ "一对眉毛"

同时，tæ⁵⁵tɕʰæ⁵³ 还能用在 ɕɐ³³mi⁵³tæ⁵⁵tɕʰæ⁵³ "一副眼镜"的数量名结构中。虽则眼镜是不可分割的单一个体，但眼镜的两个镜框可以成双成对出现，因此木雅人认为眼镜也可论"双"或者"对"而不使用通用量词 tɕ⁵⁵lø³³ 修饰。

集合量词 ta⁵⁵xa⁵³ 对应汉语中的"一群、一批、一堆、一系列"，等等。例如：

tɕɐ³³qa³³ta³³xa³³ "一群强盗" pə⁵⁵tsʰi⁵³ta³³xa³³ "一群小孩" ɣji²⁴ta³³xa³³ "一群马"

跟集合量词不同，度量词是主要用来表示度量衡单位的量词。木雅语的度量词比较丰富，度量词多来源于名词，其中有表全量关系的 ta³³pʰə⁵⁵la³³ "一碗、一筐、一车、一群"等，也有表部分量关系的 ta³³lə⁵³ "一半"。度量词也是表达名词量的集合，被度量词修饰的名词同样可以是可数或者不可数的。例如：

tɕə⁵⁵ta³³pʰə⁵⁵la³³ "一碗水"   tɕə⁵⁵mæ⁵³pʰə⁵⁵la³³ "一碗沙"
ji²⁴mi³³ta³³pʰə⁵⁵la³³ "一筐玉米"   ræ³³ta³³pʰə⁵⁵la³³ "一筐大麦"
qʰo³³tsæ⁵⁵ta³³pʰə⁵⁵la³³ "一车红土"   pʰa³³gɐ⁵³ta³³pʰə⁵⁵la³³ "一群野猪"
pe³³tsʰe⁵³ma³³pʰə⁵⁵la³³ "一筐菜"   ɕo³³se⁵³ta³³lə⁵³ "一半学生"
ma³³pʰə⁵⁵la³³ "一碗油"   ji⁵⁵ta³³lə⁵³ "一半酒"
ɣu²⁴ta³³pʰə⁵⁵la³³ "一车柴草"   læ³³ze⁵³ta³³lə⁵³ "一半工钱"

有时候度量词并不特别强调全量关系或者部分量关系。下面的度量词 tæ⁵⁵jæ³³ "一袋"既可以表示袋子中装满了"玉米、萝卜、酥油、骨头"等，又可以表示并未装满，这点跟汉语略有不同。例如：

ji³³mi³³	tæ⁵⁵jæ³³	一袋玉米	lɐ⁵⁵pʰə³³	tæ⁵⁵jæ³³	一袋萝卜
玉米	一袋		萝卜	一袋	
tʂu⁵⁵mæ⁵³	tæ⁵⁵jæ³³	一袋酥油	tɕʰe³³rə⁵³	tæ⁵⁵jæ³³	一袋骨头
酥油	一袋		骨头	一袋	

4.4.3 不定量词

木雅语的集合量词 ta⁵⁵xa⁵³ 也可充当不定量词的功能。由于成群之物缺乏具体"量"的特征，因此在木雅语中不严格区分集合量和不定量词的情况也不难理解。不定量词 ta⁵⁵xa⁵³ 强调名词不同个体的总量和不定量，它是由数词 tɕ⁵⁵ "一"与 xa⁵³ "些"组合而成，相当于汉语的"一些"，ta⁵⁵ 跟 xa⁵³ 的元音需要保持和谐。ta⁵⁵xa⁵³ 只可以修饰可数名词，不能修饰不可数名词。受不定量词修饰的名词不需要添加复数标记。以下的"事情、酸奶、河水"在木雅人的认识中都属于集合名词，不可以被个体化，因此它们不用 ta⁵⁵xa⁵³ 来修饰；而其他的可数名词都是表示数量多的集合，因此可以用 ta⁵⁵xa⁵³ 修饰。例如：

*læ³³kæ⁵³ta³³xa³³ "一些事情"　*tɕɵ⁵⁵mæ⁵³ta³³xa³³ "一些酸奶"　*tɕɔ⁵⁵ta³³xa³³ "一些水"

ʁa²⁴ta³³xa³³ "一些羊"　　　ri²⁴ɕy³³ta³³xa³³ "一些麦秸"　　geˈ²⁴ta³³xa³³ "一些钥匙"

除了 ta⁵⁵xa⁵³ 以外，沙德木雅语还有一个不定量词 tæ⁵⁵gæ³³，它强调名词不同个体的少量和不定量，表示物体数量并不一定，但可以肯定的是整个总量不太多，同时还可表示程度很轻。当 tæ⁵⁵gæ³³ 跟名词组合时，相当于汉语中的"一点儿"，此时它是一个典型的不定量词。当 tæ⁵⁵gæ³³ 跟动词或形容词组合时，它相当于汉语中的"稍微一丁点""一会儿"，此时它在用法上相当于一个表示程度较轻的程度副词或时间副词。例如：

不定量词	程度副词	时间副词
sã⁵⁵lø⁵³tæ⁵⁵gæ³³ "一点儿想法"	se⁵⁵se³³tæ⁵⁵gæ³³ "爱一点"	tæ⁵⁵gæ³³kʰi³³ "睡会儿"
mbø⁵⁵tæ⁵⁵gæ³³ "一点儿糖"	tsa⁵³tæ⁵⁵gæ³³ "肥一点"	tæ⁵⁵gæ³³tə³³te³³ "说会儿"

4.4.4 临时量词

某些名词能够充当临时量词的功能。沙德木雅语的临时量词十分匮乏，几乎没有专用的临时量词，若需表达汉语的临时量词，只能使用意合法，采用短语形式，而无法使用量词或借助构词形态变化的方法。表达临时量词功能的"名-数-量"短语结构[个体量词+名物化标记+示证标记]内部必须强制添加名物化标记 tsɨ⁵⁵，否则无法表达临时量词功能。例如：

ɣo²⁴ji³³　　tɕ⁵⁵-væ³³=tsɨ⁵⁵　　ra⁵⁵=ti³³　　　一脸土（脸上全是土）
脸　　　　 一-CL:面部=NMLZ　 土=GNO.IMM

lø³³pø³³　　tɕ⁵⁵-lø³³=tsɨ⁵⁵　　kʰɔ⁵⁵ɕə³³=ti³³　一身狗屎（身上全是屎）
身体　　　 一-CL=NMLZ　　　狗屎=GNO.IMM

ŋə³³tsø⁵³　 tɕ⁵⁵-lø³³=tsɨ⁵⁵　　tsʰu³³=ti³³　　一嘴醋（嘴里全是醋）
嘴巴　　　 一-CL=NMLZ　　　醋=GNO.IMM

tʰə⁵⁵pæ⁵³　 tɕ⁵⁵-lø³³=tsɨ⁵⁵　　ra⁵⁵=ti³³　　　一额头的土（额头全是土）
额头　　　 一-CL=NMLZ　　　土=GNO.IMM

tɕe⁵⁵　　　tɕ⁵⁵-lø³³=tsɨ³³　　mũ⁵⁵qʰə⁵³=ti³³　一屋子烟（屋里全是烟）
屋子　　　 一-CL=NMLZ　　　烟=GNO.IMM

该类临时量词结构不宜分析为定中结构，即：名物化标记 tsɨ⁵⁵ 语法化为连接数量定语和中心名词的定语标记。因为在沙德木雅语中只有名物化标记 ɣæ³³ 才能语法化为定语标记连接中心名词及其前置的关系小句定语或其他类型的定语成分。因此，以上例子中的 tsɨ⁵⁵ 只能看成是单纯的名物化标记，它所附着的结构并非名词的定语成分。

上面分别介绍了木雅语中常用的"个体量词、集合量词、度量词、临时量词"。事实上，量词重叠情况在沙德木雅语中并不能产，沙德木雅语很难使用量词重叠的手段表达类似汉语中"个个、人人、顿顿、件件"等数量多且全量的含义，取而代之的是直接使用全称量化或存在量化词表达相应的语义关系。

4.4.5 动量词

动量词是量化动作行为和方式的单位。沙德木雅语的动量词比较丰富，动量词的使用主要根据动作实现的方式或动作完成所借用的工具类型来挑选相应的动量词。并非所有动词都能跟动量词结合，某些动作行为方式需要通过某一特定动词与动量词的意合手段表达。下面详细介绍动量词的类型及相应的表达方法。

（一）采用动词跟描绘动作方式的名词表达动量义

下面例子中需要使用构式表达动量词的功能，主要依靠在动词 $kʰə^{33}tɕə^{53}$ "打""做"之前添加由数词 $tɕ^{55}$ "一"及其与动作方式相关的动量成分。虽然在汉语里每个动量结构的动词不同，但在沙德木雅语中却只能使用同一动词 $kʰə^{33}tɕə^{53}$，且 $kʰə^{33}tɕə^{53}$ 必须出现，不可省略。具体动量义的差别仅在于选取不同的动量词成分。例如：

$tɕ^{55}dzæ^{33}ri^{33}$	$kʰə^{33}tɕə^{53}$	"看一看"	$tɕ^{55}tsu^{33}ɕi^{33}$	$kʰə^{33}tɕə^{53}$	"摸一摸"
看一眼	做		摸一摸	做	
$tɕ^{33}sø^{33}næ^{55}$	$kʰə^{33}tɕə^{53}$	"闻一闻"	$tɕ^{55}si^{33}ŋæ^{33}$	$kʰə^{33}tɕə^{53}$	"听一听"
闻一闻	做		一听	做	
$tæ^{33}væ^{33}læ^{33}$	$kʰə^{33}tɕə^{53}$	"咬一口"	$tɕ^{55}ri^{33}$	$kʰə^{33}tɕə^{53}$	"画一笔"
咬一口	做		画一笔	做	

（二）借助名词充当动量词

该类动量词的构成方法有些近似于汉语，主要是在数词"一"之后直接添加具体名词从而使两者构成表达动作方式和动作频率的动量词。例如：

$ne^{33}kæ^{53}tɕ^{33}de^{33}$	$tə^{55}\text{-}tɕə^{33}$	"打一脸"	$tɑ^{55}tso^{33}$	$tə^{55}\text{-}tɕə^{33}$	"踢一脚"
脸上一拍	DIR-做		一脚	DIR-踢	
$tɕ^{33}ku^{55}$	$tʰæ^{55}\text{-}læ^{33}$	"摔一跤"	$tɕ^{33}ku^{55}$	$tʰɚ^{33}\text{-}re^{33}$	"跑一趟"
一回	DIR-摔		一回	DIR-跑	

（三）使用专用的动量词

某些动量结构可直接在动词之前添加 $tɑ^{55}ra^{55}$ "一下"或 $tɕ^{33}ku^{55}$ "一次"，但以这种方法表达动量结构的情况并不多见，应该是后起的结构。例如：

ta⁵⁵ra⁵⁵	tə⁵⁵-tsɿ³³tʂu³³	"算一下"	ta⁵⁵ra⁵⁵	qʰa⁵⁵-ɕi³³ɕi³³ "摸一下"
一下	DIR-算		一下	DIR-摸
ta⁵⁵ra⁵⁵	tu³³-sã³³mbæ³³	"想一下"	xa³³mbæ⁵³tɕ³³ku⁵⁵	tə³³dzɐ⁵⁵ "骂一顿"
一下	DIR-想		骂一回	骂

总的来看，沙德木雅语在构成动量词结构时跟汉语差别不大，一般是将某些动词和名词临时当作动量词使用。值得注意的是在构成动量结构或是要将相应的名词变为动量词时（或实现相应动作借助的工具、手段），名词后需要添加格标记（例39）。有时候还需要在名词后使用数量词，先将名词个体化，然后一起修饰动词，从而表达动作行为的方式和动作的频率（例40）。由此可见，沙德木雅语目前并未发展出一套成熟的动量词系统。例如：

（39） də³³mbə⁵³=ji³³　　tə⁵⁵-de³³
　　　 棒子=INST　　　DIR-打
　　　 打一棒（用棒子打一下）

（40） dzə³³mbə⁵⁵　　tɕ⁵⁵-lø³³　　qʰa⁵⁵-dæ³³
　　　 口水　　　　　一-CL　　　　DIR-吐
　　　 吐一口（痰液）

所以沙德木雅语在构成动量词时虽则跟汉语有相似之处，但是也存在一定的差别。动量词在木雅语中的发展不如汉语成熟，在表达动量关系时或是借助意合方法，或是借助工具格标记或数量结构来表达动量词的功能。

4.4.6　量词的语用功能及相关语序

沙德木雅语量词的功能比较单一，当前主要还停留在对名词进行分类使其具有个体性或量化名词的功能阶段。但有时候在某些话语材料中，量词还发展出了别的语用功能。根据 Bai（2019a）的报道，在朋布西木雅语中通用量词有时可置于主句的核心动词跟补足语从句之间作为标句词（complementizer）。而沙德木雅语的通用量词 tɕ³³lø³³ "一个" 在自然口语中也具有该用法，不过该类使用环境仅仅出现在主句核心动词为 tɕæ²⁴ndə²⁴ "没有、不是" 的存现句中。添加了 tɕ⁵⁵lø³³ 的从句常被看成一个具体事件加以强调，相当于汉语的"并不是 / 并没有……事情"，此时在补足语从句之后大多需要添加上名物化标记。例如：

（41） zi²⁴　qʰo³³-mɐ⁵³-sø⁵⁵=tʰɐ²⁴,　　ndo⁵⁵　　ɦæ³³ndzi³³=ri³³　　tɕ⁵⁵lø³³
　　　 猪　DIR-NEG-养=LNK:假如　　肉　　　DIR-吃=NMLZ　　　COMP
　　　 tɕæ²⁴-ndə²⁴.
　　　 NEG-有
　　　 如果没有养猪的话就没有吃肉那件事了。

（42）læ⁵⁵kæ⁵³　　　tʰə⁵⁵-mɐ⁵³-və³³=tʰɐ³³,　　　ɦæ³³-ndʑi³³=ri³³　　tɕ⁵⁵lø³³
　　　劳动工作　　　DIR-NEG-做=LNK:假如　　　　DIR-吃=NMLZ　　COMP
　　　tɕæ²⁴-ndə²⁴.
　　　NEG-有
　　　如果没劳动就不会出现能吃东西的事情了。

除此以外，当说话人在交谈过程中为了缓和自己的语气，着力避免自己不太确定或太过于绝对的言辞会伤害到听话人的情感时，说话人常常会在形容词之后添加通用量词 tɕ³³lø³³ "一个"。该类"语气缓和标记"（mood softener）的用法跟说话人在会话现场的语用表达效果息息相关①。例如：

（43）mə⁵⁵se⁵³-nə⁵⁵=le³³　du³³du⁵³　ŋə³³-tʂʰɑ⁵³　ɦɐ³³mə³³nə³³　tɕ³³-lø³³　ni²⁴.
　　　民众-PL=DAT　　　　坏的　　　NEG-公平　　MD　　　　　一-CL　　　COP
　　　对老百姓而言的确有点不太公平。

（44）ŋə³³mæ⁵⁵　　tsə³³kə³³　　tsæ³³tɕʰɐ³³pu³³　　tɕ³³-lø³³=ti³³.
　　　真正　　　　SEQ　　　　重要的　　　　　　一-CL=GNO.IMM
　　　真的就应该有点重要了吧。

从语序上看，量词和数词一律后置于核心名词，表现为[核心名词+数词+量词+名物化标记]的语序结构。若还需添加名词定语、指示词、关系化小句等其他修饰性成分，则分别按照以下两种语序排列，下面分别介绍。

当句中有指示词时，按照[DEM+N+NUM+CL+NMLZ]的语序排列，量词短语之后必须添加名物化标记 tsi³³。例如：

（45）wɐ³³tsi⁵⁵　　　zi²⁴　　　dɐ⁵⁵-ndzɐ³³=tsi³³
　　　那　　　　　　猪　　　　二-CL=NMLZ
　　　那两头猪

（46）ʔɐ³³tsi⁵⁵　　　tɕe⁵⁵　　　dɐ⁵⁵-ndzɐ³³=tsi³³
　　　这　　　　　　房子　　　二-CL=NMLZ
　　　这两间房子

当句中出现形容词时，按照[DEM+N+ADJ+NUM+CL+NMLZ]的语序排列。例如：

（47）wɐ³³tsi⁵⁵　　　ʁə²⁴　　　ȵi⁵⁵ȵi³³　　nə⁵⁵-zæ³³=tsi³³
　　　那　　　　　　鱼　　　　红的　　　　两-CL=NMLZ
　　　那两条红色的鱼

---

① 通用量词同时具备"语气缓和标记"功能的用法可参考 Aikhenvald（2010：98）的相关介绍。同时，在川西木绒扎坝语中也能发现通用量词充当类似"语气缓和标记"的用法（见 Huang 2022）。

(48) ʔɐ³³tsɿ⁵⁵   tɕe⁵⁵   ki⁵⁵kɐ³³   tɐ⁵⁵-lø³³=tsɿ³³
　　 这　　　 房子　　 很高的　　 一-CL=NMLZ
那一座很高的房子

同样，数量结构还能出现在关系化小句内，此时数量词也需要置于核心名词之后。例（49）和（50）中关系化小句前置于核心名词，两者之间必须添加关系化小句标记 ɣæ³³，同时整个"数一量一名"结构也必须被名物化（末尾添加名物化标记 tsɿ³³）。例如：

(49) ʔɐ³³tsɿ⁵⁵ [sʋ⁵⁵de³³=sɿ³³kə⁵³ qʰə⁵⁵-tə³³-sɿ⁵⁵]=ɣæ⁵⁵ tse⁵⁵ŋɡə⁵³
　　 这　　　 沙德=ABL　　　　 DIR-买-PFV.3=REL　　 衣服
ȵi⁵⁵ȵi³³   nə⁵⁵-væ³³=tsɿ³³.
红的　　　 两-CL=NMLZ
这两件从沙德买的红色的衣服。

(50) [wʋ³³tsɿ⁵⁵ [χə⁵⁵ tʰə³³-ŋɡə³³=mi³³]=ɣæ⁵⁵ pə⁵⁵tsʰi³³
　　 那　　　 牙齿　 DIR-掉=NMLZ=REL　　 小孩
nə⁵⁵-ɡæ³³=tsɿ³³]   NGæ⁵³   pə⁵⁵tsʰi³³   ni³³.
两-CL=NMLZ　　 1sg.POSS　 孩子　　　 COP
那两个掉了牙齿的小孩是我的孩子。

4.5　代词

代词是具有指代功能的词类。代词具有所指性（reference），所指性按照言语行为（speech act）中说话人以及言谈牵涉对象的不同而变化。沙德木雅语的代词可分为人称代词、反身代词、指示代词、疑问代词、范指代词、互指关系代词几类。人称代词除了根据指代对象不同而划分出不同小类以外，还会根据指称类型、说话人熟悉程度的不同而分成不同的功能类别。反身代词和人称、数保持一致。指示代词跟数保持一致，并根据距离远近三分。下面依次介绍代词的语法属性。

4.5.1　人称代词

沙德木雅语的人称代词能够根据人称、数、格的不同采用不同的代词形式。一、二、三人称分别有单数、双数和复数的区别，第一人称代词的双数和复数分为包括式和排除式两种。没有专门表尊称的代词形式，人称代词在句中充当不同论元成分时有相应的形态变化。

人称代词的领属结构具有内部屈折形态变化，代词能依靠音变或合音手段表达领属关系。有时候也可以添加专用的领属标记 ɣæ³³，而不采用改变代词内部屈折形态的方法表达领属关系，但改变内部屈折形态的方法更为常见。

人称代词的双数主要在单数后添加双数标记 ni³³nə³³ 或者 nə³³nə³³，复数主要在代词后添加标记 nə³³。人称代词跟作格标记 ji³³ 以及领属格标记 ɣæ³³ 结合紧密，往往构成一个音节。由于受元音和谐以及合音的影响，一人称代词单数 ŋə⁵³ 与作格标记 ji³³ 结合为 ŋi⁵³，与领属格标记（与格标记）ɣæ³³ 合音变成 ɴɢæ⁵³ 或者 ŋə³³ɣæ⁵⁵。二人称代词单数 næ⁵³ 与 ji³³ 结合成 ne⁵³。三称代词单数 ʔɐ³³tsi³³ 与 ji³³ 合音为 ʔe³³tsi³³。代词的双数和复数最末尾音节 nə³³ 与 ji³³ 结合变为 ni³³，与 ɣæ³³ 合音为 næ³³（黄布凡 1985）。第三人称代词还会根据面称与否（是否在交际现场且是否可见，是否可用手指出谈论对象）以及说话人对所指称对象的熟悉程度分成不同的小类。

下表 4-3 列举了沙德木雅语的一、二、三人称代词形式。

表 4-3　　　　　　　　沙德木雅语人称代词的类型

人称 数	一人称		二人称	三人称
	包括式	排除式		
单数	ŋə⁵³		næ⁵³	ʔɐ³³tsi³³（可见、可用手指） wɐ³³tsi³³（不可见、不可用手指）
双数	jɐ⁵⁵nə³³nə³³ jɐ⁵⁵ni³³nə³³	ŋə⁵⁵nə³³nə³³ ŋə⁵⁵ni³³nə³³	næ⁵⁵nə³³nə³³ næ⁵⁵ni³³nə³³	ʔɐ³³tsi⁵⁵nə³³ / ʔɐ⁵⁵ni³³nə³³ （可见、可用手指） wɐ³³tsi⁵⁵nə³³（不可见、不可用手指）
复数	jɐ⁵⁵nə³³	ŋə⁵⁵nə³³	næ⁵⁵nə³³	ʔɐ⁵⁵nə³³（可见、可用手指） wɐ⁵⁵nə³³（不可见、不可用手指）

除了黄布凡（1985）所讨论的人称代词内部屈折变化的方式以外，沙德木雅语中人称代词的内部屈折形态还跟代词所充当的格功能有关，不同格类型使用不同的代词形态。因此木雅语的人称代词需要跟"人称""数""格"范畴保持一致。主要是根据不同的"人称""数"和"格"形式改变人称代词的元音结构，采用元音交替手段使人称代词发生内部屈折变化。下面分别介绍。

（一）一人称代词的形态变化

一人称代词形态变化跟其格形态密切相关，主要是：

1. 一人称双数包括式在句中充当作格成分时，在一人称代词 jɐ⁵⁵ 后添加 ni³³nə³³ 或 nə³³nə⁵⁵；一人称双数排除式充当作格时，不会发生人称代词和格标记的合音，只需在代词后添加作格标记 ji³³ 即可。一人称双数排除式在句中充当作格时，在一人称代词 ŋə⁵⁵ 后添加 ni³³ni³³ 或 nə³³ni⁵⁵，ni³³ni³³ 和 nə³³ni⁵⁵ 应该都源于双数标记跟作格标记 ji³³ 的融合。

2. 一人称代词的双数形式若在句中充当通格则无格形态变化，保持其双数形式 ŋə⁵⁵ni³³nə³³ 或 ŋə⁵⁵nə³³nə³³。

3. 一人称代词的双数形式若在句中充当领属格成分时，人称代词需要跟格标记 ɣæ³³ 发生合音，最终变为 ŋə³³ni³³næ³³ 或 ŋə⁵⁵nə³³næ³³，但作为领属格的代词仅仅使用 ŋə³³ni³³næ³³ 一种形态。

4. 一人称复数形式充当作格时，复数标记 nə³³ 跟格标记 ji³³ 合音，变为 ŋə⁵⁵ni³³ 或 je⁵⁵ni³³，而充当从格和领属格的时候，复数标记 nə³³ 跟格标记 ɣæ³³ 合音，变为 ŋə⁵⁵næ³³ 或 je⁵⁵næ³³。

（二）二人称代词的形态变化

二人称代词单数充当作格时由于跟格标记合音，变为 ne⁵⁵；充当通格、领属格时保持其原有的形态 næ⁵⁵。二人称代词双数形式跟一人称代词双数的形态变化近似，充当作格时变成 næ⁵⁵ni³³ni³³ 或 næ⁵⁵nə⁵⁵ni⁵⁵。二人称代词复数的形态变化较为特殊，当其充当作格和领属格时词形变为 næ⁵⁵ni³³，充当通格时还是 næ³³nə³³，其词形保持不变。

（三）三人称代词的形态变化

三人称代词的形态变化比较简单。当三人称代词单数充当句中作格、领属格时，由于受到后面格标记影响，词形分别变为 ʔɐ³³tsi⁵⁵、ʔɐ³³tsæ⁵⁵、ʔɐ³³tsæ⁵⁵；在充当其他格功能时使用原有的词形 ʔɐ³³tsi⁵⁵。当三人称代词双数充当句中的作格时，词形变为 ʔɐ³³tsi⁵⁵ni⁵⁵；充当句中从格和领属格时，词形变为 ʔɐ³³tsi⁵⁵næ⁵⁵；充当句中其他格功能时，词形为 ʔɐ³³tsi⁵⁵nə⁵⁵。三人称代词双数形式不管充当何种格功能都需 ʔɐ³³tsi⁵⁵ 为 ʔɐ³³tsi⁵⁵。三人称复数形式和其他人称复数形式的形态变化相近，分别有 ʔɐ³³ni⁵⁵、ʔɐ³³nə³³、ʔɐ³³næ⁵⁵ 三种形态。

由此可见，相对于川西其他羌语支语言来看，沙德木雅语人称代词的形态变化更为丰富，这主要是由于人称代词需要跟"数""格"范畴保持一致。不同的"数"和"格"形式改变了人称代词的元音结构且两者跟人称代词之间发生了较有规律的合音现象。合音源于人称代词跟格标记 ji³³ 和 ɣæ³³ 的内部屈折变化。但某些形态变化并不符合普遍的合音规律，例如：二人称代词的复数在作领属格时并不使用 næ³³næ⁵⁵ 而使用 næ³³ni⁵⁵；三人称代词双数无论充当何种格功能都需同时将代词 ʔɐ³³tsi⁵⁵ 变为 ʔɐ³³tsi⁵⁵。究其缘由，还有待系统考察临近的木雅语方言中代词的形态变化情况。

表 4-4 总结了沙德木雅语中人称代词受"人称""数""格"范畴影响所表现出的屈折形态变化。

表 4-4　沙德木雅语的人称代词及其屈折形态变化

人称和数 / 格类型	一人称代词 单数	一人称代词 双数	一人称代词 复数	二人称代词 单数	二人称代词 双数	二人称代词 复数	三人称代词 单数	三人称代词 双数	三人称代词 复数
作格	ŋɔ³³	ŋɔ⁵⁵ni:³³ni:⁵⁵ / ŋɔ³³ŋa⁵⁵ni⁵⁵；jɛ⁵⁵ni³³ŋɔ³³ / jɛ⁵⁵ŋɔ³³ŋɔ³³	ŋɔ⁵⁵ni³³ / jɛ⁵⁵ni³³	nɛ⁵⁵	næ⁵⁵ni:³³ni:³³ / næ⁵⁵ŋɔ⁵⁵ni⁵⁵	næ⁵⁵ni:³³	ʔe³³tsi⁵⁵	ʔe³³tsi⁵⁵ni⁵⁵	ʔe³³ni⁵⁵
通格	ŋɔ³³（谓语为"打"等）Nɡæ³³（谓语为"骂"等）	ŋɔ⁵⁵ni³³ŋɔ³³ / ŋɔ⁵⁵ni³³ŋɔ³³	ŋɔ⁵⁵ŋɔ³³ / jɛ⁵⁵ŋɔ³³	næ⁵⁵	næ⁵⁵ni³³ŋɔ³³ / næ⁵⁵ŋɔ⁵⁵ŋɔ⁵⁵	næ⁵⁵ŋɔ³³	ʔe³³tsi⁵⁵	ʔe³³tsi⁵⁵ŋɔ⁵⁵	ʔe³³ŋɔ³³
对向格	Nɡæ³³	ŋɔ⁵⁵ni³³ŋɔ³³ / ŋɔ⁵⁵ni³³ŋɔ³³	ŋɔ⁵⁵ŋɔ³³ / jɛ⁵⁵ŋɔ³³	næ⁵⁵	næ⁵⁵ni³³ŋɔ³³ / næ⁵⁵ŋɔ⁵⁵ŋɔ⁵⁵	næ⁵⁵ŋɔ³³	ʔe³³tsi⁵⁵	ʔe³³tsi⁵⁵ŋɔ⁵⁵	ʔe³³ŋɔ³³
领属格	Nɡæ³³	ŋɔ⁵⁵ni³³næ³³	ŋɔ⁵⁵næ³³	næ⁵⁵	næ⁵⁵ni³³næ³³	næ³³ni⁵⁵	ʔe³³tsæ⁵⁵	ʔe³³tsi⁵⁵næ⁵⁵	ʔe³³næ⁵⁵

人称代词具有名词性的语法属性，因此它们常常在句中作主语、宾语、定语等句法成分。人称代词由于能在句中充当不同论元成分，它的词形也具有相应的内部屈折变化。例（51）—（55）中，人称代词充当句子的主语，且在语义上，是动作的施事者。例如：

(51) ŋə^{33}ni^{55}ni^{55}　　zi^{33}　　tɕ^{55}-lø^{55}　　nɐ^{55}-se^{33}=ŋe^{24}.
　　 1dl.ERG　　　　猪　　一-CL　　DIR-杀=EGO
　　 我俩杀了一头猪。

(52) ŋə^{33}ni^{55}nə^{55}　　sæ^{33}sɨ^{55}　　ʁa^{24}　　lo^{33}mi^{55}　　de^{33}=ŋe^{55}.
　　 1dl　　　　　　明天　　　羊　　　放牧　　　去=EGO
　　 我俩明天去放羊。

(53) jɐ^{33}ni^{55}ni^{55}　　ji^{55}sɨ^{53}　　ɣu^{24}　　ɦæ^{33}-ti^{55}　　tʰɐ^{33}-kɐ^{55}-se^{24}?
　　 1dl.ERG　　　　昨天　　　草　　DIR-割掉　　DIR-割掉-PFV.1dl
　　 我俩昨天割了多少草来着？

(54) næ^{33}ni^{55}nə^{55}　　ni^{33}lɐ^{55}=pu^{55}　　ʔæ^{33}=xe^{24}?
　　 2dl　　　　　　婚礼=LOC　　　Q=去
　　 你俩参加了婚礼吧？

(55) ʔɐ^{55}tɕi^{33},　　næ^{33}nə^{55}ni^{55}　　zæ^{24}　　ɕæ^{55}dza^{33}pa^{53}　　tɕ^{55}-lø^{33}
　　 姐姐　　　　2dl.ERG　　　　孩子　　胖子　　　　　一-CL
　　 ji^{33}-ndze^{53}　　ɦo^{24}!
　　 DIR-生　　　　INTER
　　 姐姐，你俩要生一个胖孩子哦！

例（56）—（57）中，人称代词充当句子的宾语，在语义上，是动作的受事。例如：

(56) ta^{55}=ji^{24}　　ʔɐ^{33}nə^{55}　　lə^{55}=kʰu^{33}　　ɦo^{55}-tɕo^{53}-sɨ^{24}.
　　 老虎=ERG　　3pl　　　　洞=LOC　　　DIR-赶走-PFV.3
　　 老虎把他们赶进了洞里（老虎赶他们进洞里）。

(57) ru^{33}ɣə^{55}=ji^{24}　　ji^{55}sɨ^{33}　　ʔɐ^{33}nə^{55}　　mbu^{55}=le^{24}　　nu^{55}-væ^{33}le^{24}-sɨ^{24}.
　　 熊=ERG　　　　昨天　　　他们　　　山=LOC　　　DIR-咬-PFV.3
　　 熊昨天在山上咬了他们。

例（58）—（60）中人称代词分别是动作的经历者、参与者或跟某个动作事件密切相关，但并非动作行为的发出者，因此人称代词之后都未添加作格标记 ji^{33}。例如：

（58）je³³nə⁵³　　ŋø⁵³　qʰə³³-ɕe⁵⁵　　tsə³³kə³³　　dzɑ⁵⁵rɨ⁵⁵rɨ⁵³　　tʰə⁵³-væ³³-sɨ⁵⁵=ni³³.
　　　　1pl　　　面部　DIR-认识　　　SEQ　　　　长时间　　　　DIR-发生-PFV.3=GNO
　　　　我们已经认识很久了。

（59）ʔe³³næ⁵⁵　　tsẽ³³tʰæ⁵³　　tse⁵⁵næ³³　　ndzu³³-nə⁵³　　ŋgə³³-tʂe⁵³-pi²⁴.
　　　　3pl　　　　常常　　　　　3pl.POSS　　　朋友-PL　　　DIR-想念-IMPV.3
　　　　他们常常想念他们的朋友们。

（60）je³³nə⁵³　　　pu⁵⁵pæ³³ni²⁴　　ʔe³³nə⁵³　　tɕæ²⁴-ŋe²⁴.
　　　　1pl　　　　　藏族人　　　　　3pl　　　　NEG-COP
　　　　咱们都是藏族人，他们不是。

在例（61）—（65）中人称代词作领属定语，句中分别使用了代词领属格的词形。例如：

（61）je⁵⁵næ³³　　gu³³-nə³³　　je⁵⁵ni³³　　　χɑ⁵⁵kə²⁴=ni²⁴.
　　　　1pl.POSS　　牦牛-PL　　1pl.REFL.ERG　　知道=GNO
　　　　我们的牦牛我们都认识。

（62）ŋə³³næ⁵³　　ɦɪe⁵⁵kʰe³³=tsə³³kə⁵⁵　　ʁa²⁴　te³³-lø³³　　kʰu⁵⁵-kə³³-rɑ³³sɨ³³.
　　　　1pl.POSS　　这里=ABL　　　　　　　羊　　一-CL　　　DIR-偷-PFV.SEN
　　　　我们从这个地方（我们的这里）偷了一只羊。

（63）næ³³næ⁵³　　ʔe³³kʰo⁵³=tsə³³kə³³　　ɣu⁵⁵zɨ⁵⁵　　tæ⁵⁵-wæ³³　　ŋgu³³-xə⁵⁵-sɨ²⁴.
　　　　2pl.POSS　　这儿=ABL　　　　　　鸟儿　　　一-CL　　　DIR-带来-PFV.3
　　　　你们从那个地方（你们的这里）带来一只鸟。

（64）ʔe³³tsæ⁵³　　mə⁵⁵zæ³³　　kæ³³　　tse⁵⁵=mi³³=tsi³³　　la⁵⁵
　　　　3sg.POSS　　女儿　　　　更加　　小=NMLZ=NMLZ　　媳妇
　　　　xə⁵⁵-pi³³=ni³³.
　　　　去-IMPV=GNO
　　　　她的小女儿要出嫁了。

（65）lã³³ndzu⁵⁵　　te³³-lø⁵⁵　　ʔe³³tsi⁵⁵næ⁵⁵　　ɦia²⁴lø³³=pu⁵⁵　　ne³³-zi⁵⁵-rɑ²⁴.
　　　　篮子　　　　一-CL　　　3dl.POSS　　　　头=LOC　　　　　DIR-掉下-PFV.VIS
　　　　（看见）一个篮子掉在他俩的头上。

例（66）—（68）中人称代词分别是"给予"类动词的给予对象或系词句的主语，人称代词之后都添加了与格标记 le³³。例如：

（66）ŋə³³nə⁵⁵=le²⁴　　ɦæ³⁵-ndzɨ³³=ry⁵⁵　　ndzɐ³³ndzɐ⁵³　　te⁵⁵sɨ³³　　tʰu⁵⁵-tɕə³³-me²⁴.
　　　　1pl=DAT　　　DIR-吃=NMLZ　　　　很多　　　　　一些　　　　DIR-给-NEG
　　　　不要给我们太多吃的。

（67）tɕĩ⁵⁵tsʰi⁵⁵=ji²⁴　　ʔɐ⁵⁵tsi⁵⁵=le⁵⁵　　ly⁵⁵　　tɐ⁵⁵-lø³³　　tʰu³³-kʰe⁵⁵-si³³.
　　　邻居=ERG　　　　3sg=DAT　　　海螺　　一-CL　　DIR-给-PFV.3
　　　邻居给了她一个海螺。

（68）ʔɐ³³tsi⁵⁵=le⁵⁵　　　ɦæ³³tsi⁵⁵　　mi⁵⁵pi³³　　ŋe²⁴?
　　　3sg=DAT　　　　　什么　　　　名字　　　COP
　　　他叫什么名字呢？

沙德木雅语跟上古汉语及周边某些藏缅语一样表远指的指示代词同时用作三人称代词。三人称代词 ʔɐ³³tsi³³ "这个"和 wɐ³³tsi³³ "那个"也属于指示代词，后面添加了双数标记或复数标记的三人称指示词也表达指示词的数的多少。木雅人当前对指示代词所指示空间方位的认识还很不足，当问及汉语"他""那个"的时候，木雅人很多无法区别到底使用 ʔɐ³³tsi³³ 或是 wɐ³³tsi³³ 更好一些，常常混淆两者来翻译。但作为三人称代词的 ʔɐ³³tsi³³ 使用频率更高，目前可以肯定的是 wɐ³³tsi³³ 所指示的距离或对象一定较 ʔɐ³³tsi³³ 更远一点，几乎是肉眼无法看到的事物。

由于指示词本身存在指示对象的距离问题以及指称差别问题，木雅语的三人称代词内部使用情况也不平衡。有的方言点混用 ʔɐ³³tsi³³ 和 wɐ³³tsi³³，有的地方两者不混，空间方位较为明确（如：沙德和朋布西），但有的方言点却使用其他词形①。

在语用策略上，因第三人称代词所指代对象可出现在言谈交际现场，也可不在交际现场，所以三人称代词在指称类型上存在"面称"（可见、可用手指出言谈对象）和"背称"（不可见、不可用手指出言谈对象）的差别。ʔɐ³³tsi³³、ʔɐ³³tsi⁵⁵nə³³ / ʔɐ⁵⁵ni³³nə³³ 以及 ʔɐ⁵⁵nə³³ 主要用于"面称"，所涉及的对象都在交谈现场；而 wɐ³³tsi³³、wɐ³³tsi⁵⁵nə³³、wɐ⁵⁵nə³³ 主要用于"背称"，所涉及的对象几乎都不在交谈现场。

除了指称类型的差别外，三人称代词的双数和复数形式还具有"熟悉程度"的差别，即：言谈者对人称代词所指代对象是否熟悉，关系是否亲近。说话人会将自己的主观认识"移情"到会话表达中，从而选择不同的人称代词。wɐ³³tsi³³、wɐ³³tsi⁵⁵nə³³ 和 wɐ⁵⁵nə³³ 用于说话人不太熟悉，或仅仅只有一面之缘的对象；而 ʔɐ³³tsi³³、ʔɐ³³tsi⁵⁵nə³³ 和 ʔɐ⁵⁵nə³³ 大多用于说话人特别熟悉的对象。例如：

---

① 例如普沙绒乡的三人称代词就有 ʔɐ³³tsi³³ 和 ɣɐ³³tsi³³ 两种词形。

（69）ʔɐ³³ni⁵⁵　　　tɕə⁵⁵tsø⁵³-nə²⁴　　　tʰo³³-lə⁵⁵　　　re²⁴-ndy⁵⁵=ni²⁴.
　　　3pl　　　　　牛-PL　　　　　　DIR-放　　　　来-MOD:将要=GNO
　　　他们将要来放牛（说话人和他们较为熟悉）。
（70）wɐ⁵⁵tsi⁵⁵nə³³　　　ndy⁵⁵　　　tsə⁵⁵kə³³　　　re³³-sɨ⁵⁵=ni²⁴.
　　　3dl　　　　　　康定　　　　SEQ　　　　　来-PFV.3=GNO
　　　他俩来了康定（说话人和他俩不是太熟悉）。

上面例（69）和（70）中说话人对其言谈中涉及的第三人称的亲疏程度实际就是指示代词指示功能的扩展。近指为熟悉，远指为疏远，尽管在汉语中都能被翻译成"他们"，但内部还是存在细微差别。

4.5.2 反身代词

反身代词也有人称和数的差别，主要依靠以下几种手段表达反身关系：一、二人称的反身代词单数主要依靠重叠代词词根的方式构成代词 ŋe⁵⁵ŋe³³ 或 ne⁵⁵ne³³；三人称反身代词单数先删略三人称代词词头 ʔɐ³³、wɐ³³ 然后将剩余语素进行重叠，从而构成反身代词 tse⁵⁵tse³³。一人称反身代词的双数分包括式和排除式，包括式有两种词形 je⁵⁵nə³³nə³³ 和 jɐ⁵⁵nə³³nə³³，而排除式只有一种词形 ŋe⁵⁵ni³³nə³³；一、二、三人称反身代词双数形式都是在相应的反身代词词根之后添加双数标记 ni³³nə³³ 或 nə³³nə³³；一、二、三人称反身代词复数形式是在相应的反身代词词根后添加复数标记 nə³³。

表 4-5 归纳了反身代词的类型。

表 4–5　　　　　　　沙德木雅语反身代词的类型

数＼人称	一人称		二人称	三人称
	包括式	排除式		
单数	ŋe⁵⁵ŋe³³		ne⁵⁵ne³³	tse⁵⁵tse³³
双数	je⁵⁵nə³³nə³³ jɐ⁵⁵nə³³nə³³	ŋe⁵⁵ni³³nə³³	ne⁵⁵ni³³nə³³ ne⁵⁵nə³³nə³³	tse⁵⁵nə³³nə³³ tse⁵⁵ni³³nə³³
复数	je⁵⁵nə³³	ŋe⁵⁵nə³³	ne⁵⁵nə³³	tse⁵⁵nə³³

反身代词不但需要跟"数""格"范畴保持一致，而且还需要根据不同的"数"和"格"形式改变反身代词的元音结构。表 4-6 进一步介绍了反身代词的内部屈折变化情况。

第四章　词类

表 4-6　沙德木雅语的反身代词及其屈折形态变化

人称和数 格类型	一人称反身代词			二人称反身代词			三人称反身代词		
	单数	双数	复数	单数	双数	复数	单数	双数	复数
作格	ŋe⁵⁵ŋe³³	ŋe⁵⁵ni³³ni⁵³	ŋe⁵⁵ni³³ / je⁵⁵nə³³	ne⁵⁵ŋe³³	ne⁵⁵nə³³nə⁵⁵	ne⁵⁵ni³³	tse⁵⁵tse³³	tse⁵⁵ni⁵⁵ni⁵⁵	tse⁵⁵nə⁵⁵
通格	ŋe⁵⁵ŋe³³	ŋe⁵⁵ni³³nə³³	ŋe⁵⁵nə³³	ne⁵⁵ŋe³³	ne⁵⁵ni³³nə³³	ne⁵⁵nə³³	tse⁵⁵tse³³ɣæ³³	tse⁵⁵ni⁵⁵nə⁵⁵ / tse⁵⁵ni⁵⁵nə⁵⁵	tse⁵⁵nə⁵⁵ / tse⁵⁵næ⁵⁵
对向格	ŋe⁵⁵ŋe³³	ŋe⁵⁵ni³³nə³³	ŋe⁵⁵nə³³	ne⁵⁵ŋe³³	ne⁵⁵ni³³nə³³	ne⁵⁵ni³³	tse⁵⁵tse³³	tse⁵⁵ni⁵⁵nə⁵⁵	tse⁵⁵nə³³
领属格	ŋe⁵⁵ŋe³³ɣæ³³	ŋe⁵⁵ni³³næ³³	ŋe⁵⁵næ³³	ŋe⁵⁵ŋe³³ɣæ³³	ne⁵⁵ni³³nə³³	ne⁵⁵ni³³	tse⁵⁵tse³³ɣæ³³	tse⁵⁵ni⁵⁵næ⁵⁵	tse⁵⁵næ³³

从表 4-6 的介绍可知，反身代词的内部形态变化很大程度上也受到了格标记 ji^{33} 和 ɣæ^{33} 的影响。不过，值得注意的是：一、二、三人称反身代词的单数就算充当施事，代词的元音也需要是 e，而不能变成元音为 i 的词形。一、二、三人称反身代词的双数和复数充当施事格时是否跟 ji^{33} 发生合音比较灵活。一、二、三人称反身代词的单数在充当领属格、从格时一般都无法跟 ɣæ^{33} 发生合音，而反身代词的双数和复数在充当这两类格功能时常常跟 ɣæ^{33} 发生合音。一、二、三人称反身代词的双数和复数做宾语时一般都需要跟 ɣæ^{33} 发生合音，只有第三人称双数和复数的反身代词跟 ɣæ^{33} 合音的情况比较灵活。

总的来说，沙德木雅语的反身代词具有较为独立的构词形态，而不需要添加其他黏着的词缀来表达反身关系。反身代词能单独充当论元成分，依靠内部屈折变化而来的反身代词能自由充当句法成分。反身代词能在句中单独充当主语、宾语、定语、介词宾语。

以下例（71）—（74）中，反生代词分别作主语和宾语。例如：

（71）væ^{33}və^{53},　　ne^{24}　　　　tɑ^{33}rɑ^{53}　　　tæ^{33}gæ^{53}　　　mbæ^{55}.
　　　爷爷　　　　2sg.REFL　　先　　　　一会儿　　　坐.2sg
　　　爷爷，你自己先坐一会儿吧。

（72）næ^{33}ni^{55}　　　ne^{55}nə^{33}　　ne^{55}nə^{33}=le^{55}　　si^{55}se^{33}-ɴə^{33}ve^{33}.
　　　2pl　　　　2pl.REFL　　2pl.REFL=DAT　爱护-LVB
　　　你们要自己爱护自己（你们要自己做爱护自己的事情）。

（73）ŋɑ^{33}ni^{55}　　　ŋe^{55}nə^{55}　　ŋe^{55}nə^{33}=le^{55}　　ɦæ^{33}-ŋe^{53}-pe^{33}=ni^{33}.
　　　1pl　　　　1pl.REFL　　1pl.REFL=DAT　DIR-骂-IMPV.1pl=GNO
　　　我们自己骂自己。

（74）ʔɐ^{33}ni^{55}　　　tse^{55}nə^{55}　　tse^{55}næ^{33}=le^{33}　　ni^{55}qʰɑ^{55}
　　　3pl　　　　3pl.REFL　　3pl.REFL.POSS=DAT　脸
　　　ɣə^{24}-de^{33}-pi^{33}.
　　　DIR-打-IMPV
　　　他们自己打自己的脸。

例（75）—（76）中反身代词分别做句子的领属定语，反身代词之后添加了领属格标记 ɣæ^{33}，但反身代词不能跟领属格标记发生合音。例如：

（75）ŋe^{33}ŋe^{33}=ɣæ^{24}　　　dzə^{55}　　ŋe^{55}ŋe^{55}=ji^{24}
　　　1sg.REFL=POSS　　裤子　　1sg.REFL=ERG
　　　nɑ^{33}-ʁo^{55}-po^{55}=ŋɐ^{24}.
　　　DIR-洗-IMPV.1sg=EGO
　　　我自己的裤子我自己洗。

（76）ne⁵⁵ne⁵⁵=ɣæ²⁴   tø³³nda⁵³   ne⁵⁵ne⁵⁵=ji²⁴   kʰu⁵⁵-tʂø⁵⁵
　　　2sg.REFL=POSS   事情   2sg=ERG   DIR-做.2sg
　　　tʰo³³-vø⁵³.
　　　DIR-去干.2sg
　　　你自己的事情你自己做。

例（77）中反身代词是主谓短语的主语，（78）中反身代词是名词"孩子"的定语。例如：

（77）ne⁵⁵ne⁵⁵=ji⁵⁵   tə⁵⁵-tə⁵³-sø³³=tsi³³   kʰu³³-tʂɿ⁵⁵   tʰɑ³³-χi⁵⁵=ni²⁴.
　　　2sg.REFL=ERG   DIR-说-PFV.2sg=NMLZ   DIR-做   DIR-能够=GNO
　　　你自己说的（那些）话要算话。

（78）ʔɐ³³nə⁵⁵   tse⁵⁵næ³³   zæ³³   tse⁵⁵ni⁵⁵   qʰɐ³³-sø⁵⁵-χi⁵⁵=ni²⁴.
　　　3pl   REFL.POSS   孩子   RELF   DIR-养-MOD:要=GNO
　　　他们自己的孩子他们自己养。

例（79）的反身代词是句子的主语成分，而（80）中反身代词做句词的领属语。例如：

（79）ne³³ni⁵⁵   tʂʰũ⁵⁵tʂʰã⁵³   tə⁵⁵-və³³-mɐ⁵⁵-se³³=ni²⁴,   ŋɔ³³=le⁵³
　　　2pl   村长   DIR-当-NEG-PFV.2pl=GNO   1sg=DAT
　　　tə⁵⁵-tə⁵⁵=rø²⁴   一-CL   NEG-有
　　　DIR-说=NMLZ   tə³³-lø⁵⁵   tɕæ²⁴-ndə²⁴.
　　　你们自己不当村长，不要对我有啥说的。

（80）tse⁵⁵tse³³=ɣæ³³   pʰə³³tʰə⁵³=kʰu³³=tsə³³kə⁵³   ri³³tɕe⁵³
　　　3sg.REFL=POSS   兜=LOC=ABL   刀子
　　　tɐ⁵⁵-tø⁵⁵-rɑ²⁴.
　　　DIR-掏出-PFV.VIS
　　　（看见他）从他自己兜里掏出刀子。

4.5.3 相互关系代词

相互关系代词多为黏着型形态，跟名词性成分黏着于一体。相互关系代词 ti⁵⁵ti³³ 跟主语的人称以及数没有一致关系。相互关系代词不能跟谓语动词直接组合，它们之间必须添加与格标记 le³³ 或者 ɣæ³³。到底选择两个与格标记中的哪一个并无特别限制，但在相互关系结构中使用 ɣæ³³ 的情况更普遍一些。例如：

（81）ʔɐ³³ni⁵⁵   ti⁵⁵ti³³=ɣæ³³   ni⁵⁵qʰɑ³³   ɣə²⁴-de³³-pi³³.
　　　3pl.ERG   RECP=DAT   脸   DIR-打-IMPV.3
　　　他们相互打脸。

（82） ŋə³³ni⁵⁵　　　ti⁵⁵ti³³=le⁵⁵　　　ɦæ³³-ŋe⁵³-pe³³=ni³³.
　　　1pl.ERG　　　RECP=DAT　　　DIR-骂-IMPV=GNO
　　　我们互骂彼此。

（83） næ³³ni⁵⁵　　　ti⁵⁵ti³³=le⁵⁵　　　si⁵⁵se³³-ɴə³³ve³³.
　　　2pl.ERG　　　RECP=DAT　　　爱护-LVB
　　　你们相互爱护对方。

（84） ʔe³³tsi⁵⁵nə³³　　　ti⁵⁵ti⁵⁵=le²⁴　　　pu⁵⁵　　　qʰə³³-və⁵³-tɕe²⁴.
　　　3dl　　　　　　RECP=DAT　　　亲嘴之事　　DIR-做-CAUS.3dl
　　　他俩相互亲嘴。

（85） næ³³ni⁵³ ti⁵⁵ti⁵⁵=ɣæ²⁴ rɛ³³de⁵³ kʰə³³-dzæ⁵⁵-χi⁵⁵=ŋæ²⁴=ni²⁴.
　　　3dl　　RECP=POSS　帮助之事　DIR-做-MOD:要=EGO=GNO
　　　他俩要相互帮助。

川西许多藏缅语中除了用相互关系代词表达相互进行某动作的意义外，还能使用动词的重叠式表达相互关系。某些像"喜欢、打架、吵闹、撕咬、挤压、戳"等动词本身就涉及物体之间的相互关系，不需添加相互关系代词，直接重叠单音节的动词词根语素即可。但是沙德木雅语却一般不采用该类重叠动词词根方式表达相互关系，即便在表达某些本身就牵涉双方相互完成的动作时，也需使用相互关系代词 ti⁵⁵ti⁵⁵ 和与格标记搭配表示相互关系。例如：

ti⁵⁵ti⁵⁵=le²⁴　　gæ³³gæ⁵³　　　　　　ti⁵⁵ti⁵⁵=ɣæ²⁴　　kʰə³³væ⁵³læ³³
RECP=DAT　　喜欢　　相互喜欢　　RECP=DAT　　撕咬　　　相互撕咬
ti⁵⁵ti⁵⁵=ɣæ²⁴　　ʁə²⁴tso⁵³　　　　　　ti⁵⁵ti⁵⁵=ɣæ²⁴　　yi²⁴tsʰu⁵³
RECP=DAT　　踢　　　相互踢　　　RECP=DAT　　拽　　　相互拽

有的搭配中相互关系代词 ti⁵⁵ti⁵⁵ 之后也可不添加与格标记 ɣæ²⁴，但此类不添加 ɣæ²⁴ 表达相互关系的情况比较少见。例如：

ti⁵⁵ti³³　　ŋə³³tsø⁵³ kʰə³³tsʰɛ³³　相互斗嘴　ti⁵⁵ti³³　tə⁵⁵si³³sɐ³³　相互打架
RECP　　嘴巴　　争斗　　　　　　　　　　RECP　　打架

4.5.4 指示代词

指示代词用来指事物、方位、时间、方式等内容，能在句中自由充当不同的论元成分而不需要添加语法标记或改变词的内部形态。木雅语指示代词有两组，它们根据指称对象的不同有数、距离远近、指示对象是否可见（能否用手指着言谈对象）的差别。但从距离看，木雅语的指示代词只分两类，即近指（或稍远）和远指，而无法像川西某些羌语支语言一样具有"近－远－最远"的三分体系。

表 4-7 对沙德木雅语指示代词的种类进行总结。

表 4-7　　　　　　　　　沙德木雅语指示代词的类型

数 \ 距离和指称	近/稍远 （都能看见、能用手指到对方）	远 （不能用手指到对方）
单数	ʔɐ⁵⁵tsɨ³³	wɐ²⁴tsɨ³³
双数	ʔɐ³³tsɨ⁵⁵nə³³	wɐ²⁴tsɨ³³nə³³
复数	ʔɐ⁵⁵nə³³	wɐ²⁴nə³³

例（86）和（87）的指代对象为某一物体，（88）和（89）的指代对象为人，同时（89）的指示代词充当定语，此时指示代词跟领属定语标记 ɣæ³³ 发生合音。例如：

（86）ʔɐ³³tsɨ⁵⁵=ti⁵⁵　　　　wɐ²⁴tsɨ³³　　　ki³³kɐ⁵⁵=ti³³.
　　　这=CM　　　　　　那　　　　　　大=GNO.IMM
　　　这个比那个大。

（87）pʰĩ³³koɐ⁵³,　　　nɐ²⁴　ʔɐ⁵⁵nə³³　　xæ³³=ɦæ³³ŋɐ⁵⁵　wɐ²⁴nə³³　xæ³³?
　　　苹果　　　　　2sg　这些.PL　　需要=LNK:或是　那些.PL　需要
　　　苹果你要这些还是那些？

（88）wɐ²⁴tsɨ⁵⁵=ni⁵⁵　　ndɛ³³mbæ⁵³　ndo⁵³　ɦæ³³-ndzɨ³³-tɕæ³³-pi³³.
　　　那=DU.ERG　　　从来　　　　肉　　　DIR-吃-NEG-IMPV.3
　　　那俩人从来不吃肉。

（89）ʔɐ²⁴tsɨ⁵⁵=næ⁵⁵　　ndo⁵³　　tɕæ³³-re³³re⁵⁵.
　　　这=DU.POSS　　　肉　　　NEG-好吃的
　　　这俩人的肉不好吃。

指示方位和处所的代词主要有 ʔɐ³³kʰɐ⁵³ "这里"、wɐ²⁴kʰɐ³³ "那里"，它们也可根据实际方位和处所的距离差异分为 "近、远" 两类。例如：

（90）ʔɐ³³kʰɐ⁵³　　tɕu⁵⁵lu⁵³　ni²⁴,　　wɐ³³kʰɐ⁵⁵　　ra⁵⁵ŋɐ⁵⁵kæ⁵³　ni²⁴.
　　　这里　　　　九龙　　　　COP　　那里　　　　　新都桥　　　　COP
　　　这里是九龙，那里是新都桥。

（91）ʔɐ³³kʰɐ⁵⁵　　ŋgu³³nbæ⁵³　tɐ⁵⁵-lø³³　mə⁵⁵.
　　　这里　　　　寺庙　　　　一-CL　　有.VIS
　　　（看见）这里有一个寺庙。

（92）wɐ⁵⁵kʰɐ⁵⁵　tɕʰæ̃³³mbə⁵³　dzɐ³³dzɐ⁵³　tɐ⁵⁵sɨ³³　mə⁵⁵.
　　　那里　　　牛粪　　　　　很多　　　　一些　　　有.VIS
　　　（看见）那里放了很多牛粪。

（93） ʔɐ³³kʰɐ⁵⁵　　　　tɕu⁵⁵-mbæ³³!
　　　 这里　　　　　　NEG-坐下.IMP
　　　 别坐在这里！

（94） pə³³tsi⁵⁵-nə³³　　ʔɐ³³kʰɐ⁵⁵　　　rɐ²⁴=le²⁴　　　gæ³³=ni³³.
　　　 孩子-PL　　　　这里　　　　　　来=DAT　　　　喜欢=GNO
　　　 孩子们都喜欢来这里。

（95） ʔɐ³³kʰɐ⁵⁵=tsə³³kə³³　ɣji²⁴　　kʰə̃³³-tsæ⁵³=tʰɐ³³ni⁵⁵　tɐ³³si⁵³　　χi⁵⁵=ni²⁴.
　　　 这里=ABL　　　　　 马　　　　DIR-骑=DM　　　　　一天　　　　需要=GNO
　　　 从这里骑马过去需要一天。

（96） wɐ⁵⁵kʰɐ³³　　ɦæ⁵⁵-tɕæ³³ræ⁵⁵　　tʰɐ³³ni⁵⁵　　ɦæ³³tsi⁵⁵　　sɐ³³=ti⁵⁵?
　　　 那里　　　　DIR-看去　　　　　DM　　　　　什么　　　　 一起=GNO.IMM
　　　 朝那里看，你能看见什么？

（97） ʔɐ³³kʰɐ⁵⁵=ɣæ²⁴　　pa⁵⁵gø⁵⁵-nə²⁴　　ŋi²⁴ŋɐ⁵³=ti²⁴.
　　　 这里=POSS　　　　野猪-PL　　　　　肥=GNO.IMM
　　　 这里的野猪长得很肥。

（98） wɐ⁵⁵kʰɐ⁵³=ɣæ²⁴　tɕʰə⁵⁵tɐ⁵³-nə²⁴　jø⁵⁵　ki³³kɐ³³　jø²⁴　si³³və³³=ti²⁴.
　　　 那里=POSS　　　佛塔-PL　　　　　又　　高　　　 又　　 好看=GNO.IMM
　　　 那里的佛塔又高又美。

木雅语指示时间的代词分别是ʔɐ³³ti⁵⁵pu³³ / ʔɐ²⁴tsæ³³pu³³ "这时"、tɕʰø²⁴ "现在这个时候"、wɐ²⁴ti³³pu³³ / wɐ²⁴tsæ³³pu³³ "那时"，或是表示复数概念的ʔɐ³³ndɐ⁵⁵si³³ti³³pu³³ "这些时候"、wɐ²⁴ndɐ³³si³³ti³³pu³³ "那些时候"，这些指示词一般在句中做状语。由于它们本身就是专用指示时间的代词，因此后面可以不用添加名词"时间"。但有时候为了强调的作用，也可以在它们之后添加上名词tɕə⁵³tsʰy⁵⁵ "时间"。例如：

（99） tɕə⁵³tsʰy⁵⁵　ɦæ³³ti⁵³　　tʰə³³-væ⁵³-si²⁴?
　　　 时间　　　　多少　　　　DIR-变-PFV.3
　　　 现在几点钟了呢？

（100） tɕʰø²⁴　　　nɑ⁵⁵-ŋɑ⁵³　　nə²⁴　　tɕæ²⁴-tsi²⁴.
　　　　这时候　　DIR-哭　　　　也　　　NEG-有用的
　　　　这时候哭闹也是没用的。

（101） tʂə³³ɕi⁵⁵　wɐ²⁴tsæ³³pu⁵⁵　tɕʰə³³nə⁵⁵　tsə⁵⁵tsə⁵³　jɐ³³yu⁵³　ni²⁴.
　　　　扎西　　 那时候　　　　 还是　　　　3sg.RECP　独自　　　COP
　　　　扎西那时还是个单身汉。

（102） wɐ⁵⁵tsæ⁵⁵pu⁵³　pə̃⁵⁵tʰɑ⁵³=ji²⁴　ta⁵⁵jæ⁵⁵　mo³³-ta⁵³-si³³=ni²⁴.
　　　　那时候　　　　女婿=ERG　　　 钱　　　　NEG-赚取-PFV.3=GNO
　　　　那时候女婿还没有赚好多钱。

指示方式的代词作用于某一动作或事件，这类指示词在普通语言学术语中叫作动词方式指示词（verbal manner demonstrative）。指示方式的代词有 ʔɐ³³mə⁵⁵nə⁵⁵ / ʔɐ³³ndɐ⁵⁵lø³³ "这样"、wɐ²⁴mə⁵⁵nə³³ / wɐ²⁴ndɐ³³lø³³ "那样"和表疑问的 ɦæ³³nda⁵⁵lø³³ "怎样"，它们都统一前置于谓语。例如：

(103) pə⁵⁵tsʰi⁵⁵-ni⁵⁵   ʔɐ³³mə⁵⁵nə⁵⁵   ŋõ⁵⁵-tʂø⁵³   nɐ⁵⁵-tɕɐ³³-vɐ³³.
    孩子-PL   这样   NEG-听话   DIR-NEG-做
    孩子不要这样不听话。

(104) pu⁵⁵ji⁵⁵   ʔɐ³³ndɐ⁵⁵lø³³   kʰə³³-ri⁵³-χi⁵⁵=ni²⁴.
    藏文   这样   DIR-写-MOD:要=GNO
    要这样写藏文才行。

(105) ʔɐ³³ndɐ⁵⁵lø³³   tø³³nda³³   tʰə³³-va³³   tʰɐ³³   tɕæ²⁴-ŋæ³³.
    这样   事情   DIR-做   DM   NEG-COP
    这样做事情的话不好。

(106) tsʰɐ⁵³   wa⁵⁵nda³³lø²⁴   nɐ³³-tʂʰi⁵³   tʰɐ³³   ri⁵⁵=lɐ²⁴
    菜   那样   DIR-切   DM   手=DAT
    mɐ³³rɐ⁵³   tʰə³³-va⁵⁵-pi⁵⁵=ni²⁴.
    伤痕   DIR-受到-IMPV=GNO
    那样切菜的话会伤到手。

(107) næ³³   sa⁵³   ɦa³³mə³³nə³³   ŋø⁵⁵tsʰæ⁵³-mɐ³³   qʰo⁵⁵-tʰæ³³ŋæ⁵³-sø²⁴！
    2sg   如此   那样   羞愧-NEG   DIR-正确-PFV.2sg
    你是如此的不要脸！

(108) nɐ³³=ji⁵³   ɕɐ³³mu⁵⁵   wɐ⁵⁵ndɐ⁵⁵lø³³   ʁa³³-qo⁵³   tʰə³³-tɕæ²⁴-tæ³³.
    2sg=ERG   松茸   那样   DIR-挖   DIR-NEG-寻找
    你那样挖松茸的话是找不到松茸的。

(109) ɦæ³³nda⁵⁵lø³³   nɐ³³-və³³   tʰɐ⁵⁵=ni⁵⁵，   zu³³   ti⁵⁵-ko⁵³-pi³³=ni³³？
    怎么样   DIR-做   DM=GNO   身高   DIR-生长-IMPV.3=GNO
    怎样做的话身体才能长高呢？

除此之外，沙德木雅语还有比较丰富的泛指代词①，泛指代词所指对象在数量上并不确定，可以表示一个大的集合，也可专门指某一小部分。泛指代词数量极其有限，在沙德木雅语中只有几个常用的泛指代词 ndzø⁵⁵nə³³ "别人"、mɐ⁵⁵mɐ³³ "大家、全部"、sə⁵⁵sø⁵³ "各自"、jɐ⁵⁵nə³³ "自己、各自"、kʰæ⁵⁵kʰæ³³ "别的"、tɕə³³lø⁵³ "每个"、tɕə³³si⁵³ "每人"、tɕɐ⁵⁵zɿ³³ "某人"、tɕɐ⁵⁵lø³³

---

① 本节所讨论的泛指代词有些近似于普通语言学文献中的不定代词（indefinite pronoun）。从功能上看，它们主要是那些所指对象并不确定的代词形式（Haspelmath 1997：11）。

"某一个"、tɕ⁵⁵si⁵³ "某天"，等等。

tɕ⁵⁵lø³³ 原义为"一个"，它也可以进一步引申指不确定的某个时间或某个人。泛指代词在沙德木雅语中有数的变化。若添加双数标记，则表达不确定的对象较多；若添加单一的量词，则表达不确定的对象较少。泛指代词可在句中作主语、宾语、定语，等等。例如：

（110）ndzø⁵⁵ni⁵⁵　　　tə⁵⁵-tə⁵⁵-si⁵⁵=tsi⁵⁵=le⁵⁵　　　tʂʰɑ³³so⁵³-tɕə⁵⁵-və³³.
　　　 别人.ERG　　　　DIR-说-PFV.3=NMLZ=DAT　　 相信-NEG-LVB
　　　 别人说的话不要相信。

（111）tɕ⁵⁵zɨ⁵⁵=ji⁵⁵　　　 kʰə⁵⁵=ɣæ³³　　ndzi⁵⁵　　nɐ⁵⁵-tə³³-və³³-si³³.
　　　 某人=ERG　　　　 狗=DAT　　　　饭　　　　DIR-倒-LVB-PFV.3
　　　 某人给狗倒了吃的。

（112）læ³³mæ⁵⁵=ji⁵⁵　　　tɕə³³si⁵⁵=tsi⁵⁵　　 nu³³-dæ⁵³-pi³³=ni³³.
　　　 和尚=ERG　　　　 每天=NMLZ　　　　DIR-读-IMPV.3=GNO
　　　 和尚每天都会念经。

（113）mɐ³³mɐ³³　　tɐ³³kʰæ⁵³　　rɑ³³-si⁵³　　ɦæ³³=ŋɐ⁵³,　　ʁə²⁴
　　　 妈妈　　　　 哪里　　　　 去-PFV.3　　Q=COP　　　　 门
　　　 tʰi³³-xæ⁵³=mi³³　　　me³³=ti⁵⁵.
　　　 DIR-开=NMLZ　　　　NEG=GNO.IMM
　　　 妈妈是不是去了某处？没人开门。

（114）ku⁵⁵tɐ³³　　　 nɐ³³-tɕə⁵⁵=rø⁵⁵　　　tɕæ²⁴-ndə²⁴.
　　　 强迫　　　　　DIR-安放=NMLZ　　　 NEG-有
　　　 强迫某人也没用，没人做工。

（115）tʂo³³mba⁵³=kʰu⁵⁵　sɨ²⁴　　mə³³ŋi⁵⁵　kʰæ⁵⁵kʰæ³³　ɦæ³³-ndzə⁵³=ni³³.
　　　 村子=LOC　　　　　 还有　　人　　　　别的　　　　DIR-有=GNO
　　　 村里还有别的人吗？

值得注意的是，汉语中"大家、人家"都是表示泛指意义的代词，它们的语义略显不同；在沙德木雅语中两者没有区别，都使用泛指代词 ndzø⁵⁵nə³³。

除了常用于陈述句中的代词形式外，还有专门对疑问句中某一成分进行发问的疑问代词。疑问代词就句中的人、事物、数量、方位、时间和方式等发问，主要使用 ɦæ²⁴nə³³ "谁"、χə⁵⁵tsi³³ "哪个"、ɦæ³³zi⁵³ "什么"、ɦæ³³ti⁵³ "多少"、χə⁵⁵nə³³ "哪些"、ɦæ³³ndɐ⁵⁵lø³³ "怎么样/哪样"、ɦæ³³zi⁵⁵ŋɐ⁵⁵ "为什么"、χə⁵⁵ti³³ "哪里"。木雅语的疑问代词不需要置于句首，因此木雅语属于疑问词保留原位（wh-in-situ）的语言。在疑问句中，疑问代词和句末疑问词的配合具有一定规律性。

第四章　词类

以下例（116）－（119）中疑问代词做主语或宾语。例如：

(116) ɦæ²⁴ni³³　　ri²⁴=kʰu³³　　læ⁵⁵kæ⁵⁵　　tʰə³³-və³³-pi³³?
　　　INTRO　　地=LOC　　　家务活　　　DIR-做-IMPV.3
　　　谁在地里干家务活？

(117) ne³³=ji³³　　χə⁵⁵tsi³³　　xæ³³?
　　　2sg=ERG　　INTRO　　　需要
　　　你要哪个？

(118) ʔɐ³³ni⁵⁵　　ɦæ³³zi⁵⁵　　tə⁵⁵-pi³³?
　　　3pl.ERG　　INTRO　　　说-IMPV.3
　　　他们在说什么？

(119) ge²⁴　　χə⁵⁵ti³³　　qʰə³³-zi³³-si³³=ni³³?
　　　钥匙　　INTRO　　DIR-藏-PFV.3=GNO
　　　钥匙藏在哪里的？

例（120）－（123）中疑问代词做定语，有的跟领属定语标记 ɣæ³³ 发生合音，有的后面直接跟名词或量词。例如：

(120) ɦæ²⁴næ³³　　　　ŋɡə⁵⁵　　tɕʰə³³rɑ³³-si³³?
　　　INTRO.POSS　　锅　　　　偷-PFV.3
　　　（他）偷了谁的锅？

(121) χə⁵⁵tsæ³³　　ta⁵⁵ja⁵⁵　　ne³³-zi⁵⁵-si³³?
　　　INTRO　　　钱　　　　　DIR-掉-PFV.3
　　　谁的钱掉了？

(122) bu⁵⁵=le⁵⁵　　tsʰə⁵⁵　　ɦæ²⁴ti³³　　lø³³　　mu³³?
　　　山=LOC　　　羊　　　　INTRO　　　CL　　有.VIS
　　　（你看见）山上有多少只羊？

(123) χə⁵⁵nə³³　　qø²⁴　　næ³³næ⁵³　　ni³³?
　　　INTRO　　　大麦　　2pl.POSS　　COP
　　　哪些大麦是你们家的？

而在（124）－（127）中疑问代词作状语。例如：

(124) mə³³ŋæ³³=ɣæ³³　　tɕe⁵³　　ɦæ³³ndɐ⁵⁵lø³³　　tu⁵⁵-tɕə³³-si³³=ni³³?
　　　木雅=POSS　　　　房子　　INTRO　　　　　　DIR-修-PFV.3=GNO
　　　木雅的房子是怎么修的呢？

(125) ɦæ³³ndɐ⁵⁵lø³³　　tə⁵⁵-tə⁵⁵-nə²⁴　　ʔæ³³və⁵³=ji²⁴　　tæ³³zø⁵³
　　　INTRO　　　　　 DIR-说-MOD　　　爷爷=ERG　　　　才
　　　qʰə³⁵-se³³-ɴæ²⁴-və³³?
　　　DIR-听-MOD:愿意-LVB
　　　要怎样说爷爷才会听呢？

（126）me³³me⁵³　　ʔɐ³³tsi⁵⁵=le⁵⁵　　nə⁵⁵-gæ³³　　ri⁵³　　tə³³-lø⁵³　　ɦæ³³ri⁵⁵ŋɐ³³?
　　　　　大家　　　　他=DAT　　　　DIR-喜欢　　原因　　一-CL　　INTRO
　　　　　大家为什么喜欢他呢？

（127）mə³³ŋɐ³³=ɣæ³³　　mə̃³³ŋi⁵⁵-ni⁵⁵　　ʁə²⁴　　ɦæ³³-ndzi⁵³-ŋə⁵⁵-pi³³　　ri⁵³
　　　　木雅=POSS　　　人-PL.ERG　　　鱼　　　DIR-吃-NEG-IMPV.3　　　原因
　　　　tə³³-lø⁵³　　ɦæ³³ri⁵⁵ŋɐ³³?
　　　　一-CL　　　INTRO
　　　　木雅人为什么不吃鱼呢？

4.5.5　代词的复指功能

除了指称功能外，某些代词在实际语境中还具有复指功能，它们主要用来回指文中所提到过的某一具体事物。需要注意的是沙德木雅语的代词不能复指某一具体事件或行为①，而只能复指具体的事物。例如：

（128）tɕe³³=kʰu⁵³　　zi²⁴　　qʰo³³-tə⁵³-si²⁴,　　wɐ³³nə⁵³　　ni³³ŋɐ⁵³
　　　　家=LOC　　　　猪　　　DIR-买-PFV.3　　　那些　　　　肥胖
　　　　to³³si³³=ti³³.
　　　　一些=GNO.IMM
　　　　家里买了猪，那些都长得很胖。

（129）nde³³ge⁵³　　ŋə⁵⁵　　tɐ³³ki⁵⁵　　mbi⁵⁵-sø³³=ni²⁴,　　wɐ⁵⁵qʰɐ⁵³
　　　　德格　　　　1sg　　　一年　　　住-PFV.1sg=GNO　　那里
　　　　tɕi³³pu⁵³　　tɐ⁵⁵kʰæ⁵³　　ni²⁴.
　　　　幸福　　　　地方　　　　COP
　　　　德格我住了一年，那里是个不错的地方。

（130）tæ̃³³pɑ⁵⁵　　mə̰⁵⁵　　tɕi³³pu⁵⁵=ti³³,　　ʔɐ³³kʰɐ⁵³　　mə³³zæ³³
　　　　丹巴　　　　天气　　　好的=GNO.IMM　　这里　　　　女孩
　　　　tʂʰæ³³tʂʰæ⁵⁵　　ndzə³³ndzə⁵⁵　　mə²⁴.
　　　　好看　　　　　　很多　　　　　　有.VIS
　　　　丹巴天气好，（我看到过）这里有很多好看的女孩子。

以上的例（128）—（130）中"那些""这里""那些"都指代前序小句中的某一具体事物，后续小句可使用相应的复指代词。以下例（131）—（132）中前序小句句末添加了表示顺承关系的连接标记 tsə³³kə³³ "之后"，这时在后续小句中不能再使用复指代词，因为复指代词在这些句子中主要用来回指某一已经发生过的事情而并非某一特定的事物。例如：

---

① 例如汉语"他当官了，这让大家很高兴"一句中"这"回指当官这一事件。

(131) mə³³zæ⁵³　　le³³　　la̠³³　　rɑ³³　　tsə³³kə³³　　(*ʔʋ³³tsi³³)
　　　女儿　　　外面　　媳妇　　当作　　SEQ　　　　这
　　　tɕe³³=kʰu⁵³=wu³³=næ³³　　sõ⁵⁵tʂʰæ⁵³　　kʰə³³-ɕʋ⁵³-pi²⁴.
　　　家=LOC=NMLZ=PL.POSS　　担心　　　　　DIR-发生-IMPV.3
　　　女儿去外面当媳妇后，(*这件事情) 家里人都十分担心。

(132) tɕe³³kʰu⁵⁵=ɣæ³³　　ɣu̠⁵⁵ɣji⁵⁵　　tʰʋ⁵⁵-si⁵⁵　　tʰʋ³³,　　(*wʋ³³tsi³³)　　NGæ⁵⁵
　　　家里=POSS　　　　鸡　　　　　DIR-死　　　　DM　　　那　　　　　　1sg.POSS
　　　sæ̃³³mbæ³³　　　nʋ³³-du³³-pi³³=ni³³.
　　　心　　　　　　DIR-伤痛-IMPV.3=GNO
　　　若是家里的鸡死了，(*那事情) 让我的心伤痛。

指示代词虽然具有复指功能，但它们只能承前复指，而不能复指后续小句中的某一具体事物，也就是说沙德木雅语无法表达汉语中"那是一个美丽的地方，甘孜"这一类复指后续成分的句子。

4.6　动词

动词是人类语言中一个开放的小类，也是句子的核心成分。动词在句中常常以谓语形式出现，除了从语义角度可细分为"天气动词、静态动词、能愿动词、位移趋向动词、处所动词、动作动词、叙述类动词、心理情感动词、言说动词"等不同类型外（Payne 1997：55-61），它还跟其他某些语法成分密切相关。动词多表现出及物性特征，动词的形态也常常与数范畴、人称范畴等保持一致。动词还跟时、体、语气、情态、示证等相关。本节主要介绍动词的及物性以及几种常见语义类型的动词。与动词相关的语法范畴在动词形态部分系统介绍。

4.6.1　动词的及物性

根据动词的及物性特征，可将动词分为不及物动词（intransitive verbs）、单及物动词（transitive verbs）、双及物动词（ditransitive verbs）和同时具有及物或不及物性的动词（ambitransitive verbs）。不及物动词不带宾语，单及物动词只带一个宾语，双及物动词可同时带直接宾语和间接宾语。有的动词同时具有及物和不及物的特征，他们所带宾语的数量也根据其及物性的不同而发生变化。以下分别对沙德木雅语动词的及物性进行介绍。

（一）不及物动词

当不及物动词做谓语时主语可以是有生命的事物，也可是无生命的事物。不论主语的生命度（animacy）是何类型都不能够再添加作格标记 ji³³。

即便是陈述某一事实，或强调某一相关信息的真实性，不及物动词作谓语时都不可以添加句末的叙实示证标记 ti^{33} 或者 ni^{33}。

例如例（133）－（136）的谓语都是不及物动词，且主语都是无生命的名词。例（137）中"门"做主语，同时有两个添加了趋向前缀 ti^{33} 和 $ɦæ^{55}$ 的不及物动词"打开"和"跑"作为该句的多动词谓语。（138）和（139）的主语是有生命的事物"客人""虫子的尾巴"。以下不及物动词句中动词之后都不能添加格标记。例如：

（133）$kõ^{55}tʰo^{55}$　　$nə^{33}$-zi^{55}-ra^{33}.
　　　　衣服　　　DIR-掉落-PFV.VIS
　　　　（看见）衣服掉下来了。

（134）$nə^{55}$　　　　$wu^{33}ɕə^{55}$-ra^{33}.
　　　　太阳　　　　落山-PFV.VIS
　　　　（看见）太阳落山了。

（135）$mə^{55}ri^{33}$　　mu^{55}-$sɨ^{33}$.
　　　　天空　　　　黑色-PFV.3
　　　　天空已经黑了。

（136）ndi^{55}　　$və^{33}$　　$nɐ^{33}$-$rɐ^{33}$-$sɨ^{33}$.
　　　　康定　　　雪　　　DIR-落下-PFV.3
　　　　康定下雪了。

（137）$ʁə^{24}$　　ti^{33}-$xæ^{33}$-si^{33}　　　　$ja^{55}ro^{55}$　　$ɦæ^{55}$-$tsɐ^{33}$　　xu^{33}!
　　　　门　　　DIR-打开-PFV.3sg　　　赶快　　　DIR-跑出去　　去.IMP
　　　　门开了，赶快跑出去！

（138）$ndzæ^{55}væ^{33}$-$nə^{33}$　　$me^{33}me^{55}$　　$qʰə^{33}$-$tʂæ^{55}$-ra^{33}.
　　　　客人-PL　　　　　　全部　　　　　DIR-到达-PFV.VIS
　　　　客人们全部都到了。

（139）$nbə^{33}tʂa^{55}$=$ɣæ^{55}$　　$mə^{33}tə^{55}rqə^{33}rə^{33}$　　$tʰə^{55}$-$ŋgɐ^{33}$-$sɨ^{33}$.
　　　　虫子=POSS　　　　　尾巴　　　　　　　　DIR-断-PFV.3
　　　　虫子的尾巴断了。

某些状态形容词之前添加了趋向前缀后也能充当谓语，此时表示主语所经历的变化过程，该类句式也属于不及物性的。例（140）强调天气从昏暗到晴朗的变化以及头发从湿润到干爽状态的变化过程；例（141）强调河水、肚子的变化，此时主语也不另外添加格标记。例如：

（140）$mə^{33}$　　　　ti^{55}-$ŋɐ^{53}$-ra^{24}.　　　　$ɦa^{24}mu^{33}$　　$tə^{33}$-$ræ^{53}$-ra^{24}.
　　　　天气　　　　DIR-变晴-PFV.VIS　　　头发　　　　DIR-干涩-PFV.VIS
　　　　天气变晴了。　　　　　　　　　　　　头发变干了。

（141）teə⁵³　　　　　　kʰə³³-re⁵³-si²⁴.　　　　　　　və³³lø⁵⁵　　　ɣi³³-kʰe̯⁵³-si²⁴.
　　　　河水　　　　　　DIR-干涸-PFV.3　　　　　　　肚子　　　　　DIR-变大-PFV.3
　　　　河水变干了。　　　　　　　　　　　　　　　　肚子变大了。

有时候并不能根据汉语中某些动词的语义解读对应翻译，从而判定木雅语中具有相应语义的动词的及物性。例（142）直接使用表示变化的动词 tʰə³³væ⁵³"变为"，句中的主语"耳朵"被看作是"变化"这一动作的直接发出者，因此它后面需要添加作格标记。例如：

（142）ŋə³³qʰə³³sø⁵⁵rø⁵⁵=ji²⁴　　　nẽ⁵⁵ndɐ⁵³　　　tʰə³³-væ⁵³-rɑ²⁴.
　　　　耳朵=ERG　　　　　　　　　听不到　　　　　DIR-变成-PFV.SEN
　　　　耳朵变聋了。

同样，即使是表示变化情况，沙德木雅语也可采用其他句型来表达汉语中表示变化的不及物句式。在例（143）中，主语"身体"之后添加了领属格标记 ɣæ²⁴，句中并未出现作格标记 ji²⁴；而（144）中主语"身体"后未添加任何格标记，该类零形态标记形式较（143）更加常见。虽然例（144）翻译成汉语是一个典型的不及物句式，但是在木雅语中却更易被解读为"变成了身体冷的情况"。例如：

（143）qʰo⁵⁵pɑ⁵³=ɣæ²⁴　　tə³³ku⁵⁵　　tɐ⁵⁵-lø³³　　tʰə³³-væ⁵³-rɑ²⁴
　　　　身体=POSS　　　　冷的　　　　一-CL　　　　DIR-变成-PFV.SEN
　　　　身体变冷了（变为身体冷的情况）。

（144）qʰo⁵⁵pɑ⁵³　　　　tə³³ku⁵⁵　　tɐ⁵⁵-lø³³　　tʰə³³-væ⁵³-rɑ²⁴
　　　　身体　　　　　　冷的　　　　一-CL　　　　DIR-变成-PFV.SEN
　　　　身体变冷了（变为身体冷的情况）。

（二）单及物动词

单及物动词在语义上要同时带上一个施事论元（agent）和受事论元（patient）。在谓语是单及物动词的句子中，论元成分的标记方法跟生命度、语义类型以及谓语动词的语义特征有一定联系。论元的标记方法大致可归纳为以下几类：1. 在单及物句中，只对某些施事论元进行标记，受事论元不需要标记；2. 当谓语是"吃、养"等无法表达动作行为具体方向的单及物动词时，受事论元不需要标记；3. 当谓语是"咬、打"等能明确表达动作行为具体方向的单及物动词时，受事论元用方位格标记；4. 当施事论元是生命度较高的指人名词或人称代词时，句末示证标记 ni³³ 添加与否较为灵活；5. 当施事论元是生命度较低的指物有生名词或无生名词时，句末不能添加示证标记 ni³³。

例（145）—（148）中"花""松茸""玉米""米"是及物动词的宾语，主语"姐姐""舅舅"等都是生命度较高的名词，它们表示动作的发出者。句中的施事论元都添加了作格标记 ji³³，受事论元不需添加标记（零形态的通格标记）。例如：

（145）ʔæ⁵⁵tɕi⁵⁵=ji⁵⁵　　me³³to⁵⁵　nə³³-gæ³³　qʰo⁵⁵-tə³³-sɨ³³.
　　　　姐姐=ERG　　　花　　　两-CL　　DIR-买-PFV.3
　　　　姐姐买了两朵花。

（146）ʔæ³³ɣø⁵⁵=ji⁵⁵　　ɕa³³mu⁵³　　ɦa²⁴-ko³³-pi³³.
　　　　舅舅=ERG　　　松茸　　　DIR-挖-IMPV.3
　　　　舅舅在挖松茸。

（147）zə̃³³də⁵⁵=ji⁵⁵　　ji³³mi³³　　ɦa³³-ndzɨ³³-sɨ³³.
　　　　猴子=ERG　　　玉米　　　DIR-吃-PFV.3
　　　　猴子吃了玉米。

（148）tsʰə̃⁵⁵qo³³ro³³=ji⁵⁵　　ndze⁵⁵　　kʰu³³-kə³³-sɨ³³.
　　　　老鼠=ERG　　　　　米　　　　DIR-偷-PFV.3
　　　　老鼠偷吃米。

例（149）—（152）的主语"汽车""风""太阳""树"是没有生命度或生命度较低的名词。因它们表示动作的发出者，所以句中也需添加作格标记 ji³³，而受事成分不添加标记。例如：

（149）tɕʰi³³tʂʰe³³=ji⁵⁵　　tɕe⁵⁵　　ni⁵⁵-pə³³tɕɐ³³-sɨ³³.
　　　　汽车=ERG　　　房子　　　DIR-撞-PFV.3
　　　　汽车撞了房子。

（150）mə³³mə³³=ji³³　　ᴺGæ⁵⁵　　ʁa²⁴mu³³　　ni⁵⁵-pə³³tɕɐ³³-sɨ³³.
　　　　风=ERG　　　1sg.POSS　头发　　　DIR-撞-PFV.3
　　　　风弄乱了我的头发。

（151）nə̠³³=ji³³　　ɕa⁵⁵　　nə⁵⁵-te³³ra⁵⁵-sɨ³³.
　　　　太阳=ERG　　青稞　　DIR-弄干-PFV.3
　　　　太阳弄干了青稞。

（152）tsʰɨ³³pʰo⁵⁵=ji⁵⁵　　tɕe⁵⁵　　ni⁵⁵-di³³-sɨ³³.
　　　　树=ERG　　　房子　　　DIR-压掉-PFV.3
　　　　树压倒了房子。

例（153）—（159）是典型的单及物句。不管主语是生命度较高的人称代词（指人名词）"我们、他们、爷爷"还是指物名词或是生命度较低/无生命的名词"狗、蚊子、鸡蛋"，由于主语都是动作的发出者，因此主语之后需要添加作格标记 ji³³，受事成分不添加格标记。某些情况下为了强调事件或命题的真实性，句末还可同时添加示证标记 ni³³。例如：

（153）ŋə³³ni⁵⁵　　zi²⁴　　tɐ⁵⁵-lø³³　　qʰo⁵⁵-si³³-se³³=ni³³.
　　　　1pl.ERG　猪　　一-CL　　DIR-养-PFV.1sg=GNO
　　　　我们养了一只猪。

(154) ʔɐ³³ni⁵⁵　　　ŋə⁵⁵　　　tɕe³³tɕe³³　　　ŋi⁵⁵-si⁵³=ni²⁴.
　　　3pl.ERG　　　1sg　　　十分　　　　　　NEG-喜爱=GNO
　　　他们恨透了我（十分不喜欢我）。

(155) væ³³vɐ⁵³=ji²⁴　　ʁa²⁴　　　tɐ³³si³³　　qʰo³³-sɣ⁵³-sɿ²⁴=ni³³.
　　　爷爷=ERG　　　羊　　　　一些　　　DIR-养-PFV.3=GNO
　　　爷爷养了一群羊。

(156) ɦiã³³dɣ⁵³=ɣæ²⁴　　pʰə⁵⁵ʁɐ⁵⁵　　qʰə³³-ɕɐ⁵³-ra²⁴,　　　　ŋə³³ni⁵⁵　　ʔɐ³³tsæ⁵³
　　　旺堆=POSS　　　害羞感　　　DIR-变化-PFV.SEN　　　1pl.ERG　　3sg.POSS
　　　ji³³tɐ⁵³　pu⁵³　　kʰə³³-və⁵³-se⁵⁵=ni²⁴.
　　　脸　　　亲吻　　DIR-亲（做）-PFV.1pl=GNO
　　　旺堆很害羞，（因为）我们亲了他的脸。

(157) ʔɐ³³tsɿ³³　　kʰə⁵⁵=ji²⁴　　ʔæ³³və⁵³=ɣæ²⁴　　kʰə⁵³-væ³³læ³³-sɿ²⁴.
　　　这　　　　狗=ERG　　　爸爸=DAT　　　DIR-咬-PFV.3
　　　这只狗咬了爸爸。

(158) ɣu³³zæ⁵⁵=ji²⁴　　ʔɐ³³tsæ⁵³　　ji³³tɐ⁵³　　kʰõ³³-ta⁵³-sɿ²⁴.
　　　蚊子=ERG　　　3sg.POSS　　脸　　　　DIR-咬-PFV.3
　　　蚊子咬了他的脸。

(159) va³³va⁵³=ji²⁴　　ndzo⁵⁵=le²⁴　　ɣi⁵⁵-tɕʰø⁵³-sɿ²⁴.
　　　蛋=ERG　　　　石头=LOC　　DIR-撞-PFV.3
　　　鸡蛋撞了石头。

值得注意的是，在单及物句中若施事是生命度较高的名词，除了对施事进行标记以外，句末还常常需要使用叙实示证标记 ni³³。例（153）-（156）的主语分别是"我们、他们、爷爷、旺堆"这些生命度较高的名词，句末更常见地使用示证标记 ni³³。但在（157）-（159）中，主语是"狗、蚊子、鸡蛋"等生命度相对较低的名词，因此最常见的是在句末不使用 ni³³，仅仅添加体标记。若一定要使用 ni³³，此时只能表达强调、强化且略带训斥的感情色彩。由此可见，木雅语单及物句中主语的生命度同时还跟句末示证标记的使用有联系[①]。

[①] 木雅语单及物句中"主语生命度跟句末示证标记之间存在某些搭配关系"这一现象并非孤例。在川西某些羌语支语言中，单及物句主语的生命度同样也会影响到句末示证标记的使用。在扎坝语中，当主语是生命度较高的名词时，句末叙实示证标记 rɛ³³ 并非强制性出现，此时一般使用方位格或与格 wu³³ 对宾语进行标记；当主语是生命度较低的名词时，句末不能再使用叙实示证标记 rɛ³³（田野调查语料）。由此可见，在川西某些语言中，句末叙实示证标记的使用跟句子的及物性以及主语的生命度等有一定程度的联系，这需在今后的调查研究中重点关注。

（三）双及物动词

双及物动词带有三个核心论元，动词在句法结构上表现为既可带直接宾语又可带间接宾语的情况。沙德木雅语的双及物动词主要是"给、送、叫"等类的动词。双及物句一般直接由双及物动词构成，句中使用与格标记 le^{33} 对间接宾语进行标记，直接宾语不需添加任何语法标记。

例（160）和（161）中的"达娃""藏族人"是间接宾语，其后添加与格标记 le^{33}；"鱼""马"是直接宾语，不用添加任何语法标记，双及物动词使用"给予"义的动词 tʰu^{33}kʰe^{55}。例如：

(160) dzɿ^{33}mæ^{55}=ji^{55}　dæ^{33}wæ^{55}=le^{55}　ʁɐ^{24}　nə^{33}-zæ^{33}　tʰu^{33}-kʰe^{55}-sɿ^{33}.
　　　卓玛=ERG　　达娃=DAT　　鱼　　两-CL　　DIR-给-PFV.3
　　　卓玛给了达瓦两条鱼。

(161) si^{55}zõ^{55}=ji^{55}　pu^{55}pæ^{33}-nə^{33}=le^{33}　ɣji^{24}　tɕ^{33}-lø^{33}　tʰu^{33}-kʰe^{55}-sɿ^{33}.
　　　政府=ERG　　藏族人-PL=DAT　　马　　一-CL　　DIR-给-PFV.3
　　　政府给了藏族人一匹马。

例（162）—（164）的动词是表示"告知、叫、称呼"等意义的双及物动词，句中不但需要在施事者后添加作格标记 ji^{33}（ji^{33} 跟复数标记合音为 ni^{33}），而且还需要在间接宾语后添加与格标记 le^{33}。例如：

(162) pə^{55}tsʰi^{55}=ni^{55}　ʔe^{55}tsi^{55}　ɕi^{55}pæ^{33}=le^{55}　ge^{33}ge^{55}　tə^{55}-pi^{33}.
　　　孩子=PL.ERG　这　　　男人=DAT　老师　　称作-IMPV.3
　　　孩子们称这个男人为老师。

(163) ʔɐ^{33}ni^{55}　ʔɐ^{33}tsi^{55}=le^{55}　ʔɐ^{24}tsi^{33}　tʰɐ^{33}lø^{55}　tə^{55}-tə^{33}-sɿ^{33}.
　　　3pl.ERG　3sg=DAT　　这　　　消息　　DIR-说-PFV.3
　　　他们告诉了他那条消息。

(164) ŋi^{55}ɣæ^{33}=ni^{53}　　tsʰẽ^{55}tʂã^{33}=le^{55}　mə^{33}ŋi^{55}　qæ^{33}tɕʰæ^{53}
　　　亲戚=PL.ERG　　　村长=DAT　　　人　　　坏的
　　　tə^{55}-pi^{33}=ni^{33}.
　　　称作-IMPV.3=GNO
　　　亲戚说村长是个坏人。

有关双及物动词的具体语法属性以及双及物句中的格标记方式，可查看致使结构部分的详细介绍。

4.6.2 动作动词

动作动词是沙德木雅语中最常见的一种动词类型，它常常用来描述动作发出者主观的动作行为，或由于动作发生而造成的某一状态变化，甚而还能用来描述动作活动对某一对象的影响。例如：

tʰɐ⁵⁵tɕo³³ "跳绳"　　　nẽ⁵⁵tɕʰɐ³³ "演戏"　　　dzæ⁵⁵kʰə³³dzɐ⁵³ "下棋"
ndzu⁵⁵ndzə³³ "玩"　　　kʰə³³tɕɐ⁵³ri²⁴ "看"　　　ŋi⁵⁵ɦæ³³nə⁵⁵ke³³rqæ⁵³ "走亲戚"
dzo²⁴tə⁵⁵tɕɐ³³ "讲故事"　 tʰi⁵⁵li³³ "挡"　　　　qʰə³³se⁵⁵ɴɢɐ⁵³ "听"
ti³³tʂʰi⁵³ "跳"　　　　kʰi⁵³ "睡"　　　　　　mĩ³³tʂʰy⁵⁵nẽ⁵⁵tɕʰɐ³³ "变魔术"
kʰə⁵⁵mæ⁵³ "涂上"　　　tɕʰi⁵⁵χɔ³³ "逃跑"　　tʰo³³tɕo⁵⁵tɕo⁵³ "追"
ɣi²⁴ɲi³³ "休息"　　　　nə⁵⁵mi³³ "做梦"　　xɑ⁵⁵tə⁵⁵ tɕo⁵⁵tɕɐ⁵³ "打哈欠"

以上的动作动词有及物的，也有不及物的，它们都表达了动作施加者个人的动作行为，或引起了某一动作状态的变化，但并不强调跟动作相关的某一对象受到了影响。但以下所有的动作动词都对动作对象造成了具体影响，它们几乎都是及物动词。例如：

kʰə³³væ⁵⁵læ⁵³ "咬"　　　tʰu⁵⁵tɕɐ³³ "吸"　　　nɐ⁵⁵tɕɐ³³tɕɐ⁵³ "捆"
nɐ³³tsi⁵⁵tsɑ⁵⁵ "嚼"　　　tə³³qɑ⁵⁵ "睁"　　　　tʰɐ⁵⁵tɕɐ³³tɕæ⁵³ "收拾"
tʰĩ⁵⁵tɕæ³³læ³³ "舔"　　　næ³³mə̃⁵³ "闭"　　　nɑ⁵⁵ʁɐ³³ "洗"
ɣi²⁴di³³ "撬"　　　　　ɦæ²⁴væ³³ "吐"　　　næ³³rə⁵⁵ræ⁵⁵ "搅拌"
ɣə³³tʂʰi³³ "烧"　　　　ɣi²⁴mɐ³³ "剥"　　　　qʰe³³ʁæ⁵³ "炖"
nɐ⁵⁵dy³³ "捶"　　　　na³³pʰo⁵⁵pʰɑ⁵³ "埋"　　ɣə²⁴tso³³ "踢"

在木雅语中，动作动词的施事论元成分之后一般都需要添加作格标记 ji³³，大多数的动作动词词根之前都需要添加趋向前缀。有时候由于动作动词内部语义的差异，也会影响句中格标记的使用：当谓语是 ɦæ̃⁵⁵ndzɨ³³ "吃"、qʰo⁵⁵sy³³ "养"等无法表达动作行为具体方向的动词时，受事论元不需要添加标记；当谓语是 kʰə³³væ⁵⁵læ⁵³ "咬"、nɐ⁵⁵dy³³ "打"等能明确表达动作行为具体方向的单及物动词时，受事论元后添加方位格标记。

4.6.3　趋向动词

趋向动词表达动作的方向或空间位移的不同方所。跟汉语不同，木雅语没有复合的趋向动词，因此不常使用汉语中"过来、上去、过去"等由趋向动词跟趋向补语构成的复合趋向动词。趋向动词在木雅语中大多是单音节的。常见的趋向动词有"来、去、往、进、出"等等，大多趋向动词词根都需要跟趋向前缀一起使用，从而强调趋向动词的具体方向。例如：

tʰɐ⁵⁵xə³³ "去"　　ɣe³³ro³³ "来"　　tʰə⁵⁵rə⁵³ "往"　　ɣə²⁴xə³³ "走进"
ɦæ²⁴rø³³ "出"　　ɣə²⁴rø³³ "进来"　　tə³³rø³³ "上来"　　nɐ³³xə³³ "下去"

在所有的趋向动词中，表示"去"和"来"的趋向动词内部屈折变化形式最为丰富。这两个趋向动词主要根据动作发生的不同时间类型、主语不同的人称和数变化、说话人视点、叙述方式的差异从而采用不同的词干交替形式。有时候就算在表示同一趋向意义时也可使用多个趋向动词，它们也都有词干交替的变化。主要表现为以下情况：

1. 动作发生在过去，趋向动词表示"去"的意义

1sg:	xɐ^{55}	1dl:	xə^{55}	1pl:	xə^{55}
2sg:	xu^{55}	2dl:	xe^{55}	2pl:	xə^{55}
3sg:	xə^{55}	3dl:	xə^{55}	3pl:	xə^{55} / xe^{55}

2. 动作发生在非过去，趋向动词表示"去"的意义（词形一）

1sg:	xə^{55}	1dl:	xə^{55}	1pl:	xə^{55}
2sg:	xu^{55}	2dl:	xe^{55}	2pl:	xe^{55}
3sg:	xə^{55}	3dl:	xə^{55}	3pl:	xə^{55}

3. 动作发生在非过去，趋向动词表示"去"的意义（词形二）

1sg:	ndø^{55}	1dl:	nde^{55}	1pl:	nde^{55}
2sg:	nde^{55}	2dl:	nde^{55}	2pl:	nde^{55}
3sg:	ndy^{55}	3dl:	ndy^{55}	3pl:	ndy^{55}

4. 动作发生在过去，趋向动词表示"来"的意义

1sg:	rø^{55}	1dl:	re^{55}	1pl:	re^{55}
2sg:	ri^{55}	2dl:	re^{55}	2pl:	re^{55}
3sg:	xi^{55}	3dl:	xi^{55}	3pl:	xi^{55}

5. 动作发生在非过去，趋向动词表示"来"的意义（词形一）

1sg:	rɐ^{55}	1dl:	rɐ^{55}	1pl:	rɐ^{55}
2sg:	ri^{55}	2dl:	re^{55}	2pl:	rɐ^{55}
3sg:	rɐ^{33}	3dl:	rɐ^{55}	3pl:	rɐ^{55}

6. 动作发生在非过去，趋向动词表示"来"的意义（词形二）

1sg:	tʰɐ^{55}	1dl:	tʰe^{55}	1pl:	tʰe^{55}
2sg:	tʰæ^{55}	2dl:	tʰe^{55}	2pl:	tʰe^{55}
3sg:	tʰø^{55}	3dl:	tʰø^{55}	3pl:	tʰø^{55}

由此可见，表示"来"和"去"的趋向动词在沙德木雅语中形态变化极其复杂，这大概是因为受到动作事件的完成与否以及主语人称和数的差异造成的。趋向动词词根需要跟人称、数以及全句动作发生的时间保持一致关系。相比完成事件而言，未完成事件中在表达"来""去"的意义时可使用两套不同的词形。若事件都发生在非过去，在表达"去"的意义时可以使用两套趋向动词，两者没有功能上的差别。同理在 5 和 6 两种情况中

使用的两套趋向动词都表示"来"的意义，它们也都没有功能上的差别①。

值得注意的是情况 4 中动作发生在过去，在表达"来"的趋向义时，若主语为第三人称，则需要换成 xi^{55} 而不能再使用 re^{55} 或其元音交替形式。xi^{55} 主要表示转述的用法，即说话人把某一事件转述给听话人（说话人"我"向听话人"你"转述"他、他们"已经来了这一事实），因此使用词干辅音和元音完全交替的趋向动词 xi^{55}。趋向动词在沙德木雅语中的内部屈折变化还跟说话视角②、说话人跟听话人到底选择何种叙述方法等语用因素密切相关。

4.6.4 心理、情感动词

心理、情感动词是表达心理变化、想法、主观态度等意义的动词小类。沙德木雅语的心理、情感动词主要有 gæ^{33} "喜欢"、ŋi^{55}se^{33} / ŋə^{55}gæ^{33} "讨厌"、sõ^{55}tʂʰæ^{53} "担心"、so^{55} "想要"等。这类动词后面可以直接跟名词作宾语，此时他们是典型的动词。同时也可以接其他补足语成分（verbal complementation），此时心理、情感动词是句中的主要动词。充当主要动词的时候，gæ^{33} "喜欢"和 ŋi^{55}se^{33} "讨厌"一般都不能直接跟别的补足语成分组合，必须在动词之前添加源于与格标记 le^{33} 的非限定标记。如例（165）－（168）所示：

（165）ŋæ^{55}　　　　　　kʰi^{24}　　　　kʰi^{55}=le^{55}　　　gæ^{33}=ni^{33}.
　　　 1sg.POSS　　　　弟弟　　　　 睡觉=INF　　　 喜欢=GNO
　　　 我的弟弟喜欢睡觉。

（166）næ^{33}　　　 ɦæ^{24}-ti^{33}=le^{33}　　　ʔæ^{33}=gæ^{33}-ni^{33}?
　　　 2sg　　　　　DIR-织布=INF　　　 Q=喜欢=GNO
　　　 你喜欢织布吗？

---

① 作者和多位母语者反复核对，试图确立此两类词形是否存在某些差别，但母语者始终坚持并无差别。通过语言的经济性原则，在实际使用过程中，某些冗余词汇势必会被新词替代。因此本书认为此处的两套趋向动词词形可能跟说话人的视点有关，类似某些藏缅语中"示证主语"（evidential subject）需要选择不同类型趋向动词的情况。由于调查能力有限，此处并未展开讨论，只提供语言现象，待今后系统考察相关问题。

② 视点（perspective）是说话人在交际现场用以说明不同参照点或报道说话人跟听话人之间不同亲疏关系时所采用的语法表现形式（Evans 2006）。川西藏缅语常采用某些语法手段描绘说话人言谈过程中所选取的多个视点，从而反应某一信息是交际现场的说话人说的（说话人视点）还是由说话人所报道信息中的言谈参与者说的（说话人站在他人角度来叙述）。例如甘孜州东部许多羌语支语言会根据说话人视点差异而区分不同的趋向动词词形，或采用"自知信息"示证表达对信息的主观认知。而四川凉山州盐源县境内的摩梭语中特指问句也会根据说话人的视点差异选取不同的结构（田野调查）。因此，今后在研究四川境内藏缅语时，多视点结构（multiple perspective constructions）应得到足够的关注。

（167） mə³³ŋæ³³ɣæ³³-nə³³　　ndo⁵⁵　　ɦæ³³-ndzi³³=le⁵⁵　　ŋə⁵⁵-gæ³³=ni³³.
　　　　木雅人-PL　　　　　肉　　　DIR-吃=INF　　　　　NEG-喜欢=GNO
　　　　木雅人不喜欢吃肉。

（168） næ³³næ³³　　ndzɐ⁵⁵lə³³　　nẽ⁵⁵-tʰe⁵³=le³³　　ŋi⁵⁵-se³³=ni³³.
　　　　2pl　　　　歌　　　　　DIR-唱=INF　　　　NEG-想要.2sg=GNO
　　　　你们不喜欢唱歌。

情感类动词 sõ⁵⁵tʂʰæ⁵³ "担心" 之后一般都需要带名词性宾语，表明所担心的对象，此时 sõ⁵⁵tʂʰæ⁵³ 跟宾语之间需添加与格标记 le³³ 或者 ɣæ³³。若宾语为人称代词，此时人称代词还容易跟与格标记发生合音。例如：

（169） mə̠³³　　　nã³³-ndza⁵³　　ɦa³³ʁa⁵³　　so⁵⁵　　nə³³　　tɕæ²⁴-tʂɨ³³
　　　　天空　　　DIR-下雨　　　会不会　　　担心　　也　　　NEG-有
　　　　xæ³³sɨ⁵⁵　　nã⁵⁵-ndza⁵⁵-pi³³=ni²⁴
　　　　还是　　　　DIR-下雨-IMPV.3=GNO
　　　　就算担心下雨也没用，还是会下雨。

（170） mæ³³mæ⁵³=ji²⁴　　ʔɐ³³tsi⁵⁵　　tɵ³³nda³³=ɣæ²⁴　　pə³³qa⁵³　　sõ³³tʂʰæ⁵³
　　　　奶奶=ERG　　　 这　　　　事情=POSS　　　　后面　　　　担心
　　　　nu⁵⁵-və⁵³　　tsə³³kə⁵³　　ndza⁵⁵ri³³ri⁵³　　tʰə³³-væ⁵³-ra²⁴.
　　　　DIR-做　　　SEQ　　　　长时间　　　　　DIR-变化-PFV.SEN
　　　　奶奶担心这事情已经很久了。

（171） ʔɐ³³tsi⁵⁵　　ji³³sɨ³³　　ŋGæ³³　　sõ⁵⁵tʂʰæ⁵³-væ²⁴-mɐ⁵⁵-sɨ³³.
　　　　3sg.ERG　昨天　　　1sg.DAT　担心-LVB-NEG-PFV.3
　　　　他昨天没有担心我。

有时候 sõ⁵⁵tʂʰæ⁵³ 也可后接补足语从句，此时必须在补足语从句之后添加非限定标记 le³³①。例如：

（172） ta⁵⁵jæ⁵³　　dzɐ⁵⁵dzɐ⁵⁵　　nɐ⁵⁵-xə⁵⁵=le²⁴　　sø⁵⁵tʂʰæ⁵³　　nɐ⁵⁵-tɕə³³-vy²⁴.
　　　　钱　　　　很多　　　　　DIR-花费=INF　　担心　　　　　DIR-NEG-要做.IMPV
　　　　别担心花费很多钱。

（173） me³³me⁵⁵=ji²⁴　　pʰə³³la⁵⁵　　dzɐ³³dzɐ⁵⁵-nə³³　　na⁵⁵mba⁵³=le²⁴
　　　　大家=ERG　　　碗　　　　　一堆-PL　　　　　打碎=INF
　　　　sø⁵⁵tʂʰæ⁵⁵　　kʰə³³-ɕɐ⁵³-pi³³.
　　　　担心　　　　 DIR-变成-IMPV.3
　　　　大家都担心（自己）打碎这堆碗。

---

① 与格标记 ɣæ³³ 不能用在该类句型中。由此可见，在沙德木雅语中目前只有与格标记 le³³ 语法化为非限定标记，而 ɣæ³³ 还未经历此演变。

心理、情感动词 so^{55} "想要"之后一般都需要添加其他补足语从句，而不能直接跟名词性成分。当补足语从句的谓语为"要、具有、获得"等动作义不太强的动词时，so^{55} 跟补足语从句之间不需要添加任何语法标记。例如：

（174）ʔæ^{33}tɕi^{33}=ji^{33}　　pə^{55}tsʰi^{33}　　tɐ^{55}-lø^{33}　　χo^{33}=ti^{55}
　　　　姐姐=ERG　　孩子　　　一-CL　　　要/拥有=GNO.IMM
　　　　so^{33}-pi^{33}.
　　　　想-IMPV.3
　　　　姐姐想要一个孩子。

（175）ŋi^{33}　　　　pə^{55}tsʰi^{33}　　tɐ^{55}-lø^{55}　　χo^{33}=ti^{55}　　　so^{33}-po^{33}.
　　　　1sg.ERG　　房子　　　一-CL　　　要=GNO.IMM　　　想-IMPV.1sg
　　　　我想要一间房子。

（176）ne^{33}=ji^{55}　　pə^{55}tsʰi^{33}　　tɐ^{55}-lø^{33}　　χo^{33}=ti^{55}　　　so^{33}-pæ^{33}
　　　　你=ERG　　孩子　　　一-CL　　　要=GNO.IMM　　　想-IMPV.2sg
　　　　ʔæ^{33}=ŋe^{55}=ti^{33}?
　　　　Q=COP=GNO.IMM
　　　　你想要一间房子吗？

若补足语从句的谓语是动作义较强的动词时，大多情况下 so^{55} 跟补足语从句之间都需要添加情态助动词 χi^{24}。例如：

（177）ŋə^{33}ni^{55}　　tɕe^{55}　　tə^{55}-tɕə^{33}-χi^{24}　　　so^{55}-pe^{33}=ni^{33}
　　　　2pl.ERG　　房子　　DIR-修建-MOD:要　　想-IMPV.2pl=GNO
　　　　你们想修房子。

（178）qo^{55}qɐ^{53}=ɣæ^{24}　　mə^{33}ŋi^{55}-ni^{24}　　qɐ^{55}və^{53}　　qʰə^{55}-tə^{53}-χi^{24}
　　　　贡嘎=POSS　　　人-PL.ERG　　青稞面　　DIR-买-MOD:要
　　　　so^{55}-pi^{24}
　　　　想-IMPV.3
　　　　贡嘎人想买青稞面。

（179）zɤ^{33}tə^{55}=ji^{24}　　sĩ^{55}ŋgi^{55}　　nɐ^{33}-sɐ^{33}=tə^{33}kə^{33}　　tse^{55}tse^{55}=ji^{24}　　dzɐ^{33}pu^{55}
　　　　猴子=ERG　狮子　　DIR-杀=LNK　　　　自己=ERG　　　　　大王
　　　　tə^{55}-və^{53}-χi^{55}　　　　so^{55}-pi^{24}
　　　　DIR-当作-MOD:要　　　想-IMPV.3
　　　　猴子想杀死狮子变成大王。

（180）ʔæ^{55}tɕi^{55}=ji^{24}　　tæ^{55}tsu^{55}mæ^{33}　　ta^{33}pʰə^{55}la^{53}　　ɦæ^{33}-tɕʰə^{53}
　　　　姐姐=ERG　　酥油茶　　　　　一碗　　　　　DIR-喝

tu³³-jy⁵⁵-pi²⁴
DIR-想要-IMPV.3
姐姐想喝一碗酥油茶。

由此可见，沙德木雅语心理、情感动词的语法特征跟其他类型的动词相比存在某些差别。心理、情感动词可后接名词性成分，此时动词宾语需添加与格标记 le³³ 或 ɣæ³³。当心理、情感动词后接其他非限定小句时，非限定小句后必须添加 le³³，此时不能添加语法标记 ɣæ³³。

4.6.5 叙述、言说动词

叙述、言说类动词主要包括"说、讲、谈论、告知、询问、回答、叫作、强调道、哼哼道、唱道"等意义的动词，它们一般用来表示说话人所陈述的具体内容。有时候叙述、言说动词做谓语的句子中还会添加某些情态助动词或拟声词用于强调说话者叙述某一内容时候的个人情感表现。叙述、言说动词之后常常需要添加补足语小句，表示叙述或言谈的具体内容。

沙德木雅语常见的叙述、言说动词主要有 tə³³ "说"、tə⁵⁵tə³³ "告诉"、tə³³tɕə⁵⁵ "讲"、ɕe⁵⁵dzə⁵³ "谈论"、kʰi³³mə³³ "问"、lẽ³³puʔ³³nɐ³³dzɐ⁵⁵ "回答"、tə⁵⁵pə³³ "叫作／称作"、tʰɐ³³kø⁵³kæ⁵⁵ "哼哼道（哼小曲）"、nẽ⁵⁵tʰe³³ "唱"。叙述、言说动词的语法性质比较简单，但表示"说"的言说动词 tə³³ 在木雅语中使用特别灵活。

从语义表现看，tə³³ 不但可以表示一般意义的"说"，而且还可以表示"说唱、告诉、哼哼、称呼"等意思。因此，tə³³ 的意义较宽泛，只要添加了叙述、言谈相关的言说动作大多数情况下都能使用 tə³³。tə³³ 也可单独使用，有时也能添加趋向前缀 tə⁵⁵ 一起使用。它还能进一步语法化为示证标记，隐含某一信息报道方式是通过传闻获取，是典型的"传闻信息"示证标记（见 6.4.5 小节）。木雅语中除了 tə³³ 以外的其他叙述、言说动词并未经历此语法化过程。例如：

（181）tʂɿ⁵⁵ku⁵⁵=ji²⁴tə⁵⁵-pi²⁴   pə⁵⁵tsʰi⁵³   tʰɐ⁵⁵ŋɐ⁵³tʰɐ²⁴   xɑ³³xɑ⁵⁵   kʰi⁵³
活佛=ERG 说-IMPV.3   孩子   DM   早点   睡觉
nɐ³³nɐ⁵³   tə⁵⁵-rə⁵³-χi⁵⁵=ni²⁴
早一点   DIR-起床-MOD:需要=GNO
活佛说孩子必须早睡早起。

（182）tɑ⁵⁵=ji²⁴   tə⁵⁵-pi²⁴   ɦæ⁵⁵ni²⁴   də⁵⁵   nɐ⁵⁵-sɑ⁵³   tʰɐ⁵⁵ni²⁴
老虎=ERG   说-IMPV.3   谁   狼   DIR-杀   DM
ɦæ²⁴nə³³   dzə³³puʔ⁵³   ni²⁴.
谁   孩子   COP
老虎说谁杀了狼谁就可以做大王。

4.6.6 状态动词

状态动词一般都不涉及动作或动作变化的场景，它常常表现状态变化、施事者无意识地从事某一动作、主语静止地处于某一空间位置等语法意义。沙德木雅语的状态动词大多是不及物的，因此某些添加了趋向前缀的形容词词根在充当谓语时都属于状态动词，它们表达某一状态变化。例如：

na³³qʰo³³qʰo³³ "（变）凹"　　tʰʅ⁵⁵tʂʰe³³tʂʰe³³ "（变）横"　　ɦæ³³tsæ⁵⁵ "（变）冷清"
tə⁵⁵gy³³gy³³ "（变）凸"　　no³³dza⁵⁵ "（变）竖"　　tə³³mi⁵⁵ "（变）熟"
ŋgə³³rə³³kʰu⁵⁵ "（变）正"　　tʰi³³tɕʰe³³ "（变）光滑"　　to⁵⁵ke⁵³ "（变）光荣"

某些表示施事者无意识从事某事或表示空间方位的存在或领有关系的动词也属于状态动词一类。以下仅列举表示施事者无意识类的状态动词，存在或领有关系动词待 7.2 小节系统介绍。例如：

tʰe⁵⁵si³³ "死"　　　　nɐ³³ru⁵⁵ "融化"　　　　ŋi⁵⁵pə³³ "不安"
tɕi³³pu⁵³ "舒服"　　　tə⁵⁵rɐ³³ "成长"　　　　xa⁵⁵kɐ³³ti³³ "记得"
dzø⁵⁵pæ³³ "后悔"　　nu⁵⁵dzi³³ "嫉妒"　　　ŋo⁵⁵lo³³tʰo³³sæ⁵³ "丢脸"
kɐ²⁴ni³³ "懂"　　　　ŋo⁵⁵ɕe³³ "认识"　　　　sa⁵⁵ti³³ "愿意"

沙德木雅语状态动词使用情况相对简单，状态动词并不需要跟别的语法标记配合使用。

4.6.7 轻动词

除了以上几类动词外，沙德木雅语中还经常使用起辅助功能的轻动词（light verb）。木雅语的轻动词并无周边其他藏缅语丰富，轻动词 və²⁴ 源于实义动词 və²⁴ "做"，它一般附着在核心动词之后，在句法上就像一个结构助词。以下例（183）—（186）中 və²⁴ 都处于并列动词之间，轻动词结构中各动词并不强制共享同一论元成分。例如：

(183) tsə³³kə⁵⁵　　tɕʰə⁵⁵tʰa⁵³　　ʁə²⁴=tsɨ³³　　zi³³dø⁵³-və²⁴　　tɕə³³ʁə⁵⁵=tsɨ³³
　　　SEQ　　　木磨坊　　　门=NMLZ　　关上-LVB　　水库门=NMLZ
　　　wo³³lə⁵³-və³³-sɨ³³.
　　　放-LVB-PFV.3
　　　那以后呢木磨房门（被）关上了，水库门（被）开了。

(184) me³³me⁵³　　no³³wɑ³³　　tə³³-tɕi⁵⁵-və²⁴　　tɕi³³pu⁵⁵　　tsə⁵⁵kə³³
　　　全部　　　　心情　　　　DIR-变好-LVB　　幸福　　　　SEQ
　　　jæ⁵⁵ti³³　　tə³³-sɨ³³.
　　　好的　　　说-PFV.3
　　　（佣人们）心情全都变好了，（他们）还说那的确是幸福的事。

（185）ʔe⁵⁵tsi³³　　jæ³³gæ⁵³　　　tæ⁵⁵gæ⁵³=tsi²⁴　　nɑ⁵⁵-ɴɢə̠⁵³-və²⁴
　　　　那　　　　树干　　　　　一个=NMLZ　　　　DIR-断掉-LVB
　　　　ne³³-zi⁵⁵-si³³.
　　　　DIR-掉下-PFV.3
　　　　树干断了就掉。

（186）jæ⁵⁵næ³³　　mə³³ŋæ⁵⁵su⁵⁵　　tə³³-və³³-pi⁵⁵=ni²⁴=kə⁵⁵...
　　　　1pl.POSS　　木雅语　　　　　讲-LVB-IMPV.3=GNO=LNK:的原因
　　　　要使用我们的木雅语的原因（就是下木雅区域的朋布西、沙德等地一直有人讲）。

有时候，轻动词 və²⁴ 之后还能添加体貌标记或话语标记。在例（187）和（188）中，轻动词之后添加了话语标记 tʰe³³ni⁵⁵ 和体标记。例如：

（187）mi⁵⁵tø⁵³le²⁴　　pʰẽ³³mbæ⁵³　　te⁵⁵-lø³³　　nə³³-mə⁵⁵-və³³　　tʰe³³ni⁵⁵
　　　　名声　　　　　有用　　　　　一-CL　　　　DIR-做-LVB　　　　DM
　　　　ŋə⁵⁵-ɴæ⁵⁵=ti³³.
　　　　NEG-好的=GNO.IMM
　　　　然后就成为了一个名声不好的（人）。

（188）tsə³³kə⁵⁵　　ŋe³³tʰe³³ni³³　　tɕə³³ʁə⁵⁵=tsi³³　　wo³³lə⁵³-və³³-si³³.
　　　　SEQ　　　　DM　　　　　　水库门=NMLZ　　　　放-LVB-PFV.3
　　　　然后呢水库门就开始放（水）了。

4.6.8　系词

系词所介引的成分对主语进行归纳、定义。沙德木雅语的句子中一般都需要使用一个显性的系词"是"（be-copula），系词根据其功能类型可分为同一性和定义性。陈述句、疑问句、否定句所使用的系词不同，系词在突出对比焦点或强调命题真实性时有进一步语法化为示证标记的趋势。句法上，可以出现两个不同系词叠加的情况。系词句的主语和表语不需要添加额外的格标记。

由于木雅语是典型的 SOV 语言，因此系词一般都占据谓语位置，处于句末。木雅语有两个系词 ni³³ 和 ŋe³³，ni³³ 主要用于陈述句，而 ŋe³³ 主要在否定句和疑问句中使用。但 ŋe³³ 也可出现在陈述句中，不过此时 ŋe³³ 之后必须添加叙实示证标记 ni³³ 或者 ti³³，且陈述句中的系词结构 ŋe³³ti³³ 具有其他语用效果。以下分别对木雅语系词的语法功能作一介绍。

（一）同一性系词

当表语和主语在语义上完全相同，两者可以互换位置的时候，连接两者的系词就具同一性。沙德木雅语只有一个同一性系词 ni³³，ni³³ 可能跟藏语同源①。例（189）－（192）中主语和表语表达相同的内容，两者可以互换，意思不发生变化；例（193）中表语"猪"表示主语"我"所喜欢动物中的一种，该句也使用同一性系词。例如：

（189） ʔɐ³³tsi⁵⁵ ŋi⁵⁵ma⁵⁵do³³dzi³³ ni³³.
3sg 尼玛多吉 COP
他是尼玛多吉。

（190） ʔæ³³ma⁵⁵=ɣæ³³ kʰi²⁴ ᴎɢæ⁵⁵ ʔæ³³læ⁵⁵ ni³³.
妈妈=POSS 妹妹 1sg.POSS 姑姑 COP
妈妈的妹妹是我的姑姑。

（191） ndi²⁴ kɐ³³ndzi⁵⁵=ɣæ⁵⁵ te⁵⁵ne⁵³ ni³³.
康定 甘孜=POSS 中心 COP
康定是甘孜的中心。

（192） ʔɐ⁵⁵tsi³³ væ³³ndæ⁵³ tɕe³³kæ⁵⁵ ni²⁴.
那个 老头 杰嘎 COP
那个老头是杰嘎。

（193） ŋi⁵⁵ zɨ²⁴ ŋi⁵⁵sø³³=ɣæ⁵⁵ tɕə⁵⁵tsø⁵³ zɨ²⁴ ni³³.
1sg.ERG 最 讨厌=POSS 动物 猪 COP
我最讨厌的动物是猪。

以上例子中，"他"跟"尼玛多吉"互换位置，"妈妈的妹妹"跟"姑姑"互换位置后都不再需要添加任何语法标记，互换后的意义并未发生改变，且该类句式中只能使用句末系词 ni³³。

（二）定义性系词

当表语为类名或"属性+类名"时，句中的系词属于定义性系词。定义性系词的主语和表语之间不能调换位置，沙德木雅语的定义性系词主要使用 ni³³。系词 ni³³ 只能在陈述句中出现，不能单独跟体标记和情态标记一起出现。例（194）－（195）的定义性系词 ni³³ 说明主语所具有的具体属性。例如：

（194） ʔɐ³³tsæ⁵⁵ pə³³tsʰi⁵⁵ læ³³mæ³³ ni³³.
3sg.POSS 孩子 和尚 COP
她的孩子是和尚。

---

① 安多藏语口语材料中句末常常出现=nə jən 和 =nə rel 的结构（jən 和 rel 分别为系词），它们可以同时出现在完整体、非完整体中。=nə jən/rel 中的 nə，书面藏文并无文字记录。但根据 Nicolas Tournadre 及铃木博之等人推断 nə 可能源于〈mji〉"人"虚化后在此处做名物化标记功能。=nə jən 在口语中常常合音为 ni（nə jən > ni）（邵明园惠告），因此木雅语句末系词 ni 的来源应该跟藏语中演变结果有关。但在沙德木雅语中 ni 并非像某些藏语方言中所对应的 nə 一样能表达自知示证范畴的功能，取而代之的是使用专用的标记 ŋ³³表达自知示证，而 ni 仅仅表示叙实类示证。

（195）ndi²⁴　　kɐ³³ndzi⁵⁵=ɣæ⁵⁵　　sæ⁵⁵tɕʰæ⁵³　zi²⁴　si⁵⁵və³³=tsɨ³³　　ni³³.
　　　　康定　　甘孜=POSS　　　地方　　　最　　漂亮=NMLZ　　COP
　　　　康定是甘孜最漂亮的地方。

定义性系词后的表语可由形容词或领属定语充当，此时同样使用系词ni³³。（196）中充当表语的成分是形容词"圆的"，（197）的表语成分是添加了领属标记后的人称代词。例如：

（196）lẹ³³nə⁵⁵　　ɣø⁵⁵ɣø³³　　　ni³³.
　　　　月亮　　　圆的　　　　　COP
　　　　月亮是圆的。

（197）ʔɐ³³tsi⁵⁵　　ɕo⁵⁵du⁵³　　tɐ⁵⁵-ndzɐ³³=tsɨ³³　　ŊGæ⁵⁵　　ni²⁴.
　　　　这　　　　雨伞　　　　两-CL=NMLZ　　　　1sg.POSS　COP
　　　　这两把雨伞是我的。

除了以上介绍的系词 ni³³ 外，沙德木雅语的某些陈述句中还能使用系词 ŋe³³。不管是在同一性系词还是定义性系词所出现的句式中都可使用 ŋe³³，ŋe³³ 后面必须同时添加叙实示证标记 ni³³ 或 ti³³，两者没有功能上的差别。但在沙德周边的贡嘎山乡所使用的木雅语方言中，大多只接受 ŋe³³ti³³ 而不太能接受系词结构 ŋe³³ni³³。沙德木雅语中 ŋe³³ni³³ 的接受能力更强，使用更加频繁，当地居民一般认为 ŋe³³ti³³ 这样的系词结构较为少见，且极其拗口。ŋe³³ni³³ 在句中强调说话人对某一命题的推测和猜测，有很强的主观认识情态（epistemic）的作用，因此具有很强的主观性（subjectivity）。试比较以下例句：

（198）ʔæ³³ma⁵⁵=ɣæ³³　　kʰi²⁴　　ŊGæ⁵⁵　　ʔæ³³læ⁵⁵　　ŋe³³=ni³³.
　　　　妈妈=POSS　　　妹妹　　1sg.POSS　姑姑　　　　COP=GNO
　　　　妈妈的妹妹（应该）是我的姑姑。

（199）ndi²⁴　　kɐ³³ndzi⁵⁵=ɣæ⁵⁵　　tɐ⁵⁵ne⁵³　　ŋe³³=ni³³.
　　　　康定　　甘孜=POSS　　　　中心　　　COP=GNO
　　　　康定（应该）是甘孜的中心。

（200）ndi²⁴　　kɐ³³ndzi⁵⁵=ɣæ⁵⁵　　sæ⁵⁵tɕʰæ⁵³　zi²⁴　si⁵⁵və³³=tsɨ³³
　　　　康定　　甘孜=POSS　　　地方　　　最　　漂亮=NMLZ
　　　　ŋe³³=ni³³.
　　　　COP=GNO
　　　　康定（应该）是甘孜最漂亮的地方。

（201）ʔɐ³³tsi⁵⁵　　ɕo⁵⁵du⁵³　　tɐ⁵⁵-ndzɐ³³=tsɨ³³　　ŊGæ⁵⁵　　ŋe³³=ni³³.
　　　　这　　　　雨伞　　　　两-CL=NMLZ　　　　1sg.POSS　COP=GNO
　　　　这两把雨伞（应该）是我的。

以上的例子中都使用了系词结构 ŋɐ³³ni³³。跟例（194）－（197）的句子相比，例（198）－（201）的例子更加凸显说话人主观认识上的推测或不确定性，同时表示说话人需要跟听话人商议相关命题的真实性，因此其主观认识情态的功能特别明显。

（三）否定或疑问句中的系词

跟陈述句不同，否定句中只能使用系词 ŋɐ³³ 而不能使用 ni³³。ŋɐ³³ 可以跟否定词 tɕɑ²⁴（或其元音同化后的词形 tɕæ²⁴）和 ŋə⁵⁵ 搭配，构成 tɕɑ²⁴ŋɐ³³、ŋə⁵⁵ŋɐ³³ti³³ 的系词否定结构。tɕɑ²⁴ŋɐ³³、ŋə⁵⁵ŋɐ³³ti³³ 在意思上并无差别，所以在否定句中它们常常相互调换。值得注意的是，ŋɐ³³ 跟否定词 ŋə⁵⁵ 结合后还必须添加叙实新知类示证标记 ti³³（见 6.5 节 "示证范畴"），从而构成 ŋə⁵⁵ŋɐ³³ti³³ 结构，ŋə⁵⁵ŋɐ³³ti³³ 表示对全句命题的否定。相反，ŋɐ³³ 跟否定词 tɕɑ²⁴ 结合时末尾不能再添加叙实新知示证标记 ti³³。

有时候，不管句中的系词是同一性还是定义性的，在对系词句进行否定时都需要将陈述句中的系词变成 ŋɐ³³。由此可见，木雅语多采用 "句式不同则使用不同系词" 的标准区分系词类型。肯定句中大多使用 ni³³ 以及表示认识情态（判断和推测）用法的 ŋɐ³³，否定句中一律使用 ŋɐ³³。

例（202）－（204）是否定句，此时需要使用系词 ŋɐ³³ 而不能使用 ni³³，从而表示主语跟系词后的表语并不具有同一性。例如：

（202）ji³³si³³　　　　zæ⁵⁵dæ⁵⁵væ⁵⁵　　　　tɕɑ²⁴-ŋɐ³³.
　　　　昨天　　　　星期一　　　　　　　　NEG-COP
　　　　昨天不是星期一。

（203）ʔɐ³³tsi⁵⁵　　væ⁵⁵　　ŊGæ⁵⁵　　tɕɑ²⁴-ŋɐ³³.
　　　　这　　　　酥油　　1sg.POSS　　NEG-COP
　　　　这酥油不是我的。

（204）di²⁴　　ji²⁴si²⁴　　qʰə⁵⁵-tə⁵³-si⁵⁵　　tɕæ²⁴-ŋɐ³³.
　　　　锅　　昨天　　　DIR-买-PFV.3　　NEG-COP
　　　　锅不是昨天买的。

以上例子中同一性系词否定形式都可以用 ŋə⁵⁵ŋɐ³³ti³³ 替换，意义并无差别。例（205）－（208）的否定句中，系词也只能使用 ŋɐ³³，表示主语并不具有某种特征或性质，是对定义性系词进行否定。例如：

（205）tɕə⁵⁵=qɐ³³=ɣæ³³　　ʁə⁵⁵　　ŋi³³ŋɐ⁵³　　tɕɑ²⁴-ŋɐ³³.
　　　　水=LOC=POSS　　　鱼　　　肥的　　　　NEG-COP
　　　　水里的鱼不是肥的。

（206）sɐ³³de³³=ɣæ³³　　mə³³ɲi⁵³-nə³³　　tə³³dzɐ³³=mi³³　　ɦæ³³-ndzi³³=le⁵⁵
　　　　沙德=POSS　　　人-PL　　　　　辣=NMLZ　　　　DIR-吃=DAT

　　　　gæ³³=mi⁵³　　　tɕa²⁴-ŋɐ³³.
　　　　喜欢=NMLZ　　　NEG-COP
　　　　沙德人不是喜欢吃辣的人。

（207）tɑ⁵⁵=ɣæ²⁴　　zo³³tʰɑ⁵³　　ɲi⁵⁵ɲi⁵⁵　　tɕæ²⁴-ŋɐ²⁴.
　　　　老虎=POSS　　屁股　　　　红的　　　　NEG-COP
　　　　老虎屁股不是红色的。

（208）zi²⁴　　tʂʰɵ̃³³tʂʰɵ⁵⁵　　tɕæ²⁴-ŋɐ²⁴.
　　　　猪　　勤快　　　　　　NEG-COP
　　　　猪不是勤快的。

　　除了否定句外，在疑问句中也需要使用系词 ŋɐ³³。不管系词是属于同一性的还是定义性的，只要在疑问句中都只能使用 ŋɐ³³，这点跟否定句中系词的使用情况相似。沙德木雅语的疑问词比较丰富，其中表示一般疑问的语气助词 ʔæ³³ 需要前置于谓语，因此当系词 ŋɐ³³ 出现在疑问句中时，它需要后置于语气助词 ʔæ³³。同时，在 ʔæ³³ 之后还需添加叙实示证标记 ti³³ 或者 ni³³，从而构成 ʔæ³³=ŋɐ⁵⁵=ti³³ 或是 ʔæ³³=ŋɐ⁵⁵=ni³³ 的结构。例如：

（209）ji³³si³³　　zæ⁵⁵dæ³³væ⁵⁵　　ʔæ³³=ŋɐ⁵⁵=ti³³？/　　ʔæ³³=ŋɐ⁵⁵=ni³³？
　　　　昨天　　　星期一　　　　　Q=COP=GNO.IMM　　Q=COP=GNO
　　　　昨天是星期一吗？

（210）ʔɐ³³tsi⁵⁵　　NGæ⁵⁵　　　væ⁵⁵　　ʔæ³³=ŋɐ⁵⁵=ti³³？/
　　　　这　　　　1sg.POSS　　酥油　　Q=COP=GNO.IMM
　　　　ʔæ³³=ŋɐ⁵⁵=ni³³？
　　　　Q=COP=GNO
　　　　这是我的酥油吗？

（211）pʰũ⁵⁵mbu⁵⁵ɕi⁵⁵　　se⁵⁵de⁵⁵=ɣæ²⁴　　tsʰũ⁵⁵　　tɐ³³-lø⁵⁵
　　　　朋布西　　　　　沙德=POSS　　　村子　　　一-CL
　　　　ʔæ³³=ŋɐ⁵⁵=ti²⁴？
　　　　Q=COP=GNO.IMM
　　　　朋布西是沙德的一个村子吗？

（212）tsʰə³³qo⁵⁵ri⁵⁵　　tɐ³³-lø⁵⁵　　ʔæ³³=ŋɐ⁵⁵=ti²⁴？
　　　　老鼠　　　　　一-CL　　　Q=COP= GNO.IMM
　　　　是一只老鼠吗？

（213）ʔɐ⁵⁵tsi⁵⁵　　mæ³³ndæ⁵³=ɣæ²⁴　　χə⁵³　　tʰɐ⁵⁵-ŋgɐ⁵³-si³³　　ʔæ³³=ŋɐ⁵³=ti²⁴？
　　　　这　　　　老太婆=POSS　　　　牙齿　　DIR-掉了-PFV.3　Q=COP=GNO.IMM
　　　　老太婆的牙齿掉了吗？

　　若将该类疑问句变为否定式，则句中疑问语气词就需使用句末疑问语气助词ʔa³³，而不能再使用前置于谓语的疑问语气助词ʔæ³³，同时否定词也只能使用ŋə⁵⁵而不能使用tɕɑ²⁴，整个疑问句采用ŋə⁵⁵ŋe³³ti³³ʔa³³结构。例如：

（214）tɕə⁵⁵=qo³³=ɣæ³³　　ʁə⁵⁵　　ŋi³³ŋe⁵³　　ŋə⁵⁵-ŋe³³=ti³³=ʔa³³？
　　　　水=LOC=POSS　　鱼　　　肥的　　　NEG-COP=GNO.IMM=Q
　　　　水里的鱼不是肥的吗？

（215）zõ³³də⁵⁵=ɣæ⁵⁵　　zo³³tʰa⁵³　　ŋi⁵⁵ŋi³³　　ŋə⁵⁵-ŋe³³=ti³³=ʔa³³？
　　　　猴子=POSS　　　屁股　　　红色的　　NEG-COP=GNO.IMM=Q
　　　　猴子屁股不是红色的吗？

除此之外，在疑问句的答语中，不管是肯定还是否定的答语都使用系词ŋe³³。因此，上例（214）和（215）的肯定回答都能使用系词结构ŋe³³ti⁵³"是的"，否定回答都使用系词结构tɕæ²⁴ŋe³³"不是的"。若对谓语部分进行否定，句末可同时添加否定标记ŋə⁵⁵和示证标记ti³³，并且需要将示证标记置于否定标记ŋə⁵⁵之后，构成[ŋə⁵⁵...ti³³]的结构，两者之间不需要再添加系词。

例（216）是对肯定命题"甲根坝的草是黄的"进行发问，此时不管是肯定还是否定回答都使用了系词ŋe³³。例如：

（216）tɕæ³³ge⁵³=ɣæ²⁴　　　ɣu²⁴-nə⁵⁵　　nə⁵⁵su³³su³³　　tɕ⁵⁵si³³
　　　　甲根坝=POSS　　　草-PL　　　　黄黄的　　　　一些
　　　　ʔæ³³=ŋe⁵³=ti²⁴？　　　ŋe³³=ti⁵³,　　　ɣu²⁴nə⁵⁵
　　　　Q=COP=GNO.IMM　　　COP=GNO.IMM　　草
　　　　nə⁵⁵su³³su³³=ti³³.　　　tɕæ²⁴-ŋe³³,　　ɣu²⁴
　　　　黄黄的=GNO.IMM　　　　NEG-COP　　　草
　　　　nə⁵⁵su³³su³³　　ŋə⁵⁵=ti³³.
　　　　黄黄的　　　　　NEG=GNO.IMM
　　　　甲根坝的草是黄的，是吗（对吗）？
　　　　是的（对的），草是黄的。/ 不是的（不对），草不是黄的。

4.7　形容词

形容词用来修饰名词或代词，表示人、事物的性质特征或者属性。形容词主要包括性质形容词和状态形容词两大类。沙德木雅语的形容词和汉语有些不同，主要表现为以下几个方面：

1. 性质形容词比较丰富，并没有依靠添加副词、重叠等形态变化描写事物状态的状态形容词。

2. 大批形容词都依靠添加趋向前缀表达状态变化。形容词内部分为简单形容词（simple adjective）和唯谓形容词（verb-like adjective）。前者只在句中作定语和表语，做表语时可被名物化，且该类形容词不能带上某些屈折形态；后者在句中所表现出的句法特点近似于动词，主要作谓语，同时可添加体、态、示证等语法标记（Genetti & Hildebrandt 2004：75）。

3. 在构词方法上，形容词可依靠重叠法重叠某一语素或所有语素，从而表达生动、诙谐的色彩意义。性质形容词有单音节、双音节、双音节 AA 重叠式、多音节等形式，双音节重叠式的形容词数量最多，形容词主要在句中作定语和状语。

4. 有一大批形容词不能单独出现，这些形容词词根之前必须添加趋向前缀，趋向前缀已经跟形容词词根词汇化，只能作为一个整体使用，趋向前缀是这些形容词的构词语素。

沙德木雅语的形容词没有专用的构词形态表达"级"，形容词只能依靠添加程度副词表达"级"的意义。以重叠方式构成的性质形容词在句中一般作定语，若需添加程度副词，则一般放在性质形容词之前。有时候很难在汉语中找到一个形容词对应沙德木雅语某一形容词的意义。某些形容词的语义需要采用意合法表达，此时借用短语结构表达某一概念。

由一个语素构成的形容词数量十分有限。沙德木雅语倾向于在单音节形容词之后都添加表示强调事实意义的叙实示证标记 ni^{33} 使其双音节化。某些形容词从构形上看貌似一个双音节形容词，但实则为单音节，去掉末尾的示证标记 ni^{33} 之后同样接受。

本节试从形容词的语义类型、句法表现等角度对形容词的语法特征作全面介绍。

4.7.1 语义特征

Dixon（1982：16-19）通过跨语言的比较将形容词的语义特征概括为"维度、年龄、价值、颜色、物理属性、难易程度、质量、位置"等几大类。不同语言在表达以上几类语义特征时可能采用不同类型的形容词；某些语言甚至并不使用形容词，而使用其他词类表达相应的语义。跟某些语言近似，沙德木雅语并非使用同一类型的形容词表达以上语义，某些义项不能使用形容词而是使用副词表达。以下对形容词的语义特征进行分类介绍：

（一）维度

木雅语中表示维度的形容词一般都由简单形容词充当，它们大多都是双音节的。该类语义特征的形容词从构形上大多源于两个音节的重叠，有时重叠的两个音节中其中一个需要发生内部音变。有少部分表维度的形容词是三音节的，但目前还未发现四音节的情况。例如：

ki⁵⁵kɐ³³"大"	tsɿ³³tsæ⁵³"小"	nbø³³nbø⁵³"粗"	tsʰe³³tsʰe⁵³"细"
tsʰø³³tsʰø⁵³"短"	ri³³ri⁵³"长"	ndzə³³ndzə³³"薄"	ɣu⁵⁵ɣu³³"窄"
tʰõ³³tʰø⁵³"高"	tsɿ³³tsæ⁵³"矮"	ndze³³ndze⁵³"深"	tsɿ³³tsæ⁵³"浅"
ɣo³³ɣo³³"圆"	tɕɑ²⁴tɕɑ⁵³"扁"	do⁵⁵do³³"方"	ndzɑ³³ndzɑ⁵³"尖"
dɐ⁵⁵dɐ³³"平"	ri³³ri³³"厚"	tə⁵⁵gy³³gy³³"凸"	na³³qʰo³³qʰo³³"凹"

上例中除了表示"凹""凸"的形容词需要添加趋向前缀外，其他形容词都由词根语素重叠构成。木雅语中某一个表维度的形容词常常对应汉语中多个形容词的语义，例如：ki⁵⁵kɐ³³不但可以指"宽敞"还能指"高"和"深"；tsɿ³³tsæ⁵³不但可以指"矮"，还能指"浅"。某些表维度的形容词内部也能根据不同义项分出不同的小类，例如：指人个头高使用 ki⁵⁵kɐ³³，指人个头矮使用 tsɿ³³tsæ⁵³；指物体高使用 tʰø³³tʰø⁵³，指物体矮使用 mbɐ³³mbɐ³³。这在一定程度上也反映出木雅语中词的上位范畴及下位范畴之间的不同关系。

（二）年龄

表年龄的形容词在木雅语中数量稀少，目前只发现两例 tʰæ³³ndæ⁵³"老"和 lỹ³³tɕʰo⁵³"年轻"。表年龄的形容词都是双音节形容词，且双音节中两个音节并不相同。换言之，表示年龄的形容词都不可以通过形容词词根重叠构词。

（三）价值

表示价值的形容词主要表达诸如"喜爱的""完美的""讨厌的""奇特的"一类较为抽象的概念，它们在木雅语中大多都是双音节或多音节的。例如：

tʰæ³³ndæ⁵³"老"	lỹ³³tɕʰo⁵³"年轻"	dzy³³me⁵³"陌生"	dzø²⁴jø⁵⁵"熟悉"
si⁵⁵və³³"好"	qæ³³tɕʰæ⁵³"坏"	qæ³³tɕʰæ⁵³"差"	tʰæ³³gæ⁵³"对"
næ³³ndø⁵⁵"错"	tɕʰa³³ma⁵⁵"乱"	ta³³mæ⁵⁵"真"	ndzø³³mæ⁵⁵"假"
ta³³mæ⁵⁵"纯"	xa⁵⁵kɐ³³"清楚"	tə³³mi⁵⁵"熟"	pə⁵⁵re³³re³³"模糊"
ta⁵⁵ta³³"准确"	ndzæ³³ndzæ⁵⁵"潮"	ŋe⁵⁵ŋe⁵⁵"强"	tʰa⁵⁵tɕʰa³³"弱"

表价值类的形容词一般也不会由两个相同的语素重叠构成，并且大多数的形容词也不能添加趋向前缀。因此从内部构形上看，这一类的形容词跟大多数依靠语素重叠构成的"维度"类形容词有些不同。

（四）颜色

Berlin & Kay（1969）通过跨语言比较发现全世界许多民族对颜色的认识存在差异，这一认知等级的高低也反映在其语言使用中。某些英语、汉语中能表达的颜色词，在木雅语中却无法表达，由此可见不同民族对颜色的划分方法也并不相同。但总的来说大多语言中都至少能表达"白的""黑的""黄的""红的"和"绿的"五种色域。木雅语中颜色表达不如汉语和英语丰富，且色域的划分有时候也比较模糊。常见表颜色的形容词主要有以下几种。例如：

ŋɛ̃³³tʂʰæ³³tʂʰæ³³ "黑的"　　tʂʰø³³tʂʰø⁵⁵ "白的"　　ɲi³³ɲi⁵⁵ "红的"
ndzã³³kʰu⁵³ "绿的"　　ŋə⁵⁵ŋə³³ "蓝的"　　ɴɢɑ³³wu⁵⁵zɨ⁵⁵ "紫的"
nə̰⁵⁵nə̰³³ "黄的"　　pə⁵⁵ɕæ³³ɕæ³³ "灰的"　　ŋɛ⁵⁵qo³³qo³³ "暗黑"
sæ⁵⁵sæ³³ "明亮"　　ŋu³³tɑ³³kʰæ⁵³ "银色"　　tʂʰø⁵⁵tʂʰø⁵⁵tɕi³³tɕi³³ "奶油色"

木雅语中表颜色的形容词基本符合其他语言中对基本色域颜色的定义，颜色种类相对匮乏。木雅语能使用不同的词表达五种基本色域的颜色，但不能表达诸如"褐色、棕色、粉色、玫瑰金、肉色、巧克力棕"等非基本的颜色类型。若的确需要使用这些色系表达某一色泽，或者使用跟该色系相近的基本颜色词（例如：金色有时候只能用黄色 nə̰⁵⁵nə̰³³ 表达，肉色有时候只能用红色 ɲi³³ɲi⁵⁵ 表达，奶油色大致使用白色 tʂʰø⁵⁵tʂʰø⁵⁵ 表示），或者拆分两个语素构成新的颜色词（例如：ŋu³³tɑ³³kʰæ⁵³ "银色"由金属的银 ŋu³³ 跟 tɑ³³kʰæ⁵³ "颜色"组合而成），或者直接借用四川方言。

（五）物理属性

表示物理性质的形容词在沙德木雅语中数量较多，它们一部分属于简单形容词，一部分属于唯谓形容词。表示物理属性的形容词常常跟物体的内部特征密切相关，而其中的唯谓形容词更是强调某一状态的外部变化。例如：

简单形容词			唯谓形容词
ɣə̰⁵⁵ɣə̰³³ "重"	ɣjɛ⁵⁵ɣjɛ³³ "轻"	tɛ̰⁵⁵tɛ̰³³ "直"	næ³³mə⁵³ "烂"
zɛ⁵⁵zɛ³³ "陡"	qo⁵⁵ro³³ro³³ "弯"	tʰæ⁵⁵qæ³³ "歪"	tɑ³³ræ⁵³ "干"
ri⁵⁵ri³³ "厚"	ndzə⁵⁵ndzə³³ "薄"	tʂɨ³³ŋɛ⁵⁵ "稠"	kʰi³³si⁵³ "糊"
ndzʐi³³ndzʐi⁵³ "稀"	dzə⁵⁵dzə³³ "密"	tsɛ⁵⁵tsɛ³³ "热"	tɑ³³tɕu⁵⁵ "酸"
tsɛ⁵⁵tsɛ³³ "暖"	ndzæ³³ndzæ³³ "凉"	ndzæ³³ndzæ⁵³ "冷"	tɑ⁵⁵dzɛ³³ "辣"
və⁵⁵və³³ "软"	ndzæ⁵⁵ndzæ³³ "湿"	ɣɛ³³ɣɛ⁵³ "香"	næ⁵⁵xə³³ "馊"
və⁵⁵və³³ "嫩"	dzə⁵⁵dzə³³ "快"	dɛ³³dɛ⁵³ "钝"	tɑ³³qʰæ⁵⁵ "苦"
qø⁵⁵qø³³ "生"	ɴɢæ⁵⁵ɴɢæ³³ "硬"	tɕʰɑ⁵⁵ma³³ "脏"	tɑ⁵⁵ne⁵³ "腥"
qə⁵⁵ræ³³ "脆"	tso⁵⁵ma³³ "干净"	sæ⁵⁵pæ³³ "鲜"	kʰɛ⁵⁵ndə³³ "焦"
nbə³³də⁵⁵ne⁵³ "臭"	mbø²⁴tə³³ne⁵³ "甜"	tsʰi⁵⁵qʰə³³qʰə⁵³ "咸"	tə⁵⁵qʰæ³³ "涩"

木雅语中表示物理性质的形容词大多都由词根语素重叠的双音节简单形容词构成，有时候也可由三音节形容词构成，但很少采用四音节的形式。同时还有少部分表示物理性质的形容词属于唯谓形容词，这些形容词词根之前都必须添加趋向前缀。到底哪些形容词采用简单形容词，哪些采用唯

谓形容词构形，目前还无法归纳。但从以上例子看，大多跟味觉有关的物理性质形容词大多采用唯谓形容词的词形，即：形容词之前一般都需添加趋向前缀。

（六）个人特征

表示个人特征的形容词主要跟人的情感、感受、态度、认识、个人性质等有关。木雅语中表示该类语义特征的形容词很少采用 AA 的重叠式，有大部分表示个人特征的形容词都是三音节或四音节的，其中也有一部分形容词是添加了趋向前缀的唯谓形容词。例如：

简单形容词			唯谓形容词
tʂʰø³³tʂʰø⁵³ "勤快"	ke⁵⁵ke⁵³ "闲"	tʂʰø³³tʂʰø⁵³ "乖"	tø⁵⁵me³³ "富"
NGæ̃³³NGæ⁵³ "顽皮"	sa⁵⁵sa³³ "聪明"	tʂʰi⁵⁵tʂʰi³³ "节俭"	tʰa⁵⁵tɕa³³ "穷"
ŋɔ̃⁵⁵ge³³ "忙"	gø²⁴ "笨"	gø²⁴ "傻"	ɦæ⁵⁵ɕɐ⁵³ "累"
ŋɔ̃³³tɕʰɔ⁵³ "老实"	jæ⁵⁵ræ⁵³ "直爽"	tʂʰæ⁵⁵mbæ³³ "狡猾"	tə⁵⁵ŋe⁵³ "疼"
tsʰa⁵⁵tʂa³³ "慌张"	tsʰo³³rə⁵³ "丑"	zæ⁵⁵di³³ "可怜"	kʰi³³ŋɔ³³ "痒"
ndzi⁵⁵ni³³ "亲昵"	jɐ⁵⁵mbo³³ "胆小"	mæ⁵⁵ræ³³ræ³³ "小气"	tʰæ⁵⁵tʂʰæ⁵³ "美"
mɐ⁵⁵lø³³si³³ "厉害"	tɕã⁵⁵pʰi³³tsi³³ "犟"	mɐ⁵⁵lø³³si³³ "勇敢"	ni³³tɕu⁵³ "懒"
ɕi³³tə⁵⁵rə³³ "孤独"	jæ⁵⁵ræ³³pæ³³ "大方"	mbo⁵⁵ro³³ro³³ "麻利"	tʰa⁵⁵ri³³ "麻烦"
sæ⁵⁵mbæ³³tæ³³zæ³³ "齐心"	tu⁵⁵la³³qʰa³³mu³³ "贪心"		to⁵⁵ke⁵³ "光荣"
ndzi³³mæ⁵⁵ri³³mbu³³ "拖拉"	jɐ⁵⁵mbo³³ki³³ko³³ "大胆"		

（七）时间、位置、质量

还有少部分形容词用以描写物体的时间、位置或内部质量等特性。描写时间的形容词主要有 dzə³³dzə⁵⁵ "快的"、ke³³ke⁵⁵ "慢的"、nɐ³³nɐ⁵³ "早的"、tʰæ³³ʁɐ⁵³ "晚的"，它们大多都采用 AA 重叠式构词。描写方位或位置的形容词主要有 ŋgə³³rə³³kʰu⁵⁵ "正的"、pʰa³³no⁵⁵ "反的"、tʰa⁵⁵qa³³ "斜的"、ni³³mə⁵⁵lɐ⁵⁵tæ⁵³ "倒的"、tʰĩ⁵⁵tʂʰe³³tʂʰe³³ "横的"、no³³dza⁵⁵ "竖的"。这部分形容词几乎都由唯谓形容词充当，一般都不能由未添加趋向前缀的简单形容词充当。描写质量的形容词主要有 kæ⁵⁵ji³³ "多的"、n̩⁵⁵n̩³³ "少的"、to⁵⁵si³³ "满的"、tsʰu²⁴ "足够的"，这部分形容词或者采用 AA 重叠式，或者在词根上添加趋向前缀。有时候也可以不采用这两种形态手段构成表示物体质量特征的形容词。

4.7.2 句法特征

（一）充当定语和表语

大多简单形容词都在句中充当定语和表语。当充当定语时形容词必须置于核心名词之后，此时形容词和名词之间不需要添加定语标记。例如：

tɛ³³mbi³³-ki³³kɐ³³	大的杯子	tʰa³³qa⁵³-ŋi³³ŋi³³	红的线
杯子-大		线-红	
tsi³³ŋə³³-ra̠³³ra̠³³	干的衣服	ndo³³-tɕʰa³³ma³³	臭的肉
衣服-干		肉-脏	
χə⁵³-mbɐ³³	旧的鞋	ʁɐ²⁴-tə³³mi⁵⁵si³³tsɿ³³	熟的鱼
鞋-旧的		鱼-熟的	
tɕə⁵³-tso³³ma⁵³	干净的水	tɕʰe⁵⁵rə⁵³-NGæ³³NGæ⁵³	硬的骨头
水-干净		骨头-硬	
sæ³³mbæ³³-qæ³³tɕʰa⁵³	坏的心	lo³³ma⁵⁵-sæ³³pæ³³	崭新的树叶
心-坏		叶子-新的	

有时候在形容词之后还可以添加名物化标记 tsɿ³³，此用法主要用来强调某一相关事物的性质是已知的，且言谈双方对形容词所修饰的事物都较熟悉。事实上，被名物化之后的定中结构使用场合更为常见，它大多是表达一种强调口吻或预示相关信息属于有定的。例如：

pʰi³³ko⁵⁵	ki⁵⁵kɐ³³=tsɿ⁵⁵ 大的苹果	tʰa³³qa⁵³	nbø³³nbø³³=tsɿ⁵⁵ 粗的绳子
苹果	大=NMLZ	绳子	粗的=NMLZ
nə⁵⁵tæ⁵⁵	ri³³ri⁵⁵=tsɿ³³ 长的时间	tɕe⁵⁵	ɕa³³dza³³pa³³=tsɿ⁵⁵ 胖的男孩
时间	长=NMLZ	男孩	胖的=NMLZ

本身带趋向前缀的唯谓形容词一般不能单独充当名词的定语，如果在它们之后添加名物化标记 tsɿ³³ 先将其名物化，此时它们同样也能后置于核心名词充当名词的定语。有时候，某些唯谓形容词短语之后还添加了体貌或示证等语法标记，此时只要将其名物化，它们也都能置于核心名词之后作定语。例如：

ndzi⁵⁵	ŋi³³-si⁵⁵-si³³=tsɿ³³ 糊了的饭	χə⁵³	nɐ⁵⁵-mbə³³tɕɐ³³=tsɿ³³ 烂的牙
饭	DIR-糊-PFV.3=NMLZ	牙齿	DIR-烂掉=NMLZ
ge³³ge⁵⁵	ɦæ³³-ɕɐ⁵⁵-mi³³=tsɿ³³ 累的老师	ndo³³	tə³³-tɕu⁵⁵-si³³=tsɿ³³ 酸的肉
老师	DIR-累的=NMLZ=NMLZ	肉	DIR-酸的-PFV.3=NMLZ

做定语的形容词若出现在句中且并不单独作为词组使用时，不管该形容词是简单形容词还是唯谓形容词，多数情况下都要在形容词之后添加名物化标记 tsɿ³³，将其名物化。

例（217）的定语 jæ⁵⁵ræ³³pæ³³"大方的"和 mæ⁵⁵ræ³³pæ³³"吝啬的"是简单形容词，而例（218）的定语是唯谓形容词。当它们在句中做名词"卓玛"和"脚"的定语时，都需要先将形容词名物化，然后置于名词之后。例如：

（217）ʔɐ³³tsɿ⁵⁵　　　　　　ndʐo³³mæ⁵³　　　　jæ⁵⁵ræ³³pæ³³=tsɿ⁵⁵
　　　3sg.ERG　　　　　　卓玛　　　　　　　大方的=NMLZ
　　　və⁵⁵-pi³³=ni³³　　　　　　mæ⁵⁵ræ³³pæ³³=tsɿ⁵⁵　　və⁵⁵-tɕæ³³-pi³³.
　　　成为-IMPV.3=GNO　　　吝啬=NMLZ　　　　　成为-NEG-IMPV.3
　　　她要做大方的卓玛，不做吝啬的卓玛。
（218）ŋgɐ⁵⁵　tə³³-ŋe⁵⁵=mi⁵⁵=tsɿ³³　　　ɦæ³³-tɕi³³-xu⁵³!
　　　脚　　DIR-疼=NMLZ=NMLZ　　　　DIR-PROH-出去.IMP
　　　脚疼的人不准出去！

除了作名词定语以外，木雅语的形容词还能在句中充当系词的表语。简单形容词作表语时，直接在句末添加系词 ni³³ 或添加由系词语法化而来的"叙实+新知"示证标记 ti³³。作表语的形容词之后一般都不需要再添加名物化标记 tsɿ³³。例如：

（219）sæ³³tɕʰæ³³　　　qʰa³³rə³³　　　ni³³.
　　　地方　　　　　远的　　　　　COP
　　　地方是远的。
（220）tɕe⁵⁵　　　ɕa³³dza³³pa³³=ti⁵⁵.
　　　男孩　　　胖的=GNO.IMM
　　　（才感觉）男孩胖胖的。
（221）tʰa³³qa⁵³　　nbø³³nbø³³=tsɿ⁵⁵　　nbø³³nbø³³　　ni³³.
　　　绳子　　　　粗的=NMLZ　　　　　粗的　　　　　COP
　　　粗的绳子（当然）是粗的。
（222）pʰi³³go⁵⁵　　ki⁵⁵kɐ³³=tsɿ⁵⁵　　ki⁵⁵kɐ³³=ti³³.
　　　苹果　　　　大的=NMLZ　　　　大的=GNO.IMM
　　　（才感觉到）大的苹果是大的。

以上例（219）和（220）的形容词都是简单形容词，他们直接在句中作表语。同时，例（221）和（222）中添加了名物化标记 tsɿ³³ 的简单形容词都充当了名词的定语，句中没有添加名物化标记的形容词只能作句子的表语。这两句中相同形容词的不同用法有效反映了充当定语和表语的形容词在语法标记手段上的差异。

（二）充当谓语

沙德木雅语的某些形容词不能充当定语，一般只能充当谓语，这类形容词是唯谓形容词。虽则被划分为形容词，但木雅人认为该类词更接近动词，它们之后可以自由添加体貌标记和示证标记。唯谓形容词在构词上跟别的形容词有些不同，它们主要采用[趋向前缀+形容词词根]的结构。哪些概念必须采用性质形容词，哪些必须采用谓词性形容词，目前在沙德木雅语中还很难归纳，但可以肯定的是唯谓形容词一般都不能在句中充当定语。它们可以由趋向前缀跟一个语素构成，也可以由趋向前缀跟多个语素构成（趋向前缀跟一个语素构成的情况居多）。[趋向前缀+形容词词根]若出现在句中谓语位置，它们主要表示形容词状态的变化情况。

下面例子中形容词词根前的 nɐ³³、tə³³、ni³³、kʰə³³ 等趋向前缀与形容词词根语素构成了唯谓形容词，此时形容词一般在句中充当谓语。例如：

nɐ⁵⁵ndzɐ³³ "破的"	tʰa³³qa³³ "斜的"	tʰa⁵⁵tɕʰa³³ "穷的"
tə⁵⁵ŋɐ⁵³ "疼的"	kʰi⁵⁵ŋə³³ "痒的"	tə³³tɕu⁵⁵ "酸的"
tə³³qʰɐ⁵⁵ "苦的"	tə⁵⁵dzɐ³³ "辣的"	tə⁵⁵nɐ⁵³ "腥的"
ni³³tɕu⁵³ "懒的"	no³³dza⁵⁵ "竖的"	to⁵⁵sɨ³³ "满的"
tʰi³³tɕʰɐ³³ "光滑的"	to⁵⁵mba³³ "空的"	tə³³mi⁵⁵ "熟的"
ta³³mæ³³ "真的"	ta³³mæ⁵⁵ "纯的"	nɐ³³dzi⁵⁵ "枯的"
kʰa⁵⁵ndə³³ "焦的"	xa⁵⁵kɐ³³ "清楚的"	tə⁵⁵qʰæ³³ "苦涩的"
qə⁵⁵ræ³³ "脆的"	nɐ⁵⁵xə³³ "霉烂的"	tʰa⁵⁵ʂɨ³³ "麻烦的"

唯谓形容词之后可以自由添加体、式、态标记，而这些语法标记一般都不能添加在简单形容词之后。某些由语素重叠而构成的简单形容词也可在句中充当谓语，但此时需要删掉其中一个重叠的语素，同时在另一剩余的语素之前添加趋向前缀变为相应的唯谓形容词。唯谓形容词大多表示状态变化，而简单形容词仅仅表示事物的某一内部特征，因此唯谓形容词大多不能单独作定语，而简单形容词常常可以作定语。

4.7.3 形容词的重叠

从内部形态变化看，形容词重叠多带有强调形容词程度和性质的意味。通过对 180 个形容词的分析发现沙德木雅语中有 87 个形容词（约占 48.8%）都是重叠词根语素构成的双音节。大多简单形容词都采用重叠形式；唯谓形容词也可重叠，但仅仅只能重叠形容词词根，不能重叠趋向前缀。唯谓形容词按照[趋向前缀+BB]方式重叠，若形容词词根本身就是三音节或三个以上音节，则不能再对其进行重叠。形容词重叠表示"较大程度"的意义。

有大批性质形容词是依靠重叠两个相同语素构成的 AA 式。这类性质形容词也常作定语。有时候它们之前可以分别添加表示比较级、最高级意义的程度副词，此时双音节重叠式的形容词可以删除后一音节从而跟程度副词结合；也可不必删除后一音节，直接将双音节重叠式的形容词跟程度副词结合。

AA 式重叠形容词有时候可以直接重叠两个完全相同的形容词词根。有时候所重叠的形容词词根还会发生元音交替变化，主要是：舌尖部位的高元音 i、ɨ 变为较低的 ɐ、æ，但大多情况下可不发生元音交替的变化。例如：

ki⁵⁵kɐ³³ "大的"　　　　ʁi⁵⁵ʁɐ³³ "容易的"　　　　ŋi³³ŋɐ⁵³ "肥的"
tsi³³tsæ⁵³ "小的"　　　　tsʰe³³tsʰe⁵³ "细的"　　　　ri³³ri³³ "长的"
nbɤ³³nbɤ⁵³ "粗的"　　　de⁵⁵de³³ "宽的"　　　　ɣu̠⁵⁵ɣu̠⁵⁵ "窄的"
tsʰɤ³³tsʰɤ⁵³ "短的"　　ndze³³ndze⁵³ "深的"　　ɣø³³ɣø³³ "圆的"
mbɐ³³mbɐ³³ "低的"　　do⁵⁵do³³ "方的"　　　ndzɑ³³ndzɑ³³ "尖的"
tɕɑ²⁴tɕɑ⁵³ "扁的"　　　ŋi⁵⁵ŋi³³ "红的"　　　　ɣə⁵⁵ɣə³³ "重的"
de̠⁵⁵de̠³³ "平的"　　　ɣje⁵⁵ɣje³³ "轻的"　　　ri³³ri³³ "厚的"
ndzə³³ndzə³³ "薄的"　ndzi³³ndzi⁵³ "稀的"　　　sæ³³sæ³³ "亮的"
ta⁵⁵ta³³ "准确的"　　　ndzæ³³ndzæ⁵³ "凉的"　　tsɐ³³tsɐ³³ "热的"
dzɔ³³dzɔ⁵³ "快的"　　ke³³ke⁵³ "慢的"　　　　nɐ³³nɐ⁵³ "早的"
χə³³χə⁵³ "松的"　　　sə⁵⁵sə³³ "紧的"　　　　və⁵⁵və³³ "软的"
ɣe³³ɣe⁵³ "香的"　　　tʂʰæ³³tʂʰæ⁵³ "漂亮的"　tʂʰø̃³³tʂʰø̃⁵³ "乖的"
ɴGæ̃³³ɴGæ̃⁵³ "顽皮的"　zi⁵⁵zi³³ "活的"　　　　qø³³qø³³ "生的"

　　还有一部分形容词是三音节的，它们是由双音节形容词末尾音节的重叠而构成的 ABB 式。某些 ABB 式形容词内部结构应是[趋向前缀+BB]（例如以下的"肥的""凸的""凹的""横的"）。三音节形容词重叠的 BB 部分是否需要发生元音交替较为灵活（如：tsʰɨ⁵⁵qʰə³³qʰæ⁵³ "咸的"），但大多情况下都不需要发生词根元音的交替。例如：

ŋẽ³³tʰæ̃³³tʰæ³³ "黑的"　　　pə⁵⁵ɕæ³³ɕæ³³ "灰的"　　　qo⁵⁵ro³³ro³³ "肥的"
ŋe³³qo³³qo³³ "弯的"　　　　tə⁵⁵gy³³gy³³ "凸的"　　　na³³qʰo³³qʰo³³ "凹的"
tʰĩ⁵⁵tʂe³³tʂe³³ "横的"　　　pə⁵⁵re³³re³³ "模糊的"　　mbo⁵⁵ro³³ro³³ "麻利的"

　　由三个以上音节构成的多音节形容词在沙德木雅语中更加少见，大多数四音节或四音节以上的形容词都由多个不同意义的语素通过意合方式构成的，它们更像是使用短语手段表达相关概念，因此算不上严格意义上的多音节形容词①。

　　沙德木雅语中多数形容词都不能直接使用 ABAB 或者 ABCC 的形式重叠，双音节或多音节形容词重叠时需要在重叠式之间加上 wu³³，而该类重叠形式跟方位名词的重叠形式相似。该类重叠形式主要用来强化形容词的

---

① 三音节或三音节以上的形容词在沙德木雅语中特别少见，后附词表中所出现的三音节或多音节形容词的情况有两种可能：发音人文化程度太低，当遇到无法表达的形容词时只能使用解释的方法，造成音节增多（如：sæ⁵⁵mbæ³³tæ³³zæ³³ "齐心的"（心-齐的）、je⁵⁵mbo³³tsi³³te⁵³ "胆小的"（胆子-小的）等词）；在表达某些形容词意义时，发音人习惯带着名词一起说（如该处的咸、淡，发音人习惯要在前面加上"菜"）。

程度义或范围义。例如：

ki⁵⁵kɐ⁵³wu⁵⁵ki⁵⁵kɐ⁵³ "特别大"　　　　tsi³³tsæ⁵⁵wu⁵⁵tsi³³tsæ⁵⁵ "越来越小"
nbø³³nbø³³wu⁵⁵nbø³³nbø³³ "非常粗大"　　ri³³ri⁵⁵wu³³ri³³ri⁵⁵ "非常长"
qo³³ro³³ro³³wu⁵⁵qo⁵⁵ro³³ro³³ "非常弯"　 mbø²⁴tə³³ne³³wu⁵⁵mbø²⁴tə³³ne³³ "非常甜"

4.8　副词

　　副词有时间副词、频率副词、程度副词、范围副词、否定副词几类。除了否定副词语序比较灵活外，沙德木雅语的这几类副词一般都是放在形容词或动词之前。否定副词的语序比较特殊，由于动词前常常带有趋向前缀，因此表示一般否定关系的否定副词置于趋向前缀和动词之间，表示禁止类的否定副词置于动词之前。本节分别介绍几类副词在沙德木雅语中的使用情况。

　　时间副词与时间相关，它为全句叙述的事件提供详细的时间背景。沙德木雅语中常见的时间副词有 tɕʰə⁵³ "现在"、mə³³ndzə⁵³ "刚刚"、tæ³³tæ⁵³ "马上"、ti³³ndzə³³ "常常"、rɐ³³sæ⁵³ "立刻"、bɤ̃³³na⁵⁵ "之后"、pə³³qa⁵⁵ "后来"、kæ³³ŋu⁵⁵ "以前"、zo³³pu⁵⁵ "以后／后面"、ty⁵⁵dzə³³ "经常"、te³³ "一直"、ta³³ra⁵⁵ "暂时" 等。时间副词可以重叠从而表达时间程度的加深，例如 tɕʰə³³tɕʰə⁵³ "立刻" 由 tɕʰə⁵³ "现在" 重叠而成，表达比 "现在" 更加紧迫的时间概念；tæ³³tæ⁵³ "马上" 由 tæ⁵³ "尽快" 重叠而成，表示事件将在更短时间内发生。

　　例（223）－（229）的时间副词都在句中作状语。例如：

（223）tɕʰə⁵³　　　tɕʰə³³tsʰy⁵⁵　　ɦæ⁵⁵di⁵⁵　　　tʰə³³-væ⁵³-si²⁴?
　　　　现在　　　时间　　　　　多少　　　　　DIR-变化-PFV.3
　　　　现在已经几点了？

（224）næ³³　　tɕʰə⁵³　　xu³³!　　　sæ⁵⁵si⁵⁵　　　tɕə⁵⁵-xu²⁴!
　　　　2sg　　现在　　　去.IMP　　明天　　　　PROH-去.IMP
　　　　你现在去，别明天去！

（225）ʁa²⁴　mẽ³³mdæ³³=ji²⁴　tæ³³tæ⁵³　ʁa⁵⁵　tɕe⁵⁵　ɣĩ³³-tɕy⁵⁵-pi³³=ni³³.
　　　　羊　雌性=ERG　　　　马上　　　羊　　小的　DIR-生-IMPV.3=GNO
　　　　母羊马上要生小羊了。

（226）te⁵⁵ndze⁵³　　kæ³³ŋu⁵³　　mə³³ȵi⁵⁵　　si⁵⁵və³³　　tɐ⁵⁵-lø³³　　ni²⁴.
　　　　丁真　　　　从前　　　　人　　　　　好的　　　　一-CL　　　COP
　　　　丁真从以前就是一个好人。

（227）tæ³³tæ⁵³　　mə̝⁵³　　　næ̃⁵⁵-tɕa⁵³-rø³³=ti⁵⁵.
　　　 马上　　　　天　　　　DIR-下雨-MOD:就会=GNO.IMM
　　　 马上会下雨了。

（228）ŋgæ³³mi⁵⁵=ji²⁴　kʰə³³ɕɛ⁵⁵nə²⁴　tũ²⁴　ndʑe³³mi⁵⁵=ɣæ²⁴　ndo⁵⁵
　　　 猎人=ERG　　　立刻地　　　　看　　包含=POSS　　　肉
　　　 væ³³nu⁵⁵dæ³³-rɑ²⁴.
　　　 丢掉-PFV.VIS
　　　 猎人立刻丢了有毒的猪肉。

（229）tɑ³³rɑ⁵³　　ʔɐ³³tsɨ⁵⁵　　tũ⁵⁵ndɑ⁵³　　nɐ⁵⁵-du³³=ri³³=tsɨ⁵³
　　　 先　　　　这　　　　 事情　　　　DIR-伤心=NMLZ=NMLZ
　　　 ʔɐ³³tsɨ⁵⁵=le⁵⁵　　tə⁵⁵-tɕə³³-te²⁴.
　　　 3sg=DAT　　　　DIR-NEG-说
　　　 先不要告诉他这件伤心的事情。

有时候在某些语篇中还可以使用时间副词 jø²⁴ "又、然后" 和 tɕʰə³³nə⁵⁵ "还/再"，此时时间副词主要用来连接并列结构或追加后续相关信息内容，它们都能表示时间先后的延续。例如：

（230）jø²⁴　　ʔɐ³³tsɨ⁵⁵　　dʑe³³pu⁵⁵　　næ⁵⁵-ɕo⁵³-rɑ³³.
　　　 又　　 这　　　　 国王　　　　 DIR-冲刺-PFV.VIS
　　　 然后这个国王冲了过去。

（231）jø²⁴　　ɦɛ⁵⁵kʰɐ³³　　ri³³vø⁵³　　tsõ⁵⁵ndu³³　　ɦæ³³-qɑ⁵⁵tsu³³-pi⁵⁵=kə³³…
　　　 又　　 这么　　　　 兔子　　　 半蹲着　　　DIR-半蹲-IMPV=LNK:的时候
　　　 然后兔子这样半蹲着的时候……

（232）tɛ³³-lø⁵⁵　　ɦæ³³-ndʑi³³　　tsə³³kə⁵⁵　　tɕʰə³³nə⁵⁵　　tɛ⁵⁵-lø³³
　　　 一-CL　　　DIR-吃　　　　SEQ　　　　还　　　　　 一-CL
　　　 ɦæ³³-ndʑi³³　　tu³³-jy⁵⁵=ti²⁴.
　　　 DIR-吃　　　　DIR-想要=GNO.IMM
　　　 还想再吃一个（酥油包子）。

频率副词置于动词之前表示动作发生的频次多寡。沙德木雅语频率副词的数量不如汉语或英语丰富，单独一个 tsẽ³³tʰa̠⁵³ 即可表达 "总是、频繁地、经常地" 等含义。若要强调频率更高，只需在 tsẽ³³tʰa̠⁵³ 之后添加 mæ³³ŋæ⁵³，构成复合词 tsẽ³³tʰa̠⁵³mæ³³ŋæ⁵³ "一直总是"。

例（233）和（234）说明动作 "听话""涨水" 发生的频率和次数很高。例如：

（233）tɕe³³=ji³³　　tsẽ³³tsʰa̠⁵³　　qʰə⁵⁵-se⁵³ŋæ³³-və³³
　　　 儿子=ERG　　总是　　　　 DIR-听话-LVB

ŋə⁵⁵-ɴæ⁵⁵=ti²⁴.
NEG-MOD:能=GNO.IMM
儿子总是不能听我的话。

(234) tsʰə̠⁵³je³³   tsẽ³³tʰa̠⁵⁵mæ³³mæ⁵³   tɕʰə³³ɕa⁵³   ɦæ³³-tʰy⁵⁵=ni²⁴.
　　　夏天　　　　总是　　　　　　　　洪水　　　　DIR-涨水=GNO
夏天总是涨洪水。

除了表达频率高以外，沙德木雅语还可以使用副词 zæ³³ɴæ⁵⁵ "几乎、差不多、差点" 表示频率不太高。例如：

(235) ʔæ⁵⁵tɕi³³   zæ³³ɴæ⁵⁵   ki⁵⁵ʁo⁵⁵   nə²⁴   sɐ³³de³³   rɐ²⁴-pi⁵⁵=ni²⁴.
　　　姐姐　　　几乎　　　　每年　　　都　　　沙德　　　来-IMPV.3=GNO
表姐几乎年年回沙德。

(236) zæ³³ɴæ⁵⁵   xu⁵⁵   tʰə³³-væ²⁴-pi²⁴,   pæ³³tɕi⁵⁵   kʰi⁵⁵
　　　几乎　　　晚　　DIR-变-IMPV.3　　　过一会儿　　睡觉
tsʰu⁵⁵=ti³³.
可以的=GNO.IMM
差不多晚上了，可以睡觉了。

(237) ŋi⁵⁵   zæ³³ɴæ⁵⁵   ʔɐ³³tsæ⁵³   ji³³tʰɐ⁵⁵   tɕ⁵⁵de⁵³
　　　1sg.ERG　差点　　3sg.POSS　　脸　　　　巴掌
tə⁵⁵-tɕə⁵⁵-və²⁴=ŋɐ²⁴.
DIR-打-LVB=EGO
我差点给了他一耳光。

沙德木雅语的程度副词主要有表达程度高的 tɕe⁵⁵tɕe³³ "很"、tɕʰə³³tɕʰa⁵³ "非常、相当的"、kæ³³ "更加"、zi²⁴ "最"、qa⁵⁵ro⁵⁵ "最最"。tɕʰə³³tɕʰa⁵³ 和 tɕe⁵⁵tɕe³³ 是最常用的程度副词，它们常常添加在形容词之前说明形容词所描绘状态程度较高，为形容词增加某些色彩意义。从表达程度来看，tɕʰə³³tɕʰa⁵³ 跟 tɕe⁵⁵tɕe³³ 并无明显差异。kæ³³、zi²⁴ 和 qa⁵⁵ro⁵⁵ 这三个程度副词有程度高低量级（scalar）的差别，kæ³³ 表达的程度最低，zi²⁴ 次之，而 qa⁵⁵ro⁵⁵ 表达程度最高。tɕe⁵⁵tɕe³³ 所表达的程度处于中间状态，有些类似于汉语的"很、有些"。例如：

(238) mo³³ŋo³³=ɣæ²⁴   ʁa⁵⁵mu⁵³   tɕe⁵⁵tɕe⁵³   ri³³ri⁵³=ti³³.
　　　女人=POSS　　头发　　　　很　　　　　长=GNO.IMM
女人的头发很长。

(239) mə³³   tɕe⁵⁵tɕe⁵⁵   ji⁵⁵ŋɐ⁵³-si²⁴=ni²⁴.
　　　天空　十分　　　　晴朗-PFV.3=GNO
天空十分晴朗。

（240）ɣo^{55}ɕa^{53}=k^{h}u^{33}　　tɕe^{55}tɕe^{55}　　　t^{h}a^{55}ma^{53}　　　tə^{33}-ne^{53}-pi^{24}.
　　　　口腔=LOC　　　比较的　　　　　臭的　　　　　　DIR-闻到-IMPV.3
　　　　闻到嘴巴里比较臭。
（241）ŋə^{33}tsø^{55}　　　tɕe^{55}tɕe^{53}　　　ki^{55}kɐ^{53}=ti^{24}.
　　　　嘴巴　　　　　十分　　　　　　很大=GNO.IMM
　　　　嘴巴十分的大。

　　tɕ^{h}ə^{33}tɕ^{h}a^{53}、kæ^{33}、zi^{24} 和 qɑ^{55}ro^{55} 等程度副词大多处于一个比较高的量级中，主要用来强调形容词的性质。例如：

（242）zɔ̃^{33}ndə^{55}=ɣæ^{33}　　　zɔ^{33}t^{h}a^{53}　　　tɕ^{h}ə^{33}tɕ^{h}a^{55}　　　ɲi^{33}ɲi^{33}=ni^{24}.
　　　　猴子=POSS　　　　　屁股　　　　　非常　　　　　　红的=GNO
　　　　猴子的屁股非常的红。
（243）pu^{33}pæ^{53}　　mə^{33}ɲi^{55}-nə^{24}　　ndo^{55}　　ɦæ^{33}-ndzi^{33}=le^{24}　　zi^{33}　　gæ^{33}=ni^{24}.
　　　　藏族　　　人-PL　　　　吃　　　DIR-吃=DAT　　最　喜欢=GNO
　　　　藏族人最喜欢吃肉。
（244）k^{h}æ^{33}dɐ^{53}　　qɑ^{55}ro^{55}　　ɲi^{55}se^{53}　　tə^{55}-və^{53}-pi^{24}.
　　　　说出的话　　　最最　　　讨厌　　　说-LVB-IMPV.3
　　　　说话非常不好听（说最难听的话）。

　　同时，沙德木雅语还能使用副词 te^{53} 表达"简直、完全"的程度义。te^{53} 表示程度最深，应该处于程度语义量级的最顶端，te^{53} 在句中还隐含说话人对相关命题持深度怀疑态度的语义特征。例如：

（245）ʔɐ^{33}tsɿ^{55}　　te^{53}　　　tə^{55}ʁɑ^{53}-pi^{24}.
　　　　3sg　　　　简直　　　疯掉-IMPV.3
　　　　他简直疯掉了。
（246）te^{53}　　　ŋø^{55}ts^{h}æ^{53}　　　ŋɣ^{55}-ji^{53}=ti^{24}.
　　　　简直　　　廉耻　　　　　　NEG-有=GNO.IMM
　　　　简直没有廉耻。

　　在沙德木雅语中，程度副词不管音节多寡大多都无法重叠，能重叠的程度副词本身不能表示最大或最高的量级。因此以上所介绍的程度副词中，只有 tɕe^{55}tɕe^{33} "很"能够以 tɕe^{55}tɕe^{33}wu^{55}tɕe^{55}tɕe^{33} 的形式重叠，其他程度副词都无法重叠。重叠后的副词表示程度较深，此时处于程度量级的最高量级，类似"最最的……"的意思。程度副词重叠时也需要在重叠形式之间加上 wu^{33}，而该类重叠形式跟方位名词和某些形容词的重叠形式相似。

　　除了程度副词外，沙德木雅语同样也有为数不多的范围副词。范围副词对句中某些名词成分进行量化，表达事物的数量多少、范围大小，常常修饰"数量名"结构或单独修饰动词。木雅语的范围副词主要可以分为"主观少量"和"主观大量"两类，前者主要有 mə³³tsʰe⁵⁵ "只是"、tsʰe⁵⁵si³³kʰæ³³ "刚好"、tæ³³zø⁵⁵ "才"、tsə³³kə⁵⁵ "就"、je³³ɣu⁵⁵ "仅仅"，后者包括 nə⁵⁵ "都"、me³³me⁵³ "都／全部"、zæ³³na̠⁵³tsɨ³³ / zæ³³dzɐ⁵⁵ "大多"等。总的来说，木雅语范围副词的数量并不丰富，有时候汉语中意思相近的多个范围副词在木雅语中几乎都使用同一副词表达。

例（247）－（248）的范围副词都是"主观少量"型的范围副词。例如：

（247）ŋgu³³nbæ⁵⁵=kʰu⁵³   ʔæ³³ɲi⁵⁵kɐ⁵⁵mu⁵³   tɐ⁵⁵-lø³³   je³³ɣu⁵⁵
      庙子=LOC   尼姑   一-CL   单单
      mə³³tse⁵⁵   ŋə⁵⁵-mə³³.
      除了   NEG-有
      庙里只住了一个尼姑。

（248）mu³³ty⁵⁵jy⁵⁵=mi³³=tsi⁵⁵=ji²⁴   tɐ⁵⁵-pi²⁴   mə³³rə⁵⁵   tʂʰɨ⁵⁵si³³kʰæ³³
      算命=NMLZ=NMLZ=ERG   说-IMPV.3   明年   刚好
      tsʰo⁵⁵   tə³³-dzɐ⁵⁵=tʰɐ⁵⁵   næ³³-ti⁵³.
      生意   DIR-做=LNK   好的=GNO.IMM
      算命的说（我们）明年刚好可以做买卖。

（249）mə̠⁵⁵   to⁵⁵sa̠⁵³-pi⁵⁵=rə²⁴,   kʰə⁵⁵   ɦæ⁵⁵-rɐ⁵³
      天   亮的-IMPV.3=LNK:的时候   狗   DIR-叫
      tə⁵³-su⁵³-rɑ²⁴.
      DIR-听到-PFV.SEN
      天才亮狗就叫了。

（250）pə⁵⁵tsʰɨ⁵⁵   zæ³³na̠⁵⁵tsɨ⁵⁵   kʰi⁵³-rɑ²⁴.
      孩子   大多   睡-PFV.VIS
      （眼见）大多数孩子已经睡了。

例（251）－（253）是表示"主观大量"意义的范围副词。例如：

（251）ɦæ³³læ⁵⁵læ⁵⁵mu⁵⁵   tə³³-və³³   nə⁵⁵   ŋə³³-tsʰu³³
      山歌   DIR-做   都   NEG-CAUS.3
      让（那些人）都不要唱山歌。

（252）tsə³³kə⁵⁵   ŋɐ⁵⁵tʰɐ³³ni⁵⁵   pʰə³³ɣo⁵⁵-nə²⁴   me³³me⁵³
      SEQ   DM   酥油包子-PL   全部
      ŋɐ³³tʰɐ³³ni³³   qʰə̠⁵⁵-zø³³.
      DM   DIR-藏起来
      然后呢，酥油包子都藏了起来。

（253）wɐ³³mə³³nə³³　　ɕe³³tɐ⁵³=tsɿ³³　　kæ³³dzɐ⁵⁵tsɿ³³　　wɐ⁵⁵ndɐ⁵⁵lø³³
那样　　　　　　说法=NMLZ　　　　大多数　　　　那样一个
ndə³³=ni²⁴.
有=GNO

大多数有那样的一个说法。

除了以上的副词类型外，沙德木雅语还有数量丰富的否定副词。否定副词除了表达否定功能外还跟体、情态等语法范畴紧密相关，它常常跟别的语法标记黏着于一体发生合音现象从而表达丰富多样的语法功能。有关否定副词的使用情况见第 6.6 节"否定范畴"的详细介绍，此处不作赘述。

从语法性质来看，形容词和副词都能在句中充当状语。沙德木雅语中不管是形容词还是副词充当状语，它们都直接放在谓语之前，状语跟动词之间不需要添加其他语法标记。例如：

ɴæ⁵⁵ɴæ⁵³	kʰə⁵⁵-tɕæ³³ræ²⁴	好好地看
好好	DIR-看	
dzə³³dzə⁵³	kʰi³³-ndzɐ⁵³	快快地飞
快快	DIR-飞	
tɕe⁵⁵tɕe⁵³	tə⁵⁵-si³³sɐ³³	狠狠地打
狠狠	DIR-打	
ɣo³³ɣo³³	rqæ⁵³	慢慢地走
慢慢	走	

第五章 名词形态

第四章主要介绍了沙德木雅语的词类以及跟不同词类相关的语法属性，本章重点介绍木雅语中和名词相关的形态变化类型。名词表示人或事物等实体，很多语言中都可使用"性、数、格"等词缀或形态标记手段表达名词或名词短语的句法语义特征。木雅语可使用派生法将词根跟词缀组成新词；前缀和后缀十分丰富，还有一些专用的中缀，但中缀多跟动词或动词短语黏着于一体，因此将词缀放在动词形态部分再作介绍。某些附缀成分还能够添加在名词短语或小句之上。以下分别介绍沙德木雅语跟名词相关的形态变化类型。

5.1 性范畴

沙德木雅语名词的性范畴（gender）并不发达，名词一般都没有性的区分，不像法语、俄语一样有一套专用的性范畴标记。目前只有几个为数不多表示性范畴的语法标记，男性或雄性动物使用词尾 $ɣo^{24}$，女性或雌性动物使用词尾 $mɛ^{33}$。性范畴标记 $ɣo^{24}$ 和 $mɛ^{33}$ 一般都需后置于中心名词。例如：

$ɣu^{33}rɛ^{33}$	$ɣo^{24}$	公鸡	$ɣu^{33}ji^{33}$	$mɛ^{33}$	母鸡
鸡	公的		鸡	母的	
$tsə^{33}lə̣^{53}$	$ɣo^{24}$	公猫	$tsə^{33}lə̣^{53}$	$mɛ^{33}$	母猫
猫	公的		猫	母的	
va^{33}	$ɣo^{24}$	公猪	$və^{55}$	$mɛ^{33}$	母猪
猪	公的		猪	母的	
$kʰə^{33}$	$ɣo^{24}$	公狗	$kʰə^{33}$	$mɛ^{33}$	母狗
狗	公的		狗	母的	

在沙德木雅语中指人名词 $ɕi^{33}pæ^{53}$"男人"和 $mɛ^{33}ŋɛ^{53}$"女人"的内部结构并不符合上面所列举的核心名词之后添加性标记的原则。构成 $ɕi^{33}pæ^{53}$ 的语素是一个整体，内部不可以再具体细分。而在 $mɛ^{33}ŋɛ^{53}$ 中，性范畴标记

mɛ³³放在了名词核心之前，它可能是借自藏语 བུད་མེད་ "女人"的 མེད me "女性的"。藏语中对应的词需要将性范畴标记放在核心名词之后，而沙德的 mɛ³³ŋæ⁵³跟藏语语序相反，必须放在核心名词之前①。

5.2 数范畴

数范畴（number）有单数、双数和复数三种形式，双数在名词后添加双数标记 nə³³ni³³、ni³³ni³³ 和 nə³³zɨ³³，双数标记可能源于基数词"二"②。nə³³ni³³ 和 ni³³ni³³ 一般添加在除指人名词以外的非集合名词之后；nə³³zɨ³³ 主要添加在指人名词之后，表示双数概念。复数主要在名词之后直接添加标记 nə³³，复数标记并不会根据名词是否属于指人名词而区别不同形态。数范畴标记除了添加在有生命名词上以外，还可以添加在无生命的名词之上。带有双数或复数标记的名词可在句中自由充当主语、宾语、定语等成分。数范畴标记有时会根据其黏着名词在句中充当格功能的不同类型而改变内部形态。

双数标记 nə³³zɨ³³ 只能添加在指人名词之后表达双数概念，它不能添加在其他类型的名词之后。例如：

ɕi³³pæ⁵³-nə³³zɨ³³	俩男人	pə³³tshi⁵⁵-nə³³zɨ³³	俩小孩
男人-DU		小孩-DU	
ʔæ³³və³³-nə³³zɨ³³	俩爸爸	ʔæ³³pu⁵⁵-nə³³zɨ³³	俩叔叔
爸爸-DU		叔叔-DU	
ŋi³³ɦæ³³-nə³³zɨ³³	俩亲戚	tha⁵⁵tɕha³³-nə³³zɨ³³	俩穷人
亲戚-DU		穷人-DU	

以上的"男人""爸爸""亲戚"等有的是指人名词，有的是亲属称谓名词，他们都毫无例外跟人相关，因此这些名词的双数形式可以直接添加 nə³³zɨ³³。有时候，某些指称关系较为笼统或表示某一类的指人名词或亲属称谓名词之后可使用双数标记 tɕ³³ndʑe³³ "两个"来代替名词后的双数标记

---

① 藏语中表示女性的语素也并非都置于词尾，有时候却置于词首，例如：བུད་མེད་ཁ་ལོ་བ་ bud med kha lo ba "女-司机"、བུད་མེད་དགེ་རྒན་ bud med dge rgan "女-老师"。不过在 བུ་མོ་ bu mo "女人""女孩"以及 བདག་མོ་ bdag mo "女主人"中，表示女性的语素需要置于词尾。

② 在四川境内许多藏缅语中，数词"二"有多种词形，如藏语的 གཉིས་ gnyis、扎坝语的 nə³³（田野调查）、贵琼语的 ŋi（Jiang 2015：94）；数词"二"在这些藏缅语中常常语法化为双数标记。但沙德木雅语的双数标记 tɕ⁵⁵ndʑe³³ 跟周围大多的羌语支语言不同。因此我们推测木雅语的双数标记可能是原始藏缅语的存古形式，因为在却域语中，人称代词的双数形式为 ŋa¹³ŋa⁵⁵ndʑe³³ "我俩"、ɲe¹³ndze⁵⁵ "你俩"（黄布凡、戴庆厦 1992：310），因此却域语的 ndze 应该跟木雅语的 ndʑe³³ 同源。

nə³³zi³³。使用 tɐ³³ndʑe³³ 表双数的用法对这类指称笼统的指人名词而言使用更为普遍。例如：

ŋi³³ɦæ³³-tɐ³³ndʑe³³ / -nə³³zi³³　俩亲戚　　tʰa⁵⁵tɕʰa³³-tɐ³³ndʑe³³ / -nə³³zi³³　俩穷人
亲戚-DU　　　　　　　　　　　　　穷人-DU

非指人名词或人称代词之后可以添加 nə³³ni³³ 或 ni³³ni³³ 表示双数概念。能添加该类双数标记的名词并不限于有生命的，某些无生命的名词之后也能添加 nə³³ni³³ 或 ni³³ni³³ 表示双数。并非所有无生命的名词后都可添加双数标记，能否添加 nə³³ni³³ 或 ni³³ni³³ 主要取决于名词是否可被个体化。下面例子中"水""牛奶"是集合名词，无法被个体化，因此不能使用双数标记。在表达双数概念时，以下名词之后可以添加双数标记 tɐ³³ndʑe³³ 或数量结构 nə⁵⁵zæ³³。例如：

pʰə³³lɑ⁵³-tɐ³³ndʑe³³　　两个碗　　tɕo⁵⁵tsɿ⁵³-tɐ³³ndʑe³³　　两张桌子
碗-DU　　　　　　　　　　　　　　桌子-DU

sɿ⁵⁵　　nə³³zæ³³　　两个鼻子　　ɣu⁵⁵　　nə³³zæ³³　　两根草
鼻子　　两个　　　　　　　　　　草　　　两根

dzo⁵⁵　　nə⁵⁵kæ³³　　两块石头　　tɕo³³tõ³³mbi³³　nə⁵⁵zæ³³　　两份水
石头　　两块　　　　　　　　　　水　　　　　　两份

当并列的名词性成分在数量上体现为双数时，也需要添加双数标记，此时双数标记既可以添加在并列成分的后一名词上，又可以同时添加在并列的两个名词上。以例（254）和例（255）为例，双数标记可添加在后一并列名词"小孩"和"猫"上，也可同时添加在并列的名词"男人、小孩"之后，但不能仅仅将双数标记添加在并列成分前项的"男人、老鼠"之后。试比较以下的 a、b 两例：

（254a）ɕi³³pæ⁵⁵=ri²⁴　　pə³³tsʰi⁵⁵-nə³³zɿ³³.
　　　　男人=CONJ　　 小孩-DU
　　　　男人和小孩俩

（254b）ɕi³³pæ⁵⁵-nə³³zi³³=ri²⁴　　pə³³tsʰi⁵⁵-nə³³zi³³.
　　　　男人-DU=CONJ　　　　　 小孩-DU
　　　　俩男人和俩小孩

（255a）tsʰə̣³qo⁵⁵ro⁵⁵=ri²⁴　　tsə̣³³lə̣⁵³.
　　　　老鼠=CONJ　　　　　猫
　　　　老鼠和猫

（255b）tsʰə̣³³qo⁵⁵ro⁵⁵=ri²⁴　　tsə̣³³lə̣⁵³-nə⁵⁵ni³³.
　　　　老鼠=CONJ　　　　　猫-DU
　　　　两只老鼠和猫

第五章　名词形态

沙德木雅语有类似于周边四川方言"些"的复数标记 nə³³，复数标记 nə³³ 并不局限于跟有生命的名词以及人称代词组合，还能跟那些无生命的名词组合。例如：

ɣji²⁴-nə³³　　很多马　　zi²⁴-nə³³　　很多猪　　ʁə²⁴-nə³³　　很多鱼儿
马-PL　　　　　　　　猪-PL　　　　　　　　鱼-PL

zɔ̃³³də⁵³-nə³³　很多猴子　ʁa³³-nə³³　　很多羊　　tshə³³-nə³³　很多山羊
猴子-PL　　　　　　　　羊-PL　　　　　　　　山羊-PL

pæ⁵⁵pæ³³-nə³³　很多蟑螂　ŋe⁵⁵mə³³-nə³³　很多骆驼　mæ⁵⁵tɕæ⁵³-nə³³　很多孔雀
蟑螂-PL　　　　　　　　骆驼-PL　　　　　　　孔雀-PL

tshi³³pho⁵³-nə³³　很多树　ɣu²⁴-nə³³　　很多草　　ɕa⁵⁵ɲi³³-nə³³　很多青稞
树-PL　　　　　　　　　草-PL　　　　　　　　青稞-PL

dzo³³-nə⁵³　　很多石头　tɕ³³mbi⁵³-nə³³　很多瓶子　phə³³lɑ⁵³-nə³³　很多碗
石头-PL　　　　　　　　瓶子-PL　　　　　　　碗-PL

除了生命度较高的名词外，以上的植物类名词"树""草""青稞"都是生命度较低的名词，而"石头""瓶子""碗"是没有生命的名词，它们都能添加复数标记 nə³³。同样，nə³³ 除了添加在可数名词后，还可添加在不可数名词之后表示数量多或不可具体计数。以下的"水、米、牛奶"等都是集合名词，它们之后也可添加复数标记 nə³³。例如：

tɕo³³-nə³³　　很多水　　ndze³³-nə³³　很多米　　lə³³-nə⁵³　　很多牛奶
水-PL　　　　　　　　米-PL　　　　　　　　牛奶-PL

并列名词添加复数标记的策略跟添加双数标记相似，不但可在并列名词之后都添加复数标记，而且还可以只在并列名词的后一个名词末尾添加 nə³³。例如：

（256）phĩ³³ko³³-nə³³=ri³³　　ɕã³³tɕo⁵³-nə³³.
　　　苹果-PL=CONJ　　　　香蕉-PL
　　　苹果些和香蕉些。

（257）phĩ³³ko³³=ri³³　　　　ɕã³³tɕo⁵³-nə³³.
　　　苹果=CONJ　　　　　　香蕉-PL
　　　苹果（些）和香蕉些。

当指示词跟名词组合表达复数概念时，沙德木雅语一般不能先将名词"个体化"（individuality）然后添加复数标记 nə³³，否则相应句子在木雅语中不合语法。例（258）先将指示词变为复数形式然后再跟光杆名词组合，该结构在沙德木雅语中为病句。例如：

（258）*ʔʁ³³tsi⁵⁵　phĩ³³ko⁵⁵-nə³³.
　　　这　　　　苹果-PL
　　　这些苹果。

第二种策略是将指示词的单数变成复数，然后再跟名词的复数形式组合，复数标记 nə³³ 使用两次，从而保持数的一致。该结构是沙德木雅语中指示词跟名词保持数范畴一致性的典型范例。例如：

（259）ʔɐ³³nə⁵⁵　　　　　kʰɐ³³nbə⁵³-nə³³.
　　　这些.PL　　　　　桃子-PL
　　　这些桃子。

5.3　亲属称谓

亲属称谓标记ʔæ³³能添加在表示亲属关系的名词之前，类似于汉语的"阿"，用于日常的称呼。一般是面称时使用亲属称谓标记ʔæ³³，若某些亲属称谓存在面称和叙称的差别，叙称之前不能使用亲属称谓标记ʔæ³³。由于亲属称谓不同，ʔæ³³的使用与否也较为灵活。沙德木雅语的亲属称谓跟其他某些语言存在差别，主要体现在：岳母、婆婆、舅母不分，公公、伯父不分，用于晚辈后裔的词大多都不作区分。某些亲属称谓没有独立的词项，必须使用短语表达。由此可见，木雅人对亲属称谓的认知策略具有本族群的特性，亲属称谓词的使用跟社会文化密切相关。

以下首先详细列举亲属称谓标记ʔæ³³的使用情况。例如：

ʔæ⁵⁵vɐ³³	父亲	ʔæ³³mɐ⁵³	母亲	ʔæ³³læ⁵³	婆婆
ʔæ³³læ⁵³	岳母	ʔæ³³pu⁵³	公公	ʔæ³³pu⁵³	伯父
ʔæ³³yø⁵³	舅舅	ʔæ³³yu⁵³	小舅	ʔæ³³kʰi⁵⁵	堂兄
ʔæ³³læ⁵⁵	大舅母	ʔæ³³læ⁵⁵	小舅母	ʔæ³³tɕi³³	堂姐

某些亲属称谓词存在语气亲切与否的差别，若说话人亲切称呼自己的小孩，一般使用 zæ³³，若对外介绍自己的孩子或用于叙称，则使用 pə³³tsʰi³³ 来称呼小孩。木雅语中并非所有亲属名词前都能添加ʔæ³³，周边某些羌语支语言中能添加亲属称谓标记的亲属名词在沙德木雅语中却不能添加亲属称谓前缀ʔæ³³。例如：

væ³³və⁵³　　爷爷　　　　mæ³³mæ⁵³　奶奶　　　ræ³³ndæ⁵⁵nbɐ³³　妹妹

说话人的性别差异，也会影响亲属名词的使用。这反映了木雅人家庭内部具体亲属关系的差异，以及对家庭亲缘关系认识的不同。以下两幅图式分别以女性和男性说话人视角介绍了木雅语的亲属称谓名词。其中△表示男性，○表示女性；▲表示说话人为男性，●表示说话人为女性。木雅人大多情况下都无法表达汉语中的某些亲属称谓名词，但为了日常交际的需要他们只能直接呼对方名字。总的来说，木雅语的亲属称谓名词没有汉语或英语丰富。

图 5-1 和 5-2 介绍了沙德木雅语的亲属称谓系统。例如：

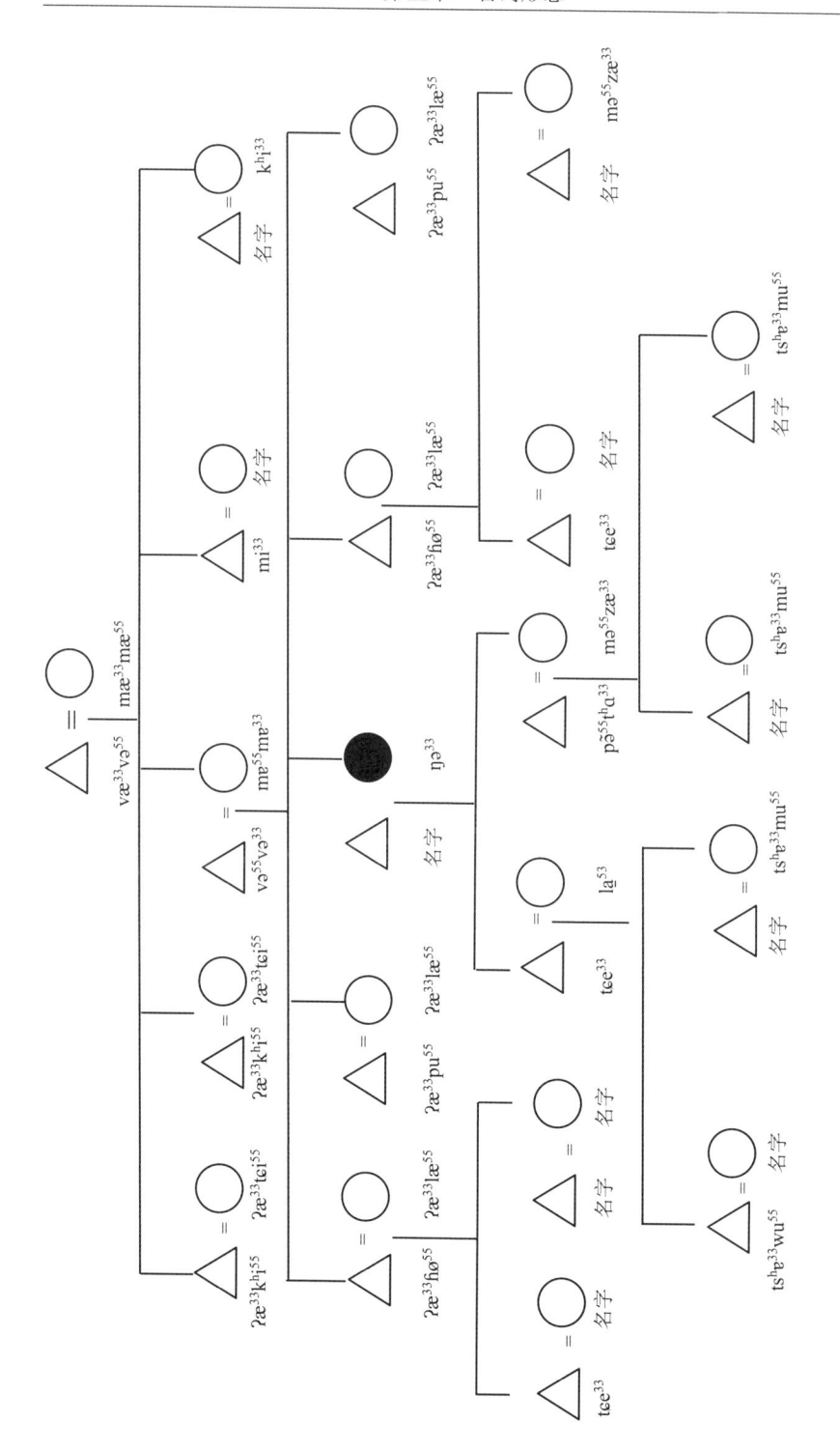

图 5-1 木雅女性（女性说话人）所使用的亲属称谓名词

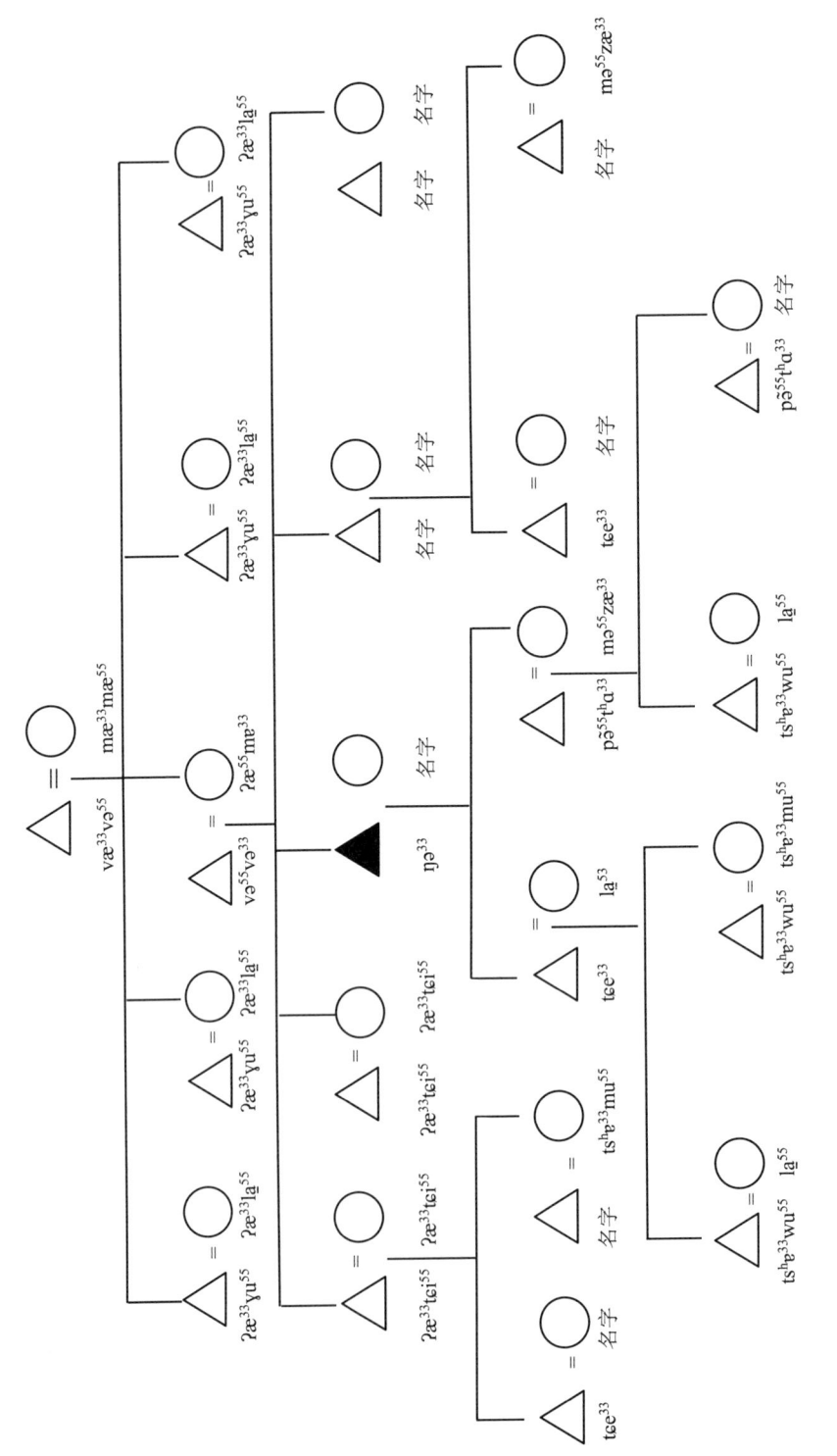

图 5-2 木雅男性（男性说话人）所使用的亲属称谓名词

5.4 小称

名词之后可以添加标记 tɕe³³ 表示小称。tɕe³³ 源于形容词 tɕe³³tɕe³³ "小的、微弱的",但在沙德木雅语中 tɕe³³ 可置于名词之后充当小称标记的功能。它不但可以添加在有生名词后,还可添加在无生名词后,从而表达形状细小,略带亲昵、可爱、喜爱的语气。例如:

tsʅ³³lə⁵³tɕe³³	小猫	zi³³tɕe⁵⁵	小猪/小猪圈	ɣu³³zi³³tɕe³³	小鸟
ru³³je⁵⁵tɕe³³	小熊	tɑ⁵⁵tɕe³³	小老虎	zɔ̃³³də⁵⁵tɕe³³	小猴子
ro⁵⁵tɕe³³	小蛇	tsʰə²⁴tɕe³³	小老鼠	və²⁴dzi³³tɕe³³	小蝙蝠
tɕi⁵⁵ŋ³³tɕe³³	小麻雀	ri²⁴tɕe³³	小竹子	dzy²⁴tɕe³³	小叶子
tæ³³gæ⁵³tɕe³³	小核桃	ri²⁴tɕe³³	小手	mi⁵⁵tɕe⁵³	小眼睛
tɕo³³tsɿ⁵⁵tɕe⁵³	小桌子	dzɐ³³lə⁵⁵tɕe⁵³	小马路	və³³lø⁵⁵tɕe⁵⁵	小肚子

跟周围其他羌语支语言不同,沙德木雅语并不使用由名词"子/儿子"演变而来的小称标记,小称的表达更像是直接在名词之后添加一个形容词 tɕe³³ "小的、微小",但 tɕe³³ 有向着小称标记演变的趋势,以至于它可以直接和名词黏着在一起,充当小称标记的功能。

单一表达定中关系时,不能使用名词后的 tɕe³³,此时需要使用形容词的重叠形式 tɕe³³tɕe³³ "很小、特别小"。由此可见,沙德木雅语的小称标记应该只选取了形容词 tɕe³³tɕe³³ 中的一个语素。

有时候,小称标记 tɕe³³ 的使用场合会受到说话人认知策略的影响。若说话人认为物体体积本身就较大,名词之后就不能再添加小称标记。例如说话人认为以下例子中的"河、房子"本身的体积较大,且体积很难度量,名词后就不再添加小称标记,而添加形容词定语 tsɿ³³tsɿ⁵³ "小的",表示所讨论的物体体积较小。例如①:

pi³³-tsɿ⁵⁵tɕe⁵³	小杯子	pẽ⁵⁵tʰe⁵⁵-tɕe⁵³	小凳子
tsɐ⁵³-tsɿ⁵⁵tsɿ⁵³	小鹿	zi³³-tsɿ³³tsɿ⁵³	小猪
kʰə²⁴-tsɿ³³tsɿ⁵³	小狗	lɐ⁵⁵pʰə⁵³-tɕe³³ / tsɿ³³tsɿ⁵³	小萝卜
tsʰɿ³³pʰo⁵⁵-tɕe³³	小树	tsʰɿ³³pʰo⁵⁵-tsɿ³³tsɿ⁵³	小树
*tɕe⁵⁵-tsɿ⁵⁵tsɿ⁵³	小房子	*tɕə³³-tsɿ⁵⁵tsɿ⁵³	小河

---

① 例子中的 tsɿ⁵⁵ 为 tɕe³³ 的元音和谐形式。

5.5 格

木雅语的格标记置于名词或名词短语之后，表达某种与句中论元成分相关联的语义或形态句法特征。Fillmore（1968：24-25）从跨语言角度将"格"分为施事格、工具格、与格、属格、宾格、作格、通格、处所格等形式。由于语义上的相互联系，同一个格标记往往用来标记多种格功能，进而造成格标记的多功能性（poly-functionality）。沙德木雅语是格形态较发达的语言，具有作格、通格、处所格、工具格、与格、属格等格类型。某些格成分之后格标记的使用并无强制性，但某些格成分之后必须添加相应的格标记。格标记具有多功能性，同一格标记往往可承担不同的格功能。施事成分需要添加格标记，受事成分不添加标记。

LaPolla（2004）认为藏缅语的格形态中，处所格和离格是最早产生的，随后再扩展到其他的格功能。沙德木雅语中格功能演变的情况有效支撑了 LaPolla 的观点，因为在整个格系统中处所格大多都能表达别的格功能（是别的格标记的源头），许多类型的格功能实则都是由处所／方位格发展出来的。以下分别介绍不同的格类型。

5.5.1 作格和通格

某些语言（如：蒲溪羌语）倾向于标记动作的发出者或施事者（黄成龙 2007：113），沙德木雅语的情况跟羌语相似。无论施事的生命度如何，施事都使用格助词 ji^{33} 标记，受事（宾语成分）都使用零形态标记 Ø（不用任何形态标记）。不及物动词的主语 S 和及物动词的受事 P 都采用零形态 Ø，而只对及物动词的施事成分 A 进行标记。在格标记策略上，不及物动词的主语 S 和及物动词的受事 P 保持一致，有别于及物动词的施事成分所使用的格标记 ji^{33}。因此沙德木雅语是"作－通格"语言（ergative-absolutive）（见 Dixon 1979）。

一般采用 ji^{33} 标记及物动词的施事成分。无论及物动词的施事是光杆名词还是添加了不定量词或数量不定的名词成分，施事之后都需添加 ji^{33}。有时候，ji^{33} 还可以跟人称代词、指示词、数标记等发生合音，多是将人称代词、指示词和数标记的末尾元音变成 i。

例（260）中施事是不具有生命度的物体"风"，受事是生命度较低的"树"，此处施事需要添加作格标记 ji^{33}，受事采用零形态的通格标记 Ø。例如：

(260) mə̰⁵⁵mə̰⁵³=ji²⁴ tsʰɨ³³pʰo⁵⁵ tʰe⁵⁵-læ³³-sɨ³³.
　　　风=ERG　　　　树　　　　　DIR-吹-PFV.3
　　　风吹倒了树。

在例（260）—（263）的及物句中，施事是生命度较高的"我、他们、人家、佣人"，此时都需要在施事成分后添加作格标记 ji；在例（261）和（262）中，作格标记跟人称代词和复数标记发生了合音。例如：

(261) ŋi²⁴ tsʰɨ³³pʰo⁵⁵ tʰe³³-lɛ³³=ŋɛ³³.
　　　1sg.ERG　　　　树　　　　　DIR-砍掉=EGO
　　　我砍掉了树。

(262) ʔɐ³³ni⁵⁵ tse⁵⁵næ³³ qʰo⁵⁵-tsæ³³-ra²⁴.
　　　3pl.ERG　　REFL　　　DIR-埋掉-PFV.SEN
　　　他们掩埋了自己。

(263) ndzø⁵⁵=ji⁵⁵ tsə⁵⁵kɐ⁵⁵ tə̰³³rə̰⁵³ tu⁵⁵-tʂɨ²⁴-sɨ⁴⁴.
　　　人家=ERG　　SEQ　　做好的糌粑　　DIR-做-PFV.3
　　　人家接下来做好了糌粑。

(264) jo³³pu³³-ni³³ me³³me⁵⁵=ji²⁴ tsə³³kɐ³³ pʰə³³la⁵³ ki³³kɐ⁵⁵
　　　佣人-PL　　　全部=ERG　　　SEQ　　　碗　　　　大的
　　　tə⁵⁵-zø³³-pi³³.
　　　DIR-拿-IMPV.3
　　　所有的佣人们全都把大的碗拿了过来。

若施事是生命度稍低的"狮子、老虎"，在施事成分之后也需添加作格标记，而受事成分后添加零形态的通格标记。例如：

(265) sɨ³³ŋgi⁵⁵=ji²⁴ ʁa²⁴-nə⁵³ ɦæ²⁴-ndzɨ³³-sɨ³³=ni³³.
　　　狮子=ERG　　　羊-PL　　　DIR-吃-PFV.3=GNO
　　　狮子吃了羊。

(266) ta⁵⁵=ji²⁴ ʔɐ³³nə⁵⁵ ʁa²⁴-nə³³ ɦo⁵⁵-ndzɨ³³-sɨ³³.
　　　老虎=ERG　　这些.PL　　羊-PL　　DIR-吃-PFV.3
　　　老虎吃了这些羊。

以上及物句中的施事成分都是动作行为的发出者，因此都添加上了作格标记 ji³³。有时候就算句中动词为及物动词，但动词的主语并非是动作行为的施事者，而是事情的经历者、参与者（与事者）、经历者，这时主语之后是否添加格标记 ji³³ 较为灵活。该类句式中的动词多是心理活动动词或情感、意愿类动词，动词前的主语并非动作行为的直接发出者，主语所参与的动作、行为并不能使宾语受到一定程度的影响，因此宾语并非严格意义上的受事成分。例如：

（267）ʔɐ³³tsɨ⁵⁵ mə³³zæ⁵³ ʔɐ³³tsɨ⁵⁵ tɕe³³=le⁵⁵ gæ⁵⁵=ni³³.
这个 女性 那个 男孩=DAT 喜欢=GNO
这个女的喜欢那个男孩。

（268）mə³³ɲi⁵⁵-ni²⁴ ʔɐ²⁴tsɨ³³ tɕe²⁴=le³³ tɕæ²⁴-gæ³³.
大家-PL.ERG 这个 小孩=DAT NEG-喜欢
大家不喜欢这个小孩。

（269）ʔɐ⁵⁵tsɨ⁵⁵=ma⁵⁵ ŋə³³nə⁵⁵=le⁵⁵ tɕʰə³³tɕʰɑ³³ ɲi⁵⁵se³³=ni³³.
3sg.ERG=TOP 1pl=DAT 非常 讨厌=GNO
她呢，非常讨厌我们。

（270）gu³³ji⁵⁵=ma⁵⁵ zi²⁴=tɕʰi⁵³ nẽ³³-ndzu⁵⁵ndzə⁵³=le⁵⁵ tɕæ²⁴-gæ²⁴.
牦牛=TOP 猪=COM DIR-玩耍=DAT NEG-喜欢
牦牛呢，不喜欢跟猪一起玩耍。

（271）ɦæ³³kʰə⁵⁵tũ⁵⁵mbæ³³=ji²⁴ tsə³³kə³³ wɐ³³kʰə³³ ɦɐ³³mə³³nə³³
阿叩登巴=ERG SEQ 那里 DM
xɑ⁵⁵-qʰə³³kø⁵⁵=pi³³kə³³...
DIR-知道=LNK:的时候
阿叩登巴知道那里（那件事情）的时候……

在不及物句中，句子的主语之后仅仅添加了零形态的通格标记 Ø，因此是无标记的。例如：

（272）tse³³ŋgə³³ nə³³-zi⁵⁵-sɨ³³.
衣服 DIR-掉下-PFV.3
衣服掉下来了。

（273）χɐ³³ ŋə⁵⁵-ɴæ⁵³ tʰə³³-væ⁵³-sɨ²⁴.
鞋子 NEG-好 DIR-变-PFV.3
鞋子变烂了。

（274）bə̃⁵⁵mbɐ³³ ti³³-tsʰi⁵³-pi²².
青蛙 DIR-跳起来-IMPV.3
青蛙跳起来了。

（275）mo⁵⁵ŋo⁵³ nə⁵⁵ nã³³-ŋgɑ⁵³-rɑ³³.
女人 都 DIR-哭-PFV.VIS
（看到）女人都哭了。

5.5.2 领属格

领属格（possessive）表达领有关系，沙德木雅语在表达领属关系时使用的方法较为单一，不论领有物体是否可让渡，领有物体是临时获得的还

第五章　名词形态

是永久拥有的，是过去领有的还是现在或将来拥有的，都一律添加领属格标记 ɣæ³³。领属格标记跟人称代词之间很容易发生合音。

以被领属对象"钱"为例，下面例子中的领有者和被领有者之间都需添加领属格标记，且 ɣæ³³ 还能跟某些人称代词合音。例如：

ɴɢæ⁵⁵	ta⁵⁵jæ⁵³	我的钱	næ³³=ɣæ⁵⁵	ta⁵⁵jæ⁵³	你的钱
1sg.POSS	钱		2sg=POSS	钱	
ʔɐ³³tsæ⁵⁵	ta⁵⁵jæ⁵³	她的钱	da³³pu⁵³=ɣæ⁵⁵	ta⁵⁵jæ⁵³	主人的钱
3sg.POSS	钱		主人=POSS	钱	
jæ³³næ⁵⁵	ta⁵⁵jæ⁵³	我们的钱	næ³³næ⁵⁵	ta⁵⁵jæ⁵³	你们的钱
1pl.POSS	钱		2pl.POSS	钱	
ʔɐ³³næ⁵⁵	ta⁵⁵jæ⁵³	他们的钱	ge³³ge⁵⁵=ɣæ³³	ta⁵⁵jæ⁵³	老师的钱
3pl.POSS	钱		老师=POSS	钱	
ʁɑ²⁴næ⁵⁵	ta⁵⁵jæ⁵³	汉人的钱	ʔɐ³³mɐ³³=ɣæ³³	ta³³jæ⁵³	妈妈的钱
汉人.POSS	钱		妈妈=POSS	钱	

以下"达娃的手""弟弟的耳朵""胖子的父亲"是永久领属的物体，"猎人的刀""沙德的松茸"是临时领属的物体，这两类领属结构中都添加标记 ɣæ³³。例如：

dæ³³væ⁵³=ɣæ²⁴	ri⁵⁵	达娃的手
达娃=POSS	手	
ɕɐ⁵⁵ɲi⁵³=ɣæ²⁴	ŋɔ³³qʰə³³sø⁵⁵rø³³	弟弟的耳朵
弟弟=POSS	耳朵	
ɕɑ³³dzɑ³³pɑ³³tsi⁵⁵=ɣæ²⁴	ʔɐ³³vɐ⁵³	胖子的爸爸
胖子=POSS	爸爸	
ŋgæ³³mi⁵⁵=ɣæ²⁴	ri³³tɕe⁵³	猎人的刀
猎人=POSS	刀	
sɐ⁵⁵de³³=ɣæ²⁴	ɕe³³mu⁵³	沙德的松茸
沙德=POSS	松茸	

同样，当领有者和被领有对象同时都为非指人的名词时，在表达领属关系时也只需要添加领属格标记 ɣæ³³。例如：

ta̠³³=ɣæ⁵³	ndɑ⁵⁵kʰæ³³	帽子的颜色
帽子=POSS	颜色	
tɕe⁵⁵kʰɐ⁵⁵=ɣæ²⁴	dzi³³gu⁵³	河里的水
河里=POSS	河水	
mbu⁵⁵tsi⁵⁵mu³³=ɣæ³³	ta³³pʰo³³	山顶的青岗树
山顶=POSS	青岗树	

5.5.3 与格

与格（dative）表示跟"与事"相关的语法关系，它典型地表达某个动作或个体的接受者。沙德木雅语的与格标记是 le^{33} 和 ɣæ^{33}。le^{33} 直接添加在间接宾语之后，它源于方位名词／方位格的 le^{33}，在沙德木雅语中进一步语法化为与格标记；ɣæ^{33} 可同时充当领属格和与格标记的功能。较 le^{33} 而言，与格标记 ɣæ^{33} 使用的范围比较有限，一般只在某些特定语境中使用，且大多情况下既可解读为与格标记，又可解读为领属格标记。因此，ɣæ^{33} 的语法化程度并不深，仅仅处在领属格到与格的变化过程中，而 le^{33} 已经演变出了较为典型的与格标记功能。

例（276）－（278）中的谓语都是给予类动词，le^{33} 添加在间接宾语之后。例如：

（276）tʂə^{55}ɕi^{55}=ji^{24} ŋə^{33}=le^{55} kɐ^{55}wu^{53} tɐ^{55}-lø^{33} tʰu^{33}-kʰe^{53}-ra^{24}.
　　　扎西=ERG   1sg=DAT   嘎乌   一-CL   DIR-给-PFV.VIS
　　　（看见）扎西给了我一个嘎乌（护身符）。

（277）ʔɐ^{33}tsi^{55} kʰi^{55}=le^{33} pi^{24} tæ^{33}-zæ^{53} tʰu^{33}-kʰe^{55}-ra^{24}.
　　　3sg.ERG   弟弟=DAT   笔   一-CL   DIR-给-PFV.VIS
　　　（看见）他给了弟弟一支笔。

（278）tsə^{33}kə^{55} ŋɐ^{33}tʰɐ^{33}ni^{33} ʔɐ^{33}tsi^{55} ri^{55}vø^{53}=le^{24} tʰɐ^{55}-tɕə^{33}-my^{24}
　　　SEQ   DM   这个   兔子=DAT   DIR-NEG-给予
　　　tə^{55}-sɨ^{33}.
　　　说-PFV.3
　　　然后（乌龟）说自己没把（酥油包子）交给这只兔子。

与格标记 le^{33} 能使用的句法环境并不仅仅局限在谓语动词为"给予"类的句子中，以下例子中的动词都不是"给予"类动词，但宾语之后也添加了与格标记 le^{33}。例如：

（279）ŋæ^{55} və^{55}və^{55}=ji^{55} ʔɐ^{33}næ^{55} zæ^{24}-nə^{55}=le^{24} ʁa^{24}su^{53}
　　　1sg.POSS   爸爸=ERG   3pl.POSS   孩子-PL=DAT   汉语
　　　tə^{55}-tə^{53} kʰi^{33}-zi^{53}-pi^{24}=ni^{33}.
　　　DIR-说   DIR-学习-IMPV.3=GNO
　　　我爸爸教他们的（别的）孩子说汉语。

（280）ŋə^{33}ni^{55} ʔɐ^{33}tsi^{55}=le^{55} n̥i^{33}mæ^{55} tə^{55}-pə^{55}=ni^{33}
　　　1pl   3sg=DAT   尼玛   DIR-称呼=GNO
　　　我们叫他尼玛。

（281）ʔɐ³³tsi³³　　tø³³nda⁵³　ŋi⁵⁵　　　nə⁵⁵　　χa⁵⁵-ni³³-kɐ³³=ti³³,
　　　　这　　　　事情　　　　1sg.ERG　也　　　知道-NEG-熟知=GNO.IMM

　　　　ne³³=ji⁵⁵　　　ndzø³³nə⁵³=le²⁴　　kʰi⁵⁵mə⁵³　　xu³³!
　　　　2sg=ERG　　　别人=DAT　　　　询问　　　　去.IMP
　　　　这件事我也不清楚，你去问别人！

有时候在表示"给予"对象或相关动作所牵涉的对象时，可以使用 ɣæ³³ 替换 le³³。ɣæ³³ 是沙德木雅语的领属格标记，但它同时也能用作与格标记。例（282）－（284）中动词"分发""缝纫""咬住"的给予对象分别是"全部的人""我"和"别人"，因此在他们之后添加上了与格标记 ɣæ³³。此时与格标记 le³³ 被替换成 ɣæ³³。例如：

（282）dzɐ⁵⁵-nə⁵⁵　　ŋgu³³-tɕʰə⁵³　　tsə³³kə⁵⁵　　mɐ³³mɐ⁵⁵=ɣæ³³
　　　　粮食-PL　　　DIR-拿　　　　SEQ　　　　全部=DAT

　　　　ne⁵⁵-ra⁵³-ra²⁴.
　　　　DIR-分发-PFV.VIS
　　　　拿了粮食然后（看见）分给大家了（全部的人）。

（283）mɐ³³mɐ⁵⁵=ji⁵⁵　　ŋGæ⁵⁵　　　kõ³³tʰo⁵³　　tæ³³-væ⁵³
　　　　妈妈=ERG　　　1sg.DAT　　衣服　　　　一-CL

　　　　kʰu³³-tʂɐ⁵³-si³³.
　　　　DIR-缝-PFV.3
　　　　妈妈为我缝了一件新衣服。

（284）ʔɐ³³tsi³³　　kʰə³³=ji²⁴　　mə³³ɲi⁵⁵=ɣæ³³　　kʰə⁵⁵-væ⁵⁵læ³³-pi³³=ni³³.
　　　　这个　　　狗=ERG　　　人=DAT　　　　DIR-咬住-IMPV=GNO
　　　　这只狗会咬人呢。

有时候当双及物动词出现在致使结构中的时候，句中的间接宾语以及主语之后都需添加与格标记 le³³，但该类句子中不能添加与格标记 ɣæ³³。例（285）中"卓玛"是句中的主语，"扎西"是间接宾语，此时"卓玛"和"扎西"之后都只能添加与格标记 le³³，而不能添加标记 ɣæ³³。例如：

（285）ʔæ³³mɐ³³=ji²⁴　　dzɐ³³mæ⁵⁵=le³³　　ɣõ⁵⁵ndə³³　　tæ³³-væ⁵³
　　　　妈妈=ERG　　　卓玛=DAT　　　　书　　　　　一-CL

　　　　tʂɐ³³ɕi⁵³=le³³　　tʰɐ³³-tɐ⁵³-tɕʰə⁵⁵-ra³³.　　（*=ɣæ³³）
　　　　扎西=DAT　　　DIR-给-CASU.3sg-PFV.VIS
　　　　（看见）妈妈让卓玛给扎西一本书。

（286）ge³³ge⁵⁵=ji²⁴　　dzɐ³³mæ⁵⁵=le²⁴　　lõ³³tʰu⁵³　　tæ⁵⁵-tɕʰæ⁵³　　tʰɐ³³-tɐ⁵³
　　　　老师=ERG　　　卓玛=DAT　　　　耳环　　　　一-CL　　　　DIR-给

tsə³³kə³³　　　wɐ⁵⁵tsi³³　　mə³³zæ⁵³=le²⁴　　tʰe³³-dza³³-tɕʰə⁵⁵-ra²⁴.
SEQ　　　　　那个　　　　女孩=DAT　　　DIR-交给-CAUS.3sg-PFV.VIS
（看见）老师让卓玛给那女孩一本书。

5.5.4 夺格

夺格（ablative）又称为源点格，多用于标记来源，引入空间起点和时间来源的关系。沙德木雅语的夺格标记是 tsə³³kə³³，tsə³³kə³³ 同时还能充当话语连接标记的用法，它主要用来连接两个具有时间先后顺序的动作或具有顺承关系的小句（见 9.2.2 小节）。

例（287）—（290）中的夺格标记 tsə³³kə³³ 所连接的是具体的空间位置或方位处所"哪里""田里""山""山顶"，此时 tsə³³kə³³ 是典型的夺格标记。例如：

（287）ʔɐ³³nə⁵⁵　　　xɐ⁵⁵ti³³=tsə³³kə⁵⁵　　　ra³³-si³³=ni³³？
　　　　3pl　　　　　哪里=ABL　　　　　　　来-PFV.3=GNO
　　　　他们从哪儿来的？

（288）mo³³ŋo⁵³-nə²⁴　　ri³³kʰu⁵⁵=tsə³³kə³³　　qʰə³³-tʂæ⁵⁵-ra³³.
　　　　女人-PL　　　　田地=ABL　　　　　　DIR-回来-PFV.VIS
　　　　（看见）女人从田里回来了。

（289）væ³³və⁵⁵=ji⁵⁵　　mbu⁵⁵=le³³=tsə³³kə³³　　ri³³vø⁵⁵　　tɐ³³-ndʑe³³
　　　　爷爷=ERG　　　　山=LOC=ABL　　　　　　兔子　　　　一-CL
　　　　no⁵⁵-sɑ⁵³-si³³.
　　　　DIR-打-PFV.3
　　　　爷爷从山上打了一只兔子。

（290）mbu³³=ɣæ³³　　　tsi⁵⁵mu⁵³=tsə³³kə⁵³　　mbu³³=ɣæ³³　　tɕʰy³³　　pæ³³
　　　　山=POSS　　　　顶上=ABL　　　　　　　山=POSS　　　下面　　　之间
　　　　mi³³　　　　　si³³tɕʰə⁵³　　　　tʰæ³³mbæ³³.
　　　　米　　　　　　三十　　　　　　　整数
　　　　从山上到山下有三十多里地。

除了标记空间处所外，夺格标记 tsə³³kə³³ 所关联的成分还可以是具体的时间名词，此时 tsə³³kə³³ 表示"从头到尾"的意义。从空间到时间的引喻是人类认知引喻方式的常见类型（Lakoff & Johnsen 2003：57-61），因此在木雅语中也能使用同一个引入空间关系的格标记来引入时间概念。例如：

（291）ji⁵⁵si³³=tsə³³kə³³　　pə⁵⁵si⁵³　　　pæ³³　　　ʔɐ³³tsi⁵⁵　　tɕʰə⁵⁵nə⁵³
　　　　昨天=ABL　　　　　　今天　　　　中间　　　3sg.ERG　　　还在

læ³³kæ⁵³   mə³³-di⁵⁵-si³³.
事情   NEG-完成-PFV.3
从昨天到今天他都在做事情（还没做完事情）。

（292）zi²⁴   ŋɡ³³ŋɡ⁵⁵=tsə³³kə⁵⁵   me³³ɣe⁵⁵=kʰæ³³pæ³³   ti⁵⁵-ɦa³³-və³³-ra³³.
　　 猪   早上=ABL   下午=LNK:的时候   DIR-叫-LVB-PFV.VIS
（看见）猪从早到晚都在大叫。

（293）ʔæ³³kʰi⁵³=ji²⁴   me³³ɦe⁵³   kʰæ³³=tsə³³kə³³   tsẽ³³tʰa̠⁵³   ɣji²⁴
　　 哥哥=ERG   下午   时候=ABL   总是   马
kʰɔ̃³³-tsæ⁵³=tsə³³kə³³   te⁵⁵   ji³³-mi⁵⁵-ni̠²⁴-ra²⁴.
DIR-骑=LNK:然后   根本   DIR-休息-NEG-PFV.VIS
（看见）哥哥从下午就一直骑马，没有休息。

5.5.5 工具格

工具格（instrumental）主要用于标记工具题元，介引动作发生所借助的工具或手段。工具格在很多语言中都具有多种功能，除了能标记工具题元以外，还能标记伴随关系①。沙德木雅语的工具格标记跟作格标记同形，都使用 ji³³。除了标记工具以外，ji³³ 还能标记完成某一动作行为所借助的较为抽象的工具或方式，例如"爱心、热情、热血、好意"等等。工具格标记只能表达动作完成所借助的工具，不能标记伴随等语法关系。

下面例子中表示工具的名词"斧头、绳线、锅、笔、刀"之后就添加了工具格标记 ji³³。例如：

（294）ʔæ³³tɕi³³=ji²⁴   tsʰi³³və⁵³=ji²⁴   tsʰi³³rø⁵⁵   tʰe̠⁵⁵-ke⁵³-ra³³.
　　 姐姐=ERG   斧头=INST   木头   DIR-砍掉-PFV.VIS
姐姐用斧头砍木头。

（295）mæ³³mæ⁵⁵=ji²⁴   tʰa³³qa⁵³=ji²⁴   ɦæ³³-ti⁵³-pi³³=ni³³.
　　 奶奶=ERG   绳线=INST   DIR-织布-IMPV.3=GNO
奶奶将用线织布。

（296）mə³³ɲi⁵⁵-ni⁵⁵   di³³=ji²⁴   ndze⁵⁵   kʰi³³-tsi⁵⁵.
　　 别人-PL   锅=INST   米饭   DIR-做
人们用铁锅做米饭。

（297）ɕo³³se⁵⁵-ni⁵⁵   pi³³=ji²⁴   ɣɔ̃⁵⁵də⁵⁵   qʰə³³-ri⁵⁵,   ŋi³³   ʔɐ³³tsɨ³³
　　 学生-PL   笔=INST   字   DIR-写   1sg.ERG 这个

---

① 如英语的 with: The farmer plough up the scrub *with* the machine～农民用机器挖掘灌木丛；I go to the park *with* my daddy～我和父亲一起去公园。

ri³³tɕe⁵⁵=ji³³   ndo⁵⁵   nɐ³³-tʂʰi⁵³.
刀=INST   肉   DIR-切

学生用毛笔写字，我用这把刀切肉。

例（298）和（299）中，"好心""坏态度"都属于意义较抽象的名词，它们之后同样也能使用工具格标记 ji³³ 表示完成某一动作所借助的某种手段或完成某一动作借用的方式。例如：

（298）ʔɐ³³tsi⁵⁵   ɕi⁵⁵pæ⁵³=ji²⁴   sæ̃⁵⁵pæ³³si³³və³³=ji²⁴   tsə³³kə⁵⁵   ŋə⁵⁵
      这个   男人=ERG   好心=INST   SEQ   1sg
      tʰɐ³³-ŋgə⁵³-tɕʰə³³-ra⁵³.
      DIR-开心-CAUS.3sg-PFV.SEN
      （觉得）这个男人是用真诚使我开心的。

（299）tʰæ³³tu³³   kæ³³tɕʰæ⁵³=ji²⁴   tsə³³kə³³   ʔɐ³³tsi⁵⁵=le⁵⁵   lø³³sø⁵⁵
      态度   坏的=INST   SEQ   3sg=DAT   教育
      nɐ³³-və⁵³-ra³³.
      DIR-做-PFV.SEN
      （觉得应该）用坏的（严厉的）态度教育他。

5.5.6 方位格

方位格标记介引方所论元。第 4.1.3 节介绍了沙德木雅语的方位名词，方位格标记跟方位词不同，它是一种格形态标记，只能跟其他的名词性成分黏着在一起，无法单独充当句子的论元成分，而方位词却可以在句中独立充当论元成分。

沙德木雅语的方位格标记大多跟方位词同形，不过可借助它们跟核心名词间的组合方式区分方位词和方位格标记。方位格标记需黏着在名词之后，方位名词跟核心名称之间必须添加上领属标记 ɣæ³³。方位格标记所表达的方位概念跟汉语中的方位词所表达的概念略有不同，有的方位格标记同样也可以与时间名词组合体现具体的时间概念。

表 5-1 根据不同语义类别总结了木雅语方位格标记的类型。

表 5–1　　　　　　　　沙德木雅语的方位格标记

方位格标记 \ 空间方位	表面	上方	下方	底部	上表面	里面	内部	周围（近）	旁边（远）	上方（内部）
pu³³	+									
tsi³³mu³³		+								
tɕʰy³³			+							

续表

空间方位 方位格标记	表面	上方	下方	底部	上表面	里面	内部	周围（近）	旁边（远）	上方（内部）
tɕʰy⁵⁵jɐ³³rɐ⁵³				+						
pu³³jɐ³³rɐ³³					+					
kʰu³³						+				
di³³le³³							+			
kɐ³³re⁵⁵								+		
tɐ³³tɕʰi⁵⁵									+	
le³³										+

只要附着在物体表面，不论是水平的、垂直的，还是跟物体融为一体，都可使用方位格标记 pu³³。与 pu³³ 不同的是，tsi³³mu³³ 表示某一物体处于参照物的上方较高的空间，或悬空，或悬吊，但跟参照物一般不能紧挨在一起。例（300）和（301）中"水杯"和"鸡"分别处于桌子和凳子表面，并且跟其表面紧挨在一起，因此使用了方位格 pu³³；而（302）和（303）中"鸡"和"鸟"处于屋子与树的上方，两者并未跟屋顶紧挨在一起。有时候参照物可在空中飞翔也可处于屋顶的电线杆上，此时需要使用方位格标记 tsi³³mu³³。例如：

（300）tɕo³³tsi⁵³=pu²⁴　　tɕə⁵⁵　　tæ³³-zæ³³　　mə³³
　　　 桌子=LOC　　　 水　　　 一-CL　　　 有.VIS
　　　（看见）桌子上面有一瓶水。

（301）ɣu̠⁵⁵ɣji²⁴　　tɐ³³-lø³³　　pẽ³³tʰe⁵⁵=pu³³　　mə³³
　　　 鸡　　　　 一-CL　　　 凳子=LOC　　　　 在.VIS
　　　（看见）一只鸡在凳子上面。

（302）ɣu̠⁵⁵ɣji²⁴　　tɐ³³-lø³³　　tɕe⁵³=tsi³³mu³³　　mə³³
　　　 鸡　　　　 一-CL　　　 屋子=LOC　　　　　 在.VIS
　　　（看见）一只鸡在屋子的顶端。

（303）tsʰi³³po³³=tsi³³mu³³　　ɣu³³zi³³　　tɐ³³-lø³³　　tʰi³³-ndze⁵⁵-pi³³
　　　 树=LOC　　　　　　　 鸟　　　　 一-CL　　　 DIR-飞-IMPV.3
　　　 树上正飞着一只鸟。

当某一物体处于水平面之下，且并未与某一平面接触时，则使用 tɕʰy³³。tɕʰy³³ 有时候也可用 tɕʰy⁵⁵zi²⁴ 替代，两者意思上并无明显差别，仅仅只是词形的不同。在沙德木雅语中 tɕʰy³³ 大多用作方位名词，因此当它后置于核心名词的时候，中间一般都需添加领属标记 ɣæ³³；有时候也可以不添加 ɣæ³³，但这样的情况并不常见。由此可见，tɕʰy³³ 的语法化程度似乎并没 tɕʰy⁵⁵zi²⁴ 彻底。

tɕʰy⁵⁵zi²⁴ 可直接添加在核心名词之后表达方所概念。tɕʰy³³ 或 tɕʰy⁵⁵zi²⁴ 仅仅强调水平面以下某一物体所处的大致位置，并不特别说明物体跟平面之间的距离远近。只要某一物体被放置在参照平面以下的空间，且并非跟参照平面紧挨着，此时就能使用 tɕʰy³³ 或 tɕʰy⁵⁵zi²⁴。例如：

（304）ŋæ̃³³mbæ⁵³=ɣæ³³　　tɕʰy³³　　pʰə³³lɑ⁵³　　tɕ⁵⁵-lø³³　　mə³³.
案板=POSS　　下面　　碗　　一-CL　　有.VIS
（看见）案板的下面有一个碗。

（305）tɕo³³tsi⁵³=tɕʰy³³　　χe⁵³　　tæ³³-tɕʰæ³³　　mə³³.
桌子=LOC　　鞋子　　一-CL　　有.VIS
（看见）桌子下面有一双鞋子。

（306）tɕo³³tsi⁵³=tɕʰy⁵⁵zi²⁴　　χe⁵³　　tæ³³-tʂʰi̥⁵³　　ni²⁴.
桌子=LOC　　鞋子　　一-CL　　COP
（看见）桌子下面是一只鞋。

方位格标记 tɕʰy⁵⁵jɐ³³ʁɐ⁵³ 同样也能表示物体处于水平面以下的某一位置。但 tɕʰy⁵⁵jɐ³³ʁɐ⁵³ 更常见的用法是说明物体处于底端的位置，同时与参照物不能接触，有些类似汉语中的"底部"。tɕʰy⁵⁵jɐ³³ʁɐ⁵³ 还可以表示物体处于"山脚""树根"等底端的位置，此时相当于"下面"的意思。例如：

（307）ŋe⁵⁵tʂʰi̥⁵³=tɕʰy⁵⁵jɐ³³ʁɐ⁵³　　ɣə³³ʁə⁵⁵　　pæ⁵⁵me⁵⁵　　tɕ³³-si³³　　mə³³.
床=LOC　　藏毯　　很多　　一-CL　　有.VIS
（看见）床下面有一堆藏毯。

（308）mbu³³=tɕʰy⁵⁵jɐ³³ʁɐ⁵³　　ʁa̠³³　　tɕ³³-bu³³lø³³　　mə³³.
山=LOC　　羊　　一-CL　　有.VIS
（看见）山下面有一群羊。

（309）tʰæ³³tsi⁵³ tʂʰi̥³³pʰo³³=tɕʰy⁵⁵jɐ³³ʁɐ⁵³　　pẽ³³tʰe⁵³　　tɕ⁵⁵-lø³³　　mə³³.
桃子　　树=LOC　　板凳　　一-CL　　有.VIS
（看见）桃子树下有个板凳。

在表示物体处于水平面的表面上时，沙德木雅语一般需要使用方位格标记 pu³³jɐ³³ʁɐ³³。虽然 pu³³ 和 pu³³jɐ³³ʁɐ³³ 都表示上表面位置，但 pu³³jɐ³³ʁɐ³³ 更加常见用来指跟参照物接触面较小的物体。例（310）和（311）中，"花"和"牛"处于桌子、路表面的上方，但他们实则跟参照物表面的接触区域特别小（花的体积小；牛只能是四脚着地，因此接触面也很小）。虽然此时只能翻译成汉语的"上面／上方"，但实际强调的具体位置关系跟汉语有差异。例如：

（310）tɕo³³tsi³³=pu³³jɐ³³rɐ³³　　me³³to⁵³　　　tɛ³³-lø³³　　mə³³.
　　　　桌子=LOC　　　　　　花　　　　　一-CL　　　 有.VIS
　　　　桌子上面有一朵花。

（311）ndzɐ³³lɐ⁵⁵=pu³³jɐ³³rɐ³³=tsi³³　　ɴɘ³³mɑ³³　　tɛ³³-lø³³　　ni³³.
　　　　路=LOC=NMLZ　　　　　　　　牛　　　　　一-CL　　　 COP
　　　　路上面是一只牛。

当某一物体处于参照物里面、被参照物包围或是处于某些较抽象的参照物之中时，都可使用方位格标记 kʰu³³ 和 di³³le³³。kʰu³³ 同样可以用作表示"里面"位置的方位名词。在例（312）和（313）中，"人""牙齿"都在屋子、嘴巴里面；例（314）的鱼在水里，被水彻底淹没，这几句都可使用方位格标记 kʰu³³ 和 di³³le³³。例如：

（312）tɕe³³=kʰu³³　　　mə³³ŋi⁵⁵　　mə³³.
　　　　屋子=LOC　　　 人　　　　　有.VIS
　　　　屋子的里面有人。

（313）ŋə³³tsu⁵³=kʰu⁵⁵=tsi³³　　χə̰⁵³　　ni²⁴.
　　　　嘴巴=LOC=NMLZ　　　　　牙齿　　COP
　　　　嘴巴的里面是牙齿。

（314）tɕe⁵³=di³³le³³　　ʁə̰²⁴　　　tæ³³-zæ⁵³　　mə²⁴.
　　　　河水=LOC　　　　鱼　　　　一-CL　　　　有.VIS
　　　　河水里有一条鱼。

方位格标记 kɐ³³re⁵⁵ 和 tɛ³³tɕʰi⁵⁵ 体现的空间方位比较模糊，大多指参照物周围某一个范围内较大的空间，相当于"……的那块地方，在……的旁边"。有时候若不考虑参照物所占有的空间范围大小与否，其后都可添加 kɐ³³re⁵⁵ 或 tɛ³³tɕʰi⁵⁵，但 kɐ³³re⁵⁵ 一般是指物体距离参照物旁边距离较近的一侧，而 tɛ³³tɕʰi⁵⁵ 指物体距离参照物旁边距离较远的一侧。例如：

（315）zi³³tɕe⁵⁵=tɛ³³tɕʰi⁵⁵　　ɴɘ³³me³³　　tɛ³³-lɐ³³　　mə³³.
　　　　猪圈=LOC　　　　　　　牛　　　　　一-CL　　　 有.VIS
　　　　（看见）猪圈周边（远处）有一头牛。

（316）sɐ³³de⁵⁵=tɛ³³tɕʰi⁵⁵　　 qo³³qɐ⁵⁵　　ni³³.
　　　　沙德=LOC　　　　　　　贡嘎　　　　COP
　　　　沙德周边（远处）是贡嘎。

值得注意的是，kɐ³³re⁵⁵ 的语法化程度并无 tɛ³³tɕʰi⁵⁵ 彻底，它跟大多名词结合表达方位概念时，前方都必须添加领属标记 ɣæ³³，此时 kɐ³³re⁵⁵ 还是典型的方位名词。只有少数情况下 kɐ³³re⁵⁵ 才能直接跟其他名词结合充当方位格标记。哪些名词能直接带方位格标记 kɐ³³re⁵⁵ 的情况当前还无法归纳，但体积较大的物体之后直接带方位格标记 $kɐ^{33}re^{55}$ 的情况较多，而体积较小的物体后带方位名词 $kɐ^{33}re^{55}$ 的情况较多。

以下例（318）和（319）中的"被子"和"眼珠"的体积明显小于（317）中的"灶台"，因此在（318）和（319）中 $kɐ^{33}re^{55}$ 更常见的用法是充当方位名词，而非方位格标记。例如：

（317） $t^hy^{33}k^hæ^{53}$=$kɐ^{33}re^{55}$　　$se^{33}pã^{55}$　　　　ni^{33}.
　　　　灶台=LOC　　　　菜板　　　　　　COP
　　　　灶旁边是菜板。

（318） $p^hu^{33}ke^{53}$=$ɣæ^{24}$　　$kɐ^{33}re^{55}$　　$ʁɑ^{33}ku^{53}$　　ni^{33}.
　　　　被子=POSS　　　旁边　　　　枕头　　　　　COP
　　　　被子的旁边是枕头。

（319） $mi^{33}kə^{55}lø^{53}$=$ɣæ^{24}$　　$kɐ^{33}re^{55}$　　$ŋɔ^{55}q^hɛ^{55}sø^{55}rø^{53}$　　ni^{33}.
　　　　眼珠=POSS　　　　旁边　　　　耳朵　　　　　　　　　COP
　　　　眼珠的旁边是耳朵。

最有趣的是在沙德木雅语中方位格标记 le^{33} 除了可以表达"上面"的意义以外，还可表达"里面"等引申的方位概念。le^{33} 在木雅语中是特别典型的方位格标记，它不能用作方位名词，仅仅只跟别的名词黏着在一起使用。le^{33} 表达"上面"的方位时比 pu^{33} 更加抽象，它表示物体紧挨着参照物或跟参照物之间保持竖立的位置关系。同时，它还可用于"墙上（墙里镶嵌）""村里""山里"等一些空间范围较宽泛的场合。

例（320）-（322）的参照物是空间范围较大且位置不明确的"深林、山、墙"，说话人使用了 le^{33}。例如：

（320） $tɕɑ^{33}$=le^{33}　　$ri^{55}mu^{33}$　　$ndzə^{33}ndzə^{53}$　　$tɐ^{33}$-si^{33}　　$mə^{24}$.
　　　　墙=LOC　　画　　　　很多　　　　　　一-CL　　　有.VIS
　　　　（看见）墙上（镶）有很多的画。

（321） mbu^{55}=le^{33}　　$tsʰi^{33}p^ho^{55}$　　mu^{55}.
　　　　山=LOC　　　树　　　　　　有.VIS
　　　　（看见）山里（上）有树。

（322） $nɑ^{33}wu^{33}di^{33}$=le^{33}　　$ru^{33}ɣe^{55}$　　$tø^{33}$-$lø^{33}$　　$mə^{33}$.
　　　　森林=LOC　　　　熊　　　　　一-CL　　　有.VIS
　　　　（看见）森林里（上面）有只熊。

除此之外，当前 le^{33} 已经向着与格标记和非限定标记的功能发展。当它出现在"与事论元"之后时，用来介引句中的与格成分；当它出现在某些心理活动动词或情感动词的补足语小句之后时，演变成为一个非限定标记。由此可见，沙德木雅语的某些格标记最早有可能源于一部分的方位格标记。

以下例（323）—（325）是 le³³ 用作与格标记的例子。例如：

（323）tsə³³kə⁵⁵   læ³³kæ³³=le²⁴   ŋgõ³³pa³³   qʰə³³-jə⁵⁵.
　　　 SEQ   事情=DAT   假期   DIR-恳请
　　　 然后呢，提到那件事的话，希望请个假。

（324）mə⁵⁵se⁵³-nə⁵⁵=le³³   du³³du⁵³   ŋɔ³³-tʂʰa⁵³   ɦiɛ³³mə³³nə³³
　　　 民众-PL=DAT   坏的   NEG-公平   MD
　　　 tɛ³³-lø³³   ni²⁴.
　　　 一-CL   COP
　　　 是一个不讲道理，并且对人民挺坏的（国王）。

（325）ɦæ³³kʰu⁵⁵tũ⁵⁵pæ⁵⁵=le⁵⁵   zi³³və⁵³   lə⁵⁵mi⁵³   xu³³   tə⁵⁵-sɨ³³.
　　　 阿叩登巴=DAT   公牛   放牧   去   说-PFV.3
　　　（佣人）对阿叩登巴说要去放牛。

5.5.7 受益格

受益格（benefactive）用于表明动作行为是因某人或某事而产生，或有益于某人某物。某些语言有专用的受益格形态，有的语言中受益格跟与格同形。沙德木雅语的受益类题元之后可添加与格标记 ɣæ³³ 或 le³³①，受益格标记 ɣæ³³ 还常常跟数标记发生合音。例如：

（326）mɛ³³mɛ³³=ji²⁴   nə³³=ɣæ⁵³   mo³³mo⁵⁵   tɛ³³-lø³³   kʰɐ⁵⁵-tə⁵⁵-sɨ³³.
　　　 妈妈=ERG   1sg=BEF   馍馍   一-CL   DIR-买-PFV.3
　　　 妈妈为我买了一个馍馍。

（327）ʁa²⁴=ni³³   pu⁵⁵pæ³³=næ²⁴   ndzɐ³³lɛ⁵³   ndzɐ³³ndzɐ⁵⁵
　　　 汉人=PL.ERG   藏族人=PL.BEF   马路   很多
　　　 tu⁵⁵-tɕə³³-sɨ³³.
　　　 DIR-修建-PFV.3
　　　 汉人给藏族人修了很多马路。

（328）dɛ⁵⁵tse⁵³=ji²⁴   li⁵⁵tʰɛ̃³³=wu³³=næ³³   ly⁵⁵ju³³=wu³³=mi⁵³
　　　 丁真=ERG   理塘=NMLZ.PL.BEF   旅游=NMLZ=NMLZ
　　　 tu⁵⁵-xə⁵³-sɨ²⁴.
　　　 DIR-带去-PFV.3
　　　 丁真给理塘带去了旅游的人。

---

① 某些日本学者根据日语的情况将沙德木雅语中的受益格标记处理为与格标记。这里我们倾向按照汉语学界的研究习惯再进一步划分出受益格标记，从而单独列出一种格类型方便读者作具体比较。

（329）mæ³³mæ⁵⁵=ji⁵⁵　　ndzɿ³³mæ³³=le²⁴　　mi⁵⁵　　sæ³³pæ⁵³　　tɕ³³-lø³³
奶奶=ERG　　　　卓玛=BEF　　　　名字　　新的　　　一-CL
kʰi⁵⁵-mə⁵³-sɿ²⁴
DIR-取名-PFV.3
奶奶为卓玛取了一个新的名字。

有时候受益关系不是特别明确，甚而还带有一些受损（malefactive）的意思，这时就不能再使用 ɣæ³³ 或 le⁵³。表达受损关系时，受损者之后使用零形态标记 Ø。例如：

（330）mə⁵⁵zæ³³=ji²⁴　　ŋə³³qʰə³³sə³³rø³³=Ø　　ndzə³³re⁵³　　pæ³³me⁵³
女孩=ERG　　　　耳朵=Ø　　　　　　洞　　　许多
tɕ⁵⁵sɿ³³　　nu⁵⁵-dzə⁵³-sɿ²⁴.
一些　　　DIR-穿刺-PFV.3
女孩给耳朵打了很多洞。

（331）mə³³ɲi⁵⁵　　qæ⁵⁵tɕʰæ⁵³=ji²⁴　　ʔɛ³³tsæ⁵³　　ji³³tɕ⁵³=Ø　　mɛ³³re⁵³
人　　　　坏=ERG　　　　　3sg.POSS　　脸=Ø　　　伤疤
ɦæ²⁴-tʂʰi⁵³-və²⁴-sɿ³³.
DIR-割-LVB-PFV.3
坏人给他的脸割下了伤疤。

（332）næ⁵⁵　　ji³³tɕ⁵³=Ø　　tɕ⁵³nə⁵⁵do⁵⁵　　tə⁵⁵-tɕə³³-χi³³=ti³³
2sg.POSS　脸=Ø　　　一二耳光　　　　DIR-打-MOD:需要=GNO.IMM
tsə³³kə⁵⁵　　tɕʰə³³nə⁵⁵　　ndzø⁵⁵nə⁵³　　tu³³-ɕɛ⁵³　　ʔæ⁵⁵=pæ³³sʅ³³?
SEQ　　　　还　　　　　　别人　　　　　DIR-讨论　　Q=对不对
给你几耳光，看你今后还能说坏话？！

事实上，沙德木雅语中受损格目前还在演变过程中，并不具有发展完善的专用受损格标记，最常见的形式是不使用任何格形态方式标记受损类的概念。

5.5.8 伴随格

伴随格体现了物体之间的伴随关系。伴随格标记在某些语言中与并列连词同形。在沙德木雅语中，有一个表伴随关系的格标记 nə³³，它添加在被伴随物体上（句法位置上处于伴随结构的第一个名词性成分之后）体现伴随关系。nə³³ 同样也能充当并列连词的功能。有时候就算句中添加了伴随格标记 nə³³，伴随者和被伴随者之间的顺序也不可以调换。在表达伴随关系时，句中还常常使用一个副词 tɕʰi³³ "一起"，从而构成 [nə³³...tɕʰi³³...] 的伴随结构，tɕʰi³³ 需要置于被伴随者之后。

例（333）和（334）中，伴随格标记 nə³³ 都置于伴随者之后，同时在被伴随者之后需要添加副词 tɕʰi³³。从韵律角度看，tɕʰi³³ 并未跟前方的代词 næ²⁴ 和 ʔæ³³tɕi³³ 结合在一起，句中停顿可以在 næ²⁴ 或 ʔæ³³tɕi³³ 之后。例如：

（333）ʔɐ³³nə⁵⁵　　pə⁵⁵tsʰi³³=nə³³　　næ²⁴　　tɕʰi⁵⁵　　ŋæ³³tɕʰi³³kʰæ³³
　　　　那些.PL　　孩子=COM　　　　2sg　　一起　　雅江
　　　　tə³³-xə³³.
　　　　DIR-去
　　　　那些孩子跟他一起去雅江。

（334）ŋə³³=nə⁵⁵　　ʔæ³³tɕi³³　　tɕʰi³³　　mbu³³=le³³　　tə³³-xə³³.
　　　　1pl=COM　　姐姐　　　　一起　　山=LOC　　　DIR-去
　　　　我们跟姐姐一起上山去。

有时候伴随者和被伴随者之间的 nə³³ 可以省略，只保留被伴随者之后的 tɕʰi³³ "一起"。tɕʰi³³ 必须跟它前方的名词性成分黏着于一体，两者在韵律上更加倾向于是一个融合的整体，其间不可停顿。由此形态特征推测，在当前的沙德木雅语中 tɕʰi³³ 已经演变为一个后置的伴随格标记。例如：

（335）ræ³³ndæ̃⁵⁵nbɐ³³　　ʔɐ³³tsɨ⁵⁵=tɕʰi³³　　tə³³wu³³tɕʰɐ³³　　tə³³-ndy³³.
　　　　妹妹　　　　　　3sg=COM　　　　道孚　　　　　　DIR-去.FUT
　　　　妹妹将要跟他一起去道孚。

（336）dʑə̱³³　　　də³³=tɕʰi³³　　na³³wu³³=tɕʰo²⁴　　ʁɐ³³-rɑ⁵³.
　　　　狐狸　　　狼=COM　　　森林=LOC　　　　DIR-去
　　　　狐狸跟着狼去了森林。

（337）mo³³ŋo³³　　ɕi³³pæ⁵³=tɕʰi²⁴　　ŋgø³³mbæ⁵³=kʰu³³　　tə³³-rɑ⁵³.
　　　　女人　　　男人=COM　　　　寺庙=LOC　　　　　　DIR-去
　　　　女人跟着男人去寺庙里。

第六章 动词形态

第五章对名词相关的形态变化作了简略介绍，本章着重介绍跟动词相关的形态变化。沙德木雅语与动词相关的形态类型主要有人称、数、趋向前缀、体、式、态、示证，等等。它们都是以动词为核心，或者使用专门添加在动词上的形态标记，或者使用动词内部音变的屈折手段表达相应的形态范畴。

沙德木雅语没有专门添加在动词词根上的人称标记，但可通过元音交替（vowel alternation）的手段表达人称一致性。数范畴采用无标记形式。趋向范畴需要在动词词根前添加趋向前缀，且趋向前缀大多时候跟动词词根元音以及元音的"松—紧"情况（元音的非咽音化—咽音化）保持和谐。趋向前缀除了表达专用的动词趋向意义外，还能通过元音交替附带表达致使功能。木雅语有专用的体标记表达体范畴，跟周围很多藏缅语一样，体范畴主要采用"完整体"和"非完整体"二分形式，并不严格区分惯常、进行／持续等体意义。

在陈述句中一般都需添加句末的叙实示证标记，强调某一陈述事件的真实性。否定句中否定词的数量较为丰富，否定词的元音跟词根元音发生和谐，且否定词的语序较为灵活。有的否定词可作为动词词根的前缀、中缀或后缀。被动式的表达较匮乏，大多数汉语中表被动的形式在木雅语中都需以主动式的句型表达。木雅语的示证范畴特别丰富，有专用的示证标记，示证标记有的源于"言说义"动词，有的源于系词或存在动词。

下面几节分别考察趋向前缀、体、式、态、示证等跟动词密切相关的语法范畴类型。

6.1 人称和数的一致

沙德木雅语并不使用特定的人称标记，而是通过元音交替手段表达人称一致性。人称标记方法较为复杂，目前能观察到的人称一致性标记手段主要有五种：

1. 通过动词词根元音交替保持人称的一致性。

2. 若动词后添加了体标记，则需替换体标记的词根元音从而保持人称一致，此时动词词根元音不需要再采用词根元音交替。

3. 某些趋向动词（如"去""来"意义的动词）会根据不同人称选择不同的动词词形，因此人称对趋向动词内部屈折变化的影响远远大于其他语义类型的动词。

4. 三身代词跟动词词根元音交替的情况较有规律，但是也并非所有动词都需遵守该规律，某些语义类型的动词词根不会根据人称差异而改变词根元音的形式。

5. 有时候，由于人称一致而发生元音交替的动词词根还会跟趋向前缀的词根元音同化，两者发生元音和谐。

以下首先以动词"吃""听""含"为例，考察动词词根元音跟人称、数之间保持一致性的具体表现。例如：

动词词根为 ndzɿ³³ "吃"，且动作情状为完成

1sg:	ɦæ³³ndzɿ³³sø²⁴	1du:	ɦæ³³ndzɿ³³se²⁴	1pl:	ɦæ³³ndzɿ³³se²⁴
2sg:	ɦæ³³ndzɿ³³sø²⁴	2du:	ɦæ³³ndzɿ³³se²⁴	2pl:	ɦæ³³ndzɿ³³se²⁴
3sg:	ɦo⁵⁵ndzɿ³³sɿ²⁴	3du:	ɦo⁵⁵ndzɿ³³sɿ²⁴	3pl:	ɦo⁵⁵ndzɿ³³sɿ²⁴

动词词根为 ndzɿ³³ "吃"，且动作情状为未完成

1sg:	ɦæ³³ndzɿ⁵⁵po⁵⁵	1du:	ɦæ³³ndzɿ⁵⁵pe⁵⁵	1pl:	ɦæ³³ndzɿ³³pe⁵⁵
2sg:	ɦæ³³ndzɿ⁵⁵pæ³³	2du:	ɦæ³³ndzɿ⁵⁵pe⁵⁵	2pl:	ɦæ³³ndzɿ⁵⁵pe⁵⁵
3sg:	ɦæ³³ndzɿ⁵⁵pɿ⁵⁵	3du:	ɦæ³³ndzɿ⁵⁵pɿ⁵⁵	3pl:	ɦæ³³ndzɿ⁵⁵pɿ⁵⁵

动词词根为 qʰə³³se⁵⁵NGæ⁵³ "听"，且动作情状为完成

1sg:	qʰə³³se⁵⁵NGe̠⁵⁵ŋɐ²⁴		1du:	qʰə³³se⁵⁵NGe̠⁵⁵ŋɐ²⁴
2sg:	qʰə³³se⁵⁵NGæ⁵⁵sø²⁴		2du:	qʰə³³se⁵⁵NGæ⁵⁵rɑ²⁴
3sg:	qʰo³³se⁵⁵NGæ⁵⁵sɿ²⁴		3du:	qʰo³³se⁵⁵NGæ⁵⁵sɿ²⁴
1pl:	qʰə³³se⁵⁵NGe̠⁵⁵ŋɐ²⁴			
2pl:	qʰə³³se⁵⁵NGe̠⁵⁵sø²⁴			
3pl:	qʰo³³se⁵⁵NGæ⁵⁵sɿ²⁴			

动词词根为 qʰə³³se⁵⁵NGæ⁵³ "听"，且动作情状为未完成

1sg:	qʰə³³se⁵⁵NGæ⁵⁵po⁵⁵ni²⁴	1du:	qʰə³³se⁵⁵NGæ⁵⁵pe⁵⁵ni²⁴
2sg:	qʰə³³se⁵⁵NGæ⁵⁵pe⁵⁵ni²⁴	2du:	qʰə³³se⁵⁵NGæ⁵⁵pe⁵⁵ni²⁴
3sg:	qʰə³³se⁵⁵NGæ⁵⁵pɿ⁵⁵ni²⁴	3du:	qʰə³³se⁵⁵NGæ⁵⁵pɿ⁵⁵ni²⁴
1pl:	qʰə³³se⁵⁵NGæ⁵⁵pe⁵⁵ni²⁴		
2pl:	qʰə³³se⁵⁵NGæ⁵⁵pe⁵⁵ni²⁴		
3pl:	qʰə³³se⁵⁵NGæ⁵⁵pɿ⁵⁵ni²⁴		

动词词根为 ɦæ³³tɕu⁵⁵tɕɐ⁵³ "含"，且动作情状为完成

1sg: ɦæ³³tɕu⁵⁵tɕø⁵⁵ŋɐ²⁴　　　1du: ɦæ³³tɕu⁵⁵tɕɐ⁵⁵ŋɐ²⁴
2sg: ɦæ³³tɕu⁵⁵tɕø⁵⁵sø²⁴　　　2du: ɦæ³³tɕu⁵⁵tɕɐ⁵⁵se²⁴
3sg: ɣu³³tɕu⁵⁵tɕɐ⁵⁵si²⁴　　　3du: ɣu³³tɕu⁵⁵tɕɐ⁵⁵si²⁴
1pl: ɦæ³³tɕu⁵⁵tɕɐ⁵⁵ŋɐ²⁴
2pl: ɦæ³³tɕu⁵⁵tɕɐ⁵⁵se²⁴
3pl: ɣu³³tɕu⁵⁵tɕɐ⁵⁵si²⁴

动词词根为 ɦæ³³tɕu⁵⁵tɕɐ⁵³ "含"，且动作情状为未完成

1sg: ɦæ³³tɕu⁵⁵tɕɐ⁵⁵po⁵⁵ŋɐ²⁴　　1du: ɦæ³³tɕu⁵⁵tɕɐ⁵⁵pe⁵⁵ŋɐ²⁴
2sg: ɦæ³³tɕu⁵⁵tɕɐ⁵⁵pe⁵⁵ni²⁴　　2du: ɦæ³³tɕu⁵⁵tɕɐ⁵⁵pe⁵⁵ni²⁴
3sg: ɦæ³³tɕu⁵⁵tɕɐ⁵⁵pi⁵⁵ni²⁴　　3du: ɦæ³³tɕu⁵⁵tɕɐ⁵⁵pi⁵⁵ni²⁴
1pl: ɦæ³³tɕu⁵⁵tɕɐ⁵⁵po⁵⁵ŋɐ²⁴
2pl: ɦæ³³tɕu⁵⁵tɕɐ⁵⁵pe⁵⁵ni²⁴
3pl: ɦæ³³tɕu⁵⁵tɕɐ⁵⁵pi⁵⁵ni²⁴

　　如以上三组例子所示，动词词根的元音交替形式不但跟人称和数范畴相关，同时还跟动词的体范畴相联系。总的来看，当动作发生在过去的时间维度中时，若主语是第三人称，那么动词词根一般不会发生元音交替，取而代之的是动词趋向前缀的元音发生交替。若主语是第一、二人称时，动词词根的后一音节会发生元音交替，且动词后附的完整体标记 si³³ 也会发生元音交替。当动作发生在非过去的时间维度中时，动词词根一般不会发生元音交替，取而代之的是动词后的非完整体标记 pi³³ 会根据不同人称发生元音交替。

　　通过对 30 个常见动词的考察（见附录三），可将沙德木雅语中动词受人称、数、体的影响所表现出的词根元音交替现象归纳如表 6-1 的情况。

表 6-1　　　　　　　　沙德木雅语动词词根的元音交替情况

人称和数		体	完整体（完成情状）	非完整体（未完成情状）
一人称	单数		1. 仅仅将动词词根元音变为 ɐ、ø 2. 动词词根不变，完整体标记的元音变为 ø	1. 动词词根不变，非完整体标记的元音变为 o 2. 动词词根元音变为 e，且非完整体标记的元音变为 o
	双数		1. 仅仅将动词词根元音变为 e 2. 动词词根不变，完整体标记的元音变为 e	1. 动词词根不变，非完整体标记的元音变为 e 2. 动词词根元音变为 e，且非整体标记的元音变为 e

续表

人称和数	体	完整体（完成情状）	非完整体（未完成情状）
一人称	复数	1. 仅仅将动词词根元音变为 e 2. 动词词根不变，完整体标记的元音变为 e	1. 动词词根不变，非完整体标记的元音变为 e 2. 动词词根元音变为 e，且非完整体标记的元音变为 o
二人称	单数	1. 动词词根不变，完整体标记的元音变为 ø 2. 动词词根和完整体标记的元音都变为 ø	动词词根不变，非完整体标记的元音变为 æ、e
二人称	双数	1. 仅仅将动词词根元音变为 æ 2. 动词词根不变，完整体标记的元音变为 e	动词词根不变，非完整体标记的元音变为 e
二人称	复数	1. 仅仅将动词词根元音变为 æ 2. 动词词根不变，完整体标记的元音变为 e	动词词根不变，非完整体标记的元音变为 e
三人称	单数	1. 仅仅将动词词根元音变为 æ 2. 动词词根不变，完整体标记的元音变为 e	动词词根和非完整体标记的元音都不发生变化
三人称	双数		
三人称	复数		

6.2 趋向前缀

有关木雅语趋向前缀所表达的意义，尹蔚彬（2013：37）有过较为详细的论述：讲木雅语的居民，由于世世代代生活在高山峡谷地带，因而在他们的思维方式中形成了一套以地势高低为定向标准的方向概念。这种方向概念在他们的思维中已根深蒂固，尽管在他们的意识中没有明确的东、西、南、北等方向概念，但他们却可以通过在动词前面加不同的前缀来区分不同的方向。

与其他羌语支语言类似，沙德木雅语的趋向前缀会根据不同空间参照点（山川、河流、说话人的视点）细分为七个趋向前缀 ti^{55} "直上方"、ni^{55} "直下方"、tʰi^{55} "向彼方 / 左边"、ŋgi^{55} "向此方 / 右边"、ɣi^{55} "上游方 / 由外向内方向"、ɦi^{55} "下游方 / 由内向外方向"、kʰi^{55} "不定方向 / 来回迂回方向"。动词趋向前缀的数目略多于甘孜州东南其他的某些羌语支语言[①]。

[①] 例如在邻近的扎坝语中仅有 5 个趋向前缀（ə^{55}- "上方"、a^{55}- "下方"、ŋə^{55}- "下游/右边"、kə^{55}- "上游/左边"、tə^{55}- "不定方向"），却域语有 6 个趋向前缀（ī-、zī- "上方"、nə- "下方"、lə- "左"、i- "右边"、kə- "里"、tə- "无定方向"）（管璇博士惠告）。贵琼语的情况较为特殊，共有 9 个趋向前缀（ji- "进"、wu- "出"、thu- "上游方"、mi- "下游方"、dɐ- "回"、dɐ-ji- "沿同一路线进"、dɐ-wu- "沿同一路线出"、dɐ-thu- "沿同一路线上"、dɐ-mi- "沿同一路线下"）（Jiang 2015：129-130）。

动词词根上添加不同的趋向前缀表示动作趋向或动作行为进行的方式。不同趋向前缀一般根据动词本身"具体方向性、强方向性、弱方向性"和动词的"自主性、非自主性"等语义范畴选择与之搭配的动词。大多趋向前缀跟动词词根之间都会发生元音和谐，元音、辅音交替等音变现象。有的动词并非强制要求添加趋向前缀。

同一动词词根可添加不同的趋向前缀表示动作的具体方向，某些动词只能添加特定的趋向前缀。趋向前缀跟动词的搭配遵循"事实性"（realistic）和"象征性"（figurative）原则（Matisoff 2003：89）。若动词词根和趋向前缀结合后表达实在的趋向意义，或动词词根本身方向性跟趋向前缀的意义并不排斥，则同一动词词根可跟多个趋向前缀搭配。若动词本身的方向性并不明确，或动词无法表示方向，则同一动词词根只能跟固定的一个趋向前缀搭配，其搭配的理据更多体现了木雅人的认知策略，具有象征性的特点。以"趋向"为基本义的趋向前缀与某些动词组合时具有隐喻义，此时动词词义跟趋向前缀的趋向义无关。

七个趋向前缀 ti^{55}、ni^{55}、th^{i55}、$ŋgi^{55}$、$ɣi^{55}$、$ɦi^{55}$、kh^{i55} 在空间方位的确定上主要以江河（力丘河）流向以及当地山川作为绝对空间参考框架，但表示"上游"和"下游"的 $ɣi^{55}$、$ɦi^{55}$ 在年轻一代木雅人群体中已经分别发展出"左边、右边"的空间意义。空间关系的确立可以根据说话人视点的改变而发生变化，属于相对空间参考框架。但这一用法在老年木雅人群体中却较为模糊，老年人很难对应翻译汉语的"左"和"右"，取而代之的是首选"上游""下游"的绝对空间参考框架意义。不同方言区中趋向前缀 ti^{55}、ni^{55} 的意义略有不同，这主要跟地理因素（空间参照点的具体方位）有关。

黄布凡（1985），高扬、饶敏（2017）发现在木雅语中趋向前缀的元音需要跟动词词根元音保持和谐，有些趋向前缀的辅音由于不能同某些元音结合要变为不同的辅音，且趋向前缀与动词词根之间出现松紧元音和谐现象。沙德木雅语趋向前缀与动词词根元音和谐现象基本符合以上作者的前期研究结论，但也具有一些方言差异。

本节主要从趋向前缀跟动词词根元音和谐与同化、趋向前缀跟动词词根搭配情况、趋向前缀的多功能性等几个方面对沙德木雅语动词趋向前缀的形态变化及语法特征进行介绍。

6.2.1 元音和谐

趋向前缀与某些动词结合时会发生元音同化，使其元音跟动词词根元音和谐。比较黄布凡（1985），高扬、饶敏（2017）等人的研究，沙德木雅语趋向前缀跟动词词根元音和谐的大致规律见表 6-2。

表 6–2　　沙德木雅语趋向前缀跟动词词根元音和谐情况

趋向义	非舌根后缩、非咽化						舌根后缩、咽化		
	1 类	2 类	3 类	4 类	5 类	6 类	7 类	8 类	9 类
直上方	ti-	tə- / tɐ-	tɐ- / tə-	to-	tu-	tə-	te̠-	tə̠-	ta̠-
直下方	ni-	nə-	nɐ-	no-	nu-	næ-	ne̠-	nə̠-	na̠-
向彼方	tʰi-	tʰə- / tʰæ-	tʰɐ-	tʰo-	tʰu-	tʰæ-	tʰe̠-	tʰə̠- / tʰa̠-	tʰa̠-
向此方	ŋgi-	ŋgə-	ŋgɐ-	ŋgo-	ŋgu-	ŋgæ-	NGe̠-	NGə̠-	NGa̠-
上游方	ɣi-	ɣə- / ɣɐ-	ɣɐ- / ɣə-	ɣo-	ɣu-	ɣə-	ʁe̠-	ʁə̠-	ʁa̠- / ʁə̠-
下游方	ɦi-	ɦə- / ɦæ-	ɦɐ- / ɦæ-	ɦo-	ɦu-	ɦæ-	je̠- / ɦe̠-	ɦə̠-	ɦa̠-
不定方	kʰi-	kʰə-	kʰɐ-	kʰo-	kʰu-	kʰæ-	qʰe̠-	qʰə̠-	qʰa̠-

由表 6-2 可知，在沙德木雅语中趋向前缀的元音首先根据动词词根元音发音时的舌根后缩与否或是否为"松—紧"（咽化—非咽化）的发声态调整其元音内部的具体发音形式（见 2.1.2 节），最终跟动词词根元音保持和谐。当趋向前缀之后的词根为舌根后缩、咽化的元音时，趋向前缀 ŋgi⁵⁵-、ɣi⁵⁵-、ɦi⁵⁵-、kʰi⁵⁵-不但需要改变其元音类型与之和谐，并且还需将辅音替换为小舌部位的 NG、ʁ、qʰ，或交替变成近音 j。

当某一类趋向前缀跟特定的动词词根搭配时，两者并非只能采用一种元音和谐方式。例如在第二类中，以动词"裂"或"掉"为例，大多趋向前缀跟词根都保持元音和谐，但在表示"向外裂开""掉下"的趋向义时，趋向前缀的元音却并未采用和谐形式 ə，而是替换成了 æ 或 ɐ（如：ɦæ⁵⁵ṣi³³"向外裂"、nɐ³³zi⁵⁵"掉下"）。因此，七个趋向前缀的元音跟同一动词词根保持绝对和谐的情况在沙德木雅语中并不多见，更常见的是词根元音跟同一类趋向前缀的多个元音保持和谐。但动词词根元音与趋向前缀元音之间"松配松""紧配紧"（非舌根后缩—非舌根后缩、舌根后缩—舌根后缩）的搭配原则是最为普遍的。

6.2.2　与词根的语义搭配

沙德木雅语的趋向前缀普遍能明确表达动作趋向的意义，因此趋向前缀与动词词根的搭配基本上都符合动作实际具有的方向性，例如"坐"的动作几乎都是向下的，因此在木雅语中不能添加上"向上"的趋向前缀 ti⁵⁵。对于某些趋向范畴较易区分的动词词根，它们与趋向前缀的搭配关系基本上都符合语义的相关性。某些看似方向性搭配正确的组合在木雅语中却不被接受，而某些看似方向性搭配不明确或错误的结构在木雅语中却能被接受。这在一定程度上跟木雅人对空间方位的认识以及趋向前缀所具有的象征性特点有关。某些无法以准确趋向义理解的趋向前缀结构，在木雅语中引申出了别的意义，相关搭配也合语法。

下面选取七个常用的动词，考察沙德木雅语中动词词根跟趋向前缀的搭配情况。如表6-3所示[①]：

表6-3　　　　　　沙德木雅语动词词根和趋向前缀的搭配情况

前缀	词根为"剁"	词根为"走"	词根为"跳"	词根为"戳"
ti⁵⁵	ti⁵⁵tsʰu³³ "上剁"	tə⁵⁵xə³³ "往上走"	tə⁵⁵tsɐ³³ "往上跳"	tə⁵⁵χø⁵³ "往上戳"
ni⁵⁵	ni⁵⁵tsʰu³³ "下剁"	nə⁵⁵xə³³ "往下走"	nɐ⁵⁵tsɐ³³ "往下跳"	næ³³χø⁵³ "往下戳"
tʰi⁵⁵	tʰi⁵⁵tsʰu³³ "左剁"	tʰə⁵⁵xə³³ "往左走"	tʰə⁵⁵tsɐ³³ "往左跳"	—
ŋgi⁵⁵	ŋgi⁵⁵tsʰu³³ "右剁"	ŋgə⁵⁵xə³³ "往右走"	ŋgɐ⁵⁵tsɐ³³ "往右跳"	ŋgɐ³³χø⁵³ "戳"
ɣi⁵⁵	ɣi⁵⁵tsʰu³³ "向内剁"	ɣə⁵⁵xə³³ "往里走"	ɣə⁵⁵tsɐ³³ "往里跳"	ʁɐ³³χø⁵³ "往里戳"
ɦi⁵⁵	ɦi⁵⁵tsʰu³³ "向外剁"	ɦæ²⁴xə³³ "往外走"	ɦæ⁵⁵tsɐ³³ "往外跳"	ɦæ³³χø⁵³ "戳"
kʰi⁵⁵	kʰi⁵⁵tsʰu³³ "摩擦"	—	kʰə⁵⁵tsɐ³³ "命令跳"	—

前缀	词根为"掉"	词根为"提"	词根为"撑"
ti⁵⁵	tə³³zi⁵⁵ "掉出"	tə⁵⁵tɕʰə³³ "往上提"	ti⁵⁵tɕɐ⁵⁵ "往上削"
ni⁵⁵	nɐ³³zi⁵⁵ "掉下"	nɐ⁵⁵tɕʰə³³ "往下提"	nɐ⁵⁵tɕɐ⁵⁵ "往下撑"
tʰi⁵⁵	tʰɐ³³zi⁵⁵ "紧靠"	tʰɐ⁵⁵tɕʰə³³ "往左提"	—
ŋgi⁵⁵	ŋgə³³zi⁵⁵ "依靠"	ŋgɐ⁵⁵tɕʰə³³ "往右提"	—
ɣi⁵⁵	ɣə³³zi⁵⁵ "向里掉"	ɣə⁵⁵tɕʰə³³ "向里提"	ɣə³³tɕɐ⁵⁵ "放过去"
ɦi⁵⁵	ɦæ³³zi⁵⁵ "向外掉"	ɦæ⁵⁵tɕʰə³³ "向外提"	ɦæ³³tɕɐ⁵⁵ "放过去"
kʰi⁵⁵	kʰə³³zi⁵⁵ "射中（中剑）"	—	kʰə⁵⁵tɕɐ³³ "按上去"

以上的七个动词中，动作方向性较易区分的几个（如："剁""跳"）跟趋向前缀之间按照意义对应的方式搭配，当添加了趋向前缀后，动词词根的动作趋向义更为明确。某些看似可以直接添加趋向前缀的动词词根（如："戳""撑"）却不能跟某些具有明确趋向义的前缀搭配。表示不定方向性的趋向前缀 kʰi⁵⁵ 跟词根搭配的情况最受限制，许多动词词根都无法与之搭配。

[①] 趋向前缀与动词词根搭配的例子还可见书后附录四所列举的各种情况。

有的动词词根跟方向性较明确的趋向前缀搭配后却无法表达与之对应的动作方向，例如：将 nɐ³³zi⁵⁵ "掉下" 的趋向前缀换为表示向彼方和向此方的趋向前缀 tʰɐ³³ 和 ŋgə³³ 后却无法表达动词的具体趋向，而仅仅表示 tʰɐ³³zi⁵⁵ "紧靠" 和 ŋgə³³zi⁵⁵ "依偎" 的意义。

表示不定方向的趋向前缀 kʰi⁵⁵ 跟动词词根词汇化后最容易引申为别的意义，这应该是词义虚化的体现。因为 kʰi⁵⁵ 的意义较空泛，所以它更加容易形成某些动词的构词语素。本书附录四所罗列的 41 个动词与趋向前缀搭配的例子中，表示不定方向的 kʰi⁵⁵ 或是彻底排斥与动词词根的搭配，或是进一步引申出其他意义。

以下是趋向前缀 kʰi⁵⁵ 跟动词词根搭配后意义发生引申的例子。例如：

词根义	nɐ³³zi⁵⁵ "掉下"	ɣi⁵⁵si³³ "挑选"	ni³³ndzɨ⁵³ "倒"
引申义	kʰə³³zi⁵⁵ "射中（中剑）"	kʰi⁵⁵si³³ "（无目的）挑选"	kʰi⁵⁵ndzɨ⁵³ "洒（水）"
词根义	nɐ⁵⁵zi⁵⁵zɐ⁵³ "向下摞"	to³³lə⁵³ "往上放（气球）"	ɦo³³tɕo⁵⁵tɕɐ⁵³ "追"
引申义	kʰə⁵⁵zi⁵⁵zɐ⁵³ "向边上摞"	kʰo³³lə⁵³ "开（车）"	kʰo³³tɕo⁵⁵tɕɐ⁵³ "催"

除此之外，某些有明确趋向义的前缀跟动词词根搭配时，也能表达别的引申意义，但该类情况比较少见，且无规律可循，应该仅仅看作木雅语的语言使用习惯。例如：

词根义	qʰa̱³³si³³ "拧"	ɣi³³mɐ³³ "剥"	ɣo³³lə⁵³ "往里放"
引申义	ɣɑ⁵⁵si³³ "缠住"	ti³³mɐ³³ "往上翻/划"	no³³lə⁵³ "寄（东西）"
词根义	je²⁴χø⁵⁵ "往外戳"	ɦi³³ndzɨ⁵³ "向外倒"	tə³³zi⁵⁵ "掉出"
引申义	tɕe²⁴χø⁵⁵ "敲打（瓶子）"	ŋgi³³ndzɨ⁵³ "轮流倒"	ŋgə³³zi⁵⁵ "依靠"

本书附录四仅仅调查了 41 个动词词根与趋向前缀的搭配情况。从当前调查结果看，趋向前缀跟动词词根的搭配基本符合趋向义对应的原则，但有少数情况两者搭配并无理据可依，更多体现的是木雅藏族群体本民族对空间方位的认识以及对具体动作趋向类型的看法。某些趋向前缀语义空泛，已经朝着简单的构词语素发展，成为典型的词间构词语素。

6.2.3 趋向前缀的其他功能

孙宏开（1981）认为羌语的趋向前缀除了表达趋向意义外，还可以表达完成和命令等功能。沙德木雅语趋向前缀的多功能性跟羌语的情况类似，但趋向前缀的语法化程度没有羌语或周边其他羌语支语言彻底。趋向前缀除了表达方向，目前仅仅语法化为"致使标记"（causative）、"反复体标记"（iterative）、"状态变化标记"（change-of-state）、"断言语气标记"（assertive），并未发展出完整体标记、式标记、示证标记等功能。第 7.3 节将集中介绍趋向前缀充当"致使标记"的内部语音变化、搭配规律等，本节主要介绍充当"反复体标记"的趋向前缀。

沙德木雅语可以采用两个趋向前缀跟动词词根叠加成 [DIR$_1$-V-DIR$_2$-V] 的结构表达动作的反复进行，有些类似汉语中"……来……去、……上……下"的反复体意义。需要注意的是该类结构中两个趋向前缀 DIR$_1$ 和 DIR$_2$ 大多需要选择具有"上、下"或者"左、右"等方位义相对立的趋向前缀。有时候也可使用无定方向的 kʰə⁵⁵ 跟别的趋向前缀搭配，此时以别的趋向前缀的方向作为标准判断动作反复的具体方向。例如：

tə⁵⁵tæ⁵⁵nə³³tæ⁵⁵　　　　tʰæ⁵⁵tæ⁵⁵ŋgæ³³tæ⁵⁵　　　　yə⁵⁵tæ⁵⁵ɦiæ³³tæ⁵⁵
（上下）扔来扔去　　　（左右）扔来扔去　　　（内外）扔来扔去
kʰə⁵⁵və⁵³ɦiæ³³və⁵³　　　kʰə⁵⁵zo³³ɦiæ³³zo⁵³　　　tʰi⁵⁵ndy³³ŋgi⁵⁵ndy³³
（向外）亲来亲去　　　（向外）抓来抓去　　　（左右）推来推去

作为"反复体"标记的趋向前缀与动词词根结合时元音也需保持和谐，但趋向前缀的辅音一般不会发生送气与否的变化，这点跟周边其他羌语支语言由趋向前缀充当"反复体"标记时发生的内部音变形式不同[①]。

趋向前缀还可置于形容词词根之前，作为形容词的构词语素，这样的情况在沙德木雅语中极其常见。能添加趋向前缀的形容词大多为单音节，多音节的例子不多，它们是句法上的唯谓形容词，很少充当定语成分。添加了趋向前缀的形容词一般都表示形容词状态所经历的从无到有的变化，有些类似"状态变化体"标记的用法。例如：

ti⁵⁵　　　tø⁵⁵me³³"富"、tə⁵⁵ŋe⁵³"疼"、tə³³tɕu⁵⁵"酸"、tə³³qʰæ⁵⁵"苦"、tə³³dzʅ³³"辣"、tə⁵⁵ne⁵³"腥"、tə⁵⁵gy³³gy³³"凸"、to⁵⁵si³³"满"、to⁵⁵mbɑ³³"空"、tə³³mi⁵⁵"熟"、tɑ³³mæ⁵⁵"纯"、tə⁵⁵qʰæ³³"苦涩"、to⁵⁵de³³mu⁵⁵"方便"、to⁵⁵ke⁵³"光荣"

ni⁵⁵　　　næ³³mə⁵³"烂"、nɐ⁵⁵ndzʅ³³"破"、næ⁵⁵xə³³"馊"、næ³³ndø⁵⁵"错"、ni³³tɕu⁵³"懒"、na³³qʰo³³qʰo³³"凹"、no³³dza⁵⁵"竖"、ne³³tɕa³³tɕa³³"瘪的"、nɐ³³dzi⁵⁵"枯的"、ne⁵⁵xə̣³³"霉烂的"、no⁵⁵ɦa³³me³³"疏忽大意的"

[①] 在扎坝语中当表示上游方向的趋向前缀 kə⁵⁵ 充当"反复体"标记时，需要将其辅音变为送气形式。如：kʰə⁵⁵nkʰwi⁵³ŋ⁵⁵nkʰwi⁵³"聚来聚去"、kʰə⁵⁵mdze⁵⁵ŋ⁵⁵mdze³³"飞来飞去"。

tʰi⁵⁵	tʰa̠⁵⁵tɕʰa³³ "穷"、tʰa̠⁵⁵qa̠³³ "斜"、tʰĩ⁵⁵tʂʰe³³tʂʰe³³ "横"、tʰi³³tɕʰe³³ "光滑的"、tʰa̠⁵⁵ʂi³³ "麻烦的"
ŋgi⁵⁵	ŋgə³³rə³³kʰu⁵⁵ "正"、ŋgə⁵⁵tsɐ³³qʰɑ³³ "闷热的"
ɦi⁵⁵	ɦæ⁵⁵ɐ⁵³ "累"、ɦæ̃³³tsæ⁵⁵ "冷清"、ɦæ³³xø⁵⁵ "破的"、ɦæ³³tø⁵⁵ "收缩的"、ɦæ³³ɐ⁵⁵ "困的"
kʰi⁵⁵	kʰi⁵⁵ŋə³³ "痒"、kʰə⁵⁵ndə³³ "焦的"、tu⁵⁵lɑ³³qʰɑ³³mu³³ "贪心的"

上例中添加了趋向前缀的形容词词根虽然在词汇表中仅仅用形容词表示，但事实上其内部语义蕴含了某一形容词状态从无到有的变化过程，近似对应为汉语的"变得 adj"。在所考察的 7 个趋向前缀中，表示直上方的 ti⁵⁵ 与形容词词根搭配的情况最为普遍，而目前在接近 100 个带趋向前缀的形容词中还没发现使用表示上游方 ɣi⁵⁵ 的情况，因此 ɣi⁵⁵ 在木雅语中可否作为形容词构词语素的问题还需今后详细考察。

除了以上所介绍的几种功能外，木雅语的某些趋向前缀还可置于系词 ŋɐ³³ 之前，这时它并不表示趋向功能，而是表达说话人对句子命题肯定、确定、确信的情态意义，有些类似于英语中 should be 或 actually 一样的断言式语气标记。断言式具有较强的主观性色彩，说话人采用趋向前缀表达个人立场、态度和情感，突显"自我"在言谈交际中的主体角色。例如：

（338）ɦæ³³kʰu⁵⁵tũ⁵⁵mbæ³³=ji³³　　ɦɐ³³mə³³nə³³　　　　　ȵə³³pə³³tɕe⁵³=ti³³
　　　阿叨登巴=ERG　　　　　　DM　　　　　　　　　腰间=GNO.IMM
　　　ɦɐ³³mə³³nə⁵⁵　　tsi³³tsẽ⁵⁵　　ri³³tɕe⁵³　　tæ⁵⁵-kæ³³
　　　DM　　　　　　小的　　　　刀子　　　　一-CL
　　　kʰi⁵⁵-rɐ³³-si³³　　　tʰɐ³³-ŋɐ⁵⁵-si³³　　ri³³tɕe⁵³tsi³³　　tɐ³³-tø⁵⁵.
　　　DIR-挂着-PFV.3　　DIR-COP-PFV.3　　刀子　　　　　　DIR-拿
　　　然后阿叨登巴（的确）从腰间取出一把刀子。

（339）dzi⁵⁵ku⁵⁵　　nɐ⁵⁵-rɐ⁵³　　tsə³³kə³³　　dzi³³ku⁵⁵　　ɕæ⁵⁵ræ⁵³　　tɕ⁵⁵-lø³³
　　　冰　　　　　DIR-流下　　　SEQ　　　　冰　　　　　滑冰　　　　一-CL
　　　tʰɐ³³-ŋɐ⁵⁵-si²⁴.
　　　DIR-COP-PFV.3
　　　湖旁边的斜坡上面（的确）有一些冰正在下滑。

（340）tsə³³kə⁵⁵　　jæ³³næ⁵³　　tɕʰə³　　ti³³　　tsʰe⁵⁵ri⁵³pæ³³　　tʰɐ³³-ŋɐ⁵³
　　　SEQ　　　　1pl.POSS　　现在　　时候　　科学家　　　　　DIR-COP
　　　nə⁵⁵-ndʑæ³³.
　　　DIR-好的
　　　很多科学家（有关我们木雅研究的书）都是好的。

（341）tsə³³kə⁵⁵　　ne³³=ɣæ³³　　　tɕe³³=qʰɐ⁵⁵=wu³³　**tʰɐ³³-ŋɐ⁵⁵**　nə³³
　　　　SEQ　　　　2sg.REFL=POSS　家=LOC=NMLZ　　 DIR-COP　　 也
　　　　ndzæ⁵⁵,　ne⁵⁵=ɣæ²⁴　　dzə³³ndzu⁵⁵　nə³³　**tʰɐ³³-ŋɐ⁵⁵**　nə³³
　　　　好的　　　2sg.REFL=POSS　 朋友　　　　也　　 DIR-COP　　 也
　　　　ndzæ⁵⁵...
　　　　好的

不管（是在）你的家人面前也好，朋友面前也好，……（他都会说谎）。

从近 60 分钟的长篇语料看，能跟系词组合表示肯定、确定的语气或情态意义的趋向前缀一般仅仅见于表示"向彼方／左边"的 tʰi⁵⁵，而 tʰi⁵⁵ 也并不是能跟所有系词搭配，它大多情况下只能跟系词 ŋɐ³³ 发生元音和谐，构成断言式 tʰɐ³³ŋɐ⁵⁵。当 ŋɐ³³ 和趋向前缀 tʰɐ³³ 组合时，并不要求一定出现在肯定语境中，此时它可以自由出现在否定语境中，强调说话人对某一命题的确信或对某一信息的认可，表达很强的主观认识和情感。

6.3　体范畴

体（aspect）是对情状（verb situation）内在时间构成所持有不同形式的观察方式。一般情况下观察体的方式有完整体（perfective）和非完整体（imperfective）两类：完整体从外部观察情状，不必去区分情状的内部结构；非完整体从内部观察情状，跟情状的内在结构有密切的联系（Comrie 1976：16-21）。沙德木雅语是"体"范畴较为丰富的语言，有专用的体标记。同一"体"意义可使用不同的形态标记；不同标记之间存在某些联系和差别。同时还会根据具体语境选择专用的体标记形式。木雅语的体范畴往往和语气、情态、示证等范畴有紧密联系，某些体标记必须跟人称保持一致关系。

从体范畴的分类看，沙德木雅语更像是仅仅区分完整体和非完整体的语言。除了一套专用的完整体标记外，在表达非完整事件的体范畴时（如：惯常体、进行体、持续体）都可使用非完整体标记 pi³³；若是内部需要再进一步细分的话，只添加表示具体时间的时间副词。某些体标记跟情态、示证标记融为一体，几者无法割裂。

下面几小节分别从"完整体""经历体""非完整体""视点体""惯常体""反复体"等类型介绍沙德木雅语的体系统。

6.3.1　完整体

完整体（perfective）把情状或事件当作一个封闭的整体，其强调的观察视点是情状的起点和终点状态。沙德木雅语中并没有类似于现代汉语

"了₁"一样出现在动词跟宾语之间位置的完整体标记，只有句末的体标记 si^{33} 和 ra^{33}。si^{33} 相当于汉语的"完"，重点强调动作的完成以及随着动作完成而具有的结果，有些类似汉语中表结果的结果体（completive）；ra^{33} 源于趋向动词 ra^{33} "来"，在木雅语中已语法化为常见的句末完整体标记。除了表达动作或事件的完成外，ra^{33} 兼表亲见、感知示证标记的功能，因此体标记 ra^{33} 同时标记"体"和"示证"范畴，表示某一事件已经完成，同时说话人亲眼所见或亲身感受其发生的具体状态。

虽然处于句末，完整体标记 si^{33} 的元音常常需要跟主语人称和数保持一致。但目前调查语料中还未发现 ra^{33} 受到主语人称和数影响而发生元音交替变化的情况。完整体标记 si^{33} 跟主语人称和数一致的方法并非添加某一特定的前缀或后缀形式，而是直接改变 si^{33} 内部的元音形式，从而保持人称的一致性。

表 6-4 总结了完整体标记 si^{33} 的元音受主语人称和数影响而发生变化的规律。

表 6–4　　　　　　　　完整体标记 si^{33} 的屈折变化情况

si^{33} 的屈折变化	一人称			二人称			三人称		
	1sg	1dl	1pl	2sg	2dl	2pl	3sg	3dl	3pl
	$sø^{33}$	se^{33}	se^{33}	$sø^{33}$	se^{33}	se^{33}	si^{33}	si^{33}	si^{33}

由表 6-4 可知，在沙德木雅语中完整体标记 si^{33} 跟主语的人称和数保持严格的一致性关系。一、二人称单数使用 $sø^{33}$，一、二人称双数和复数使用 se^{33}，三人称无论单数还是非单数都统一使用体标记的原型 si^{33}。特别值得注意的是，不管是由一、二人称还是三人称双数做主语时，句末最为常见的是使用完整体标记 ra^{33}，该搭配规律在本书词表部分所考察的 67 个常用动词中很少有例外。完整体标记 si^{33} 跟人称和数范畴的搭配情况见以下例子。例如：

（342a）ŋə⁵³　　ji⁵⁵si³³　　mbu⁵⁵=le³³　　tə⁵⁵-xə⁵³-sø⁵⁵=ni³³.
　　　　1sg　　昨天　　山=LOC　　　　DIR-去.PFV-PFV.1sg=GNO
　　　　我昨天去了山上。

（342b）jɐ³³nə⁵³　　ji⁵⁵si³³　　mbu⁵⁵=le³³　　tə⁵⁵-xə⁵³-se⁵⁵=ni³³.
　　　　1pl.INCL　　昨天　　山=LOC　　　　DIR-去.PFV-PFV.1pl=GNO
　　　　咱们昨天去了山上。

（342c）næ⁵⁵　　ji⁵⁵si³³　　mbu⁵⁵=le³³　　tə⁵⁵-xə⁵³-sy⁵⁵=ni³³.
　　　　2sg　　昨天　　山=LOC　　　　DIR-去.PFV-PFV.2sg=GNO
　　　　你昨天去了山上。

（342d） næ³³nə⁵⁵　　ji⁵⁵si³³　　mbu⁵⁵=le³³　　tə⁵⁵-xə⁵³-se⁵⁵=ni³³.
　　　　 2pl　　　　昨天　　　山=LOC　　　　DIR-去.PFV-PFV.2pl=GNO
　　　　 你们昨天去了山上。

（342e） ʔɐ³³tsɿ³³　　ji⁵⁵sɿ³³　　mbu⁵⁵-le³³　　tə⁵⁵-rɑ⁵⁵-sɿ³³=ni³³.
　　　　 3sg　　　　昨天　　　山-LOC　　　　DIR-去.PFV.3-PFV.3=GNO
　　　　 他昨天去了山上。

（342f） ʔɐ³³nə³³　　ji⁵⁵sɿ³³　　mbu⁵⁵=le³³　　tə⁵⁵-rɑ⁵⁵-sɿ³³=ni³³.
　　　　 3pl　　　　昨天　　　山=LOC　　　　DIR-去.PFV.3-PFV.3=GNO
　　　　 他们昨天去了山上。

（343a） ne³³=ji⁵⁵　　ɣu̠⁵⁵ji⁵⁵　　nɐ⁵⁵-sɐ⁵³-sø²⁴.
　　　　 2sg=ERG　　鸡　　　　　DIR-杀-PFV.2sg
　　　　 你杀了鸡。

（343b） ʔɐ³³tsɿ⁵⁵　　ɣu̠⁵⁵ji⁵⁵　　nɐ⁵⁵-sa⁵³-sɿ³³.
　　　　 3sg.ERG　　鸡　　　　　DIR-杀-PFV.3
　　　　 他杀了鸡。

（344） ŋi³³mæ⁵³=ji³³　zi²⁴　 no⁵⁵-sɑ⁵³-sɿ³³　　ndze⁵⁵　kʰi³³-tsɿ⁵³-sɿ³³.
　　　 尼玛=ERG　　　猪　　DIR-杀-PFV.3　　　饭　　　DIR-煮-PFV.3
　　　 尼玛又杀猪又煮饭。

（345） ŋgæ³³mi⁵⁵=ji²⁴　ri³³vø⁵⁵　tæ⁵⁵-gæ⁵³　nɐ³³-sa³³-sɿ³³.
　　　 猎人=ERG　　　兔子　　 一-CL　　　 DIR-打死-PFV.3
　　　 猎人打死了兔子。／猎人把兔子打死了。／兔子被猎人打死了。

完整体标记 ra³³ 不需要跟主语的人称和数保持一致，因此其使用情况较 sɿ³³ 而言相对简单。但 ra³³ 在沙德木雅语中除了标记完成情状外，还同时标记说话人对某一信息亲眼所见或亲身感受的意义。因此，ra³³ 除了具有完整体标记的功能外，同时还具有示证标记功能。例如：

（346） ŋi³³　　　ʔɐ³³tsɿ⁵⁵　　kʰə⁵³　　tə⁵⁵tsɐ⁵⁵nɐ⁵⁵tsɐ³³-pi⁵⁵rɐ³³
　　　 1sg.ERG　那　　　　　狗　　　 跳来跳去.REP=LNK:的时候
　　　 tø⁵⁵-ra³³.
　　　 发现-PFV.VIS
　　　 我看见那只花狗跳上跳下。

（347） ŋi³³　　　　 tɐ³³ku³³jø²⁴tɐ³³ku³³　　tʰu³³-tsø⁵³　　tsə³³kə³³　　tæ³³zø⁵³
　　　 1sg.ERG　　一遍　又一遍　　　　　DIR-找.1sg　　SEQ　　　　终于
　　　 tʰɐ³³-tsø⁵³-ra²⁴.
　　　 DIR-找.1sg-PFV.VIS
　　　 我找了一遍又一遍，终于找着了。

(348) ʔɐ³³tsæ⁵⁵   ji³³tɕ⁵³   tə³³-ɲi⁵³=le²⁴   kʰo³³-tə⁵³-rɑ²⁴.
      3sg.POSS   脸   DIR-红=DAT   DIR-开始-PFV.VIS
（看见）他的脸红起来了。

(349) nɐ³³ji⁵⁵   mə³³dzə⁵⁵   tɕɛ³³kʰu⁵⁵   nbə³³tʂɑ⁵³   tɐ³³lø³³
      2sg.EGR   刚刚   屋里   虫子   一只
      kʰə⁵⁵-rø⁵³-rɑ²⁴.
      DIR-捉住-PFV.VIS
（看见）你刚刚在屋里抓了一只虫子。

(350) mɐ³³mɐ³³   qʰə³³-tʂæ⁵³-tɕæ²⁴-pi³³,   mɐ³³mɐ⁵⁵   tɕʰə³³nə⁵³
      妈妈   DIR-来-NEG-IMPV   妈妈   NEG-有
      qʰə³³-mæ⁵⁵-tʂə³³-rɑ³³,   ne³³   tɑ³³rɑ⁵⁵   tɕə⁵⁵-xu³³.
      DIR-NEG-来-PFV.VIS   2sg   首先   PROH-回去.2sg
妈妈不会来了，妈妈还没回来，你别回去了。

(351) nɑ³³wu³³-tɕʰɐ³³   mə⁵⁵   tɐ³³-mbə³³re³³   tə³³-dzy⁵³-rɑ³³.
      森林-LOC   火   一-CL   DIR-烧-PFV.VIS
（看见）森林里面烧了一堆火。

以上例（346）—（351）中的主语不但可以是第一人称，也可是二、三人称，在表达过去事件的完成时句末都使用了完整体标记 rɑ³³，同时 rɑ³³ 还强调说话人亲眼所见过去某一事件的发生。

有时候当句中所叙述的过去事件并非说话人亲自观察到的（说话人不能亲眼所见某一事件的发生），而是说话人通过切身感受过去事件的发生状态，此时句末也使用完整体标记 rɑ³³。该类语境中，rɑ³³ 跟 si³³ 的唯一区别是：rɑ³³ 不但强调事件的发生和发展，而且暗示该事件的发展状态是说话人亲自感受到的；si³³ 仅仅表达动作的发生或事件的完成。表达"感受、感知"示证义的完整体标记 rɑ³³ 大多都跟静态动词（stative verb）、情态动词、能愿动词、存在 / 领有动词等动作性不强的动词搭配。例如：

(352) ɣə³³ndə³³   kʰi³³-zi⁵³=re³³=ɣæ³³   ʔɐ³³tsi³³   tə³³tʂʰø⁵³
      文字   DIR-学习=NMLZ=POSS   这   时候
      mə³³-ndə⁵⁵-rɑ³³.
      NEG-有-PFV.SEN
然后呢（觉得）那个时候就有了可供学习的文字。

(353) tsə³³kə⁵⁵   ɣə³³ndə³³   mə³³nə³³   ɦæ³³ŋgi³³tæ³³mbu³³
      SEQ   文字知识   等等   受益匪浅
      kʰu³³-ŋɐ⁵³-rɑ³³=sɑ⁵⁵...
      DIR-学到-PFV.SEN=LNK
虽然（觉得）学到了知识受益匪浅，但是（生活上还是遇到了困难）。

（354）ge³³ge⁵⁵　　tə⁵⁵-və³³-sɿ³³=ɣæ³³　　　　ndzɐ³³pu⁵⁵　　sɿ⁵⁵və³³
老师　　　　DIR-担任-PFV.3=POSS　　　　结果　　　　好的
qʰə⁵⁵-tʰɐ³³-ra³³.
DIR-得到-PFV.SEN
当老师的结果就是（觉得）得到了某些好处。

（355）tsə³³kə⁵⁵　　nə³³tæ³³　　wɐ⁵⁵ndɐ⁵⁵lø³³　　tʰə³³-væ²⁴-ra³³.
SEQ　　　　时光　　　那样　　　　　　　DIR-变成-PFV.SEN
然后（觉得）日子也就变成了那样。

除了可以表达"亲见／感知"意义的差别外，完整体标记 sɿ³³ 和 ra³³ 的差别还在于动作行为的"可控性"（controllable）上：sɿ³³ 既可用于动作行为"自动、不可控制"的语境中，又可用于动作行为"他动、且别人或其他对象可以控制"的语境之中；ra³³ 一般都不能用在"自动、不可控制"的语境中。

例（356）中老师的嘴巴是自己变歪的，老师自己无法控制变歪的动作，整个动作方式属于"自动、不可控制"，因此只能使用体标记 sɿ³³ 而不能使用 ra³³。例如：

（356）tsʰo⁵⁵　　　tə³³ku⁵⁵　　　tsə³³kə³³　　　ŋə³³tsø⁵³　　　nə²⁴
冬天　　　　冷　　　　　SEQ　　　　　嘴巴　　　　也
tʰæ³³-qa⁵³-sɿ³³　　　　（*-ra³³）
DIR-歪的-PFV.3
冬天冷，嘴巴都歪了。

同样的情况还见于例（357）和例（358）。例（357）中画是自己掉下来的，而不是人为弄掉的，因此不能使用 ra³³ 而使用 sɿ³³；例（358）中女人生小孩是不可控制的因素，不可能被主语的意志改变（女人想生小孩就生，不想小孩出生，小孩就不出生），因此该句也不能使用 ra³³。例如：

（357）ndzɐ³³jy⁵³=pu⁵=ɣæ²⁴　　　ri³³mu⁵⁵　　　tʰẽ⁵⁵-ŋgɐ⁵³-sɿ³³.　　（*-ra³³）
墙壁=LOC=POSS　　　　　　　画　　　　　DIR-掉落-PFV.3
墙上的画掉了。

（358）tɕʰə⁵⁵tsʰi⁵⁵=næ²⁴　　mə⁵⁵zæ⁵³=ji²⁴　　pə⁵⁵tsʰi⁵³
邻居=PL.POSS　　　　女儿=ERG　　　　孩子
ɣɿ³³-tɕy⁵³-sɿ³³.　　　　（*-ra³³）
DIR-生-PFV.3
邻居家的女儿生孩子了。

例（359）和例（360）中施事主语将动作行为"供佛"和"养狗"施

加在受事宾语之上，这两句的施事主语"僧侣""主人"虽然并未在句中出现，但都能够通过语境推导出来。供奉佛像的施事者一定是僧侣，而不可能是佛像自己供奉自己；人才会喂养狗，狗几乎不能自己喂养自己。因此，在以下句子中动作行为都属于"他动，且某人或某一对象可以控制该动作"。此时使用 si^{33} 和 ra^{33} 的情况都比较常见。例如：

（359）$ŋgõ^{33}mbæ^{53}=k^hu^{24}$　　$læ^{33}$　　$te^{55}-lø^{33}$　$k^hũ^{33}-tɕ^hø^{53}-si^{24}$.　（$-ra^{33}$）
　　　　寺庙=LOC　　　　佛像　　一-CL　　DIR-供奉-PFV.3
　　　　寺庙里供了一尊佛像。

（360）$re^{55}tɕe^{53}=k^hu^{24}$　　$k^hə^{55}$　　$tẽ^{55}-ndze^{33}$　$k^ho^{33}-sɨ^{53}-si^{24}$.　（$-ra^{33}$）
　　　　院子=LOC　　　狗　　二-CL　　DIR-养-PFV.3
　　　　院子里养了两条黄狗。

除此之外，在表达动作已经完成或发生时也可以不使用句末完整体标记 si^{33} 和 ra^{33}，而是采用表达过去的时间副词，从语境中推导出动作的完成过程。例如：

（361）$ŋi^{24}$　　　　$ji^{55}si^{33}$　　$ɣu^{55}ɣji^{55}$　　$ne^{55}-sø^{53}-ŋe^{24}$.
　　　　1sg.ERG　　昨天　　鸡　　　　DIR-杀=EGO
　　　　我昨天杀了鸡。

（362）$ŋi^{55}$　　　　　$ji^{55}si^{33}$　　　$ɣu^{55}ɣji^{55}$　　$næ^{33}-se^{53}$　　$sø^{33}ri^{55}$
　　　　1sg.ERG　　　昨天　　　鸡　　　　　DIR-杀　　　难道
　　　　$ʔæ^{33}=ŋe^{53}=ti^{33}$?
　　　　Q=COP=GNO.IMM
　　　　我昨天难道杀了鸡是吗？

若将主语变成第二或第三人称，在表达过去事件的时候，句末就需要添加上专用的完整体标记。此时发音人几乎不能接受不带完整体标记的表达式。例如：

（363）$ne^{33}=ji^{55}$　　　$ji^{55}si^{33}$　　$ɣu^{55}ɣji^{55}$　$næ^{55}-sæ^{33}-sø^{33}$.
　　　　2sg=ERG　　　昨天　　鸡　　DIR-杀-PFV.2sg
　　　　你昨天杀了鸡。

（364）$ʔe^{33}tsi^{55}$　　$ji^{55}si^{33}$　　$ɣu^{55}ɣji^{55}$　$ne^{55}-sa^{55}-si^{55}$　$ʔæ^{33}=ŋe^{55}=ti^{33}$?
　　　　3sg.ERG　　昨天　　鸡　　DIR-杀-PFV.3　　Q=COP=GNO.IMM
　　　　他昨天杀了鸡是吗？

由此可见，沙德木雅语主要依靠在动词之后添加完整体标记 si^{33} 或 ra^{33} 表达动作的完成状态。si^{33} 需要通过内部元音交替保持跟主语人称以及数的一致。ra^{33} 跟主语的人称和数并无一致关系，但当主语是双数时，句末一般都只能使用完整体标记 ra³³ 而不能使用 si³³（或其元音交替形式）。同时 ra³³ 还隐含说话人亲眼所见过去某一事件的发生，在表示说话人切身感受过去事件的发生状态时，完整标记 ra³³ 还具有"亲见－感知"的示证标记功能，而 si³³ 并不具有这一示证功能。

si³³ 和 ra³³ 的差别还在于动作行为的"可控性"上。前者既可用于动作行为"自动、不可控制"的语境中，又可用于动作行为"他动，且某人或某一对象可以控制该动作"的语境之中；后者一般都不能用在"自动、不可控制"的语境中。因此，沙德木雅语的完整体跟示证、行为的"自控－非自控"等其他语法功能密切关联，由此造成其使用过程中的复杂性。

表 6-5 总结了沙德木雅语完整体的语法特征。

表 6–5　　　　　沙德木雅语完整体标记的功能

人称和数的变化		语法功能	是否可标记亲见或感知示证	动作为可控（+）/不可控（—）	是否有其他手段表达动作完成？
一人称	单数	sø³³	—	+/—	（时间副词）
	双数	ra³³/(se³³)	+	+	
	复数	se³³	—	+/—	
二人称	单数	sø³³	—	+/—	无
	双数	ra³³/(se³³)	+	+	
	复数	se³³	—	+/—	
三人称	单数	si³³	—	+/—	无
	双数	ra³³/(se³³)	+	+	
	复数	si³³	—	+/—	

6.3.2　经历体

经历体表示过去所经历过的某种动作行为，观察的侧重点在于过去的事件。沙德木雅语的经历体使用标记 ndɑ⁵⁵，ndɑ⁵⁵ 常常需要跟句末的叙实示证标记 ni³³ 一起使用，构成 ndɑ⁵⁵ni²⁴ 结构。木雅语并不要求经历体标记跟主语或宾语的人称保持一致关系,经历体标记不会随人称和数的不同而变化。

经历体跟动词情状的搭配比较灵活,并不会因为动词情状差异而出现搭配上的不同。例如:

(365) ʔæ³³læ⁵⁵=ji²⁴   tsə̱³³lə̱⁵⁵   tɐ³³-lø³³   kʰo³³-sy⁵⁵-ndɑ⁵⁵=ni²⁴.
       阿姨=ERG   猫   一-CL   DIR-养-EXP=GNO
       阿姨养过一只猫。

(366) pʰə³³lɑ⁵⁵   tʰɐ³³-ndzе⁵³   kʰə⁵⁵-tə⁵⁵-ndɑ²⁴=ni²⁴.
       碗   两-CL   DIR-买-EXP=GNO
       他买过两个碗。

(367) ʁɑ⁵⁵mu⁵³   ɦɑ³³-tʂɑ⁵³-ndɑ²⁴=ni²⁴   tɕʰə³³nə⁵⁵   ɦɑ³³-tʂɑ⁵³-pæ³³-ʔɑ³³?
       头发   DIR-剪-EXP=GNO   还要   DIR-剪掉-IMPV-Q
       头发剪过了,还要剪吗?

(368) tã³³xɑ⁵⁵   nɐ³³-dzo⁵⁵-ndɑ²⁴=ni²⁴   tɕʰø²⁴   nɐ³³-tɕə³³-dzæ³³.
       电话   DIR-打-EXP=GNO   现在   DIR-PROH-打
       打过电话了,现在别再打了。

(369) væ³³və⁵³=ji²⁴   do³³zø⁵⁵   tə⁵⁵-və⁵³-ndɑ²⁴=ni²⁴.
       爷爷=ERG   建筑工   DIR-当-EXP=GNO
       爷爷当过建筑工。

(370) ʔe³³nə⁵⁵   mə³³ŋæ⁵⁵-ɣæ²⁴=nə²⁴   sɨ³³tɕʰy⁵⁵   tʰɐ⁵⁵-xə⁵³-ndɑ²⁴=ni²⁴.
       这些.PL   木雅=NMLZ=PL   石渠   DIR-去-EXPR=GNO
       这些木雅人去过石渠。

在回答问句时,可直接使用经历体标记 ndɑ⁵⁵ 跟句末叙实示证标记的组合结构 ndɑ⁵⁵ni²⁴,甚而省略掉句子的谓语成分。这类动词词根省略(verb root ellipsis)的方式常见于沙德木雅语的问句答语中。例如:

(371) væ³³və⁵³=ji²⁴   do³³zø⁵⁵   tə⁵⁵-və⁵³   ʔo³³-ndɑ⁵⁵=ni²⁴?
       爷爷=ERG   建筑工   DIR-当   Q=EXP=GNO
       ndɑ²⁴=ni²⁴   /   tɕɐ⁵⁵-ndɑ³³.
       EXP=GNO   NEG-EXP
       爷爷当过建筑工吗?当过。没当过。

虽则都是表达过去事件的经历过程或完成状态,但就算整个事件都表示在过去时间范围内发生,沙德木雅语的经历体标记 ndɑ⁵⁵ 也不能跟完整体标记 sɨ³³ 或 rɑ³³ 一起使用。因此无法使用类似汉语"过了"一样的 ndɑ⁵⁵sɨ³³ni²⁴ 和 ndɑ⁵⁵rɑ³³ni²⁴ 等重叠形式。

6.3.3 非完整体

非完整体（imperfective）跟完整体对立，它主要反映未完成的动作情状或未完成事件的内部状态。非完整体可以标记持续的事件、进行的事件或处于延续状态的事件，有时还可标记某些将来发生的动作情状（Comrie 1976：16-22）。沙德木雅语的体标记 pi^{33} 同时标记进行和持续的语法意义，它主要强调动作情状的未完成状态，并且木雅语也并非绝对区分"进行体"和"持续体"的语言。从出现的句法位置看，pi^{33} 只能后置于动词。pi^{33} 跟主语的人称、数有一致关系，其元音常常会受主语人称和数的变化而发生交替变化。

表 6-6 总结了非完整体标记 pi^{33} 的元音受主语人称和数影响发生元音交替变化的规律。

表 6-6　　　　非完整体标记 pi^{33} 的元音屈折变化类型

pi^{33} 屈折变化	一人称			二人称			三人称		
	1sg	1dl	1pl	2sg	2dl	2pl	3sg	3dl	3pl
	po^{33}	pe^{33}	pe^{33}	$pæ^{33}$	pe^{33}	pe^{33}	pi^{33}	pi^{33}	pi^{33}

由上表可知，非完整体标记 pi^{33} 跟三人称主语搭配时，无论主语是单数还是复数，都统一使用 pi^{33}。若主语为一人称单数则使用非完整体标记 po^{33}，若主语为一人称双数和复数则使用 pe^{33}。当主语为二人称双数和复数时，使用非完整体标记 pe^{33}；当二人称主语为单数时，需要将 pe^{33} 变为 $pæ^{33}$。由此可见第二人称的情况较第一人称更复杂。该屈折形态变化可能源于"非完整体标记的元音需同时跟动词词根元音保持和谐"的形态变化手段。由于非完整体标记 pi^{33} 受主语人称和数的影响发生元音交替的类型较多，目前无法具体总结其变化规律，本书仅在附录三罗列相关形态变化的例子，供读者参考。

在表示未完成或持续进行的动作情状时，一般只需要在动词后添加非完整体标记 pi^{33} 或 $pi^{33}ni^{33}$，但单单使用 pi^{33} 的情况较多。例（372）中出现了表当前时间的名词 $tɕʰə^{53}$ "现在"，例（373）－（376）中并未出现具体的时间名词，但是当句末添加了体标记 pi^{33} 之后，整个句子表示动作事件正在进行或正在发生。例如：

（372）$do^{33}zø^{55}$=ni^{24}　　　　$tɕʰə^{53}$　　$tɕe^{55}$　　$tə^{55}$-$tɕə^{53}$-pi^{24}.
　　　　工人=PL.ERG　　　　现在　　房间　　DIR-修建-IMPV.3
　　　　工人在修房间。

（373）tæ³³gæ⁵⁵kʰi⁵⁵læ³³,　　　ŋi³³　　　　ji³³ta⁵⁵　　nɑ⁵⁵-ʁo⁵⁵-po⁵⁵=ni²⁴.
　　　等一下　　　　　　1sg.ERG　　脸　　　　DIR-洗-IMPV.1sg=GNO
　　　等一下，我正在洗脸。

（374）zɔ̃³³ndə⁵⁵=ji²⁴　　tsʰi³³pʰo⁵⁵=le²⁴　　tə³³-ndzə⁵³kæ³³læ⁵³　　ndy²⁴-pi³³.
　　　猴子=ERG　　　　树=LOC　　　　　　DIR-爬　　　　　　　去-IMPV.3
　　　猴子正在爬树。

（375）la³³pa³³　　tə⁵⁵-su⁵⁵-pi²⁴.
　　　喇叭　　　DIR-叫-IMPV.3
　　　喇叭正在叫。

（376）rõ⁵⁵=ji²⁴　　　rə³³mbə³³　　ɦæ³³-dæ⁵³-pi²⁴.
　　　蛇=ERG　　　　皮　　　　　DIR-脱掉-IMPV.3
　　　蛇正在脱皮。

当标记动作的持续或延续状态时，也常常使用非完整体标记 pi³³。不过此时需要借助时间副词或不同类型的动词才能具体区分 pi³³ 所标记的动作事件是进行的还是持续的。例（377）和例（378）同时添加了时间副词"一直、总是"等，表示整个事件是进行且持续的。例如：

（377）mɛ⁵⁵mɛ⁵⁵=ji²⁴　　tsɔ̃³³tʰa̠⁵³=le³³　　ŋə⁵⁵mɛ⁵³-nə²⁴　　lə⁵⁵mi⁵⁵-pi³³.
　　　妈妈=ERG　　　　一直=DAT　　　　　牛-PL　　　　　放牧-IMPV.3
　　　妈妈一直都在放牛。

（378）kʰə⁵⁵=ji²⁴　　tsɛ̃³³tʰæ⁵³　　wã³³wã³³wa³³　　tə³³-pi⁵³.
　　　狗=ERG　　　总是　　　　　汪汪声　　　　叫-IMPV.3
　　　狗总是在汪汪叫。

除了跟动作性较强的动作动词（dynamic verbs）组合外，pi³³ 还可以跟表示心理活动、情感态度等动作性不强的静态感知动词（static sensation verbs）组合，此时表示某种心理活动或态度正在进行之中，或是某种惯常具有的感知或认识。该类使用情况下的 pi³³ 无法用汉语的"正在"或"着"对译，更像是英语中某些具有进行时形态变化的感知动词[①]。

以下（379）－（380）的谓语动词是动作性较弱的感知类动词，它们都可以跟体标记 pi³³ 搭配从而表达当前正在持续进行的动作状态。例如：

（379）kʰə³³ɕe̠⁵³　　kʰə³³-tɕæ⁵³ræ²⁴　　ʔe³³tsi⁵⁵næ²⁴　　pʰə⁵⁵ʁe̠⁵³　　kʰə³³-ɕe̠⁵⁵-pi²⁴.
　　　快　　　　　DIR-看.IMP　　　　3dl　　　　　　害羞　　　　DIR-发生-IMPV.3
　　　快看呢，他们一直在害羞。

[①] 例如英语的 She is loving him still after all this time～以后她还一直爱着他。

（380）ʔɐ³³tsi⁵⁵   mə³³zæ⁵³=ri²⁴   ʔɐ⁵⁵tsi³³   tɕe³³næ⁵³   ti⁵⁵ti³³   se⁵⁵se⁵³
       这   女孩=CONJ   这   男孩.PL.DAT   RECP   顺眼
       kʰə³³-ɕɐ⁵⁵.
       DIR-发生
       这个女孩和这些男孩一直相互喜欢对方。

除了使用常用的非完整体标记 pi³³ 表达持续意义外，沙德木雅语还可使用"一边……一边、同时"等词汇手段表达持续的语法意义。添加了表示持续状态的词后句末也需要添加体标记 pi³³。例如：

（381）wɐ⁵⁵tsi³³   mɐ⁵⁵ŋɐ⁵³=ji²⁴   læ⁵⁵kæ⁵³   tʰɐ³³-və⁵³   pi³³ɕi⁵⁵   ndzɐ³³lø⁵³
       那   女人=ERG   家务   DIR-做   同时   歌曲
       nẽ³³-tʰe⁵³-pi²⁴.
       DIR-唱-IMPV.3
       那个女人一边做家务，一边唱歌。

（382）ŋã³³tɕʰø⁵³=ji²⁴   ndze⁵⁵   kʰi³³-tsi⁵⁵   pi³³ɕi⁵⁵   mə⁵⁵ŋæ⁵³   su⁵⁵
       郎曲=ERG   饭   DIR-煮   同时   木雅   语言
       tə⁵⁵-və⁵³-pi²⁴.
       说-LVB-IMPV.3
       郎曲一边煮饭一边说木雅话。

6.3.4 视点体

视点体（prospective aspect）①强调事件将来发生的意义，它并不以言谈时间为基点，而是针对事件发生时到将来的某一时刻。沙德木雅语的视点体标记跟非完整体标记有相似之处，都需要使用后置于谓语的体标记 pi³³，但在表达将来时间维度时需要使用专用的语法标记 pi³³ni³³。某些周边的羌语支语并不区分视点体和进行体／持续体②，但木雅语的视点体跟非完整体并不完全相同，大多需要在非完整体 pi³³ 之后添加 ni³³ 才能表达视点体的功能。有时候就算句中没有添加明确表示将来时间的时间名词或时间副词，若句末使用体标记 pi³³ni³³，全句也只能被解读为在将来时间范围内所发生的事件。例如：

---

① 视点体在其他体貌研究的相关文献中有将行体（future aspect）、近将来体（immediate future）等类似名称。由于各种语言类型不同，因此处理方法也不一致。这里我们将其处理为视点体，即相对于事件发生时候表示将来进行事件的情状类型。

② 例如扎坝语中不管是表示视点体还是进行体／持续体，都统一使用句末体貌标记 tʂə³³。

（383）tʂɛ³³ɕi³³ndzɨ³³mæ⁵³=ji³³　　tʂo³³=kʰu⁵³　　ndo³³　　qʰə³³-də³³-rɐ³³
　　　 扎西志玛=ERG　　　　　街道=LOC　　　肉　　　DIR-买-INF
　　　 xə³³-pi⁵⁵=ni³³.
　　　 去-IMPV.3=GNO
　　　 扎西志玛将要去街上买肉。

（384）ʔɐ³³tsi³³　　mo³³ŋo³³　　tɐ³³tæ⁵³　　mɛ³³mɛ³³　　tʰə³³-væ³³-pi³³=ni³³.
　　　 这　　　　女人　　　　很快要　　　妈妈　　　　DIR-做-IMPV.3=GNO
　　　 这个女人很快就要当妈妈了。

（385）tʂõ³³mba⁵³　　tɐ³³-lə³³=tsi³³　　mbu⁵⁵=le³³　　tə³³-po⁵⁵　　xə⁵⁵-pi³³=ni³³.
　　　 村子　　　　一-CL=NMLZ　　　山=LOC　　　DIR-搬上去　　去-IMPV.3=GNO
　　　 村民要搬到山上去了。

（386）sæ³³si⁵³　　tɕe³³=kʰu⁵⁵=wu²⁴=ni⁵⁵　　ʁa⁵⁵　　tʰɐ³³-lə⁵⁵-pi³³=ni³³.
　　　 明天　　　家=LOC=NMLZ=PL.ERG　　羊　　　DIR-放-IMPV.3=GNO
　　　 明天家里的人要去放羊啦。

甘孜州东南部某些藏缅语中常常使用一个近将来体标记（immediate future），它添加在谓语之后，表示距离事件发生时候较近的将来，其时间维度常常比视点体距离说话时间更近，它所标记的事件在将来的时间轴上是有界（bounded），且封闭的①。但沙德木雅语并不区分视点体和近将来体，若是表示未来事件的延续，也统一使用句末体标记 pi³³ni³³。

6.3.5　反复体

反复体（repetitive）表示动作反复进行的状态，沙德木雅语主要依靠动词词根以及动词趋向前缀重叠，以 [DIR₁...V...DIR₂...V] 的结构表达反复体意义。重叠的趋向前缀 DIR₁ 和 DIR₂ 大多表示相反方向；作为反复体标记时，趋向前缀需要跟动词词根保持元音和谐。

例（387）—（389）的动词词根分别是 tʂø⁵³、xə³³、vi⁵³，在表达反复体的功能时，重叠的动词词根之间分别嵌入了趋向前缀 DIR₁ 和 DIR₂。例如：

（387）ʔɐ³³ni⁵⁵　　　　　ŋə³³næ⁵³　　　　tɕe³³=kʰu⁵³　　　ɕa⁵⁵pu⁵³
　　　 3pl.ERG　　　　 1pl.POSS　　　　家=LOC　　　　聚会
　　　 kʰə³³tʂø⁵³ɦæ³³tʂø⁵³-pi²⁴.
　　　 聚来聚去.REP-IMPV.3
　　　 他们常常在我们家聚来聚去。

---

① 例如扎坝语有一个近将来体标记 tɕʰa⁵³。tɕʰa⁵³ 跟视点体不同的是它表示距离事件发生时候较近的将来，且 tɕʰa⁵³ 不需要借助句中任何表示将来意义的词就能独立表达近将来的含义。

（388）ndə³³re⁵⁵　　mə̰⁵⁵=qo⁵⁵　　ɣə²⁴xə³³ɦæ³³xə⁵³-pi²⁴.
　　　　云　　　　　天=LOC　　　走来走去.REP-IMPV.3
　　　　云在天上飘来飘去。

（389）zæ²⁴　　　tʰi⁵⁵vi⁵³ŋgi³³vi⁵³　　næ⁵⁵-tɕə³³-ve²⁴.
　　　　孩子　　　送来送去　　　　　DIR-NEG-做
　　　　不要把孩子送来送去。

在表达反复体意义时，动词词根跟趋向前缀的搭配并无统一规律，不同动词词根在选择反复体标记时多采用固定搭配形式。这里简单选取了 13 个动词，考察其反复体表达式的情况。如表 6-7 所示：

表 6-7　　　　沙德木雅语动词反复体表达式的内部形态变化

趋向前缀结构	动词词根	例子（趋向前缀可元音更替）
kʰi⁵⁵...ɦi³³...	tɕe⁵³ri²⁴	kʰə⁵⁵tɕe⁵³ri²⁴ɦæ³³tɕe³³ri²⁴ "看来看去"
qʰi³³...ɦi³³...	se⁵⁵NGæ⁵³	qʰə³³se⁵⁵NGæ⁵³ɦæ³³se³³NGæ³³ "听来听去"
kʰi³³...ɦi³³...	sø⁵⁵næ⁵³	kʰə³³sø⁵⁵næ⁵³ɦæ³³sø³³næ³³ "闻来闻去"
ni⁵⁵...ɣi⁵⁵...	tʰæ³³	ni⁵⁵tʰæ³³ɣi⁵⁵tʰæ³³ "踩上踩下"
...ɦi²⁴...	rqæ⁵³	rqæ⁵³ɦæ²⁴rqæ³³ "走来走去"
tʰi⁵⁵...ŋgi⁵⁵...	dzu³³	tʰɐ⁵⁵dzu³³ŋgə⁵⁵dzu³³ "跑来跑去"
tʰi⁵⁵...ŋgi⁵⁵...	tɕə³³	tʰu⁵⁵tɕə³³ŋgu⁵⁵tɕə³³ "吸来吸去"
ti⁵⁵...ni⁵⁵...	qɑ³³	tə⁵⁵qɑ³³nɑ⁵⁵qɑ³³ "睁来睁去"
tʰĩ⁵⁵...ŋgĩ⁵⁵...	tɕæ³³læ³³	tʰɻ̃⁵⁵tɕæ³³læ³³ŋgɻ̃⁵⁵tɕæ³³læ³³ "舔来舔去"
ti⁵⁵...ni⁵⁵...	la⁵³	to⁵⁵la⁵³no⁵⁵la⁵³ "洒来洒去"
tʰi⁵⁵...ŋgi³³...	tɕʰə⁵³	tʰɐ⁵⁵tɕʰə⁵³ŋgə³³tɕʰə⁵³ "拿来拿去"
ɣi³³...ŋgi³³...	ki⁵³	ɣi³³ki⁵³ŋgi³³ki⁵³ "伸来伸去"
ti³³...ni³³...	tsʰi⁵³	ti³³tsʰi⁵³ni³³tsʰi⁵³ "跳来跳去"

6.3.6 惯常体

惯常体（habitual）用以描述习惯性的行为，而习惯性的行为通常是数量不定且重复性的，因此惯常体在某些语言中可以使用反复体来标记。Comrie（1976：25）将惯常体和持续体都看作非完整体的下位范畴，认为表达惯常体最常见的方法是不使用语法标记。沙德木雅语没有一个专用的惯常体标记，在表达惯常意义时除了添加表示惯常的时间或频率副词外，句末还可同时添加非完整体标记 pi^{33} 从而使用双重标记（double marking）强调惯常发生的事件。

以下例子中时间副词 $k^hi^{55}\gamma o^{53}$ "年年"、$ts\underline{\sigma}^{33}t^h\underline{a}^{53}$ "常常"已经具有惯常时间的意味，但句中同时还可添加惯常体标记 pi^{33} 从而强调惯常发生的事件。例如：

(390) $\text{ʔæ}^{33}k^hi^{53}$　　$ki^{55}\text{ʁo}^{53}$　　$n\text{ə}^{24}$　　$tɕe^{33}=k^hu^{55}$　　$x\text{ə}^{55}\text{-pi}^{33}\text{=ni}^{24}$.
　　　哥哥　　　年年　　　也　　　屋子=LOC　　去-IMPV.3=GNO
　　　哥哥年年都去（那个）屋子。

(391) $mæ^{33}mæ^{55}\text{=ji}^{24}$　　$ts\underline{\sigma}^{33}t^h\underline{a}^{53}$　　$ts^ha^{33}la^{53}$　　$ro^{33}zi^{53}\text{-pi}^{55}\text{=ni}^{24}$.
　　　奶奶=ERG　　　常常　　　舞蹈　　　跳-IMPV.3=GNO
　　　奶奶常常跳舞。

(392) $ts\underline{\sigma}^{33}t^h\underline{a}^{53}$　　$ts^h\tilde{u}^{55}\text{=k}^hu^{33}$　　$ts^h\tilde{o}^{33}ndø^{53}$　　$k^h\text{ə}^{55}\text{-ndzɑ}^{53}\text{-pi}^{55}\text{=ni}^{24}$.
　　　常常　　　村子=LOC　　会议　　　DIR-召开-IMPV.3=GNO
　　　村子里常常召开会议。

(393) $mbu^{55}\text{=tse}^{33}mu^{33}$　　$ts\underline{\sigma}^{33}t^h\underline{a}^{53}$　　$v\text{ə}^{33}$　　$n\text{e}^{33}\text{-t}^h\text{ø}^{53}\text{=ni}^{24}$.
　　　山=LOC　　　常常　　　雪　　　DIR-降下=GNO
　　　山顶上常常会下雪。

6.4　情态范畴

情态指由动词或相关范畴所表示的语气对立，它强调的是命题的状态，而不关注事件的具体特征。Palmer（2001：8-10）认为从句子命题角度考虑，情态可以分为认识情态和道义情态（deontic）两大类。前者是说话人描述自己对某一命题事实情况的判断；后者从道义、责任的角度关注施事的行为有无可能性或必要性。沙德木雅语在表达情态范畴时可以使用词汇手段，句中添加某些专用的情态助动词；也可以使用形态句法手段，依靠添加情态标记或改变动词内部语音结构的屈折变化方式。以下分别对沙德木雅语的情态类型进行全面描写。

6.4.1　认识情态

认识情态表达说话人对命题情况的主观判断和认知。认识情态在沙德木雅语中主要依靠词汇手段表达，在句中使用情态助动词 so^{55} "希望、觉得、认为、想要"。情态助动词 so^{55} 只能放在谓语之后，它后面常常还需要添加非完整体标记 pi^{33} 用来强调某一认识、判断和看法一直存在且处于延续的状态。例如：

(394) ʔæ⁵⁵tɕi³³=ji²⁴   tɕe²⁴   tɐ³³-lø³³   ɣĩ³³-dʑy⁵⁵   tʰɐ³³   ɴæ³³=ti⁵³
姐姐=ERG   儿子   一-CL   DIR-生   DM   好的=GNO
so⁵⁵-pi³³.
想-IMPV.3
姐姐希望要是能生一个儿子的话就很好。

(395) mə³³ŋæ⁵³ŋi²⁴-tse⁵⁵næ³³   tɕi³³pu⁵³   qʰə³³-ɕɐ⁵³   tʰɐ³³
木雅人-REFL   幸福   DIR-发生   DM
ɴæ³³=ti⁵³   so⁵⁵-pi²⁴.
好的=GNO   想-IMPV.3
木雅人希望要是能过上幸福的日子就好了。

(396) tɕʰĩ³³tsʰi³³-ni²⁴-tse³³næ²⁴   tɑ⁵⁵jæ⁵³   kæ³³næ⁵³kæ³³dzo⁵³
邻居-PL.ERG-REFL   钱   越来越多
tʰə³³-væ⁵³-və³³   ʔæ³³-næ⁵³-so⁵⁵-pi³³？
DIR-变成-LVB   Q-MOD:能够-MOD:希望-IMPV.3
邻居们自己希望能够变得越来越有钱吗？

有时候说话人还可使用助动词 ri⁵⁵ɣæ³³si³³ 表达自己对事实的必然看法。ri⁵⁵ɣæ³³si³³ 具有很强的主观认识情态意义，有些类似于汉语中的"应该"，它一般置于动词之后。若动词后同时添加了体标记和示证标记，ri⁵⁵ɣæ³³si³³ 需要置于示证标记之后，处在句末的位置。例如：

(397) tɐ³³gæ⁵³   zæ³³ɴæ⁵⁵   tə³³kʰæ⁵³-pi³³   ndə³³=ri⁵⁵ɣæ³³si³³.
核桃   大概   苦的-IMPV.3   有=MOD:应该
核桃大概是苦涩的。

(398) tɕu⁵⁵lu⁵⁵=ɣæ²⁴   mə³³ŋi⁵⁵ni²⁴   zæ³³ŋæ⁵³   ə⁵⁵
九龙=POSS   人们.ERG   应该   1sg
ŋi⁵⁵-si³³=ŋɐ³³=ri⁵⁵ɣæ³³si³³.
NEG-喜欢=EGO=MOD:应该
九龙县的人应该不喜欢我。

(399) mbu⁵⁵=le⁵⁵=ɣæ²⁴   mə̣⁵³   ʔɐ³³tsi⁵⁵   tɐ³³-lə⁵³-si³³=ŋɐ³³=ri⁵³ɣæ³³si³³.
山=LOC=POSS   火   3sg.ERG   DIR-放-PFV.3=EGO=MOD:应该
山上的火应该是他放的。

除了使用 ri⁵⁵ɣæ³³si³³ 表达认识情态意义外，沙德木雅语还有一个表达确定、确信，对某一信息的真实性持断言态度的 tɕ⁵⁵tɕ⁵³ "确信无疑 / 的确是那样"。tɕ⁵⁵tɕ⁵³ 跟 ri⁵⁵ɣæ³³si³³ 不同，它不能置于句末，只能放在句中位置，因此 tɕ⁵⁵tɕ⁵³ 应该属于副词。有时候很难在汉语中找到一个确切的词去翻译

te⁵⁵te⁵³的意思,但它时常表示说话人对言谈信息的确信或对其所言真实性的肯定。例如:

(400) tʂɐ³³ɕi⁵⁵   te⁵⁵te⁵³   mə³³ɲi⁵⁵   si⁵⁵və⁵³   te⁵⁵-lø³³=ni²⁴.
      扎西   的确   人   好的   一-CL=GNO
      扎西的确是一个好人。

(401) ne³³=ji⁵⁵   te⁵⁵te⁵³   ri²⁴   tɕʰɐ³³ŋe⁵³   tə⁵⁵-te⁵³-ra²⁴.
      2sg=ERG   的确   汤   喝   DIR-说-PFV.SEN
      的确是你自己说的要喝汤。

有时候还能使用副词 te⁵⁵ŋə⁵⁵mæ⁵³ 替换 te⁵⁵te⁵³,两者意义几乎相同,并无明显差别。例如:

(402) ŋi⁵⁵   te⁵⁵ŋə⁵⁵mæ⁵³   ve²⁴   ŋə³³-tɕɐ⁵³=ɲɐ²⁴.
      1sg.ERG 的确   糌粑   DIR-拿来=EGO
      我的确把糌粑拿来了。

6.4.2 道义情态

道义情态和认识情态的不同之处在于它主要关注未实现的事件,并且说话人对相关事实具有责任、义务或许可的态度。根据道义情态内部的语义差别,沙德木雅语可采用不同的语法手段表达道义情态。在表达责任和义务时,使用情态助动词 kʰɑ³³me⁵³ "应该、就要"。kʰɑ³³me⁵³ 的本义为 "不得不",进一步演变为可以承载道义情态功能的语法标记,这种用法更像是使用双重否定式表达特定的情态类型。例如:

tu⁵⁵ŋə³³pʰɐ⁵³kʰɑ³³me⁵³ "不得不给"   ne⁵⁵ŋə⁵⁵ɕə⁵³kʰɑ³³me⁵³ "不得不撕"
tə⁵⁵ŋə³³rə⁵³kʰɑ³³me⁵³ "不得不站"   ti⁵⁵ŋə³³tsʰi⁵⁵kʰɑ³³me⁵³ "不得不跳"
kʰə⁵⁵ŋə⁵⁵rə³³ŋə³³kʰɑ³³me⁵³ "不得不拖" na⁵⁵ŋə⁵⁵pʰo³³pʰa⁵³kʰɑ³³me⁵³ "不得不埋"

而 kʰɑ³³me⁵³ 跟别的情态助动词一样也只能放在动词之后的位置,在它之后需要添加叙实示证标记 ni³³(见 6.5.2 小节),而不能添加非完整体标记 pi³³。情态助动词 kʰɑ³³me⁵³ 需置于谓语之后叙实示证标记之前的位置,此时它表示主语有责任和义务从事某一行为。例如:

(403) mə³³   ri³³mu⁵⁵-ra²⁴,   næ³³   tɕi³³=kʰu⁵⁵   ŋə⁵⁵-xə³³-kʰɑ³³me⁵³=ni³³.
      天   黑-PFV.VIS   2sg   屋=LOC   DIR-走-MOD:应该=GNO
      (看见)天黑了,你应该回家。

(404) ɕi³³pæ⁵⁵=næ³³   dze³³wu⁵⁵   ri²⁴-ŋə³³-tɕɐ⁵³-kʰɑ³³me⁵³=ni³³.
      男人=PL.POSS   大胡子   留-NEG-留-MOD:应该=GNO
      男人们的胡子应该不要留了(男人应该不再留胡子了)。

(405) nɐ̠³³nɐ̠⁵³　　　tɕæ³³tʂu⁵⁵mæ⁵³　　　nə⁵⁵-tɕʰə³³ -kʰa³³me⁵³=ni³³.
　　　早上　　　　　酥油茶　　　　　　DIR-喝-MOD:应该=GNO
　　　早上应该喝酥油茶。

(406) zæ³³　　　　tə³³-dzɐ³³-si⁵⁵=ni²⁴,　　　ne³³=ji⁵⁵　　læ³³kæ⁵³
　　　孩子　　　　DIR-增加-PFV.3=GNO　　　 2sg=ERG　　事情
　　　ŋə³³-vy⁵³-kʰæ³³me⁵³=ni³³.
　　　DIR-做-MOD:应该=GNO
　　　孩子多了，你应该去做事情。

(407) ʔɐ³³tsi⁵⁵　　　sæ³³sɨ³³　　　ndy⁵⁵　　　nə⁵⁵-xə⁵⁵-kʰa³³me⁵³=tə⁵⁵pi³³.
　　　3sg.ERG　　　明天　　　　 康定　　　　DIR-去-MOD:应该=HS
　　　我听说他明天应该要去康定。

(408) ndzo⁵⁵　　　　tɐ³³-lə³³　　　ŋə⁵⁵-sɐ⁵³-kʰa³³me⁵³　　　qʰə³³-ɕɐ⁵⁵-ra²⁴.
　　　牦牛　　　　 一-CL　　　　DIR-杀-MOD:应该　　　　DIR-发生-PFV.VIS
　　　不该（看着）一只牦牛（活活）被杀。

跟 kʰa³³me⁵³ 一样，情态助动词 χi⁵⁵ 也可添加在动词之后表达道义情态的功能。χi⁵⁵ 所表示的情态意味较为委婉，并无 kʰa³³me⁵³ 那样具有强制性，也不强调某种必须履行的责任和义务，它更像是一种较为礼貌和委婉的建议，提醒听话人应当从事某种行为，有些类似汉语的"需要"之义。χi⁵⁵ 用以暗示说话人和听话人之间的协商，但听话人是否按照说话人所提出的意见去从事某行为，还由听话人自己说了算。χi⁵⁵ 之后一般也需要添加叙实示证标记 ni³³，但不能添加非完整体标记 pi³³。例如：

(409) pu³³pæ³³ŋi²⁴　　　pə⁵⁵su⁵³　　　tə³³-və³³-və³³-χi⁵⁵=ni²⁴.
　　　藏族人　　　　　藏语　　　　　DIR-讲-LVB-MOD:需要=GNO
　　　藏族人需要讲藏语。

(410) ɕi⁵⁵pæ⁵³-ni³³　　　nə⁵⁵　　　læ⁵⁵gæ⁵³　　　tʰɐ³³-və⁵³-χi³³=ni³³.
　　　男人-PL　　　　　也　　　　劳动　　　　　DIR-干-MOD:需要=GNO
　　　男人们也需要劳动。

(411) va³³va⁵³　　　tɐ³³-ndzɐ³³　　　kʰe⁵⁵-ʁæ³³　　　ʔæ³³=χi³³=ŋɐ²⁴?
　　　鸡蛋　　　　两-CL　　　　　DIR-煮　　　　　Q=MOD:需要=EGO
　　　需要煮两个鸡蛋吗？

(412) tsʰɐ³³=kə⁵⁵　　　ne³³=ji⁵⁵　　　tse³³ŋə³³　　　dzɐ³³dzæ⁵³　　　tɑ⁵⁵xa⁵⁵
　　　冬天=LNK　　　 2sg=ERG　　　衣服　　　　　多　　　　　　一些
　　　tə⁵⁵-ŋgə⁵⁵-χæ²⁴=ni²⁴.
　　　DIR-穿-MOD:需要=GNO
　　　冬天的时候需要多穿一些衣服。

(413) tə³³-ŋe⁵⁵=tʰə³³ɲi⁵⁵   tə³³rə⁵³   ɦæ³³-ndzi³³-χi⁵⁵=ni²⁴.
     DIR-生病=TOP   糌粑   DIR-吃-MOD:应该=GNO
     生了病的话应该吃糌粑。

除了使用情态助动词 χi⁵⁵ 表达道义情态外，沙德木雅语还可使用情态助动词 tʰa⁵⁵ 和 tsʰu⁵⁵。汉语跟英语的情态助动词"能/can"可以同时表达能力和允许/默许的情态意义，但是沙德木雅语却要用不同的助动词。情态助动词 tʰa⁵⁵ 和 tsʰu⁵⁵ 都必须后置于核心动词，若要对句子的真值条件进行否定，否定标记需要置于情态助动词之前。从内部具体情态意义看，在表达固有能力时，使用助动词 tʰa⁵⁵ "有能力干……"。例如：

(414) zi³³mæ³³ndæ³³=ji²⁴   və³³və³³qo⁵⁵tsi⁵⁵   ji³³-ndzɿ⁵³-tʰa⁵⁵=ni²⁴.
     母猪=ERG   小猪   DIR-生-MOD=GNO
     母猪能生小猪。

(415) sʁ³³de³³ɦæ³³=ni²⁴   væ⁵⁵   tu⁵⁵-dzi⁵⁵-tʰa⁵⁵=ni³³.
     沙德人=PL.ERG   酥油   DIR-制作-MOD=GNO
     沙德人能做酥油

(416) si³³ŋgu⁵⁵=ɣæ²⁴   mə³³ɲi⁵⁵=ni²⁴   tʂe⁵³   ɣe³³ɣe⁵³   ndzɚ³³ndzɚ⁵³
     生古=POSS   人=PL.ERG   菜   好的   很多
     kʰi³³-tsi⁵³-tʰa⁵⁵=ni²⁴.
     DIR-煮-MOD=GNO
     生古村的人能烹饪很多好吃的菜。

(417) ʁa̠⁵⁵   tsʰɿ³³pʰo⁵⁵=le³³   tə⁵⁵-xə⁵³-tʰa²⁴=ni²⁴.
     羊   树=LOC   DIR-去-MOD=GNO
     羊能够爬树。

有时候还可使用 ɴæ²⁴ 代替 tʰa⁵⁵。ɴæ²⁴ 原本是一个形容词"好的、不错的"，但是在某些语境中它可充当"有能力干、能够"意义的情态助动词。ɴæ²⁴ 跟 tʰa⁵⁵ 不同之处在于若它出现在陈述句中，施事成份后需添加源于领属格的与格标记 ɣæ³³；而 tʰa⁵⁵ 无论出现在哪类句型中，施事后都需添加作格标记 ji³³。由此可见情态助动词 ɴæ²⁴ 在陈述句中对施事的格标记具有选择性。例如：

(418) zi³³mæ³³ndæ³³=ɣæ²⁴   və³³və³³qo⁵⁵tsi⁵⁵   ji³³-ndzɿ⁵³-ɴæ²⁴=ni²⁴.
     母猪=DAT   小猪   DIR-生-MOD=GNO
     母猪能生小猪。

(419) ʁa̠⁵⁵=ɣæ²⁴   tsʰɿ³³pʰo⁵⁵=le³³   tə⁵⁵-xə⁵³-ɴæ²⁴=ni²⁴.
     羊=DAT   树=LOC   DIR-去-MOD=GNO
     羊能够爬树。

在表达某种许可、默许的情态意义时，除了需要在动词之后添加情态助动词 tsʰu⁵⁵ "可以、能够"以外，还需要在情态助动词之后添加叙实示证标记 ni²⁴，用以强调言谈内容的真实性。例（420）－（422）添加了情态助动词 tsʰu⁵⁵ 之后在语气上都有允许、默许的意味。例如：

（420）ta³³jæ³³　　　tʰo³³-tæ⁵³=tʰɐ³³　　　　　ne³³=ji⁵³　　　tsʰɿ³³po⁵³
　　　　钱　　　　　DIR-付=LNK:假若　　　　2sg=ERG　　　树木
　　　　tʰɐ⁵⁵-kɐ⁵³-tsʰu⁵⁵=ni²⁴.
　　　　DIR-砍掉-MOD=GNO
　　　　假如付了钱你就能够砍掉这些树。

（421）pə⁵⁵tsʰi⁵⁵-nə³³=ri³³　　　mə³³næ̃³³ndæ³³-nə³³　　　me³³me⁵³
　　　　孩子-PL=CONJ　　　　老人-PL　　　　　　　全部
　　　　tɕe⁵⁵=kʰu⁵⁵　　　ɣə⁵⁵-xə⁵³-tsʰu⁵⁵=ni²⁴.
　　　　屋=LOC　　　　　DIR-进去-MOD=GNO
　　　　孩子和老人全都能够进屋去。

（422）sɐ³³de³³=ɣæ³³　　　næ³³=mə³³tsʰe⁵³，ɦɛ³³qʰɐ³³=ɣæ³³　　　ɕɐ³³mu⁵⁵
　　　　沙德=POSS　　　　人=LNK:除了　这里=POSS　　　　　松茸
　　　　tʰo³³-ŋgə⁵⁵-tɕæ²⁴-tsʰu²⁴.
　　　　DIR-摘-NEG-MOD
　　　　除了沙德的人以外，别人不能够摘这里的松茸。

相反，当言谈对象被禁止干某事的时候，需要使用情态助动词 tɕæ²⁴ɴæ²⁴、tɕæ²⁴tsʰu²⁴ 和 tɕæ²⁴kə²⁴。tɕæ²⁴ɴæ²⁴ 指不具备某种能力干某事，它主要强调动作施事主体自身并不能有效完成某种动作或行为，有些类似汉语中的"没能力干……"。跟例（420）－例（422）的肯定句不同，在使用 tɕæ²⁴ɴæ²⁴ 的句子中，施事者之后不需要添加领属格／与格标记 ɣæ³³，而是在其后添加作格标记 ji³³，或根据具体语义特征，添加与格标记 le³³。例如：

（423）ku⁵⁵ku⁵⁵=ji²⁴　　　　tɕə³³tɕe⁵³　　　qʰə³³-tɕɐ⁵³-tɕæ²⁴-ɴæ³³.
　　　　布谷鸟=ERG　　　　游泳　　　　　DIR-游动-NEG-MOD
　　　　布谷鸟不能在水里游泳。

（424）le³³mu⁵⁵=le²⁴　　　ʔɐ³³tsi³³　　　tʰø³³ndɑ⁵⁵　　　tə⁵⁵-tə⁵³-tɕæ²⁴-ɴæ²⁴.
　　　　拉姆=DAT　　　　这　　　　　事情　　　　　DIR-说-NEG-MOD
　　　　不能对拉姆说这事情（不具有说的能力）。

（425）ndzø⁵⁵nə⁵³　　　　tu³³-ɕɐ⁵³-tɕæ²⁴-ɴæ²⁴.
　　　　别人　　　　　　DIR-讨论-NEG-MOD
　　　　不能够讨论别人（不具有讨论别人的能力）。

tɕæ²⁴tsʰu²⁴ 有些类似汉语中"不能够"的意思，但并非强调谈话对象不具备干某事的能力或不具有某种天赋，而是强调说话人禁止谈话对象干某事，或周围的人不允许谈话对象干某事。大多情况下，若句末使用情态助动词 tɕæ²⁴tsʰu²⁴，句首的主语之后常常都需添加领属格标记 ɣæ³³，而不能添加作格标记 ji³³。如例（426）—例（428）所示：

（426）lɛ³³mu⁵⁵=le²⁴　　ʔe³³tsi³³　　tʰø³³ndɑ⁵⁵　　tə⁵⁵-tə⁵³-tɕæ²⁴-tsʰu²⁴.
　　　　拉姆=DAT　　　这个　　　事情　　　　DIR-说-NEG-MOD
　　　　不能对拉姆说这事情（不允许告诉她）。

（427）ɣu̠⁵⁵zi⁵⁵=ɣæ²⁴　　tʰi³³-ndze⁵³-tɕæ²⁴-tsʰu²⁴.
　　　　鸟儿=POSS　　　DIR-飞-NEG-MOD
　　　　鸟儿不能飞（不允许鸟儿飞）。

（428）ŋə³³næ⁵³　　ʁa̠⁵⁵ndo³³　　ɦæ⁵⁵-ndzi⁵⁵-tɕæ²⁴-tsʰu²⁴.
　　　　1pl.POSS　　羊肉　　　　DIR-吃-NEG-MOD
　　　　我们不能（不被允许）吃羊肉。

跟 tɕæ²⁴tsʰu²⁴ 类似，tɕæ²⁴kə²⁴ 也强调说话人禁止谈话对象干某事，但它的禁止口吻最为强烈，隐含句中谈及的主体被绝对禁止从事某行为，有些类似汉语中的"决不能、绝不可以"。使用 tɕæ²⁴kə²⁴ 的句子中，主语之后也一般需要添加领属格标记，而不能添加作格标记。例如：

（429）lɛ³³mu⁵⁵=le²⁴　　ʔe³³tsi³³　　tʰø³³ndɑ⁵⁵　　tə⁵⁵-tə⁵³-tɕæ²⁴-kə²⁴.
　　　　拉姆=DAT　　　那个　　　事情　　　　DIR-说-NEG-MOD
　　　　不能对拉姆说这事情（绝对不允许对拉姆说这事情）。

（430）ɣu̠⁵⁵zi⁵⁵=ɣæ²⁴　　tʰi³³-ndze⁵³-tɕæ²⁴-kə²⁴.
　　　　鸟儿=POSS　　　DIR-飞-NEG-MOD
　　　　鸟儿不能飞（绝对不允许鸟儿飞）。

（431）ŋə³³næ⁵³　　ʁa̠⁵⁵ndo³³　　ɦæ⁵⁵-ndzi⁵⁵-tɕæ²⁴-kə²⁴.
　　　　1pl.POSS　　羊肉　　　　DIR-吃-NEG-MOD
　　　　我们不能吃羊肉（不允许我们大家吃羊肉）。

由此可见，从表示禁止的程度看，情态助动词 tɕæ²⁴kə²⁴ 的禁止语气最强，tɕæ²⁴tsʰu²⁴ 次之，tɕæ²⁴ɴæ²⁴ 的禁止语气最弱，应该相当于"不应该"的语气。tɕæ²⁴kə²⁴、tɕæ²⁴tsʰu²⁴ 和 tɕæ²⁴ɴæ²⁴ 都源于否定词 tɕæ²⁴ 跟其他别的语素的组合。tɕæ²⁴kə²⁴ 和 tɕæ²⁴tsʰu²⁴ 要求句中主语之后添加领属格／与格标记 ɣæ³³，而不能添加作格标记 ji³³（无论主语是否为动作的施事者），使用 tɕæ²⁴ɴæ²⁴ 的句子中主语后一般不能添加领属格／与格标记 ɣæ³³。

6.5 示证范畴

示证范畴（evidentiality）主要表达以信息来源为核心功能的语法范畴[①]。沙德木雅语的示证范畴跟大多藏语支语言相似，主要包括四类信息来源的方式，分别是：由经验感知（视觉、嗅觉、感觉等）获取的直接信息来源以及依靠传闻、推测、引述等方式所获得的间接信息来源（sensory）；对事实进行强调以表达信息渠道真实性，且对信息的命题内容进行肯定的叙实信息来源；在交际现场刚刚察觉或现场才刚刚获取相关信息的新知信息来源；说话人对信息所表达出强烈自我权威性的自知信息来源。

在直接示证及间接示证中，除了推测信息类示证标记的来源不详外，其他类型的示证标记大多源于表示"言说义"动词的语法化[②]。叙实示证标记源于句末系词的语法化，这点跟藏语或某些藏缅语呈平行发展趋势。自知示证源于有认识情态义的系词，同时还跟否定、存在动词、句子的及物性等语法形式密切相关。

从语序看，示证标记大多置于动词之后，若动词后同时有体标记、否定标记、致使标记等语法标记的话，示证标记需放在它们之后。以下根据 Aikhenvald（2004）以及 Tournadre & Dorje（2003）的研究框架分别对沙德木雅语经验感知示证中的亲见、非亲见感知（嗅觉、感觉），间接示证中的推断、传闻、引述，叙实示证，以及自知示证等示证类型进行介绍。

6.5.1 经验感知信息

（一）亲见信息（visual）

示证范畴常常跟时、体、式或别的语法范畴融为一体，有时并不需要表现为单独的语法范畴类型（Aikhenvald 2014：1）。沙德木雅语的亲见信

[①] Aikhenvald（2004：63-64）根据示证的语义参项将其分为直接示证（direct evidential）和间接示证（indirect evidential）。直接示证是说话人或事件参与者自身对信息的感知类型，主要包括亲见信息示证（visual）和非亲见的感观信息（non-visual sensory）类型。间接示证则是说明并非通过第一手的渠道获取信息，而是通过诸如推断信息（inference）、测度信息（assumption）、传闻信息（hearsay）等方式获取信息。该语义分类虽适用于大多语言，却无法系统归纳川西某些藏缅语中示证范畴的具体使用情况。Tournadre & Dorje（2003：71）进一步考察了大量藏缅语的材料，将藏语支语言中的示证范畴归纳为三大类：经验感知信息（experiential / sensory）：说话人通过目击证实或感知确定的信息；叙实信息（gnomic）：陈述信息真实性，信息来源显而易见；自知信息（egophoric）：以说话人自身对信息的主观认识或权威认识为基础。

[②] Aikhenvald（2004：271）认为示证标记多源于"言说义"动词（verbs of speech）或"感知"动词（verbs of perception）。

息类示证在动词后使用语法标记 ra³³，ra³³ 源于趋向动词"来"，在木雅语中主要充当完整体标记的功能，但同时表示说话人亲眼所见、亲身感受到的信息来源。因为已经发生事件的信息来源更易获取，且过去事件更容易是说话人亲眼所见或感知到的，所以完整体标记 ra³³ 具有同时标记亲见示证的功能也不足为奇。

完整体标记 ra³³ 跟 si³³ 的最大差别在于说话人是否亲眼所见过去某事件的发生和发展，si³³ 仅仅标记事件完成，而 ra³³ 不但标记事件完成，而且还强调该事件是叙述者亲眼所见的。例如：

（432）tɑ⁵³=ji³³　　　　ɣu⁵⁵ɣji⁵⁵=ɣæ²⁴　　kʰə⁵⁵-ræ⁵³læ²⁴-və³³-ra²⁴.
　　　 老虎=ERG　　　 鸡=DAT　　　　　DIR-咬-LVB-PFV.VIS
　　　（看见）老虎咬了鸡。

（433）ge³³ge⁵³=ji²⁴　　ɣə⁵⁵ndə³³-nə²⁴　　pʰə⁵⁵tʰə⁵³=kʰu²⁴　　nu³³-qʰə³³-ra²⁴.
　　　 老师=ERG　　　 书-PL　　　　　　包=LOC　　　　　　DIR-装-PFV.VIS
　　　（看见）老师把书装进书包里面去了。

（434）ŋɑ³³tsi⁵³　　tɕə⁵⁵=qo⁵³　　ɲi³³-tsʰi⁵³-ra³³.
　　　 鸭子　　　水=LOC　　　　DIR-跳进-PFV.VIS
　　　（看见）鸭子跳进水里了。

（435）mɚ⁵⁵mɚ⁵³=ji²⁴　　tsʰi³³pʰu⁵³=ɣæ²⁴　　jæ³³gæ⁵³-nə³³　　ɣi³³-tɕ⁵⁵tɕ³³-ra³³.
　　　 风=ERG　　　　 村子=POSS　　　　 树叶-PL　　　　DIR-摇动-PFV.VIS
　　　（看见）风吹着树叶一直摇摆了。

以上例（432）—（435）所叙述的事件都发生在过去，且一定是言谈者亲眼所见的，因此动词后添加了表示亲见示证的标记 ra³³，若使用 si³³ 就不再隐含整个事件是言谈者亲眼所见的。

除了使用完整体标记 ra³³ 表达亲见信息示证的功能外，沙德木雅语还可使用存在动词兼表亲见示证。存在动词 mə³³ 主要说明某一物体处于参照物的水平面之上，且物体是可以随意发生位移的，mə³³ 同时还强调物体所处的位置是说话人亲眼看见的。例如：

（436）tsʰi³³pʰo⁵⁵　　mbu⁵⁵=le²⁴　　mə³³.
　　　 树　　　　　山=LOC　　　　在.VIS
　　　（亲眼所见）树在山上。

（437）pi³³tsi⁵⁵　　to⁵⁵dʑe³³=pu³³　　mə³³.
　　　 杯子　　　茶几=LOC　　　　在.VIS
　　　（亲眼所见）杯子在茶几上。

（438）tse³³ŋgə³³　　tʰy³³kæ⁵³=pu³³　　mə³³.
　　　 衣服　　　　灶糖=LOC　　　　在.VIS
　　　（亲眼所见）衣服在灶塘上。

（439）la³³ndzu⁵⁵　　　　ndzo⁵⁵=ɣæ²⁴=pu³³　　　mə³³.
　　　　篮子　　　　　　石头=POSS=LOC　　　　在.VIS
　　　（亲眼所见）篮子在石头上。

因此在表达亲见信息示证功能时，沙德木雅语可以使用不同类型的存在动词。存在动词 mə³³ 除了表示存在／处所等方位意义外，还强调说话人所谈论事物的方位和处所是亲眼所见的，它同时具有标记亲见信息示证的功能。

（二）感官感知信息（experience perception）

感官感知信息强调信息来源是通过说话人或言谈所涉及之人自身通过味觉／嗅觉、切身的感觉方式所获取的信息。沙德木雅语在表示感官感知信息的示证功能时也使用完整体标记 ra³³。由于 ra³³ 本身具有完整体标记的功能，因此该示证类型所出现的语境也必须属于已然事件。下列句子的相关事件虽则都发生在过去，但句末大多不太能接受完整体标记 si³³，而需要使用 ra³³，从而表达说话人以某种感觉方式所获取的信息的途径。例如：

（440）ndze⁵⁵　　　ki⁵⁵-tsi⁵³　　　tʰə³³-di⁵³-ra³³.
　　　　饭　　　　　DIR-煮　　　　　DIR-完-PFV.SEN
　　　（闻到味道，感觉）饭已经做好了。

（441）ji²⁴si³³　　ʔɐ³³tsæ⁵³　　ʁɐ⁵⁵lø³³　　tə³³-ŋe⁵³-və³³-ra³³.
　　　　昨天　　　3pl.POSS　　头　　　　　DIR-疼-LVB-PFV.SEN
　　　　昨天（觉得）头疼。

（442）ne³³=ji⁵⁵　　tə⁵⁵-tə³³-sø⁵⁵=ɣæ²⁴　　　　tsʰi⁵⁵kʰæ⁵³-ni²⁴　　ʔɐ³³tsæ⁵³
　　　　2sg=ERG　　DIR-说-PFV.2sg=POSS　　　 言语-PL　　　　　3sg.POSS
　　　　ŋə⁵⁵-mbə³³　　　kʰə³³-ɕɐ⁵³-tɕʰə⁵³-ra³³.
　　　　NEG-开心　　　　DIR-变成-CAUS.3sg-PFV.SEN
　　　　你说的话让她变得开心了。

（443）ɻi⁵⁵si⁵⁵=ɣæ²⁴　　mə⁵⁵　　ŋə⁵⁵-mbə⁵⁵　　tʰə³³-væ⁵³-ra³³.
　　　　前天=POSS　　　天气　　　NEG-好　　　　DIR-变成-PFV.SEN
　　　（感觉）前天天气不是很好。

（444）tɛ³³nə⁵⁵si⁵⁵=ɣæ⁵⁵　　kæ³³ŋu⁵³　　ʔɐ³³tsi⁵⁵　　kõ³³tʰo⁵⁵=le²⁴
　　　　一二天=POSS　　　　之前　　　　这　　　　　衣服=LOC
　　　　tɕʰɐ⁵⁵mɑ⁵³　　　tə³³-ne⁵³-ra²⁴
　　　　臭的　　　　　　 DIR-散发-PFV.SEN
　　　　一两天之前这衣服（闻起来）散发着臭味。

当示证标记 ti³³ 添加在形容词之后时，它同时也能隐含句中谈论主体自身通过味觉／嗅觉、切身的感觉方式所获取信息的方式。沙德木语中的两个叙实示证标记 ti^{33} 和 ni^{33}，只有 ti^{33} 才具有这一功能和用法，这也是为何当句子谓语为形容词时，句末几乎都只使用 ti^{33}。ti^{33} 一方面强调信息的可靠性以及说话人在言谈现场即时察觉的客观情景，另一方面暗示说话人以自身感知的方式来确定自己对命题真实性的认识。例如：

(445) mə^{33}ndzə^{53}　　　ti^{33}-tsi^{53}-si^{24}=ɣæ^{24}　　　　me^{55}　　tɕe^{55}tɕe^{55}
　　　刚才　　　　　　DIR-熬-PFV.3=POSS　　药　　　十分
　　　qʰæ^{33}qʰæ^{53}　　tɕ^{55}si^{33}=ti^{33}.　　　(*ni^{33})
　　　苦涩的　　　　　一些=GNO.IMM
　　　刚刚熬的药（尝起来）十分苦涩。

(446) ɴæ^{33}=ŋʁ^{53},　　ɴæ^{33}=ti^{53},　　sɑ^{33}rɑ^{33}　　næ^{55}　　ɴɢæ^{53}
　　　可以=EGO　　　很好=GNO.IMM　　但是　　　2sg　　1sg.POSS
　　　jo^{55}pu^{53}　　mbi^{33}　　pæ^{33}tʰe^{33}... (*ni^{33})
　　　佣人　　　　当作　　　DM:的话
　　　（我认为）挺好的呢，虽然（觉得）挺好，但他要当我的佣人的话（需要守规矩）。

(447) so^{33}ku^{53}　　　ni^{33}-ri^{53}　　　tʰe^{33}-di^{55}-rɑ^{24},
　　　三次　　　　　　DIR-笑　　　　DIR-完毕-PFV.VIS
　　　ŋə^{55}-tʂə^{55}=ti^{24}　　　　so^{55}. (*ni^{33})
　　　NEG-有用的=GNO.IMM　　想
　　　笑完三次后，喇嘛想啊（自己觉得）猴子一点用都没有。

(448) tɕʰy^{24}　　　tsə^{33}kə^{53}　　læ^{33}mæ^{33}　　ne^{55}=ji^{24}　　tsə^{33}kə^{33}　　kæ^{33}
　　　现在　　　　SEQ　　　　喇嘛　　　　　2sg=ERG　　　SEQ　　　更加
　　　ndzi^{55}me^{33}=ti^{55}　　ŋə^{55}　　tə^{33}-ndzʁ^{55}vo^{33}　　tə^{55}-si^{33}. (*ni^{33})
　　　没更好的=GNO.IMM　1sg　　DIR-超度　　　　说-PFV.3
　　　（然后那个人）说：现在呢，喇嘛啊，（我感觉）你不能更好地超度我了。

（三）推断、测度信息（inferential）

当表示说话人对某信息来源的主观推测时，句末使用表推测的示证标记 pa^{33}。pa^{33} 可能借自汉语中表推测意义的"吧"，但就其来源目前还不清楚。沙德木雅语并不严格区分推断和测度信息，因此都使用同一标记 pa^{33}。pa^{33} 跟人称以及时态没有一致关系，它常常置于完整体标记 si^{33} 之后。

例（449）—（454）的事件虽然分别发生在过去或将来，但这些句子却一律能跟 pa^{33} 搭配表示某种推测。例如：

（449）læ³³=ɣæ²⁴　　　və³³lø³³　　　ɣi³³-kɐ⁵³-si³³=pa²⁴.
　　　　媳妇=POSS　　　肚子　　　　DIR-大-PFV.3=INFR
　　　　媳妇的肚子变大了吧。

（450）sæ³³si³³　　　nɑ⁵⁵-ndza⁵⁵　　　ŋə³³-rø⁵⁵=pa³³.
　　　　明天　　　　DIR-下雨　　　　NEG-会=INFR
　　　　明天不会下雨了吧。

（451）ndze³³　　　qʰə³³-dze⁵³　　　tsə³³kə³³　　　ŋə³³tsø⁵³=le²⁴　　　ndɑ⁵⁵
　　　　饭　　　　DIR-多　　　　　SEQ　　　　　嘴巴=LOC　　　　　痘痘
　　　　ɦæ³³-rə⁵³-sɨ⁵⁵=pa²⁴.
　　　　DIR-长-PFV.3=INFR
　　　　饭吃多了，嘴巴长痘痘了吧。

（452）tɕə⁵³　　　tso⁵⁵ma⁵⁵　　　tʰə³³-vɐ⁵³-si⁵⁵=pa²⁴.
　　　　河水　　　干净　　　　　DIR-变化-PFV.3=INFR
　　　　河水变干净了吧。

（453）ʔɐ³³nə⁵⁵　　　ndze⁵⁵jy⁵⁵　　　nɐ⁵⁵-ndø⁵⁵=ŋɐ³³-rɐ⁵⁵ɣæ³³si³³=pa³³.
　　　　3pl　　　　　成都　　　　　DIR-去=EGO=MOD:应该=INFR
　　　　（我看）他们应该去成都吧。

（454）ji⁵⁵sɨ⁵⁵rə³³si⁵⁵　　　nɑ⁵⁵-ndza⁵³　　　mɐ⁵⁵-si³³=pa³³.
　　　　昨前天　　　　　　DIR-下雨　　　　NEG-PFV.3=INFR
　　　　昨前天没有下雨吧。

有时候表示推测的示证标记还可以跟表示过去亲见/感知的完整体标记/示证标记 rɑ³³ 一起使用，此时主要表示对过去发生的某一事件的亲身感受，但同时强调此类感受是通过推测而产生的。若将例（452）和例（454）换成以下的句子，则暗示说话人首先观察/感知到了某一具体事件的发生状态，但又并非特别肯定，大多带有推测（模棱两可）的认识情感因素。例如：

（455）tɕə⁵³　　　tso⁵⁵ma⁵⁵　　　tʰə³³-væ⁵³-rɑ⁵⁵=pa²⁴.
　　　　河水　　　干净　　　　　DIR-变化-PFV.SEN=INFR
　　　　河水变干净了吧（通过视觉观察或味觉感知觉得河水变干净了，但还是有些怀疑自己的判断，带有推测性）。

（456）ji⁵⁵sɨ⁵⁵rə³³si⁵⁵　　　nɑ⁵⁵-ndza⁵³-mɐ⁵⁵-rɑ³³=pa³³.
　　　　昨前天　　　　　　DIR-下雨-NEG-PFV.SEN=INFR
　　　　昨前天没有下雨吧（通过视觉观察或亲身感受觉得没有下雨了，但还是有些怀疑自己的判断，带有推测性）。

（四）传闻信息（hearsay）

传闻信息通过报道方式获得，但并不指明信息的具体来源。信息来源的渠道可以是二手的（second-hand report），即：说话人并非亲自从某处获取该信息，而是由第三者将信息告知说话人，但第三者并不清楚信息的具体来源。也可以是三手的（third-hand report），即：说话人并非亲自从某处获取该信息，而是由第三者将信息告知说话人，说话人十分清楚传递该信息的第三者（一般是跟自己交谈的人）是谁，但第三者并不清楚信息的最终来源到底在哪里。因此，二手和三手传闻信息来源的差别主要看信息传递所经历的具体传递者数量的多少：二手传闻信息通过一个信息传递者传递；三手信息通过两个信息传递者传递。不管经历多少信息传递者，传闻信息的最终源头都无从知晓。

沙德木雅语中表达"言说义"的动词 tə^{33} "说／讲"常常跟句末非完整体标记 pi^{33} 词汇化为 tə^{33}pi^{33}，充当二手传闻信息示证标记。tə^{33}pi^{33} 不但可以置于完整体标记 si^{33} 之后，同时还能跟别的示证标记同时出现，此时多置于叙实示证标记 ni^{33} 之后。例如：

(457) næ^{33}næ^{53} pə̃^{55}tʰa^{53}=ji^{24} ɴa^{33} tɛ^{33}-lø^{33} tʰo^{33}-tæ^{53}-si^{33}=tə^{33}pi^{33}.
2pl.POSS　女婿=ERG　金子　一-CL　DIR-捡-PFV.3=HS
听说你们女婿捡了一块黄金。

(458) tsʰe^{33}ɴa^{53}=le^{24} ŋgø^{33}mbæ^{55}=kʰu^{33} kʰu^{33}-ndzɐ^{53}=rø^{24}
初五=DAT　寺庙=LOC　DIR-拜佛=NMLZ
ndə^{55}=ti^{33}=tə^{33}pi^{33}.
有=GNO=HS
听说寺庙里初五会有拜佛活动。

(459) mə^{55}ŋæ^{53}=ɣæ^{24} mə^{33}zæ^{53}-nə^{33} tʂʰə^{33}tʂʰæ^{53}=ni^{24}=tə^{55}pi^{24}.
木雅=POSS　女孩-PL　漂亮=GNO=HS
听说木雅的女孩很漂亮。

(460) tə^{33}-tɕu^{55}mi^{55}=ɣæ^{24}=tsi^{33} ɦæ^{24}-ndzi^{55}-tɕæ^{24}-kə^{33}=tə^{55}pi^{24}.
DIR-酸=NMLZ=NMLZ　DIR-吃-NEG-MOD:能够=HS
听说酸的东西都能吃。

(461) ŋæ^{55}tɕə^{33}kʰæ^{33}=ɣæ^{24} ɕi^{55}pæ^{53}-ni^{24} ʁa^{24}mu^{53} to^{55}-la^{53}=le^{24}
雅江=POSS　男人-PL.ERG　头发　DIR-捆绑=DAT
gæ^{55}=ni^{24}=tə^{55}pi^{24}.
喜欢=GNO=HS
听说雅江的男人喜欢把头发绑起来。

以上例子中说话人并不明确具体信息的来源，因此句中都可使用传闻示证标记 tə³³pi³³。有时候，虽然某些信息来源不明确，但信息多节选自故事讲述（story-telling）的文本中，这时候在沙德木雅语里使用传闻示证标记 tə⁵⁵tə³³si²⁴ 强调信息来源是叙述类或故事类的文本。tə⁵⁵tə³³si²⁴ 的内部结构主要是通过重叠"言说义"动词 tə³³，然后在句末添加完整体标记 si³³。从句法位置看，tə⁵⁵tə³³si²⁴ 同样置于句末。例如：

（462）mə³³ɲi⁵⁵ si⁵⁵və⁵⁵=tsi³³=ɣæ⁵⁵ tɕi³³pu⁵⁵
　　　　人　　　好的=NMLZ=POSS　　　幸福
　　　　kʰə⁵⁵-ɕɐ⁵³-pi³³=ni²⁴=tə⁵⁵tə³³si²⁴.
　　　　DIR-变成-IMPV.3=GNO=HS
（佛经里面说）善良的人一定会有好的生活。

（463）sɛ³³de⁵⁵=ɣæ³³ mbu⁵⁵=le²⁴ kæ³³ŋu⁵⁵ mə³³ɲi⁵⁵
　　　　沙德=POSS　　山=LOC　　以前　　　人
　　　　ɦæ³³-ndzi⁵⁵mi⁵⁵=ɣæ³³　　yi³³mæ⁵⁵ndæ⁵³
　　　　DIR-吃=NMLZ=POSS　　　　鬼
　　　　ndzɐ⁵⁵=ni²⁴=tə⁵⁵tə³³si²⁴.
　　　　有=GNO=HS
（故事里面说）沙德这边的山上以前有一个恶鬼常下山吃人。

如例（458）和例（459）所示，表传闻信息的示证标记 tə³³pi³³ 很多时候也能跟别的示证标记一起使用，最常见的是跟叙实示证标记 ni³³ 或 ti³³ 共现，此时传闻信息示证标记必须置于叙实示证标记之后从而强调信息的真实性和可靠性。除此之外，tə³³pi³³ 还能跟推测类示证标记一起使用。例如：

（464）ɕɑ⁵⁵ɲi⁵³ tə³³-mi⁵³-ra²⁴=tə⁵⁵pi²⁴=pa³³.
　　　　青稞　　DIR-煮-PFV.SEN=HS=INFR
　　　　听说青稞煮了吧。

（465）zi⁵⁵=ji²⁴ dzɛ³³pu⁵⁵ tu⁵⁵-və⁵⁵-si²⁴=tə⁵⁵pi²⁴=pa³³.
　　　　豹子=ERG　国王　　DIR-当作-PFV.3=HS=INFR
　　　　听说豹子当国王了吧。

（466）tɕɛ³³gæ⁵³=ji²⁴ tʂo³³=kʰu⁵³ tsʰo⁵³ tə⁵⁵-dzɛ⁵³-pi³³=tə⁵⁵pi³³=pa³³.
　　　　吉嘎=ERG　　街=LOC　　生意　　DIR-经营-IMPV.3=HS=INFR
　　　　听说杰嘎已经到街上做生意了吧。

沙德木雅语还有一个传闻示证标记 tə⁵⁵tə⁵⁵pi³³ 跟以上所讨论的 tə⁵⁵pi³³ 有些不同。tə⁵⁵tə⁵⁵pi³³ 主要依靠叠加"言说义"动词 tə³³ 构成转述型的第三手传闻信息标记。虽然 tə⁵⁵tə⁵⁵pi³³ 所标记信息的最终来源同样不详，但它略加强调的是信息传达者即便不清楚某一信息最终源头，她也比较清楚该信息具体是由谁传递给了自己。

如果扎西、拉珍、宗吉三人在屋子里面聊天，扎西同时对拉珍和宗吉两人说他不知道听谁说的"村里死了一个老人"，扎西首先会使用例（467）的句子。例如：

（467）tɕɐ²⁴tɕʰi⁵³=ɣæ²⁴　　tʂo³³mba⁵³=kʰu³³　　mə³³næ⁵³ndæ³³　　tɐ³³-lø³³
　　　　旁边=POSS　　　　村子=LOC　　　　　老人　　　　　　　一-CL
　　　　tʰɐ³³-si⁵³si²⁴=tə⁵⁵pi²⁴.
　　　　DIR-死=HS
　　　　听别人说另外有人说旁边村子里死了一个老人。

如果扎西正在和拉珍聊天，宗吉在一旁看电视，此时扎西对拉珍使用了例（468）的句子，他的言下之意是：不知道是谁给宗吉说了村里死了一个老人，但是宗吉告诉了我这个消息。例如：

（468）tɕɐ²⁴tɕʰi⁵³=ɣæ²⁴　　tʂo³³mba⁵³=kʰu³³　　mə³³nẽ⁵³ndæ³³　　tɐ³³-lø³³
　　　　旁边=POSS　　　　村子=LOC　　　　　老人　　　　　　　一-CL
　　　　tʰɐ³³-si⁵³si²⁴=tə⁵⁵tə⁵⁵pi²⁴.
　　　　DIR-死=HS
　　　　听别人（给宗吉说的）旁边村子里死了一个老人。

以下是说话人在讨论甘孜州某些城市的天气和生态环境问题。在例（469）中使用了示证标记 tə⁵⁵tə⁵⁵pi³³ 表示说话人听人说石渠的天气不太好，信息的最终源头不明，但明确是通过某一具体的交谈者告知他的。例（470）和例（471）中使用了示证标记 tə⁵⁵tə⁵⁵pi³³ 后，表明说话人的言外之意是"新都桥正在下雪"和"石渠水质不太好"这些信息由具体某个人告知说话人的，但是告知他该信息的人却并不知道是从哪里听来的这一信息（即信息的最终来源不详）。例如：

（469）tɕʰə⁵³　　　　jø²⁴　　　kʰə⁵⁵-tsɐ⁵³-pi²⁴=tə⁵⁵tə⁵⁵pi²⁴.
　　　　现在　　　　又　　　　DIR-热-IMPV.3=HS
　　　　听别人说另外有人告诉他现在又开始热了。

（470）ra³³ŋa⁵⁵kʰæ³³　　　vɐ⁵³　　　nɐ³³-tʰy⁵³=tə⁵⁵tə⁵⁵pi²⁴.
　　　　新都桥　　　　　　雪　　　　DIR-下=HS
　　　　听别人说另外有人说的新都桥正在下雪。

（471）ʂu³³tɕʰy⁵⁵=ɣæ⁵³　　tɕə⁵³　　　kə³³væ⁵⁵　　tɕʰa³³ma³³=ni³³=tə⁵⁵tə⁵⁵pi²⁴.
　　　　石渠=POSS　　　　水　　　　一点　　　　脏=GNO=HS
　　　　听说石渠的水有一点脏。

由此可见，tə⁵⁵tə⁵⁵pi³³ 强调的并非仅仅是言谈交际双方都不清楚的信息最终来源，而是隐含言谈者将视点放在第三者身上，言下之意是"言谈交际现场的某一对象告诉我他／她自己不清楚该信息的来源"，因此对于言谈者而言它属于典型的第三手传闻信息标记。

（五）引述信息（quotative）

引述信息是通过具体的报道途径所获取的，并且具有明确的信息来源。很多语言的"言说义"动词原本就具有引述功能，沙德木雅语也不例外，因此由"言说义"动词 tə^{33} 语法化来的示证标记 tə^{55}pi^{33} 也能表达引述。在表达引述功能时 tə^{55}pi^{33} 主要置于被引述的内容之后，而句中还需同时在主语之后添加动词 tə^{55}pi^{33} "说"。因此在表达引述信息时，常采用 [S+tə^{55}pi^{33}...tə^{55}pi^{33}] 的结构式。不但如此，句末引述信息标记 tə^{55}pi^{33} 中的体标记 pi^{33} 还需要跟主语的人称和数保持一致。例如：

（472）ne^{55}ne^{55}=ji^{24}　　tə^{55}-pæ^{33}　　ne^{33}=ji^{55}　　ʔɐ^{33}tsi^{55}=le^{33}　　wɐ^{55}tsɿ^{33}
　　　　2sg.REFL=ERG 说-IMPV.2sg 2sg=ERG 3sg=DAT 那
　　　　tũ^{33}ta^{33}　　tə^{55}-tə^{33}　　tu^{33}-ji^{55}=ti^{33}=tə^{33}pæ^{33}.
　　　　事情 DIR-说 DIR-想=GNO.IMM=QUOT.2sg
　　　　你自己说你很想跟他说那个事情。

（473）væ^{33}vi^{55}　　tə^{55}-pi^{33}　　ʔɐ^{33}tsi^{55}　　mbu^{55}　　wɐ^{55}tsɿ^{33}　　mbu^{55}=ti^{55}　　ke^{33}
　　　　爷爷 说-IMPV.3 这 山 那 山=CM 更加
　　　　ki^{55}kɐ^{53}=ti^{24}=tə^{55}pi^{33}.
　　　　大=GNO.IMM=QUOT.3
　　　　爷爷说这座山比那座山更大。

（474）læ^{55}mæ^{55}　　tə^{55}-pi^{33}　　ʁə^{24}　　nɐ^{55}-tɕə^{33}-se^{33}=tə^{55}pi^{24}.
　　　　喇嘛 说-IMPV.3 鱼 DIR-NEG-杀=QUOT.3
　　　　喇嘛说不要杀鱼。

6.5.2　叙实信息

叙实信息示证（gnomic）是木雅语中最为常见的示证类型，它主要是对全句的命题或整个信息来源的可靠性进行强调。沙德木雅语共有两个叙实信息示证标记 ni^{33} 和 ti^{33}。ni^{33} 源于系词，它主要用在陈述句中，仅仅用于描述一般信息内容，陈述众所周知的客观内容；ti^{33} 时常出现在句末表达信息真实性以及暗示言谈者在现场刚刚察觉的某信息（新知信息）或自身的切身感受。ti^{33} 使用的场合跟 ni^{33} 有重合的情况，因此在某些情况下两者可以互换，但 ti^{33} 不但强调信息的真实性，而且暗示某一信息是说话人刚刚才发现或感知到的，因此它常常单独跟形容词谓语一起使用。

以下例（475）—（477）中，表语"我的衣服""别人放的"等居于系词 ni^{33} 之前，此时使用了系词 ni^{33}，句中 ni^{33} 主要用来肯定命题的真实性。

相反，若句子为否定式，则句中系词 ni^{33} 需要被替换成系词 ŋɐ^{33}。例如：

(475) ʔɐ^{33}tsi^{55}　ŋə^{33}=ɣæ^{55}　kõ^{55}tʰo^{53}　ni^{33},　we^{33}tsi^{55}　næ^{33}=ɣæ^{55}　ni^{33},
　　　　这个　　1sg=POSS　衣服　　COP　　那个　　2sg=POSS　　COP
　　　　ŋɐ^{55}tʂʰɨ^{55}=pu^{55}　ru^{33}tɕə^{55}-si^{33}　　ndzø^{55}næ^{33}　ni^{33}.
　　　　床=LOC　　　　放-PFV.3　　　别人.POSS　　COP
　　　　这是我的衣服，那是你的衣服，床上摆着的（我觉得真的）是人家的。

(476) næ^{33}　　mə^{33}ŋi^{55}-næ^{33}　tsi^{55}kə^{55}　kʰə^{33}-zə^{55}=re^{33}　tɕ^{33}-lø^{33}　ni^{24}.
　　　　2sg　　人-PL　　　　尊敬　　　DIR-受到=NMLZ　一-CL　　COP
　　　　（显而易见）你是人们尊敬的人。

(477) ʔɐ^{33}tsi^{33}　　pu^{55}pæ^{33}　　ni^{33}　　ʁa^{24}　　tɕæ^{33}-ŋɐ^{33}.
　　　　3sg　　　藏族　　　COP　　汉族　　NEG-COP
　　　　他是藏族，（我觉得他）不是汉族。

当系词出现在句中别的谓语成分之后时，语法化为叙实示证标记。这种由句末系词演变为示证标记的情况广泛见于周边许多藏语方言（DeLancey 2018：582）。跟某些藏语方言不同的是，沙德木雅语的叙实示证标记 ni^{33} 不会随人称和句式的不同而发生变化，因此仅仅在于标记信息的真实性和信息来源确凿无误。

例（478）中句末添加了完整体标记 si^{33} 的一人称形式 sø^{33} 表示动作发生在过去，且动作"读完"属于自主的动作，受主语的支配，因此句末可以使用叙实示证标记 ni^{33}。例（479）使用了非完整体，表示惯常动作，句末同样添加了示证标记 ni^{33}。例如：

(478) ʔɐ^{33}tsi^{33}　ɣə^{33}də^{53}　　ŋi^{55}　　　so^{55}ku^{53}　　qʰə^{33}-tɕɐ^{55}ri^{33}
　　　　这　　　书　　　　1sg.ERG　　三遍　　　　DIR-阅读
　　　　tʰɐ^{33}-di^{55}-sø^{55}=ni^{24}.
　　　　DIR-完-PFV.1sg=GNO
　　　　这本书我已经阅读完三遍了。

(479) ŋi^{33}　　　　tɕʰə^{33}　mbu^{55}=le^{33}　tsʰi^{33}rø^{33}　tʰɐ^{33}-kɐ^{55}-po^{55}=ni^{33}.
　　　　1sg.ERG　现在　　山=LOC　　　树木　　　DIR-砍掉-IMPV.1sg=GNO
　　　　我正要到山上砍柴。

(480) ŋə^{33}nə^{55}　væ^{33}və^{55}=ji^{33}　ndzo^{55}　tə^{33}-tɕə^{33}-pi^{33}=tsi^{55}
　　　　1pl　　　爷爷=ERG　　　故事　　　DIR-讲-IMPV.3=NMLZ
　　　　kʰə^{33}-se^{55}næ^{33}=le^{33}　ge^{33}=ni^{33}.
　　　　DIR-听=DAT　　　　喜欢.1pl=GNO
　　　　我们很喜欢听爷爷讲故事。

例（481）和（482）的谓语是存在 / 领有动词，其动作意义较弱，在沙德木雅语中它们之后也添加叙实示证标记 ni^{33}。而 ni^{33} 仅仅在于强调说话人对信息来源可靠性的判定。例如：

（481）næ³³næ⁵³   tɕi³³=kʰu⁵³   mə³³ɲi⁵⁵   ɦiæ³³ti⁵³-zɨ³³   ndzə⁵⁵=ni³³?
      2pl.POSS   家=LOC   人   多少-CL   有=GNO
      你们家有几口人？

（482）ʔɐ³³tsɨ³³ tɕə³³ zɨ²⁴ de³³de⁵⁵ tʰɐ³³ŋɐ⁵⁵tʰɐ³³ mi⁵⁵ ɴa²⁴ kʰə⁵⁵=ni²⁴.
      这   河   最宽   DM   米   五   有=GNO
      这条河最多有五米宽。

有时候还能在自主动词之后添加表示可能、意愿、应该等意义的助动词，此时叙实示证标记 ni^{33} 置于助动词之后。例如：

（483）næ³³   mbu³³=le³³   tshi³³rø⁵⁵   tʰa⁵⁵-qa³³=rə³³
      2sg   山=LOC   树   DIR-砍=NMLZ
      tə⁵⁵-xə³³-χæ³³=ni³³.
      DIR-去-MOD:将要.2sg=GNO
      你将要上山去砍柴。

（484）næ³³ni⁵⁵   kõ⁵⁵tʰo⁵³   tæ⁵⁵-væ³³   ɦiã²⁴-tʰa³³   si³³kə³³
      2pl.ERG   衣服   一-CL   DIR-织   LNK
      ʔɐ³³tsɨ⁵⁵=le⁵⁵   tʰɐ³³-kʰe⁵⁵-χe³³=ni³³.
      3sg=DAT   DIR-给-MOD:应该.2pl=GNO
      你们应该织一件毛衣给他。

（485）ɦɑ²⁴mu⁵⁵=ji⁵⁵   ʔɐ³³tsɨ⁵⁵=ɣæ⁵⁵   sø̃⁵⁵tʂʰæ⁵³-ŋo⁵⁵-so³³=ni³³.
      旺姆=ERG   3sg=DAT   担心-NEG-MOD:愿意.3=GNO
      旺姆不愿意担心他。

示证标记 ti^{33} 除了表达某一信息源对报道者而言是确凿无疑，信息内容实际存在以外，它同时还强调信息报道者在现场及时查知的客观情景或报道者的自身感受。因此 ti^{33} 是一个兼表叙实信息以及隐含说话人在现场或过去临时取得某一信息的新知信息示证标记[①]。

虽然在木雅语某些方言中 ni^{33} 和 ti^{33} 有混用的情况[②]，但在沙德木雅语

[①] 新知信息示证（immediate）用以标记说话者在现场或过去某时间点临时取得的新信息，它主要通过报道过去事件的历史现在时（historical present），籍以让叙事更为生动而有"临场感"（见 Sun 1993、2018 的讨论）。

[②] 据沙德木雅语母语者泽仁卓玛、朗曲拉姆告知，在贡嘎山木雅语中并不区分两者，都统一使用叙实示证标记 ti^{33}，几乎不使用 ni^{33}。该观察结论得到了贡嘎山木雅语母语者泽汪仁真的确认。

中两者分工较为明确，分别是：ni^{33} 一般跟自主（volitional）且可控（controllable）的动词结合，但有时也可跟存在／领有或心理活动动词结合，这时候动作是不可控的；跟示证标记 ti^{33} 结合的动词大多是非自主（involitional）、不可控的（uncontrollable）。ti^{33} 除了跟动词结合外，它还能置于具有不可控性的形容词谓语之后，因此 ti^{33} 主要跟非自主／不可控的动词或形容词一起使用。ti^{33} 主要强调某一事件是真实存在的，同时隐含说话人是通过自己的"亲眼观察、亲身感受"在现场所新发现的信息，因此它同时兼备两种示证类型，大约相当于"叙实－新知"类示证（gnomic-immediate evidential）。

以下是使用"叙实－新知"示证标记 ti^{33} 的例子。例如：

(486) ʔæ^{33}ju^{55}! tɕe^{55}tɕe^{53} tə^{33}ŋe^{53}=ti^{33}!
哎呀　　　特别　　　　痛的=GNO.IMM
（才察觉）哎呀！好疼（真的好痛）！

(487) ʔʋ^{33}tʰʋ^{55}=ɣæ^{55} tɕe^{55}-nə^{24} tɕe^{55}tɕe^{53} tʰø̃^{33}tʰø^{53}=ti^{33},
这边=POSS　　房子-PL　　特别　　　高的=GNO
wʋ^{24}kʰʋ^{33}=ɣæ^{55} tɕe^{55}-nə^{24} kæ̃^{33} tʰø^{53}=ti^{33}, zi^{33}
那边=POSS　　房子-PL　　更加　　　高的=GNO.IMM　最
tʰæ^{33}kʰæ^{33}=ɣæ^{33} tɕe^{55}-nə^{24} zi^{24} tʰø^{33}tʰø^{55}=ti^{24}.
边上=POSS　　房子-PL　　最　　　高=GNO.IMM
（才察觉）山边的雪是白的，山坡上的雪更白，而山顶的雪最白（真的是那样）。

(488) ʔʋ^{33}tsi^{33} tɕæ^{33}kʰæ^{53} tʰʋ^{53}tɕʰə^{53}ŋgə^{33}tɕʰə^{53}=rʋ^{53} tʰʋ^{33}tɕe^{53}
这　　东西　　　拿来拿去.REP=NMLZ　　　太过于
tʰɑ^{33}ʂy^{53}=ti^{33}.
麻烦=GNO.IMM
（才察觉）这个东西拿来拿去的动作（真的是感觉）太麻烦了。

(489) ʔʋ^{33}tsi^{33} ri^{33}tɕe^{55} ɴæ^{24}ɴæ^{33}=ti^{33}, sa^{33}ra^{55} qo^{55}
这　　刀　　　好的=GNO　　　　LNK:但　价钱
kə^{33}ræ^{53} ki^{55}-kʋ^{55}=ti^{24}.
一点　　DIR-高=GNO.IMM
（才察觉）这把刀挺好，但（就是感觉）价格高了一点。

(490) næ^{33}ni^{53} tɕæ^{33}tʂu^{55}mæ^{53} ɦæ^{24}-tɕʰə^{33}=le^{24}
2pl.ERG　酥油茶　　　　DIR-喝=DAT

ŋə⁵⁵-ge⁵⁵=ti²⁴=pa³³.
NEG-喜欢=GNO.IMM=INFR
（才察觉）你们不喜欢喝酥油茶。

（491）næ⁵³　　　ŋə⁵⁵tɕu⁵³mɐ³³　　tɐ⁵⁵-lə³³=ti²⁴,　　tɕe³³=kʰu⁵³　　læ⁵⁵kæ⁵³
2sg　　　懒惰的人　　　一-CL=GNO.IMM　　家=LOC　　家务
tʰɐ⁵⁵-və⁵³=le²⁴.　　ŋə⁵⁵-gæ⁵³=ɣæ²⁴　　mə⁵⁵zæ⁵³　　tɐ⁵⁵-lə³³=ti²⁴.
DIR-做=DAT　　NEG-喜欢=POSS　　女子　　一-CL=GNO.IMM
（才察觉）她这个懒惰的人也大不了就算个不喜欢做家务的女子而已。

示证标记 ti³³ 还能跟某些表示"存在"或"心理活动"的动词结合，这类动词几乎属于静态动词（stative verb），表示主语非自主地完成某动作。添加示证标记 ti³³ 的目的在于叙述某一真实发生的事件，且该事件是说话人刚刚才察觉的。例如：

（492）ne³³=ji⁵⁵　　tɕø⁵⁵ri⁵³　　ge⁵⁵dze⁵⁵　　so⁵⁵-zæ⁵³　　ndzæ³³=ti⁵³.
2sg=ERG　　珊瑚　　项链　　一-CL　　拥有.2sg=GNO.IMM
（才察觉）你有一串玛瑙项链。

（493）pə⁵⁵tsʰi⁵³=ji²⁴　　ŋgɐ³³　　nɑ⁵⁵-ɣo⁵⁵=le²⁴　　ŋə⁵⁵-gæ⁵³=ti²⁴.
小孩=ERG　　脚　　DIR-洗=DAT　　NEG-喜欢=GNO.IMM
（才察觉）小孩不喜欢洗脚。

比较有趣的是，"叙实－新知"示证标记 ti³³ 不能同时跟存在／领有动词 mə³³ 一起使用。因为 mə³³ 除了表达存在的语义外，还能标记"亲眼所见"的示证功能（见 6.5.1 小节），若添加上 ti³³，两者在语义上较为重复。由此可见，ti³³ 的确隐含"亲眼观察、亲身感受，即时察觉"的意味。例如（494）和（495）两句只能用在转述语境中，且句末不可使用 ti³³：

（494）pu⁵⁵ji⁵⁵　　tsi³³tã⁵³　　nə⁵⁵-væ⁵³　　mə³³tsʰe⁵⁵　　nə⁵⁵-mu³³.（*ti³³）
藏文　　字典　　二-CL　　不止　　DIR-有.VIS
（告诉别人本人知道了）只有两本藏文字典。

（495）tɕe³³=kʰu⁵³　　gu²⁴　　tɐ⁵⁵-lə³³　　mə⁵⁵.　　（*ti³³）
家=LOC　　牦牛　　一-CL　　有.VIS
（告诉别人本人知道了）家里有一只牦牛。

6.5.3　自知信息

自知信息示证（egophoric）表示言谈者对命题所传递知识所具有的自

我认知途径，它主要表明言谈者个人的主观知识①。很多语言中自知信息示证标记对人称较为敏感②。沙德木雅语跟拉萨藏语相似，自知示证标记跟人称之间并无太大关系，自知示证的标记形式对人称并非特别敏感，仅仅需要凸显说话人是否对某一客观信息表现出"个人自我的权威认识"，即说话人把自己的角色和主观态度嵌入客观信息当中。因此在沙德木雅语中判断自知示证的标准更像以语义和语用为基础，而非句法上的"人称一致"为基础（Tournadre 2008：304）。

沙德木雅语的自知示证范畴并无某些藏语支语言发达，有"自知—非自知"的对立，但只标记自知，而不标记非自知。自知示证没有独立的语法标记，它主要跟系词、否定等语法形式融为一体。下面分别介绍。

（一）作为系词的 ŋe³³

沙德木雅语可以使用句末的 ŋe³³ 表达自知示证功能，它源于系词 ŋe³³ 的语法化。跟其他源于系词的示证标记相比③，ŋe³³ 重点强调说话人的亲身体会和个人感知，有很强的主观认识和个人权威性的意味。用作系词的 ŋe³³ 大多在否定句和疑问句中使用，只有少数情况下出现在陈述句里，此时隐含叙述者对命题的个人认识或推测。ŋe³³ 跟句子的主语人称并无绝对一致关系。

例（496）—（498）都是否定句，无论主语是何人称句末都可使用系词 ŋe³³，ŋe³³ 之前添加了否定标记 tɕæ²⁴。例如：

---

① 示证范畴重在标记信息的来源，而自知信息示证重在表明说话人接近信息的程度。当说话人或报道类语体中的主体将个人的权威认识转嫁到所讨论话题或信息中时，常常使用能够伸张个人见解、表现个人在信息中充当核心角色的自知标记。自知示证是具有两项对立的语法范畴，跟自知相对应的是非自知（non-egophoric），它以标记叙述者将自身置于事件之外，而不对事件做出断言的认识权威（Tournadre & LaPolla 2014：243）。

② Widmer & Zuniga（2017），San Roque、Floyd & Norcliffe（2018）等认为自知信息示证跟人称的对应关系主要体现在：1. 若某一语言的一人称陈述式中使用某一语法标记 A，则二、三人称陈述式中使用某一语法标记 B；2. 若在二人称疑问式中使用语法标记 A，一、三人称疑问句中使用语法标记 B，那么就有理由相信该语言应该存在"自知—非自知"的对立。但该类常见于许多藏缅语中，仅仅采用人称和句式差异判断"自知示证"的标准却并不绝对适用于沙德木雅语。

③ 黄布凡（1985）认为在木雅语中 ŋe³³、ni³³ 和 ti³³ 都是语气助词。ŋe³³ 表示肯定语气；ni³³ 由判断动词虚化而来，用于未完成体是一般语气，用于完成体是亲验语气；ti³³ 只用于不自主动词未完成体或形容词谓语之后，是亲验语气。Ikeda（2007：74）进一步分析了三者用法的异同：在木雅语中 ŋe³³、ni³³、ti³³ 都是说话人用以陈述信息真实性的示证标记。ŋe³³ 用于简单且一般的陈述，ni³³ 用于确定的陈述，ti³³ 用于对新知事情的证实和确认。由此可见木雅语中句末语法标记 ŋe³³、ni³³、ti³³ 中只有 ŋe³³ 和 ni³³ 由系词语法化而来，但当前三者用作示证标记，内部功能极其复杂，因此还需大量的跨方言材料系统比较三者的功能异同。

（496）ŋə⁵³   ʔe³³ni⁵⁵   xã³³mbæ⁵³   tə³³-dze⁵³-pi³³=ɣæ²⁴   tɕe³³tsɿ⁵⁵
　　　 1sg   3pl.ERG   脏话   　　DIR-骂人-IMPV.3=POSS   男孩
　　　 ʔæ³³=ŋe⁵⁵=ti²⁴?
　　　 Q=COP=GNO.IMM
　　　 我难道就是他们骂的那个男孩吗？

（497）næ⁵⁵nə³³   ke⁵⁵ke⁵³=ɣæ²⁴   mə³³ŋi⁵⁵   tɕæ³³-ŋe³.
　　　 2pl   　　贡嘎=POSS   　　人   　　NEG-COP
　　　 你们不是贡嘎山的村民。

（498）ʔe⁵⁵tsɿ⁵⁵   pʰũ³³pu⁵⁵tɕʰe⁵⁵=ɣæ³³   ʔæ³³=ŋe⁵⁵=ti²⁴?   tɕæ²⁴-ŋe³³.
　　　 3sg   　　朋布西=POSS   　　　　Q=COP=GNO   　　NEG-COP
　　　 他是朋布西的吗？不是的。

当 ŋe³³ 用在一般疑问句中时，需在系词 ŋe³³ 前添加疑问标记 ʔæ³³。不管主语是何人称，都可使用该类句型。例如：

（499）ŋə⁵⁵   mə³³ŋi⁵⁵   si⁵⁵və⁵³   te³³-lø³³   ʔæ³³=ŋe⁵⁵=ti³³?
　　　 1sg   人   　 好的   　 一-CL   Q=COP=GNO.IMM
　　　 我是一个好人吗？

（500）næ³³   mə³³ŋi⁵⁵   si⁵⁵və⁵³   te³³-lø³³   ʔæ³³=ŋe⁵⁵=ti³³?
　　　 2sg   人   　 好的   　 一-CL   Q=COP=GNO.IMM
　　　 你是一个好人吗？

（501）we⁵⁵nə³³   kʰə⁵³-nə³³   li⁵⁵tã³³=tsə³³kə³³   qʰə̠⁵⁵-tə̠⁵³-se⁵⁵
　　　 那些.PL   狗-PL   　 理塘=ABL   　　　　DIR-买-PFV.3
　　　 ʔæ³³=ŋe⁵⁵=ti²⁴?
　　　 Q=COP=GNO.IMM
　　　 那些狗是在理塘买的吗？

上例中系词 ŋe³³ 都出现在否定和疑问句中，此时 ŋe³³ 不能换成 ni³³ 或者 ti³³。同样在少数情况下，陈述句中的 ŋe³³ 之后需要添加示证标记 ti³³ 构成 ŋe³³ti³³ 的系词结构，此时 ŋe³³ti³³ 表示推测，凸显信息报道者对某一事实的主观认识情态。ŋe³³ti³³ 一般都不能替换成 ŋe³³ni³³，且 ŋe³³ti³³ 语序固定，不能变成语序相反的 ti³³ŋe³³。由此可见，从语法功能和历史发展看，示证标记 ŋe³³ 跟 ti³³ 应该有某些相关性，且代表了不同类型的示证功能，具有层次性。系词 ŋe³³ 强调说话人的个人认识，有很强的主观认识情态功能，而 ti³³ 仅仅在于叙述某一真实事件以及说话人刚刚才察觉的信息，是客观地叙述，因此在句法分布上置于 ŋe³³ 之后。这里仅介绍 ŋe³³ 跟 ti³³ 一起使用的例子。例如：

(502) ŋi³³　　　　tsĩ³³ŋgə⁵³　　　na⁵⁵-ʁa⁵⁵　　　tʰɐ²⁴ni⁵⁵　　ŋɐ³³　　　mə³³ɲi³³
　　　1sg.ERG　　衣服　　　　　DIR-洗　　　　DM　　　1sg　　　人
　　　si³³və³³　　te³³-lø³³　　　ŋɐ³³=ti³³.
　　　好的　　　　一-CL　　　　COP=GNO.IMM
　　　我（假如）洗了衣服的话应该就算一个好人了吧。

(503) ʔɐ³³tsi⁵⁵　　mə³³ɲi⁵⁵-ni³³　　tsi⁵⁵kə⁵⁵　　kʰə³³-zə⁵⁵=re³³　　te³³-lø³³
　　　3sg.ERG　　人-PL　　　　　尊敬　　　　DIR-受到=NMLZ　　一-CL
　　　ŋɐ³³=ti⁵⁵.
　　　COP=GNO.IMM
　　　她（大概）就是被人尊敬的。

（二）作为自知示证标记的 ŋɐ³³

当句中还出现了其他谓语时，系词 ŋɐ³³ 置于谓语之后，语法化为典型的自知示证标记 ŋɐ³³。ŋɐ³³ 大多出现在主语为第一人称的陈述句中，但它也可出现在主语为第三人称的句式中，此时暗示说话人觉得自己意识中能够明确回想起来曾经发生过的事情（Ikeda 2007：130）。当主语为第一人称时，ŋɐ³³ 不但可以跟表示完成的句子相搭配，还可跟表示未完成的句子搭配，但跟未完成句子搭配时，ŋɐ³³ 之前需添加非完整体标记构成 pi³³ŋɐ³³。当主语是第三人称时，ŋɐ³³ 大多情况下都需要出现在未完成情状的句式中，但此时 ŋɐ³³ 大多位于小句中，而不能出现在整句里面。

从当前调查情况来看，ŋɐ³³ 几乎不能出现在主语为第二人称的陈述句里，而仅仅出现在主语为第二人称疑问句或否定句中。例（504）－（507）主语分别是一人称单数和复数，句中事件都发生在已然事件中，句末使用了自知示证标记 ŋɐ³³ 表示说话人自己认为干过的某事是确凿无疑的，自己可以为自己的行为负责。例如：

(504) ŋi³³　　　　pə⁵⁵si⁵⁵　　　ʁə²⁴　　　nə⁵⁵-zæ³³=ri³³　　　ɣu³³ɣji⁵⁵
　　　1sg.ERG　　今天　　　　鱼　　　　两-CL=CONJ　　　鸡
　　　tæ⁵⁵-wæ³³,　　tɕʰə³³nə⁵³　　　ndo⁵⁵　　　sɯ⁵⁵　　　dzæ³³mæ⁵³
　　　一-CL　　　　还有　　　　　肉　　　　　三　　　　　斤
　　　qʰə³³-ta⁵³=ŋɐ³³.
　　　DIR-买=EGO
　　　我今天买了一只鸡、两条鱼、三斤肉。

(505) ʔɐ³³tsi³³　　　ŋi³³-ri⁵³=ra²⁴,　　　ŋi⁵⁵　　　ʔɐ³³tsæ⁵³　　　zæ³³
　　　3sg　　　　　DIR-笑=PFV.VIS　　1sg.ERG　　3sg.POSS　　　小孩
　　　ŋi³³-ri⁵³-tɕʰɐ³³=ŋɐ³³.
　　　DIR-笑-CAUS.1sg=EGO
　　　（看见）他笑了。我把他的小孩逗笑了（我让他的小孩笑了）。

（506）ji²⁴si³³　　　ŋi³³　　　　ɣu²⁴　　　tu³³-ku⁵³　　　xɑ³³=ŋe⁵³.
　　　　昨天　　　1sg.ERG　　　草　　　DIR-背　　　去.PFV=EGO
　　　　昨天我去背了草。

（507）ŋi⁵⁵　　　dze⁵⁵nə²⁴　　　me³³me⁵³=ɣæ³³　　　ne⁵⁵-rɑ⁵³-ve³³=ŋe⁵³.
　　　　1sg.ERG　　　米饭　　　大家=DAT　　　DIR-分发-LVB=EGO
　　　　我真的把粮食运来后就分给大家了。

例（508）中使用了表示未然的时间副词"一会儿"。虽然整个事件发生在未然语境中，但是对说话人而言"回来"的动作在将来某一时间点已经完成，有些类似英语中的将来完成时 will have done something。说话人为了确信将来势必会完成的动作行为，在句末使用了自知示证标记 ŋe³³。例如：

（508）ŋə³³　　　ŋə⁵⁵zæ³³ti³³kə³³　　　kʰə³³-tsæ⁵³-po⁵⁵=ŋə³³.
　　　　1sg　　　一会儿　　　DIR-回来=IMPV.1sg=EGO
　　　　我过一会儿真的就会回来了。

当句子主语为第三人称的时候，句中也能添加自知示证标记 ŋe³³，此时隐含说话人通过个人经验判定后较为确信，坚信自己对句子谈论对象所做事情真实可靠性的认识。试比较以下两句：

（509a）ʔe³³tsi⁵⁵　　　je³³tsi⁵⁵tæ³³gæ⁵³=kʰu⁵⁵gə²⁴　　　kʰə³³-tsæ⁵³-pi⁵⁵=ni³³.
　　　　3sg　　　不一会儿=LOC　　　DIR-回来-IMPV.3=GNO
　　　　（事实是）他过一会儿就回来。

（509b）ʔe³³tsi⁵⁵　　　je³³tsi⁵⁵tæ³³gæ⁵³=kʰu⁵⁵gə²⁴　　　kʰə³³-tsæ⁵³-pi⁵⁵=ŋe³³.
　　　　3sg　　　不一会儿=LOC　　　DIR-回来-IMPV.3=EGO
　　　　（我代替他告诉你）他过一会儿就回来。

在例（509a）中说话人仅仅在于描述"他一会儿回家"的事实；例（509b）句末添加了自知示证标记 ŋe³³，强调说话人代替句中三人称主语将某一信息告诉给其他人，而信息报导者（说话人）把自己牵涉进句子所叙述的事件中。

在陈述句中，自知示证标记 ŋe³³ 只能跟第一人称、第三人称主语搭配，而无法跟第二人称主语搭配，原因在于第二人称"你／你们"一般都在言谈交际现场，而说话人一般不会采取极其不礼貌的方式去自作主张代替在交际现场的言谈对象做某事①，因此木雅语中自知示证标记 ŋe³³ 几乎都不跟第二人称搭配。由此可见，自知示证标记 ŋe³³ 到底选择跟第几人称主语搭

---

① 将自己的意识或者自己的想法强加在交际现场的某对象身上，这样势必会造成极其不礼貌或相当强势的口吻，从而使得交谈过程表现得比较尴尬。

配并不严格按照句法上的人称一致，而更像是受语用条件的影响，类似某些藏语支语言的实际使用情况。

有时候当主语是第三人称时，自知示证标记 ŋe³³ 还经常出现在未完成事态的句子中。例（510）和（511）中 ŋe³³ 出现在非完整体标记之后，而 ŋe³³ 所附着的小句是动词"说"的补足语成分，补足语小句的内容属于报道类言语行为（reported speech act）。

在报道类语体中被报道对象具有信息的主导权，被报道者恰恰容易将自身的主张和主导权嵌入信息当中，因此常常会使用"自知"的信息表达效果来报道信息或事件。此时自知示证标记 ŋe³³ 前的非完整体标记采用一人称复数形式 pe³³ 从而表达补足语小句中被报道者是动作行为的主导者。例如：

（510）ʔe³³nə⁵³　　　　ndø³³ndɑ⁵⁵-nə³³　　　ʔe³³nə⁵⁵=tse⁵⁵ni³³　　Næ³³Næ³³
　　　　3pl　　　　　事情-PL　　　　　　3pl=REFL.ERG　　　好的
　　　　tʰe³³-və⁵³-pe⁵⁵=ŋe⁵³　　　　　　tə⁵⁵-pi³³.
　　　　DIR-做-IMPV.1pl=EGO　　　　　说-IMPV.3
　　　　他们说：这些问题他们（他们 → 我们）自己去解决。

（511）ʔe³³nə⁵³　　kæ⁵⁵ʂã³³　ndo⁵⁵　tʰu⁵⁵-jy⁵³　nde²⁴-pe⁵⁵=ŋe⁵³　　tə⁵⁵-pi³³.
　　　　3pl　　　　街上　　　肉　　　DIR-卖　　走-IMPV.1pl=EGO　　说-IMPV.3
　　　　他们说：他们（他们 → 我们）要去市场上买很多猪肉。

6.6　否定范畴

否定结构对句子意义作部分或者全部的反驳。沙德木雅语的否定结构使用专用的否定标记，由于否定标记的位置不同往往会影响否定辖域的范围，从而造成语义或语用表达效果上的不同。否定标记按照否定句式的类型、具体的体貌类型、说话人的主观认识和情态类型等分成不同的小类。

目前共发现三类否定标记"ŋ－型""m－型"以及"tɕ－型"，三者主要分工跟不同的时体、语气、情态等相关。"ŋ－型"否定标记主要是对未完成事件进行否定，因此它大多出现在未完成事态的句子中，隐含"说话时正在或持续从事某一活动，且具有某一性质"。由于受周围动词词根元音的影响，"ŋ－型"否定标记有 ŋə³³、ŋi³³、ŋu³³、ŋæ³³ 或者 ŋo³³ 等屈折形态，但其元音变化的规律目前还无法有效总结，当前调查语料显示它大多情况下会跟其附着的动词词根元音发生和谐。

"m－型"否定标记主要是对完成事件进行否定，受其附着的趋向前缀中元音同化的影响，"m－型"否定标记有 mɐ³³、mə³³、mu³³ 的变体形式。若趋向前缀词根元音为 ɔ，则被同化为 mə³³；若趋向前缀的元音为 u，则被同化为 mu³³。

"tɕ－型"否定标记在木雅语中具有多功能性，它除了表达常见的禁止意义外，还能表达建议的口吻或某种祈使的语气。"tɕ－型"否定标记一般都出现在未然语境中，除了表示将来发生事件或行为被说话人禁止以外，还表示说话人主观地认为自己所谈论的事件在将来并不会发生，此时有很强的主观性语用效果。"tɕ－型"否定标记也常常与其附着的动词词根或趋向前缀的元音发生和谐：若动词带趋向前缀，它跟趋向前缀元音和谐；若动词不带趋向前缀，它跟动词词根的元音和谐。不过可以根据元音和谐的具体方式区分"tɕ－型"否定标记的功能：若"tɕ－型"否定标记的元音跟动词词根元音和谐，那它属于一般否定标记，此时仅仅陈述言谈参与者将来不会干某事；若"tɕ－型"否定标记的元音跟趋向前缀的元音和谐，那它是表示祈使／命令的否定标记。从当前调查看，"tɕ－型"否定标记有 tɕi³³、tɕə³³、tɕæ³³ 等元音交替的屈折变化形式。

沙德木雅语否定标记的语序较为灵活，一般出现在：不添加趋向前缀的动词词根之前；趋向前缀与动词词根之间；添加了趋向前缀的动词词根之后这三种语序中。改变否定标记的语序能表达不同的功能。某些否定标记还能插入到双音节动词词根之间，成为中缀。但该类情况较少见，目前仅仅发现几个双音节动词可接受此类中缀型的否定标记。

表 6-8 对沙德木雅语中三类否定标记的语序作一介绍。

表 6-8　　　　　　　　　沙德木雅语否定标记的语序

动词词根	"ŋ－型"否定标记的语序
kʰi⁵⁵tsʰu⁵³ "眨眼"	kʰi⁵⁵tsʰu⁵⁵-ŋə⁵⁵-pi³³ "不眨眼"
tə³³qɑ⁵³ "张开"	tə³³qɑ⁵³-ŋə⁵⁵-pi³³ "不张开"
nɐ³³dʐ⁵³ "闭"	nɐ³³dʐ⁵³-ŋə⁵⁵-pi³³ "不闭"
kʰə³³væ³³læ³³ "咬"	kʰə³³væ³³læ³³-ŋə⁵⁵-pi³³ "不咬"
tʰĩ³³tɕæ³³læ³³ "舔"	tʰĩ³³tɕæ³³læ³³-ŋə⁵⁵-pi³³ "不舔"
na̠³³tɕə³³mə̠⁵³ "闭眼"	na̠³³tɕə³³mə̠⁵³-ŋə⁵⁵-pi³³ "不闭眼"
kʰə⁵⁵tɕə³³ri⁵⁵ "看"	kʰə⁵⁵tɕə³³ri⁵⁵-ŋə⁵⁵-pi³³ "不看书"
kʰə⁵⁵sø³³næ³³ "闻"	kʰə⁵⁵sø³³næ³³-ŋə⁵⁵-pi³³ "不在闻"
qʰə³³se⁵⁵ɴɢæ³³ "听"	qʰə³³se⁵⁵ɴɢæ³³-ŋə³³-pi³³ "不听"

续表

动词词根	"ŋ-型"否定标记的语序
ŋgə⁵⁵ʴɛ⁵³ "走来"	ŋgə⁵⁵ʴɛ⁵³-**ŋə⁵⁵**-pi³³ "没有走来"
mi⁵⁵næ⁵⁵mə̣³³ "闭眼"	mi⁵⁵næ⁵⁵mə̣³³-**ŋə⁵⁵**-pi³³ "不闭眼"
mbi⁵⁵ "坐"	mbi⁵⁵-**ŋə⁵⁵**-pi³³ "不坐"
rqæ⁵⁵ "走"	rqæ⁵⁵-**ŋə⁵⁵**-pi³³ "不走动"
kʰi⁵⁵ "睡觉"	kʰi⁵⁵-**ŋə⁵⁵**-pi³³ "不睡觉"
so⁵⁵ "打算"	so⁵⁵-**ŋə⁵⁵**-pi³³ "不打算"
gæ⁵⁵ "喜欢"	**ŋə⁵⁵**-gæ³³-ti³³ "不喜欢"
se⁵⁵se³³ "疼爱"	**ŋi⁵⁵**-se³³ "不疼爱"
mə⁵⁵ "在"	**ŋə⁵⁵**-mə³³ "不在"
kʰə⁵⁵ "在……里面"	**ŋə⁵⁵**-kʰə³³ "不在……里面"
ndzy⁵⁵ "有"	**ŋi⁵⁵**-ndzy³³ "不再有"
动词词根	"m-型"否定标记的语序
ni⁵⁵tʰæ³³ "踩"	ni⁵⁵-**mæ⁵⁵**-tʰæ³³ "没有踩"
ŋgə³³ri⁵⁵ "过来"	ŋgə³³-**mə⁵³**-ri⁵⁵-rɑ²⁴ "没有来"
mi⁵⁵tə³³qɑ⁵⁵ "睁眼"	mi⁵⁵tə³³-**mu³³**-qɑ⁵⁵ "没睁眼"
mbi⁵⁵ "坐"	**mu⁵⁵**-mbi⁵⁵ "没有坐"
ndzə⁵⁵ "在"	**mɐ⁵⁵**-ndzə⁵⁵ "没有在"
kʰi⁵⁵ "睡觉"	kʰi⁵⁵-**mɐ³³**-si³³ "没睡觉"
so⁵⁵ "打算"	so⁵⁵-**mɑ⁵⁵**-rɑ³³ "没有打算"
动词词根	"tɕ-型"否定标记的语序
qʰə³³se⁵⁵ɴɢæ³³ "听"	qʰə³³se⁵⁵ɴɢæ³³-**tɕɐ³³**-və³³ "别听"
ɦæ³³dæ⁵³ "翘"	ɦæ³³-**tɕə³³**-dæ⁵³ "别翘"
mi⁵⁵tə³³qɑ⁵⁵ "睁眼"	mi⁵⁵tə³³-**tɕə⁵⁵**-qɑ⁵⁵ "别睁眼"
kʰə⁵⁵tɕə³³ri⁵⁵ "看"	kʰə⁵⁵tɕə³³-<**tɕɐ³³**>-ri⁵⁵ "别看"
	kʰə⁵⁵tɕə³³ri⁵⁵-**ŋɐ⁵⁵**-**tɕɐ³³**-vy⁵³ "别看（强制命令）"

续表

动词词根	"tɕ-型"否定标记的语序
kʰə⁵⁵sø³³næ³³ "闻"	kʰə⁵⁵-**tɕɐ**-sø³³næ³³ "别闻"
	kʰə⁵⁵sø³³næ³³-**tɕɐ²⁴**-pi³³ "（将来）不会闻"
ŋgə⁵⁵tɕə³³ri⁵⁵ "回来"	ŋgə⁵⁵-**tɕə³³**-ri⁵⁵ "别回来"
mi⁵⁵næ⁵⁵me̠³³ "闭眼"	mi⁵⁵næ⁵⁵-**tɕə³³**-me̠³³ "不要闭眼（建议）"
	mi⁵⁵næ⁵⁵-**tɕə³³**-me̠³³ "别闭眼（强制命令）"
mbi⁵⁵ "坐"	**tɕu⁵⁵**-mbi⁵⁵ "别坐"
kʰi⁵⁵ "睡觉"	**tɕu⁵⁵**-kʰi³³ "别睡觉"
gæ⁵⁵ "喜欢"	**tɕæ²⁴**-gæ⁵⁵ "不喜欢"
ndzə⁵⁵ "在"	**tɕæ²⁴**-ndzə⁵⁵ "不在（某处）"
rqæ⁵⁵ "走"	rqæ⁵⁵-**ŋɐ⁵⁵-tɕə³³**-vy³³ "别走（强制命令）"
so⁵⁵ "打算"	so⁵⁵-**tɕɐ²⁴**-po³³ "（我不）打算"

除了一般否定和祈使／命令否定结构以外，沙德木雅语还有双重否定结构。双重否定结构需叠加两个不同的否定词，从而表达肯定的意味。双重否定结构中只能使用重叠的"tɕ-型"否定标记，句中不能使用其他否定标记。以下分别介绍沙德木雅语不同类型的否定结构。

6.6.1 一般否定

一般否定是对句子的真值条件进行否定，"ŋ-型"和"m-型"否定标记都可以用于一般否定句当中，两者的差别主要在于所否定的动作事件到底是完成的还是未完成的。"ŋ-型"否定标记所否定的事件并非发生在过去，可能是现在正在发生或惯常发生的动作，它相当于汉语中的"不"。当它用来否定某些动作性较弱的存在／领有动词、心理动词、感官动词或系词的时候，表示过去某一事实对现在而言的影响。因此"ŋ-型"否定标记否定的是现在的情况，而非过去的情况。

（一）"ŋ-型"否定标记

在例（512）—（517）中，否定标记 ŋə³³（或 ŋə³³ 的变体形式 ŋu³³、ŋo³³、ŋi³³、ŋɑ³³ 等）都添加在动词词根之前，动词之前并未添加趋向前缀，且句中动词有的是动作义较强的行为动词，有的是动作义较弱的存在／领有动词或心理感官动词。例如：

（512）ʔɐ³³tsi⁵⁵　　kʰə⁵⁵=ji²⁴　　tɕɐ⁵⁵　　kʰə³³-tɕɐ³³=ri³³　　　ŋu⁵⁵-və³³=ti³³.
　　　这　　　　狗=ERG　　家　　　DIR-看=NMLZ　　　NEG-做=GNO.IMM
　　　这只狗不看家（不做看家的事）。

（513）ŋi³³　　　　tɕɐ³³　　tə³³-lø³³　　nə³³　　　ŋi³³-ndzɐ³³=ŋɐ²⁴.
　　　1sg.ERG　　房子　　一-CL　　　都　　　　NEG-有=EGO
　　　我一间房子都还没有的。

（514）ʔɐ³³nə⁵³　　mə³³ŋi³³-nə³³　　ŋi⁵⁵　　　tɕɐ⁵⁵tɕɐ⁵⁵　　ŋi⁵⁵-sø⁵⁵=ni⁵⁵.
　　　这些　　　　人-PL　　　　　1sg.ERG　　特别　　　　NEG-喜爱=GNO
　　　这些人我特别不喜欢。

（515）ʔɐ³³tsi⁵⁵　　kʰi⁵⁵　　　ŋo⁵⁵-nə⁵³=ti²⁴.
　　　3sg.ERG　　睡觉　　　NEG-敢于=GNO.IMM
　　　他不敢睡觉。

（516）tsʰə³³qo³³ro³³　　tsə³³lə⁵⁵=le²⁴　　ŋa³³-qa⁵³=ti²⁴.
　　　老鼠　　　　　　猫=DAT　　　　NEG-害怕=GNO.IMM
　　　老鼠不怕猫。

（517）ʔɐ³³mo⁵⁵=ji²⁴　　tə⁵⁵-pi³³　　　tsə³³lə⁵³=le²⁴　　ŋa³³-qa³³=ti³³=tə³³pi³³
　　　妈妈=ERG　　　　说-IMPV.3　　猫=DAT　　　　NEG-害怕=GNO.IMM=QUOT
　　　妈妈说卓玛不怕猫。

ŋə³³还能直接对情态助动词进行否定，此时它需要添加在助动词之前。在该类句式中，ŋə³³的元音常常跟与之邻近的动词词根元音或情态动词的元音保持和谐。例（518）中ŋə³³跟前序动词 xə³³ "去"的元音和谐；而（519）中因为动词后添加了名物化标记，因此 ŋə³³ 的元音只能跟与之邻近的情态动词的词根元音保持和谐。例如：

（518）væ³³və⁵⁵　　　ri³³　　　　mæ³³mæ⁵³-nə³³　　　le⁵⁵　　　xə³³
　　　爷爷　　　　　CONJ　　　奶奶-PL　　　　　　外面　　　去
　　　ŋə⁵⁵-ɴæ⁵³=ti²⁴.
　　　NEG-MOD:可以=GNO.IMM
　　　（因为今天、明天和后天都有雨，）爷爷和奶奶都不能出门了。

（519）ndɑ³³pu⁵⁵næ²⁴　　tɕɐ⁵³　　kʰə³³-tɕɐ³³=ri³³　　ŋæ³³-ɴæ³³=ti²⁴.
　　　主人.POSS　　　家　　　DIR-看=NMLZ　　　NEG-MOD:能=GNO.IMM
　　　不能给主人看家（别人不让这动物给主人看家）。

若动词之前添加了趋向前缀，ŋə³³只能置于动词词根之后（见表 6-9）。有趣的是，ŋə³³还能作为中缀添加在某些双音节动词词根语素之间，对动词进行否定。但该类动词必须满足以下两个条件：动词不可带趋向前缀，且由意义相似或相近的两个词根语素构成；动词必须是双音节。由于该类使用情况十分有限，目前只发现少数几个动词能添加中缀式否定标记。以添加了否定中缀 ŋə³³ 的动词 χa⁵⁵kø⁵³ "知晓"为例。例如：

（520）tṣũ³³mba⁵³=kʰu⁵⁵=ɣæ³³　　mə³³ŋi⁵⁵-ni²⁴　　tɕʰi³³tʂʰe⁵⁵　　ɦæ³³ndɐ⁵⁵lø³³
　　　　村子=LOC=POSS　　　　人-PL　　　　　汽车　　　　　怎样
　　　　qʰo³³-lə⁵⁵　　χi³³pi³³tʰa³³ŋa⁵³　　χa⁵⁵-<ŋø⁵⁵>-kø⁵³=ti³³.
　　　　DIR-开动　　　到底怎样　　　　　知道-<NEG>-知道=GNO.IMM
　　　　村里的人不知道到底怎样开汽车。

（521）ʔe³³tsi³³　　tø³³da⁵³　　ŋi⁵⁵　　nə⁵⁵　　χa⁵⁵-<ŋø⁵⁵>-kø⁵³=ti³³.
　　　　这　　　　事情　　　1sg.ERG　也　　　知道-<NEG>-知道=GNO.IMM
　　　　这件事我也不清楚。

除了对动作行为进行否定外，ŋə³³ 还可置于形容词之后，对事物的属性或特征进行否定。在对形容词进行否定时，ŋə³³ 不需要跟邻近的形容词词根保持元音和谐。例如：

（522）ʔɐ³³nə⁵³　　zi²⁴-nə⁵³　　ŋi³³ŋɐ⁵³-nə³³　　nɐ³³-sɐ⁵³-χi³³,
　　　　这些.PL　　猪-PL　　　肥的-PL　　　　DIR-杀-MOD:会
　　　　ŋi³³ŋɐ⁵³-ŋə³³-nə³³　　mbu³³=le⁵⁵　　tʰɐ³³-lə⁵³-χi³³.
　　　　肥的-NEG-PL　　　　山=LOC　　　DIR-驱逐-MOD:会
　　　　这些猪呢，肥的宰掉，瘦的放到山上去。

（523）ʔɐ³³nə⁵⁵　　tʰa³³qa⁵⁵-nə⁵⁵-tɕɐ²⁴　　ri³³ri⁵⁵-nə⁵⁵　　ŊGæ⁵³　　ni²⁴,
　　　　这些.PL　　绳子-PL=LOC　　　　　　长的-PL　　　1sg.POSS　COP
　　　　ri³³ri⁵⁵-ŋə⁵⁵　　næ³³=ɣæ⁵³　　ni²⁴.
　　　　长的-NEG　　　2sg=POSS　　COP
　　　　这些绳子啊，不长的是你的，长的是我的。

（524）ndi⁵⁵=kʰu⁵⁵=ɣæ²⁴　　tɕɐ⁵⁵　　tsɐ⁵⁵tsɐ⁵³-ŋə³³=ti³³.
　　　　锅=LOC=POSS　　　水　　　热的-NEG=GNO.IMM
　　　　锅里的水不热。

（二）"m-型"否定标记

对已经完成的动作行为进行否定时需要使用"m-型"否定标记，它相当于汉语的"没 / 没有"。"m-型"否定标记所出现的位置跟"ŋ-型"否定标记不同，主要体现在：若动词由趋向前缀和动词词根构成，那么"m-型"否定标记常常置于趋向前缀与动词词根之间或动词词根之后；当"m-型"否定标记处于趋向前缀与动词词根之间时常常和趋向前缀保持元音和谐；当"m-型"否定标记处于动词词根之后时则保持原形态，不需要跟动词词根元音保持和谐。

若动词不带趋向前缀，那么当"m-型"否定标记既可前置于动词，又可后置于动词，到底选择前置还是后置语序跟动词的语义相关。处于动词之后时"m-型"否定标记的元音不需要跟其附着动词词根的元音保持和谐。

在例（525）—例（527）中否定标记出现在趋向前缀跟动词词根之间，否定标记同时跟趋向前缀保持元音和谐。例如：

(525) mo^{33}mo^{33}=ji^{24}　　mæ^{33}tə^{33}tɕæ^{33}　　ɣu^{33}-mu^{53}-tɕʰə^{33}-si^{33}.
　　　 妈妈=ERG　　　　　午饭　　　　　　　　DIR-NEG-喝-PFV.3
　　　 妈妈没有吃（喝）午饭。

(526) ŋi^{55}　　　tə^{55}-tɕ^{33}=ŋɐ^{24}　　mbə^{33}tʂɑ^{53}　　tə^{55}-mə^{53}-re^{24}-si^{33}.
　　　 1sg.ERG　　DIR-说=EGO　　　　虫草　　　　　　　DIR-NEG-长出-PFV.3
　　　 我说了虫草还没有长出来。

(527) ndzi^{33}　　　kʰi^{33}-mi^{53}-tsi^{33}　　tʰe^{53},　　xu^{55}　　ɦæ^{33}-ndzi^{33}=rø^{24}
　　　 饭　　　　　 DIR-NEG-煮　　　　　DM　　　晚上　　DIR-吃=NMLZ
　　　 tɕæ^{24}-ndə^{24}.
　　　 NEG-有
　　　 没做饭晚上就没吃的。

例（528）到例（530）中动词虽带上了趋向前缀，但 mɐ^{33} 却可以置于动词词根之后。例如：

(528) ŋi^{33}　　　kæ^{33}ŋu^{55}　　tɕe^{53}　　tə^{33}-lø^{33}　　nə^{24}　　qʰə^{55}-tə^{53}-mɐ^{55}-sø^{24}.
　　　 1sg.ERG　以前　　　　 房子　　一-CL　　　都　　　DIR-买-NEG-PFV.1sg
　　　 我以前（有钱的时候）都没有买一间房子。

(529) dæ^{33}æ^{33}=næ^{33}　　ɕa^{55}ŋi^{55}　　ŋgi^{55}-ʂu^{55}　　tʰe^{33}-di^{55}-si^{33},
　　　 达娃=PL.POSS　　　青稞　　　　DIR-收割　　　DIR-完成-PFV.3
　　　 læ^{33}mø^{33}=næ^{55}　　ɕa^{33}ŋi^{55}　　tɕʰə^{33}nə^{55}　　ŋgi^{55}-ʂu^{55}-mɐ^{33}-di^{33}-si^{33}.
　　　 拉姆=PL.POSS　　　青稞　　　还是　　　　DIR-收割-NEG-完成-PFV.3
　　　 达娃家稻子收完了，但拉姆家稻子没有收完。

(530) ʔɐ^{33}ni^{53}　　tɕe^{33}=kʰu^{53}　　tso^{55}ma^{53}　　nu^{33}-və^{53}-mɐ^{55}-si^{33}.
　　　 3pl.ERG　　屋子=LOC　　　打扫　　　　　DIR-做-NEG-PFV.3
　　　 他们没打扫屋子就不过年。

而在例（531）和例（532）中，动词不带趋向前缀，mɐ^{33} 只能置于动词之后，并且否定标记并未跟动词词根发生元音和谐。例如：

(531) mbo^{33}tɐ^{53}　　pẽ^{33}tʰe^{55}　　dzɐ^{33}dzɐ^{55}　　tə^{33}si^{33}　　ru^{55}tɕə^{53}-mɐ^{33}-si^{33}.
　　　 楼顶　　　　凳子　　　　很多　　　　　一些　　　放置-NEG-PFV.3
　　　 楼上并没有放很多凳子。

(532) ɦæ^{33}-ndzi^{33}-rø^{55}=ri^{33}　　tə^{55}-ŋgə^{53}-rø^{33}-nə^{33}　　sõ^{55}tʂʰæ^{53}-mɐ^{24}=ti^{33}.
　　　 DIR-吃-NMLZ=CONJ　　　 DIR-穿-NMLZ-PL　　　担心-NEG=GNO.IMM
　　　 吃的、穿的都不愁（没担心）。

由此可见，用于否定已完成动作或事件的"m－型"否定标记更加倾向置于动词词根之后。若动词同时带上趋向前缀，"m－型"否定标记也可置于趋向前缀跟动词词根之间。但在长篇语料中偶尔还出现了"m－型"否定标记前置于动词趋向前缀的情况。

在以下的例（533）中，动词都没带趋向前缀，但否定标记 mɐ³³ 需要放在动词之前，不能置于动词之后。该类违背常规语序结构的情况其内部具有某些特点：动词一般是趋向动词，而且动词之前不能再出现趋向前缀。该情况应该是由于趋向意义整合压缩后，趋向前缀删略而形成的否定结构[①]。例如：

（533）ʔɐ³³tsi⁵⁵   mɐ³³-xə⁵⁵   nə³³   Næ³³=ni²⁴=sa³³ra⁵³   næ⁵⁵
　　　 3sg   NEG-去   也   可以=GNO=LNK:但是   2sg
　　　 mɐ³³-xu³³=tʰe⁵⁵   tɕa²⁴-næ²⁴.
　　　 NEG-去=LNK   NEG-可以
　　　 他没去也行（可以），但你没去的话就不可以。

（三）"tɕ－型"否定标记

"tɕ－型"否定标记使用的环境较为宽松，它除了出现在完成、未完成的语境中充当一般否定标记外，还能出现在：表示祈使或禁止的未然语境中充当禁止式标记，禁止言谈对象从事某种还未发生，或即将就会发生的动作行为；某些条件关系从句中，表示对某些未然语境中某一事件的否定，此时带有明显的虚拟语气用法。

充当一般否定标记时，"tɕ－型"否定标记置于动词前后都可，但此时动词不能同时带趋向前缀。大多情况下，若动词之后没有体、情态、示证标记，"tɕ－型"否定标记多前置于动词；若动词之后已经带上了体、情态、示证标记，"tɕ－型"否定标记需后置于动词。"tɕ－型"否定标记也常常跟其附着动词词根的元音发生和谐，有 tɕi³³、tɕa³³、tɕæ³³ 等元音交替形式。

以下例子中的动词有的是情态动词，有的是领有动词，且动词之前都无趋向前缀，动词之后也无其他语法标记。除（537）外，"tɕ－型"否定标记都置于动词之前，功能相当于 ŋə³³ 或者 mɐ³³。例如：

（534）ʔɐ³³tsi³³-tse³³tse⁵³   je³³yu⁵³   kʰi³³   tɕa²⁴-nə³³.
　　　 3sg-REFL   单独   睡   NEG-MOD:敢于
　　　 她自己不敢单独一个人睡觉。

[①] 此处对该类结构产生的原因仅仅作出了一个推测，有关其产生的动因还需今后通过大量亲属语言的调查对比加以分析。

（535）ndɑ³³pu⁵⁵næ²⁴ tɕe⁵³ kʰə⁵³-tɕə³³=ri³³ tɕɑ³³-ʁæ³³.
主人.POSS 家 DIR-看=NMLZ NEG-MOD:可以
不能给主人看家（不可以有给主人看家这件事）。

（536）ŋi³³ kæ³³ŋu⁵⁵ tɕe⁵³ tɐ³³-lø³³ nə²⁴ tɕi³³-ndzɐ³³.
1sg.ERG 以前 房子 一-CL 都 NEG-有
我以前连一间房子都没有。

（537）ʔɐ³³tsi⁵⁵ zæ²⁴ji²⁴ kæ³³ŋu⁵⁵ ɣɔ̃⁵⁵ndə⁵³ tɕæ²⁴-gæ³³-pi³³.
这 孩子 以前 书 NEG-喜欢-IMPV.3
这孩子以前没喜欢过（读）书（没读过书）。

在上例（536）和（537）中都添加了表示过去状态的时间副词 kæ³³ŋu⁵⁵ "以前"，全句描述的事件是已完成的，此处若翻译成汉语需要使用表示过去事件的否定词 "没"。但在沙德木雅语中也可使用 "tɕ-型" 否定标记。根据发音人的解释，在此两例中，虽则叙述的是过去的情况，但 "拥有房屋" 和 "读书求学" 都是一个客观事实，没有必要仅仅发生在过去，所以此处的 "tɕ-型" 否定标记与特定时间点关系不大。

当动词之后同时带上体貌和示证标记时，"tɕ-型" 否定标记需要置于动词之后，此时其词根元音一般都会被交替变为 æ。因目前调查语料有限，且从所收集的语料中还无法肯定该类音变是否属于元音和谐，所以还无法对该类内部音变现象作出解释，仅仅罗列实际语言材料。例如：

（538）wo²⁴nə³³ mə³³ŋi⁵³-nə²⁴ ji³³si⁵³ ʔɐ³³kʰɐ³³ mbi³³-tɕæ²⁴-si³³.
那些.PL 人-PL 昨天 这里 住-NEG-PFV.3
那些人昨天没住在这地方。

（539）ʔɐ³³tsi⁵⁵ ndzo³³mæ⁵³ jæ⁵⁵ræ³³pæ³³ və³³=mi³³=tsi³³
3sg.ERG 卓玛 大方的 做=NMLZ=NMLZ
və²⁴-pi³³=ni³³. mæ⁵⁵ræ³³pæ³³ və³³=mi³³=tsi³³
做-IMPV.3=GNO 吝啬的 做=NMLZ=NMLZ
və⁵⁵-tɕæ³³-pi³³.
做-NEG-IMPV.3
她要成为大方的卓玛不能成为吝啬的卓玛。

在对条件关系从句中的动作行为进行否定时，主句必须使用否定标记 tɕə³³ 或其变体形式 tɕæ³³ 或 tɕɑ³³，不能使用否定标记 ŋə³³ 和 mɐ³³，而从句只能使用对已然事态进行否定的否定标记 mɐ³³。

例（540）-（544）中添加了表示假设条件的连词 tʰɐ³³ "假如……的话"，因此条件从句所表达的事态已经发生，使用否定标记 mɐ³³（或其元音交替形式），而主句所表达的事态是未然的，tɕə³³ 对此未然事态进行否定，略带有一些虚拟语气的意味。该类否定句有些近似英语中的 If not..., it (someone) **would be** that 句型。例如：

（540）ɦæ³³-**mɐ³³**-ti³³=tʰɐ³³　　　　　　ta³³ja³³　**tɕæ²⁴**-ndə³³.
　　　　DIR-NEG-织布=LNK:假如　　钱　　NEG-拥有
　　　　如果不织布的话就没有钱。

（541）ne³³=ji⁵⁵　　　ʁu²⁴　　tʰə³³-**mæ⁵³**-ɢæ⁵³=tʰɐ³³　　mo³³ŋo⁵³　si³³və⁵³
　　　　2sg=ERG　　草　　DIR-NEG-挖=LNK:假如　　女人　　好的
　　　　tɕ³³-lø³³　**tɕɑ²⁴**-ŋɐ³³.
　　　　一-CL　　NEG-COP
　　　　假如你没挖过草的话就不是一个好女人。

（542）zi²⁴　　qʰo³³-**mɐ⁵³**-sø⁵⁵=tʰɐ²⁴,　　ndo⁵⁵　　ɦæ³³ndzi³³=ri³³
　　　　猪　　DIR-NEG-养=LNK:假如　　　　肉　　　DIR-吃=NMLZ
　　　　tɕæ²⁴-ndə²⁴.
　　　　NEG-有
　　　　如果没有养猪的话就没有肉吃。

（543）læ⁵⁵kæ⁵³　　　　tʰə⁵⁵-**mɐ⁵³**-və³³=tʰɐ³³,　　ɦæ³³-ndzi³³=ri³³
　　　　劳动工作　　　DIR-NEG-做=LNK:假如　　　　DIR-吃=NMLZ
　　　　tɕæ²⁴-ndə²⁴.
　　　　NEG-有
　　　　如果没劳动就没吃的。

（544）ŋə⁵⁵mɐ⁵³-nə²⁴　　tʰo³³-**mə⁵⁵**-lə³³=tʰɐ³³,　　mə³³ni⁵⁵　　tʂʰø̃³³tʂʰø̃⁵³
　　　　牛-PL　　　　　DIR-NEG-放=LNK:假如　　　人　　　　勤劳
　　　　tʂɐ⁵⁵kʰæ⁵³　　**tɕæ²⁴**-ndə²⁴.
　　　　算得上　　　　NEG-有
　　　　如果不放牛就不是勤劳的人。

因此跟否定标记 ŋə³³、mɐ³³ 相比，tɕə³³ 与体范畴的关联并不大，它可以出现在已完成事态的句子中，也可出现在未完成事态的句子中。但否定标记 tɕə³³ 跟语气范畴紧密相连，它常常出现在假设条件句中，对未然的事件进行否定。

6.6.2 祈使 / 禁止否定

在祈使类否定句中说话人大都不希望对方做某事，或试图禁止对方做某事。祈使和命令是紧密联系的语义概念。祈使的对象多是第二人称，而命令的对象却不限于第二人称。命令带有某些强制的口吻，若说话人的语气较为柔和，则可成为一种变相的建议方式。祈使或禁止的具体内容一般都处于未然语境中，在说话的时候还未发生。

沙德木雅语的祈使否定标记（禁止标记）使用 tɕə³³，它源于"tɕ—型"否定标记的元音央化，tɕə³³ 的元音不会跟动词趋向前缀发生元音和谐。tɕə³³ 只能置于谓语动词之前，添加了禁止否定标记 tɕə³³ 的动词一般都需要同时添加趋向前缀，因此 tɕə³³ 几乎都置于趋向前缀跟动词词根之间。例如：

（545）pə⁵⁵tsʰi⁵⁵=ji²⁴   dæ³³mbæ³³   nu³³-ɕi⁵⁵-tɕæ²⁴-si³³   tə⁵⁵-tɕə³³-dæ³³！
　　　孩子=ERG   坏事   DIR-干-NEG-PFV.3   DIR-PROH-打
　　　（我觉得）孩子并未做坏事，别打他！

（546）pə³³tsʰi⁵⁵=ji²⁴   dæ³³mbæ³³   nu³³-mɐ³³-ɕi³³-si³³   tə⁵⁵-tɕə⁵³-dæ³³！
　　　孩子=ERG   坏事   DIR-NEG-干-PFV.3   DIR-PROH-打
　　　孩子没有做坏事，别打他。

（547）næ³³ni⁵⁵   xɑ³³mbæ⁵⁵   tə⁵⁵-tɕə³³-dze³³！
　　　2pl.ERG   骂人的话   DIR-PROH-咒骂
　　　你们别骂人啦！

（548）ŋə³³=le⁵³   xã³³mbæ⁵³   tə⁵⁵-tɕə³³-dzo³³-vɐ³³,   ŋi⁵⁵
　　　1sg=DAT   骂人的话   DIR-NEG-骂-LVB   1sg.ERG
　　　tɑ⁵⁵jæ⁵³   dzɐ³³dzɐ⁵³   ndzɐ⁵⁵=ni²⁴.
　　　钱   很多   有=GNO
　　　别看不起我，我其实有很多钱。

（549）læ³³mæ³³-nə³³=le³³   kʰə³³-tɕɐ³³ri³³   ɕi³³ɕɐ⁵³   nɐ³³-tɕə³³-vi²⁴！
　　　喇嘛-PL=DAT   DIR-盯着   总是   DIR-PROH-做
　　　不要总是盯着喇嘛看（别做总是盯着喇嘛看的事情）！

（550）ndze⁵⁵   ɢøɹ⁵⁵ɢøɹ⁵⁵-nə³³   ɦæ²⁴-tɕə³³-ndzø³³！
　　　饭   半生不熟的-PL   DIR-PROH-吃.IMP
　　　别吃那些半生不熟的饭！

（551）nɐ³³nɐ⁵³   tə³³-re³³=kə⁵⁵   ji³³tɐ⁵³   na⁵⁵-tɕə³³-ʁo²⁴
　　　早上   DIR-起来=LNK   脸   DIR-NEG-洗
　　　nɐ⁵⁵-tɕə³³-vi²⁴！
　　　DIR-PROH-MOD:要
　　　早上起来的时候别不洗脸！

（552）kʰə³³pʰi⁵⁵   nɐ⁵⁵-tɕə³³-vi²⁴,   tɕə³³=kʰu⁵⁵   xu³³！
　　　讨饭   DIR-PROH-做   家=LOC   去.IMP
　　　别讨饭了，快回家去吧！

前一小节提到 tɕə³³ 除了用作典型的禁止类否定词以外，还可用在假设关系的复句中，此时不能用汉语的"别"来翻译它，而 tɕə³³ 是一个略带假设、虚拟语气的否定标记。由于禁止和假设的事件都在未然语境中发生，因此两种否定句式很容易使用同一个否定标记（Chafe 1995：334-335）。

以下例（553）—例（555）的假设关系复句里，句中所陈述或假设的事件都还未发生，说话人只是对某种可能状态的推测和构想，带有很强的虚拟语气色彩，这时除了使用表示禁止关系的否定标记 tɕə³³，还能使用其他类型的否定标记。例如：

（553）ne³³=ji⁵⁵　　ɴɢæ⁵³　　　　ndze⁵⁵　　kʰi³³-tsi⁵³-ŋə⁵⁵-pæ⁵³=tʰɐ³³,
　　　　2sg=ERG　1sg.POSS　饭　　　DIR-煮-NEG-IMPV.2sg=LNK
　　　　ŋə⁵³　ndø³³=ŋɐ⁵³.
　　　　1sg　　走=EGO
　　　　如果你不给我做饭的话，我就走了。

（554）tɕʰə⁵⁵do⁵⁵=kʰu²⁴　　mɐ³³kʰə⁵³=tʰɐ³³,　　　ʁə²⁴　　tʰɐ³³-si³³-pi³³=ni³³.
　　　　洞=LOC　　　　　　没有=LNK:的话　　　鱼　　　DIR-死-IMPV.3=GNO
　　　　洞里要是没有水（水）的话，鱼就会死掉。

（555）sæ⁵⁵si⁵³　　və⁵⁵　　nɐ⁵⁵-tɕə³³-ri³³=tʰɐ³³ni⁵⁵,　　ndy⁵⁵　　no³³-xə⁵³=rɐ³³=ɣæ²⁴
　　　　明天　　　雪　　　DIR-NEG-下=LNK:假如　　　康定　　DIR-去=NMLZ=POSS
　　　　ndzæ³³lɐ⁵³　　tʰə³³-væ⁵³-pi³³=ni³³.
　　　　路　　　　　DIR-通了-IMPV.3=GNO
　　　　如果明天不下雪的话，到康定的路就通了。

6.6.3 双重否定

双重否定结构中需要使用两个否定标记。沙德木雅语在表达双重否定时不但可以重叠"tɕ－型"否定标记，而且还可使用两个不同的否定标记构成[...mɐ³³...tɕə³³...]或[...ŋə³³...tɕə³³...]的结构。除了重叠两个否定标记以外，在双重否定结构中"tɕ－型"否定标记一般都只能作为句中第二个出现的否定标记。双重否定带有某种义务、责任等情态类型，是对某种命令、建议的情态进行否定，以期达到更加委婉的效果。双重否定结构主要表达肯定语气，同时否定标记的元音也时常跟周围的动词或形容词的元音发生同化。例如：

（556）mbu⁵⁵=le³³　　　tsʰi³³rø⁵³　　tʰɐ⁵⁵-kɐ⁵³rɐ²⁴,　　tə⁵⁵-tɕə³³-xə³³=tʰɐ³³ni⁵⁵
　　　　山=LOC　　　　柴　　　　　DIR-砍掉　　　　DIR-NEG-去=LNK:假如
　　　　tɕæ²⁴-ɴæ³³.
　　　　NEG-好的
　　　　假如不去山上砍柴就不好（不得不上山）。

（557）ʔɐ³³nə⁵⁵　　　tɑ³³jæ³³-nə²⁴　　mæ⁵⁵mæ⁵³=le²⁴　　tʰɐ⁵⁵-**tɕə³³**-kʰe³³=tʰɐ³³ni³³
　　　　这些.PL　　　钱-PL　　　　奶奶=DAT　　　DIR-NEG-给=LNK:假如
　　　　tɕæ²⁴-ɴæ³³.
　　　　NEG-好的
　　　　假如这些钱不给奶奶就不好了（不得不给奶奶）。

同样，"tɕ－型"否定标记也可与其他类型的否定标记结合，此时它大多置于其他否定标记之后的小句中，并且常常处于系词或情态动词之前的位置。例如：

（558）tɕe²⁴　　　ɣi³³-**mĩ⁵⁵**-ndʐy²⁴-si⁵⁵=ɣæ²⁴　　la⁵⁵　　la⁵⁵
　　　　小孩　　　DIR-NEG-生-PFV.3=POSS　　　　媳妇　　媳妇
　　　　si⁵⁵və³³　　**tɕæ²⁴**-ŋe³³.
　　　　好的　　　　NEG-COP
　　　　不生男孩的媳妇不是好媳妇。

（559）nə⁵⁵　　　ɣə̃⁵⁵-ndɐ⁵³-**ŋə⁵⁵**-pi⁵³=rɐ²⁴=ɣæ²⁴　　　mbu⁵⁵=le²⁴
　　　　太阳　　　DIR-照射-NEG-IMPV.3=NMLZ=POSS　　　山=LOC
　　　　ɕe³³mu⁵³　　si⁵⁵və⁵³　　tə⁵⁵-rɐ⁵³　　**tɕæ²⁴**-tʰɑ²⁴.
　　　　松茸　　　　好的　　　　DIR-长　　　　NEG-能够
　　　　晒不到太阳的山上长不出好松茸。

有时还能使用特定构式表达双重否定。沙德木雅语能在动词趋向前缀跟动词词根之间添加否定标记 ŋə³³，然后在动词词根之后再添加 kʰɑ³³me⁵³ 从而构成［DIR+ŋə³³+V+kʰɑ³³me⁵³］的构式。这一构式通过双重否定的形式表达肯定的意味，有些近似汉语中的"不得不 V"。除了表达双重否定外，这类构式还强调说话人认为在道义上必须完成的事情。例如：

tu⁵⁵-ŋə³³-pʰɐ⁵³-kʰɑ³³me⁵³ "不得不吐"　　　　nɐ⁵⁵-ŋə³³-ɕə⁵³-kʰɑ³³me⁵³ "不得不打喷嚏"

tʰɐ⁵⁵-ŋə³³-kʰe⁵³-kʰɑ³³me⁵³ "不得不给"　　　　nɐ⁵⁵-ŋə³³-tʂʰɐ⁵³-kʰɑ³³me⁵³ "不得不撕"

tə⁵⁵-ŋə³³-rə⁵³-kʰɑ³³me⁵³ "不得不站"　　　　　ti⁵⁵-ŋə³³-tsʰi⁵⁵-kʰɑ³³me⁵³ "不得不跳"

kʰə⁵⁵-ŋə⁵⁵-rə³³-ŋgə³³-kʰɑ³³me⁵³ "不得不抱"　　nɑ⁵⁵-ŋə⁵⁵-pʰo³³pʰɑ⁵³-kʰɑ³³me⁵³ "不得不埋"

第七章 简单结构

本章重点介绍沙德木雅语的简单结构。沙德木雅语的短语结构主要考察短语的构成形式以及不同短语内部成分之间不同的语序特征。除此之外，常见简单结构主要还包括存在／领有结构、致使结构、比较结构、非动词谓语句以及丰富的简单句式。

7.1 短语类型

沙德木雅语的短语类型丰富，根据构成短语不同成分之间的关系，可以分为偏正短语、动宾短语、述补短语、联合短语、主谓短语、同位短语、连谓短语、兼语短语。下面分别介绍这八类常见短语类型。

7.1.1 偏正短语

偏正短语主要有定中关系和状中关系。不同的定语成分常常会影响到定语跟中心语之间的语序。当某些定语前置于中心语时，定词跟名词之间添加定语标记 $γæ^{33}$。例如：

$sɐ^{33}de^{55}$=$γæ^{24}$	$ɕe^{33}mu^{53}$	沙德的松茸
沙德=ATTR	松茸	
$ndzi^{55}kʰi^{33}tsi^{53}rɐ^{33}$=$γæ^{24}$	di^{55}	做饭的锅
做饭=ATTR	锅	
$sø^{55}tʂæ^{53}$=$γæ^{24}$	$tø^{55}ndɑ^{53}$	担心的事情
担心的=ATTR	事情	
$mũ^{55}kʰə^{53}tə^{33}tʰy^{55}$=$γæ^{24}$	$tɕe^{53}$	冒烟的房子
冒烟=ATTR	房子	

在偏正短语中，数量词或量化词也能充当核心名词的定语，它们一般都置于名词之后。例如：

$tɕ^{55}nbi^{33}$	$tɕ^{55}lø^{33}$	一个瓶子
瓶子	一-CL	

ʔɐ⁵⁵tsi³³	mɐ²⁴ŋɐ³³	tɕʰy⁵⁵lø³³	这六个女人
这	女人	六-CL	
ri²⁴pʰo³³	mɐ³³mɐ⁵⁵		所有的桑树
桑树	全部		
tsʰə̩²⁴	tæ⁵⁵væ³³		一只老鼠
老鼠	一-CL		
wɐ²⁴tsi³³	ʁə̩²⁴	tæ⁵⁵zæ³³	那条鱼
那	鱼儿	一-CL	
sɿ⁵⁵mo³³	ta³³pi⁵⁵		一些鼻毛
鼻毛	一些		

木雅语也有类似于汉语中的"状—中"偏正结构短语，在此结构中状语直接放在中心语之前，中间不再需要添加其他语法标记。例如：

ɴæ⁵⁵ɴæ⁵³ tə⁵⁵tɛ³³	好好地讲	ɣo⁵⁵yo³³ tʰa⁵⁵mbo³³zo³³	慢慢地爬
很好 讲述		缓慢地 爬动	
kʰə³³ɕɐ⁵³ næ³³ʁə⁵⁵	快快地吞	tɕɐ⁵⁵tɕɐ³³ χa³³mbæ⁵³də³³dzɐ⁵³	狠狠地骂
飞快地 吞咽		凶狠地 骂人	
tæ³³tæ⁵³tʰə³³xi⁵³ χi²⁴	马上出发	tsʰi⁵³si³³kæ³³ mə³³ŋi⁵⁵so⁵⁵zi³³	刚刚三人
马上 过来		刚好 三个人	
kʰə³³ɕɐ⁵³ kʰə⁵⁵zø⁵³	赶快抓住	tæ³³zø⁵³ tsʰø³³tsʰø⁵⁵ɴa³³	才五点
赶快 抓住		刚刚 五点钟	

但汉语中某些"状—中"偏正结构短语在沙德木雅语中却使用其他结构表达。如"高兴地回答"必须被分析为两个并列成分"高兴，然后回答"，"高兴"不能作"回答"的修饰性成分；"十分地伤心"中"伤心"被分析成了名词，意为"十分／特别的一个伤心事"。两个成分之间需要添加连接标记 tsə³³kə⁵⁵。例如：

tʰɐ⁵⁵kə³³ tsə³³kə⁵⁵ tə⁵⁵pi³³	高兴地说	nɐ⁵⁵du³³ tsə³³kə⁵⁵ na⁵⁵ɴɢa³³	伤心地笑
高兴 SEQ 讲		伤心 SEQ 笑	
ɕu⁵⁵ tɕʰə³³kʰə³³ tə⁵⁵dæ³³	用力地打	ʁo³³ʁo⁵⁵ tsə³³kə⁵⁵ tʰɐ⁵⁵dzu³³	缓慢地跑
蛮 SEQ 打		缓慢 SEQ 跑掉	

7.1.2 动宾短语

动宾短语在木雅语中一律是将宾语置于动词之前，呈 OV 的语序，宾语之后不需要添加其他语法标记。因此木雅语的动宾短语更像是"宾—动"结构类型。不过，若谓语是表示"喜爱、讨厌、憎恨"等主观情态的动词，宾语之后需要添加源于与格标记的非限定标记 le³³。例如：

tɕʰi³³tʂʰe⁵⁵	ɣi⁵⁵ndy³³	推车	tsĩ⁵⁵kə⁵³	qʰə⁵⁵tə⁵³		买衣服
车	推动		衣服	买		
tsʰə³³qo⁵⁵ro⁵³	kʰə⁵⁵zø⁵³	抓老鼠	ve³³mɛ⁵⁵næ²⁴lə⁵⁵	ty⁵⁵jy⁵⁵		骗父母
老鼠	抓住		父母	欺骗		
tso⁵⁵ma⁵³=le³³	gæ³³gæ⁵³	爱干净	kʰo⁵⁵pa³³na³³ɣo⁵⁵=le³³	ŋə⁵⁵gæ⁵³		烦洗澡
整洁=DAT	喜欢		洗身体=DAT	烦		

7.1.3 述补短语

述补短语的发展并不完善且数量极其有限，目前只见于某些由数量短语充当补语的情况。当数量短语补充说明动作进行次数时，直接将数量短语后置于动词。例如：

ta⁵⁵tso³³	ɣə³³tso³³	踢一脚	tɕ⁵⁵ji³³	kʰi⁵³	睡一夜
一脚	踢		一晚	睡	
tə³³si⁵³	ɣi⁵⁵mi⁵³	休息一天	na⁵⁵ji⁵³	mbi⁵⁵	住五晚
一天	休息		五晚	居住	
ta⁵⁵tɕa⁵³	ɦæ²⁴ndzi³³	吃一口	ji³³dɛ⁵³	tɕ⁵⁵de³³	打一耳光
一口	吃		一脸	打	

7.1.4 联合短语

联合短语中各成分在语义上是并列关系，可以相互调换。沙德木雅语的联合短语有并列型和选择型，各成分之间需要添加相应的语法标记。当被并列成分是名词性时，需在各成分中间添加并列标记 ri³³。例如：

ge³³ge⁵⁵	ri³³	ɕo³³se⁵³		老师和学生
老师	CONJ	学生		
ŋə³³nə⁵³	ri³³	næ³³nə⁵³		我们和你们
我们	CONJ	你们		
ʔæ⁵⁵ve³³	ri³³	mɛ⁵⁵mɛ³³	ri³³	ʔæ³³læ⁵³	爸爸、妈妈和岳母
爸爸	CONJ	妈妈	CONJ	岳母	
ɕa³³dza³³pa³³	ri³³	dza⁵⁵		胖子和敌人
胖子	CONJ	敌人		
ʔæ⁵⁵tsi³³	ri³³	we²⁴tsi³³		这个和那个
这个	CONJ	那个		
qo³³si⁵³	ri³³	zẽ⁵⁵qʰa³³	ri³³	tʂo⁵⁵pæ⁵³	商店、饭店和集市
商店	CONJ	饭店	CONJ	集市	

当被并列成分是动词时，也可以在各成分中间添加并列标记 ri³³。例如：

næ⁵⁵qʰə⁵³	ri³³	kʰi⁵⁵		睡觉和打呼
睡觉	CONJ	打呼噜		
tə⁵⁵ri³³	ri³³	mbi⁵⁵		起来和坐下
起来	CONJ	坐下		
tʰe³³dʑu⁵⁵	ri³³	rqæ⁵³		跑和走
跑	CONJ	走		
ndzø⁵⁵nə⁵³tə⁵⁵tæ³³		ri³³	χa³³mbæ⁵³tə⁵⁵dze⁵³	打人和骂人
打人		CONJ	骂人	

当两者是选择关系时，该类联合短语使用表示选择关系的标记 jɐ³³mə⁵⁵næ⁵³；此时它需要放在被选择项之间。例如：

zi²⁴	nɐ³³-sɐ³³	jɐ³³mə⁵⁵mæ⁵³	ŋɐ⁵⁵me³³	nɐ³³-sɐ³³
猪	DIR-杀	CONJ:或者	牛	DIR-杀

杀猪或是杀牛

dze⁵⁵lə⁵⁵	nẽ³³-tʰe³³	jɐ³³mə⁵⁵næ⁵³	nẽ⁵⁵-tʰe³³
唱歌	DIR-演唱	CONJ:或者	DIR-跳舞

唱歌或是跳舞

7.1.5 主谓短语

主谓短语的情况比较简单，直接将主语置于谓语之前，两者之间一般不需要添加其他语法标记。若某些名词性成分作谓语，且该谓语成分并非主语发出的动作时，则需在主语后添加与格标记 le³³。以下"面粉三元"一句更容易被解读为：对面粉来说是三元钱。例如：

ɣu̥⁵⁵ɣi⁵⁵	tə³³su⁵³	鸡叫	ɕɐ⁵⁵ni⁵⁵ji²⁴ndzi⁵⁵	ɦæ³³ndzi⁵³	兄弟吃饭
鸡	鸣叫		兄弟	吃饭	
pʰi³³ko⁵³	tə³³mi⁵³	苹果成熟	qʰo⁵⁵pa⁵³	si⁵⁵və³³	身体强壮
苹果	熟透了		身体	健壮	
tʂa⁵⁵tʂø⁵³=le²⁴	tʂʰɨ⁵⁵sɐ³³	面粉三元钱	mã³³tʰu⁵³	nə⁵⁵dzæ³³mæ³³	馒头两斤
面粉=DAT	三元		馒头	两斤	

7.1.6 同位短语

同位短语内部成分所指对象相同。木雅语的同位短语跟汉语的结构一样，直接并列排列各成分，其间不需要添加额外的语法标记。同位短语在木雅语中使用情况极其有限，某些在汉语中属于同位短语的结构，在木雅语中却需要使用领属结构。如以下的"一月一日"在木雅语中两个事件名词之间需要添加领属标记，相当于是"一月的一日"，而单独说 ndæ³³ɣæ⁵⁵ tã⁵⁵pu⁵³tsʰe³³tɕi⁵³ "一月一日"的情况很少见。例如：

ŋə⁵⁵nə⁵³	ŋe⁵⁵ni⁵³ 我们自己	ʔɐ³³tsi⁵⁵	tse³³tse³³	他自己
我们	我们自己	他	他自己	

næ³³nə³³	pu⁵⁵pæ³³nə²⁴	ndæ³³ɣæ⁵⁵tã⁵⁵bu⁵³ɣæ²⁴	tsʰe³³tɕi⁵³	一月一日
你们	藏族人	一月的	一号	

7.1.7 连谓短语

连谓短语由多个谓语并列而成。由于沙德木雅语几乎不允许连动式结构，因此当多个谓语并列排列时，必须使用连接标记 tsə³³kə⁵⁵ 或时间副词 pi³³ɕi³³ "同时"，从而指明谓语动作发生的时间先后顺序。pi³³ɕi³³ 有时候还能被并列连词 ri³³ 替换。例如：

tu⁵⁵wæ³³	ɦiæ³³-tɕʰə³³	pi³³ɕi³³	tɕæ²⁴	ɦiæ³³-tɕʰə³³	抽烟喝茶
烟	DIR-喝	同时	茶	DIR-喝	
ɣji²⁴	kʰɔ̃³³-tsæ⁵³	pi³³ɕi³³	mbu⁵⁵=le³³	tə⁵⁵-xə³³	骑马上山
马	DIR-骑	同时	山=LOC	DIR-去	
tsʰi³³rə⁵⁵	tʰɐ³³-kɐ³³	tsə³³kə³³	tɕæ⁵⁵	kʰi³³-tsi⁵³	砍柴做饭
柴	DIR-砍	SEQ	饭	DIR-烹调	
mə³³ŋi⁵⁵	nɐ³³-sɐ³³	pi³³ɕi³³	mə³³	tʰo³³-lə³³	杀人放火
人	DIR-杀	同时	火	DIR-放	

7.1.8 兼语短语

兼语短语在沙德木雅语中的结构跟汉语相比略显不同，且并不能产。汉语中兼语短语的结构是[V₁－兼语－V₂]，而在沙德木雅语中对应的兼语结构却需要使用[V₂－兼语－V₁]的语序。并且在兼语短语中，兼语成分之后需要添加与格标记。在句法表现上，木雅语更像是采用致使结构来表达兼语短语。

以下的"请他来""同意你参加"都将 V₁ 置于兼语成分后。例如：

wæ⁵⁵tsi³³	mə³³ŋi⁵³=le²⁴	ri⁵⁵	tə⁵⁵-te³³	叫那个人来
那个	人=DAT	来.3	DIR-叫	
næ³³=ɣæ⁵³	ndzi⁵⁵	ɦiæ³³-ndzi³³-tsʰu³³=ŋɐ⁵³		
2pl=POSS	饭	DIR-吃-MOD=EGO		

可以让你吃饭（让吃你的饭）

汉语中有一类兼语结构短语是由"有"跟兼语构成的[有－兼语成分－V]结构。这类兼语结构在沙德木雅语中没有对应的表达形式，只能变成主谓结构的短语。以下的"有人敲门""有女人洗衣服""有个地方叫沙德"都一律使用主谓结构。例如：

ʈɐ⁵⁵zɨ⁵³=ji²⁴　　ʁə³³=le⁵³　　ʁə³³-do⁵³da²⁴-pi²⁴
一人=ERG　　门=DAT　　DIR-敲-IMPV.3
有人敲门（一个人在敲门）

sæ³³tɕhæ⁵³　　tæ⁵⁵-kʰæ⁵³rɐ²⁴=le²⁴　　sɐ⁵⁵de⁵³　　tə⁵⁵-tə⁵⁵-pi³³=ni³³
地方　　一-CL=DAT　　沙德　　DIR-叫-IMPV.3=GNO
有个地方叫沙德

mɐ⁵⁵n̥ɐ⁵³　　tã⁵⁵-ndʐ⁵³=ji²⁴　　tse⁵⁵ŋgə⁵³　　nɑ⁵⁵-ɣo⁵³-pi²⁴
女人　　两-CL=ERG　　衣服　　DIR-洗-IMPV.3
（有）两个女人在洗衣服

7.2　存在领有结构

存在、处所动词（existential / locative verbs）在某些语言中会根据主语和宾语 S / O 所处具体位置情况或主语和宾语自身的性质特点而分成不同的小类①。沙德木雅语跟川西的羌语、嘉戎语、扎坝语、贵琼语等类似，存在、处所动词按照所指方位或存在处所的性质等语义特征可具体细分成不同的类。当表达空间位置时，需要在宾语上添加方位格标记；某些存在动词还可表达领有关系（possessive meanings）（黄成龙 2007：82）。某些动词在表达"存在"和"领有"的概念时分别采用不同的人称一致性变化手段。不同的存在 / 领有动词跟格标记的搭配也略显不同。同样是在施事论元作主语的存在 / 领有句中，有的主语之后需要添加作格标记 ji³³，而有的主语之后却需要添加与格 / 领属格标记 ɣæ³³。某些存在动词的使用还跟示证范畴有关。

以下首先对沙德木雅语存在 / 领有动词的语义特征作一小结，然后分别介绍沙德木雅语存在 / 领有动词的语法特征以及存在 / 领有句中格标记的使用情况。

7.2.1　语义特征

存在领有结构中，主语跟宾语由于所处位置和空间方位的不同会选择不同语义类型的动词形式。因此这类存在 / 领有结构更像是采用分类动词（classifiactory verbs）对主语和宾语进行分类。木雅语存在 / 领有动词的划

---

① 例如在新几内亚岛的恩加语中（Enga, Papuan language）存在、处所动词根据事物的体积大小、水平 / 垂直放置程度、高低走向等可分成不同的小类（Aikhenvald 2015：110）。

分标准主要按照"物体参照物之间所处水平面位置，是否紧挨或附着，是否掺杂于一体，物体的相对运动轨迹是否是说话人亲眼所见"等条件确定的。某些存在／领有动词还专门用来指较抽象的事物。

表 7-1 按照物体的空间位置以及动词所搭配对象的种类对存在／领有动词的语义特征进行归纳。

表 7–1　　　　沙德木雅语存在／领有动词类别及语义特征

存在动词	语义特征
mə³³	亲眼所见的存在；物体可发生位移，在水平面上下、斜面上，不紧挨在平面上。
ndzə³³	非亲眼所见，有生命物的存在，对具体某物体的领有；附着于某物体。
tɕə³³	非亲眼所见（但说话人熟知），可移动物体的存在，但该物体无生命。
kʰə³³	一种事物存在于另一物体之内，主要是存在容器或某特定范围之内。
ji³³	挂在某平面之上或生长在某平面之上。
ndze³³	一种事物跟另一事物掺杂在一起。
ndə³³	抽象事物的存在，不具体的存在；且主语大多为非生命的名词。

7.2.2　形态句法特点

（一）亲眼所见所指对象存在某处

该类情况往往是具有生命的人、动物等存在于某一位置，此时使用存在动词 mə³³（或其元音交替形式 mu³³）。mə³³ 跟 mu³³ 并无功能上的差别，仅仅在于不同说话人的个体音变差异，即便是同一发音人也可同时接受此两读形式。

例（560）中主语"弟弟"所在的地点"德格"是较为具体的空间方位，后面可不添加方位格标记。当句中使用了存在动词 mə³³ 之后，不但表示物体存在于参照物表面，而且强调存在状态是说话人亲眼所见的，具有亲见示证功能。同时在以下例子中 mə³³ 都可替换成存在动词 ndzə³³ 跟叙实示证标记 ni³³ 的组合式 ndzə³³ni³³，但 ndzə³³ni³³ 仅仅表示存在的状态，而不能像 mə³³ 一样强调说话人亲眼所见的存在状态。试比较以下的 a、b 两句：

（560a）kʰi³³　　　de³³ge³³　　　mu³³.
　　　　弟弟　　　德格　　　　在.VIS
　　　　（看见）弟弟在德格。
（560b）kʰi³³　　　de³³ge³³　　　ndzə³³=ni³³.
　　　　弟弟　　　德格　　　　在.3=GNO
　　　　弟弟在德格（事实如此）。

（561a） tsə³³lə̯⁵³　　di⁵⁵　　kʰæ³³lo⁵³=pu⁵³　　mə⁵³.
　　　　　猫　　　　锅　　　盖子=LOC　　　　　在.VIS
　　　（看见）猫在锅盖上。

（561b） tsə³³lə̯⁵³　　di⁵⁵　　kʰæ³³lo⁵³=pu⁵³　　ndzə³³=ni³³.
　　　　　猫　　　　锅　　　盖子=LOC　　　　　在.3=GNO
　　　　猫在锅盖上（事实如此）。

若要突出物体所处的具体位置，需要添加方位格标记。例（562）和（563）的"杯子""骡子"所处位置在桌子之上，因此在名词之后添加了方位格标记或方位名词 pu³³"上／上面"。同样例（564）和（565）的"鞋子""房子"所处位置在某一物体之内或之下，因此使用了方位格标记 væ³³"下面"和 kə³³"里面"。例如：

（562） pe³³pe⁵³　　tʂʰo³³tsi⁵³=pu³³　　mu³³.
　　　　杯子　　　　桌子=LOC　　　　　　在.VIS
　　　（看见）杯子在桌上。

（563） tʰɐ⁵⁵　　pɑ⁵⁵=pu³³　　mu³³.
　　　　骡子　　草原=CL　　　在.VIS
　　　（看见）骡子在草原上。

（564） xa̯⁵⁵　　ji⁵⁵rɐ³³=væ³³　　mu³³.
　　　　鞋子　　床=LOC　　　　　在.VIS
　　　（看见）鞋子在床下。

（565） tɕe⁵⁵　　mbu⁵⁵=ke³³　　mu³³.
　　　　房子　　山=LOC　　　　在.VIS
　　　（看见）房子在山腰上（山的中央）。

（二）非亲眼所见有生命物的存在或领有

Payne（2011：150）认为人类语言中生命度（animacy）主要依照"人称代词 > 专有名词 > 指人名词 > 非指人且具生命的事物名词 > 无生命名词"的等级序列排列，这一认知策略也会影响到某些语法结构的不同表达。通常情况下人的生命度最高，动物次之，植物生命度低于人和动物。

在沙德木雅语中当所指对象是有生命或生命度较低的植物时，使用存在、处所动词 ndzə³³。ndzə³³ 表示有生命物的存在，或附着某一物体表面，一般情况下这种存在状态并非说话人亲眼所见。因此若句中使用存在动词 ndzə³³，其后一般都需要同时添加叙实示证标记 ni³³。ndzə³³ 同时还能表达领有关系，表明说话人拥有某物。动词 ndzə³³ 需要跟主语的人称和数保持一致，所以在表达"存在"和"领有"意义时其元音交替形式存在差异。可总结如下：

ndzə³³表示存在关系时的人称和数的元音交替变化

1sg	ndzɐ³³	1dl	ndze³³	1pl	ndze³³
2sg	ndzæ³³	2dl	ndze³³	2pl	ndze³³
3sg	ndzə³³	3dl	ndzə³³	3pl	ndzə³³

ndzə³³表示领有关系时的人称和数的元音交替变化

1sg	ndzɐ³³	1dl	ndze³³	1pl	ndze³³
2sg	ndzæ³³	2dl	ndze³³	2pl	ndze³³
3sg	ndzy³³ / ndzi³³	3dl	ndzy³³ / ndzi³³	3pl	ndzy³³ / ndzi³³

以"在康定"为例，(566)－(569)所指对象都是有生命的事物，句中使用了存在动词 ndzə³³；例(570)所指对象是无生命度的事物，同样也可以使用存在动词 ndzə³³。例如：

(566) ŋə³³　　　ndi²⁴　　　ndzɐ³³=ni³³.
　　　 1sg　　　康定　　　在.1sg=GNO
　　　 我在康定。

(567) ŋə³³nə³³　ndi²⁴　　　ndze³³=ni³³.
　　　 1dl　　　康定　　　在.1dl=GNO
　　　 我俩在康定。

(568) ʔæ³³və⁵⁵　ndi²⁴　　　ndzə³³=ni³³.
　　　 爸爸　　　康定　　　在.3=GNO
　　　 爸爸在康定。

(569) ɣji²⁴　　　ndi²⁴　　　ndzə³³=ni³³.
　　　 马　　　康定　　　在.3=GNO
　　　 马在康定。

(570) ʂi³³tɕʰy⁵³　sɐ⁵⁵de⁵⁵=ɣæ²⁴　tsi⁵⁵mu³³　ndzə⁵⁵=ni³³.
　　　 石渠　　　沙德=POSS　　　上面　　　在.3=GNO
　　　 石渠在沙德的上方。

当 ndzə³³ 表达领有关系时，句中主语并不要求一定是具有生命度的物体，某些不具生命度的主语也可跟 ndzə³³ 搭配表达领有关系，ndzə³³ 跟主语人称和数保持一致。在表达领有关系时若主语是有生命度的人称代词或指人名词，它们后面需要添加作格标记 ji³³ 表达领有关系；若主语是处所名词，则只需在其后添加处所格，且 ndzə³³ 不需要跟主语保持人称一致。

不同语言常常使用相同的语法手段表达存在和领有的概念（Payne 2011：126），该类情况在羌语支语言中尤其常见。沙德木雅语表存在的动词也能表示领有的意义。事实上从语义解读看，若表达存在关系，也可以进一步推导（imply）出某一位置的领有之物，例如：猴子在树上（存在）→

树上有猴子（领有）。由此可见，虽则在汉语中翻译为"领有"关系，但当主语不具生命度时，木雅人更加倾向将其解读为"存在"关系。例如：

（571）ŋi²⁴　　　　　me³³to⁵⁵　　　nə³³-qæ̃³³　　　ndzə³³=ni³³.
　　　　1sg.ERG　　　花　　　　　　两-CL　　　　　有.1sg=GNO
　　　　我有两朵花。

（572）ŋə³³ŋi³³ni³³　　　jy³³　　　　tæ³³-zæ⁵³　　　ndzə³³=ni³³.
　　　　1dl.ERG　　　　酒　　　　　一-CL　　　　　有.1dl=GNO
　　　　我俩有一瓶酒。

（573）ne³³=ji⁵⁵　　　　mo³³mo⁵⁵　　kæ³³ji³³　　　　ndzæ³³=ni³³.
　　　　2sg=ERG　　　　馒头　　　　很多　　　　　　有.2sg=GNO
　　　　你有很多馒头。

（574）næ³³ni⁵³　　　　mo³³mo⁵⁵　　kæ³³ji³³　　　　ndze³³=ni³³.
　　　　2pl.ERG　　　　馒头　　　　很多　　　　　　有.2pl=GNO
　　　　你们有很多馒头。

（575）ʔɐ³³tsi⁵⁵　　　　ræ⁵⁵　　　　nə³³-gæ³³　　　　ndzy³³=ni³³.
　　　　3sg.ERG　　　　妹妹　　　　两-CL　　　　　有.3sg=GNO
　　　　他有两个妹妹。

（576）tɕi³³=kʰu⁵³　　　ri²⁴vø³³　　tɐ³³-lø³³　　　　ndzə³³=ni³³.
　　　　家=LOC　　　　兔子　　　　一-CL　　　　　有.3=GNO
　　　　家里面有兔子（兔子在家里）。

（577）ri³³=kʰu⁵³　　　 nbə³³tʂa⁵³　　　　　　　　　 ndzə³³=ni³³.
　　　　地=LOC　　　　虫子　　　　　　　　　　　　 有.3=GNO
　　　　地里有虫子（虫子在地里）。

（三）无生命但可移动的存在，在某平面上下，说话人熟知却非亲见

当所指物体无生命，且可以随意移动，使用存在动词 tɕə⁵⁵，tɕə⁵⁵ 同时还能表达存在物的存在状态是说话人较清楚，但并非亲眼所见的。tɕə⁵⁵ 一般需要跟方位格搭配使所处的位置更加明确。

例（578）-（583）所指事物"石头、镰刀"等等都是可以自由移动的物体，存在某一位置时使用了动词 tɕə³³。例如：

（578）dzo³³　　tʂo³³tsi⁵⁵=pu⁵⁵　　tɕə³³=ni³³.
　　　　石头　　桌子=LOC　　　　　在=GNO
　　　　（我知道）石头在桌子上。

（579）so³³le⁵⁵　　　ri²⁴=kʰu⁵⁵　　　tɕə³³=ni³³.
　　　　镰刀　　　　田=LOC　　　　在=GNO
　　　　（我知道）镰刀在田里。

（580）ʔe³³tsi⁵³　　ro⁵⁵ŋu⁵³　　ri³³tɕe⁵⁵　　tɕə⁵⁵=ti³³.
　　　　3sg　　　　手中　　　　刀子　　　　有=GNO.IMM
　　　　（我知道）他手中有刀子（刀在他手中）。

（581）di⁵⁵　　tʰy³³kæ⁵⁵=pu³³　　tɕə⁵⁵=ni²⁴.
　　　　锅　　　火塘=LOC　　　　在=GNO
　　　　（我知道）锅在火塘上。

（582）χa⁵³　　ŋe⁵⁵tʂʰi⁵³=ɣæ²⁴　　tɕʰy⁵³　　tɕə⁵⁵=ni²⁴.
　　　　鞋子　　床=POSS　　　　　下面　　　在=GNO
　　　　（我知道）鞋子在床下。

（583）næ³³=ɣæ⁵³　　pa³³re⁵³　　po⁵⁵li³³=pu⁵⁵　　tɕə⁵⁵=ni²⁴.
　　　　3sg=POSS　　帕子　　　玻璃=LOC　　　在=GNO
　　　　（我知道）她的帕子在玻璃上。

（四）存在容器或某特定范围内，相互包裹

当某一物体处于某一容器中，或被其他物体彻底包裹，跟别的物体融为一体、合二为一时使用存在动词 kʰə³³。kʰə³³ 之后一般需要添加叙实新知类示证标记 ti³³，而很少添加示证标记 ni³³。为明确表达所处位置，主语之后一般都需要添加方位格标记。

例（584）-（588）中所指对象都是没有生命的物体，它们或者被参照物包裹，或者跟参照物融合。例如：

（584）di⁵⁵=kʰu³³　　ndo⁵⁵　　tɛ³³nə⁵⁵pæ³³　　kʰə³³=ti⁵³.
　　　　锅=LOC　　　肉　　　　几块　　　　　有=GNO.IMM
　　　　锅里有几块肉。

（585）ŋə⁵⁵qʰə³³sø⁵⁵rø⁵⁵=kʰu³³　　ŋə⁵⁵tɕʰə⁵³　　kʰə³³=ti⁵³.
　　　　耳朵=LOC　　　　　　　　耳屎　　　　　有=GNO.IMM
　　　　耳朵里有耳屎。

（586）tɕ⁵⁵nbi³³=kʰu⁵⁵　　tɕə⁵⁵　　kʰə³³=ti³³.
　　　　瓶子=LOC　　　　水　　　有=GNO.IMM
　　　　瓶子里有水。

（587）ra³³=tɕʰɐ⁵⁵　　nbə³³tʂa⁵⁵　　kʰə³³=ti³³.
　　　　土=LOC　　　虫子　　　　有=GNO.IMM
　　　　土里有虫子。

（588）ri³³=tɕʰɐ⁵⁵　　tʂʰə̩⁵⁵　　ɕəɹ⁵³　　kʰə³³=ti³³.
　　　　汤=LOC　　　老鼠　　　屎　　　有=GNO.IMM
　　　　汤里有老鼠屎。

（五）垂直存在于平面之上

当表示某物存在于另一物体垂直方向的表面时，沙德木雅语常使用存在／领有动词 ji^{33}，同时还需在主语之后添加方位格标记表达明确的空间位置。跟 k^{h}ə^{33} 近似，ji^{33} 之后一般也需要添加叙实—新知类示证标记 ti^{33} 而很少添加示证标记 ni^{33}。

例（589）－（593）的主语都是没有生命的一般名词，参照物与所描绘物体之间是垂直的位置关系。例如：

（589）tş^{h}ɿ^{33}p^{h}o^{55}=le^{55}　　me^{33}to^{55}　　　tæ^{55}-gæ^{33}　　ji^{33}=ti^{33}.
　　　　树=LOC　　　　花　　　　　　一-CL　　　　　有=GNO.IMM
　　　　树上有一朵花（花在树上）。

（590）ɣo^{24}ji^{33}=le^{55}　　tɕ^{h}ə̃^{55}ȵi^{33}　　tæ^{55}-gæ^{33}　　ji^{33}=ti^{33}.
　　　　脸=LOC　　　　痣　　　　　　一-CL　　　　　有=GNO.IMM
　　　　脸上有一颗痣（一颗痣在脸上）。

（591）tɕa^{55}=le^{55}　　pɐ^{55}　　tæ^{55}-væ^{33}　　ji^{33}=ti^{33}.
　　　　墙=LOC　　　　画　　　一-CL　　　　　有=GNO.IMM
　　　　墙上有一幅画（一幅画在墙上）。

（592）tş^{h}ɿ^{33}pu^{53}　　mbu^{55}=le^{24}　　ji^{33}=ti^{53}.
　　　　树　　　　　山=LOC　　　　在=GNO.IMM
　　　　树在山上。

（593）tş^{h}ɿ^{33}po^{55}=le^{24}　　lã^{33}ndzu^{53}　　tɐ^{55}-lø^{33}　　ji^{33}=ti^{53}.
　　　　树=LOC　　　　　篮子　　　　　一-CL　　　　　有=GNO.IMM
　　　　树上有个篮子（篮子挂在树上）。

（六）混合、掺杂的存在，存在主体不具生命

当不同物体以"混合、混杂、掺杂"的关系存在时使用存在动词 ndʑe^{33}。混杂跟融合关系不同，混杂之后还能分清两者的基本状态，而融合之后却无法分清两者的原始状态。因此在木雅语中使用不同的两个动词 ndʑe^{33} 和 k^{h}ə^{33} 表示不同的存在关系，但 ndʑe^{33} 主要表示所参照事物并不具有生命度，是非生命性的物质。但是像"坏人里面混有几个好人"这类句子就不能使用表示掺杂、混杂关系的 ndʑe^{33}，而只能使用 k^{h}ə^{33}。同样，ndʑe^{33} 之后一般也需要添加叙实—新知类示证标记 ti^{33}，而很少添加叙实示证标记 ni^{33}。

混杂和掺杂关系可以发生在液体之间，也可以发生在固体之间，还可以使用较为抽象事物的混杂（类似汉语中鱼目混珠一类）。例（594）和例（595）的"汤"和"水"里面混了"盐"和"油"，说话人认为两者已经混合，固体的盐已经溶解，但还能品出盐味；油只能混在水里，无法溶解。例（596）强调品相上等的虫草中混杂了劣质品种。例如：

(594) ri³³=tɕʰɐ³³　　　tsʰi³³　　　ndzɐ³³=ti⁵⁵.
　　　汤=LOC　　　　盐　　　　有=GNO.IMM
　　　汤里（混）有盐。

(595) tɕə⁵⁵=tɕʰɐ⁵⁵　　　ma⁵⁵na³³　　ndzɐ³³=ti⁵⁵.
　　　水=LOC　　　　　油　　　　　有=GNO.IMM
　　　水里（混）有油。

(596) nbə³³tʂɑ⁵³　　si⁵⁵və⁵³　　nə³³tɕʰɐ⁵³　　qæ³³tɕʰæ⁵³　　tɐ³³nə⁵-zæ³³
　　　虫草　　　　好的　　　　之中　　　　　烂的　　　　　一二个-CL
　　　ndzɐ³³=ti⁵³.
　　　有=GNO.IMM
　　　好虫草里面（混）有几根烂虫草。

（七）抽象、不具体事物的存在

当表示某些抽象事物的存在或不具体事物的存在时常常使用存在／领有动词ndə⁵⁵。ndə⁵⁵的使用跟主语的生命度有关：当主语是没有生命的事物时，主语之后不需要添加格标记；当主语是具有生命的名词或代词时，主语之后一般需要添加领属格标记ɣæ³³。

在例（597）—（599）中主语是"病"和时间名词"每天"，句中可直接使用存在动词ndə⁵⁵。例如：

(597) næ⁵⁵tsæ⁵³　　kə³³tɕi⁵⁵=mi³³=ɣæ³³　　　me³³　　ndə⁵⁵=ni³³.
　　　病　　　　　好了的=NMLZ=POSS　　　　药　　　有=GNO
　　　有治好病人的药（有治病的药）。

(598) si⁵⁵ɣo³³　　nu⁵⁵sæ̃³³mbæ³³=rɐ³³　　kæ⁵⁵ji³³　　ndə⁵⁵=ni³³.
　　　每天　　　想=NMLZ　　　　　　　很多　　　　有=GNO
　　　每天都有很多想法。

(599) ɕo⁵⁵wu³³　　tʰu⁵⁵-ji⁵⁵=rɐ³³　　ʔæ³³=ndə⁵⁵=ni³³?
　　　卫生纸　　DIR-卖=NMLZ　　　Q=有=GNO
　　　有卖卫生纸的地方吗？

以上例（598）和例（599）虽则翻译成汉语都表示拥有具体的事物（或具体事物的存在），但事实上句中却是指的拥有某种动作和状态，其领有关系较为抽象，因此句中都使用了名物化标记，表示具有的某种动作或状态。

当主语的生命度较高时，主语之后必须添加领属格标记ɣæ³³，然后才能跟存在动词ndə³³搭配，否则就需要替换成其他类型的存在动词。对比以下例（600）—（602）中的a句和b句：

(600a) ŊGæ⁵⁵　　　　ta⁵⁵jæ³³　　kæ⁵⁵ji³³　　ndə⁵⁵=ni³³.
　　　　1sg.POSS　　钱　　　　　很多　　　　有=GNO
　　　　我的钱有很多（别人让我有很多钱）。

（600b）ŋi^{55}　　　　ta^{55}jæ^{33}　　kæ^{55}ji^{33}　　ndzɐ^{55}=ni^{33}.
　　　　1sg.ERG　　钱　　　　很多　　　有.1sg=GNO
　　　　我（自己）拥有很多钱。
（601a）næ^{24}　　　　ta^{55}jæ^{33}　　kæ^{55}ji^{33}　　ndə^{55}=ni^{33}.
　　　　2sg.POSS　　钱　　　　很多　　　有=GNO
　　　　你的钱有很多（别人会让你有很多钱）。
（601b）ne^{55}=ji^{55}　　ta^{55}jæ^{33}　　kæ^{55}ji^{33}　　ndzæ^{55}=ni^{33}.
　　　　2sg=ERG　　　钱　　　　很多　　　有.2sg=GNO
　　　　你（自己）有很多钱。
（602a）ʔæ^{33}və^{55}=ɣæ^{55}　　pə^{33}tsʰi^{55}　　ndə^{55}=ni^{33}.
　　　　爸爸=POSS　　　孩子　　　有=GNO
　　　　爸爸的孩子有很多（有可能并非爸爸生的小孩，可能是领养的）。
（602b）ʔæ^{33}və^{55}=ji^{55}　　pə^{33}tsʰi^{55}　　tẽ^{55}-ndzi^{33}　　ndzy^{33}=ni^{33}.
　　　　爸爸=ERG　　　孩子　　　　两-CL　　　有.3sg=GNO
　　　　爸爸有两个孩子（孩子都是爸爸亲生的）。

以上例（600a）和例（601a）中，主语都是人称代词，若句中需要使用存在动词 ndə^{33}，则必须在代词之后添加领属格标记 ɣæ^{33}，这样将全句的主语变成领属的对象（非生命度的事物），因此全句被解读为"存在很多的钱"，而不再是某人拥有很多钱。若要表达拥有的含义，则主语之后需要添加施事格标记 ji^{33}，同时将动词 ndə^{33} 替换成 ndzə^{33}。

事实上，使用存在动词 ndə^{33} 的句子一般都隐含"被动具有"的意义。例如上面（600a）、（601a）的句子都隐含是由其他人让说话人变得有钱。（602a）的例子更加有趣，使用了 ndə^{33} 之后仅仅表示"别人带来的小孩让那个当父亲的人领养，孩子可能并非那位父亲亲生的"；只有（602b）才是最为典型地表达"俩孩子是父亲亲生的"之义。由此可见，在木雅语中，存在／领有动词 ndə^{33} 跟格标记的配合规律较其他存在／领有动词有所不同[①]。

---

① 根据池田巧（2010：182）的观察，西夏语的存在动词 dju 可能跟木雅语的 ndə^{33} 同源，且 dju 在西夏语中也只能跟添加了领属格标记的主语一起使用。由此可见，两者在存在动词类型上可能有密切联系。但作者并未提出主语的生命度差异跟 ndə^{33} 的搭配关系。我们推测跟生命度较高的施事组合时，全句可能反而需要采用"价态降低"的句法操作策略（valency-decreasing），即：将施事者降为旁格（oblique）一样的间接成分，而并非句的核心论元成分。因此，还需考察其他羌语支语言中是否存在类似使用情况才能全面分析该现象。

7.3 致使结构

致使结构（causative construction）是全人类语言中较常见的一种"增加价态"（valency-increasing）的语法手段。从句法操作看，要构成典型的致使结构主要可以依靠以下几个步骤：将深层结构为不及物句的句型变成及物句，此时句中动词的价态增加；在致使结构中，不及物句的主语变成致使结构的受事；新的论元成分（致使者）成为句子的施事者（Dixon 2012：240）。从构成形式上看，致使结构在很多语言中可细分为词汇型致使、形态型致使、分析型致使、复杂致使结构。

沙德木雅语可以使用"动词趋向前缀的元音交替""动词词根的辅音交替""动词后添加致使标记 tɕʰə⁵⁵"这三种形态句法手段表达致使意义（黄布凡 1985）。前两种属于词汇型和形态型致使，后一种属于分析型致使。下面分别对沙德木雅语致使结构以及致使结构中各论元的格标记情况进行介绍。

7.3.1 词汇型致使

词汇型致使具有跨语言共性，指不需添加任何标记而仅仅依靠词汇意义表达致使。词汇型致使在形式上可分为两类：某一动词同时具有致使和非致使的语法功能[1]；完全不同的两个词表达对应的致使功能。木雅语的词汇型致使基本采用第二类方法，即利用不同的两个动词表达非致使和致使意义。例如：

tʰɐ⁵⁵si³³	"死"	→	nɐ⁵⁵sɐ³³	"杀死"
mbi⁵³	"坐"	→	ri³³dzy⁵⁵	"使就座（让其坐）"
kʰə³³dzy⁵⁵	"升起"	→	ti⁵⁵ndy³³	"举起"
ɦæ̃⁵⁵ndzi³³	"吃"	→	tʰɐ⁵⁵mə⁵³	"喂"
tø⁵⁵ra³³	"看见"	→	ɴɢɐ³³dɐ̠⁵³	"展示"
rə²⁴dzə³³	"记住（放下）"	→	tə⁵⁵te³³	"提醒"

7.3.2 形态型致使

木雅语的形态型致使跟周边许多藏缅语相似，该致使结构的形态变化比较丰富[2]。它不但能够通过改变动词元音、辅音表达致使意义，而且还能

---

[1] 例如英语的 He walks to the school～他走去学校，He walks the dog～他在遛狗。
[2] 中国境内藏缅语使用形态变化手段表达致使功能的方法十分丰富，除了常见添加表致使的前缀外，还可使用清浊交替、送气／不送气、声调变化、元音长短变化、元音松紧变化以及词缀重叠等内部屈折手段表达致使（黄成龙 2021）。

通过改变动词词根或动词趋向前缀语音结构的手段表达致使意义。从当前的调查情况看，一共可采用三种形态变化手段变自动词为具有致使意义的致使义动词，分别是：

1. 不及物动词在表达与之对应的致使义时，可使动词趋向前缀的元音高化从而表达致使。当不及物动词的趋向前缀元音为 ə、ɐ、æ 时，将趋向前缀元音变成 i 或 e 表达致使。不及物动词趋向前缀元音为 a、ɑ 时，将趋向前缀的元音变成 e 表达致使。

2. 动词词根辅音清浊对立表致使。当不及物动词词根辅音为浊辅音时，致使式变为清辅音。

3. 完全替换动词趋向前缀表致使。

以下不及物动词趋向前缀的元音分别是 ə、ɐ、æ，当变成与之对应的致使结构时，趋向前缀元音变为舌面前元音 i 或 e。例如：

tə⁵⁵-ʂi³³	裂	→	ti⁵⁵-ʂi³³	使之裂
DIR-裂			DIR.CAUS-裂	
tə⁵⁵-rə³³	起床	→	ti⁵⁵-ri³³	使之起床
DIR-起床			DIR.CAUS-起床	
qʰə³³-qə⁵⁵tɕu⁵⁵ru⁵³	皱	→	qʰe³³-qə⁵⁵tɕu⁵⁵ru⁵³	使之皱
DIR -皱			DIR.CAUS-皱	
nɐ⁵⁵-di³³-ra³³	坍塌	→	ni⁵⁵-dø³³=ŋe³³	使之坍塌
DIR-塌掉-PFV.VIS			DIR.CAUS-塌掉=EGO	
nɐ⁵⁵-ɕə³³	打喷嚏	→	ni⁵⁵-ɕə³³	使之打喷嚏
DIR-打喷嚏			DIR.CAUS-打喷嚏	
ɦæ²⁴-væ³³	吐	→	ɦie²⁴-væ³³	使之吐
DIR-吐			DIR.CAUS-吐	
næ̃⁵⁵-qə³³	折	→	ne⁵⁵-qə³³	使之折
DIR-折			DIR.CAUS-折	

以下不及物动词的趋向前缀分别是 a、ɑ，当变成与之对应的致使结构时，趋向前缀元音变为舌面元音 e。致使者若为人称代词或生命度较高的名词，需添加作格标记 ji³³。例如：

nã⁵⁵-qə³³-ra³³	折断	→	nẽ⁵⁵-qə³³-ra³³	使折断
DIR-折断-PFV			DIR.CAUS-折断-PFV	
nã⁵⁵-mbɑ³³	碎	→	nẽ⁵⁵-mbɑ³³	使之碎
DIR-碎			DIR.CAUS-碎	

同样还可以采用动词词根辅音清浊对立的方式表致使。若不及物动词为浊辅音，致使式变为清辅音，清辅音送气与否比较自由。例如：

ɦã³³-qo⁵⁵　　解开　　　　　→　　　　ɦɑ³³-kʰo⁵⁵　　　　使之解开
DIR-解开　　　　　　　　　　　　　DIR-让解开.CAUS

有时候不但可以改变趋向前缀的元音，而且还能同时改变趋向前缀的辅音表达致使意义。事实上这是采用了"全盘替换趋向前缀"的策略表达致使意义。例如：

ɦæ³³-xø⁵⁵-si³³　　破碎　　　→　　　je̠³³-xø⁵⁵-si³³　　　使破碎
DIR-破掉-PFV.3　　　　　　　　　　DIR.CAUS-破掉-PFV.3

总的来看，木雅语的形态型致使主要依靠改变动词趋向前缀的内部语音结构从而表达致使义。一般情况下可不改变动词词根的语音结构，仅依靠动词词根的屈折变化即可表达致使。有时需要完全替代不同类型的趋向前缀，但目前还无法理清究竟哪些趋向前缀可专用于表达致使意义，哪些无法表达致使义，因此"具有致使功能的趋向前缀"这一问题还需今后进一步详细调查。不过目前可以肯定的是在采用元音交替的屈折手段表达词汇型致使时，最常见的是变动词趋向前缀的元音为舌面前元音 i 或 e，而其他情况的例子极其少见。

从历史发展看，以上各例都能较为全面地探究木雅语中由形态型致使向分析型致使发展的脉络。值得注意的是当致使结构并不单独使用趋向前缀内部屈折手段表致使意义时，就需借助格形态来标记致使结构中的论元成分，从而才能符合语法表达的需要。

7.3.3　分析型致使

分析型致使常常需要添加专用的致使标记表达致使意义。该类致使结构是木雅语中最常见，且最为能产的一类。木雅语分析型致使标记源于"允让义"的 tɕʰə³³、"言说义"的 tə⁵⁵tə³³ 和"请求义"的 dzə³³gə³³ 的进一步语法化[①]。其中源于"允让义"的致使标记是分析型致使结构中最常见的类型。木雅语的"允让义"致使标记跟人称、数有一致关系，同时还具有情态方面的差别。当句子主要表示一般的致使义，或略带命令口吻的致使义时，致使标记 tɕʰə³³ 的词根元音会根据主语和宾语的人称、数以及全句动作情状发生的时体差别发生元音的交替变化。

表 7-2 罗列了致使标记 tɕʰə³³ 的元音交替变化情况。

---

① 木雅语的"允让义"致使标记 tɕʰə³³ / tɕʰy³³ / tɕʰə³³ 有可能直接借自周边的藏语康方言。因为在藏语康方言巴塘话和德格话中，致使标记为 བཅུག tɕuʔ（格桑居冕、格桑央京 2002：149），它跟木雅语的 tɕʰə³³ / tɕʰy³³ / tɕʰə³³ 具有高度的语音对应关系。但就其具体来源，还需今后进一步考察。

表 7-2　　致使标记 tɕʰə³³ 的词根受人称、数和时体影响发生的元音交替变化情况①

动词词根为 tɕʰə³³ "让"，且动作情状为完成，表达一般致使（命令口吻）					
1sg + 2SG	tɕʰə³³	1sg + 1DL	tɕʰə³³	1sg + 1PL	tɕʰə³³
		1sg + 2DL	tɕʰə³³	1sg + 2PL	tɕʰə³³
1sg + 3SG	tɕʰə³³	1sg + 3DL	tɕʰə³³	1sg + 3PL	tɕʰə³³
2sg + 1SG	tɕʰə³³	2sg + 1DL	tɕʰə³³	2sg + 1PL	tɕʰə³³
		2sg + 2DL	tɕʰy³³	2sg + 2PL	tɕʰy³³/tɕʰe³³
2sg + 3SG	tɕʰy³³	2sg + 3DL	tɕʰy³³	2sg + 3PL	tɕʰy³³
3sg + 1SG	tɕʰə³³	3sg + 1DL	tɕʰə³³	3sg + 1PL	tɕʰə³³
3sg + 2SG	tɕʰə³³	3sg + 2DL	tɕʰə³³	3sg + 2PL	tɕʰə³³
		3sg + 3DL	tɕʰə³³	3sg + 2PL	tɕʰə³³
动词词根为 tɕʰə³³ "让"，且动作情状为未完成					
1sg + 2SG	tɕʰə³³	1sg + 1DL	tɕʰə³³	1sg + 1PL	tɕʰə³³
		1dl + 2DL	tɕʰə³³	1pl + 2PL	tɕʰə³³
1sg + 3SG	tɕʰə³³	1dl + 3DL	tɕʰə³³	1pl + 3PL	tɕʰə³³
		2dl + 1DL	tɕʰə³³	2pl + 1PL	tɕʰə³³
2sg + 1SG	tɕʰə³³	2dl + 2DL	tɕʰə³³	2dl + 2DL	tɕʰə³³
2sg + 3SG	tɕʰə³³	2dl + 3DL	tɕʰə³³	2pl + 3PL	tɕʰə³³
3sg + 1SG	tɕʰə³³	3dl + 1DL	tɕʰə³³	3pl + 1PL	tɕʰə³³
3sg + 2SG	tɕʰə³³	3dl + 2DL	tɕʰə³³	3pl + 2PL	tɕʰə³³
		3dl + 3DL	tɕʰə³³	3pl + 3PL	tɕʰə³³

当句子主要表示"祈求、允许"等略为委婉的致使意义时，致使标记 tɕʰə³³ 会受主语和宾语的人称、数以及全句时体差异的影响而发生词根元音交替变化。该类情况主要见于主语或宾语至少有一者是第一人称的情况；若主语或宾语同时都为非第一人称，则无此类情况的元音交替变化。如表 7-3 所示：

---

① 此表中非黑色底纹的代词分别作主语，黑色底纹的代词分别作谓语，很少能搭配的情况以黑色底纹框表示。

表 7–3　　　　　致使标记 tɕʰə³³ 的词根受一人称、
　　　　　　　数和时体影响发生的元音交替变化情况

动词词根为 tɕʰə³³ "让"，且动作情状为完成，但表达委婉祈求和允许					
1sg + 2SG	tɕʰɐ³³	1sg + 1DL	tɕʰe³³	1sg + 1PL	tɕʰe³³/tɕʰe³³
		1sg + 2DL	tɕʰe³³	1sg + 2PL	tɕʰe³³/tɕʰe³³
1sg + 3SG	tɕʰɐ³³	1sg + 3DL	tɕʰe³³/tɕʰɐ³³	1sg + 3PL	tɕʰɐ³³
2sg + 1SG	tɕʰy³³	2sg + 1DL	tɕʰy³³	2sg + 1PL	tɕʰy³³/tɕʰe³³

由表 7-2 和 7-3 可知，在沙德木雅语中致使标记的词根元音交替形式跟主语的人称、数，谓语的人称、数，以及动作事态的完成与否，致使结构所表达的语用功能等诸多因素密切相关。词根元音交替的规律可分为三大类，分别是：

1. 当动作发生在过去，且致使结构表达"强制性致使"或"命令口吻"的意义时，若主语是第一人称单数，不管宾语是其他任何人称、数的类型，词根元音都为 ə。当主语是第二人称单数时，除了宾语为二人称复数时词根元音可被交替变为 e 或 y 以外，宾语为其他人称和数时的词根元音统一变成 y。当主语为三人称单数时，不必考虑宾语的人称和数，都使用词根元音为 ə 的 tɕʰə³³。

2. 当动作发生在非过去的时间维度时，不考虑主语和谓语的人称、数的情况，统一使用源于"允让义"的致使标记 tɕʰə³³。

3. 当动作发生在过去，且致使结构表达"委婉祈求"或"允让"的意义时，若主语是第一人称单数，除了二人称双数的宾语以外，其他任何人称或数类型的宾语中词根元音都可变成 ɐ。当宾语为二人称双数，词根元音交替变为 e；当宾语为一、二人称复数，词根元音可同时被变成 e 或 ɐ。表达"委婉祈求"或"允让"义的致使结构中致使标记的元音交替现象仅仅与主语 / 宾语为第一人称的句式相关。非第一人称主语 / 宾语并无如此复杂的元音交替变化，在表达"委婉祈求"或"允让"的致使义时统一使用 tɕʰə³³。

总的来看，当主语为第一人称时，致使标记元音交替现象比较复杂，它除了要考虑跟主语人称和数保持一致关系外，还需跟宾语的人称和数保持一致，同时还会根据全句所表达的语用效果而选择具体的元音交替方法。一人称做主语时，致使标记有两种词干交替形式 tɕʰe³³ 和 tɕʰe³³。

当主语为第二人称时，大多使用致使标记 tɕʰy³³。当主语为第三人称时，统一使用致使标记 tɕhə³³。因此致使标记词干元音交替呈现一人称 > 二人称 > 三人称递减（简化的趋势）；其中第一人称做主语时情况最为复杂。当动作事件发生在未完成情状时，致使标记不会发生词干元音交替，统一使用 tɕhə³³。

"允让义"的致使标记除了受人称、数的影响而发生词干元音交替变化外，不同的致使标记在特定语境条件下还具有某些特定的语用功能。一人称句式中的致使标记多表达委婉建议的口吻，二人称句式中的致使标记表达命令、强制的口吻，三人称语境中的致使标记表达谦让或略带命令的口气。

表 7-4 总结了木雅语致使标记的词干元音受人称和情态差异而发生的屈折变化情况。

表 7–4　　"允让"类致使标记的语法特征及屈折形态变化

"允让"类致使标记类型	主语人称差别	情态特征
tɕhə³³	一人称	命令、强制
tɕhɐ³³ / tɕhe³³		委婉、建议
tɕhy³³（tɕhe³³）	二人称	命令、强制
tɕhə³³	二人称主语+一人称宾语	
tɕhə³³	三人称	略带命令，更多为谦让

由于木雅语没有专用的人称一致标记（如英语的三人称标记-s / -es），因此仅仅只能依靠致使标记的内部元音交替保持人称的一致性。分析型致使结构除了在动词之后添加专用致使标记外，还需在句中其他论元成分后添加格标记。例如：

（603）ŋi⁵⁵　　　　zæ²⁴　　　khi⁵⁵-tɕhɐ³³=ŋɐ³³.
　　　　1sg.ERG　　孩子　　　睡觉-CAUS.1sg=EGO
　　　　我让孩子睡觉。

（604）ne²⁴　　　　pi⁵⁵tsi⁵⁵　　nɐ⁵⁵-nba³³-tɕhy³³-ra³³.
　　　　2sg.ERG　　杯子　　　　DIR-打碎-CAUS.2sg-PFV.VIS
　　　　（看见）你让杯子打碎了。

（605）ʔɐ³³tsi⁵⁵=ji⁵⁵　　mbi²⁴nɐ⁵⁵-le⁵⁵　　tə⁵⁵-rə³³-tɕhə³³-ra³³.
　　　　3sg=ERG　　　　小牛-DAT　　　　DIR-长出-CAUS.3-PFV.VIS
　　　　（看见）他让小牛长大了。

(606) ʔæ⁵⁵mɐ⁵⁵=ji⁵⁵　　ʔɐ³³tsɿ⁵⁵=le⁵⁵　　　tʰɐ⁵⁵-və³³-tɕʰə³³.
　　　妈妈=ERG　　　　3sg=DAT　　　　　DIR-做-CAUS.3
　　　妈妈让他做事情。

有时候句中还可不出现致使者，而是依靠致使标记的人称一致原则推测致使者的具体人称，这种无人称（impersonal）结构在日常会话中常常使用。例（607）中虽然三人称代词"他"出现在了句首致使者的位置，但是因为使用了与格标记 le³³，且句中的致使标记使用了二人称形式，所以致使者应该是二人称代词"你"，句首的三人称代词"他"属于被致使者而非致使者。例如：

(607) ʔɐ³³tsɿ⁵⁵=le⁵⁵　　ŋæ²⁴　　　na⁵⁵-ʁo³³ʁa³³-tɕʰy³³.
　　　3sg=DAT　　　　2sg.POSS　　趋向-洗-CAUS.2sg
　　　（你）让他给你洗脸。

(608) ʔɐ³³tsɿ⁵⁵=le⁵⁵　　ŋæ²⁴　　　na⁵⁵-ʁo³³ʁa³³-tɕʰə³³.
　　　3sg=DAT　　　　2sg.POSS　　趋向-洗-CAUS.3
　　　他让她（第三者）给你洗脸。

分析型致使结构中相关的论元成分之后大多都需添加语法标记，木雅语常使用作格标记 ji³³ 和与格标记 le³³ 来标注致使结构中的论元成分。同时，格标记的使用跟论元成分是否对事件动作可控性（control）、有意图性（intention）、动词的及物性等密切相关。从语义角度看，"允让义"的致使标记都是表达的直接致使（direct causation），即致使者直接参与到被致使者所从事的事件中。但木雅语中源于"言说义"tə⁵⁵tə³³ 和"请求义"dzə³³gə³³ 的致使标记却主要表示间接的致使类型（indirect causation），间接致使隐含致使者并未亲身从事某一致使事件，他们不是事件的直接参与者，而被致使者才是相关事件的直接参与者。

添加了致使标记 tə⁵⁵tə³³ 或 dzə³³gə³³ 的分析型致使结构除了表达间接的致使意义，还具有很强的情态色彩。该类致使结构一般用于语气委婉，且略带商量或建议的口吻。它主要出现在"地位谦卑（或稍低）的致使者希望比自己地位高的被致使者按自己的意愿行使某事"的语境中。例如：

(609) ȵi³³ma⁵⁵=ji⁵⁵　　le⁵⁵mu³³=le⁵⁵　　zã³³pu⁵⁵=le⁵⁵　　tə⁵⁵-ri³³-tə⁵⁵tə³³.
　　　尼玛=ERG　　　拉姆=DAT　　　让布=DAT　　　DIR-上来-CAUS
　　　尼玛叫拉姆让让布上来。

(610) ŋi²⁴　　ʔæ⁵⁵tɕi³³=le³³　　ʔɐ³³tsæ⁵³　　tsẽ⁵⁵ŋə³³
　　　1sg.ERG　姐姐=DAT　　　3sg.POSS　　衣服

na⁵⁵-ɣo³³-vy⁵⁵-tə⁵⁵tə³³.
DIR-洗-LVB-CAUS
我叫姐姐洗了他的衣服。

(611) ʔæ³³pu⁵⁵=ji⁵⁵　　ʔɐ³³tsi⁵⁵=le⁵⁵　　　kʰə⁵⁵　　　ɦæ³³-ræ⁵³-tɕʰə³³
　　　叔叔=ERG　　　3sg=DAT　　　　　狗　　　　DIR-叫-CAUS
　　　n̥ɐ⁵⁵-ndzə³³-vy³³-tə⁵⁵tə³³.
　　　NEG-有-LVB-CAUS
　　　叔叔叫他让狗不吼叫。

例（609）－（611）中致使者"尼玛、我、叔叔"都没有亲身参与到事件之中，而致使事件动作的发出者都是被致使者（相关致使动作的直接发出者分别是"拉姆""姐姐""他"），因此这几句是典型的间接致使结构。

下面例（612）所陈述的内容是和尚请求山神做某事。由于山神的地位比和尚高，所以这句具有很强的敬语特色，只能使用带有请求意义的致使标记 dzə³³gə³³，而不能使用"言说义"的致使标记 tə⁵⁵tə³³。该类使用情况极其有限，目前只拾得一例。例如：

（612）læ⁵⁵mæ⁵⁵=ji⁵⁵　　zi³³dæ⁵³=le⁵⁵　　tə⁵⁵-tə³³-dzə³³gə³³　　tsʰi³³pʰo⁵⁵-nə⁵⁵
　　　和尚=ERG　　　　山神=DAT　　　DIR-说-CAUS　　　　　树-PL
　　　si⁵⁵vø³³　　　tə⁵⁵-rø³³-tɕʰə⁵³.
　　　好的　　　　DIR-生长-CAUS.3
　　　和尚请山神让树长得好一些。

7.3.4　形态句法特征

以上从词汇型致使、形态型致使、分析型致使角度介绍了木雅语的致使结构类型。词汇型致使主要依靠动词自身的语义范畴表达致使意义；形态型致使依靠动词趋向前缀的元音变化（或直接更换趋向前缀）表达致使意义；分析型致使需要添加专用的致使标记。木雅语分析型致使结构中的致使标记源于"允让义""言说义""请求义"动词的进一步语法化。"允让义"的致使标记跟人称有一致关系，在语义上属于直接致使类型；"言说义""请求义"致使标记多表达委婉的情感，在情态上跟"允让义"有明显差别，同时它们在语义上属于典型的间接型致使。

在考察木雅语的致使结构时，除了需要分析动词的相关形态变化或致使结构的变化外，还需进一步描写致使结构中其他论元成分的标记情况[①]。木雅语一般是对施事进行标记，并不需要标记受事成分。例如：

（613）ʔe³³ni⁵⁵   tsẽ⁵⁵ŋə⁵⁵   nu⁵⁵-tʂʰe³³-ra³³.
　　　3pl.ERG   衣服   DIR-撕掉-PFV.VIS
　　　（看见）他们撕掉了衣服。

（614）ŋi²⁴   tɕʰə³³kʰi³³   ti³³-tse⁵⁵=ŋe³³.
　　　1sg.ERG   开水   DIR-烧开=EGO
　　　我烧开了开水。

一旦变为致使结构，致使者之后需要添加作格标记，被致使者之后添加与格标记，原及物句中的宾语保持宾格标记（不须标记的零形态 Ø）。以下分别考察原不及物句和及物句在变成致使结构时内部各论元的格标记策略。

（一）致使结构中的格形态标记

若原先的句子为不及物句，在变成致使结构后，一旦致使者对动作行为具有很强的意愿性（有意识让被致使者干某事），致使者之后就需要添加作格标记 ji³³，被致使者之后不添加任何标记。例如：

（615）ŋi⁵⁵   zæ²⁴   ti⁵⁵-tɕʰe³³=ŋe³³.
　　　1sg.ERG   孩子   醒来-CAUS.1sg=EGO
　　　我让孩子醒来了。

（616）ne²⁴   tæ³³gæ⁵⁵   kʰæ⁵⁵kʰæ⁵³   ne⁵⁵-və³³-tɕʰy³³-ra³³.
　　　2sg.ERG   核桃   两半的   DIR-分开-CAUS.2sg-PFV.VIS
　　　（看见）你让核桃分成了两半。

[①] 从深层的语法表现形式看，致使结构是将不及物句的主语（S）变成致使结构中的受事（O）；将及物句中的施事（A）和受事（O）分别变成致使结构中的被致使者和受事成分（O）。Comrie（1974）、Dixon（2012：256）从跨语言的角度发现，在标记致使结构中的致使者、被致使者、受事（或宾语）成分时，很多语言都使用不同的格标记形态，且被致使者在格标记形态上具有"由核心格标记到非核心格标记变化"的一个趋势。而沙德木雅语致使结构中各论元成分的格标记策略采用下表的第五种类型。如下表所示：

类型	致使者	之前及物句中的施事 A（被致使者）	之前及物句中的受事 O
1	施事标记	特殊的格标记	受事标记
2	施事标记	保持使用施事标记	受事标记
3	施事标记	受事标记	受事标记
4	施事标记	受事标记	非核心标记（与格、工具格等）
5	施事标记	非核心标记（与格、工具格等）	受事标记

(617) ʔɐ³³tsɨ⁵⁵-ji⁵⁵　　lə³³tʰo⁵⁵　　tə⁵⁵-rə³³-tɕʰə³³-rɑ³³.
　　　3sg-ERG　　　青稞　　　DIR-长出-CAUS.3-PFV.VIS
　　　（看见）他让青稞长了出来。

以上不及物句中致使者对整个动作行为具有很强的意图性和控制性，因此被致使者并不添加任何格形态标记。在下面几例中，致使者是动词短语，因此它们对致使的活动缺乏意图性和控制性，这时在木雅语中被致使者可以不添加任何标记，也可以添加与格标记。换言之，是否添加与格标记较为自由。例如：

(618) ɣə⁵⁵də⁵⁵=ji⁵⁵ ʔɐ³³tsɨ⁵⁵-Ø/=le⁵⁵ sa³³sa⁵⁵ tʰæ³³væ⁵⁵-tɕʰə³³-pi³³=ni³³.
　　　读书=ERG　3sg-Ø/=DAT　聪明　变化-CAUS.3sg-IMPV.3=GNO
　　　读书会让他变得聪明。

(619) ɕɐ³³mu⁵⁵　　ɦɑ²⁴-go³³=ji⁵⁵　　ʔæ⁵⁵mɐ³³=Ø/=le⁵⁵
　　　松茸　　　DIR-挖=ERG　　　妈妈=Ø/=DAT
　　　ɦæ²⁴-ɕɐ³³-tɕʰə³³-pi⁵⁵=ni³³.
　　　DIR-辛苦-CAUS.3sg=IMPV.3=GNO
　　　挖松茸会让妈妈非常辛苦。

(620) si⁵⁵ɣo⁵⁵　　læ⁵⁵kæ⁵³tʰɐ³³və⁵³=ji⁵⁵=kə⁵⁵，ri³³=Ø/=le⁵⁵　　mɐ³³rɐ⁵³
　　　天天　　　干活=ERG=LNK:如果　　　手=Ø/=DAT　　伤口
　　　tʰə³³-va⁵³-tɕʰə³³.
　　　DIR-变-CAUS.3
　　　天天干活的话呢会让手受伤。

(621) ʔɐ⁵⁵tsɨ³³　　to³³nda⁵³=ji²⁴　　ʔæ³³nɐ⁵³=Ø/=le⁵⁵　　sæ̃⁵⁵mbæ⁵³
　　　这　　　　事情=ERG　　　3pl.POSS=Ø/=DAT　　心
　　　nɐ⁵⁵-du³³-tɕʰə⁵⁵.
　　　DIR-伤害-CAUS.3
　　　这件事情让他们伤心。

若原先的句子为及物句，在变成致使结构后，致使者之后添加作格标记 ji³³，被致使者之后添加与格标记 le³³。例如：

(622) ŋi⁵⁵　　　zæ²⁴=le⁵⁵　　tɕæ²⁴tʰi³³-tɕʰɐ³³=ŋɐ³³.
　　　1sg.ERG　孩子=DAT　　喝茶-CAUS.1sg=EGO
　　　我让孩子喝了茶。

(623) dzo³³ma⁵⁵=ji³³　zæ²⁴=le⁵⁵　　tsẽ⁵⁵ŋɡə³³　　dĩ³³ŋɡə⁵⁵-tɕʰə³³-pi³³.
　　　卓玛=ERG　　孩子=DAT　　衣服　　　　穿上-CAUS.3=IMPV.3
　　　卓玛让孩子穿上衣服。

有时还可不使用专用的致使标记，而用趋向前缀充当致使标记的功能。

该类情况中同样需要用与格标记标注被致使者，但这种表达式出现的概率较低。例如：

（624）ŋi⁵⁵　　　ʔɐ³³tsi⁵⁵=le⁵⁵　　pʰɣ³³ko⁵⁵　　tʰo³³-mə⁵⁵=ŋɐ³³.
　　　1sg.ERG　　3sg=DAT　　　苹果　　　　DIR-吃=EGO
　　　我让他吃了苹果。

当谓语是表达心理活动的动词或表达性质状态的形容词时，句中不但可以不添加专用的致使标记，而且还可省略动词的趋向前缀。这时只需要用作格和与格助词分别标记致使者跟被致使者来表达完整的致使意义。例如：

（625）ʔɐ⁵⁵tsi⁵⁵=ma⁵⁵　　ŋə³³nə⁵⁵=le⁵⁵　　tɕʰə³³tɕʰæ⁵⁵　　ŋi⁵⁵se³³=ni³³.
　　　3sg.ERG=TOP　　1pl=DAT　　　　非常　　　　　讨厌=GNO
　　　他呢，非常讨厌我们。

（626）ŋə³³ni⁵⁵　　ʔæ⁵⁵və³³=le⁵⁵　　mə⁵⁵rə³³di³³=tsi³³.
　　　1pl.ERG　　爸爸=DAT　　　　生气=NMLZ
　　　（事实就是）我们让爸爸很生气。

例（625）和例（626）虽则在句中使用了与格，但与格之前的论元成分都不是心理活动动词的对象，否则按照木雅语 SOV 的语序结构，例（625）和例（626）只能被解读为"他对我们很讨厌（他讨厌我们）""我们对爸爸生气（我们生爸爸的气）"。可是句中"讨厌""生气"等动作的直接发出者是"我们"和"爸爸"，因此母语者只将其解读为致使结构。

（二）复杂型致使结构

当原双宾语句变为致使结构的某一部分时，原双宾语句的论元成分在致使结构中的标记形式也具有一些自身的特点。木雅语的双宾句有多种类型，若为"给予"类的双宾句则需要使用 ji³³ 标记施事（有时候作格标记跟人称代词发生合音），在间接宾语后添加与格标记 le³³ 或 ɣæ³³，直接宾语不需添加任何标记。与格标记也时常跟表示受益者的人称代词发生合音。例如（627）中表示受益者的人称代词"我"一般式为 ŋə⁵³，但在充当受益者的时候，跟与格标记 ɣæ³³ 融合为 NGæ²⁴。例如：

（627）ʔɐ³³ni⁵⁵　　NGæ²⁴　　ɣõ⁵⁵də³³　　tæ⁵⁵-væ³³　　qʰə³³-tə⁵³-rɑ³³.
　　　3sg.ERG　　1sg.DAT　　书　　　　一-CL　　　DIR-买-PFV.VIS
　　　（看见）他们给我买了一本书。

若将该双宾句变成对应的复杂型致使结构，原双宾语的施事者之后添加与格标记，原间接宾语和直接宾语的格形态不变，分别用与格标记和零形式 Ø 来标记致使结构。例如：

（628）ʔæ⁵⁵mo⁵⁵=ji⁵⁵　　ʔɐ³³nə⁵⁵=le³³　　NGæ²⁴　　lə²⁴　　tɕ⁵⁵-tɕ³³nbi³³
　　　妈妈=ERG　　　　3pl=DAT　　　　1sg.DAT　　奶　　一-CL

qʰə³³-tə⁵³- tɕʰə³³-pi⁵⁵=ni³³.
DIR-买-CAUS.3-IMPV.3=GNO
妈妈让他们给我买一瓶牛奶。

（629）ŋi²⁴　　　ʔæ⁵⁵tɕi⁵⁵=le⁵⁵　　ʔæ⁵⁵tsi⁵⁵=le⁵⁵　　ɣə̃⁵⁵də⁵⁵　　tæ⁵⁵-væ³³
　　　1sg.ERG　　姐姐=DAT　　　　3sg=DAT　　　　书　　　　　一-CL
　　　tʰo³³-to⁵⁵-tɕʰə³³.
　　　DIR-给-CAUS.1sg
我让姐姐给他一本书。

当原双宾句为"称呼"类的句式时，变换后的致使结构中各论元成分的标记方式跟"给予"类句式的标记方式相同：用作格标记致使者，用与格标记原双宾句的主语和间接宾语，而直接宾语不需标记。例如：

（630）mæ³³mæ⁵⁵=ji⁵⁵　ŋə³³nə⁵⁵=le⁵⁵　ʔæ⁵⁵tsi⁵⁵=le⁵⁵　tʂə³³ɕi⁵⁵　tə⁵⁵-tə³³-tɕʰə³³.
　　　奶奶=ERG　　　1pl=DAT　　　3sg=DAT　　　　扎西　　　DIR-叫-CAUS.3
奶奶让我们叫他扎西。

由此可见，在复杂型致使结构中除了用作格标记致使者以外，其他的间接格成分都使用与格标记，而原双宾句的直接宾语不需添加标记。值得注意的是，由于被致使者和原双宾句的间接宾语都添加了与格标记 le³³，为了不产生混淆，木雅语只能按照固定的语序形式来区别两者在致使结构中的关系。添加了与格标记之后的直接被致使者（原双宾句的主语）必须置于间接被致使者（原双宾句的间接宾语）之前，两者语序不能改变。

（三）双重致使结构

双重致使结构是简单致使结构的叠加。在简单致使结构中一般要将原不及物句的主语（S）变成致使结构中的被致使者（O）；或将原及物句的施事（A）变成致使结构中的被致使者（添加与格标记），原及物句的受事不需添加任何标记。双重致使结构在句法上需要再引入一个被致使者，而该被致使者同时又充当内嵌致使结构的致使者。由于是双重致使结构，因此句中还必须再引入一个新的致使标记。

为排斥相同致使标记在同一句中重复使用，木雅语一般是将"言说"类致使标记和"允让"类致使标记配合使用，且"言说"类致使标记作为全句的致使标记，而"允让"类致使标记作为内嵌的致使标记。在句法结构上，新引入的致使者变成作格，原施事者变成与格，其他成分不需添加标记。

例（631）原为一个由不及物句变化而来的致使结构"蛇让他的耳朵变聋了吗？"，当引入一个新的致使者时，变成例（632）一样的双重致使结构。例如：

（631） ro⁵⁵=ji⁵⁵   ʔe³³tsæ⁵⁵   ŋə⁵⁵qʰə³³sø⁵⁵rø⁵³   ba³³pʰi⁵³
       蛇=ERG   3sg.POSS   耳朵   聋的
       tʰə³³-væ⁵³-tɕʰə⁵⁵-si⁵⁵   ʔæ³³=ŋe⁵⁵=ni³³?
       DIR-变-CAUS.3sg-PFV.3   Q=COP=GNO
       蛇让他的耳朵变聋了吗？

（632） ʔe³³ni⁵⁵   ro⁵⁵=le⁵⁵   ʔe³³tsæ⁵⁵   ŋə⁵⁵qʰə³³sø⁵⁵rø⁵³   ba³³pʰi⁵³
       3pl.ERG   蛇=DAT   3sg.POSS   耳朵   聋的
       tʰə³³-væ⁵³-tɕʰə³³-ra³³   tə⁵⁵-tə³³   ʔæ³³=ŋe⁵⁵=ni³³?
       DIR-变化-CAUS.3sg=PFV.VIS   DIR-叫   Q=COP=GNO
       （你看见）他们叫蛇让他的耳朵变聋了，是吗？

以下例（633）原为一个由及物句变化而来的致使结构"狮子让老虎不要吃兔子"。当引入一个新的致使者"猴子"时，变成双重致使结构。原致使结构的致使者"狮子"和被致使者"兔子"之后此时都添加了与格标记。例如：

（633） zə³³ndə⁵⁵=ji⁵⁵   sĩ⁵⁵ŋgi³³=le⁵⁵   ta⁵⁵=le³³   ri³³vø⁵⁵
       猴子=ERG   狮子=DAT   老虎=DAT   兔子
       ɦæ²⁴-tɕə³³-ndzy³³-tə⁵⁵tə³³.
       DIR-PROH-吃-CAUS
       猴子叫狮子让老虎不要吃兔子。

有趣的是，上例中源于"言说义"的致使标记 tə⁵⁵tə³³ 仅仅作为整句的致使标记使用，而内嵌致使结构却并未使用"允让义"的致使标记 tɕʰə³³，只是在句中的被致使者之后添加上与格标记表达致使意义。

7.4 比较结构

在比较标记使用策略上，Ansaldo（1999：39）认为东南亚语言中比较标记共呈现四种不同类型的形态标记方式：核心标记，跟比较参项（多为表属性的形容词）附加在一起；从属标记，跟比较基准（比较对象）附加在一起；双重标记（double-marking），跟比较参项和基准附加在一起；零标记，不使用任何标记。沙德木雅语具有差比和等比结构，不同比较结构采用不同的标记手段。下面从差比结构和等比结构的句法标记方法介绍比较句中形容词以及比较标记的使用情况。

7.4.1 差比结构

在差比结构中，沙德木雅语采用双重标注手段将比较标记 ti⁵⁵ 跟比较基准标记在一起，同时在句中使用程度副词 kæ^{33} "更加"，因此在整个标记策略上有些类似英语 more...than 结构。比较基准处于比较参项之前，表现为[比较基准+比较标记+比较参项]的语序。

例（634）中 sɐ^{33}de^{33} "沙德"是比较基准，ti^{55} "比……更加"是比较标记，tsɐ^{55} "热"是比较参项；例（635）中 ndy^{55} "康定"是比较基准，ti^{55} "比……更加"是比较标记，tə^{33}ku^{55} "冷"是比较参项。例如：

（634） sɐ^{33}de^{33}　　　　ra^{33}ŋa^{33}kæ^{33}=ti^{55}　　kæ^{33}　　　tsɐ^{55}=ti^{33}.
　　　　沙德　　　　　新都桥=CM　　　更加　　　热=GNO.IMM
　　　　沙德比新都桥更加热。

（635） ndy^{55}　　　sɐ^{33}de^{33}=ti^{55}　　kæ^{33}　　　tə^{33}-ku^{55}=ti^{33}.
　　　　康定　　　　沙德=CM　　　　更加　　　DIR-冷=GNO.IMM
　　　　康定比沙德更加冷。

同样，在以下的差比句中，比较标记 ti^{55} 无一例外地添加在比较基准之后，且句中必须添加类似汉语 "更加" 的 kæ^{33}，整个差比结构采用 "双重标记" 的手段。例如：

（636） næ^{33}=ɣæ^{53}　　ji^{33}tɐ^{53}　　ʔɐ^{33}tsæ^{33}=ti^{55}　　kæ^{33}　　ŋẽ^{33}-tʰæ̃^{33}=ti^{33}.
　　　　2sg=POSS　　脸　　　3sg.POSS=CM　　更加　　DIR-黑=GNO.IMM
　　　　你的脸比他的脸更加黑。

（637） NGæ^{55}　　　ŋgɐ^{33}=le^{33}　　ʔɐ^{33}tsæ^{55}=ti^{55}　　kæ^{33}　　tɕʰa^{33}ma^{33}
　　　　1sg.POSS　　脚=LOC　　　3sg.POSS=CM　　　更加　　脏
　　　　tə^{33}-ne^{55}-pi^{55}=ni^{24}.
　　　　DIR-闻到-IMPV.3=GNO
　　　　我的脚闻起来比他的脚更加脏（臭）。

（638） ʔɐ^{33}tsæ^{55}　　ŋgɐ^{24}　　NGæ^{33}=ti^{55}　　　kæ^{33}　　tɕʰa^{55}ma^{33}=ti^{24}.
　　　　3sg.POSS　　脚　　　1sg.POSS=CM　　　更加　　　脏=GNO.IMM
　　　　他的脚比我的更脏。

（639） ŋə^{55}　　ʔɐ^{33}tsi^{55}=ti^{33}　　kæ^{33}　　ki^{55}kɐ^{53}=ni^{24}.
　　　　1sg　　3sg=CM　　　更加　　　高=GNO
　　　　我比他更加高。

（640） nə^{55}　　　læ^{33}nə^{53}=ti^{33}　　kæ^{33}　　　ki^{55}kɐ^{53}=ni^{24}.
　　　　太阳　　　月亮=CM　　　　更加　　　大=GNO
　　　　太阳比月亮更大。

（641） ʔɐ^{33}tsi^{33}　mbu^{33}　wɐ^{24}tsi^{33}　mbu^{33}=ti^{55}　kæ^{33}　tʰø^{33}tʰø^{55}-ŋə^{55}=ti^{33}.
　　　　这　　　　山　　　那　　　　山=CM　　更加　高-NEG=GNO.IMM
　　　　这座山并不比那座山高。

（642）læ³³nə⁵³　　nə̣⁵⁵=ti³³　　　kæ³³　　ki⁵⁵kɐ⁵³　　tɕæ²⁴-ŋæ²⁴.
　　　　月亮　　　太阳=CM　　　　更加　　大　　　　　NEG-COP
　　　　月亮并不比太阳大。

上例中的比较基准都是名词性成分。同样，当差比句的比较基准并非名词性成分，而是形容词或动词/动词短语的时候，比较标记也放在比较基准之后。例如：

（643）ŋə⁵⁵mɐ⁵³　　tʰo⁵⁵-lə⁵⁵=ti²⁴,　kʰi⁵⁵　　tʰɐ²⁴　　kæ²⁴　　tɕi³³pu⁵⁵=ni²⁴.
　　　　牛　　　　　DIR-放=COM　　睡觉　　　DM　　　更加　　舒服=GNO
　　　　比起放牛的话，睡觉更加舒服。

（644）ʔe³³nə⁵⁵　　tɕʰə³³pa⁵³=tɕʰɐ²⁴　　ŋi³³ŋi⁵⁵=tsɨ⁵⁵　　ŋə⁵⁵ŋə⁵⁵=ti⁵⁵　　kæ³³
　　　　这些.PL　　女性藏装=LNK:之中　红的=NMLZ　　　绿的=COM　　　更加
　　　　si⁵⁵və³³=ti³³.
　　　　好看=GNO.IMM
　　　　这些裙子之中，红的比绿的好看。

差比标记有时候还容易跟形容词词汇化为一个固定结构[形容词+qʰo⁵⁵-形容词+差比标记 ti³³sa³³]。在这一结构中，比较标记 ti⁵⁵ 后面需要添加转折连词 sa³³。ti³³sa³³ 的比较功能相对较弱，主要体现说话人的主观评价意味，有些类似汉语的"虽然 adj 是……adj，但是……"这一转折关系的复句。不过该复句的转折意义在沙德木雅语中却可使用带有差比标记的构式来表达。

以下例（645）是一个转折复句，说话人首先肯定刀子的确是好的，不过最后强调了其价格太贵；例（646）也用来强调猪肉特别香。例如：

（645）ʔe³³tsi⁵⁵　　ri³³tɕe⁵³　　si⁵⁵və⁵⁵　　qʰo⁵⁵si³³və³³=ti³³=sa³³,　　qo⁵⁵
　　　　这　　　　刀子　　　　好　　　　好是好=CM=LNK:但是　　　价格
　　　　tʰi³³-ko⁵⁵-sɨ²⁴.
　　　　DIR-高-PFV.3
　　　　这把刀好比好（好是好），就是价格高了一点。

（646）ʔe⁵⁵tsi⁵⁵　　zi²⁴　　tɕʰa⁵⁵ma⁵³　　qʰo⁵⁵tɕʰa³³ma⁵³=ti⁵⁵=sa²⁴,
　　　　这　　　　猪　　　脏　　　　　脏是脏=CM=LNK:但是
　　　　ʔe³³tsæ⁵³　　ndo⁵⁵　　ɣæ̃³³ŋgi³³tæ̃³³pu³³　　　ɣe³³ɣe⁵³=ti²⁴.
　　　　3sg.POSS　　肉　　　一定程度　　　　　　　香的=GNO.IMM
　　　　这只猪臭是臭，但（猪肉）是香的。

7.4.2　等比结构

等比结构中主要使用表示等比关系的副词 ndzæ³³ndzæ⁵⁵ "跟……一样"。有时候句中还可以添加伴随格标记 tɕʰi³³ 或并列连词 ri³³ 表达等比结构中用以比较的两者间的协同关系。ndzæ³³ndzæ⁵⁵在句中一般都需置于谓语之前。例如：

（647）wɐ³³tsɨ³³　　ɕi³³pæ⁵⁵　　ŋə³³=tɕʰi⁵⁵　　ndzæ³³ndzæ⁵⁵　　tʰæ³³-ndæ⁵⁵-sɨ³³.
　　　 那个　　　　老人　　　　1sg=COM　　　EQU　　　　　　DIR-变老-PFV.3
　　　 那个老人跟我一样变老了。

（648）ndzø³³lə³³　　nẽ³³-tʰe⁵³=ri²⁴　　tsʰɑ⁵⁵lɑ⁵⁵ro⁵⁵zɨ³³　　ndzæ³³ndzæ⁵⁵
　　　 歌曲　　　　DIR-演唱=CONJ　　跳舞　　　　　　　　 EQU
　　　 jæ³³jæ⁵⁵=ni²⁴.
　　　 有趣=GNO
　　　 唱歌和跳舞一样有趣。

（649）ŋi³³ŋi⁵⁵=tsɨ³³=ri⁵⁵　　　ŋə⁵⁵ŋə⁵⁵=tsɨ³³　　ndzæ³³ndzæ⁵⁵
　　　 红的=NMLZ=CONJ　　　绿的=NMLZ　　　　EQU
　　　 si⁵⁵və⁵⁵=ti³³.
　　　 漂亮=GNO.IMM
　　　 红的和绿的一样漂亮。

（650）mbu⁵⁵=le³³　　nɐ³³-rɐ³³=ri³³　　　mbu⁵⁵=le³³　　tə⁵⁵-xə³³
　　　 山=DAT　　　DIR-下来=CONJ　　山=DAT　　　DIR-上去
　　　 ndzæ³³ndzæ⁵⁵　　kɐ³³lɐ³³=ni²⁴.
　　　 EQU　　　　　　辛苦=GNO
　　　 上山和下山一样辛苦。

有时候句中还可以使用表等比关系的形容词 tɕɐ³³tɕɐ⁵³，此时就不需要再额外使用形容词，不过需要在句中所比较对象之后添加与格标记 le³³。例（651）和例（652）中比较参项"红""坏"并未出现，tɕɐ³³tɕɐ⁵³同样可以置于比较基准之后，而比较基准"屁股"和"狗"之后此时都必须添加 le³³。例如：

（651）ʔɐ³³tsæ⁵⁵　　ji³³tɕe⁵³　　zɔ̃³³ndə⁵⁵=ɣæ²⁴　　zɔ̃³³tʰɑ⁵³=le²⁴
　　　 3sg.POSS　　脸　　　　　猴子=POSS　　　　屁股=DAT
　　　 tɕɐ³³tɕɐ⁵³=ti²⁴.
　　　 一样的=GNO.IMM
　　　 他的脸像猴子屁股一样（红）。

（652）də⁵⁵　　kʰə⁵⁵=le⁵⁵　　tɕɐ³³tɕɐ⁵³=ti²⁴.
　　　 狼　　　狗=DAT　　　一样的=GNO.IMM
　　　 狼长得像狗一样。

7.5 非动词谓语句

非动词谓语句（non-verbal clause）中的谓语不能由动词充当，大多表现为由形容词或名词充当谓语的形式。汉语中该类非动词谓语句比较丰富，一般将表示性质的形容词或表示等同关系的名词直接置于主语之后即可构成诸如"嘴巴大，眼睛小"或"今天星期天"一样的非动词谓语结构。木雅语的非动词谓语句大多是省略掉系词后的结果，系词在木雅语中可细分为同一性系词和定义性系词两类（见 4.7.8 小节），他们主要用于表达主语跟表语之间的等同或"属性+类名"关系。例如：

(653) tɕe³³kæ⁵⁵tsø³³　　kʰi³³-mi³³-sɨ³³=ni³³　　tɕæ³³kæ⁵⁵tsø²⁴=mi³³　　ni³³.
　　　 杰噶　　　　　 DIR-命名-PFV.3=GNO　　杰噶=NMLZ　　　　　COP
　　　（家人）取名的那个人就是杰噶。

(654) wɐ³³tsɨ²⁴　　dzɐ³³bu⁵⁵=tsɨ³³　　tɕʰə³³me⁵³　　dzɐ³³bu⁵⁵　　qa⁵⁵tɕʰa̠⁵³
　　　 那个　　　　国王=NMLZ　　　　特别　　　　国王　　　　坏的
　　　 tɕ³³-lø³³　　ni²⁴.
　　　 一-CL　　　COP
　　　 那个国王是一个特别坏的国王。

但在自然语流中有时可以省略掉句末系词，从而构成非动词谓语句，此时表语成分之后可以不出现系词 ni³³。例如：

(655) ɦo³³so⁵³ɦo²⁴　　ɕe³³to⁵⁵=le²⁴　　ta³³qa⁵⁵　　jæ³³næ³³　　tɕʰø²⁴
　　　 来源　　　　　说法=DAT　　　 一种　　　　1pl.POSS　　SEQ
　　　 ɕi⁵⁵ɕa³³=tsɨ³³=kə³³　　jæ³³næ⁵³　　ʔɐ³³qʰɐ³³=ɣæ²⁴　　mə⁵⁵ŋæ⁵³
　　　 西夏=NMLZ=TOP　　　 1pl.POSS　　 这里=POSS　　　　木雅
　　　 tɕʰĩ³³pu⁵⁵=ɣæ²⁴　　mə³³ŋi⁵⁵=nə²⁴.
　　　 大的=POSS　　　　 人-PL
　　　 就其来源，一种说法呢西夏人是我们这里的大木雅（区域）的人。

非动词谓语句常常出现在以形容词充当谓语的句子中，此时形容词之后不能再跟系词，而仅仅在形容词之后添加叙实新知示证标记 ti³³。在该类句式中，ti³³ 的使用是强制性的，若句末不添加示证标记 ti³³ 而仅仅将形容词置于谓语的位置，这样在木雅语中不合语法。例如：

(656) tsə³³kə³³　　mi⁵⁵tø⁵³le²⁴　　pʰẽ³³mbæ⁵³　　tø⁵⁵-lø³³　　nə³³-mə⁵⁵-və³³
　　　 SEQ　　　　名气　　　　　有用　　　　　一-CL　　　 DIR-做-LVB
　　　 tʰɐ³³ni⁵⁵　　ŋə⁵⁵-næ⁵⁵=ti³³.
　　　 DM　　　　 NEG-好的=GNO.IMM
　　　（猴王）的名声一点不好。

(657) tsə³³kə⁵⁵　　wɐ³³kʰɐ³³　tsə³³kə³³　ɕæ⁵⁵kʰæ³³　tə⁵⁵-pi³³　　　mə³³nə³³
　　　SEQ　　　　那里　　　SEQ　　　地方　　　称为-IMPV.3　　等等
　　　tɐ³³tɕʰi⁵⁵　　jɐ³³tsi⁵⁵=ti⁵⁵.
　　　旁边　　　　少许=GNO.IMM
　　　然后呢那里被称为（木雅）的地方，就只有一点点（范围）。

总的来看，由形容词直接充当谓语的句式在沙德木雅语中比较常见。省略系词，由名词或名词性质的短语结构直接充当谓语的情况却比较少见，大多情况下都必须在句末添加上系词 ni³³。跟沙德木雅语相比，东部方言的石棉蟹螺木雅语更能接受名词或名词性短语直接做谓语的句式，系词在肯定句中通常可以自由省略[①]。某些在木雅语东部方言中由名词性成分充当谓语的句子，在沙德木雅语中需要在句末添加上系词 ni³³，只有这样发音人才觉得更为顺口和流畅。

7.6　简单句式

沙德木雅语的简单句式主要分为陈述式、命令式、疑问式、祈使式、感叹式、祈愿式、虚拟式。某些简单句式中大多都必须添加专用的语法标记才能表达相应的语气类型，只有少数情况下句中才不要求添加语法标记。某些句式的语气是依靠内部音变手段表达。为表达需要，有的简单句中所添加语法标记的辖域（scope）为整个句子，而某些语法标记仅仅作用于谓语成分。下面分别介绍各简单句式的类型及内部结构。

7.6.1　陈述式

陈述式用来陈述一个事实情况或说话人的看法、态度和观点。沙德木雅语中陈述句句末一般需要添加表达说话人肯定态度且对事实呈肯定强调的示证标记 ni³³。若讨论的事情是习惯性的，则需要添加表示惯常状态的体标记 pi³³。以下分别列举。
(658) ɣæ⁵⁵gə⁵⁵　　tɕe⁵⁵tɕe⁵³　　ɣe³³ɣe⁵³=ni²⁴.
　　　辣椒　　　　非常　　　　好吃的=GNO
　　　（别人都觉得）辣椒好吃。

[①] 根据尹蔚彬（2013）的报道，木雅语东部方言中肯定句的系词大多都可省略，但在否定句中却必须使用。例如：o³³lu⁵⁵　su³³tɕo³³wu⁵⁵　le³³.(他-和尚--一个：他是一个和尚)，æ³³lə⁵⁵kʰi³³　æ³⁵je³³tɕi³³qa⁵⁵.（这儿-他们的-家：这儿是他们的家），ŋo⁵⁵　mu³³ŋe⁵⁵le⁵⁵,o³³lu⁵⁵　mə⁵⁵-ni⁵⁵.（我-藏族--一个　他-否定前缀-是：我是藏族，他不是）。

（659）lə⁵⁵=kʰu³³　ɣu⁵⁵zɨ⁵⁵　　ndzɐ³³ndzɐ⁵⁵　tɕ⁵⁵sɨ³³　　mbi⁵⁵-pi³³=ni³³.
　　　　洞=LOC　鸟儿　　　很多　　　　一些　　　住-IMPV.3=GNO
　　　　洞里住了很多鸟儿。

（660）ŋgə³³tɕe⁵³=pu³³　wõ⁵⁵wõ⁵⁵　　tə³³-pi³³=ɣæ²⁴　ndzæ⁵³　tɐ⁵⁵-lø³³
　　　　木屋棚=LOC　汪汪叫声　　说-IMPV.3=POSS　声音　　一-CL
　　　　tə³³-su⁵⁵-pi³³.
　　　　DIR-听-IMPV.3
　　　　木屋里的狗汪汪的叫声挺好听。

（661）ʔɐ⁵⁵tsɨ³³　　jæ³³gæ⁵³　　tæ⁵⁵-gæ⁵³=tsɨ²⁴　nɑ⁵⁵-ɴɢə⁵³-və²⁴
　　　　这个　　　树干　　　　一-CL=NMLZ　　　DIR-断掉-LVB
　　　　nɐ³³-zi⁵⁵-sɨ³³.
　　　　DIR-掉下-PFV.3
　　　　这树干掉落下来了。

7.6.2 命令式

在表达命令式时，除了可以使用语气词，还可使用趋向前缀表达命令。趋向前缀表达命令时，一方面需要借用动词词干的元音交替形式替换词干末尾音节的元音类型，另一方面动词词干元音还需要和主语的人称、数保持一致。若某些动词本身无法添加趋向前缀，也要采用元音交替手段。因此在表达命令语气时，采用词干元音交替手段是必需的；是否一定需要添加趋向前缀主要根据动词内部构形而定。不过在沙德木雅语中目前还未发现依靠重叠趋向前缀表命令式的情况（孙宏开 1981）。

当主语为单数时，命令式结构中动词的元音交替规则有以下几种常见类型：若动词词干元音为 i、ə，将其变为 y、e 或是 ø；若动词词干元音为 i、ɐ，将其变为 æ；若当动词词干元音为高元音 u、o，将其变为 ø；动词词干元音并不发生变化，保持原貌；将趋向前缀元音变为 u、æ 表达命令语气。

当主语为复数时，动词词干元音都统一变为 e。在表达命令式时除了可以改变动词词干元音，还可以在动词之后添加表示命令的情态助动词 χi³³ "必须"。χi³³ 也需要跟主语的人称和数保持一致。当主语是二人称单数时变为 χæ³³，二人称复数时变为 χe³³。

以下例子中最左边为动词原形，中间是二人称单数主语时动词的命令形式，最右边是二人称复数主语时动词的命令形式。例如：

i、ə → y、e、ø 的元音交替变化表达命令

ɦæ³³ndzi³³ "吃"　　→　ɦæ³³ndzy³³ 你必须吃！　　ɦæ³³ndze³³ 你们必须吃！
ɦæ²⁴tɕʰə³³ "喝"　　→　ɦæ²⁴tɕʰy³³ 你必须喝！　　ɦæ²⁴tɕʰe³³ 你们必须喝！

ri²⁴tɕə³³ "放" → ri²⁴tɕy³³ 你必须放！ ri²⁴tɕe³³ 你们必须放！
tə⁵⁵rə³³ "站" → tə⁵⁵re³³ 你必须站！ tə⁵⁵re³³ 你们必须站！
tʰõ³³ɕə³³ "捡" → tʰõ³³ɕø³³ 你必须捡！ tʰõ³³ɕe³³ 你们必须捡！
　　　　　　　　 tʰõ³³ɕə³³χæ²⁴ 你必须捡！ tʰõ³³ɕə³³χe³³ 你们必须捡起！

ɐ → æ 的元音交替变化表达命令

qʰə³³tɕɐ³³ri³³ "盛放" → qʰə³³tɕæ³³ræ³³ 你必须盛放！ qʰə³³tɕɐ³³re³³ 你们必须盛放！
ɦæ³³və³³ni³³ "揉" → ɦæ³³və³³næ³³ 你必须揉！ ɦæ³³və³³ne⁵³ 你们必须揉！
kʰə³³ɕu⁵⁵ɕi⁵³ "摸" → kʰə³³ɕu⁵⁵ɕæ⁵³ 你必须摸！ kʰə³³ɕu⁵⁵ɕe³³ 你们必须摸！
mbi³³ "坐" → mbæ³³ 你必须坐！ mbe³³ 你们必须坐！
tʰo³³tɐ⁵³ "归还" → tʰo³³tæ⁵³ 你必须归还！ tʰo³³te⁵³ 你们必须归还！
　　　　　　　　 tʰo³³tɐ⁵³χæ³³ 你必须归还！ tʰo³³tɐ⁵³χe⁵⁵ 你们必须归还！
ɦæ³³tɕu⁵⁵tɕɐ⁵³ "含" → ɦæ³³tɕu⁵⁵tɕæ⁵³ 你必须含！ ɦæ³³tɕu⁵⁵tɕe³³ 你们必须含！
tu⁵⁵pʰɐ³³ "吐" → tu⁵⁵pʰæ³³ 你必须吐！ tu⁵⁵pʰe³³ 你们必须吐！
tʰɐ³³kʰɐ⁵³ "给" → tʰæ³³kʰæ⁵³ 你必须给！ tʰɐ³³kʰe⁵³ 你们必须给！

u、o → ø、e 的元音交替变化表达命令

to³³ku⁵⁵ "背" → tu³³kø⁵⁵ 你必须背！ tu³³ke⁵⁵ 你们必须背！
nɑ⁵⁵ʁo³³ "洗" → nɑ⁵⁵ʁø³³ 你必须洗！ nɑ⁵⁵ʁe³³ 你们必须洗！
ɦɑ³³qʰo³³ "解开" → ɦɑ³³qʰø³³ 你必须解开！ ɦɑ³³qʰe⁵³ 你们必须解开！
kʰo⁵⁵pa⁵⁵na⁵⁵ɣo³³ "洗澡" → kʰo⁵⁵pa⁵⁵na⁵⁵ɣø³³ 必须洗澡！ kʰo⁵⁵pa⁵⁵na⁵⁵ɣe³³ 你们必须洗澡！
nɐ⁵⁵ŋgu⁵⁵ŋgu⁵³ "弯腰" → nɐ⁵⁵ŋge⁵⁵ŋge⁵³ 你必须弯腰！ nɐ⁵⁵ŋge⁵⁵ŋge⁵³ 你们必须弯腰！
tʰɐ³³dzu³³ "跑" → tʰɐ³³dze³³ 你必须跑！ tʰɐ³³dze³³ 你们必须跑！

动词词根元音不变表达命令

ɕəɹ⁵⁵na³³qa³³ "拉屎" → ɕəɹ⁵⁵na³³ga³³ 你必须拉屎！ ɕəɹ⁵⁵næ³³ge⁵⁵ 你们必须拉屎！
tə⁵⁵zø³³ "拿" → tə⁵⁵zø³³ 你必须拿！ tə⁵⁵ze³³ 你们必须拿！
　　　　　　　 tə⁵⁵zø³³χæ³³ 你必须拿！ tə⁵⁵zø³³χe³³ 你们必须拿！
ni⁵⁵tʰæ³³ "踩" → ni⁵⁵tʰæ³³ 你必须踩！ ni⁵⁵tʰe³³ 你们必须踩！
kʰə³³tʂʰi³³na³³ "挠" → qʰə³³tʂʰi³³na³³ 你必须挠！ qʰə³³tʂʰi³³ne³³ 你们必须挠！
qʰə⁵⁵sɛ⁵⁵ɴæ²⁴ "听" → qʰə³³sɛ⁵⁵ɴæ³³ 你必须听！ qʰə⁵⁵sɛ⁵⁵ɴe³³ 你们必须听！

趋向前缀元音变为 u、æ 表达命令

kʰə³³jæ⁵³ "看" → kʰu³³jæ⁵³ 你必须看！ kʰu³³je⁵³ 你们必须看！
tʰɐ³³kʰe⁵³ "给" → tʰæ³³kʰæ⁵³ 你必须给！ tʰæ³³kʰe⁵³ 你们必须给！
nɐ⁵⁵tʂɐ³³ "撕" → næ³³tʂʰɐ³³ 你必须撕！ næ⁵⁵tʂʰe³³ 你们必须撕！
nɐ³³gɐ⁵⁵ "趴" → næ³³gæ⁵⁵ 你必须爬！ næ³³ge⁵⁵ 你们必须爬！
tʰɐ³³qa³³ "砍" → tʰæ⁵⁵qæ³³ 你必须砍！ tʰæ⁵⁵qe³³ 你们必须砍！
nɐ⁵⁵pə³³tɕɐ³³ "拆" → næ⁵⁵pə³³tɕæ³³ 你必须拆！ næ⁵⁵pə³³tɕe³³ 你们必须拆！

木雅语在表达命令式以及人称、数范畴时都能使用动词词干元音交替的屈折变化。当主语为二人称单数时，动词词干元音也常被交替变成 æ，因此有时候当动词元音变作 æ 的时候很难彻底理清到底是源于命令式的元音交替还是跟第二人称保持一致。在上例中，当动词词干元音为 i、ɐ 时，命令式都发生了 æ 的元音交替；当二人称单数作主语时，该类动词的词干元音也需变成 æ。较其他类型的命令式元音交替而言，该类情况并非特别典型。它有可能是命令式和人称范畴元音交替的叠加，也有可能还体现了其他类型的内部屈折变化，目前还无法彻底归纳该变化的具体形式。

当命令式的主语是第二人称主语时，所有动词词干末尾音节的元音统一变为 e，该元音交替形式在木雅语中较有规律性。当前有大批动词在变为相应的命令式时动词词干元音并不发生元音交替变化，词干保持原有形态。事实上对木雅语 180 个常见动词的命令表达式进行统计后发现，大约有 87 个动词保持原形态，并不依靠采用词干元音交替形式表达命令式。这也说明木雅语中具体哪类动词采用词干交替表达命令并无规律可循，只有通过对单个动词逐一测试才能进一步归纳动词在表达命令式时的内部形态变化情况。

仅仅依靠动词趋向前缀元音交替形式表达命令式的情况在木雅语中比较少见，目前在所考察动词的屈折形态变化中仅发现 6 例，且该类情况几乎都是将趋向前缀的元音变为 u、æ。当趋向前缀元音变为 æ 时会同时将后方动词词干元音同化成 æ。但总的来看大多动词都是将词干元音交替变化为 e、ø、æ，从而表达命令语气。

除此之外，还有一大批动词的命令式跟一般式同形，而不需要采用动词词干元音交替的方法表达命令。这样的动词在沙德木雅语中占有绝对比重，例如：ni^{55}tʰæ^{33} "踩"、ɦæ^{33}dæ^{53} "翘"、tə^{33}qɑ^{53} "睁"、nɐ^{55}dɐ^{53} "闭"、nɐ^{55}ɕə^{33} "打喷嚏"、tə^{55}zø^{33} "拿"、kʰə^{55}zø^{53} "抓"、nɐ^{55}mbə^{33} "腐烂"、ɦæ^{24}pʰə^{33} "丢掉"、ɣi^{24}di^{33} "撬"、ɣi^{24}si^{33} "挑"，等等。这些动词中有很大部分的动词词干都是以元 e、ø、æ 等结尾，因此变为命令式时其元音形式跟词干元音同形，故而不会再出现元音交替的屈折变化。但某些动词词干元音为 i、ɑ、ə 的一般式，在变成相应命令式时也并未改变词干元音，就其内部理据目前还无法有效分析。

命令式的主语一般都是第二人称。有时候当主语为第一人称或第三人称的时候，也能表达略带委婉的命令口吻。此时说话人更加强调跟听话人之间的商议，或表达某种略微礼貌的建议（Aikhenvald 2010：47-48），有些类似英语中 let us...结构一样的商议式。商议式是命令式功能的扩展，该类句式中的主语都为非二人称，句中除了需要使用趋向前缀外，还常常在句末添加表示要求或商议的语气词 fia³³，或直接在句末添加致使标记 tɕʰe²⁴ "使、让"。tɕʰe²⁴ 的语调常常变为稍微上扬的声调（多为 24 调）。例如：

（662）jɛ³³nɔ⁵⁵   qʰɔ³³-ɕɛ⁵⁵   tʰe³³-xi³³=fia³³!
　　　　1pl   DIR-快   DIR.IMP-去.1pl=PTC
　　　　我们快去吧！

（663）jɛ³³ni⁵³   ŋɔ⁵⁵mɛ⁵³-le²⁴   ndzɿ⁵⁵   tʰe³³-mɔ⁵⁵   xi⁵⁵=fia³³!
　　　　1pl   牛-DAT   饭   DIR-喂   去=PTC
　　　　我们去喂牛吧！

（664）ŋə³³nɔ⁵⁵=le²⁴   nẽ³³-tɕʰe⁵³-tɕʰe²⁴!
　　　　1pl=DAT   DIR-跳舞-CAUS.2
　　　　（你）让我们跳舞吧！

（665）ʔɐ³³tsi⁵⁵=le⁵⁵   tə⁵⁵-tə⁵³   tʰə³³-ti⁵⁵-tɕʰe²⁴!
　　　　3sg=DAT   DIR-说   DIR-完-CAUS.2
　　　　（你）让她说完吧！

（666）zæ³³=le³³   ɣu²⁴   tʰe⁵⁵-qɐ³³-tɕʰy²⁴!
　　　　孩子=DAT   草   DIR.IMP-割掉-CAUS.2
　　　　（你）让孩子割草吧！

7.6.3 疑问式

世界语言中的疑问句从功能看可分为"极性问句"（polar question）、"特指问句"（wh-questions）和"选择问句"（alternative question）。汉语倾向于"是非问句"（yes-no question）跟"正反问句"（A-not-A）交替，某些汉语方言还使用紧缩式的问句结构（V-neg）[①]。

沙德木雅语的疑问式可分为"极性问句""特指问句""附加问句"（tag question）。"极性问句"主要包括"是非问句""选择问句"，几乎无法表达诸如汉语 A-not-A 一样的"正反问句"结构。"极性问句"中一般都需添加疑问词。疑问词不需要跟人称、数等保持一致，但需要跟疑问句的类型、命题事件所承载的体貌义保持一致关系。但某些"极性问句"也可不添加

[①] 普通语言学文献中的"极性问句"（polar question）和"是非问句"（yes-no question）所指大致相同，但"极性问句"是比"是非问句"所指范围更大的类型，是"是非问句"的上位范畴。因此，"极性问句"一般都包括除"特指问句"外的其他问句类型，即："是非问句""正反问句"（A-not-A）和"选择问句"（Luo 2013：34）。不同语言中各问句形式的所指有可能不同，例如汉语中"吗"类问句属于"正反问句"但它跟"极性问句"却不相同。因此，本书在描写木雅语的疑问式时首先采用"极性问句"这一较为中性的术语跟"特指问句"区分开来，但在遇到"极性问句"中的具体次类时，再单独罗列加以介绍。

疑问语气词，而通过改变句末语调的形式表达疑问。"特指问句"借用疑问代词对命题中的疑问焦点进行发问。但"特指问句"中一般不需要再添加别的疑问语气词，仅仅是在句末添加叙实示证标记 ni^{24}，同时在句末添加上升的疑问语调。"附加问句"用以寻求对方证实所述之事，主要依靠添加反义的附加疑问结构。

以下分别介绍木雅语疑问式的不同小类。

（一）是非问

是非问句可以添加句末专用的疑问语气词，也可直接通过改变句子韵律手段表达疑问语气，但更为常见的是采用句末音节语调稍稍上升的方式改变是非问句的句末韵律和重音。以下例（667）—（671）的是非问句句末都未添加疑问语气词，仅仅依靠提高句尾音节的语调表达疑问功能。例如：

（667）pu^{33}pæ^{33}-nə^{55}　ʁə^{24}　　　ɦæ^{33}-ndzi^{33}=le^{24}　tɕæ^{24}-gæ^{24}？
　　　　藏族-PL　　　 鱼　　　　DIR-吃=DAT　　　NEG-喜欢
　　　　藏族人不喜欢吃鱼吗？

（668）xu^{55}　　　　ke^{55}mæ^{53}　ɦæ^{33}-ndə^{55}=ni^{24}？
　　　　晚上　　　　星星　　　　 DIR-有=GNO
　　　　晚上有星星吗？

（669）ji^{33}sɿ^{33}　mbu^{55}=le^{33}　mbə^{33}tʂɑ^{53}　ɦæ^{55}-qo^{33}-rɐ^{24}　　tæ^{24}-xu^{24}？
　　　　昨天　 山=LOC　　 虫草　　　 DIR-挖-PFV.VIS　 DIR-上去.2sg
　　　　昨天（有人见你）上山去挖虫草了吗？

（670）ʁa^{24}　　me^{33}ndæ^{53}=ji^{24}　　ʁa^{24}　　　pə^{55}tsʰi^{55}　　na^{55}-lø^{33}
　　　　羊　　　 妈妈=ERG　　　　 羊　　　　 小的　　　　　 五-CL
　　　　ɣi^{33}-ndzy^{55}-sɿ^{24}？
　　　　DIR-有-PFV.3
　　　　母羊生了五只小羊了吗？

（671）jɑ^{33}zɑ^{55}　lø^{33}so^{33}　　qʰə^{33}-ɕɐ^{53}-pi^{55}-rɐ^{24}　　zi^{55}　　næ^{24}-se^{24}？
　　　　去年　　 新年　　　 DIR-到达-IMPV.3-INF　 猪　　　DIR-杀
　　　　去年过年杀了猪吗（一直在进行杀猪的动作状态）？

有时候在是非问句中也可使用语气词 ɦa^{33}、pa^{33} 和 ʔæ^{33}，但这三者在语气上存在差别：ɦa^{33} 和 ʔæ^{33} 是简单的是非问句语气词，表示说话人希望听话人对自己的问题作出肯定或否定回答。表疑问语气的 pa^{33} 有推测或推断的口吻，跟陈述句中表示测度信息的示证标记同形。pa^{33} 在疑问句中表达似是而非，不太能拿定主意，但对询问的内容一些自己的主观看法，需要和听话人协商，有些类似于汉语的"来着呢"。ɦa^{33}、pa^{33} 和 ʔæ^{33} 都没有人称、数、时体的差别，但三者受句中语流音变影响，声调高低稍有变化，主要是：当处于动词之前或处于句末位置时一般不采用变调形式，即保持原本低调域的 33 调；若处于动词跟其他体貌标记之间时，由于受前后音节声调高低影响，疑问词的声调不固定，可高可低。

例（672）—（678）中的事件有的发生在过去，而有的还未发生。不管主语是第几人称，句末都使用疑问语气词 ɦa^{33}。例如：

（672）tse^{55}ŋgə^{55}　ɦɐ^{33}mə̃^{55}mæ^{33}　dzɐ^{33}dzə^{53}　tɕ^{55}si^{33}　tə^{55}-ŋgə^{55}-sø^{24}
　　　　衣服　　　　那么多　　　　　　一些　　　DIR-穿-PFV.2sg
　　　　tɕʰ^{33}nə^{55}　tə^{55}-ku^{55}=ti^{55}=ɦa^{33}?
　　　　还　　　　DIR-冷=GNO.IMM=Q
　　　　穿那么多衣服还么冷吗？

（673）la̠^{55}=ji^{55}　　zæ^{55}　　ɣi^{33}-ndzy^{55}-si^{33}=ɦa^{33}?
　　　　媳妇=ERG　　孩子　　DIR-生-PFV.3=Q
　　　　媳妇生了孩子了吗？

（674）pʰ^{33}ko^{55}　ɦæ^{33}-ndzi^{33}-pi^{33}=kə^{55}　　nbø^{55}　tɕe^{55}tɕe^{55}
　　　　苹果　　　DIR-吃-IMPV.3=LNK　　　　　甜　　　十分
　　　　tə^{55}-ne^{55}-pi^{33}=ɦa^{33}?
　　　　DIR-嗅-IMPV.3=Q
　　　　苹果吃起来很甜吗？

（675）ʔɐ^{33}tsi^{33}　ra^{24}　me^{33}me^{55}=rɐ^{33}　to^{55}-læ^{33}-si^{33}=ɦa^{33}?
　　　　这　　　　灰　　到处=NMLZ　　　DIR-散落-PFV.3=Q
　　　　灰四处散落了一地吗？

（676）sæ^{33}si^{55}　ŋã^{55}tɕø^{55}　kʰə^{33}-ɕɐ^{53}-pi^{33}=ɦa^{33}?
　　　　明天　　　燃灯节　　　DIR-到达-IMPV.3=Q
　　　　明天要到燃灯节了哦？

（677）tɕʰə^{55}　χə̠^{55}　te^{33}-ŋe^{55}-pi^{33}=ɦa^{33}?
　　　　现在　　牙　　DIR-痛-IMPV.3=Q
　　　　牙齿现在正在痛吗？

（678）ŋgø^{33}mbæ^{55}=ji^{33}　sæ^{33}si^{55}　ʁə̠^{24}　ne^{33}-ndzɐ^{55}-pi^{33}=ɦa^{33}?
　　　　寺庙=ERG　　　　明天　　　门　　DIR-关-IMPV.3=Q
　　　　寺庙（寺庙的人）明天要关门了吗？

例（679）—（682）主要表现说话人对某一信息的真实性存疑，带有似是而非的语气，因此需要询问听话人的意见。此时句末都使用疑问语气词 pa^{33} 强调推测性的语气。例如：

（679）ta^{33}=ji^{24}　ndzɐ^{55}　ɣo^{55}-ndzi^{33}-si^{33}=pa^{33}?
　　　　老虎=ERG　狐狸　　DIR-吃-PFV.3=Q
　　　　老虎应该吃了狐狸了吧？

（680） sæ³³si⁵⁵　　ŋã⁵⁵tɕø⁵⁵　　kʰə³³ɕɐ⁵⁵-pi³³=pa³³？
　　　　 明天　　　 燃灯节　　　 DIR-到达-IMPV.3=Q
　　　　 明天应该要到燃灯节了吧？

（681） ndə³³re⁵⁵　　tæ³³tæ⁵³　　ɦæ³³-mbə⁵⁵-pi²⁴=pa³³？
　　　　 云　　　　 马上　　　　DIR-消失-IMPV.3=Q
　　　　 云应该马上就要消失了吧？

（682） væ³³ndæ³³ʁæ³³　　ɣi³³　　nɐ³³-re³³-pi³³　　ndə⁵⁵=pa³³？
　　　　 老头　　　　　 瞌睡　　DIR-来-IMPV.3　　 有=Q
　　　　 老头应该已经睡着了吧？

在是非问句中还可使用疑问语气词ʔæ³³。ʔæ³³所出现的位置较前两者略有不同。当动词有趋向前缀时，ʔæ³³出现在动词词根之后体标记之前，此时更像是一个中缀；当动词没有趋向前缀的时候，ʔæ³³出现在动词词根之前。处于动词之前用作疑问前缀的ʔæ³³几乎读作低调域的33调；用作疑问中缀的ʔæ³³声调受语流音变影响，声调可高可低。

以下例（683）—（687）的动词之前都有趋向前缀，因此ʔæ³³出现在动词词根之后，体标记或其他情态标记之前，是典型的疑问中缀。例如：

（683） pʰi³³ko⁵⁵　　ɦæ³³-ndzi³³-pi³³=kə⁵⁵　　mbø⁵⁵　　tɕe⁵⁵tɕe⁵⁵
　　　　 苹果　　　 DIR-吃-IMPV.3=LNK　　　 甜　　　 特别
　　　　 tə⁵⁵-ne⁵⁵-<ʔæ⁵⁵>-pi²⁴？
　　　　 DIR-嗅-<Q>-IMPV.3
　　　　 吃苹果的时候闻起来很香甜吗？

（684） ŋã⁵⁵tɕø⁵⁵　　kʰə³³-ɕɐ⁵⁵-<ʔæ²⁴>-pi³³？
　　　　 燃灯节　　　 DIR-到达-<Q>-IMPV.3
　　　　 燃灯节要到了吗？

（685） ndə³³re⁵⁵　　tæ³³tæ⁵³　　ɦæ³³-mbə⁵⁵-<ʔæ²⁴>-pi²⁴？
　　　　 云　　　　 马上　　　　DIR-消失-<Q>-IMPV.3
　　　　 云应该马上就要消失了吗？

（686） me³³to⁵⁵　　 tɕʰə⁵⁵　　ɣu⁵⁵-lə⁵⁵-<ʔæ³³>-pi⁵³？
　　　　 花　　　　 现在　　　 DIR-盛开<Q>-IMPV.3
　　　　 现在花儿正在盛开吗？

（687） sɐ³³de³³　　tɕə⁵³　　ɣi³³-gɐ⁵³-<ʔæ³³>-pi⁵³？
　　　　 沙德　　　 水　　　 DIR-涨高-<Q>-IMPV.3
　　　　 沙德就要涨水了吗？

当动词不带趋向前缀的时候，ʔæ³³出现在动词词根之前。此时句中不能再出现其他疑问语气词，而ʔæ³³是一个疑问前缀。例如：

（688）væ³³ndæ³³ʁæ³³　ɣi³³　　　nɐ³³-rɐ³³-pi³³　　　ʔæ³³=ndə⁵⁵？
　　　　老头　　　　瞌睡　　　DIR-来.3-IMPV.3　　Q=有
　　　　老头睡觉了吗？

有时候ʔæ³³还常常添加在系词 ŋɐ⁵⁵之前，构成ʔæ³³ŋɐ⁵⁵ti²⁴的问句结构，表示问话人自己对某命题真实性持有较为主观的看法和认识，但还是急切希望听话人尽快回答自己的疑问，从而尽快确定自己的看法，有些类似汉语中的"是那样的吗？/ 对吗？"。对此类问句作答时，只能采用 ŋɐ²⁴ti²⁴"是的 / 对的"、tɕæ²⁴ŋɐ²⁴"不是 / 不对"的回答形式。例如：

（689）ɕɐ³³mu⁵⁵　　ndə³³pʰo⁵³=ɣæ²⁴　tɕʰy³³　　tə⁵⁵-və³³-pi³³
　　　　松茸　　　青岗树=POSS　　下面　　　DIR-长-IMPV.3
　　　　ʔæ³³=ŋɐ⁵⁵=ti²⁴？
　　　　Q=COP=GNO.IMM
　　　　松茸长在青岗树下面，对吗？

（690）ta³³=ji²⁴　　　dzə⁵⁵　　　ɣo³³-ndzɿ³³-si³³　　ʔæ³³=ŋɐ⁵⁵=ti²⁴？
　　　　老虎=ERG　　狐狸　　　DIR-吃-PFV.3　　　Q=COP=GNO.IMM
　　　　老虎已经吃了狐狸了，对吗？

（691）la⁵⁵=ji⁵⁵　　　za⁵⁵　　　ɣi³³-ndzy⁵⁵-si³³　　ʔæ³³=ŋɐ⁵⁵=ti²⁴？
　　　　媳妇=ERG　　孩子　　　DIR-生-PFV.3　　　Q=COP=GNO.IMM
　　　　媳妇生了小孩，对吗？

（692）sæ³³si⁵⁵　　ŋã⁵⁵tɕø⁵⁵　　kʰə³³-ɕɐ⁵⁵-pi³³　　ʔæ³³=ŋɐ⁵⁵=ti³³？
　　　　明天　　　燃灯节　　　DIR-到-IMPV.3　　Q=COP=GNO.IMM
　　　　明天到燃灯节了，对吗？

（693）væ³³ndæ³³=ɣæ³³　ɣæ³³tsø⁵³　　ri³³ri⁵⁵=ti³³　　ʔæ³³=ŋɐ⁵⁵=ti²⁴？
　　　　老头=POSS　　　胡子　　　　长=GNO　　　　Q=COP=GNO.IMM
　　　　老头胡子是长的，对吗？

（694）le⁵⁵　　nə̠³³　　tɕɐ³³tɕɐ³³　　ʁə⁵⁵-ndɐ-pi³³　　ʔæ³³=ŋɐ⁵⁵=ti²⁴？
　　　　外面　太阳　　大　　　　　DIR-照-IMPV.3　　Q=COP=GNO.IMM
　　　　外面的太阳晒起来很大（很毒），对吗？

（695）næ³³ni⁵³　tɕʰə⁵³　tsɐ⁵⁵ŋgə⁵³　na³³-ɣo⁵⁵-pe⁵³　　ʔæ³³=ŋɐ⁵³=ti²⁴？
　　　　2pl.ERG　现在　　衣服　　　DIR-清洗-IMPV.2pl　Q=COP=GNO.IMM
　　　　你们现在洗衣服，对吗？

（二）正反问

沙德木雅语的正反问句发展并不成熟，很难使用类似汉语 A-not-A 结构或者周边某些羌语支语言中的 A-Q₁-not-A-Q₂ 结构一样的正反问句①。有时候用汉语 A-not-A 的正反问句结构式去询问母语者，得到木雅语的相应表达一般都是在动词后添加 ʔæ⁵⁵ti²⁴ 或是 ʔæ³³rø⁵⁵ti³³，而无法采用正反选择的问话方式。ʔæ³³rø⁵⁵ti³³ 中的 rø⁵⁵ 相当于汉语中情态助动词"会"，ʔæ³³rø⁵⁵ti³³ 同样可以使用 ʔæ³³pi³³ni³³ 替换。由此可见，木雅语中应该并无"正反问句"，在表达汉语中跟正反问句相似的概念时，木雅语采用是非问句结构。

从疑问词的内部语序看，处于动词跟体标记或示证标记之间的 ʔæ³³ 更像是一个疑问中缀，它不能出现在小句末。答语若是肯定情况直接以谓语动词作答，若是否定情况，需要在谓语动词之前添加否定标记。例如：

（696）tɕʰə⁵³   kʰi⁵³   tu⁵⁵-jy⁵³-<ʔæ⁵⁵>=ti²⁴?
       现在   睡   DIR-想-<Q>=GNO.IMM
       现在想不想睡觉（现在想睡觉吗）？

（697）ne³³=ji⁵⁵   ŋɔ³³=le⁵⁵   qʰə³³-se⁵⁵ɴæ³³-<ʔæ⁵⁵>=ti²⁴?
       2sg=ERG   1sg=DAT   DIR-听从-<Q>=GNO.IMM
       你听不听我的话呢（你要听我的话吗）？

（698）tʰə⁵³   ɕi⁵⁵qa³³   ne⁵⁵-tʂʰi⁵³-<ʔæ³³>-rø³³=ti³³?
       现在   西瓜   DIR-切-<Q>-MOD:会=GNO.IMM
       现在切不切西瓜（现在切西瓜吗）？

（699）ʔɐ³³tsi⁵⁵   pu³³xu³³   ndzi⁵⁵   ɦo³³-ndzi³³-<ʔæ³³>-rø³³=ti³³?
       3sg.ERG   今晚   饭   DIR-吃-<Q>-MOD:会=GNO.IMM
       他今晚吃不吃饭呢（他今晚会吃饭吗）？

（700）ʔɐ³³nə³³ pə³³tʂʰi³³-ɲi²⁴ ɣɔ̃³³ndə³³ kʰi³³-zi⁵³-<ʔæ³³>-rø³³=ti³³?
       那些.PL 孩子-PL   知识   DIR-学习-<Q>-MOD:会=GNO.IMM
       那些孩子们会不会学习知识（那些孩子们会学习知识吗）？

（701）la³³=ji²⁴   tɕe²⁴   tɕ³³-lø³³   ɣi³³-ndzy³³-<ʔæ³³>-rø³³=ti³³?
       媳妇=ERG   男孩子   一-CL   DIR-生-<Q>-MOD:会=GNO.IMM
       媳妇会不会生男孩子呢（媳妇会生男孩子吗）？

---

① 例如在扎坝语中，"正反问句"中疑问词的使用情况就极具特殊性。"正反问句"前一小句之后（表肯定内容）仅仅使用能出现在过去事件中的疑问语气词 me³³，而后项的选择小句中（表否定内容）使用一般疑问语气词 ra³³ 或者 ɣa³³。如 "你吃不吃肉？"，在扎坝语中需要使用[...me³³...ra³³ / ɣa³³?]的正反问句结构。但木雅语中目前还不见此类正反问句的表达方式。扎坝语 A-not-A "正反问句"的例子如下：

       nu⁵⁵   tʰɪ²⁴   tsi²⁴=me³³   ma³³-ʰtsi⁵⁵=ɣa³³?   你吃不吃肉呢？
       2sg   肉   吃=Q.PFV   NEG-吃=Q

(702) mbu³³=tsi³³mu³³　　　tə³³ʁɐ⁵³　　nɐ³³-ʁɐ⁵³-<ʔæ³³>-rø⁵⁵=ti²⁴？
　　　山=LOC　　　　　　落石　　　DIR-掉-<Q>-会=GNO.IMM
　　　山上会不会掉石头啊（山上会掉石头吗）？

以上例（696）一例（702）中句末疑问语气结构ʔæ³³rø⁵⁵ti³³毫无例外都能被替换成ʔæ³³pi³³ni³³。当选择问句的谓语为形容词时，同样也无法使用A-not-A结构，只能使用句末疑问语气词ʔæ⁵⁵ti²⁴。例如：

(703) zõ³³ndə⁵³=ɣæ²⁴　zõ³³tʰa⁵³　ɲi⁵⁵ɲi⁵⁵-<ʔɐ⁵³>=ti²⁴？
　　　猴子=POSS　　　屁股　　　红的-<Q>=GNO.IMM
　　　猴子的屁股红不红（猴子屁股是红的吗）？

(704) ʁa²⁴=ɣæ³³　　mo⁵⁵　　ri⁵⁵ri⁵⁵-<ʔæ³³>=ti²⁴？
　　　羊=POSS　　　羊毛　　厚的-<Q>=GNO.IMM
　　　羊毛厚不厚呢？

疑问词跟句中动作事件发生的时间维度并无特别联系。有时候疑问语气词还能直接跟体标记黏着在一起，而不用前置于动词词根。疑问语气词ʔæ³³的元音会受到周围动词词根的影响，两者元音发生和谐。

例（705）中，"构想"的事件发生在问话的事件之前，所以该句是对动词so⁵³"想"发问，而ʔæ³³受so⁵³元音的影响，变成了ʔõ³³。例如：

(705) ne³³=ji⁵⁵　pa⁵⁵tʰã³³　tə⁵⁵-xə⁵³-χi⁵⁵　　so⁵³-<ʔõ³³>=nda⁵³=ŋɐ²⁴？
　　　2sg=ERG　巴塘　　DIR-上去-MOD:想要　想到-<Q>=EXPR=EGO
　　　你想没想过去巴塘呢（你想过去巴塘了吗）？

当询问的事件并非过去发生，而是正在发生或处于持续状态的时候，句末常常使用疑问形式ʔæ³³ŋɐ⁵⁵ti²⁴，该疑问句式同样也不采用A-not-A形式。例（706）所问的内容"是否在学校"在问话时还保持持续状态；例（707）"头发是黑的"属于某一状态。这几例中事件都发生在未完成的时间维度，而句末却使用了ʔæ³³ŋɐ⁵⁵ti²⁴。例如：

(706) næ³³nə⁵³　　　ŋgø³³mbæ⁵³=kʰu⁵³　ndze⁵⁵　ʔæ³³=ŋɐ⁵⁵=ti²⁴？
　　　2sg.POSS　　　寺庙=LOC　　　　　在　　　Q=COP=GNO.IMM
　　　你们在不在学校呢（你们在学校，对吗）？

(707) næ³³=ɣæ⁵³　　ʁa⁴⁴mu⁵³　ŋẽ⁵⁵tʰɐ³³tʰæ̃³³　ʔæ³³=ŋɐ⁵³=ti²⁴？
　　　2sg=POSS　　头发　　　黑黝黝　　　　　　Q=COP=GNO.IMM
　　　你的头发是不是黑黝黝的呢（你的头发黑黝黝的，对吗）？

综上所述，在沙德木雅语中并不存在汉语中A-not-A一样结构的正反问。若要表达汉语正反问的相似概念或采用正反问结构去询问母语发音人，他们只能将其变为最为普遍使用的"是非问句"。

（三）选择问

选择问的问句中有两个或两个以上的选项以供选择，而答语必须是完整的句子或其省略形式，不能用肯定或否定的方式作答。木雅语的选择问句中需要使用表示选择关系的连词 ɣæ³³ŋɐ⁵⁵"还是 / 或者是"和 ɣæ³³ŋɐ⁵⁵sø²⁴ 或者 ɣæ³³ŋɐ⁵⁵sø²⁴ti⁵⁵。三者并无意义上的区别，仅仅是连词内部组构的复杂程度差别。例如：

（708）næ³³ni⁵⁵   pə⁵⁵si⁵³   kʰõ⁵⁵tʰo⁵³   ŋẽ⁵⁵tʰæ̃³³tʰæ³³   tɔ̃⁵⁵-kə⁵³-pe⁵³=ɣæ³³ŋɐ⁵³
2pl.ERG   今天   衣服   黑的   DIR-穿-IMPV.2pl=LNK
tsʰæ³³li⁵³   tɔ̃⁵⁵-kə⁵³-pe²⁴?
花的   DIR-穿-IMPV.2pl
你们今天穿的黑衣服还是穿的花衣服呢？

（709）ʁa̠²⁴   nɐ³³-sɐ³³=mi³³=tsi³³   næ³³=ɣæ³³ŋɐ⁵³sø²⁴   ʔɐ³³tsi³³   ni²⁴?
羊   DIR-杀=NMLZ=NMLZ   2sg=LNK   3sg   COP
杀羊的人是你还是他呢？

（710）sɐ⁵⁵de²⁴=ɣæ²⁴   tsʰo⁵⁵   nɐ³³nɐ⁵³   və⁵⁵   nɐ³³-tʰø⁵⁵=ɣæ³³ŋɐ⁵⁵ti⁵⁵sø²⁴
沙德=POSS   冬天   早上   雪   DIR-下=LNK
xu⁵⁵   və³³   nɐ³³-tʰø⁵⁵=ni²⁴?
晚上   雪   DIR-下=GNO
沙德的冬天是早上下雪还是晚上下雪呢？

（711）tɕɛ³³kʰu⁵⁵=wu⁵⁵=nə²⁴   pə⁵⁵si³³   nu³³-dæ⁵³=rɐ²⁴   ndø⁵⁵=ɣæ³³ŋɐ⁵⁵ti⁵⁵sø²⁴
家庭=LOC=PL   今天   DIR-念经=NMLZ   去=LNK
sæ³³si³³   ndø⁵⁵ni²⁴?
明天   去=GNO
家里人是今天去念经的地方还是明天去呢？

（四）特指问

特指问是借用疑问代词对句中的疑问焦点进行发问。沙德木雅语特指问句中使用的疑问词可对人物、时间、地点、原因、方式、具体事物等发问。疑问词置于原处，不需要移动到句中的其他位置来表达强调或凸显疑问焦点。除了使用疑问代词外，特指问句中所使用的句末疑问语气词跟其他类型疑问句中句末疑问语气词相比略显不同。特指疑问词之后一般不能再添加疑问语气词ʔæ³³、ɦɑ³³等，仅仅是在句末添加叙实示证标记 ni²⁴，同时在句末添加上升的疑问语调。

对人物提问使用疑问代词 ɦæ²⁴nə³³ "谁"，ɦæ²⁴nə³³ 会根据其在句中充当的不同成分与格标记融合为 ɦæ²⁴ni³³ 或 ɦæ²⁴næ³³ 等形态。例（712）中 ɦæ²⁴nə³³ 在句中充当施事，因此跟作格标记融合为 ɦæ²⁴ni³³；例（714）-（715）中

ɦæ²⁴nə³³是句中的领属者，因此跟领属格标记ɣæ³³融合为ɦæ²⁴næ³³。例如：

(712) ɦæ²⁴ni³³ tɕe³³=kʰu⁵³ ndzɨ⁵⁵ kʰɨ³³-tsɨ⁵³-pi⁵⁵=ni²⁴？
   谁.ERG 屋子=LOC 饭 DIR-煮-IMPV.3=GNO
   谁在屋里做饭呢？

(713) mə³³ndzə⁵⁵ ɦæ²⁴nə³³=le²⁴ xã³³mbæ⁵³ qʰə³³-ra⁵⁵-sɨ³³=ŋɐ³³？
   刚刚 谁=DAT 骂人之话 DIR-遭受（得到）-PFV.3=EGO
   刚刚骂了谁呢？

(714) ɦæ²⁴næ³³ ɕo⁵⁵du⁵³ le³³ tɕe⁵⁵=ni²⁴？
   谁.POSS 伞 外面 在=GNO
   谁的伞在外面呢？

(715) mɐ⁵⁵mɐ⁵⁵=ji²⁴ ɦæ²⁴næ³³ tse⁵⁵ŋɐ⁵³ kʰə³³-tʂe⁵³-pi⁵⁵=ni²⁴？
   妈妈=ERG 谁.POSS 衣服 DIR-缝-IMPV.3=GNO
   妈妈缝了谁的衣服呢？

例（716）和例（717）中"送钱""骂人"的事件也发生在过去，全句是对人物提问，ɦæ²⁴nə³³在句中都充当与格成分，因此后面添加了源于处所格的与格标记le³³或pu³³。例如：

(716) mɐ⁵⁵mɐ⁵⁵=ji²⁴ ɦæ²⁴nə³³=le²⁴ tʂɨ⁵⁵so²⁴ tʰu⁵⁵-kʰe⁵³-sɨ⁵⁵=ni²⁴？
   妈妈=ERG 谁=DAT 三元钱 DIR-送-PFV.3=GNO
   妈妈送给谁三元钱？

(717) mã³³tɕə⁵³ ɦæ²⁴nə³³=pu³³ χã³³mbæ⁵³ tə⁵⁵-dzɐ⁵³-sø⁵⁵=ni²⁴？
   刚刚 谁=DAT 骂人的话 DIR-骂-PFV.2sg=GNO
   他刚刚骂的是谁啊？

对处所提问使用疑问词χe⁵⁵ti³³。下面的句子中仅仅使用了χe⁵⁵ti³³，而不再添加别的疑问语气词。例如：

(718) væ⁵⁵ χe⁵⁵ti³³ qʰə³³-tə³³-sø⁵⁵=ni²⁴？
   酥油 哪里 DIR-买-PFV.2sg=GNO
   （你）在哪里买酥油呢？

(719) tʂʰɨ³³po⁵⁵ lo³³ma⁵³ mɐ⁵⁵mə⁵⁵=ji²⁴ χe⁵⁵ti²⁴ tʰe³³-tɕʰə⁵⁵tɕʰə³³-ra²⁴sɨ³³？
   树 叶子 风=ERG 哪里 DIR-吹-PFV.VIS.3
   风把树叶吹到哪儿了？

(720) mə³³ndzə⁵⁵ χe⁵⁵ti³³ mɐ⁵⁵mə⁵³ xi⁵⁵-ra⁵³？
   刚才 哪里 风 去-PFV.VIS
   哪里刚才在吹风呢？

沙德木雅语对时间提问使用疑问词zi³³mɐ⁵⁵χe³³"何时"。若句中使用zi³³mɐ⁵⁵χe³³的话，就不再添加疑问语气词，而是添加某些别的语气助词（如

721 中略带商量口吻的 ry^{24}）。例如：

(721) zi^{33}mɐ^{55}χe^{33}　　　tɛ^{55}wu^{53}tɕʰɐ^{53}　　　tə^{55}-xe^{53}-ry^{24}?
　　　何时　　　　　　道孚　　　　　　　DIR-去-MOD:试试着呢
　　　（商量）试试什么时候去道孚啊？

(722) zi^{33}mɐ^{55}χe^{33}　　　ɕo^{33}se^{55}　　　nɐ^{55}-mbu^{33}ɣo^{33}-pi^{33}=ni^{24}?
　　　何时　　　　　　学生　　　　　　DIR-放学-IMPV.3=GNO
　　　平时什么时候放学呢？

对某一方式提问使用疑问词 ɦɐ^{33}ndɐ^{33}lø^{33} "怎么"。ɦɐ^{33}ndɐ^{33}lø^{33} 只能置于谓语动词之前，它有时还有别的元音交替形式 ɦæ^{33}ndɐ^{33}lø^{33}。例如：

(723) ne^{33}=ji^{55}　　　mə̃^{33}ɲi^{55}　　　ɦæ^{33}ndɐ^{33}lø^{33}　　　tu^{55}-dzi^{55}-pæ^{24}?
　　　2sg=ERG　　　人　　　　　　怎样　　　　　　　DIR-当作-IMPV.2sg
　　　你以前怎样当人（人品怎样）？

(724) dzɐ^{55}pu^{53}　　　ɦæ^{33}ndɐ^{33}lø^{33}　　　tʰɐ^{55}-sɨ^{33}-si^{33}=ni^{24}?
　　　国王　　　　　怎样　　　　　　　DIR-死-PFV.3=GNO
　　　国王怎么死的呢？

(725) ʔɐ^{33}ni^{55}　　　ɣɔ̃^{55}ndɐ^{53}　　　ɦæ^{33}ndɐ^{33}lø^{33}　　　kʰi^{33}-zi^{53}-si^{55}=ni^{24}?
　　　3sg.ERG　字（知识）　　怎样　　　　　　　DIR-学习-PFV.3=GNO
　　　他之前怎么读的书？

(726) tɕe^{55}　　　ɦæ^{33}ndɐ^{33}lø^{33}　　　tu^{55}-tɕo^{33}-si^{33}=ni^{24}?
　　　3sg　　　怎样　　　　　　　DIR-修-PFV.3=GNO
　　　他怎样修的房子呢？

对原因提问使用疑问词 ɦæ^{33}ri^{55}ŋɐ^{24} "为什么"。在语序上，表达原因的疑问词 ɦæ^{33}ri^{55}ŋɐ^{24} 较其他疑问词略显不同；它只能置于句末，在疑问策略上是先叙述一个完整事件，然后在句末添加一个追加的信息 "为什么呢。" 例（727）—例（729）都是对过去事件提问，除了句末使用了疑问词 ɦæ^{33}ri^{55}ŋɐ^{24} 外，句中并未使用别的疑问词。例如：

(727) ne^{33}=ji^{55}　　　nda^{55}va̠^{55}-nə^{24}　　　no^{55}-tɕɐ^{53}-sø^{55}　　　ɦæ^{33}ri^{55}ŋɐ^{24}?
　　　2sg=ERG　客人-PL　　　　　　DIR-赶走-PFV.2sg　　　为何
　　　你为什么赶走了客人？

(728) na^{55}-ndza^{55}-ra^{24}　　　ɦæ^{33}ri^{55}ŋɐ^{24}?
　　　DIR-下雨-PFV.VIS　为什么
　　　为什么下雨了呢？

(729) ʔɐ^{33}tsi^{55}　　　ʔæ^{33}kʰə^{55}tẽ^{55}mbæ^{33}　　　kʰu^{55}-zø^{55}-si^{24}　　　ɦæ^{33}ri^{55}ŋɐ^{24}?
　　　3sg.ERG　阿叩登巴　　　　　　DIR-抓-PFV.3　　为什么
　　　他为什么抓阿叩登巴呢？

当发问人对具体数量多少提问时，一般需要使用疑问词 ɦæ³³tɿ⁵⁵。ɦæ³³tɿ⁵⁵ 可以在句中自由充当主语、宾语和定语，但作定语的情况较常见，且作定语时需要置于中心语之后。例如：

（730） ʔe³³nə⁵⁵ mə³³ȵi⁵⁵ nə⁵⁵tɕʰe²⁴ ɦæ³³tɿ⁵⁵-lø³³ rɑ³³-sɿ⁵⁵=ni²⁴?
　　　　这些.PL　　人　　　　之中　　　　多少-CL　　　回去-PFV.3=GNO
　　　　这些人里面有多少个人已经回去了呢？

（731） jɑ³³jy⁵⁵ tə⁵⁵pə³³lø³³=tsɿ³³=tɕʰe⁵³ ɦæ³³tɿ⁵⁵ ɦæ̃²⁴-ndzɿ²⁴?
　　　　洋芋　　　一筐子=NMLZ=LOC　　　　多少　　　DIR-吃
　　　　一筐土豆之中吃了多少个？

（732） ŋə³³mæ⁵³tsɿ⁵⁵ mə³³ȵi⁵⁵ ɦæ³³tɿ⁵⁵ re³³-sɿ⁵³?
　　　　事实上　　　　人　　　多少　　来-PFV.3
　　　　究竟来了多少人呢？

最后，对具体事物提问时还可使用疑问词 ɦæ³³tsɿ⁵⁵。ɦæ³³tsɿ⁵⁵ 可在句中自由充当主语、宾语。例如：

（733） ɦæ³³tsɿ⁵⁵ tɕə⁵³=qo³³ rqæ⁵³-pi³³?
　　　　什么　　　水=LOC　　游走-IMPV.3
　　　　什么在水里游呢？

（734） ɦæ³³tsɿ⁵⁵ ne³³-zi⁵³-rɑ²⁴?
　　　　什么　　　DIR-掉下-PFV.VIS
　　　　（看见）什么掉下来了呢？

（735） ʔe³³tsɿ⁵⁵ ɦæ³³tsɿ⁵⁵ tʰe⁵⁵-və³³-pi³³?
　　　　3sg.ERG　　什么　　　DIR-做-IMPV.3
　　　　他在做什么呢？

（736） ɦæ³³tə⁵⁵ tə⁵⁵-tə³³ tsə³³kə³³ ʔe³³tsæ⁵³ mə⁵⁵ri³³
　　　　什么　　DIR-说　　SEQ　　　3sg.DAT　　生气
　　　　ti³³-tsɿ⁵⁵-sɿ⁵⁵=ni²⁴?
　　　　DIR.CAUS-生气-PFV.3=GNO
　　　　说了什么话让她生气了呢？

（五）附加问

附加问句（tag question）由陈述句加简短附加问结构构成，用以寻求对方证实所述之事。附加问句主要依靠添加反义的附加疑问结构 ŋə⁵⁵ŋe⁵³ti³³ɦɑ³³。ŋə⁵⁵ŋe⁵³ti³³ɦɑ³³ 本义为"不是吗"，它由否定词 ŋə⁵⁵ 跟系词结构 ŋe³³ti³³ 构成。附加问句中还需在末尾添加句末疑问词 ɦɑ³³，而不能使用疑问词 ʔæ³³。该类问句中只能使用否定词 ŋə⁵⁵，而不能使用别的否定词形式。例如：

（737）pə³³ɢɑ⁵⁵=ɣæ²⁴   dæ³³=ɣæ³³   kʰu²⁴   ŋi³³lə⁵³   qʰə³³-ɕɐ⁵³=pi³³
以后=POSS   月份=POSS   里面   结婚   DIR-发生=IMPV.3
ŋə⁵⁵-ŋɐ⁵³=ti³³=ɦɑ³³?
NEG-COP=GNO.IMM=Q
（她）下个月要结婚了，不是吗？

（738）ʔɐ³³tsi³³   ɕi³³pæ³³   ŋə⁵⁵-tɕø³³   tɐ³³-lø³³=ti³³
这个   男人   DIR-懒   一-CL=GNO
ŋə⁵⁵-ŋɐ³³=ti³³=ɦɑ³³?
NEG-COP=GNO.IMM=Q
这个男人是个懒汉，不是吗？

（739）jə³³ɲi⁵³   ja³³za⁵³   tɕɕ⁵⁵sæ³³pæ³³   tə⁵⁵-tɕə³³=se³³
1pl   去年   房子   DIR-修=PFV.1pl
ŋə⁵⁵-ŋɐ³³=ti³³=ɦɑ³³?
NEG-COP=GNO.IMM=Q
我们去年修了新房子，不是吗？

（740）χɐ̠⁵³=le²⁴   tɕʰə³³jə³³rə⁵⁵   ndzə³³və⁵³   tɐ³³-lø³³   næ³³-χɐ⁵³-si³³
鞋=LOC   现在   洞   一-CL   DIR-破掉-PFV.3
ŋə⁵⁵-ŋɐ⁵³=ti³³=ɦɑ³³?
NEG-COP=GNO.IMM=Q
现在鞋子上破了一个洞，不是吗？

7.6.4 感叹式

感叹式需要添加感叹词，该类句式常常借用语调和语气词从而表达说话人的主观情感和态度。沙德木雅语的感叹词一般都置于句首，常用感叹词有 ɦɑ³³、ɦo³³、ɦo²⁴jæ³³、ɦo²⁴ja³³ 几个。感叹词大多借自四川方言或藏语。有时感叹词在话语中有引入新话题的作用，或标记话语中的停顿、提醒等作用。例如：

（741）ɦɑ³³!...   jæ⁵⁵nɐ⁵³   mə⁵⁵ŋæ⁵³   tʰɐ⁵⁵ŋɐ⁵⁵tʰɐ³³   lø⁵⁵dzə⁵⁵
INTER   1pl.POSS   木雅   DM   历史
mə³³nə³³=pu⁵⁵   tʰɐ³³ŋɐ⁵³tʰɐ³³   ɕe³³to⁵³   tɕʰə⁵³
等等东西=LOC   DM   说法   现在
kæ⁵⁵ji⁵³   ndə⁵⁵=ni²⁴.
很多   有=GNO
啊，关于我们木雅呢历史上有很多种说法。

（742）ɦo³³!...　　tsə³³kə³³　　tʰɐ³³ni³³　　ɦæ³³ri⁵⁵ŋɐ²⁴　　tə⁵⁵-pi³³　　tʰɐ³³...
　　　　INTER　　　SEQ　　　　DM　　　　　为什么　　　　DIR-说　　　DM
　　　　哦，那需要说说是为什么呢……？

（743）ɦo²⁴jæ³³!...　mĩ³³tsʰi⁵³=tsi³³　　nɐ³³ni⁵⁵næ³³nɐ³³ni⁵⁵　　tɕæ³³kʰæ⁵³=tsi³³
　　　　INTER　　　词汇=NMLZ　　　　越来越少　　　　　　　东西=NMLZ
　　　　tə³³dzɐ⁵⁵næ³³tə³³dzɐ⁵³.
　　　　越来越多
　　　　哦呀，这个木雅话呢（木雅的）词越来越少了。

（744）ɦo²⁴ja³³!...　mə³³rə⁵⁵ze³³ta⁵³=ɣæ³³　　su⁵⁵　　tsə³³kə⁵⁵　　kæ³³ji⁵⁵
　　　　INTER　　　别的民族=POSS　　　　　语言　　　SEQ　　　　许多
　　　　kʰɔ̃³³-tʂɐ⁵⁵-si³³.
　　　　DIR-混合-PFV.3
　　　　哦呀，混合了很多别的民族的语言。

感叹词除了表达说话人的个人情感和语气外，还带有停顿、承前启后、连接语篇中不同小句的作用。

7.6.5　祈愿式

祈愿式反映说话人或事件主体对象的某种期盼和愿望，主要使用词汇手段表达，而没有专用的语法表达形式。沙德木雅语在表达希望、期盼、祈福、祝愿的语气时使用情态动词 so⁵⁵ 和 tu³³jy⁵⁵，但两者有说话视点的差别：tu³³jy⁵⁵ 主要用来表达说话人自己的希望、期盼和想法，而 so⁵⁵ 主要是说话人直接传达别人自身的希望、期盼和想法。因此 tu³³jy⁵⁵ 有些类似一个将说话人自己的视点和认识嵌入到言谈交际信息中的"自知示证"类助动词（例如 745－747），而 so⁵⁵ 是与之对应的非自知类助动词（例如 748－750）。不管是 tu³³jy⁵⁵ 还是 so⁵⁵ 都需要置于句末的位置。例如：

（745）me³³me⁵⁵=ɣæ²⁴　　tse⁵⁵ŋgə⁵⁵　　sæ³³pæ⁵³　　tɔ̃⁵⁵-ŋgə⁵³
　　　　大家=POSS　　　　衣服　　　　　新的　　　　DIR-穿
　　　　tu³³-jy⁵⁵-pi⁵⁵-ni²⁴.
　　　　DIR-想要.EGO-IMPV.3=GNO
　　　　（依我看）大家都想要穿新衣服。

（746）la⁵⁵=ɣæ²⁴　　tɕe⁵⁵　　tɐ⁵⁵-lø³³　　ɣĩ³³-ndzy⁵⁵　　tu³³-jy⁵⁵-pi³³.
　　　　媳妇=POSS　　孩子　　一-CL　　　DIR-生　　　　DIR-想要.EGO-IMPV.3
　　　　（依我看）媳妇希望生一个孩子。

（747）sɐ⁵⁵de³³=wu⁵⁵=næ²⁴　　dzɐ³³le⁵³　　tʰɐ⁵⁵-ni⁵⁵nɐ⁵³　　tʰɐ³³-di⁵⁵
　　　　沙德=NMLZ=PL.DAT　　路　　　　　DIR-修　　　　　　DIR-完毕

tu³³-jy⁵⁵-pi³³.
DIR-想.EGO-IMPV.3
（依我看）沙德人想要修一条马路。

（748）me³³me⁵⁵=ji²⁴　　tɕe⁵⁵ŋɡə⁵⁵　　sæ³³pæ⁵³　　tɔ̃⁵⁵-ŋɡə⁵³　　so⁵⁵-pi³³.
　　　　大家=ERG　　　衣服　　　　新的　　　DIR-穿　　　想要-IMPV.3
　　　　大家都希望穿新衣服（大家自己的想法，我仅仅传达信息）。

（749）ŋi⁵⁵　　　la⁵⁵=ji²⁴　　tɕe⁵⁵　　te⁵⁵-lø⁵³　　ɣĩ³³-ndzy⁵⁵=tʰe³³
　　　　1sg.ERG　媳妇=ERG　　男孩　　一-CL　　　DIR-生=LNK:假如
　　　　næ³³=ti³³　　　so⁵⁵-po²⁴.
　　　　好的=GNO　　　想要-PFV.1sg
　　　　我想到媳妇若要再生一个男孩的话就是好事情（媳妇自己的想法，我仅仅传达信息）。

（750）sɐ⁵⁵de³³=wu⁵⁵=ni²⁴　　dzɐ³³lɛ⁵³　　tʰɐ⁵⁵-ni⁵⁵nɐ⁵³
　　　　沙德=NMLZ=PL.ERG　　马路　　　　DIR-修
　　　　tʰɐ³³-di⁵⁵=tʰɐ²⁴　　　　næ³³=ti⁵⁵　　　so⁵⁵-pi³³=ni²⁴.
　　　　DIR-完毕=LNK:假如　　好=GNO.IMM　想要-IMPV.3=GNO
　　　　沙德那里的人想要修一条马路（沙德人自己的想法，我仅仅传达信息）。

7.6.6 虚拟式

沙德木雅语的虚拟语气（subjunctive）可以陈述不希望发生、与事实相反的条件，这种情况使用连词 mə³³tsʰe⁵³qʰo⁵³ "要不是"，并且还需要同时在句末添加视点体标记 pi³³ni³³（pi³³ 跟主语的人称和数有一致关系）。虚拟句前一个小句的动词之后需要添加完整体标记，后一个小句的动词后需添加表现未然事件的视点体标记 pi³³ni³³，该策略有些类似英语中的虚拟式表达法 If I *were* you, I *will* tell her～若我是你的话我就会告诉她。但跟英语稍微不同的是在木雅语中除了要区分前后两个小句中动词的时态外，还需要在句中添加表达虚拟关系的 mə³³tsʰe⁵³qʰo⁵³，并且 mə³³tsʰe⁵³qʰo⁵³ 不可省略。例如：

（751）næ³³　　　　ʐe³³-sø⁵⁵=ni²⁴　　　mə³³tsʰe⁵³qʰo⁵³　　ŋə⁵³
　　　　2sg　　　　来-PFV.2sg=GNO　　要不是　　　　　　1sg
　　　　kʰi⁵⁵-po³³=ni²⁴.
　　　　睡觉-IMPV.1sg=GNO
　　　　要不是你来的话我就睡觉了。

（752）nɑ⁵⁵-dza⁵³-sɨ³³=ni³³　　　mə³³tsʰe⁵³qʰo⁵³　　næ⁵⁵=le²⁴
　　　　DIR-下雨-PFV.3=GNO　　要不是　　　　　　2sg=DAT

xə³³-pæ⁵³=ni²⁴.
去-IMPV.2sg=GNO
要不是下雨的话你就去吧。

（753）xɑ³³mbæ⁵³　　　qʰə³³-rɑ⁵³-si⁵⁵=ni²⁴　　　mə³³tsʰe⁵³qʰo³³　　te⁵⁵
　　　骂人的话　　　　DIR-遭受-PFV.3=GNO　　要不是　　　　　根本
　　　tɕʰi⁵⁵xə³³　　　tɕæ²⁴-rø²⁴.
　　　跑（名词）　　　NEG-跑
　　　要不是被骂的话,（大家）根本不会跑。

第八章 复杂结构

第七章介绍了沙德木雅语的简单结构，本章主要介绍复杂结构。复杂结构由句法上不具依存性的并列结构和具有依存性的主从结构构成。在不具依存性的复杂结构中，各从句之间表现为并列、同位等关系。而在具有依存性的复杂结构中，其中一个从句 y 的语法关系建立在另一主句 x 的基础上，且 x 决定了整个复杂结构的语法关系。跟很多藏缅语相似，沙德木雅语的并列结构和主从结构一般都需要使用连词或后置的附缀连接。某些类型的复杂结构中可以不使用连词，仅仅依靠意合手段（parataxis）连接各分句。

本章首先介绍沙德木雅语的名物化和关系化，然后介绍多动词结构，最后从并列结构和主从结构入手系统描写各复杂句式结构中连词使用以及内部形态句法表现上的差异。

8.1 名物化和关系化

8.1.1 名物化类型

使用名物化（nominalization）的手段能将动词或动词性的词组派生为名词性成分。沙德木雅语根据被名物化成分的不同类型使用六种不同词形的名物化标记。某些名物化标记只能添加在词根之后将其派生为名词性成分，这类名物化手段属于派生型名物化（derivational nominalization）；有的名物化标记可以添加在小句之后将整个小句名物化为一个实体，这类名物化手段属于小句型名物化（clausal nominalization）。被名物化的小句有的是非嵌入式的，它们是独立的小句成分，并非限定句中的其他小句成分；有的是嵌入式的，被名物化之后的小句常常修饰、限定句中其他小句成分。

表 8-1 首先介绍了沙德木雅语的名物化类型以及不同名物化标记的语法功能。

表 8–1　　　　　　　　　　沙德木雅语名物化标记的种类

名物化类型	名物化标记的类型	名物化标记	语法功能和特征
派生型名物化	$NMLZ_1$	mi^{33}	施事型名物化
	$NMLZ_2$	ri^{33} / $rø^{33}$	受事型名物化
	$NMLZ_3$	tsi^{33}	将形容词名物化为名词性成分
	$NMLZ_4$	wu^{33}	方所／体验者名物化
	$NMLZ_5$	re^{33}	方位处所型名物化
	$NMLZ_6$	$pi^{33}re^{33}$	名物化为相应时间
小句型名物化	$NMLZ_7$	$ɣæ^{33}$	名物化非嵌入式小句
	$NMLZ_8$	tsi^{33}	名物化嵌入式小句
	$NMLZ_9$	$ɣæ^{33}$	名物化嵌入的关系化小句

（一）派生型名物化

派生型名物化种类丰富，大多在动词或形容词之后添加相应的名物化标记。第一类名物化标记 mi^{33} 主要添加在动词之后使其"拟人化"，表示从事该动作行为相应的施事者，类似汉语的"者"或"干……的人"。从语义特征看，该类名物化方式是典型的"施事型名物化"（agent nominalization）。例如：

ndo^{33}　$ɦæ^{33}$-$ndzɿ^{33}$ "吃肉"　　　　　+ mi^{33}　ndo^{33}　$ɦæ^{33}$-$ndzɿ^{33}$=mi^{33} "吃肉的人"
$ndzɐ^{33}lə^{33}$　$tə^{33}$-$və^{33}$ "唱歌"　+ mi^{33}　$ndzɐ^{33}lə^{33}$　$tə^{33}$-$və^{33}$=mi^{33} "唱歌的人"
mbu^{33}-le^{33}　$tə^{33}$-$xə^{33}$ "上山"　+ mi^{33}　mbu^{33}-le^{33}　$tə^{33}$-$xə^{33}$=mi^{33} "上山的人"
$tə^{33}$-$si^{33}sɐ^{33}$ "吵架"　　　　　　　+ mi^{33}　$tə^{33}$-$si^{33}sɐ^{33}$=mi^{33} "吵架的人"
$ɦæ^{33}$-ro^{33} "来"　　　　　　　　　　+ mi^{33}　$ɦæ^{33}$-ro^{33}=mi^{33} "来的人"

第二类名物化标记 ri^{33} 添加在动词之后使其"物化"，表示动作行为能成功进行、完成所依靠的工具或事物，相当于汉语的"……的东西"。ri^{33} 会跟其附着的动词词干元音发生和谐变成 $rø^{33}$。从语义特征看，该类名物化方式是典型的"受事型名物化"（patient nominalization）。例如：

$ɦæ^{33}$-$ndzɿ^{33}$ "吃"　　　　　+ ri^{33}　$ɦæ^{33}$-$ndzɿ^{33}$=ri^{33} "吃的东西"
$q^hə^{33}$-$tə^{33}$ "买"　　　　　+ ri^{33}　$q^hə^{33}$-$tə^{33}$=ri^{33} "买的东西"
$tə^{33}$-$ŋgə^{33}$ "穿戴"　　　　+ ri^{33}　$tə^{33}$-$ŋgə^{33}$=ri^{33} "穿的东西"
ne^{33}-de^{33} "丢掉"　　　　　+ ri^{33}　$væ^{33}$　ne^{33}-de^{33}=ri^{33} "丢掉的物品"

第三类名物化手段是将形容词或形容词短语名物化，从而表达具有某一特征的一类事物。该类名物化类型需要添加标记 tsi^{33}，此时被名物化的整个结构有些类似于汉语中"某某性质的东西"的意思。tsɿ³³不但可以添加在性质形容词之后，还能添加在状态形容词之后将其名物化。由此可见 tsɿ³³ 是一个专门将形容词名物化为名词性结构的语法标记。例如：

ŋi³³ŋi³³ "红色的"	+ tsɿ³³	ŋi³³ŋi³³=tsɿ³³	"红色的（东西）"
tʂʰø³³tʂʰø³³ "白色的"	+ tsɿ³³	tʂʰø³³tʂʰø³³=tsɿ³³	"白色的（东西）"
nbə³³də³³ne³³ "臭的"	+ tsɿ³³	nbə³³də³³ne³³=tsɿ³³	"臭的（东西）"
ŋi³³ŋe⁵⁵ "肥的"	+ tsɿ³³	ŋi³³ŋe⁵⁵=tsɿ³³	"肥的（东西）"
tʰɐ³³ŋgə³³ri³³ "高兴的"	+ tsɿ³³	tʰɐ³³ŋgə³³ri³³=tsɿ³³	"高兴的（东西）"
se³³se³³ "喜欢的"	+ tsɿ³³	se³³se³³=tsɿ³³	"喜欢的（东西）"

第四类名物化手段是添加源于方位格的"方所/体验者名物化"标记（locative / experiencer nominalization）。主要是在某些方位名词之后添加名物化标记 wu³³，表示"处于某一具体空间方位的人"或是"体验某种经历的人"。有时候 wu³³ 还能添加在某些表抽象时空的名词后，强调处于某些具体状态的人（例如以下例子中"幸福（的人）"）。

通过比较周边某些羌语支语言可以发现，wu³³ 应该源于方位格，但在沙德木雅语中 wu³³ 并不能单独用作方位格，它仅仅出现在方位名词 wu³³və⁵³ 中，表示"旁边"的意思，只不过当前在木雅语中使用其他方位格替代了 wu³³ 的方位意义①。例如：

mə³³ȵæ⁵³ "木雅"	+ wu³³	mə³³ȵæ⁵³=wu³³	"木雅（的人）"
læ³³sæ³³ "拉萨"	+ wu³³	læ³³sæ³³=wu³³	"拉萨（的人）"
tɕu⁵⁵lu⁵³ "九龙"	+ wu³³	tɕu⁵⁵lu⁵³=wu³³	"九龙（的人）"
rɑ³³ɴɑ³³kæ³³ "新都桥"	+ wu³³	rɑ³³ɴɑ³³kæ³³=wu³³	"新都桥（的人）"
tɕʰi⁵⁵xæ³³ "青海"	+ wu³³	tɕʰi⁵⁵xæ³³=wu³³	"青海（的人）"
tɕe³³kʰu⁵⁵ "家里"	+ wu³³	tɕe³³kʰu⁵⁵=wu³³	"家里（的人）"
tɑ⁵⁵pu⁵⁵ "老虎身上"	+ wu³³	tɑ⁵⁵pu⁵⁵=wu³³	"老虎身上（的人）"
tɕi³³pu⁵⁵ "幸福阶段"	+ wu³³	tɕi³³pu⁵⁵=wu³³	"处于幸福（的人）"

第五类名物化手段是典型的方位处所型名物化（locative nominalization）。一般是在某些动词或形容词之后添加名物化标记 rɐ³³ 表示从事某动作或具有某种性质特征的某一地点，类似"……的地方"的意思。添加了名物化

---

① 在扎坝语中 wu³³ 不但是"上方、上面"的方位名词，而且还能用作方位格 / 与格标记（黄阳 2020）。而在贵琼语中 wu³³ 也具有方位名词 / 方位格的用法（Jiang 2015）。因此可以断定木雅语中的 wu³³ 可能跟其他羌语支语言的格标记 wu 同源，且 wu³³ 当前在沙德木雅语中只能放在别的方位名词之后将其名物化，从而强调某一具体的方所概念。所以从语义上的相关性也能进一步证明木雅语的"体验者名物化标记" wu³³ 应该源于早期羌语支语言中的方位名词 / 方位格标记 wu³³ "上方、上面"。

标记 re³³ 的例子为数不多，且添加 re³³ 的名物化结构在表达地点概念时后面更容易再添加方位格标记 kʰu³³ "里面"，这样母语者感觉其方位概念更为具体生动。

比较有趣的是 re³³ 除了能充当方位处所型名物化标记外，还能添加在主要动词的补足语小句上补充说明主要动词动作进行的目的和方式，有些类似英语中 to do something 中 to 的非限定标记功能。以下仅列举 re³³ 的名物化标记功能。例如：

tsi³³tsæ⁵⁵ "小的"　　　　　　　+ re³³　tsi³³tsæ⁵⁵=re³³ "小的地方"
tɔ̃⁵⁵tsɐ³³ "长大"　　　　　　　+ re³³　tɔ̃⁵⁵tsɐ³³=re³³ "长大的地方"
ɦæ³³ndzi³³ "吃饭"　　　　　　　+ re³³　ɦæ³³ndzi⁵⁵=re³³ "吃饭的地方"
ɣe³³ɣe⁵³tə³³ne⁵³ "闻着香的"　　+ re³³　ɣe³³ɣe⁵³tə³³ne⁵³=re³³ "闻着香的地方"
kʰo³³pɑ⁵³nɑ⁵⁵ɣo⁵³ "洗澡"　　　+ re³³　kʰo⁵⁵pɑ⁵³nɑ⁵⁵ɣo⁵³=re³³ "洗澡的地方"

有时候当名物化标记 re³³ 之前添加非完整体标记 pi³³ 的时候，整个被名物化的结构表达"……的时候"的意义。这一由名物化结构表达时间的用法应该跟 pi³³ 的意义有关。虽然在木雅语中 pi³³ 大多充当非完整体标记，但它还能跟连词 kə³³ 组合成为 pi³³kə³³，表示"干……的时候"，有些类似英语中的 when。因此当 pi³³re³³ 添加在某些谓词性成分上时，整个被名物化的结构表达从事某一动作行为的时间。例如：

tɔ̃⁵⁵tsɐ³³ "长大"　　　　　　　+ pi³³re³³　tɔ̃⁵⁵tsɐ³³pi³³=re³³ "长大的时候"
ɦæ³³ndzi³³ "吃饭"　　　　　　　+ pi³³re³³　ɦæ³³ndzi⁵⁵pe⁵⁵=re³³ "吃饭的时候"
ɣe³³ɣe⁵³tə³³ne⁵³ "闻着香的"　　+ pi³³re³³　ɣe³³ɣe⁵³tə³³ne⁵³pi⁵⁵=re³³ "闻着香的时候"
qʰo⁵⁵pɑ⁵³nɑ⁵⁵ɣo⁵³ "洗澡"　　　+ pi³³re³³　qʰo⁵⁵pɑ⁵³nɑ⁵⁵ɣo⁵³pi⁵⁵=re³³ "洗澡的时候"

（二）小句型名物化

有时候名物化标记还能添加在小句之后，将某些非嵌入小句名物化（nominalization of nonembedded clause）。Matisoff（1972）认为藏缅语中某些不具依存性的非嵌入式小句之后常常添加名物化标记，这样的名物化策略称为非嵌入式小句的名物化。这类名物化使一个动作事件具体化，可将其看作独立的事实，就如客观世界中的一个具体事物。

在木雅语中非嵌入小句被名物化的情况比较常见，主要在非嵌入小句之后添加名物化标记 ɣæ³³。ɣæ³³ 原本是领属定语标记，当它出现在非嵌入小句之后时，充当非嵌入小句的名物化标记。在例（754）—例（756）中，ɣæ³³ 或者出现在体标记之后，或者直接后置于谓语动词。它都处于小句句末，将小句的事件看成一个客观事实，有点近似英语中 It is the fact that...～事实上就是……的表达方法。例如：

（754）tsə³³kə⁵⁵   ɦe̠³³tʰe̠³³ni³³   kə⁵⁵ræ³³   dzu²⁴   tə⁵⁵-tʂe̠³³=re²⁴=ɣæ³³.
SEQ   DM   一点   考试   DIR-测试=NMLZ =NMLZ
然后就真的到了考试的地方。

（755）tsʰɨ³³ndzø³³   tæ³³-kæ³³   tu⁵⁵-tʂi³³=ɣæ³³.
词典   一-CL   DIR-制作=NMLZ
的确是做了一本词典。

（756）ŋə³³=le⁵⁵   sɑ³³li⁵⁵   tu⁵⁵-rə⁵⁵   ŋə³³-tsʰu³³=ɣæ⁵⁵.
1sg=ERG   笛子   DIR-吹   NEG-准许=NMLZ
别人不准许我吹笛子。

除了以上所介绍的名物化类型外，从语法性质看，被名物化的成分具有了名词的属性，因此能在句中自由充当主语、宾语等。以添加了名物化标记 mi³³、ri³³、tsi³³ 的名物化成分为例，以下 a 句中名物化成分分别充当句子的主语，b 句中名物化成分充当句子的宾语或定语。例如：

（757a）tsə³³kə³³   lø³³tʂæ⁵³=kʰu²⁴   ndzə³³=mi⁵⁵   nə⁵⁵-rə³³   tsə³³kə³³   ne̠³³-re³³.
SEQ   学校=LOC   在=NMLZ   DIR-待着   SEQ   DIR-下来
然后呢待在学校的人就下来了。

（757b）we̠³³nə³³   kə⁵⁵-kʰə⁵⁵-və⁵⁵=mi⁵⁵=ɣæ²⁴   mə³³ɲi⁵⁵-nə²⁴   ne⁵⁵-tɕe³³.
那些   DIR-偷窃-LVB=NMLZ=POSS   人-PL   DIR-往下赶
赶走那些偷东西的。

（758a）we̠³³tsɨ³³   ŋe̠³³le⁵⁵   tsɨ³³tse⁵³   tæ³³-gæ⁵³=tsi⁵⁵=kʰu⁵⁵   je³³ɣø⁵⁵nə²⁴
那个   乡下   小小的   一-CL=NMLZ=LOC   仅仅
ɲi⁵⁵ɕə³³   zø³³=ŋe⁵³.
二十   接近=EGO
（我认为呢）那乡下一个小小的（班级）也就只有接近二十个人吧。

（758b）ɦæ³³-ndzɨ³³=ri²⁴   me⁵⁵-və³³-χi⁵³   tə⁵⁵-se³³.
DIR-吃=NMLZ   NEG-做-MOD:要   说-PFV.2pl
你们说不要做吃的东西。

（三）多个名物化标记的重叠

有时候多个名物化标记还可重叠使用，但重叠结构需要遵循特定顺序，即只能将使用在形容词或非嵌入小句后的名物化标记 tsi³³ 置于"施事型名物化"标记 mi³³ 之后，构成 [...mi³³tsi³³] 的结构，两者位置不可调换，且它们都不能跟名物化标记 ri³³ 重叠。因此在沙德木雅语中，多个名物化标记重叠的结构主要还是表达"施事型名物化"的功能。例如：

（759）tæ³³mbu⁵⁵   tə⁵⁵-tʂe⁵³=mi⁵⁵=tsi⁵³   ŋe̠⁵⁵tʰe̠³³ni⁵⁵   pʰə⁵⁵yo⁵³
第一   DIR-到达=NMLZ=NMLZ   DM   酥油包子

(760) rɐ³³və⁵³　　　fiæ³³-ɣi⁵³=mi³³=tsi⁵⁵=ɣæ²⁴　　　pʰə⁵⁵ɣo⁵³
　　　最后　　　　DIR-落下=NMLZ=NMLZ=POSS　　酥油包子
　　　fiæ³³-ndzi³³=rø²⁴　　me⁵⁵-və³³-χi⁵³　　　tə⁵⁵-se³³.
　　　DIR-吃=NMLZ　　　NEG-做-MOD:要　　　说-PFV.1pl
　　　我们都说不能干"吃掉失败者所落下的酥油包子"这件事。

（四）定指标记

　　有时候出现在形容词或非嵌入小句后的名物化标记 tsi³³ 还能作为名词性成分的附缀（clitic），从而构成［名词／名词短语=tsi³³］结构。该类结构中的 tsi³³ 主要用来标记名词性成分的有定性（definite），有些类似英语中的定冠词 the[①]。例如：

(761) tsə³³kə⁵⁵　　zi³³ɣə⁵⁵-nə³³　　me³³mæ³³=tsi⁵³　　ʔɐ³³tsi³³=kʰu³³
　　　SEQ　　　　公牛-PL　　　　全部=NMLZ　　　　那个=LOC
　　　tsə³³kə³³　　ŋɐ³³tʰɐ³³ni³³　　rɐ³³tɕe³³=kʰu³³　　næ³³-ta̠⁵³=tʰɐ³³ti⁵⁵...
　　　SEQ　　　　DM　　　　　院坝=LOC　　　　DIR-关上=LNK:之后
　　　（就是）全部的公牛（被）关进了那个院坝里之后……

(762) tsə³³kə⁵⁵　　tɕʰə⁵⁵tʰa⁵³　　ʁə²⁴=tsi³³　　zi³³dø⁵³-və²⁴,　tɕə³³ʁə⁵⁵=tsi³³
　　　SEQ　　　　木磨坊　　　　门=NMLZ　　　关上-LVB　　　水库门=NMLZ
　　　wo³³lə⁵³-və³³-si³³.
　　　放-LVB-PFV.3
　　　然后呢（就是）木磨坊门（被）关上了，水库门（被）开了。

(763) ʔɐ⁵⁵tsi³³　　jæ³³gæ⁵³　　tæ⁵⁵-gæ⁵³=tsi²⁴　　na⁵⁵-NGa̠⁵³-və²⁴.
　　　这个　　　　树干　　　　一-CL=NMLZ　　　　DIR-断掉-LVB
　　　（就是）这个树干（被）弄断掉了。

　　例（761）—例（763）的名词性成分之后添加上了 tsi³³ 表示跟名词或名词短语相关的事物是有定的，且某一信息是说话人事先就清楚和明确的，因此添加上 tsi³³ 的名词性成分对说话人和听话人而言应该是旧信息。发音人在进行翻译时都倾向于使用被动句，认为添加上了 tsi³³ 的名词性成分有些类似汉语被动句中前置的宾语。由于木雅语是 SOV 语序语言，因此并无被动句这类需要前置宾语的表达式，但添加上 tsi³³ 的句子跟简单 SOV 语序

[①] 川西彝语中名物化标记 su³³（刘鸿勇、巫达 2005）及扎坝语的名物化标记 mbərə（黄阳 2020）常置于名词性成分之后充当定冠词（定指标记）的功能，跟木雅语中 tsi³³ 的情况有异曲同工之处。

的句子在语义上有"主动－被动"的差别。例如：

（764）ji³³dɐ⁵⁵　　tɐ⁵⁵-de³³　　　　qʰə³³-rɑ⁵³-si²⁴.
　　　 脸　　　　一-打的耳光　　DIR-得到-PFV.3
　　　 脸得到了一耳光（脸被打了一耳光）。

（765）zi³³ɣə⁵³　　tɕø³³-lø³³=ɣæ³³　　tsɑ⁵³=tsi⁵⁵　　dzæ³³mæ⁵³　　kæ⁵⁵ji⁵³
　　　 公牛　　　一-CL=POSS　　　肥肉=NMLZ　　斤两　　　　很多
　　　 ŋgə³³-tɕʰy⁵³..
　　　 DIR-拿
　　　 牛的肥肉被取下来两斤多……

由此可见，添加了 tsi³³ 的名词性成分具备了定指的语义指称用法。该类句式中名词或名词短语之后的 tsi³³ 已经由名词化标记语法化为有定标记。

8.1.2 关系化结构

关系化结构中（relativization）从句所修饰的中心名词在主句中能够充当某一句法成分，同时被关系化的名词成分还能作为整个关系化结构的核心名词[①]。沙德木雅语也具有关系化结构。主语、直接宾语、间接宾语更容易关系化，而其他成分的关系化能力很低或无法关系化。关系化成分与核心名词之间需要使用关系化标记连接。被关系化的成分同时还需前置于核心论元，它跟核心名词之间使用名物化标记／领属标记 ɣæ³³ 连接。

跟嘉戎语类似，沙德木雅语被关系化的小句可以是限定性（finite）的，也可以是非限定性（nonfinite）的。限定性的关系化小句有时、体、人称变化的区别；非限定性的关系化小句中原有的动词失去所有时、体、示证、方向、人称、数等形态变化（孙天心 2006）。ɣæ³³ 除了充当关系化标记外，还可用作领属定语标记、性质定语标记、名物化标记，但由于长期处于修饰语和中心语之间，从而进一步语法化为专用的关系化标记。以下分别介绍沙德木雅语中不同的关系化类型。

（一）主语的关系化

在所有句法成分中，主语是最容易被关系化的成分。从语序上看需要将关系化的成分置于核心名词前，中间添加关系化标记 ɣæ³³。例如[②]：

[①] 可被关系化的成分包括主语、宾语、旁语（oblique）、领属格等。Comrie & Keenan（1979）的研究进一步证实关系化难易程度主要按照以下等级序列排列：主语 ＞ 直接宾语 ＞ 间接宾语 ＞ 旁语 ＞ 领属语 ＞ 比较结构的宾语（Subject > Direct object > Indirect object > Oblique > Genitive > Object of comparative）。

[②] 以下例子中关系化小句里被省略成分的语迹（trace）用 Ø 代替，后同。

(766) [∅   lə^{55}mi^{53}=mi^{55}=ɣæ^{24}]   mə^{55}zæ^{53}-zi^{24} NGæ^{53} ʔæ^{55}tɕi^{53}
          放牧=NMLZ=REL   女孩-DIM   1sg.POSS   姐姐
     ni^{24}.
     COP
     放牛的孩子是我的姐姐。

(767) [∅   qõ^{33}tʰo^{33} ŋi^{33}ŋi^{33} tə^{33}-ŋgə^{33}=mi^{33}=ɣæ^{33}]   mə^{33}zæ^{33}
          上衣   红色的   DIR-穿=NMLZ=REL   女孩
     mi^{55}ʐɛ^{33} kʰu^{33}-mbi^{53}.
     左边   DIR-坐
     穿红色衣服的女孩坐在左边。

(768) mə̃^{33}qɛ^{33} [∅   tʰi^{33}-ndze^{55}-si^{55}=mi^{55}=ɣæ^{33}]   tɕɛ^{33}gø^{55}
     天空   DIR-飞-PFV.3=NMLZ=REL   老鹰
     qʰɑ^{33}qʰɑ^{55}=ti^{33}.
     凶凶的=GNO.IMM
     天上飞的老鹰特别凶。

(769) [∅   sæ^{55}sɿ^{53} ʐɛ^{33}-pi^{55}=ɣæ^{24}]   nda̠^{55}væ^{53}-nə^{33} ŋi^{55}
          明天   来-IMPV.3=REL   客人-PL   1sg.ERG
     xɑ^{55}-kɐ^{24}=ni^{24}.
     DIR-认识=GNO
     明天来的客人我认识。

(770) [∅   tsʰe^{33}tʰy^{33}=mi^{33}=ɣæ^{33}]   lo^{33}mi^{53} sɐ^{55}de^{33}=tsə^{33}kə^{33}
          菜卖=NMLZ=REL   农民   沙德=ABL
     ɦæ^{24}-ro^{33}.
     DIR-过来
     卖菜的农民从沙德来。

（二）直接宾语的关系化

跟主语的关系化相比，直接宾语的关系化程度较困难一些，在某些语言中直接宾语的关系化会受到限制。但在沙德木雅语中直接宾语很容易被关系化，关系化成分需置于核心名词之前，中间添加关系化标记 ɣæ^{33}。一般情况下还需在被提取出来的核心名词之后再次添加具有限定关系的名物化标记 tsi^{33}，用以强调其依附的名词是语境中的已知信息。在直接宾语被关系化的句式中，名物化标记 tsi^{33} 也可省略，不会影响全句的表达效果，但在语用上缺少了"有关事物是言谈双方都明确且已知"的言外之意。例如：

（771）pə⁵⁵sɨ³³　　［Ø　qʰə̱⁵⁵-tə̱⁵³-sø⁵⁵=ɣæ²⁴］　ɣu̠⁵⁵yi⁵⁵=tsɨ³³=ji²⁴　vɑ³³vɑ⁵³
　　　　今天　　　　DIR-买-PFV.1sg=REL　　　　鸡=NMLZ=ERG　　蛋
　　　　ji³³-ndʑy⁵⁵-pi²⁴.
　　　　DIR-生下-IMPV.3
　　　　今天我买的鸡正在下蛋。

（772）ne³³=ji⁵⁵　　［Ø　qʰə⁵⁵-rə⁵³-sø⁵⁵=ɣæ²⁴］　　ɕɑ⁵⁵ni⁵³=tsɨ³³　tɕɛ⁵⁵tɕɛ⁵⁵
　　　　2sg=ERG　　　DIR-种植-PFV.2sg=REL　　　　青稞=NMLZ　　　特别
　　　　ɣe³³ɣe³³=ti²⁴.
　　　　好吃=GNO.IMM
　　　　你种的青稞很好吃。

（773）［Ø　　nɐ⁵⁵-sɐ⁵⁵-χi³³　　　sø⁵⁵-pe³³=ɣæ²⁴］　　ŋə⁵⁵mɐ⁵³
　　　　　　DIR-杀掉-MOD　　　　要-IMPV.2pl=REL　　牛
　　　　wɐ⁵⁵lɐ⁵⁵kɐ⁵³　　　kʰu⁵⁵-jɐ⁵³-se⁵⁵-ni²⁴.
　　　　牛圈　　　　　　DIR-拴-PFV.2pl=GNO
　　　　要杀的牛你们将其拴在牛圈里。

（774）［tɕi³³=kʰu⁵⁵=tsə⁵⁵kə⁵⁵　Ø　ŋgu³³tɕʰu⁵⁵-si⁵⁵=ɣæ⁵⁵］　ɕə³³mu⁵⁵
　　　　家=LOC=ABL　　　　　　　DIR-带来-PFV.3=REL　　　　　松茸
　　　　kæ³³　　　ʁe²⁴=ni³³.
　　　　更加　　　好=GNO
　　　　家里带来的松茸会更好。

（三）间接宾语的关系化

间接宾语的关系化程度比直接宾语更困难一些。英语间接宾语关系化比较自由，但在汉语中却略显困难，不过在句法上也可接受。沙德木雅语间接宾语关系化十分普遍。例（775）和（776）中被关系化的成分都属于句子的间接宾语。关系化小句前置于核心成分，中间添加了关系化标记 ɣæ³³，句中的核心名词之后也添加了名物化标记 tsɨ³³。tsɨ³³ 并非强制使用，它在某些情况下也可以不出现，但使用 tsɨ³³ 的例子更加常见，发音人也更能够接受。例如：

（775）［me³³me⁵⁵=ji²⁴　Ø　tɑ⁵⁵jæ⁵³　to⁵⁵-tɕɛ⁵³-pi⁵⁵=ɣæ²⁴］　ɕi⁵⁵pæ⁵³=tsɨ²⁴
　　　　大家=ERG　　　　　钱　　　DIR-归还-IMPV.3=REL　　　男人=NMLZ
　　　　mə³³ŋi⁵⁵　　si⁵⁵və⁵³　tɛ⁵⁵-lø⁵³　tɕæ²⁴-ŋɐ²⁴.
　　　　人　　　　　好的　　　一-CL　　　NEG-COP
　　　　大家让他还钱的人不是好人。

(776) [næ³³ni⁵³　Ø　　tɕʰɤ̃³³tɕʰɤ̃⁵³=ti²⁴　　tə⁵⁵-pe⁵³=ɣæ²⁴]　　tɕe³³=tsɿ⁵³
　　　 2pl.ERG　　　勤快的=GNO　　　DIR-称作=REL　　男孩=NMLZ
　　　 ŋə⁵⁵mæ⁵⁵　　　ŋə⁵⁵tɕu⁵³　　tɛ⁵⁵-lø³³=ni²⁴.
　　　 真的　　　　　勤劳　　　　一-CL=GNO
　　　 你们叫做帮手的小孩本就是个勤劳的人。

有时候还可以省略关系化小句所修饰的核心名词，仅仅在关系化小句后添加叠加的名物化标记 ɻɚ³³tsɿ³³。这种关系化策略实际是先将嵌入的关系化小句（embedded relative clause）彻底名物化使其在功能上接近一个名词成分，而后再将其作为句中动词的论元。

例（777）中被关系化的整个小句在功能上相当于一个做主语的名词性成分。例如：

(777) [næ³³næ⁵³　Ø　　ɕø⁵⁵ri⁵³　　tʰɐ³³-kʰe⁵³=ɻɚ³³]=tsɿ⁵³　　xi⁵⁵-ra³³.
　　　 2pl　　　　　　珊瑚　　　 DIR-给=NMLZ=NMLZ　　　　来-PFV.VIS
　　　 你们给珊瑚的（人）来了。

（四）旁语的关系化

旁语是在句中充当非核心论元的成分，在有格标记的语言中，旁格不参与动词的核心语法关系。旁格所引导的成分在很多语言中已经不能够被关系化，但在木雅话中，属于旁语的工具格成分可以被关系化，这点跟汉语和英语等语言相同。在旁语的关系化结构中，首先需要在关系化小句后添加用于"物化"的名物化标记 ɻɚ³³，然后在关系化小句后添加标记 ɣæ³³，同时在核心名词之后也经常要添加名物化标记 tsɿ³³。例如：

(778) [Ø　　tɕɤ⁵⁵　　 ti³³-tsɿ⁵³=ɻɚ³³=ɣæ²⁴]　　tsʰɿ³³rɤ⁵³=tsɿ⁵³
　　　　　　水　　　　DIR-烧=NMLZ=REL　　 木炭=NMLZ
　　　　　　tʰɐ³³-xe⁵³-sɿ²⁴.
　　　　　　DIR-用完-PFV.3
　　　　　　烧水的火炭用完了。

(779) [Ø　　ŋə⁵⁵mɐ⁵³　　 nɐ⁵⁵-sɐ⁵³=ɻɚ³³=ɣæ²⁴]　　ri³³tɕe⁵³=tsɿ⁵³
　　　　　　牛　　　　　　DIR-杀=NMLZ=REL　　　 刀子=NMLZ
　　　　　　tɕɤ⁵⁵mɐ⁵³qʰa⁵³=kʰu⁵⁵　　mə²⁴.
　　　　　　厨房=LOC　　　　　　　　在.VIS
　　　　　　（看见）杀牛的刀放在厨房。

(780) [Ø　　 tsʰɿ³³ri⁵⁵　　tʰɐ⁵⁵-kɐ⁵³=ɻɚ³³=ɣæ²⁴]　　tɕe⁵⁵kʰæ³³=tsɿ⁵³
　　　　　　柴火　　　　 DIR-砍=NMLZ=REL　　　　工具=NMLZ
　　　　　　ɻɚ⁵⁵tɕe³³qɐ²⁴　　tɛ⁵⁵-læ³³-sɿ²⁴.
　　　　　　院坝　　　　　　DIR-堆-PFV.3
　　　　　　砍柴的工具堆了一院坝。

虽然大多数情况下被关系化的小句所修饰的核心名词之后可以添加名物化标记 tsi³³，但是如果核心名词在语义上是无定的，那么此时就不能够再添加 tsi³³。在例（781）中，若在名词 tɕe⁵⁵kʰæ³³ 之后添加 me³³me⁵⁵ "全部"，此时表示的是数量不确定的"全部工具"，那么 me³³me⁵⁵ 之后就不可以再添加 tsi³³。由此可见，处于关系化小句所修饰的核心名词后的 tsi³³ 主要是强调名词的"有定"意义。例如：

(781) [Ø　　tsʰi³³rø⁵⁵　　　tʰe⁵⁵-kɐ⁵³=rɐ³³=ɣæ²⁴]　　tɕe⁵⁵kʰæ³³
　　　　 柴火　　　　 DIR-砍掉=NMLZ=REL　　 工具
　　 me³³me⁵⁵ (=*tsi⁵³)　　 rɐ⁵⁵tɕe³³qɐ²⁴　　 tɐ⁵⁵-læ³³-sɨ²⁴.
　　 全部　　　　　　 院坝　　　　　 DIR-堆-PFV.3
　　 砍柴的工具堆了一院坝。

（五）领属语的关系化

当关系化小句和被关系化的核心成分存在领属关系时，若要对核心成分进行修饰和强调，可以采用领属语的关系化结构。此时将关系化小句前置，在核心名词之前添加关系化标记 ɣæ³³，同时也可在核心名词之后添加名物化标记 tsi³³。例如：

(782) [Ø　　ʁɑ³³mu⁵⁵　　　tʰe⁵⁵tsa³³rɑ³³rɑ³³-sɨ⁵⁵=ɣæ²⁴]　　 mɐ⁵⁵ŋɐ⁵⁵=tsi³³
　　　　 头发　　　　　 乱的-PFV.3=REL　　　　　 女人=NMLZ
　　 mu⁵⁵-kʰi³³-sɨ²⁴.
　　 DIR-睡觉-PFV.3
　　 头发很乱的女人没睡觉。

(783) [Ø　　wa³³tsi⁵⁵　　 ɦæ³³-χøɹ⁵³-sɨ³³=ɣæ²⁴]　　 ræ̃³³ndæ⁵⁵=tsi³³　　 po³³
　　　　 袜子　　　　　 DIR-破掉-PFV.3=REL　　　 妹妹=NMLZ　　　　 读书
　　 ɣɜ̃⁵⁵tə⁵³　　 kʰi³³-zi⁵³-rɑ²⁴.
　　 上学　　　　 DIR-上学-PFV.VIS
　　 袜子破个洞的妹妹上学去了。

(784) [Ø　　nɐ⁵⁵tɕe³³qɐ³³　　　 mə⁵⁵　　　 tu³³-tɕy⁵⁵-mi⁵⁵=ɣæ²⁴]
　　　　 院坝　　　　　　　 火　　　　　 DIR-起火=NMLZ=REL
　　 væ̃⁵⁵ndæ⁵⁵=tsi²⁴　　　 nɑ⁵⁵-ŋɡɑ⁵³-pi²⁴.
　　 老头=NMLZ　　　　　　 DIR-哭泣-IMPV.3
　　 （他的）院坝起火的老头正在哭。

由此可见，沙德木雅语可以对主语、直接宾语、间接宾语、旁语和领属语进行关系化，关系化结构中添加源于领属格标记的专用关系化标记 ɣæ³³。比较结构的宾语在沙德木雅语中的关系化受到限制，这点跟汉语和英语不同。例如在沙德木雅语中就无法表达类似汉语中"这个我比他大的女孩很美丽；那些比汉族人高的人应该是康巴汉子；一个比妈妈还喜欢你的人才是真的好人"一样的句式。汉语中有时依靠添加反身代词就能对比较结构的宾语进行关系化，但是在沙德木雅语中却完全排斥此类句法操作。

8.2 多动词结构

多动词结构（serial-verb construction）常被看作一种结构上较为紧凑的句法形式。它允许言谈者将某类情状或某一事件中存在的各种事态都放在一个小句中或仅仅使用一个谓语加以描述。木雅语的多动词结构几乎都不能采用构词层面上的"述补型复合词"，而是需要采用句法层面上"多个动词叠加"等形式。本节首先从构词及语法层面对木雅语多动词结构的类型进行描写，然后对木雅语多动词结构的语法表现及语义特征进行详细介绍。

8.2.1 词汇化的多动词结构

词汇化的多动词结构类似于汉语中的"述－补"结构①。沙德木雅语在表达该类语义特征时无法采用汉语中的"述－补"型复合词手段。它或者添加表示顺接关系的连词 tsə³³kə³³，或者添加趋向前缀表达补语成分所承担的语法功能，但一般都不直接使用 V_1-V_2 结构。因此，词汇化的多动词结构在木雅语中并不能产，V_2 目前并未彻底语法化为补语。

下面例（785）和例（786）中画横线的成分对应于汉语中带有状态补语的述补结构，但是在木雅语中却需要将两个具有谓词性的词进行叠加，中间必须添加 tsə³³kə³³。此时还是采用的 V_1-V_2 多动词结构，并未使用 SVC 的词汇化结构表达述补关系。例如：

（785）ɣji²⁴　　me³³me⁵³　　to³³-zo⁵³　　tsə³³kə³³　　tʰe³³-si⁵³-rɑ³³.
　　　　马　　　全部　　　　DIR-饿　　　SEQ　　　　DIR-死-PFV.VIS
　　　　马全都饿死了。

（786）pe³³tsʰe⁵³=ɣæ³³　　kʰə⁵⁵-væ⁵³læ²⁴-və²⁴　　tsə³³kə³³　　nɛ³³-nbə⁵⁵tɕɛ³³-si³³.
　　　　白菜=POSS　　　 DIR-咬-LVB　　　　　　SEQ　　　　 DIR-烂掉-PFV.3
　　　　白菜被啃烂了。

在表达汉语中的趋向补语时，只需在动词词根之前添加表达动作方向

---

① 现代汉语中的述补型复合词多源于历史上 V_1-V_2 中 V_2 的语法化，V_2 进而成为补语成分。东南亚某些台语支语言中该类结构也较为丰富，核心动词的附属成分常常表达结果、状态、方式、描写性、附加手段、趋向等语义特征（Enfield 2008）。

的趋向前缀，从而强调动作的方向性。因此也无法采用 SVC 的补语结构。例如：

(787) me³³me⁵³=ji³³　　ji⁵⁵mi⁵⁵　　tæ³³-zæ³³　　ni⁵⁵-kʰæ⁵⁵kʰæ⁵⁵-rɑ³³.
　　　大家=ERG　　　玉米　　　一-CL　　　DIR-分开-PFV.VIS
　　　大家分开了一根玉米。

(788) ʔɐ³³tsi⁵³　　vɐ³³　　tɐ³³si⁵³　　ŋgu³³-tɕʰə⁵⁵-rɑ³³.
　　　3sg.ERG　　糌粑　　多一点　　DIR-带-PFV.VIS
　　　他多带来一点糌粑。

(789) mɔ̃⁵⁵qo⁵⁵　　ɣu⁵⁵zi⁵⁵　　tə³³-bø⁵⁵lø⁵⁵　　tʰi³³-ndzɐ⁵⁵-rɑ³³.
　　　天空　　　鸟　　　一-CL　　　DIR-飞-PFV.VIS
　　　天上飞来一群鸟。

(790) mɐ⁵⁵mɐ³³=ji³³　　tse³³ŋgə⁵³-nə³³　　nu⁵⁵-tæ⁵⁵-rɑ³³.
　　　风=ERG　　　　衣服-PL　　　　DIR-吹-PFV.VIS
　　　风把衣服吹掉了。

(791) ʔæ³³mɐ⁵⁵=ji³³　　dzĩ³³ŋgə⁵³　　næ⁵⁵-tæ⁵⁵-rɑ³³.
　　　妈妈=ERG　　　衣服　　　DIR-拿下-PFV.VIS
　　　妈妈把衣服丢下来了。

(792) ne³³=ji³³　　ndzæ³³　　tũ⁵⁵-tʰø⁵³-vy²⁴!
　　　2sg=ERG　　声音　　DIR-提高-LVB.IMP
　　　你得提高（你的）声音！

当 V₁－V₂ 中 V₂ 是"完毕、完结"义的动词时，V₁－V₂ 是典型的多动词结构。虽然该形式在某些语言中以"述－补"结果补语形式出现，但在木雅语中"完毕"动词 di⁵⁵ 之前必须添加趋向前缀 tʰɐ³³。因此 di⁵⁵ 还是典型的动词，还未语法化为述补结构中的结果补语。例如：

(793) jɐ³³nə⁵⁵mɔ̃⁵⁵dza⁵³　　ji⁵⁵-ndzə⁵³　　tʰɐ³³-di⁵⁵=kə³³　　le³³　　ɦæ³³-xi⁵³.
　　　1pl　　　　　　雨　　DIR-停　　DIR-完=LNK　　外面　　DIR-出去
　　　我们雨停掉了就出去。

(794) tsʰi³³qʰo⁵⁵ro³³-nə⁵⁵　　nɐ³³-sɐ⁵³　　tʰɐ³³-di⁵⁵-si³³.
　　　老鼠-PL　　　　　DIR-杀　　DIR-完毕-PFV.3
　　　老鼠都杀完了。

(795) kʰə³³ɕɐ⁵³　　ɦæ³³-tɕʰə³³　　tʰɐ³³-di⁵⁵-vy²⁴!
　　　赶快　　　DIR-喝　　　DIR-完毕-LVB.IMP
　　　赶快喝完（这些水）！

8.2.2 系列事件的叠置

系列事件叠置型的多动词结构主要说明多个动作或事件同时发生，很难分清孰先孰后，这类结构在中国境内某些民族语言中主要采用无标记的多动词结构。在木雅语中，若叠置事件完全密不可分，可使用无标记的词汇型手段，但说话人需要把认知上强调的主要动作放在重叠动词的首位。

例（796）—例（799）的"玩划船""开始下雪"等一系列重叠的事件在说话人的认知上分别是"划船"比"玩"更加重要，"下雪"比"开始"更加重要，因此在木雅语中可以直接将两个动词重叠构成多动词结构。但该类多动词结构的语序一定要按照"主要"—"次要"的次序排列。例如：

（796）za^{33}-ɲi^{53}　　tɕə^{55}dzi^{55}　　qʰo^{33}-lə^{33}　　nẽ^{33}-ndzu^{55}ndzə^{33}-pi^{33}=ni^{33}.
　　　　孩子-PL　　船　　　　DIR-划　　　DIR-玩-IMPV.3=GNO
　　　　孩子们在<u>玩划船</u>。

（797）mə^{55}　　və^{33}　　nə^{55}-rə^{33}　　qʰo^{33}-ri^{33}-pi^{33}.
　　　　天空　　雪　　　DIR-下　　　DIR-开始-IMPV.3
　　　　天空<u>开始下</u>雪了。

（798）mə^{33}ɲi^{55}　　tə^{55}-dæ^{53}=le^{24}　　qʰo^{33}-ri^{33}-ra^{24}
　　　　人　　　　DIR-殴打=DAT　　DIR-开始-PFV.VIS
　　　　<u>开始打人</u>了。

（799）χẹ^{53}　　tʰə^{33}-tʰy^{33}　　mo^{55}mo^{33}=ji^{24}　　ɴæ^{33}　　na^{55}-ʁo^{55}　　və^{33}tsʰu^{33}.
　　　　鞋子　　DIR-脱　　　妈妈=ERG　　　　2sg.POSS　DIR-洗　帮助
　　　　脱下鞋子，妈妈帮助（你）洗你的（鞋子）。

有时候重叠事件之间的关系较为松散，虽则是同时发生，但在木雅人的认识中属于可切分成先后顺序的事件，因此他们并不使用变换语序的方式，而是添加连接标记 tsə^{33}kə^{33} "然后"。例如：

（800）ɲi^{55}mæ^{55}=ji^{33}　　tə^{33}-ri^{53}　　tsə^{33}kə^{33}　　kʰæ^{33}-də^{53}　　mə^{33}tsʰe^{55}
　　　　尼玛=ERG　　　DIR-站　　SEQ　　　DIR-说话　　只能
　　　　mbi^{33}　　tsə^{33}kə^{33}　　kʰæ^{33}-də^{53}　　ŋə^{55}-ga^{53}=ti^{33}.
　　　　坐　　　SEQ　　　DIR-说话　　NEG-能够=GNO.IMM
　　　　尼玛只能站着说话，不能坐着说话。

在表达汉语"待在……干某事"的重叠事件时，木雅语却无法使用多动词结构，仅仅使用方位格标记承担处所义动词的功能。例如：

（801）ʔæ^{33}mɛ^{55}　　mbu^{55}=le^{33}　　tɕə^{55}nə^{33}si^{33}　　ɕɛ^{33}mu^{55}　　ɦa^{33}-go^{53}-ra^{33}.
　　　　妈妈　　　山=LOC　　　几天　　　　松茸　　DIR-挖-PFV.VIS
　　　　妈妈<u>在</u>山上挖了几天松茸。

8.2.3 准连动式

沙德木雅语中常常借助多个动词并行排列构成准连动式。准连动式可分为"一般连动式"(serial-verb construction)①和"动词补足语式"(verb complement)。这类准连动式结构在木雅语中大多都需要使用语法标记 tsə³³kə³³ 连接多个动词，因此还不能算作典型的连动式结构，它仅仅处于向典型连动式发展过程中的"准连动式"阶段。例如：

（802）mæ³³mæ⁵⁵ ji⁵⁵ra⁵⁵=qo³³ kʰi⁵⁵ tsə³³kə³³ pʰu³³ke⁵⁵ nu³³-qɐ³³-pi³³.
　　　 奶奶　　　床=LOC　　　睡　　SEQ　　 被子　　　DIR-盖-IMPV.3
　　　 奶奶正睡在床上盖上了被子。

（803）ʔæ³³mɐ⁵⁵ mbu⁵⁵=le³³ tə³³-xə³³ tsə³³kə³³ tɕ³³nə³³si³³ ɕe³³mu⁵⁵
　　　 妈妈　　 山=LOC　　 DIR-去　　SEQ　　　几天　　　　松茸
　　　 ɦa³³-go⁵³-ra³³.
　　　 DIR-挖-PFV.VIS
　　　 妈妈上山挖了几天松茸。

（804）to³³-tø⁵³ tsə³³kə³³ ɦa³³ndzy⁵³=le³³ tʰo³³-tɕ⁵⁵-ra³³.
　　　 DIR-掏　　SEQ　　　旺堆=DAT　　　　DIR-递给-PFV.VIS
　　　 掏出来递给了旺堆。

（805）gɛ³³ ɦo³³-tø⁵³ tsə³³kə³³ tʰe³³-tɕʰə³³-ra³³.
　　　 钥匙　DIR-取出　SEQ　　　DIR-拿走-PFV.VIS
　　　 取出钥匙拿走了。

（806）mo³³ŋə⁵³-ni²⁴ pʰə³³la⁵⁵ tu⁵⁵-zø⁵³ tsə³³kə³³ ndzi⁵⁵
　　　 女人-PL.ERG　 碗　　　　DIR-端　　 SEQ　　　 饭
　　　 ɦæ³³-ndzi⁵⁵ pi³³tɕi⁵⁵ kʰæ⁵⁵-tu⁵⁵dɐ³³-pi³³.
　　　 DIR-吃　　　同时　　　DIR-聊天-IMPV.3
　　　 女人们端着碗边吃饭边聊天。

准连动式结构中除了使用 tsə³³kə³³ 连接多个并列的动词外，还可使用并列连词 ri³³，两者很多时候都可互换。例如：

（807）ʔæ³³tsɿ³³ mo³³ŋə⁵³ tɕu³³lu⁵⁵ ɦa³³-ra⁵³=ri³³ lo³³lo⁵⁵
　　　 这个　　　女人　　　九龙县　　 DIR-去=LNK　　彝族

---
① 一般连动式是多个在逻辑上存在时间先后顺序的动作的排列，它们常受同一施事者支配（control）。某些形态丰富的语言中各个线性排列的动词还会带上相同的"人称、数、体、式、态"等语法标记。

第八章　复杂结构

tə³³-lø⁵⁵=tɕʰi²⁴　　　ŋi³³-lo⁵³　　　mu³³-və⁵⁵-si²⁴.
一-CL=COM　　　　DIR-结婚　　　有.VIS-LVB-PFV.3sg
（眼见）这个女人去九龙和一个彝族人结婚了。

当句中出现趋向动词作谓语的情况时，趋向动词跟别的动词之间可不添加连接标记 tsə³³kə³³，趋向动词之前直接添加其他动词构成多动词结构。例如：

（808）ɣi³³dɐ⁵⁵　　　na⁵⁵-ʁo²⁴rɐ³³=ri³³　　χʐ⁵³　　ɦɑ³³-ʂa³³　　xu³³!
　　　　脸　　　　　DIR-洗=CONJ　　　　牙齿　　DIR-刷　　　去.IMP
　　　　快去洗脸刷牙！

（809）tsʰe³³　　ɦɑ³³-qo³³　　xu⁵³　　tsə³³kə⁵⁵　　ndzi⁵⁵　　kʰi³³-tsy⁵³!
　　　　菜　　　DIR-挖　　　去.IMP　SEQ　　　　饭　　　　DIR-煮饭.IMP
　　　　去挖菜做饭！

（810）ndzɐ³³lə⁵⁵　　nẽ³³-tʰe⁵³　　pi³³tɕi⁵⁵　　ɣə³³-xi⁵⁵-ra²⁴.
　　　　歌曲　　　　DIR-演唱　　　同时　　　　DIR-过来-PFV.VIS
　　　　过来唱了歌。

（811）go⁵⁵gɐ⁵³　　tʰæ̃³³-ndæ=kə³³　　ŋa³³=læ⁵³　　kʰə⁵⁵-dzɐ⁵³ri²⁴-ra⁵³.
　　　　贡嘎　　　　DIR-去=LNK　　　1sg=DAT　　 DIR-看看-PFV.VIS
　　　　去贡嘎看看我。

（812）ŋə³³ni⁵³　　wɐ²⁴tsɨ³³　　mæ̃³³ndæ³³=ɣæ²⁴　　χa³³mbæ⁵³
　　　　1pl　　　　那个　　　　老太婆=DAT　　　　骂人脏话
　　　　tə³³-dzɐ⁵³-ra²⁴　　tʰɐ³³-xe⁵³=ŋe³³.
　　　　DIR-骂-PFV.VIS　　DIR-去=EGO
　　　　我们去骂了那个老太婆。

在趋向动词做谓语的多动词结构中趋向动词跟别的动词之间也可使用连接标记 tsə³³kə³³，但是否添加 tsə³³kə³³ 有语用上的差别。例（813a）使用了"系列事件叠置"的多动词类型，主要强调"学习"而非"过来"这一动作，因此将 kʰi³³zi⁵⁵ "学习"直接置于趋向动词之前，且在"学习"之后添加了完整体标记 ra³³。例（813b）使用"准连动式"的多动词类型，强调"学习"的动作发生在"过来"之后，并不强调"过来的目的是学习"，因此在第一个动词 kʰə³³tʂæ⁵³ 之后添加了连接标记 tsə³³kə⁵⁵。试比较：

（813a）pə⁵⁵tsʰi⁵³-nə²⁴　　sɐ³³de³³　　mə³³ŋæ⁵³su³³　　kʰi³³-zi⁵⁵-ra²⁴
　　　　 孩子-PL　　　　　沙德　　　　木雅话　　　　　DIR-学习-PFV.VIS
　　　　 kʰə³³-tʂæ⁵³-si³³.
　　　　 DIR-过来-PFV.3
　　　　 孩子们来沙德学习了木雅话（强调来的目的就是学习木雅话）。

（813b） pə⁵⁵tsʰi⁵³-nə²⁴　　sɐ³³de³³　　　kʰə³³-tʂæ⁵³=tsə³³kə³³　　　mə³³ŋæ⁵³su³³
　　　　孩子-PL　　　　沙德　　　　DIR-过来=LNK　　　　　　木雅话
　　　　kʰi³³-zi⁵⁵-rɑ²⁴.
　　　　DIR-学习-PFV.VIS
　　　　孩子们来沙德然后学习木雅话（不强调来的目的是学木雅话，只陈述两个动作）。

"动词补足语式"的准连动结构主要是在表示"听、说、发现、看到"等感官动词或表示"想、觉得、要、认为、喜欢、讨厌"等主观情态的动词之后添加小句成分或动词短语充当补足语。在这类句式中，情态动词也常常跟补足语小句中的动词构成多动词结构。此时多个动词之间一般不添加 tsə³³kə³³ 或 ri³³，而仅仅是将主要动词置于情感、感官类动词之前。

例（814）—例（816）中，动词"听到""说"之后紧跟其他补足语成分，在补足语小句中同时出现了别的动词，它们跟主句的感官动词构成多动词结构。例如：

（814） ŋi³³　　　ɣu⁵⁵ɣji²⁴　　　tə³³-su⁵⁵　　　pi³³rɑ³³　　　ndɑ⁵⁵-rɑ³³.
　　　　1sg　　　鸡　　　　　　DIR-叫　　　　此时　　　　听到-PFV.VIS
　　　　我听到了鸡叫。

（815） læ³³mæ⁵³=ji³³　　　tə⁵⁵-pi³³　　　so⁵⁵=le²⁴　　　tsə³³kə⁵³
　　　　喇嘛=ERG　　　　　说-IMPV.3　　　生命=DAT　　　尊重之事
　　　　qʰə³³-zə²⁴-χi⁵⁵=ni²⁴=tə³³pi²⁴.
　　　　DIR-尊重-MOD=GNO=HS
　　　　喇嘛说需要尊重世间的生命。

（816） læ³³mæ⁵³=ji³³　　　tə⁵⁵-pi³³　　　ri³³tɑ⁵³-nə³³　　　næ³³-tɕə³³-se⁵³=tə⁵⁵pi²⁴.
　　　　喇嘛=ERG　　　　　说-IMPV.3　　　野生动物-PL　　　DIR-NEG-杀=HS
　　　　喇嘛说不要杀害野生动物。

表示"想、觉得、要、认为"等主观情态的动词之后直接添加补足语的情况十分常见。此时主句中的情态动词跟补足语中的动词构成多动词结构，两者之间可以不添加别的连词。例如：

（817） ʔə⁵⁵tsi³³　　　mo⁵⁵ŋo⁵³=ji³³　　　kæ³³ŋu⁵³　　　zɑ³³　　　tɕ⁵⁵-lø³³　　　jĩ³³-ndzi⁵³
　　　　那个　　　　　女人=ERG　　　　　以前　　　　　孩子　　　一-CL　　　DIR-生
　　　　ti³³-tə⁵⁵-pi⁵³.
　　　　DIR-想要-IMPV.3
　　　　那个女人以前就一直想生孩子。

（818） ʔæ³³pu⁵⁵=ji²⁴　　　mə³³ŋi⁵⁵　　　tʰɐ³³-dzø⁵⁵　　　tu⁵⁵-ji⁵⁵-pi²⁴.
　　　　叔叔=ERG　　　　人　　　　　　DIR-派遣　　　　DIR-想要-IMPV.3
　　　　叔叔想派遣那个人（去）。

（819）tɕe⁵⁵   sæ³³pæ⁵⁵   tø³³lø³³   <u>tə³³-tɕə⁵³</u>-χi³³   <u>sʁ³³</u>-pi³³=ni³³.
　　　 房子　　 新的　　　一-CL　　 DIR-修建-MOD:要　 想着-IMPV.3=GNO
　　　 想要修一间新房子。

（820）ŋə⁵³   <u>tʰe³³-xə⁵⁵</u>=ri⁵⁵=tsɨ³³   χɑ⁵⁵kə³³-ɲi³³,　næ⁵⁵=ji³³   ŋə⁵³
　　　 1sg　 DIR-去=NMLZ=NMLZ　　 知道-AUX　　 2sg=ERG　 1sg
　　　 qʰo⁵⁵-tɕɐ⁵³-tɕə³³vi³³!
　　　 DIR-催促-PROH
　　　 我<u>知道去</u>（新都桥这事情），你别催我！

若情态动词是"喜欢"或"讨厌"，则需要在情态动词之前添加与格标记 le³³，此时情态动词处于句末位置。例如：

（821）ʔɐ⁵⁵nə³³   tə⁵⁵-sɨ³³sʁ³³=le³³   gæ⁵⁵=ni³³.
　　　 3pl　　 DIR-打架=DAT　　 喜欢=GNO
　　　 他们喜欢打架。

（822）mə³³ni⁵⁵   me³³me⁵⁵=ji³³   læ³³sæ⁵⁵   tə³³-xə⁵⁵=le⁵⁵   gæ⁵⁵=ni²⁴.
　　　 人们　　 大家=ERG　　 拉萨　　 DIR-去=DAT　　 喜欢=GNO
　　　 大家喜欢去拉萨。

在"动词补足语式"的多动词结构里，还能在补足语从句之后添加非限定标记（infinitival marker）rɐ³³，使从句作为主句中那些感官动词或主观情态动词的补足语。rɐ³³ 在木雅语中能用作受事类名物化标记，当其处于动词补足语从句之后时，还能充当非限定从句标记的功能，表示主句动词的目的或方式。

下面例（823）—（826）中，主句的情态动词跟补足语从句中的多个并列动词之间添加了非限定从句标记 rɐ³³；补足语从句中的动词更像是对主句的主观情态动词进行补充说明。例如：

（823）ndzɨ³³mæ⁵³=ji²⁴   tə⁵⁵-pi³³   tɕe⁵⁵ŋe³³   mbæ³³=kʰu⁵⁵
　　　 卓玛=ERG　　 说-IMPV.3　 房子　　 老=LOC
　　　 mbi³³=rɐ³³   tʰɑ³³-qɑ⁵³-po⁵⁵=ni²⁴=tə⁵⁵pi²⁴.
　　　 住=INF　　 DIR-害怕-IMPV.1sg=GNO=HS
　　　 听卓玛说她自己害怕住在老房子里面。

（824）mə³³ŋæ⁵⁵ɦæ²⁴-ni⁵⁵   ɕɑ⁵⁵ɲi⁵³   qʰə⁵⁵-rə⁵³=rɐ²⁴   ŋə⁵⁵-ʁæ⁵⁵=ni³³
　　　 木雅人-PL　　 青稞　　 DIR-种植=INF　　 NEG-困难=GNO
　　　 so⁵⁵-pi²⁴.
　　　 认为-IMPV.3
　　　 木雅人认为种植青稞（这件事情）并不困难。

（825）nbə³³tsa⁵³　　　tʰo³³-ŋgə³³=re²⁴　　xə⁵³-ŋu⁵⁵-jy⁵⁵=ti²⁴.
　　　虫草　　　　　　DIR-挖=INF　　　　去-NEG-想要=GNO.IMM
　　　不想要去挖虫草。

（826）mə³³se⁵⁵-nə²⁴　　χa⁵⁵ti²⁴　　tɕø⁵³　　tu³³-ɕe⁵³=re³³　　χi³³pi⁵⁵tʰa⁵⁵ŋa⁵⁵
　　　人们-PL　　　　哪里　　　　告状　　 DIR-说=INF　　　 DM:就这样的
　　　xa³³-ŋø³³-gø⁵³=ti²⁴.
　　　DIR-NEG-知道=GNO.IMM
　　　人们就是不知道到哪里去告状。

8.3　并列结构

并列复杂结构中被并列的各个成分之间常常都无语调上的停顿，也不具有各自的逻辑重音。并列复杂结构中被并列成分可以是名词短语、动词短语、形容词短语或介词短语；某些被并列成分之间并不强制使用连词或其他具有连接功能的助词。沙德木雅语中名词短语、动词短语、形容词短语都能出现在并列复杂结构中，但介词短语不能使用并列连词连接。不论哪类结构并列，都使用同一并列连词 ri³³。ri³³ 在读音上更像是黏着在前一并列成分上，因此跟并列结构中的前一并列成分间的关系更为紧密。

例（827）—（832）中，名词性成分不管是作主语、宾语，还是领属定语都能使用并列连词 ri³³ 连接。若需强调并列成分是双数或复数时，数标记需要添加在后一并列成分之上。例如：

（827）ze³³ndə⁵⁵=ri³³　　ri³³vø⁵⁵-nə⁵⁵　　yə³³-dzu³³　　xi⁵⁵-ra³³.
　　　猴子=CONJ　　　 兔子-DU　　　　 DIR-跳起来　 过来-PFV.VIS
　　　猴子和兔子都跳了起来。

（828）ʔɐ³³tsi⁵⁵　　ro³³ʁa⁵⁵=ri⁵⁵　　ri³³vø⁵⁵　　no³³-sa³³-ra³³.
　　　3sg.ERG　　岩羊=CONJ　　　 兔子　　　 DIR-杀-PFV.VIS
　　　他杀了岩羊和兔子。

（829）ŋi²⁴　　　ʔɐ³³tsi³³=le⁵⁵　　qõ³³tʰo³³　　tæ³³-væ³³=ri⁵⁵　　tæ⁵³
　　　1sg.ERG　3sg=DAT　　　 上衣　　　　 一-CL=CONJ　　　帽子
　　　tɕ⁵⁵-lø³³　　tʰe³³-kʰe³³=ŋɐ³³.
　　　一-CL　　　 DIR-给=EGO
　　　我给了她一件上衣和一顶帽子。

（830）tɕə³³zø³³=ri³³　　ta³³=ɣæ³³　　ʁa²⁴lø³³　　tɕʰə³³tɕʰæ⁵⁵　　ki⁵⁵ko³³=ni³³.
　　　牛=CONJ　　　　 老虎=POSS　　头　　　　 很　　　　　　 大=GNO
　　　牛和老虎的头都很大。

（831）ze³³ndə⁵⁵=ɣæ⁵⁵　　ʁɑ²⁴lø³³=ri⁵⁵　　tɑ³³=ɣæ³³　　ʁɑ²⁴lø³³　　kɐ³³tsø³³
　　　　猴子=POSS　　　头=CONJ　　　老虎=POSS　　头　　　　大小
　　　　ŋə³³-ndʐæ⁵³-ti⁵³.
　　　　NEG-相同=GNO.IMM
　　　　猴子的头和老虎的头并不一样大。

（832）ndy³³=ɣæ⁵⁵　　　mə⁵⁵=ri⁵⁵　　sɐ⁵⁵de³³=ɣæ⁵⁵　　mə⁵⁵　　　χɐ⁵⁵tsɨ³³　　kæ³³
　　　　康定=POSS　　　天气=CONJ　　沙德=POSS　　天气　　　哪个　　　　更加
　　　　si⁵⁵və³³？
　　　　好的
　　　　康定的天气和沙德的天气哪个更加好呢？

除了名词性成分外，动词或动词短语也可并列，此时仅仅需要在被并列的动词短语之间添加连词 ri³³。若被并列成分是三项或三项以上的动词短语，ri³³ 只能添加在被并列的最后一项之前。例如：

（833）ndzi⁵⁵　　　　fiæ̃³³-tsi³³=ri⁵⁵　　　kʰi⁵⁵.
　　　　饭　　　　　　DIR-吃=CONJ　　　　睡觉
　　　　吃饭和睡觉。

（834）ŋgə³³-rɐ³³=ri³³　　　　tʰɐ³³-xə³³.
　　　　DIR-来=CONJ　　　　　DIR-去
　　　　过来和过去。

（835）tə⁵⁵-rə³³　　　　mbi⁵⁵=ri³³　　　　kʰi⁵⁵.
　　　　DIR-站着　　　　蹲着=CONJ　　　　趴着
　　　　站着、蹲着和趴着。

某些在时间上具有先后顺序的并列动作之间同样也可使用并列连词 ri³³ 连接。例如：

（836）ʔɐ³³ni⁵⁵　　　ndzi⁵⁵　　　fiæ̃³³-tsi³³=ri⁵⁵　　　kʰi⁵³　　　tsɔ³³kə⁵⁵
　　　　3pl.ERG　　　饭　　　　　DIR-吃=CONJ　　　　睡觉　　　　SEQ
　　　　ɕo³³ɕɐ⁵⁵=kʰu⁵⁵　　　　fiæ²⁴-xə³³.
　　　　学校=LOC　　　　　　DIR-去
　　　　他们吃了饭，睡了觉，然后就去学校里了。

（837）ŋi²⁴　　　　　kʰæ³³-dɐ³³tə³³və³³-mo³³-və⁵³=ri⁵⁵　　　næ³³=le⁵³
　　　　1sg.ERG　　　DIR-说话-NEG-LVB=CONJ　　　　　　　2sg=DAT
　　　　sæ³³mbæ³³nɐ³³tu³³-tɕʰɐ⁵⁵-rɑ³³.
　　　　伤心-CAUS.1sg-PFV.SEN
　　　　我说错了话，让你伤了心（我让你伤了心）。

（838）læ³³mæ³³=ji³³　　nu³³-dæ⁵⁵　　　tʰɐ³³-di⁵⁵　　　rɿ⁵⁵　　qʰɑ³³tɑ⁵⁵
　　　　喇嘛=ERG　　　DIR-念经　　　DIR-完毕　　CONJ　哈达
　　　　tæ³³-zæ³³　　　tə³³-tø⁵⁵　　　tsə³³kə⁵⁵　　ŋgø³³pæ³³=kʰu⁵⁵
　　　　一-CL　　　　　DIR-拿出　　　SEQ　　　　寺庙=LOC
　　　　tə³³-rɑ⁵³.
　　　　DIR-去.PFV
　　　　喇嘛念完经，拿出一条哈达去了寺庙。

（839）ʔɐ³³tsi⁵⁵　　qʰə³³-tʂæ⁵⁵=rɿ⁵⁵　　ŋə³³nə⁵⁵　　tʰɐ³³-xi⁵⁵-ve³³=ŋɐ³³.
　　　　3sg　　　　DIR-来=CONJ　　　　1pl　　　　DIR-走-LVB=EGO
　　　　他来了，我们走了。

某些并列结构虽则是将动词或动词短语并列在一起，但需要在被并列项之后先添加名物化标记 rø³³tsi³³ 将被并列的动词／动词短语变成名词性成分，最后再把两者并列起来。rø³³tsi³³ 是由名物化标记 rø³³ 跟 tsi³³ 叠加而成，它一般只能用在并列复句的被并列动词短语之后。由此可见，该类并列形式应该是先将小句名物化，然后再构成并列结构；被并列的成分事实上应该是名词性的，而非谓词性的。例如：

（840）[tsʰi³³　rø⁵⁵tʰɐ³³kɐ³³=rø³³tsi³³]ₙ=rɿ³³　　[mə⁵⁵　ɣə³³-tʰy⁵³=rø³³tsi³³]ₙ...
　　　　柴　　砍=NMLZ=CONJ　　　　　　　　　火　　DIR-烧=NMLZ
　　　　砍柴和烧火（这些事大家都会做）。

（841）[tə⁵⁵-si³³sɐ³³=rø³³tsi³³]ₙ=rɿ³³　　[xɑ³³mbæ⁵⁵　tə³³-dzɐ³³=rø³³tsi³³]ₙ...
　　　　DIR-打架=NMLZ=CONJ　　　　　　骂人之事　　DIR-骂=NMLZ
　　　　打架和骂人（这些事木雅人都不会赞同）。

（842）[kʰæ³³kʰæ³³=rø³³tsi³³　　nɐ³³-xə⁵³]ₙ=rɿ³³　　　[ŋi³³lɐ⁵³
　　　　分开=NMLZ　　　　　　DIR-去=CONJ　　　　　结婚
　　　　nɐ³³-və⁵³=rø³³tsi³³]ₙ...
　　　　DIR-做=NMLZ
　　　　结婚和离婚（这些事对我们而言再正常不过了）。

除了使用并列连词 rɿ³³ 连接各分句从而表达并列关系外，木雅语还有近似于汉语中的 kæ³³ti⁵⁵...kæ³³ti⁵⁵ "越……越"、jø²⁴...jø²⁴ "又……又" 的并列复句，这些并列复句可能直接拷贝自汉语。该类并列复句主要使用并列连词连接某些同时进行的动作，从而强调相关动作行为发生的先后顺序或因果关系。例如：

（843）ne²⁴=ji⁵⁵　　ʔɐ³³tsi³³=le⁵⁵　　xɑ³³mbæ⁵⁵　　kæ³³ti⁵⁵　　tə³³-dzæ⁵³=kə⁵⁵,
　　　　2sg=ERG　　3sg=DAT　　　　骂人之事　　　越　　　　　DIR-骂人=LNK:假如

ʔɐ³³tsi⁵⁵　　næ³³　kæ³³ti⁵⁵　nə³³　　ŋi⁵⁵-si³³　　　tʰə³³-væ⁵³-pi³³=ni³³.
　　3sg.ERG　　2sg　　越　　更加　　DIR-喜欢.3　DIR-做-IMPV.3=GNO
　　你越骂他的话他就越不喜欢你。

（844）mə̃³³　　kæ³³ti⁵⁵　nə³³　　tə³³-ɢu⁵⁵=kə²⁴,　　ʔɐ³³tsi⁵⁵　　tsĩ⁵⁵ŋɡə⁵⁵
　　　　天气　　越　　　更加　　DIR-冷=LNK:假如　　他.ERG　　衣服
　　　kæ³³ti⁵⁵　　nə³³　　ndzə⁵⁵ndzə⁵⁵　　tə⁵⁵-ŋɡə⁵³-pi²⁴.
　　　越　　　　更加　　薄的　　　　　DIR-穿-IMPV.3
　　　天气越冷他就会穿得越薄。

（845）le³³　　jø³³　ndzu⁵⁵　na³³-nda³³　　jø³³　mə̃⁵⁵　na³³-ndza²⁴-pi³³.
　　　　外面　　又　　雷　　DIR-打　　　又　　雨　　DIR-下-IMPV.3
　　　　外面（现在）又打雷又下雨。

（846）mo³³ɴo³³ɲi³³　jø³³　　dzɐ³³lə³³　　nẽ³³-tʰe³³　jø³³　nẽ³³-tʰe³³-pi³³,
　　　　女人　　　　又　　　歌　　　　DIR-唱歌　又　　DIR-跳舞-IMPV.3
　　　qʰə³³-tɕɐ⁵⁵ri³³=kə⁵⁵　　tɕɐ⁵⁵tɕɐ⁵⁵　　tʰɐ⁵⁵-ŋɡə⁵⁵-pi²⁴.
　　　DIR-看起来=LNK　　　非常　　　　DIR-高兴-IMPV.3
　　　女人们又唱歌又跳舞看起来很高兴。

　　在某些疑问句中，还可由选择关系的成分构成并列关系（见 7.6.3 小节"疑问式"），这时需要使用连词 tʰa³³ɴa⁵⁵ "或者"、ŋɐ³³pi³³tʰa³³ŋa³³ "或是"。tʰa³³ɴa⁵⁵ 和 ŋɐ³³pi³³tʰa³³ŋa³³ 在韵律上跟选择项的最后一个音节黏着在一起。若句中的确需要添加停顿，发音人比较接受的是在连词之后停顿，不能在并列的第一个动词短语之后停顿。但 tʰa³³ɴa⁵⁵ 跟 ŋɐ³³pi³³tʰa³³ŋa³³ 不同的是，前者只出现在被并列项之间，而后者还可以同时出现在每一个被并列项的后面。例如：

（847）ne²⁴=ji⁵³　　pʰĩ³³ko⁵⁵　ɦæ̃³³-tsi³³-pæ³³=tʰa³³ɴa⁵⁵　　　ɕã³³tɕɐ⁵³
　　　　2sg=ERG　　苹果　　　DIR-吃-IMPV.2sg=CONJ　　　　香蕉
　　　ɦæ̃³³-ndzi³³-pæ³³?
　　　DIR-吃-IMPV.2sg
　　　你吃苹果呢还是吃香蕉呢？

（848）ʔɐ³³tsi⁵⁵　　ɕa⁵⁵dza⁵⁵pa⁵⁵=ŋɐ³³pi³³tʰa³³ŋa³³　　qʰə⁵⁵ɣæ³³=ŋɐ³³pi³³tʰa³³ŋa³³?
　　　　3sg　　　胖的=CONJ　　　　　　　　　　　　瘦的=CONJ
　　　　他是胖还是瘦呢？

（849）ʔɐ³³tsi⁵⁵　　tɕə³³　　ɦæ̃³³-tɕʰə³³　ndzi³³　ɦæ̃³³-ndzi³³=ŋɐ³³pi³³tʰa³³ŋa³³
　　　　3sg.ERG　　水　　　DIR-喝　　　饭　　　DIR-吃=CONJ
　　　tɕʰə³³nə⁵⁵　　və³³lø³³　tə³³-ŋɐ³³-pi⁵³?
　　　还有　　　　肚子　　DIR-痛-IMPV.3
　　　他不管喝水或者吃饭都会肚子疼。

（850）ʔæ³³pu⁵⁵=ji⁵⁵　　dzə³³zø³³　　qʰo³³-sɿ³³=pi³³tʰa³³ŋa³³　　ɦæ³³kʰi⁵⁵=ji⁵⁵
　　　　叔叔=ERG　　　牛　　　　　DIR-养=CONJ　　　　　　哥哥=ERG
　　　　qʰo⁵⁵-sɿ³³　　　tɤ⁵⁵-lø³³　　　ni³³.
　　　　DIR-养　　　　　一-CL　　　　COP
　　　　叔叔养牛或者哥哥养猪都是一样的。

除了使用并列连词或其他具有连接功能的语法标记外，还可使用意合手段连接各分句。某些具有并列关系的谓语动词，或逻辑上具有时间先后顺序的各个分句间并不使用任何语法标记，仅仅依靠重音、停顿等语音手段体现其并列关系。相关的并列或顺承关系大多是从语境中推导出来的。

例（851）和例（852）中，并列的分句后都没添加连词，只是使用了像汉语中逗号一样的语调停顿方式。例如：

（851）ŋə⁵⁵　zi³³　ŋu⁵⁵，wɤ³³tsæ⁵⁵　　tʂe³³　næ⁵⁵，ʔɤ³³tsɿ⁵⁵　zi⁵⁵　pə⁵⁵qa³³.
　　　　1sg　 最　 前方　那个.POSS　后面　2sg　　3sg　　　最　 后面
　　　　我排第一，你排第二（后面是她），他（排）最后。

（852）næ⁵⁵　tʂi³³mæ⁵³，ʔɤ³³tsɿ⁵⁵　　tʂə³³ɕi⁵⁵，wɤ³³tsɿ⁵⁵　ŋi³³mæ⁵³　ni²⁴.
　　　　2sg　　卓玛　　　3sg　　　　扎西　　　　那　　　　尼玛　　　COP
　　　　你是卓玛，他是扎西，那个是尼玛。

8.4　主从结构

主从结构大多由主句跟从句按照一定的逻辑关系组合而成，它们之间具有包孕关系，且一般情况下需要使用连词连接。主从结构中，从句常常作状语，表示目的、原因、条件、时间等关系。沙德木雅语中有的主从结构必须使用专用的连词连接，某些连词可以连接多种逻辑关系的从句，有的主句跟从句之间依靠意合法连接，句中不能添加任何连词。句法位置上，某些连词出现在句首，某些连词出现在第一个小句的句末。下面逐一介绍不同类型的主从结构类型。

8.4.1　时间状语从句

时间状语从句交代事件发生的时间背景，一般需要添加表示动作同步进行的连词 kə⁵⁵ "……的时候"、rə⁵⁵ "干……的时候" 或源于方位格的连词 le³³ "干……的时候"，以及采用表示时间先后的连词 tsə³³kə³³ "然后"、时间名词 kæ³³ɴu⁵³ "之前的时候" 等连接。

例（853）－例（855）都表示动作同时发生，句中使用了后置连词 kə⁵⁵ "……的时候"。例如：

（853） nə³³　　kʰə³³-tsɣ³³-pi³³=kə⁵⁵,　　tsʰɿ³³rø⁵⁵　tʰɐ⁵⁵-kɐ⁵³-ra³³　　xə⁵³.
　　　　太阳　　DIR-出来-IMPV.3sg=LNK　　木头　　DIR-砍-PFV.VIS　　去
　　　　太阳出来的时候就出去砍了木头。

（854） tsi⁵⁵ŋgə⁵⁵　　na³³-ɣo³³-pi³³=kə⁵⁵,　　po³³po³³=kʰu³³　　tsʰɿ⁵⁵na⁵³
　　　　衣服　　　　DIR-洗-IMPV.3=LNK　　　包包=LOC　　　　块五
　　　　tʰo³³-ta̠⁵³-ra²⁴.
　　　　DIR-发现-PFV.VIS
　　　　正在洗衣服的时候，在裤子包里就发现了五块钱。

（855） ne³³=ji⁵⁵　　　ŋə³³=le⁵⁵　　tʰæ⁵⁵-qə⁵⁵ræ²⁴-pæ³³=kə⁵⁵,　　ŋi²⁴
　　　　2sg=ERG　　　1sg=DAT　　DIR-叫-IMPV.2sg=LNK　　　　1sg.ERG
　　　　ɕəɹ³³　　næ³³-qæ³³-sø³³=ni³³.
　　　　屎　　　DIR-拉-PFV.1sg=GNO
　　　　你叫我的时候我正在拉屎。

同样，在表达时间先后顺序的时候沙德木雅语还能使用连词 le³³。le³³ 是木雅语中一个较常用的方位格标记，它同时还发展出了与格标记和顺接连词的功能。例如：

（856） ʁa³³-nə⁵⁵　　kʰə³³-mæ⁵³-tʂæ³⁵=le²⁴,　　mə⁵⁵ŋæ⁵³=wu⁵⁵=nə²⁴
　　　　汉人-PL　　DIR-NEG-到达=LNK　　　木雅=NMLZ=PL
　　　　sɐ⁵⁵de⁵⁵　　mbi⁵⁵-sɿ³³=ni²⁴.
　　　　沙德　　　　住-PFV.3=GNO
　　　　汉人来之前的时候木雅人就居住在沙德了。

例（857）-（858）中动作行为明显具有时间先后顺序，此时可以使用 tsə³³kə³³ 连接不同的小句。有时还常常在第二个小句前添加 jø³³，从而强调时间的先后顺序。例如：

（857） ʔæ³³tɕi³³=ji³³　　qa³³mi⁵⁵　ta³³-pʰə⁵⁵la³³　　ɣu³³-tɕʰə³³　　tsə³³kə⁵⁵　　jø²⁴
　　　　姐姐=ERG　　　面条　　　一-CL　　　　　DIR-喝　　　　SEQ　　　　又
　　　　mo³³mo⁵⁵　　tɛ³³-lø⁵⁵　　ɣo³³-ndzɿ³³-ra³³.
　　　　馍馍　　　　一-CL　　　　DIR-吃-PFV.VIS
　　　　姐姐喝（吃）了面条，又吃了一个馍馍。

（858） mæ³³ndæ³³=ji³³　　ʁa³³mu³³　　ɣu⁵⁵-tsʰi⁵³　　tsə³³kə³³　　jø²⁴　　ɣi³³tɐ⁵⁵
　　　　老太婆=ERG　　　头发　　　　DIR-梳理　　　SEQ　　　　　又　　　脸
　　　　no³³-ʁo³³-ra²⁴.
　　　　DIR-洗-PFV.VIS
　　　　老太婆梳理了头发后又洗了脸。

（859）zi⁵⁵=ji³³　　　ta³³ra⁵⁵　　ʁa⁵⁵　　ɣo³³-ndzi³³　　tsə³³kə³³
　　　豹子=ERG　　首先　　　羊　　　DIR-吃　　　　SEQ
　　　pɐ³³qə³³lɐ̠³³　　ɣo³³-ndzi³³-ra²⁴.
　　　土拨鼠　　　　DIR-吃-PFV.VIS
　　　豹子先吃了羊，然后又吃了土拨鼠。

（860）mə³³ŋæ³³ŋi²⁴　　ta³³ra⁵⁵　　　ɴo³³mɐ³³tɕe³³　　tə⁵⁵-tɕe³³
　　　木雅人　　　　首先　　　　牛圈　　　　　　DIR-修
　　　tsə³³kə⁵⁵　　　kʰə³³tʰi³³　　tə³³-tɕe³³-pi³³=ni²⁴.
　　　SEQ　　　　　客厅　　　　DIR-修-IMPV.3=GNO
　　　木雅人首先修牛圈，然后再修客厅。

（861）næ³³　　vɐ²⁴　　　tʰe³³-dæ⁵⁵　　tsə³³kə⁵⁵　　ŋi³³　　　tæ³³rø⁵³　　tɕe³³=kʰu⁵³
　　　2sg　　来　　　　DIR-完　　　SEQ　　　　1sg.ERG　才　　　　屋子=LOC
　　　mə³³=ni⁵⁵　　ɦæ³³ti⁵⁵　　zi²⁴　　ndzə³³=tsi³³　　xa⁵⁵-kʰə³³kə³³.
　　　有=GNO　　　多少　　　　人　　　有=NMLZ　　　DIR-知道
　　　你来了屋子里后我才知道有多少人。

　　木雅语还有一个时间名词 kæ³³ŋu⁵³，表示前一小句出现的时间在后一小句之前。因为 kæ³³ŋu⁵³ 并非典型的连词，所以它不能直接添加在小句之后。在表达前一小句中的动作发生在后一小句的动作之前时，大多时候需要在前一小句后添加领属标记 ɣæ³³，然后再添加 kæ³³ŋu⁵³，整个结构类似汉语中的"在……之前"或英语中的 before...。例如：

（862）kʰi³³-pi³³=ɣæ³³　　　　kæ³³ŋu⁵³,　　　ŋgɐ³³
　　　睡觉-IMPV.3=ATTR　　　先前时间　　　脚
　　　na⁵⁵-ʁo³³-χi³³=ni²⁴.
　　　DIR-洗干净-MOD:需要=GNO
　　　睡觉之前需要把脚洗干净。

（863）næ³³　　tʰæ³³=ɣæ³³　　kæ³³ŋu⁵³,　　ŋə³³=le⁵⁵　　tɕ³³-tə⁵⁵-tə⁵⁵tɕy³³.
　　　2sg　　来=ATTR　　　先前时间　　1sg=DAT　　　DIR-说一下-MOD:必须
　　　你来之前（你来的先前时间）必须跟我说一下。

（864）pə⁵⁵tsʰi³³=ji²⁴　　　kæ³³ŋu⁵³　　tʰa⁵⁵-mbo³³zo³³　　kʰi³³-zi⁵³-χi⁵⁵=ni²⁴
　　　女孩=ERG　　　　首先　　　　DIR-爬　　　　　　DIR-学-MOD:要=GNO
　　　tsə³³kə⁵⁵　　　rqæ⁵³　　kʰi³³-zi⁵⁵-χi³³=ni²⁴.
　　　SEQ　　　　　走路　　　DIR-学习-MOD:需要=GNO
　　　孩子要先学爬，然后再学习慢慢走路。

8.4.2　因果关系从句

因果关系表达前因后果的逻辑关系。在木雅语中，表达因果关系时一般是将表示原因的从句置于主句之前，两者位置不能调换。因果关系句中使用连词 ji³³kə⁵⁵，它需要添加在从句句末，同时代表"因为……所以"的意义，沙德木雅语没有专门表示"所以"意义的连词。ji³³kə⁵⁵ 跟表示时间状语关系的连词 kə⁵⁵ 有关。事实上，逻辑上的因果关系同时也代表了时间的先后顺序，因此把表示时间状语关系的连词 kə⁵⁵ 变成因果关系连词 ji³³kə⁵⁵ 的内部构词语素也不足为奇。在以下例子中，因果关系连词 ji³³kə⁵⁵ 都添加在原因状语之后。例如：

（865）tsʰo³³və⁵⁵=ji³³kə⁵⁵   ɕi³³pæ³³   ŋo³³-ta̠⁵³=ni²⁴.
　　　丑=LNK:因为　　　男人　　　DIR-找=GNO
　　　因为丑，所以（这女人）找不到男人。

（866）lø³³ŋø³³   qi³³kɐ³³=ji³³kə⁵⁵   rqæ⁵³   ŋe⁵⁵-tʰɑ⁵³=ni²⁴.
　　　岁数　　　大=LNK:因为　　　走　　　NEG-MOD=GNO
　　　因为岁数太大，所以走不动。

（867）vo²⁴   ndzɐ³³ndzɐ³³   to⁵⁵si³³   ɣo³³-ndzi³³-si³³=ji³³kə⁵⁵,   ndzɿ⁵⁵
　　　糌粑　　很多　　　　一些　　　DIR-吃-PFV.3=LNK:因为　　　饭
　　　ŋo⁵⁵-ndzi³³=ti³³.
　　　DIR-吃=GNO
　　　因为吃了一些糌粑，所以不想吃饭。

（868）ly³³pu⁵⁵   ŋə⁵⁵-mbə⁵³   kʰa³³-ɕɐ⁵³   kɐ⁵⁵tʂe⁵³=kə⁵⁵   le⁵⁵
　　　身体　　　NEG-舒服　　DIR-变成　　　原因=LNK:因为　　　外面
　　　xə⁵⁵-tɕæ²⁴-χi²⁴.
　　　去-NEG-MOD
　　　因为身体不舒服，所以不用出门了。

（869）pẽ³³tʰe⁵⁵   ndzæ⁵⁵ndzæ⁵³=ni⁵⁵=kə³³   tɕu⁵⁵-mbæ³³   tə⁵⁵-tɐ³³=ŋɐ²⁴.
　　　板凳　　　冷的=GNO=LNK:因为　　　NEG-坐.IMP　　DIR-说=EGO
　　　因为凳子是湿的，所以我说呢就别坐下去了。

8.4.3 条件关系从句

条件关系复合句中从句跟主句之间是"条件－结果"关系，大多是从句提出一个或者多个条件，而主句表示在此条件下所产生的结果[①]。沙德木雅语表示条件和结果关系的从句一般都使用意合方式，句中可以不添加连

[①] 表示条件的从句不但可以是逻辑上的充分条件，也可以是必要条件。充分条件复合句中能根据条件的 x 推倒出结果的 y，两者是"有，且仅有"的条件关系；必要条件复合句中具备了某一条件 x 而未必能推倒出结果 y，两者之间的联系只是一种假定关系。

词。充分条件关系事实上跟肯定的假设关系类似，从句假设某一情况的发生，主句指明假设情况可能产生的结果。充分条件关系必须使用连词 $tʰe^{33}$ "假如"或者 $tʰe^{33}ni^{55}$ "只要……就""如果……就"。$tʰe^{33}ni^{55}$ 是由假设关系连词 $tʰe^{33}$ 跟句末叙实示证标记 ni^{33} 词汇化而来。例如：

（870）$mə^{53}$　　　$tɕe^{33}tɕe^{33}$　　na^{33}-$ndza^{33}$=$tʰe^{33}$　　$tɕə^{53}$　ji^{33}-ke^{33}-pi^{33}=ni^{24}.
　　　　天　　　很大　　　　　DIR-下雨=LNK:假如　水　DIR-变大-IMPV.3=GNO
　　　　只要（假如）下雨的话水就会变大（就会涨水）。

（871）$tsʰi^{33}rø^{33}$　　　$ɣ^{55}$-$tsʰi^{33}$=$tʰe^{33}ni^{55}$　　$mũ^{55}kʰə^{53}$　　$tə^{33}$-$tʰy^{53}$=ni^{24}.
　　　　柴火　　　　DIR-烧= LNK:假如　　烟雾　　　DIR-冒出=GNO
　　　　只要（如果）烧柴的话就会冒烟。

（872）$læ^{33}kæ^{55}$　　　　$tʰə^{33}$-mo^{55}-va^{33}=$tʰe^{33}ni^{55}$　　　$ndze^{33}pu^{55}$
　　　　劳动事情　　　DIR-NEG-做=LNK:假如　　　结果
　　　　$qʰə^{55}$-$tʰø^{55}$-$tɕæ^{24}$=pi^{33}.
　　　　DIR-得到-NEG=IMPV.3
　　　　只要（如果）不劳动的话就没有收成。

（873）$ŋə^{33}$　　$næ^{33}$　　$tʰə^{33}$-$ŋe^{55}$=$tʰe^{33}ni^{55}$　　$ʔe^{33}tsi^{55}$=le^{24}　$xæ^{33}mbæ^{33}$
　　　　1sg　　2sg　　　DIR-COP=LNK:假如　　　　3sg=DAT　　　坏话
　　　　$tə^{33}$-dze^{53}-po^{55}=$ŋe^{24}$.
　　　　DIR-骂人-IMPV.1sg=EGO
　　　　只要（如果）我是你的话，就会说他的坏话。

（874）$ti^{55}ji^{33}$　　　$ŋə^{33}$　　　$tʰu^{33}$-tse^{55}=$tʰe^{33}ni^{55}$　　$ŋə^{33}$　　$tɕe^{33}si^{55}tsɨ^{33}$
　　　　某人　　　1sg　　　DIR-找=LNK:假如　　　　1sg　　一整天
　　　　$ȵɘ^{55}mo^{53}tɕe^{33}$=$kʰu^{33}$　　$ndze^{24}$=ni^{24}.
　　　　牛圈=LOC　　　　　　有=GNO
　　　　只要（如果）有人找我的话，我会在牛圈里面待着。

（875）$ŋə^{33}$=$ɣæ^{55}$　　　$lõ^{33}tʰu^{55}$　　$qʰə^{55}$-$tø^{33}$=$tʰe^{33}ni^{55}$　　　$ŋi^{33}$
　　　　1sg=POSS　　　耳环　　　　DIR-买=LNK:假如　　　　1sg.ERG
　　　　$næ^{33}$　　　　$sø^{33}$=$ŋe^{53}$.
　　　　2sg.DAT　　喜欢=EGO
　　　　只要（如果）你给我买耳环，我就会喜欢你。

（876）$mə^{33}zæ^{33}$　　$tɕe^{33}$-$lø^{33}$　　$ɣĩ^{33}$-$ndzy^{33}$=$tʰe^{33}ni^{55}$　　$ndzɨ^{33}mæ^{53}$
　　　　女孩　　　一-CL　　　　DIR-生=LNK:假如　　　　卓玛
　　　　$kʰi^{33}$-$mə^{55}$-$χi^{24}$.
　　　　DIR-命名-MOD
　　　　只要（如果）生一个女孩子就会叫她卓玛。

必要条件跟充分条件的不同之处在于若要否定"条件"的话就必须同时否定"结果"。表示必要条件关系的连词主要有 $t^h\textrm{e}^{33}\eta\textrm{e}^{33}t^h\textrm{e}^{33}ni^{55}$ 或 $t^h\textrm{e}^{33}ni^{55}$ "只有……才""除非……才"。$t^h\textrm{e}^{33}\eta\textrm{e}^{33}t^h\textrm{e}^{33}ni^{55}$ 及其缩略形式 $t^h\textrm{e}^{33}\eta\textrm{e}^{33}$ 和 $t^h\textrm{e}^{33}ni^{55}$ 在沙德木雅语中常常用作话题标记,当它出现在条件句中时演变成表示必要条件关系的连词。例如:

(877) $?\textrm{e}^{55}tsi^{33}$　　$\eta i^{55}\textrm{-sæ}^{53}=t^h\textrm{e}^{33}\eta\textrm{e}^{33}t^h\textrm{e}^{33}ni^{55}$　　$\eta\textrm{e}^{33}le^{53}$　　$ne^{55}\textrm{-tɕi}^{33}\textrm{-vi}^{24}.$
　　　　3sg　　　NEG-喜欢=LNK:假如　　　婚姻　　　DIR-NEG-做
　　　　只要不喜欢她,就别(跟她)结婚。

(878) $v\textrm{ə}^{55}$　　$n\textrm{ə}^{33}\textrm{-mɐ}^{55}\textrm{-rɐ}^{24}=t^h\textrm{e}^{33}ni^{55}$　　　　$mbu^{55}=le^{24}$
　　　　雪　　　DIR-NEG-下来=LNK:假如　　　山=LOC
　　　　$t\textrm{ə}^{33}\textrm{-tʂʰø}^{53}\textrm{-tɕæ}^{24}\textrm{-pi}^{24}.$
　　　　DIR-变白-NEG-IMPV.3
　　　　只要不下雪,山上就不会变白。

(879) $\gamma u^{55}\gamma i^{55}$　　$n\textrm{ɐ}^{33}\textrm{-mɐ}^{53}\textrm{-sɐ}^{33}=t^h\textrm{e}^{33}ni^{55}$　　ndo^{55}　　$ɦæ^{33}\textrm{-ndzi}^{33}=\textrm{rø}^{24}$
　　　　鸡　　　DIR-NEG-杀掉=LNK:假如　　　肉　　　DIR-吃=NMLZ
　　　　$tɕæ^{24}\textrm{-ndə}^{24}.$
　　　　NEG-有
　　　　只要不杀鸡就没有肉吃。

(880) $\gamma u^{55}\gamma i^{55}$　　$n\textrm{ɐ}^{55}\textrm{-sɐ}^{53}=t^h\textrm{e}^{33}ni^{55}$　　$tæ^{33}\textrm{zø}^{53}$　　ndo^{55}
　　　　鸡　　　DIR-杀掉=LNK:假如　　才会　　　肉
　　　　$ɦæ^{33}\textrm{-ndzi}^{33}=\textrm{rø}^{24}$　　$ndə^{55}\textrm{-ni}^{24}.$
　　　　DIR-吃=NMLZ　　有=GNO
　　　　除非杀了鸡才能吃肉。

除此之外,连词 $nə^{24}$ "不管"还可以表示"无条件"的条件关系,它同样只能添加在第一个小句之后。例如:

(881) $ɦæ^{33}tsi^{55}$　$t^hə^{33}\textrm{-va}^{53}=nə^{24}$　　　　$tɕe^{33}=k^hu^{55}=\gamma u^{24}$　ηi^{24}　$?\textrm{e}^{33}tsi^{55}=le^{24}$
　　　　什么　　DIR-发生=LNK:不管　　家=LOC=POSS　　人　　他=DAT
　　　　$dzæ^{33}dzø^{53}\textrm{-və}^{33}\textrm{-pi}^{33}=ni^{24}.$
　　　　支持-LVB-IMPV.3=GNO
　　　　不管发生什么事情,家里人都支持他。

(882) $ɦæ^{33}tsi^{55}$　　$tə^{55}\textrm{-tə}^{33}=nə^{24}$　　　　$tʂʰa^{33}so^{53}\textrm{-mi}^{55}$　　$tɕæ^{24}\textrm{-ndə}^{24}.$
　　　　什么　　DIR-说=LNK:不管　　　相信的=NMLZ　　NEG-有
　　　　不管说什么都没人会相信。

(883) $ɦæ^{33}ti^{55}$　　$q^hə^{55}\textrm{-tsɐ}^{53}=nə^{24}$　　　$ri^{33}=k^hu^{55}$　　$læ^{55}kæ^{53}$
　　　　极其　　DIR-热=LNK:不管　　　地=LOC　　　事情

tʰɐ³³-və⁵⁵   xi³³=ni²⁴.
DIR-做   去=GNO
不管天气有多热，都要去地里做事情。

（884）mə̰⁵⁵   ɦiæ³³ti⁵⁵   ndzæ̃³³ndzæ⁵³   tʰɐ³³ŋɐ⁵³=nə²⁴   nɐ³³nɐ⁵³
　　　　天   多少   寒冷   DM=LNK:不管   早
tə⁵⁵-ri̠⁵³-χi⁵⁵=ni²⁴.
DIR-起来-MOD-要=GNO
不管天多冷，都要早早起床。

（885）ɦiæ³³ti⁵⁵   ta⁵⁵jæ⁵³   mɐ³³-ndə⁵³=nə²⁴   pə⁵⁵tsʰi⁵⁵=ɣæ²⁴
　　　　多少   钱   NEG-有=LNK:不管   孩子=DAT
qʰə³³-ʁo⁵⁵-pi⁵⁵=ni²⁴.
DIR-帮-IMPV.3=GNO
不管有没钱，也需要帮助孩子。

8.4.4 转折关系从句

在转折关系复合句中从句提出某种事实，主句表达与之相反的意思。从句后多添加连词 nə³³ "虽然……但是" 和 sa²⁴ / sa⁵⁵ra³³ "虽则……但是"。nə³³ 除了可以连接转折关系的从句外，还可以连接选择条件关系从句。sa²⁴ / sa⁵⁵ra³³ 的意义跟 nə³³ 相似，都是表达转折关系。连词 sa²⁴ / sa⁵⁵ra³³ 的使用场合比 nə³³ 更加普遍。例如：

（886）na³³-ndza³³=nə²⁴   ja³³ju⁵³   ɦia³³-ko³³-pi²⁴.
　　　　DIR-下雨=LNK:虽然   洋芋   DIR-挖-IMPV.3
虽然天下雨，但还是要去挖洋芋。

（887）me³³mbæ³³=ji²⁴   mo³³ŋo³³   tɐ³³-lø³³   ɣu³³-lə⁵⁵=nə²⁴,
　　　　医生=ERG   女人   一-CL   DIR-救=LNK:虽然
mə³³ŋi⁵⁵-ni²⁴   tsa³³kə⁵⁵   kʰə³³-zə⁵³-ŋə⁵⁵-pi³³.
人-PL   尊重   DIR-受到-NEG-IMPV.3
虽然医生救了女人，但他却没被给予尊重。

（888）ʔɐ³³tsi³³   mbø³³mbø³³   ni³³=sa²⁴,   ndzi³³
　　　　他.ERG   胖子   COP=LNK:虽然   饭
kʰə³³-tʂɐ⁵³-tɕæ²⁴=pi²⁴.
DIR-忍受-NEG=IMPV.3
虽然他是胖子，但是他还是不会节食。

（889）mæ̃³³tæ³³=ɣæ⁵⁵   ʁa²⁴mu³³   tə³³-tʂʰɐ⁵³-si³³=sa³³,   tɕʰə³³nə⁵⁵
　　　　老太婆-POSS   头发   DIR-白色-PFV.3=LNK:虽然   还有

si⁵⁵ɣo³³   to³³-qæ⁵⁵tə⁵⁵və³³-pi³³.
天天   DIR-打扮-IMPV.3
老太婆的头发虽然白了，但还是（还有）天天打扮。

（890）ɕy³³ɕɜ³³   ɢæ³³tɕʰæ⁵³=ni³³=sa⁵⁵ra³³,   mə³³ɲi⁵⁵   ŋɢæ³³tɕʰæ⁵³
　　　脾气   坏=GNO=LNK:虽然   人   坏
　　　tɕæ³³-ŋɐ²⁴.
　　　NEG-COP
　　　虽然脾气不好，但不是一个坏人。

（891）ʔɐ³³tsi⁵⁵   pu⁵⁵pæ⁵⁵   ni⁵⁵=sa³³ra⁵⁵,   pɐ⁵⁵su³³   tə³³-və³³-tɕæ²⁴-pi³³.
　　　3sg   藏族   COP=LNK:虽然   藏语   DIR-说-NEG-IMPV.3
　　　他虽然是藏族人，但却不会讲藏语。

8.4.5 目的关系从句

目的关系复句中从句表示一种动作行为，主句表示从句采取某种动作行为而达到的目的。一般目的关系可分为积极目的和消极目的，前者是说话人极其想获得的，后者是说话人想极力避免的。木雅语表示积极目的关系的复句中需要使用连词 kə³³ 或者完全借自藏语的 tɕʰe⁵⁵tu³³。两者的使用情况跟具体语境有关，有时候只能使用本民族语言中的连词，而有时候却更倾向于使用借词。连词一般添加在目的从句之后。例如：

（892）ʔɐ³³tsi⁵⁵   pʰũ³³mbu⁵⁵tɕʰɐ³³   tə⁵⁵-xə⁵³-χi⁵⁵-ni³³=kə³³
　　　这人   朋布西   DIR-去-MOD:需要-GNO=LNK:为了
　　　nɐ³³nɐ³³   nə²⁴   ndø⁵⁵   tsə⁵⁵kə³³   ra²⁴.
　　　很早   就   康定   SEQ   离开
　　　这个人为了去朋布西，只能一大早就离开康定。

（893）kʰi³³=ji²⁴   xa³³mbæ⁵³   ŋə⁵⁵-ra⁵³=ɣæ²⁴=tɕʰe⁵⁵tu³³   næ³³=le³³
　　　妹妹=ERG   骂人的话   NEG-来=NMLZ=LNK:为了   2sg=DAT
　　　ʔɐ³³tsi³³   tø³³ndɑ⁵³   tə⁵⁵-tə³³-ra²⁴.
　　　这个   事情   DIR-说-PFV
　　　妹妹为了不被骂，只能给你说这个事情。

在表达消极目的时，从句之后需要使用连词 mə³³tsʰe⁵³ "不然／以免"，例如：

（894）tɕə̃⁵⁵tsæ⁵³   ɦæ⁵⁵-tɕə³³-tɕʰy⁵³=mə³³tsʰe⁵³   tə³³-ŋe³³-pi⁵⁵=ni²⁴.
　　　冷水   DIR-PROH-喝=LNK:以免   DIR-生病-IMPV.3=GNO
　　　（让她）别喝冷水，以免生病。

（895）ne³³=ji⁵⁵　　kʰɚ⁵⁵ɕɐ⁵³　zi³³=le⁵³　ndzɨ³³　tʰɐ³³-mə⁵⁵　xu³³=mə³³tsʰe³³
　　　　2sg=ERG　　快点　　　猪=DAT　　饭　　　DIR-喂养　　去.IMP=LNK
　　　　tsẽ³³tʰæ⁵³　　　ti⁵⁵-ɦɐ³³-və³³-pi³³.
　　　　常常　　　　　DIR-吵闹-LVB-IMPV.3
　　　　你快去给猪喂吃的，免得它一直叫。

第九章 信息结构及话语连贯

本章重点介绍口语表达过程中跟信息结构及话语连贯相关的几个问题。信息结构指不同信息片段的组合包装方式（information package），除了与句法有关外，它还跟语义、语用、形态、韵律密切联系，信息结构突出言谈交互双方对客观世界的心理认识。在分析句子信息结构时不仅需要重点关注焦点、话题和"新－旧"信息①表达法等问题，而且还需要对会话中的言谈交际方式进行考察（Krifka 2008：243）。本章从"新－旧"信息、话题、焦点角度入手，首先介绍沙德木雅语在表达不同信息结构时所采用的韵律和句法变化形式，然后以长篇故事中的话语材料为基础分析口语表达过程中话语连贯、话语自我修正及话轮转换等方法。

9.1 信息结构

9.1.1 新信息和旧信息

话语结构中的新信息一般都是无标记的，句子在语序上大多表现为新信息前置于旧信息，特别是前置于谓语成分。有时候也能依靠改变韵律的手段将新信息作为句中讨论的新信息焦点（new information focus），但该类情况使用并不普遍。在表达旧信息时除了可采用代词、附缀等形式外，还可使用重读、词序改变、成分缩略等手段。新信息所传达的信息量一般都要大于已知的旧信息量；在引入新信息时，通常使用无定的名词短语（indefinite NP）（Van Valin & LaPolla 1997：201）。

例（896）和例（897）中画虚线部分都是第一次出现在故事叙述文本中，属于新的信息内容，在指称上都属于无定的。因此在木雅语中或者直

---

① 当交际过程中所提及信息的相关参照对象并未被听话者知晓时（即言谈双方并未同时激活相关信息内容），该类信息叫做新信息；当交际中所提及的相关参照对象早已被听话者知晓（即言谈双方已经同时激活相关信息内容），属于已知并接受的信息时，该类信息叫做旧信息（Lambrecht 1994：49）。

接使用光杆名词短语，或者添加表示非定指的数量结构"一个"。例如：

（896）mə⁵⁵ŋæ⁵³　　　tʰe⁵⁵ŋe⁵⁵tʰe³³　　　lø⁵⁵dzə⁵⁵　　mə³³nə³³=pu⁵⁵
　　　木雅　　　　　DM　　　　　　　　历史　　　　等等东西=LOC
　　　tʰe³³ŋe⁵³tʰe³³　　ɕe³³to⁵³　　tɕʰə⁵³　　kæ⁵⁵ji⁵³　　ndə⁵⁵=ni²⁴.
　　　DM　　　　　　　说法　　　现在　　　很多　　　　有=GNO
　　　有关木雅的历史有很多种说法。

（897）tsə³³kə⁵⁵　　mbu⁵⁵=le³³=kə⁵⁵　　ŋe³³tʰe³³ni⁵⁵　　tsʰe³³mbæ³³læ³³mæ³³
　　　SEQ　　　　山=LOC=TOP　　　　DM　　　　　　　修行者
　　　te³³-lø³³=ri²⁴　　ʔe³³tsæ⁵⁵　　tsə³³kə³³　　tsʰe³³jo⁵³　　ge³³tʂʰu⁵⁵
　　　一-CL=CONJ　　3sg.POSS　　　SEQ　　　　随从　　　　　学子
　　　tæ³³-gæ⁵³　　　tʰe³³-ndzə⁵⁵-si²⁴.
　　　一-CL　　　　　DIR-有-PFV.3
　　　从前有个修行者和他的一个学徒。

单独使用话题结构也能在一定程度上表达新信息，但相关话题必须已经处于谈话过程当中，且言谈者并不能鉴别话题牵涉的具体指称对象（Lambrecht 1994：150）。沙德木雅语母语者习惯在表达新信息的话题成分之后添加话题标记 kə³³。kə³³ 不但充当从属连词，引导时间状语从句，相当于英语中的 when"干……的时候"，它还经常置于名词性成分之后，表示所附加的名词性成分是谈论的话题，是新出现的信息。

例（898）和例（899）的话语材料中，虚线部分都添加了话题标记 kə³³，表示听话人不能有效鉴别的话题所牵涉的具体指称对象，属于新信息（听话人第一次听说话人"我"讲故事，不熟悉我的名字"登真曲折"；说话人要讲的"第二点"对听话人而言也是新信息）。例如：

（898）ɦe³³…　　ŋə³³=le⁵⁵=kə³³　　ne³³mæ⁵³=ɣæ³³　　mi³³　　tsə³³kə⁵⁵
　　　INTRO　　1sg=DAT=TOP　　　真实=POSS　　　　名字　　SEQ
　　　tẽ³³ndze³³tɕʰə³³tʂɑ⁵³　　we²⁴kə⁵⁵tʰe³³=kə³³　　we²⁴kə⁵⁵ŋe³³　　tʰe³³ni³³
　　　登真曲折　　　　　　　　那样子=TOP　　　　　那样子　　　　DM
　　　tsə³³kə⁵⁵　　pə⁵⁵tsʰi⁵⁵=re³³　　tsə³³tsæ⁵⁵=re³³　　we²⁴tʰe³³ni⁵⁵.
　　　SEQ　　　　孩子=LNK　　　　　小的=NMLZ　　　　DM
　　　哦，对我来说呢，其实我真正的名字叫登真曲折，小时候我是家中最小的孩子。

（899）"ɦe²⁴…　　la³³so⁵⁵la⁵⁵so²⁴"　　tə³³-si³³.　　"ni³³le³³=kə³³　　ŋe³³tʰe³³ni³³
　　　INTRO　　好的好的　　　　　　说-PFV.3　　第二=TOP　　　　DM
　　　læ³³kæ³³　　tʰe³³-və³³　　tsə³³kə³³　　ji³³ɲi³³=pe⁵⁵kə³³　　ŋe³³tʰe³³ri³³
　　　农活　　　　DIR-做　　　　SEQ　　　　休息=LNK　　　　　DM

第九章　信息结构及话语连贯　　313

jæ³³næ³³　　　　　tsʰæ³³læ⁵⁵　　ro³³zi³³=ri²⁴　　sə³³kə⁵⁵
1pl.INCL.POSS　　舞蹈　　　　跳=CONJ　　　SEQ
ŋɐ³³tʰɐ³³ni³³　　　ɦæ³³læ⁵⁵læ³³mu³³　tə⁵⁵-və³³　　ɦæ³³mə³³nə³³
DM　　　　　　山歌　　　　　　DIR-唱　　　　DM
zi³³mu⁵³tu⁵⁵jy⁵⁵　　ŋə⁵⁵-tsʰu⁵⁵=ŋe³³"　　tə³³-si³³.
歌曲对唱　　　　　NEG-CAUS.3=EGO　　说-PFV.3

（阿叩登巴）回答道："好的好的"。猴王又说："第二点呢就是在休息的时候不可以唱歌跳舞。"

相反，旧信息主要表达听话人熟悉、且可轻易鉴别的信息。在表达旧信息时或者采用重读形式，添加指示词等表达回指关系，或者添加名物化标记。此时指示词之后的成分无疑都是听话人已知晓且相当明确的旧信息。例如：

（900）ɦɐ²⁴mə³³nə⁵⁵　　tə³³-lø⁵⁵　　　tʰẽ³³-ndzə⁵⁵-si³³　　tsə³³kə⁵⁵
　　　DM　　　　　　一-CL　　　　DIR-有-PFV.3　　　SEQ
　　　ɦɐ⁵⁵mə³³nə⁵³=pi³³kə³³　　ŋɐ³³tʰɐ³³ni³³　　tsə³³kə⁵⁵　　ʔɐ³³tsi³³
　　　DM=LNK:的时候　　　　　DM　　　　　　SEQ　　　　这个
　　　tsə³³kə³³　　ŋɐ³³tʰɐ³³ni³³　　ɦæ³³kʰə⁵⁵tũ⁵⁵mbæ³³=ji²⁴　　tsə³³kə³³
　　　SEQ　　　　DM　　　　　　阿叩登巴=ERG　　　　　　　SEQ
　　　wɐ³³kʰɐ³³　　ɦɐ³³mə³³nə³³　　xa⁵⁵-qʰə³³kø⁵⁵=pi³³kə³³...
　　　那里　　　　DM　　　　　　DIR-知道=LNK:的时候
　　　之后有一个（那个）叫做阿叩登巴的人知道那件事情后……

（901）wɐ³³tsi³³　　ri²⁴　　　tæ³³-zæ³³　　　tsə³³kə⁵⁵　　　rə̃³³mbɐ⁵⁵tɐø⁵³lø³³
　　　那个　　　　青竹　　一-CL　　　　SEQ　　　　　竹子
　　　tæ⁵⁵-zæ⁵³=ji²⁴　　tsə³³kə³³　　ŋɐ³³tʰɐ³³ni²⁴　　sa³³li⁵³　　tæ⁵⁵-zæ³³
　　　一-CL=ERG　　　SEQ　　　　DM　　　　　　笛子　　　一-CL
　　　tu⁵⁵tʂi³³.
　　　做
　　　那个青竹子呢，被阿叩登巴拿过来做成了一根笛子。

（902）jø²⁴　　wɐ³³tsi³³　　dzɐ³³bu⁵⁵　　næ⁵⁵-ɕo⁵³-ra³³　　tsə³³kə⁵⁵
　　　又　　　那个　　　国王　　　　DIR-冲刺-PFV.VIS　　SEQ
　　　ri³³kʰæ⁵³　　næ⁵⁵-ɕo⁵³-ra³³.
　　　旁边　　　　DIR-冲刺-PFV.VIS
　　　然后呢那个国王跑了过来，跑到了旁边。

有时候还能在名词之后添加名物化标记tsi³³，此时也表示言谈所涉及的内容是有定的，是说话人和听话人都共享的、熟悉的旧信息①。例如：

(903) tɕ³³si⁵⁵　　zi³³ɣə⁵⁵-nə³³　　ŋgo⁵⁵-tɕɐ⁵³　　tsə³³kə⁵⁵　　zi³³ɣə⁵⁵-nə³³
　　　一天　　　公牛-PL　　　　DIR-赶回　　　SEQ　　　　公牛-PL
　　　me³³mæ³³=tsi⁵³　　we³³tsi³³=kʰu³³　　tsə³³kə³³　　　ŋe³³tʰe³³ni³³
　　　全部=NMLZ　　　　那个=LOC　　　　　SEQ　　　　　DM
　　　re³³tɕe³³=kʰu³³　　næ³³-tæ⁵³.
　　　院坝=LOC　　　　　DIR-关上
　　　有一天阿叩登巴把所有的（那些）公牛都赶到院坝里去锁上了。

(904) tæ̃³³mbu⁵⁵　　tə⁵⁵-tʂæ⁵³=mi³³=tsi⁵³　　　ŋe⁵⁵tʰe³³ni⁵⁵　　pʰə⁵⁵ɣo⁵³
　　　第一　　　　DIR-到达=NMLZ=NMLZ　　　DM　　　　　　酥油包子
　　　me³³me⁵³　　ɦæ³³-ndzi³³=rø⁵⁵　　və³³-χi⁵³.
　　　全部　　　　DIR-吃=NMLZ　　　　做-MOD:要
　　　第一个到达的（人）就要吃掉所有的酥油包子。

总的来看，在表达新信息或旧信息时木雅语与汉语或其他语言使用相似的语法手段。新信息一般都是无标记的，它一般都需要前置于旧信息。新信息所传达的信息量一般都要大于已知的旧信息。在引入新信息时，常使用无定的名词短语，或是添加话题标记 kə³³。旧信息一般可以采用重读形式，或者添加指示词，或者添加名物化标记 tsi³³。除了 tsi³³ 以外，其他的名物化标记都无法添加在名词性成分之后强调某一旧信息是听话人已知的或熟悉的。

9.1.2　话题－述题结构

话题（topic）和主语是密切相关的语法概念。话题成分多位于句首位置，话题后可停顿，且话题也可省略；话题成分之后一般是全句的述题（comment）部分。话题之后需要带上话题标记。从话语功能角度看，话题必须是有定成分，是言谈双方已知的共享信息，话题跟焦点对应。

Gasde（1999）将话题分为关涉话题（aboutness topic）和框架设置话题（frame-setting topic）两大类。前者来自小句的论元结构内部；后者主要为述题提供一个时间、空间或个体方式等方面的话题框架，表明后面述题所陈述的事件在该话题所设置的框架内有效。

---

①　发音人常常将该类结构中的名物化标记误认为是指示代词"那个"，这也许源于两者在功能上的相似：都是表示定指，且指称对象都是说话人和听话人所熟知的旧信息。虽则在木雅语中名物化标记 tsi³³ 跟表示远指关系的指示代词 we³³tsi³³ 密切相关，但出现在 NP 结构之后的 tsi³³ 是典型的名物化标记，只不过此时已经语法化为有定标记的功能，有些类似英语的定冠词 the（见 8.1.1 小节的介绍）。

沙德木雅语的话题成分同样需要置于句首。关涉话题一般都源于小句中论元结构的内部，是一个从内部提取出来表达一定题元的名词性成分。关涉话题之后需要添加话题标记 ma^{55}。虽然 ma^{55} 在话语中都可以跟话语标记 tʰe^{33}ŋe^{33}tʰe^{33}ni^{33} 互换，但 tʰe^{33}ŋe^{33}tʰe^{33}ni^{33} 是嵌入到句中起信息连贯作用的话语标记，而 ma^{55} 的作用在于强调言谈双方已知、共享的旧信息①。若话题成分后带上了作格标记，话题标记 ma^{55} 需要置于作格标记之后。例如：

（905）tsə^{33}lə^{55}=ji^{33}=ma^{55}　　tsʰə^{33}qo^{55}ro^{33}　　tɐ^{33}nə^{55}-lø^{55}　　ɦõ^{55}-ndzi^{55}-si^{24}.
　　　　猫=ERG=TOP　　　　老鼠　　　　　　一二-CL　　　　DIR-吃-PFV.3
　　　　猫呢，吃了一二只老鼠。

（906）ʔɐ^{55}tsi^{55}=ma^{55}　　ŋə^{33}nə^{55}=le^{55}　　tɕʰə^{33}tɕʰa^{33}　　ŋi^{55}se^{33}=ni^{33}.
　　　　3sg.ERG=TOP　　　1pl　　　　　　　非常　　　　　　讨厌=GNO
　　　　她呢，非常讨厌我。

（907）sɐ^{33}de^{33}=ma^{55}　　mə^{33}ŋæ^{53}=wu^{55}　　dzø^{33}dzø^{53}　　tɐ^{33}si^{33}
　　　　沙德=TOP　　　　　木雅=NMLZ　　　　　　多　　　　　　一些
　　　　ndzə^{55}=ni^{24}.
　　　　有=GNO
　　　　沙德呢，有很多的木雅人。

（908）gu^{33}ji^{55}=ma^{55}　　zi^{24}=tɕʰi^{53}　　nẽ^{33}-ndzu^{55}ndzə^{53}=le^{55}　　tɕæ^{24}-gæ^{24}.
　　　　牦牛=TOP　　　　猪=COM　　　DIR-玩耍=DAT　　　　　　　NEG-喜欢
　　　　牦牛呢，不喜欢跟猪一起玩耍。

（909）ɣæ^{55}gə^{55}=ma^{55}　　　tɕe^{55}tɕe^{53}　　ɣe^{33}ɣe^{53}=ni^{24}
　　　　辣椒=TOP　　　　　　非常　　　　　好吃的=GNO
　　　　（别人都觉得）辣椒呢，非常好吃。

　　框架设置话题为全句述题提供一个时间、空间或具体行事方式等方面的话题框架。它可以是单一的名词性成分，也可以是一个介宾短语，甚而还可以是一个小句。以下例（910）－（913）的话题都为全句提供了时间或空间上的背景框架，在时间名词或方位名词后都需要添加话题标记 ma^{55}。例如：

（910）mbu^{55}=le^{55}=ma^{55}　　tɕe^{55}　　ndzɐ^{33}ndzɐ^{53}　　mə^{55}.
　　　　山=LOC=TOP　　　　房子　　　很多　　　　　　　有.VIS
　　　　（看见）山上呢，有很多的房子。

---

① 这里需要跟第 9.2.1 小节所讨论的话题标记 kə^{33} 作区分：kə^{33} 所关联的话语成分一般需要是新出现的信息，而 ma^{55} 所关联的话题大多是旧信息，是言谈双方事先都知晓的对象，或言谈双方都熟悉的事物或行为方式。

(911) tɕə³³=qo⁵⁵=ma⁵⁵　　dzi³³ku⁵³　　ndzɐ³³ndzɐ⁵³　tɐ⁵⁵si³³　　ɦæ³³-ndy³³.
　　　河=LOC=TOP　　　冰　　　　　很多　　　　　一些　　　　DIR-漂浮
　　　河里呢，飘了很多冰块。

(912) nɐ̰³³nɐ̰⁵⁵=ma⁵⁵　　mə⁵⁵　　tə³³-ku⁵⁵=ti²⁴.
　　　早上=TOP　　　　天气　　　DIR-冷=GNO.IMM
　　　早上呢，（感觉）天气冷。

(913) mə³³rə⁵⁵=ma⁵⁵　　ŋi³³　　　　ta⁵⁵jæ⁵³　ndzɐ³³ndzɐ⁵³　tɐ⁵⁵si³³
　　　明年=TOP　　　　1sg.ERG　　钱　　　　　很多　　　　　一些
　　　tø²⁴=ni²⁴
　　　得到=GNO
　　　明年呢，我会得到很多钱。

若由某一小句充当话题成分，此时可以在小句末添加名物化标记 ri³³tsi³³（或其元音和谐形式 rø³³tsi³³）然后再添加话题标记 ma⁵⁵；也可以在小句末添加非限定小句标记 rɐ²⁴，然后再添加话题标记 ma⁵⁵。事实上，这两种标记方法体现出了木雅语对话题成分句法处理方式上的差别：添加名物化标记的成分是将小句看作具有名词性特征的实体，而添加非限定小句标记后的成分是将整个小句所表达的事态看作述题部分事件的补充框架。

例（914）和例（915）是被名物化的话题成分，例（914）和例（915）是添加了非限定小句标记后的话题成分。例如：

(914) tshə̰³³qo⁵⁵ro³³　　nɐ⁵⁵-sɐ⁵³=rø³³=tsi⁵³=ma⁵⁵　　　tũ⁵⁵ta³³
　　　老鼠　　　　　　DIR-杀=NMLZ=NMLZ=TOP　　　　　事
　　　qa⁵³tɕha⁵³　　tɐ⁵⁵-lø³³　　ni²⁴.
　　　坏的　　　　　一-CL　　　COP
　　　杀老鼠呢，是很糟糕的事情。

(915) la⁵⁵　　khə³³-thɐ⁵³=rø³³=tsi³³=ma⁵⁵　　tɐ³³si⁵³　　qhə³³-tɐ⁵³-ra²⁴.
　　　媳妇　　DIR-娶=NMLZ=NMLZ=TOP　　　一整天　　　DIR-推动-PFV.VIS
　　　娶媳妇呢，都娶了一整天的时间。

(916) zi³³tɕe⁵⁵　　tə⁵⁵-tɕə⁵³=rɐ²⁴=ma⁵⁵　　tɐ³³si⁵³　　qhə³³-tɐ⁵³-ra²⁴.
　　　猪圈　　　　DIR-修=INF=TOP　　　　一整天　　　DIR-推动-PFV.VIS
　　　修猪圈呢，都修了一整天的时间。

(917) tshe⁵³　　qhə⁵⁵-tə̰³³=rɐ²⁴=ma⁵⁵　　tɐ³³si⁵³　　qhə³³-tɐ⁵³-ra²⁴.
　　　菜　　　　DIR-买=INF=TOP　　　　一整天　　　DIR-推动-PFV.VIS
　　　买菜呢，都花了一整天的时间。

9.1.3 焦点成分

焦点是用某种语言手段（形态标记、虚词、语序、韵律）凸显语言信息片段，从而使听话人特别关注到这部分信息。焦点成分内部可细分为三大类型，即：整句焦点、谓语焦点和对比焦点（Van Valin & LaPolla 1997: 206）。突出焦点成分时，沙德木雅语可使用语法标记、重读、移位等手段。

在表达整句焦点时，木雅语可把全句当做焦点域，且全句表达的都是新信息，没有任何预设的信息。例如：

(918) ɦæ³³mə³³nə³³　　tsʰa³³tsa⁵³　　kʰə³³-ɕɐ⁵³-pi³³　　tø⁵⁵nda⁵³
　　　这样　　　　慌张　　　　DIR-变化-IMPV.3　　事情
　　　ɦæ³³tsi⁵⁵　　tʰə³³-va̠⁵³-si³³=ni²⁴?
　　　什么　　　DIR-发生-PFV.3=GNO
　　　这样慌慌张张到底出了什么事？

(919) sæ⁵³　　　ɦæ³³mə³³nə³³　　na⁵⁵-ɴɢa⁵³-pæ³³　　ɦæ³³tsi⁵⁵
　　　如此　　　这样　　　　　DIR-哭泣-IMPV.2sg　　什么
　　　tʰə³³-va̠⁵³-ra²⁴?
　　　DIR-发生-PFV.SEN
　　　你为啥哭得如此的厉害呢？

(920) ʔɐ³³tsi⁵⁵=tɕʰi²⁴　　ŋɐ³³lɐ⁵³　　nɐ⁵⁵-və³³-ŋə⁵⁵-pæ⁵³
　　　那个=COM　　　结婚之事　　DIR-做-NEG-IMPV.2sg
　　　ɦæ³³ri⁵⁵ŋɐ²⁴?
　　　为什么
　　　你究竟为啥不结婚呢？

某些情况下说话人也能在全句中先提供一个预设信息，然后听话人主要对预设的信息进行强调，此时也主要采用整句焦点的表达方法。例如：

(921) zi²⁴　　　və³³və³³ko⁵⁵=tsi³³　　ɴa⁵⁵-lø⁵⁵　　ɣĩ³³-tɕy⁵⁵-si³³=tə³³pi³³
　　　猪　　　小的=NMLZ　　　　五-CL　　　DIR-生-PFV.3=HS
　　　ʔæ³³=ŋɐ⁵³=ti²⁴?　　　　ŋɐ³³=ti⁵⁵,　　ŋə⁵⁵mæ⁵³　　ŋi³³ŋɐ⁵³
　　　Q=COP=GNO.IMM　　　COP=GNO.IMM　真的　　　　肥美
　　　tɕɐ⁵⁵si³³　　ɣĩ³³-tɕy⁵⁵-si²⁴.
　　　一些　　　DIR-生-PFV.3
　　　听说（母猪）生了五只小猪是吗？是的，母猪的确生了一些肥猪。

(922) ɣæ³³gə⁵³　　ɦæ²⁴-ndzi³³　　tʰɐ³³-di⁵⁵=kə³³　　ŋə³³tsø⁵⁵
　　　辣椒　　　DIR-吃　　　　DIR-完毕=LNK　　　嘴巴

ɦæ²⁴-ndzɐ³³wu⁵⁵-pi²⁴,　　　ta⁵⁵ta⁵³　　　ɦæ³³ndzɐ³³nu²⁴-pi³³　　　te⁵⁵
DIR-发愁-IMPV.3　　　　的确　　　火辣辣的-IMPV.3　　　　根本
ŋə³³-mbə³³=ti²⁴.
NEG-舒服=GNO.IMM

吃了辣椒嘴巴简直是火辣辣的。的确是火辣辣的呢，一点不舒服。

　　与整句焦点相似，谓语焦点在木雅语中几乎也是采用无标记形式。在表达谓语焦点时，句中必须首先存在一个语用上的预设信息，然后借助动词短语强调焦点成分。例如：

（923）tsʰi³³pʰo⁵⁵=ɣæ²⁴　　ɦæ³³tsi⁵⁵　　tʰə³³-vɐ⁵³-si⁵⁵=ni²⁴?
　　　　树=DAT　　　　　怎么　　　　DIR-发生-PFV.3=GNO
　　　　tsʰi³³pʰo⁵⁵=ɣæ²⁴　　mə³³　　　qʰo³³-lə⁵³-və³³-si³³.
　　　　树=DAT　　　　　火　　　　DIR-烧掉-LVB-PFV.3

山上的青杠树到底怎么了？火把青杠树烧了呗。

（924）mæ³³mæ⁵³=ɣæ²⁴　　χə⁵⁵=ɣæ²⁴　　ɦæ³³tsi⁵³　　tʰə³³-vɐ⁵³-si⁵⁵=ni²⁴?
　　　　奶奶=POSS　　　　牙齿=DAT　　怎么　　　　DIR-发生-PFV.3=GNO
　　　　mæ³³mæ⁵³=ɣæ²⁴　　χə⁵⁵　　　　tʰɐ³³-ŋgə³³-si³³.
　　　　奶奶=POSS　　　　牙齿　　　　DIR-缺掉-PFV.3

奶奶的牙齿怎样了？奶奶的牙齿缺掉了。

　　对比焦点与整句焦点不同的是前者的焦点域可以限定在单一的句子成分上，也可以是主语、宾语或作为旁语的名词短语，对比焦点是与语境中与其他成分相对而言的焦点（Van Valin & LaPolla 1997：208）。对比焦点在沙德木雅语中有时候是无标记的，有时候也可采用汉语中类似[是+小句]结构中"是"一样的对比焦点标记，但此时需要配合名物化标记一起使用。例如：

（925）næ²⁴=ɣæ³³　　xə⁵³-ɴæ³³=ti⁵⁵,　　　　ŋə³³=ɣæ⁵⁵　　nə³³　　ɴæ³³=ni³³.
　　　　2sg=DAT　　去-MOD:能够=GNO.IMM　1sg=DAT　也　　能够=GNO

你能去的话我也能去。

（926）ʔe³³tsi⁵⁵　　　nu⁵⁵-sæ̃³³mbæ³³=ɣæ²⁴　　tø⁵⁵nda⁵³=tsi³³　　ta⁵⁵jæ⁵³
　　　　3sg　　　　DIR-构想=POSS　　　　　　事情=NMLZ　　　　钱
　　　　ndzy³³=mi⁵³　　　tʰə³³-væ⁵³=ry⁵⁵=tsi³³　　　　ni³³.
　　　　拥有.3=NMLZ　　　DIR-变成=NMLZ=NMLZ　　　COP

他想的事情就是变成有钱人（并非是变成穷人）。

　　除了以上三种焦点类型外，有时候通过移位和重读的方法也能强调句中的焦点内容。移位的时候多见于将宾语移动到句首位置表达焦点，并且在前移的宾语或名词性短语之后常常添加名物化标记 tsi³³ 用来标记移位之后的焦点成分。以下例子中方括号中的内容是作为焦点的宾语成分。例如：

（927）[kõ⁵⁵tʰo⁵³ γæ³³-χø⁵³-si³³=tsi³³]   ŋi⁵⁵   pæ²⁴me⁵³
　　　衣服   DIR-破掉-PFV.3=NMLZ   1sg.ERG   很多次
　　　kʰə³³-tʂʰø⁵³=ŋɐ²⁴.
　　　DIR-缝纫=GNO
　　　破掉的衣服我补了很多次。

（928）[tɕʰə⁵⁵   qʰɐ⁵⁵-tə⁵³-si³³=γæ³³   nde³³=tsi³³]   mɐ³³mɐ³³=ji²⁴
　　　现在   DIR-买-PFV.3=REL   藏毯=NMLZ   女人=ERG
　　　pæ²⁴me⁵³   no⁵⁵-ʁo³³-rɑ²⁴.
　　　不会   DIR-编织-PFV.VIS
　　　现在刚买的藏毯女人根本就不会织。

（929）kʰə⁵⁵=ji³³   sæ⁵³   [qɐ⁵⁵rɐ³³-nə⁵³=tsi³³]   ɦæ³³-ndzi³³-pi³³.
　　　狗=ERG   连   老鼠-PL=NMLZ   DIR-吃-IMPV.3
　　　狗连老鼠都吃。

9.2　话语的连贯

上一节从"新—旧"信息、话题结构、焦点结构三方面介绍了沙德木雅语日常会话中不同信息片段或相关句式的信息包装方法。本节重点分析木雅语的会话和口语语体中保持话语连贯、流畅的方法。要使交际双方在不同层面上对建立起来的话语共同承担责任，提高话语的连接，增进话语的推进方式以及信息流程，说话人常常使用话语标记连接某些话语片段。

木雅语中能做话语标记的语言成分十分丰富，除了前面复杂结构中所介绍的复句连词以外，某些简单结构中的时间副词、方式副词、情态副词等都能充当话语标记。但是为了使会话过程连贯自然，说话人一般都会使用专用的话语标记。有时候，说话人由于心情紧张或开口忘词，还会使用其他策略对自己的口误情况进行修正，从而达到更具礼貌性的交际过程。

以下分别介绍说话人在交际过程中如何采用"话语标记"和"口误修正"组织话语结构、建立话语流畅性的方法。

9.2.1　话语标记

话语标记用于组织文本结构，连接话语中的各个片段，是用来表达说话人个人认知的语用成分①。沙德木雅语在话语结构中可以使用某些指示词、时间副词、方式副词、连词等填充话语空位，从而增强整个话语结构的连贯性。有时候还使用具有停顿作用的填充词（fillers）去标记连接话语片段之间的界限，此时具有填充作用的话语标记主要用来分割话语串。由于木雅语中话语标记使用的情况较为复杂，本节重点介绍几个在长篇语料中经常出现的话语标记。首先描写话语标记出现的句法位置，然后介绍其功能。

在长篇语料中，目前一共发现约 13 个常用的话语标记。话语标记数量虽则较多，但一般都由四类不同的词根语素跟其他语素组合而成。如表 9-1 所示：

表 9-1　　　　　　　　沙德木雅语常用话语标记

相似词根	词根意义	话语标记及意义②
ɦɐ³³	这	ɦɐ³³mə³³nə²⁴ "要是这样等等的话……"
		ɦɐ²⁴tʰɐ³³ni³³ "要是这样的话……"
		ɦɐ³³kə³³tʰɐ³³ni³³ "要是这样的话……"
		ɦɐ²⁴mə³³nə³³ɳɐ³³tʰɐ³³ni³³ "要是按照这样等等的话……"
ɦæ³³	这？	ɦæ³³mə³³nə³³ "这样等等的话……"
		ɦæ³³mə³³kʰo³³ "这样等等的话……"
wɐ²⁴	那	wɐ²⁴kə⁵⁵tʰɐ³³re³³ "然后的话……"
		wɐ²⁴tʰɐ³³ni⁵⁵ "那样的话……"
		wɐ²⁴kə⁵⁵ŋɐ³³tʰɐ³³ni³³ "然后那样就是……"
ŋɐ³³	是	ŋɐ⁵⁵tʰɐ³³ "是说的话……"
		tɕʰø⁵⁵ŋɐ⁵⁵tʰɐ³³ "就是像现在的话……"
		ŋɐ³³tʰɐ³³ni⁵⁵ / ŋɐ³³tʰɐ³³ni⁵⁵ti³³ "是说的话……"
pi³³	即将	pi³³tʰa³³ŋa³³ "就将是那样的话"
		pʰu⁵⁵ŋgi³³ "就将是那样的话"

---

① 话语标记在句中大多是恒定不变的表达形式（内部不会发生某些形态变化），它在语义和句法上独立于会话环境，但在句中同样会引起其他邻近语言片段的韵律变化。话语标记的功能在于组织文本、描绘言谈者态度以及反映言谈双方的互动关系（Brinton 1995：380）。

② 木雅语中大多数的话语标记都不能一一对应地翻译成汉语，因此本表所附汉翻译仅为大致意义。由于话语成分在不同语境中也可能具有不同的意义解读，所以很难采用一刀切的方法给各个话语标记的功能贴上一个标签。相关话语标记的语法功能还需要放到篇章中去系统分析。此部分仅仅罗列本研究收集的木雅语长篇语料中出现频次较高的话语标记种类。

第九章 信息结构及话语连贯

从表 9-1 可知，在自然话语材料中常常出现的话语标记主要由指示词"这、那"、系词"是"，以及表示未完成事件的体标记作为词根构成的。每一类的话语标记内部还可细分为不同的小类：有的是各个词根添加上了连词 $t^h e^{33}$；有的是各个词根添加上了叙实示证标记 ni^{33} 或叙实－新知类示证标记 ti^{33}。因此，在沙德木雅语中话语标记实则已经是一个独立的话语填充词，它们完全独立于周围的句法环境而单独存在。

当近指代词 $ʔe^{33}$ "这"变成话语标记时，$ʔe^{33}$ 的喉门音 $ʔ$ 有从清塞音变为浊擦音 ɦ 的轻音浊化趋势，最终变成 $ɦe^{33}$。虽然话语标记内部一般都不容易发生屈折形态变化，但 $ɦæ^{33}mə^{33}nə^{33}$、$ɦæ^{33}mə^{33}k^ho^{33}$ 中的 $ɦæ^{33}$ 应该是 $ɦe^{33}$ 的元音交替形式。话语标记在句中出现的位置十分灵活，有时就算是同一个话语标记，一旦出现在不同位置上也能表达不同的语法功能。

$ɦe^{33}$ 类话语标记在木雅语中使用最为普遍。在日常交流中，说话人几乎在每个句子里都会使用到该类话语标记。并且 $ɦe^{33}$ 类话语标记的内部构形十分灵活，可以使用缩略式，也能跟某些别的话语标记组合，构成更为复杂的复合式话语标记①。例如：

（930）tsə³³kə³³　<u>ɦe²⁴tʰe³³ni³³</u>　　tsə³³kə⁵⁵　　jæ⁵⁵næ³³
　　　　SEQ　　　DM:这样的话　　SEQ　　　　1pl.POSS

ŋo⁵⁵le³³qʰa³³=kʰu³³　ri²⁴læ³³kæ³³　tʰe³³-və³³．tsə³³kə³³，tsə³³kə⁵⁵
合作社=LOC　　　　农活　　　　　DIR-做　　SEQ　　　SEQ

lø³³ŋø⁵⁵　kʰa³³ɕe⁵³　mbi³³．tsə³³kə⁵⁵　pə³³na⁵⁵　<u>ɦe³³tʰe³³ni⁵⁵</u>，
一年一年　一些　　　待着　　SEQ　　　 后面　　　 DM

tsə³³kə⁵⁵　wæ³³ɕĩ³³tɕʰe³³　ne³³-xə⁵⁵．
SEQ　　　玉龙溪　　　　DIR-下去

几年之后就让我在玉龙溪做农活，后来我就一年一年地待在那里（转正成了一名公办学校的老师），也就这样生活了很久。

（931）tsə³³kə⁵⁵　kõ³³pæ³³le³³si³³　tʰə³³-væ⁵³，tsə³³kə⁵⁵　we⁵⁵nde⁵⁵lø³³
　　　　SEQ　　　公办老师　　　　DIR-变成　　SEQ　　　那样

lø³³ŋø⁵³　ni⁵⁵ɕə³³qʰa³³tso⁵³　<u>ɦe³³mə³³nə²⁴</u>　tsə³³kə³³　sæ⁵⁵tɕʰæ⁵³
年　　　　二十多　　　　　　DM　　　　　　SEQ　　　　地

---

① Brinton（2017：4）认为话语标记一般都是内部语音结构较为简单的语言片段。但在沙德木雅语中，大多话语标记都属于内部语音结构较复杂的单位，某些复合式话语标记（如：$ɦe^{24}mə^{33}nə^{33}ŋe^{33}tʰe^{33}ni^{33}$ 或先前提到的 $we^{24}kə^{55}ŋe^{33}tʰe^{33}ni^{33}$）在语音结构上虽较为复杂，但是这应该源于两个话语标记的叠加。当 $ɦe^{24}mə^{33}nə^{33}$ 和 $we^{24}kə^{55}$ 叠加上 $ŋe^{33}tʰe^{33}ni^{33}$ 之后，自然而然变成读音较为复杂的形式。在长期使用中，两个话语标记的界限被打破，从而造成了黏连的现象。

tʰø³³rø³³   ɦɐ³³mə³³nə³³   qe³³le³³   tə³³-dzo⁵³   ɦɐ³³nə³³=pi³³kə³³,
高原   DM   辛苦   DIR-推动   这样=LNK:的时候
ɕo³³se⁵⁵   pə⁵⁵tsʰi⁵⁵-nə⁵⁵=tɕʰɐ⁵⁵...
学生   娃娃-PL=LOC

我在玉龙溪待了二十多年，虽然条件辛苦，但每次想到能传授学生娃娃知识的时候我就特别开心。

（932）tsə³³kə⁵⁵   we³³tsi³³   ŋe³³le⁵⁵   tsɿ³³tse⁵³   tæ³³-gæ⁵³=tsi⁵⁵=kʰu⁵⁵
       SEQ   那个   乡下   小小的   一-CL=NMLZ=里面
       je³³ɣø⁵⁵nə²⁴   ni⁵⁵ɕi³³   qʰɑ³³tʂo⁵³   zæ³³ŋæ⁵³   sə̃³³tɕʰə⁵³
       仅仅   二十   大约   差点   三十
       ti³³=le⁵⁵   zø³³=ŋe⁵³.   ɦɐ²⁴mə³³nə³³ŋe³³tʰɐ³³ni³³   ʔɐ³³tsɿ³³
       到=DAT   接近=EGO   DM   这个
       ŋe³³tʰɐ³³ni³³   je⁵⁵næ³³   tsə³³kə⁵⁵   ŋe³³tʰɐ³³ni³³   ge³³ge⁵⁵
       DM   1pl.POSS   SEQ   DM   老师
       tə⁵⁵-və³³-sɿ³³=ɣæ³³   ndʐe³³pu⁵⁵   ɦɐ³³mə³³nə³³
       DIR-担任-PFV.3=POSS   结果   DM
       si⁵⁵və³³   qʰɐ⁵⁵-tʰɐ³³-rɑ³³.
       好的   DIR-得到-PFV.VIS

然后我就在一个小乡村里面当老师，有大概二十多三十个学生（我教的学生里主要有大学本科生，高中生，大专生，中专生）。那样我就好好地当老师了。

以上例子中 ɦɐ³³ 类话语标记出现的位置比较灵活，不但可以出现在时间/方位名词后（如：例 930 和例 931），还能出现在小句句首、指示词之后等各种位置，因此其出现的位置并无规律可循，可任意穿插于话语结构中。但是 ɦɐ³³ 类话语标记大多情况下都需要跟表示顺承关系的连接标记 tsə³³kə³³ 一起使用。

语境中的 ɦɐ³³ 类话语标记不仅用来连接实际交谈中的各个话语片段，还能表达说话人"不太确定，且略带猜疑"的主观判断态度，有些近似于汉语的"要是一旦这样的话"。因此，ɦɐ³³ 类话语标记是句法上的填充词，但同时也表达了说话人的个人认知。ɦɐ³³ 类话语标记经常跟 ŋe³³ 类话语标记组合为一个复杂的话语标记 ɦɐ²⁴mə³³nə³³ŋe³³tʰɐ³³ni³³，这应该是说话人力图强调接下来自己论述的内容，同时希望引起听话人的进一步关注。

ɦæ³³ 类话语标记应该是 ɦɐ³³ 类话语标记词根元音 ɐ 交替的结果。ɦæ³³ 类话语标记一般都是对前面叙述内容的无穷尽列举或总括，表明说话人还有某些信息无法在交谈过程中具体列举，只能大致概括，有些类似汉语的

"这样等等的话"。它们一般都出现在连接标记之后。例如：

(933) tsə³³kə³³   pʰə⁵⁵lə̠⁵³   tə̃⁵⁵-tɕʰi³⁵   tsə³³kə³³   jø²⁴
      SEQ   灰尘   DIR-满天飞   SEQ   又
      ni³³-ri⁵³-si³³.   tsi³³pu³³,   ɦæ³³mə³³nə³³   tʰɐ³³-ge⁵³-pi³³
      DIR-笑-PFV.3   像上面样子   DM   DIR-笑断气-IMPV.3
      ta³³ra⁵³   ni³³-ri⁵³.
      一下   DIR-笑

然后他笑了大半天，也就是这样等等的事情，笑了一次现在再笑一次就会死掉。

(934) jø⁵⁵   ni³³-ri⁵⁵   tsə³³kə³³   ɦæ³³mə³³kʰo³³   tʰɐ³³-ge⁵³   tsə³³kə³³
      又   DIR-笑   SEQ   DM   DIR-笑断气   SEQ
      ɦæ³³mə³³kʰo³³   tɕʰy²⁴   pu³³kə⁵⁵,   so³³ku⁵³   ni³³-ri⁵³
      DM   现在   上面（之后） 三次   DIR-笑
      tʰɐ³³-di⁵⁵-ra²⁴.
      DIR-完毕-PFV.SEN

他又哈哈大笑，三次笑完了，也就是这样等等的事情，（他就知道自己要死了）。

跟 ɦɛ³³ 类话语标记相似，wɐ³³ 类话语标记源于远指代词跟别的语素的组合，它在大多语篇中都能翻译成"那样的话""然后那样呢"等意义。wɐ³³ 类话语标记可以出现在某一前置小句之后或后续小句之前，同样还可以出现在轻动词 və⁵⁵ 与核心动词 ɦæ²⁴tʂʰɨ⁵³ "教"之间。总的来看，wɐ³³ 类的话语标记主要用来连接实际交谈中的各个话语片段，其语序相对灵活，能引出说话人接下来需要表达的内容。例如：

(935) ɦɛ³³...   ŋə³³=le⁵⁵=kə²⁴   nɐ³³mæ⁵³=ɣæ³³   mi³³   tsə³³kə⁵⁵
      INTRO   1sg=DAT=TOP   真实=POSS   名字   SEQ
      tɛ̃³³ndze³³tɕʰø³³tʂa⁵³   wɐ²⁴kə⁵⁵tʰɐ³³rɛ³³=kə³³,   wɐ²⁴kə⁵⁵ŋɐ³³tʰɐ³³ni³³,
      登真曲折   DM=TOP   DM
      tsə³³kə⁵⁵   pə⁵⁵tʂʰɨ⁵⁵=rɛ³³,   tsə³³tsæ⁵⁵=rɛ³³,   wɐ²⁴tʰɐ³³ni⁵⁵.
      SEQ   孩子=NMLZ   小的=NMLZ   DM
      ŋə³³=ɣæ⁵³   tɕə³³=kʰu⁵⁵   zi²⁴   tsa̠³³=mi³³   tʰɐ³³ŋɐ⁵³kə³³,
      1sg=POSS   家=LOC   最   小=NMLZ   是……的原因
      tɕɛ³³kæ⁵⁵tsø³³   kʰi³³-mi³³-si³³=ni³³.
      杰噶   DIR-命名-PFV.3=GNO

我真正的名字叫登真曲扎。小时候我在我们家男孩中是最小的一个，所以家里人叫我杰噶增（意思也就是最小的孩子），后来就简称为杰噶。

（936）ɦæ̃²⁴-ndzi³³-ŋə³³-tsʰu³³.　　we²⁴kə⁵⁵ŋe³³tʰe³³ni³³　　ɣi³³-ɲi³³=pi⁵⁵kə³³
　　　　DIR-吃-NEG-CAUS.3sg　　DM　　　　　　　　DIR-休息=LNK
　　　　ŋe³³tʰe³³ni³³,　　tsə³³kə⁵⁵　　ŋe³³tʰe³³ni³³　　nẽ³³-dzu⁵⁵ndzə³³,
　　　　DM　　　　　　SEQ　　　　 DM　　　　　　　DIR-玩耍
　　　　tsə³³kə⁵⁵　　ŋe³³tʰe³³ni³³ti⁴⁴　　tsʰæ³³læ⁵⁵　　ro³³zi⁵⁵　　mə³³nə³³=ti³³,
　　　　SEQ　　　　DM　　　　　　　　舞蹈　　　　跳　　　　等等=GNO
　　　　ɦæ³³læ⁵⁵læ⁵⁵mu⁵⁵　　tə³³-və³³　　nə⁵⁵　　ŋə³³-tsʰu³³.
　　　　山歌　　　　　　　DIR-做　　　都　　　NEG-CAUS.3

不能让阿叩登巴吃别的东西（中午只能吃一碗糌粑），休闲期间也不能唱歌跳舞。

（937）tsə³³kə⁵⁵　　ɦe³³tʰe³³ni³³　　kə⁵⁵ræ³³　　ndzø²⁴　　tə⁵⁵-tʂe³³-re²⁴=ɣæ³³,
　　　　SEQ　　　 DM　　　　　　　一点　　　　考试　　　 DIR-测试-NMLZ=NMLZ
　　　　tsə³³kə³³　　tʰe⁵⁵ni³³　　pʰẽ³³mbæ³³　　ɕy³³ɕy⁵⁵　　we³³mə³³nə³³
　　　　SEQ　　　　DM　　　　　有益的　　　　 谦虚之意　　 DM
　　　　pu⁵⁵ji⁵⁵　　ndzə³³xɑ⁵⁵
　　　　藏语　　　　一些
　　　　ɦæ²⁴-tʂʰi⁵³　　we³³mə³³nə³³　　və⁵⁵.　　tsə³³kə⁵⁵　　nə³³tæ³³　　we⁵⁵nde⁵⁵lø³³
　　　　DIR-教　　　　DM　　　　　　 做　　　　SEQ　　　　时光　　　　那样
　　　　tʰə³³-væ²⁴-rɑ³³.
　　　　DIR-变-PFV.VIS

只要是喜爱学藏文的人我都会一文不收给他们补课，也为了他们能应付考试而补课。

ŋe³³类的话语标记的功能跟 ɦe³³类话语标记相似，它也常常跟别的连词或示证标记组合成一个复杂的话语标记。因为 ŋe³³在沙德木雅语中能单独充当否定句中系词或自知范畴标记，因此在充当复合型话语标记时，它还暗示说话人对前面已经表达的话语片段进行强调，有些类似汉语表示强调的"就是这样说的话……"或英语的 It is true that...。有时候 ŋe³³类话语标记中还能添加时间副词构成 tɕʰø⁵⁵ŋe⁵⁵tʰe³³，意为"就是像现在这样说的话"。

ŋe³³类话语标记出现的位置也比较灵活，它可以出现在连词后（例938），可以出现在主语和谓语之间（例939），还可以出现在时间状语从句的第一个小句之后（例941）。但 ŋe³³类话语标记大多情况下也需要置于顺接连词 tsə³³kə³³之后。例如：

（938）tsə³³kə⁵⁵　　tsə³³tsæ⁵⁵=rə⁵⁵　　tsə⁵⁵kə⁵⁵　　ŋe³³tʰe³³ni⁵⁵ti³³
　　　　SEQ　　　　小孩=LNK　　　　　SEQ　　　　DM

ndzø³³nə³³   ti³³   lə³³mi³³   mə³³nə³³   ɕə³³ɕo⁵³   tə⁵⁵-və³³.
别人   家畜   放牧   等等   总是   DIR-当作

小时候一直在放牧，（没有去学校学习的时间）。

（939）wɐ³³tsæ³³=tʂɐ⁵⁵   tsə³³kə⁵⁵   ʔɐ³³hə⁵³   tsə³³kə⁵³   ŋɐ³³tʰɐ³³ni³³
       那样=LOC:之后   SEQ   这里   SEQ   DM

sɿ³³tʂʷã³³sẽ⁵³=ɣæ²⁴   ɦɐ³³tʰɐ³³ni³³   tsə³³kə³³   tɕo²⁴jo³³tʰĩ³³=ɣæ³³
四川省=POSS   DM   SEQ   教育厅=POSS

gø³³tʂʰi⁵³=ji²⁴   tsø⁵⁵ɣø³³   ŋə³³=ɣæ⁵⁵   tʂʰi³³
领导=ERG   主要   1sg=POSS   建议

kʰu⁵⁵-tʰə³³-sɨ³³=pu³³   ŋɐ³³ tʰɐ³³ni³³   tsə³³kə⁵⁵
DIR-提出-PFV.3=LOC   DM   SEQ

mə⁵⁵ŋæ⁵³   su⁵⁵=ɣæ³³   tsə³³kə³³   tsʰĩ³³ndzø³³   tæ³³-kæ³³
木雅   话=POSS   SEQ   词典   一-CL

tu⁵⁵-tsɨ³³=ɣæ³³.
DIR-制作=NMLZ

这样过了几年之后，我又得到了四川省教育厅领导的支持和认可，准备做一部木雅语的词典，（之后就这样观察和收集材料，一共写了十年）。

（940）ŋə³³-tʂʰɑ⁵³   ɦɐ³³mə³³nə³³   tɐ³³-lø³³   ni²⁴,   tsə³³kə⁵⁵   wɐ³³tsi³³
       NEG-公平   MD   一-CL   COP   SEQ   3sg

ŋɐ³³tʰɐ³³ni³³   ty⁵⁵dzə⁵⁵   tsə³³kə³³   ŋɐ³³tʰɐ³³ni⁵⁵
DM   常常   SEQ   DM

zɔ̃³³gø⁵⁵tə⁵⁵sɿ³³   to⁵⁵-lɑ³³.
粮食   DIR-浪费

这样做的确是不公平的，然后呢他就常常浪费粮食。

（941）tɕæ³³   tɕʰə⁵⁵rɐ³³   rɐ³³-sɿ⁵³,   wɐ³³kʰə³³   kʰə³³-tʂæ⁵³=pi⁵⁵kə³³
       茶   喝   来-PFV.3   那里   DIR-到达=LNK:的时候

ŋɐ³³tʰɐ³³ni⁵⁵   ndzø⁵⁵=ji⁵⁵   tsə⁵⁵kə³³   tə³³rə⁵³   tu⁵⁵-tsɨ²⁴-sɨ³³.
DM   人家=ERG   SEQ   做好的糌粑   DIR-做-PFV.3

他喝完茶刚到那里的时候人家已经做好了糌粑。

（942）tsə³³kə³³   ji³³ŋi³³=pɐ⁵⁵kə³³   ŋɐ³³tʰɐ³³ri³³   jæ³³næ³³
       SEQ   休息=LNK:的时候   DM   1pl.POSS

tsə³³kə³³   tsʰæ³³læ⁵⁵   ro⁵⁵zi³³=ri²⁴   tsə³³kə³³   ŋɐ³³tʰɐ³³ni³³
SEQ   舞蹈   跳=CONJ   SEQ   DM

ɦæ³³læ⁵⁵læ³³mu³³   tə⁵⁵-və³³.
山歌   DIR-唱

（他们）在休息的时候想唱歌，也想跳舞，（但是害怕猴王骂）。

除了前面介绍的几类话语标记外，在日常会话中还可使用 pi³³tʰa³³ŋa³³ 和 pʰu⁵⁵ŋgi³³ 两个话语标记。跟其他话语标记相比，pi³³tʰa³³ŋa³³ 和 pʰu⁵⁵ŋgi³³ 出现的概率较低，目前仅仅在长篇故事中发现一例。pi³³tʰa³³ŋa³³ 和 pʰu⁵⁵ŋgi³³ 大致相当于汉语中的"照那样的话"。它们除了出现在后续小句句首以外，还能作为中缀插入到动词词根与动词的其他形态标记之间，但一般不出现在连词之后。例如：

（943）tsa⁵⁵nə³³   ne³³-ru⁵⁵-si³³   tə⁵⁵si³³.   fie⁵⁵...   dze³³pu³³
　　　 肥肉   DIR-融化-PFV.3   说-PFV.3   INTRO   国王

rẽ³³pu³³tɕʰe³³   mə³³rə⁵⁵   ɣa²⁴-tə³³-tsi³³,   tsa³³ne³³
仁波切   生气   DIR-NEG-要   肥肉

rø³³-<pʰu⁵⁵ŋgi³³>-me³³-sø³³=ŋe³³   tsa⁵⁵ɣæ³³   fiæ³³ti⁵⁵   kʰə⁵⁵
化了-<DM>-NEG-PFV.1sg=EGO   肥肉   多少   有

pi³³tʰa³³ŋa³³   tse⁵⁵=ɣo²⁴kʰu³³   qʰə³³-ŋe⁵³   tə⁵⁵-si³³.
DM   2sg.REFL=LOC   DIR-有   说-PFV.3

国王为难阿叩登巴，说牛群变瘦了，国王十分生气让他赔，说道："我的牛变瘦了，没有多少肥肉了"。

9.2.2　话语连接标记

除了以上介绍的四类常见话语标记外，沙德木雅语的自然口语中还常常使用话语连接标记 tsə³³kə⁵⁵ 来连接不同的话语片段。tsə³³kə⁵⁵ 出现的情况十分普遍，它大多置于后续小句句首，起到话语连贯的作用。有时候 tsə³³kə⁵⁵ 还能插入到话题链的任意部分，有些近似于增强话语连贯性的话语标记，因此 tsə³³kə⁵⁵ 后面还能添加别的话语标记 fie²⁴tʰe³³ni³³ 或其缩略形式 tʰe³³ni³³ 从而构成较为复杂的结构。

虽然 tsə³³kə⁵⁵ 有些类似汉语中的连词"然后"，但它更像一个连接独立话语片段的连接标记。它常常处于多动词结构的中间，连接时间上具有先后顺序或同时发生的动作，此时有些类似古代汉语中的"而"。在自然口语中，tsə³³kə⁵⁵ 还会发生语流音变，变为低调域的 tsɨk³³。例（944）和例（945）的长篇语料中，说话人在句首和句中都使用了多个话语连接标记 tsə³³kə⁵⁵。例如：

（944）tsə³³kə⁵⁵   læ³³mæ³³=ri²⁴   tsʰæ³³mbæ³³   tsʰo⁵⁵jo⁵³-nə²⁴   tɕi³³pu⁵⁵wu⁵⁵
　　　 SEQ   喇嘛=CONJ   喇嘛   随从-PL   幸福

mbi⁵⁵-si³³   we³³mə³³nə³³   tʰə⁵⁵-væ⁵³-si³³...   fio²⁴...
坐着-PFV.3   那样   DIR-发生-PFV.3   INTRO

就那样吧喇嘛和他的徒弟都盘坐在那里（过上了幸福的生活）。

(945) tsə³³kə⁵⁵ we³³qʰɐ³³ tsə³³kə³³ ɕæ⁵⁵kʰæ⁷³ tə⁵⁵-pi³³
　　　SEQ　　　那里　　　SEQ　　　地方　　　称为-IMPV.3
　　　mə³³nə³³ tɐ³³tɕʰi⁵⁵ je³³tsɨ⁵⁵=ti⁵⁵, tɐ⁵⁵tɐ⁵⁵ji⁵⁵ tsə³³kə³³
　　　等等　　　旁边　　　一点=GNO.IMM　一群　　SEQ
　　　jæ⁵⁵næ³³ mə³³ŋæ⁵⁵su⁵⁵ tə⁵⁵-və⁵³ tsə³³kə³³ we²⁴tsə³³kə⁵⁵
　　　1pl.POSS 木雅语　　　讲-LVB　　SEQ　　　那样的话
　　　tʰɐ³³ni⁵⁵ mə³³ŋæ³³ tɕʰø²⁴ pə³³nɑ⁵⁵=ɣæ³³ mə³³ŋæ³³
　　　DM　　　木雅　　　SEQ　　　后来=POSS　　木雅
　　　kʰə⁵⁵-kø⁵³=rə³³=tsi³³ mə³³ŋæ⁵⁵su⁵⁵ tə⁵⁵-və³³=mi³³
　　　DIR-称为=NMLZ=NMLZ　木雅语　　　　称为-LVB=NMLZ
　　　je³³yu⁵⁵=le²⁴ tsə³³kə⁵⁵ tʰɐ³³ni⁵⁵ mə⁵⁵næ⁵³ tə⁵⁵-pi³³
　　　仅仅=DAT　　SEQ　　　DM　　　木雅　　　称为-IMPV.3
　　　tɐ⁵⁵-lø³³ wẽ³³tɐ³³lø³³=ti²⁴ tə⁵⁵-tə⁵⁵-si²⁴
　　　一-个　　那一个=GNO.IMM　　DIR-说-PFV.3
　　　ŋɐ³³=ti⁵⁵ tɐ³³lø³³=ti⁵⁵.
　　　COP=GNO.IMM　一个=GNO.IMM

那个地方以及周围的一些地方也就称为（木雅），后来周围也有一群讲我们木雅话的人（他们也都住在那些地方）。

例（946）一例（947）中话语连接标记tsə³³kə⁵⁵后面都使用了其他语标记，用来强调说话人说话时稍作迟疑或进一步思考后继续展开相关话题的语用效果。有时候由于说话人谈话时情绪较紧张，还会在同一话语片段中多次使用连接标记tsə³³kə⁵⁵（见口误部分）。例如：

(946) tsə³³kə³³ ɦɐ²⁴tʰɐ³³ni³³ #tsə³³kə⁵⁵# jæ⁵⁵næ³³ ŋo⁵⁵le³³qʰa³³=kʰu³³
　　　SEQ　　　DM　　　　SEQ　　　　　1pl.POSS　合作社=LOC
　　　ri²⁴læ³³kæ³³ tʰɐ³³-və³³, tsə³³kə³³ #tsə³³kə⁵⁵# lø³³ŋø⁵⁵
　　　农活　　　DIR-做　　　　SEQ　　　　SEQ　　　一年一年
　　　kʰæ³³ɕẽ⁵³ mbi³³.
　　　一些　　　待着

然后啊（我）又在我们的合作社里面做农活，也就这样待了许多年。

(947) tsə³³kə⁵⁵ tʰɐ³³ni³³ mə⁵⁵ŋæ⁵³=ɣæ²⁴ #tsə³³kə³³#
　　　SEQ　　　DM　　　　木雅=POSS　　　SEQ
　　　qʰo⁵⁵-si³³=le²⁴ to⁵⁵-və⁵⁵-sɨ³³=ni²⁴ tə⁵⁵-pi³³, tɐ⁵⁵-lø³³=ni²⁴
　　　DIR-包括=DAT　DIR-做-PFV.3=GNO　说=IMPV.3　一-个=GNO
　　　tɕi⁵⁵le³³ we⁵⁵tsi³³ ni²⁴.
　　　第一个　　那样　　　COP

然后要说木雅呢它就包括那样一个大的范围。

（948）ɦɯ³³mə³³nə³³　　tsə³³kə⁵⁵　　mə⁵⁵se⁵³=næ²⁴　　du³³du⁵⁵=pi³³kə⁵³,
　　　　DM　　　　　SEQ　　　　民众=PL.DAT　　　坏的=LNK:的时候
　　　　tsə³³kə⁵⁵　　　læ³³pæ⁵⁵=næ³³　　#tsə⁵⁵kə⁵⁵#　　ŋe³³tʰe³³ni⁵⁵
　　　　SEQ　　　　　劳工=PL.DAT　　　SEQ　　　　　DM
　　　　te³³sɨ³³kʰu⁵⁵　#tsə³³kə⁵⁵#　　ŋe³³tʰe³³ni⁵⁵　ɕæ³³　te³³-wu⁵⁵=pu⁵⁵
　　　　一天　　　　　SEQ　　　　　DM　　　　　饭　　一-CL=LOC
　　　　tə³³rə⁵³　　　te⁵⁵-si³³　　　ma³³to⁵³　　ɦiẽ²⁴-ndzi³³-ŋə³³-tsʰu³³.
　　　　糌粑　　　　　一-CL　　　　只有　　　　DIR-吃-NEG-CAUS.3
　　　　他对佣人们都很不好，有时候让佣人们一天只吃一块糌粑。

　　在上例中，tsə³³kə⁵⁵后面都倾向于继续添加别的话语标记。比较有趣的是例（948），tsə³³kə⁵⁵竟然出现在话语标记ŋe³³tʰe³³ni⁵⁵之后充当连接标记。由此可见在沙德木雅语中起连接作用的 tsə³³kə⁵⁵ 可能正在向一般话语标记变化。

　　以下的例（949）中 tsə³³kə⁵⁵ 出现的语序更加灵活，它或者出现在领属定语和中心语之间，或者出现在主语之后。此时 tsə³³kə⁵⁵ 更像一个具有语篇连贯功能的话语标记，而表示"然后"的意义却不那么明显。例如：

（949）tsõ³³tsʰø⁵³=ɣæ³³　　tsə³³kə³³　mə³³ɲi²⁴-ni³³　tsə³³kə⁵⁵　tsə³³tsæ⁵⁵=rə⁵⁵
　　　　村落=POSS　　　　SEQ　　　人-PL　　　　SEQ　　　小孩=LNK
　　　　tsə⁵⁵kə⁵⁵　　ŋe³³tʰe³³ni⁵⁵ti³³　　ndzø³³nə³³　　ti³³　　lə³³mi³³
　　　　SEQ　　　　DM　　　　　　　别人　　　　家畜　　放牧
　　　　mə³³nə³³　　ɕə³³ɕo⁵³　　tə⁵⁵-və³³,　　tsə³³kə³³　　ɣõ³³ndə³³
　　　　等等　　　　总是　　　　DIR-当作　　　SEQ　　　　文字
　　　　kʰi³³-zi⁵³=rɐ³³=ɣæ³³　　　　we³³tsɨ³³　　tə³³tsʰø⁵³
　　　　DIR-学习=NMLZ=POSS　　　　那个　　　　时候
　　　　mə³³-ndə⁵⁵-ra³³　　　tə⁵⁵tsʰø⁵³　　mə³³-ndə⁵⁵-ra³³.
　　　　NEG-有-PFV.SEN　　　时候　　　　NEG-有-PFV.SEN
　　　　村里小孩以前一直都干放牧等事情，他们没时间去学习知识。

　　沙德木雅语中除了能使用专用的话语连接标记 tsə³³kə⁵⁵ 连接不同话语片段外，还能将表示"现在"的时间副词 tɕʰø²⁴ 语法化为话语连接标记。在表达话语连接功能时，tɕʰø²⁴ 跟 tsə³³kə⁵⁵ 极其相似，大多情况下两者可以互换。但略为不同的是 tsə³³kə⁵⁵ 可以跟别的话语标记一起使用，而 tɕʰø²⁴ 几乎无法跟别的话语标记一起使用。tɕʰø²⁴ 有时候还能跟句末示证标记组合成 tɕʰø²⁴ti³³ 的结构，但 tsə³³kə⁵⁵ 却不能跟 ti³³ 直接组合构成话语连接标记。例如：

（950）tsə³³kə³³　　tʰe³³ni³³　　tsʰo⁵⁵pæ⁵³　　te⁵⁵-lø³³　　ŋe³³=ti⁵³
　　　　SEQ　　　　DM　　　　部落　　　　　一-CL　　　　COP=GNO.IMM

tə⁵⁵-pi³³=ni²⁴,	we³³tsi³³	tʰɐ³³ŋe⁵⁵tʰɐ³³	tɕʰə⁵³	mə³³ŋæ⁵⁵ra³³NGɑ⁵³
说-IMPV.3=GNO	那个	DM	现在	木雅热岗

tɕʰə³³=ɣæ³³	#sæ⁵⁵#	sæ⁵⁵tɕʰæ⁵³	qʰo⁵⁵sɿ³³	to⁵⁵-ve⁵⁵
现在=POSS	地方	地方	区域	包括-LVB

tʰɐ³³	tɕʰø²⁴ti²⁴	te⁵⁵wu⁵⁵	mɔ̃³³tɕʰø⁵³-ri²⁴
DM	SEQ	道孚	以下=CONJ

mɔ̃³³tɕʰø⁵³-ri²⁴	tsɔ³³kə⁵⁵	ŋæ³³tɕʰə⁵³	mɔ̃³³tɕʰø⁵³	tsə³³kə⁵⁵
以下=CONJ	SEQ	雅江	以下	SEQ

tɕʰə³³	jæ³³næ³³	mə⁵⁵næ⁵⁵=ɣæ²⁴	tsə³³kə⁵⁵	tʰɐ³³ni³³
现在	1pl.POSS	木雅=POSS	SEQ	DM

tɕʰø²⁴	kʰẽ³³ndzi⁵³=ɣæ³³	kʰə⁵³	te³³-lø³³=tsɿ	me³³me⁵⁵=tsɿ³³
SEQ	甘孜=POSS	州	一-个=NMLZ	全部=NMLZ

zæ³³næ⁵⁵	we³³kʰə⁴⁴	tɕʰe³³rɐ³³.
大概	那里	方向

木雅热岗周边的话也就是包括现在道孚和雅江的区域，还包括现在的甘孜全境。

（951）
tæ³³mbu⁵⁵	ɦæ³³ndə⁵⁵lø³³	ni³³	tə⁵⁵-pi³³,	tʰɐ³³ŋe³³tʰɐ⁵⁵
第一	哪样	COP	说-IMPV.3	DM

jæ³³næ⁵³	mə⁵⁵ŋæ⁵³=tsɿ⁵⁵	tʰɐ³³ni³³	pu³³pæ⁵³	kæ³³χo⁵³
1pl.POSS	木雅=NMLZ	DM	藏族	以前

jæ³³næ⁵³=tsɿ⁵⁵=kə³³	tʰɐ³³ni³³	tɕʰø²⁴	mə³³rə⁵³	zæ³³næ⁵³
1pl.POSS=NMLZ=TOP	DM	SEQ	历代	大概

tɕʰø²⁴ti²⁴	tõ⁵⁵tʂʰa⁵³	te³³lø⁵⁵	ti⁵⁵=ɣæ²⁴	ŋø⁵⁵le³³
SEQ	一千	一年	大概=ATTR	之前

tʰɐ³³ŋe⁵⁵tʰɐ³³	mə³³ŋæ⁵³	tɕʰẽ³³pu⁵⁵	tə⁵⁵-rø⁵³=tsɿ⁵⁵=ɣæ²⁴
DM	木雅	大的	说=NMLZ=NMLZ=ATTR

mə³³ŋæ⁵³	ki⁵⁵kɐ⁵³	mə³³ŋæ⁵³	tɕʰẽ³³pu⁵⁵=ɣæ²⁴	tsə³³kə³³
木雅	大的	木雅	大的=ATTR	SEQ

kʰo³³sɿ³³	to⁵³-pi³³=ni²⁴	tə⁵⁵-pi³³=ni³³.
里面	包含-IMPV.3=GNO	说-IMPV.3=GNO

第一点要说的呢就是木雅是藏族，上千年以前的时候就包括在大木雅里面。

值得注意的是，tɕʰø²⁴虽然也有时间副词"现在"的意义，但在当前的自然口语中，当表达"现在"的意义时常使用借自藏语的时间副词tɕʰə³³，而木雅语的本民族词 tɕʰø²⁴ 大多用作话语连接标记；它出现的位置较

tsə³³kə⁵⁵而言更加固定，一般都前置于后续小句，几乎不能出现在主语之后或定中结构之间。

9.3 口误和话语的自我修正

口误（speech errors）是说话人在交际过程中由于表达错误而造成言谈内容逻辑不连贯、内容失真或潜意识表达错误，给听话人造成的理解障碍。有时候说话人会立即发现自己的口误，采用某些弥补措施去自我修正（self-repair）那些出现错误的话语片段。说话人一般会稍作迟疑，接下来进一步澄清观点，向听话人妥协自己的看法或避免正面回答某些敏感话题。

老年一代木雅母语者在讲述长篇故事或进行相关对话时常常出现口误。口误跟说话人自身个人因素有关，老年一代对新事物掌握能力普遍比年轻一代低一些，在交谈中每当遇到新事物时就会迟疑到底借用藏语还是四川方言去表达相关事物，有时候甚而会出现表达错误的情况。老年一代记忆力相对年轻人更差，在讲述故事时常常出现语无伦次的情况，因此会迟疑或临时终止交谈。口误另一方面还跟说话人心理素质有关，当第一次面对自己不熟悉的谈话人时，老年人经常会紧张忘词，从而出现某些口误情况。相对老年一代说话人而言，年轻一代表达更为流畅，但由于忘记了日常使用的某些词，从而会造成表达不畅，甚而使用语码转换（code-switching）的手段勉强完成相关表达。

在话语结构中，老年、中年或受教育程度不太高的木雅人大多会不经意地重复某些语言片段或拼命添加连接标记去弥补交谈中听起来并不十分流畅，且不具逻辑性的片段，最终产生了口误，增加了听话人的理解难度。例如：

（952）tsə³³kə³³　　fiɐ²⁴tʰe³³ni³³　　tsə³³kə⁵⁵　　jæ⁵⁵næ³³　　ŋo⁵⁵le³³qʰɑ³³=kʰu³³
　　　　SEQ　　　 DM　　　　　　SEQ　　　　 1pl.POSS　　合作社=LOC
　　　　ri²⁴læ³³kæ³³　　tʰe³³-və³³,　　tsə³³kə³³　　#tsə³³kə⁵⁵#　　lø³³ŋø⁵⁵
　　　　农活　　　　　　DIR-做　　　　SEQ　　　　 SEQ　　　　　一年一年
　　　　kʰæ³³ɕẽ⁵³　　　mbi³³.
　　　　一些　　　　　 待着
　　　　然后啊（我）又在我们的合作社里面做农活，也就这样待了许多年。

（953）tsə³³kə⁵⁵　　 we³³kʰe³³　　 ᵑmĩ³³mbæ³³le⁵⁵si³³　　si³³mbi³³　　 tsə³³kə³³
　　　　SEQ　　　　 那里　　　　 民办老师　　　　　　　 待着　　　　 SEQ
　　　　pə³³ɴɑ⁵⁵=kə⁵⁵　　tsə³³kə⁵⁵　　tʂũ⁵⁵tʂẽ⁵⁵　　və⁵⁵,　　tsə³³kə³³
　　　　后面=TOP　　　　 SEQ　　　　 转正　　　　　 做　　　 SEQ

#tsə³³kə⁵⁵#　　　ᵖkõ³³pæ̃³³le³³si³³　　　tʰə³³-væ⁵³...
SEQ　　　　　　公办老师　　　　　　　DIR-变成

后来呢一直待在那里当民办老师，最后慢慢转正成为公办老师。

以上例（952）—（953）的材料选取自 75 岁高龄的发音人杰噶所述的故事，其中#...#的部分都是说话人在自然语流中所产生的口误。出现频次最多的是反复使用话语连接标记 tsə³³kə³³。在发音人将近 15 分钟的话语材料中，tsə³³kə³³ 重复出现的次数高达 15 次之多，这也说明发音人借此重复的口误成分认真思考接下来会述说的内容。有时候说话人为了克服自己在交际现场的紧张情绪，借用重复话语连接标记 tsə³³kə³³ 的方式来重新组织言谈内容，或尽快纠正自己的口误内容。

除了重复连接标记外，说话人在某些情况下还无意识地重复句子的谓语或干脆直接镶嵌进不属于当前话语结构中的错误片段。在例（954）中整个谓语成分"冲刺了"被重复了一遍，此时说话人略带强调动作行为方式的口吻；而例（955）的整个语境是讲"兔子想自己独吞糌粑"，但发音人一旦说到"自己"的时候，脑袋中就立即浮现出"我自己"的表达形式，因此错误地将转述语体用为直述语体，将自己移情到与交谈主人公兔子相同的角色，反而错误地在反身代词 je³³ɣo⁵⁵"自己"前添加上了一人称代词 ŋe⁵⁵"我们"。例如：

（954）jø²⁴　　wɐ³³tsi⁵⁵　　dzɐ³³pu⁵⁵　　næ⁵⁵-ɕo⁵³-ra³³　　　　tsə³³kə⁵⁵
　　　　又　　　那个　　　　国王　　　　DIR-冲刺-PFV.VIS　　SEQ

　　　　ri³³kʰæ⁵³　　næ⁵⁵-ɕo⁵³-ra³³　　　#næ⁵³-ɕo³³-ra³³#　　tsə³³kə³³
　　　　旁边　　　　DIR-冲刺-PFV.VIS　　 DIR-冲刺-PFV.VIS　　SEQ

　　　　næ²⁴　　ɦɐ³³mə³³nə³³　　sa³³li⁵⁵　　tu⁵⁵-ri³³　　tsə³³kə³³　　no³³wa⁵⁵
　　　　2sg　　那样　　　　　　笛子　　　DIR-吹　　　SEQ　　　　心情

　　　　tə³³-tɕi⁵⁵　　ŋə⁵⁵-tsʰu⁵⁵=ŋe²⁴　　tə⁵⁵-si³³.
　　　　DIR-变成　　 NEG-准许=EGO　　　说-PFV.3

不久之后国王过来了，看见周围人在娱乐，他立刻说："不允许你们这样娱乐。"

（955）tsə³³kə⁵⁵　　ri³³vø⁵³　　tʂʰæ⁵⁵mbæ⁵³=ni²⁴　　ri³³bɐ⁵⁵=le²⁴　　pʰə³³ɣo⁵³
　　　　SEQ　　　　兔子　　　　狡猾的=GNO　　　　乌龟=DAT　　　 酥油包子

　　　　tʰe⁵⁵-tɕo⁵⁵-mə³³,　　#ŋe⁵⁵#　　je³³ɣo⁵⁵=ji²⁴　　ɦæ³³-ndzi⁵³-χi³³=ti³³.
　　　　DIR-NEG-有　　　　1pl　　　　REFL=ERG　　　DIR-吃-MOD:要=GNO

兔子很狡猾，她就算有酥油包子也不给乌龟吃，总想自己独吞。

除了老一辈发音人外，就算受过一定教育的年轻一代或从事语言文字工作的母语人在自然交谈中也常常出现口误。以下材料节选自 39 岁发音人尼玛所讲述的故事。在自然语流中尼玛除了常常重复连接标记 tsə³³kə³³ 来重新组织言谈内容，纠正口误情形以外，他有时候还误将连接标记插入到话语结构的任意片段周围。

例（956）中 tsə³³kə³³ 处于施事者"元朝（人）"之后，但此时发音人发现"元朝"应该是此句的施事，所以立即进行修正，添加上了作格标记 ji³³；例（957）中仅仅重复了复合词 sæ⁵⁵tɕʰæ⁵³ "地方"中的一个语素 sæ⁵⁵。例如：

（956）tsə³³kə⁵⁵   tʰɐ³³ni³³   ɕi³³ɕa⁵³   wã³³kʷi³³   tə⁵⁵=rø³³=tsɨ³³
　　　 SEQ　　　　DM　　　　 西夏　　　 王国　　　　 说=NMLZ=NMLZ
　　　 wẽ⁵⁵dɐ⁵⁵lø³³=ɣæ²⁴   le⁵⁵dʐʅ⁵⁵   ta⁵⁵ka⁵⁵   nə²⁴   ndə⁵⁵=ni²⁴, kæ³³
　　　 上面=POSS　　　　　 故事　　　　 一种　　　 也　　　有=GNO　更加
　　　 dzɐ⁵⁵=tsɨ⁵⁵=ji⁵⁵   mã⁵⁵tɕe⁵⁵ɣæ²⁴=ji³³   tu³³-ɕe⁵³=rø⁵⁵=tsɨ³³
　　　 多=NMLZ=ERG　　　 大多数=ERG　　　　　DIR-说=NMLZ=NMLZ
　　　 tʰɐ³³ŋɐ³³tʰɐ³³ni⁵⁵   ɦæ³³ri⁵⁵ŋɐ³³   tə⁵⁵   tʰɐ³³
　　　 DM　　　　　　　　　为什么　　　　 说　　　DM
　　　 ᵖjʷã³³tsʰau³³#tsə⁵⁵kə³³#=ji³³   jæ³³næ⁵⁵   ɕi⁵⁵ɕa³³=tsɨ³³
　　　 元朝#SEQ#=ERG　　　　　　　　1pl.POS　　 西夏=NMLZ
　　　 me³³pæ⁵⁵   tɐ³³-lə⁵³?
　　　 没有　　　 DIR-灭掉

对于以上的故事呢还有一种说法（被大家传颂的内容）就是很多故事都说为什么元朝没有灭掉西夏呢？（我觉得很奇怪）

（957）wɐ³³tsɨ³³   tʰɐ³³ŋɐ⁵⁵tʰɐ³³   tɕʰə⁵³   mə³³næ⁵⁵ra³³ɴɢa⁵³   tɕʰə³³=ɣæ³³
　　　 那个　　　 DM　　　　　　　 现在　　　木雅热岗　　　　　　现在=POSS
　　　 #sæ⁵⁵#   sæ⁵⁵tɕʰæ⁵³   qʰo⁵⁵si³³   to⁵⁵-ve⁵⁵   tʰɐ³³
　　　 地方　　　地方　　　　 区域　　　　包括-LVB　　DM
　　　 tɕʰø²⁴ti²⁴   tɐ⁵⁵wu⁵⁵   mã³³tɕʰə⁵³=ri²⁴   #mã³³tɕʰø⁵³=ri²⁴#
　　　 SEQ　　　　道孚　　　 以下=CONJ　　　　以下=CONJ
　　　 tsə³³kə⁵⁵   ŋæ³³tɕʰə⁵³   mã³³tɕʰə⁵³...
　　　 SEQ　　　　雅江　　　　以下

木雅热岗周边的话也就是包括现在的道孚以下以及雅江以下的区域。

但是例（958）—（960）却重复了句中的多个实词。例如：

（958）tsə³³kə⁵⁵   tɕʰø⁵⁵ti⁵³   ŋə³³mæ⁵³=ɣæ²⁴   tsə³³kə³³   tʰɐ³³ni³³
　　　 SEQ　　　　SEQ　　　　真正=POSS　　　　SEQ　　　　 DM
　　　 mə³³næ³³=ɣæ²⁴   pø²⁴le²⁴   #tsə³³kə³³   tʰɐ³³ni³³
　　　 木雅=POSS　　　 藏族　　　SEQ　　　　SEQ

ŋə³³mæ⁵³=ɣ³³#   tsə³³kə³³   kæ³³ŋu⁵³   ndo³³mæ⁵³
真正=POSS   SEQ   以前   原始
ŋø⁵⁵le³³   tsə³³kə³³   tʰɐ³³-ndzə³³-sɨ³³   tʰɐ³³-ŋɐ³³   nə²⁴
之前   SEQ   DIR-有-PFV.3   DIR-COP   也
ndzæ⁵³=ti³³.
好的=GNO.IMM

（这一说法认为）木雅藏族的确自古就存在，且保留有藏族许多原始的生活习惯。

（959）wɐ³³tsɨ³³   tsə³³kə³³   tʰɐ³³ni³³   tɕʰø²⁴ti²⁴   kʰe³³pæ⁵³=ɣæ⁵⁵
        那个   SEQ   DM   SEQ   智者=POSS
        #kʰe³³pæ⁵³=ɣæ⁵⁵#   ku³³wæ⁵⁵   ni⁵⁵,   lɔ̃³³pu⁵⁵   #lɔ̃³³pu⁵⁵#=ɣæ⁵⁵
        智者=POSS   见解   COP   愚昧者   愚昧者=POSS
        ku³³wæ⁵⁵   ni²⁴.
        见解   COP

当然（对于那些研究）也是仁者见仁智者见智。

（960）tsə³³kə⁵⁵   tʰɐ³³ni³³ri⁵⁵   tsə³³kə³³   #ʔɐ⁵⁵tsɨ³³#   ʔɐ³³tsɨ³³=ri³³
        SEQ   DM   SEQ   那个   那个=CONJ
        #jæ³³næ³³næ³³#   jæ³³næ³³   so⁵⁵=le²⁴   tsə³³kə³³   so⁵³
        1pl.POSS   1pl.POSS   生命=DAT   SEQ   生命
        #so⁵³#   ŋə³³-kʰə³³   tʰə³³-væ³³.
        生命   DIR-有   DIR-变

不过这个时候木雅语的词汇并没有变得那么多，而新事物与我们的生活却在变化。

  由此可见，这类由重复使用所造成的口误现象并不仅仅限于某一特定的词或结构，就算是构词语素也可被重叠，并且口误的语言片段可以出现在自然语流的任何结构中。有时候口误并非只是使用错误，而是说话人在思考，组织接下来的语言片段从而使得交际更为顺畅。为了强调某一内容，在言谈中也会使用重复性口误。有时候说话人发现了自己的口误片段，会及时进行修正；有时候却很难发觉相关错误。

  沙德木雅语中的口误现象大多跟音变等手段无关，因此目前还未发现发音人通过改变某一读音形式出现的口误。口误跟性别、受教育背景、家庭背景等关系并不十分密切。有时候某些藏语、汉语基础都较好的年轻人在自然会话过程中出现口误的情况反而还会高于老年人，这也许是双语能力对自己母语能力的压制所造成的。有关口误的具体形式和类别还需今后系统研究和分析。

附录一　长篇语料

长篇语料可分为"谚语、谜语、歇后语、俏皮话、丧葬／祭祀用语、歌谣"等形式。沙德木雅语的丧葬／祭祀用语和歌谣当前都已逐一被康巴藏语替代，因此无法调查出使用木雅语记录这几类长篇话语材料的情况。目前只有一些谚语、谜语、歇后语、俏皮话等还能使用木雅语表达，但主要见于老者或寺庙僧人使用的话语材料中。本附录主要记录母语者的自述以及他们所讲述的民间故事。相关民间故事大都以简略的语言表达深邃的道理，反映了木雅人对某些社会现象的认识和看法。由于受到周围语言的影响，以及母语者在讲述过程中的口语习惯、话语自我修正、临时忘词等因素，在长篇语料中常常会出现借用四川方言或藏语康方言的情况。本附录尝试对借入的语篇片段作相关标注，分别采用以下符号：†A 借自藏语、πA 借四川方言、<A> 借其他语言构成的合璧词、#A# 冗余的话语成分。

（一）杰噶个人生活经历口述

1　ɦɤ³³...　　ŋə³³=le⁵⁵=kə²⁴　　nɤ³³mæ⁵³=ɣæ³³　　mi³³　　tsə³³kə⁵⁵　　tẽ³³ndze³³tɕʰø⁴³tʂɑ⁵³
　　INTRO　　1sg=DAT=TOP　　真实=POSS　　名字　　SEQ　　登真曲折
　　wɤ²⁴kə⁵⁵tʰɤ³³re³³=kə³³　　wɤ²⁴kə⁵⁵=ɣæ³³　　tʰɤ³³ni³³　　tsə³³kə⁵⁵　　pə⁵⁵tsʰi⁵⁵=re³³
　　那样子=TOP　　　　　　那样子　　　　　DM　　　SEQ　　孩子=NMLZ
　　tsə³³tsæ⁵⁵=re³³　　wɤ²⁴tʰɤ³³ni⁵⁵.
　　小的=NMLZ　　　DM
　　哦，我真正的名字叫登真曲折，我小时候是家中最小的孩子。

2　ŋə³³=ɣæ⁵³　　tɕə³³=kʰu⁵⁵　　tɕə³³-ne³³=tɕʰe³³　　zi²⁴　　tsæ³³=mi³³　　tʰɤ³³ŋɤ⁵³=kə³³,
　　1sg=POSS　　家=LOC　　　儿子-PL=LOC　　最　　小=NMLZ　　DM=LNK:的原因
　　tɕɤ³³kæ⁵⁵tsø³³　　　　kʰi³³-mi³³-si³³=ni³³　　　　tɕæ³³kæ⁵⁵tsø²⁴=mi³³　　　ni³³.
　　杰噶　　　　　　DIR-命名-PFV.3=GNO　　　　杰噶=NMLZ　　　　　COP
　　由于我是家里最小的儿子，所以家人就称我为杰噶，后来我的名字就叫杰噶了。

3 tsə³³kɤ⁵⁵   pə³³ɴɑ⁵⁵=kə⁵⁵   zu³³wɐ³³   ji²⁴   tɕe³³kæ⁵⁵   tɕe³³kæ⁵⁵   ɕo³³   tə⁵⁵-pi³³=ni³³.
   SEQ   之后=TOP   大家   都   杰嘎   杰嘎   总是   叫-IMPV.3=GNO

   ʔɐ³³mə³³nə²⁴   ni³³,   ɴɢæ³³   pʰɯ³³ɣɣ³³=ri⁵⁵   jæ³³nɐ³³   tæ³³ndy³³ndzõ³³,
   这样   COP   1sg.POSS 家乡=NMLZ   1pl.POSS   康定市

   mə³³ŋæ³³   tɕʰy³³   wɐ²⁴kʰə³³,   pʰõ³³pu²⁴ɕɑ³³   lə³³tsel³³ɕi³³   tɕã³³ndə⁵⁵.
   木雅   区域   那里   朋布乡   拉泽西   将德

   从那以后大家就总是叫我杰嘎，这名字就是这样来的。我的家乡在康定市木雅区朋布西乡拉泽西的将德村。

4 tʂõ³³tsʰø⁵³=ɣæ³³   tsə³³kɤ³³   mə³³ŋi²⁴-ni³³   tsə³³kɤ⁵⁵   tsə³³tsæ⁵⁵=rɐ⁵⁵   tsə⁵⁵kə³³
   村落=POSS   SEQ   人-PL   SEQ   小孩=NMLZ   SEQ

   ŋɐ³³tʰɐ³³ni⁵⁵ti³³   ndzø³³nə³³   ti³³   lə³³mi³³   mə³³nə³³   ɕɔ³³ɕo⁵³   tə⁵⁵-və³³,
   DM   别人   家畜   放牧   等等   总是   DIR-当作

   tsə³³kɤ³³   ɣõ³³ndə³³   kʰi³³-zi⁵³=rɐ³³   wɐ³³tsi³³   tə³³tsʰø⁵³   mə³³-ndə⁵⁵-ra³³
   SEQ   文字   DIR-学习=NMLZ=POSS 那个   时候   NEG-有-PFV.SEN

   tə⁵⁵tsʰø⁵³   mə³³-ndə⁵⁵-ra³³.
   时候   NEG-有-PFV.SEN

   将德村的小孩以前一直都干些放牧的事情，所以没时间去学习知识。

5 tsə³³kɤ⁵⁵   pə³³ɴɑ³³=kə⁵⁵   tsə³³kɤ⁵⁵   pʰũ³³pu³³   tɕʰo³³ɕɔ⁵⁵ɕo³³tæ³³gæ³³   kʰi³³-zi³³
   SEQ   后面=TOP   SEQ   朋布西   小学<小学>一点   DIR-学习

   tɕɐ³³ke⁵³   ɕɔ⁵⁵ɕo³³   tæ³³gæ³³   kʰi³³-zi³³,   tsə³³kɤ⁵⁵   ɣõ³³ndə³³   mə³³nə³³
   甲根坝   小学   一点   DIR-学习   SEQ   文字知识   等等

   ɦæ³³ŋgi³³tæ³³mbu³³   kʰu³³-ŋɐ³³-ra³³=sɑ⁵⁵,   tsə³³kɤ³³   jæ³³nɐ³³
   受益匪浅   DIR-学到-PFV.SEN=LNK:但是 SEQ   1pl.POSS

   dzɐ³³kʰɐ³³=ɣæ³³   tsə³³kɤ³³   tsʰø³³ɣæ³³=le³³   tsə³³kɤ³³   kæ³³ɲɐ³³   ɦæ³³-ro³³=pi³³rɐ³³
   国家=POSS   SEQ   生活=DAT   SEQ   困难   DIR-发生=LNK:的时候

   kʰə⁵⁵-tʰu³³   tsə³³kɤ³³   ro³³ro³³sy³³sy³³=ɣæ³³   mæ³³=kʰu⁵³   xɔ³³.
   DIR-遇到   SEQ   各自=POSS   家=LOC   去

   我后来虽然在朋布西读了小学，也学习了一些文化知识，但是由于那时是国家的特殊时期（新中国成立前），我的所有学习时光也就此结束，只能回到家中继续生活。

6 tsə³³kɤ³³   ɦɐ²⁴tʰɐ³³ni³³   tsə³³kɤ⁵⁵   jæ⁵⁵nɐ³³   ŋo⁵⁵le³³qʰɑ³³=kʰu³³   ri²⁴læ³³kæ³³
   SEQ   DM   SEQ   1pl.POSS   合作社=LOC   农活

7 tsə³³kə⁵⁵   pə³³ɴa⁵⁵   fie³³tʰe³³ni⁵⁵ tsə³³kə⁵⁵   wæ³³ɕĩ³³tɕʰe³³   ne³³-xə⁵⁵,   tsə³³kə⁵⁵
   SEQ   后面   DM   SEQ   玉龙溪   DIR-下去   SEQ
   wæ³³ɕĩ³³tɕʰe²⁴ mbi³³   tsə³³kə⁵⁵   ndzo³³pa⁵³ læ³³kæ³³   we³³tsi³³   tsə³³kə³³
   玉龙溪   待着   SEQ   牧民   事情   那里   SEQ
   fie³³tʰe³³ni³³ ndzo³³le³³ læ³³kæ³³   tʰə³³-və³³.
   DM   放牧之类   事情   DIR-做

   那以后我去了玉龙溪，待在玉龙溪的时候干了些类似放牧的工作。

8 tsə³³kə³³ mbi³³   fie³³mə³³nə²⁴ tsə³³kə³³ mbi³³, tsə³³kə⁵⁵ pə³³ɴa⁵⁵   #pə³³ɴa⁵⁵#
   SEQ   待着   DM   SEQ   待着   SEQ   后面   后面
   kə³³we³³tʰe³³ni⁵⁵   we³³kʰə³³   tsə³³kə³³   wæ³³ɕĩ³³tɕʰe³³   tsə³³kə³³   ŋe³³tʰe³³ni³³
   DM   那里   SEQ   玉龙溪   SEQ   DM
   jæ³³næ⁵⁵   mĩ³³mbæ³³lø³³si³³   mbæ³³   tə⁵⁵=pi³³.
   1pl.POSS   民办老师   担任   说=IMPV.3

   就这样待着待着，不知过了多久就在玉龙溪当了一名民办教师。

9 tsə³³kə⁵⁵   we³³kʰə³³   ᵗmĩ³³mbæ³³lɤ⁵⁵si³³   si³³mbi³³   tsə³³kə³³   pə³³ɴa⁵⁵=kə³³
   SEQ   那里   民办老师   待着   SEQ   后面=TOP
   tsə³³kə⁵⁵   tʂũ⁵⁵tʂẽ⁵⁵   və⁵⁵,   tsə³³kə³³   #tsə³³kə⁵⁵#   ᵏkõ³³pæ̃³³le³³   tʰə³³-væ⁵³,
   SEQ   转正   做   SEQ   LNK   公办老师   DIR-变成
   tsə³³kə⁵⁵   we⁵⁵nde⁵⁵lø³³   lø³³ŋø⁵⁵   ni⁵⁵ɕa³³qʰa³³tʂo⁵³   fie³³mə³³nə²⁴   tsə³³kə³³
   SEQ   那样   年   二十多   DM   SEQ
   sæ⁵⁵tɕʰe⁵³   tʰø³³rø³³   fie³³mə³³nə³³   qe³³le³³   tə³³-dzo⁵³.
   地   高原   DM   辛苦   DIR-推动

   后来呢我就一直待在玉龙溪当民办老师，并且慢慢转正成为公办老师。这样一直在高原上辛苦地从教达二十多年。

10 fie³³nə³³=pi³³kə³³   ᵏɕo³³se⁵⁵   pə⁵⁵tsʰi⁵⁵-nə⁵⁵=tɕʰe⁵⁵   nu³³-və⁵⁵   tʰe³³ni⁵⁵   ʔe³³kʰə³³
   那样=LNK:的时候   学生   娃娃-PL=LOC   DIR-做   DM   这里
   tʰe³³ni³³   tɕʰə⁵⁵   tsə³³kə³³   ne³³-və³³   tʰe³³ni³³   pẽ³³qʰo⁵⁵=ri³³   ᵏta³³tʂʷa⁵⁵,   ᵏtʂʰõ⁵⁵tʂʷã⁵⁵,
   DM   现在   SEQ   DIR-做   DM   本科=CONJ   大专   中专

tsə³³kə⁵⁵	jɐ³³ɣø³³=tsi⁵⁵		tɕʰə⁵⁵	tsə³³kə⁵⁵	lø³³tʂæ⁵³=kʰu²⁴	ŋdzə³³=mi⁵⁵	nə⁵⁵-rɐ³³
SEQ	单单的=NMLZ		现在	SEQ	学校=LOC	在=NMLZ	DIR-待着

tsə³³kə⁵⁵   nɐ³³-rɐ³³,   tsə³³kə³³=mɑ³³   pi³³ŋɐ⁵⁵   tsə³³kə³³   kæ̃⁵⁵pu³³   tʰə³³-væ³³-si³³
SEQ   DIR-下来   SEQ=TOP   毕业   SEQ   干部   DIR-变成-PFV.3

me³³me⁵⁵   tsə³³kə⁵⁵   fiə³³tʰɐ³³ni²⁴   ni³³tɕə⁵⁵   qʰɑ³³tʂo⁵³   sə̃³³tɕʰə⁵³   ti³³   ndzə³³=ŋɐ⁵³.
全部   SEQ   DM   二十   多的   三十   到达   有=EGO

我教的学生中主要有大学本科生，还有高中生、大专生和中专生。有的学生现在在学校读书，有的学生都已经毕业工作了，他们有的还当了干部。这些学生总共加起来有二十三人次。

11 tsə³³kə⁵⁵   wɐ³³tsi³³   ŋɐ³³le⁵⁵   tsi³³tsæ⁵³   tæ³³-gæ⁵³=tsi⁵⁵=kʰu⁵⁵   jɐ³³ɣø⁵⁵nə²⁴
    SEQ   那个   乡下   小小的   一-CL=NMLZ=里面   仅仅

ni⁵⁵ɕi³³   qʰɑ³³tʂo⁵³   zə³³næ⁵³   sə̃³³tɕʰə⁵³   ti³³=le⁵⁵   zø³³=ŋɐ⁵³,   fiɐ²⁴mə³³nə³³
二十   大约   差点   三十   到=DAT   接近=EGO   DM:这样的话

ŋɐ³³tʰɐ³³ni³³   ʔɐ³³tsi³³   ŋɐ³³tʰɐ³³ni³³   jɐ⁵⁵næ³³   tsə³³kə⁵⁵   ŋɐ³³tʰɐ³³ni³³   ge³³ge⁵⁵
DM   这个   DM   1pl.POSS   SEQ   DM   老师

tə⁵⁵-və³³-si³³=ɣæ³³   ndzə³³pu³³   fiɐ³³mə³³nə³³   si⁵⁵və³³   qʰə⁵⁵-tʰɐ³³-rɑ³³.
DIR-担任-PFV.3=POSS   结果   DM:这样的话   好的   DIR-得到-PFV.SEN

我在那样一个小小的乡下一共培养了二十多三十名学生，我觉得当老师是相当有成就感的。

12 tsə³³kə⁵⁵   ʔɐ⁵⁵tsæ³³   dzə³³sø⁵⁵   tsə³³kə⁵⁵   fiɐ³³tʰɐ³³ni⁵⁵   ki³³   ki⁵⁵kɐ³³
    SEQ   那个的.POSS   过后   SEQ   DM   岁数   大的

tʰə³³-væ³³-pi³³,   tsə³³kə³³   læ³³kæ³³=le²⁴   ŋõ³³pɑ³³   qʰɑ³³-jə⁵⁵.
DIR-变成-IMPV.3   SEQ   事情=DAT   假期   DIR-恳请

那以后呢，我的岁数也大了。工作的时候我还真的特别希望有假期，可以早退休。

13 tsə³³kə⁵⁵   ʔɐ³³kʰɐ⁵³   ndø³³   mbi³³   tsə³³kə⁵⁵   ʔɐ³³kʰɐ⁵⁵   pɐ³³tʰu⁵⁵kʰɐ̃⁵⁵   nə⁵⁵tɕʰɐ³³
    SEQ   这里   康定   待着   SEQ   那里   白土坎   那些地方

tsə³³kə³³   ndø³³   tʂo³³=pæ³³   ti³³,   ʁɑ²⁴   pu³³   fiɐ³³tʰɐ³³ni³³   tɕe³³
SEQ   康定   街上=LOC   到达   汉族   藏族   DM   男孩子

mə³³zæ=ti³³   pə⁵⁵tsʰi⁵³   mə³³næ̃³³ndæ³³   me³³,   tsə³³kə³³   tsɐ³³næ³³
女孩=GNO   孩子   老人   不区分（没有）   SEQ   2pl.REFL

pu⁵⁵ji⁵³   kʰi³³-zi⁵³   so³³=mi³³=nə³³=le³³   tsə³³kə³³   fiə³³tʰə³³ni³³   ɕo³³və³³   tɑ⁵⁵jæ³³
藏文   DIR-学习   想=NMLZ=PL=DAT   SEQ   DM   钱   钱

ji³³tɕo⁵⁵tɕʰæ̃³³   fiæ²⁴-tɕə³³-le²⁴   tsə³³kə³³   #tsə³³kə³³#   fiə³³tʰə³³ni³³   tsə³³kə⁵⁵   jæ³³næ³³
一角钱   DIR-NEG-拿   SEQ   SEQ   DM   SEQ   1pl.POSS

pu⁵⁵ji⁵⁵   ndzə³³xɑ⁵³   ɦæ³³-tʂʰi⁵³   kʰi³³-zi⁵³=po³³   ɕy⁵⁵ɕy⁵⁵   nɐ⁵⁵-və³³.
藏语   一些   DIR-教   DIR-学=MOD:谦虚语气   假装   DIR-做
(的确就跟我希望的那样)退休后我就一直待在康定，在白土坎那个地方。特别需要告诉你的是在白土坎那里不管是男女老少，还是藏族汉藏，只要有喜欢学藏语的人，我都会分文不收地给他们讲授藏语（当然有些人可能不是真的想好好学）。

14 tsə³³kə³³   la³⁴si³³tɕi³³tæ⁵³   we³³kʰɐ⁵³   ᵑtɑ³³tʂæ̃⁵⁵   mə³³nə³³,   ᵐpə̃³³kʰo³³   mə³³nə³³,
    SEQ   特别是   这里   大专   等等   本科   等等
    ᵑtʂõ³³tʂʷã³³   mə³³nə³³   pi³³ŋe³³   tsə³³kə⁵³   tsə³³kə⁵⁵   kõ³³tso⁵³le³³tø⁵³   mo³³-tæ⁵³=mi³³,
    中专   等等   毕业   SEQ   SEQ   工作<工作>   NEG-有=NMLZ
    ʔe³³næ³³   tsə³³kə⁵⁵   ɦie³³tʰɐ³³ni³³   kə⁵⁵ræ⁵³   ndzø²⁴   tə⁵⁵-tʂe³³-re²⁴=ɣæ³³.
    3pl.DAT   SEQ   DM   一点   考试   DIR-测试-PFV.SEN=NMLZ
    我主要是给那些大专、本科、中专还没有毕业，且还没找到工作的人教藏语，为了让他们能够胜任考试。

15 tsə³³kə³³   tʰɐ⁵⁵ni³³   pʰẽ³³mbæ³³   ɕy³³ɕy⁵⁵   we³³mə³³nə³³   pu⁵⁵ji⁵⁵   ndzə³³xɑ⁵⁵
    SEQ   DM   有益的   谦虚之意   DM:那样的话   藏语   一些
    ɦæ²⁴-tʂʰi⁵³   we³³mə³³nə³³   və⁵⁵,   tsə³³kə⁵⁵   nə³³tæ³³   we⁵⁵te³³lø³³   tʰə³³-væ²⁴-rɑ³³.
    DIR-教   DM   做   SEQ   时光   那样   DIR-变成-PFV.SEN
    我就一直那样做点好事教藏语，时光匆匆，一晃就是许多年。

16 we³³tsæ³³=tʂe⁵⁵   tsə³³kə⁵⁵   ʔe³³kʰɐ⁵³   tsə³³kə⁵³   ŋe³³tʰɐ³³ni³³   si³³tʂʷã³³sẽ⁵³=ɣæ²⁴
    那样=LOC   SEQ   这里   SEQ   DM   四川省=POSS
    ɦie³³tʰɐ³³ni³³   tsə³³kə³³   tɕo²⁴jo³³tʰi³³=ɣæ³³   gø³³tʂʰi³³=ji²⁴tso⁵⁵ɣø³³   ŋŋ³³=ɣæ⁵⁵
    DM   SEQ   教育厅=POSS   领导=ERG 主要   1sg=DAT
    tʂʰi³³   kʰu⁵⁵-tʰə³³-si³³=pu³³   ŋə³³tʰɐ³³ni⁵⁵   tsə³³kə³³   mə⁵⁵næ³³   su⁵⁵=ɣæ³³
    建议   DIR-提出-PFV.3=LOC   DM   SEQ   木雅   话=POSS
    tsə³³kə³³   tsʰi³³ndzø³³   tæ³³-kæ³³   tu⁵⁵-tʂi³³=ɣæ³³.
    SEQ   词典   一-CL   DIR-制作=NMLZ
    那样过了许久，四川省教育厅的领导又对我提供支持，他们邀请我编写一部木雅的词典。

17 tsə³³kə³³   tsæ³³tʂɿ⁵³   kʰə⁵⁵-və³³   tsə³³kə⁵⁵   we³³ndɐ³³si³³   kʰə³³-ri³³   tsə³³kə³³
    SEQ   准备之事   DIR-做   SEQ   那些   DIR-写   SEQ
    lø³³ŋø⁵³   ɦæ³³kø⁵⁵ki³³   ti⁵³   tʰə³³-væ²⁴-rɑ²⁴.   we³³ndɐ³³lø³³   ni³³!
    年   十岁（十年）   大约   DIR-变化-PFV.SEN   那样   COP

（我欣然地接受了词典编写任务，并开始准备编写工作）。整个词典编写的准备和材料收集工作一共进行了十年之久。那就先讲到这里咯！

讲述人：登真曲扎（杰噶）

出生年月：1946年3月

讲述时间和地点：2019年9月26日，四川康定城区

语料音频时长：3分54秒

语料整理协助：郎曲拉姆（沙德口音，负责语料整理）、泽汪仁真（贡嘎口音，负责翻译）

语料在线收听地址：http://doi.org/10.5281/zenodo.4816646（1. Self-introduction of Jiga）

全篇意译：

  我真正的名字叫登真曲扎。由于小时候我是家中男孩子里最小的一个，所以家里人都叫我杰噶增（意思是最小的孩子），后来就简称为杰噶。我的家乡在康定县木雅区朋布西乡拉泽西。我小时候一直在放牧，一直都没时间去学校学习。后来我在朋布西和甲根坝读了小学，自己也学到了很多知识。不过由于那个时候是国家的特殊时期（也就是新中国成立前的时候），所以我的学习时光就此结束，我也只能回到家中继续生活。

  之后我去了玉龙溪，在牧场生活了很多年。几年过后，玉龙溪当地政府让我当民办老师，这样我也慢慢地转正成为一名公办老师，在当地生活了很多年。我教的学生中主要有大学本科生、高中生、大专生和中专生，他们加起来差不多有二十多个。这些学生有些现在还在读书，有些都已经工作了。

  我以前当老师也取得了相当多的成就。当了很多年老师后，我发现自己也慢慢变老了，最后也希望能够早日退休。的确就跟我所希望的那样，退休后我在康定白土坎定居。在白土坎那里，不管是汉族藏族、男女老少，只要有人喜爱学藏语，我都给他们免费讲授藏文。我主要是给大学、大专、中专毕业没找到工作的学生补课，使他们能胜任考试。这样过了几年之后，我得到四川省教育厅领导的支持，他们邀请我编写一部木雅语词典。那以后我一直忙于收集材料编写词典，词典编撰的准备工作都进行了十年之久。那就先讲到这里咯！

（二）阿叩登巴巧对猴王

1 fiɐ²⁴...   tɕʰy²⁴   ŋi³³   tsə³³kə⁵⁵   ŋɐ³³tʰɐ³³ni⁵⁵   ndzo³³   tə³³-tə³³-po³³=ni⁵³.
  INTRO   现在   1sg.ERG   SEQ   DM   故事   DIR-讲-IMPV.1sg=GNO

  fiɐ³³...   tsə³³kə⁵⁵   ŋɐ³³tʰɐ³³ni⁵⁵   jæ³³næ³³   læ³³sæ⁵³   tsə⁵⁵kə⁵⁵   ŋɐ³³tʰɐ³³ni⁵⁵
  INTRO   SEQ   DM   1pl.POSS   拉萨   SEQ   DM

  lø³³kʰæ⁵³=ɣæ³³   sæ³³ne³³=pu⁴⁵   tsə³³kə⁵⁵   ŋɐ³³tʰɐ³³ni⁵⁵   ne³³ndo⁵³   dze³³bu⁵³
  山南=POSS   地方=LOC   SEQ   DM   国王之名   国王

tə⁵⁵-pi³³	tɐ³³-lø³³	ndzə⁵⁵=ni²⁴.	ʔɐ³³tsi²⁴	dzɛ³³bu⁵⁵=tsi³³	tɕʰə³³me⁵³
称作-IMPV.3	一-CL	有=GNO	那个	国王=NMLZ	特别
tsə³³kə⁵⁵	dzɛ³³bu⁵⁵	qæ⁵⁵tɕʰɐ⁵³	tɐ³³-lø³³	ni²⁴.	
SEQ	国王	坏的	一-CL	COP	

哦，那我现在就要开始讲个故事咯。在拉萨的某个地方有一位猴王，听说猴王是当地一个特别坏的国王。

2　mə⁵⁵se⁵³-nə⁵⁵=le³³　du³³du⁵³　ŋə³³-tʂʰa⁵³　fiɐ³³mə³³nə³³　tɐ³³-lø³³　ni²⁴,　tsə³³kə⁵⁵
　　民众-PL=DAT　坏的　　NEG-公平　DM　　　　　一-CL　　COP　SEQ
　　wɐ³³tsi³³　ŋɐ³³tʰɐ³³ni⁵⁵　ty⁵⁵dzɛ³³　tsə³³kə⁵⁵　ŋɐ³³tʰɐ³³ni⁵⁵　zæ³³gø³³dɐ³³si³³to³³la³³
　　3sg　　　DM　　　　　常常　　　SEQ　　　DM　　　　　西藏土司
　　tsə³³kə⁵⁵　ŋɐ³³tʰɐ³³ni⁵⁵　tsʰə⁵⁵je⁵³　kʰə³³-ɕo⁵³=pi⁵⁵kə³³　ŋɐ³³tʰɐ³³ni⁵⁵　tsa⁵⁵
　　SEQ　　　DM　　　　　秋天　　　DIR-到达=LNK:的时候　DM　　　　肥肉
　　ŋgə³³-tɕʰe³³　və⁵⁵　ŋgə³³-tɕʰe³³　fiɐ³³mə³³nə³³　tɐ⁵⁵-tə³³　fiɐ³³mə³³nə³³
　　DIR-带来.IMP　酥油　DIR-带来.IMP　DM:那样的话　DIR-说　DM
　　du⁵⁵du³³　tɐ³³-lø²⁴.
　　坏的　　　一-CL

国王对待打工的劳工很不好。秋天的时候那些劳工只能自己带肥肉和糌粑，国王不会给工人分发食物吃，国王真的就是一个特别坏的人。

3　tsə³³kə⁵⁵　fiɐ³³mə³³nə³³　mə⁵⁵se⁵³=næ²⁴　du³³du⁵⁵=pi³³kə⁵³,　ŋɐ³³tʰɐ³³ni⁵⁵　tsə³³kə⁵⁵
　　SEQ　　　DM　　　　　民众=PL.DAT　坏的=LNK:时候　　　DM　　　　　SEQ
　　læ³³pæ⁵⁵=næ³³　tsə⁵⁵kə⁵⁵　ŋɐ³³tʰɐ³³ni⁵⁵　tɐ³³si³³kʰu⁵⁵　tsə³³kə⁵⁵　ŋɐ³³tʰɐ³³ni⁵⁵
　　劳工=PL.DAT　　SEQ　　　DM　　　　　一天　　　　SEQ　　　　DM
　　ɕæ³³　tɐ³³-wu⁵⁵=pu⁵⁵　tsə³³rə⁵⁵　tɐ⁵⁵-si³³　ma³³to⁵³　fiæ̃²⁴-ndzi-ŋə³³-tʂʰu³³.
　　饭　　一-CL=LOC　　糌粑　　一-CL　只有　　DIR-吃-NEG-CAUS.3

国王的确对劳工们特别不好，有时候一天只让劳工吃一块糌粑。

4　wɐ²⁴kə⁵⁵ŋɐ³³　tʰɐ³³ni³³　ɣi³³-ɲi³³=pi⁵⁵kə³³　ŋɐ³³tʰɐ³³ni³³　tsə³³kə⁵⁵　ŋɐ³³tʰɐ³³ni⁵⁵
　　DM:那样的话　DM　　　DIR-休息=LNK:时候　DM　　　　　SEQ　　　　DM
　　nɐ̃³³-ndzu⁵⁵ndzə³³　tsə³³kə⁵⁵　ŋɐ³³tʰɐ³³ni³³ti⁴⁴　tsʰæ³³læ⁵⁵　ro³³zi⁵⁵　mə³³nə³³=ti³³,
　　DIR-玩耍　　　　　SEQ　　　DM　　　　　　舞蹈　　　跳　　　等等=GNO
　　fiæ³³læ⁵⁵læ⁵⁵mu⁵⁵　tə³³-və³³　nə⁵⁵　ŋə³³-tʂʰu³³.
　　山歌　　　　　　DIR-做　　都　　NEG-CAUS.3

就算是休息的时候国王也不允许这些劳工自由地唱歌跳舞。

5 ɦɐ²⁴mə³³nə⁵⁵   tɕ³³-lø³³   tʰẽ³³-ndzə⁵⁵-si³³   tsə³³kə⁵⁵   ɦɐ⁵⁵mə³³nə⁵³=pi³³kə³³   ŋɐ³³tʰɐ³³ni³³
   DM   一-CL   DIR-有-PFV.3   SEQ   DM=LNK:时候   DM
   tsə³³kə⁵⁵   ʔɐ³³tsi³³   tsə³³kə³³   ŋɐ³³tʰɐ³³ni³³   ɦæ³³kʰə⁵⁵tũ⁵⁵mbæ³³=ji²⁴   tsə³³kə³³   wɐ³³kʰɐ³³
   SEQ   那个   SEQ   DM   阿叩登巴=ERG   SEQ   那里
   ɦɐ³³mə³³nə⁵³   xɑ⁵⁵-qʰə³³kø⁵⁵=pi³³kə³³   ɦæ³³kʰə⁵⁵tũ⁵⁵mbæ³³   wɐ³³tsi³³   dzɐ³³pu⁵⁵=kɐ⁵³
   DM   DIR-知道=LNK:时候   阿叩登巴   那个   国王=LOC
   tə³³-rɑ⁵⁵   tsə³³kə³³   dzɐ³³pu⁵⁵   rẽ³³pu⁵³tɕʰɐ³³   ŋə³³næ³³=ɣæ⁵³   tsə³³kə³³   læ³³pæ⁵³
   DIR-来到   SEQ   国王   仁波切   1pl=POSS   SEQ   劳工
   tæ⁵⁵-gæ⁵³   ru³³dzo⁵³   ŋə³³=lɐ⁵⁵   və⁵⁵lø⁵³   tæ⁵⁵-gæ⁵³   tʰu³³-mo⁵³-qə⁵³   Næ³³go⁵³   tə⁵⁵-si³³.
   一-CL   请求   1sg=DAT   肚子   一-CL   DIR-赠-MOD   可以   说-PFV.3

   有一天一个叫做阿叩登巴的人知道这件事情后请求国王能够收留他当劳工。阿叩登巴说他
   不需要别的，只希望国王能够给他一点填饱肚子的东西吃就行了。

6 tsə³³kə⁵⁵   dzo³³pu⁵⁵=ji³³   tə³³-tə³³: "tsə³³kə³³   ɦio³³...   Næ³³ŋɐ³³   Næ³³=ti⁵³=sɑ³³rɑ³³,
   SEQ   国王=ERG   DIR-说   SEQ   INTRO   可以的   很好=GNO=LNK:但是
   næ⁵⁵   NGæ⁵³   jo⁵⁵pu⁵³   mbi³³=pæ³³tʰɐ³³,   tã³³mbu⁵⁵   jɐ⁵³ni³³ni³³   tsə³³kə³³
   2sg   1sg.POSS 佣人   当作=LNK:假若   首先   1dl.ERG   SEQ
   ŋɐ³³tʰɐ³³ni³³   ndzi³³lɐ⁵⁵   tɕ⁵⁵-lø³³   ri⁵⁵tɕə³³xi²⁴   tə⁵⁵-sɐ³³."
   DM   规则   一-CL   制定   说-PFV.1dl

   国王听了阿叩登巴的要求后对他说："当然可以，但你若要当我的劳工的话，必须按照我
   们说的话来办。"

7 "ɕi⁵⁵lɐ³³   tsə³³kə⁵⁵   ŋɐ³³tʰɐ³³ni³³   ne³³=ji³³   tsə³³kə³³   ŋɐ³³tʰɐ³³ni³³ri³³   tɕæ³³
   首先   SEQ   DM   2sg=ERG   SEQ   DM   饭
   to⁵⁵wu⁵⁵=pu³³,   tə³³rə⁵⁵   tɕ⁵⁵si³³   mɑ³³to⁵³   ɦæ²⁴-ndzi³³-ŋə³³-tsʰu⁵⁵"   ŋgɐ²⁴-tə⁵⁵-si³³,
   一顿=LNK:时候   糌粑   碗   仅有   DIR-吃-NEG-CAUS.3   DIR-说-PFV.3
   "ɦɐ²⁴...   lɑ³³so⁵⁵lɑ⁵⁵so²⁴"   tə³³-si³³.   ɳi³³lɐ³³=kə³³   ŋɐ³³tʰɐ³³ni³³   læ³³kæ³³   tʰɐ³³-və³³
   INTRO   好的好的   说-PFV.3   第二=TOP   DM   农活   DIR-做
   tsə³³kə³³   ji³³ɳi³³=pɐ⁵⁵kə³³   ŋɐ³³tʰɐ³³ri³³   jæ³³næ³³   tsʰæ⁵⁵læ⁵⁵   ro³³zi³³=ri²⁴
   SEQ   休息=LNK:时候   DM   1pl.INCL.POSS 舞蹈   跳=CONJ
   tsə³³kə⁵⁵   ŋɐ³³tʰɐ³³ni³³   ɦæ³³læ⁵⁵læ⁵⁵mu⁵⁵   tə⁵⁵-və³³   ɦæ³³mə³³nə³³   zi³³mu⁵³tu⁵⁵jy⁵⁵
   SEQ   DM   山歌   DIR-唱   DM   歌曲对唱
   ŋə⁵⁵-tsʰu³³=ŋɐ³³"   tə³³-si³³.   "ɦɐ²⁴...   lɑ³³so⁵⁵lɑ³³so²⁴"   tə³³-si³³.   "ɦɐ³³...
   NEG-CAUS.3=EGO   说-PFV.3   INTRO   好的好的   说-PFV.3   INTRO

so³³le⁵⁵=kə⁵⁵   ŋɐ³³tʰɐ³³ni³³   tsʰə⁵⁵je⁵³   tsə³³kə⁵⁵   ŋɐ³³tʰɐ³³ni³³   tɕə⁵⁵tsø⁵³-nə²⁴
第三=TOP   DM   秋天   SEQ   DM   牲畜-PL

ŋɐ³³tʰɐ³³ni⁵⁵   na³³-qʰə³³-tɕʰə³³   ŋə⁵⁵-tsʰu⁵³,   tɕə⁵⁵tsø⁵⁵-næ²⁴   və⁵⁵lø⁵⁵=kʰu⁵⁵=ɣæ²⁴
DM   DIR-变瘦-INF   NEG-CAUS.3   牲畜-PL.POSS   肚子=LOC=POSS

tsa⁵³   nɐ³³-rø⁵³-tɕʰə³³   ŋə⁵⁵-tsʰu³³=ŋæ²⁴,   tə⁵⁵-si³³.   "fiɐ²⁴...   la⁵³so⁵⁵la⁵³so⁵⁵"   tə³³-si³³.
脂肪   DIR-化掉-INF   NEG-CAUS.3=EGO   说-PFV.3   INTRO   好的   说-PFV.3

国王紧接着说："首先呢，你一顿饭只能吃一碗糌粑。"阿叩登巴回答说："好的好的。"国王继续说："然后呢在休息的时候你不可以唱歌跳舞。"阿叩登巴回答说："好的好的。"国王最后说："第三点就是秋冬季节时喂养牲口不能有半点马虎，不能让牲口变瘦了。"阿叩登巴回答道："好的好的。"

8 tsə³³kə⁵⁵   #tsə³³kə⁵⁵#   næ³³=ti⁵⁵   tə⁵⁵-si³³.   tsə³³kə⁵⁵   sæ⁵³si³³   tsə³³kə³³   ʔɐ³³næ⁵³
   SEQ   SEQ   好的=GNO   说-PFV.3   SEQ   明天   SEQ   3sg.POSS

   læ³³pæ⁵³   mbi³³-si³³,   sæ³³si³³   læ³³pæ⁵³   mbi⁵⁵   tsə³³kə³³   wɐ³³kʰɐ⁵³
   公事   待（做）-PFV.3   明天   公事   待（做） SEQ   那里

   kʰə³³-tʂæ⁵³=pi⁵⁵kə⁵⁵,   fiæ³³kʰɐ⁵⁵tũ⁵⁵mbæ³³=ji²⁴   pʰə³³la⁵⁵=ti³³kə⁵³   ki³³kɐ⁵⁵=mi⁵⁵
   DIR-到=LNK:时候   阿叩登巴=ERG   碗=FOC   大的=NMLZ

   tɕ⁵⁵-lø³³   tu³³-zø³³,   tsə³³kə³³   wɐ³³kʰə⁵³   tɕæ³³   tɕʰə⁵⁵rɐ⁵³   rɐ³³-si⁵³.
   一-CL   DIR-拿   SEQ   那里   茶   喝   来-PFV.3

阿叩登巴一直都回答说："好的！"第二天，阿叩登巴过来做工，他来的时候拿了很大的一个碗，然后还放了一些酥油茶在碗里面。

9 wɐ³³kʰɐ³³   kʰə³³-tʂæ⁵³=pi⁵⁵kə³³   ŋɐ³³tʰɐ³³ni⁵⁵   ndzø⁵⁵=ji⁵⁵   tsə⁵⁵kə⁵⁵   tə³³rɐ⁵³
   那里   DIR-到达=LNK:的时候   DM   人家=ERG   SEQ   熟糌粑

   tu⁵⁵-tʂi²⁴-si³³,   dzɐ³³pu⁵³   ʁɐ³³-tʂæ⁵³-si³³   "fiæ³³kʰu⁵⁵tũ³³mbæ³³   næ⁵⁵=ji⁵⁵   fiæ³³mə³³næ⁵³
   DIR-做-PFV.3   国王   DIR-过来-PFV.3   阿叩登巴   2sg=ERG   这么

   pʰə³³la⁵³   kʰi³³-kɐ³³   tɕ³³-lø³³   tʰɐ³³-tɕɐ⁵³   tsə³³kə³³   ŋə⁵⁵-tsʰu³³=ŋɐ⁵³"   tə³³-si³³.
   碗   DIR-大的   一-CL   DIR-使用   SEQ   NEG-同意=EGO   说-PFV.3

等国王来到阿叩登巴身边的时候他正在弄糌粑吃，国王就问："阿叩登巴呀，你拿了这么大一个碗吗？！"

10 "jɐ³³ni⁵⁵   tsə³³kə³³   ŋɐ³³tʰɐ³³ni³³   zi³³mə⁵⁵zi³³tə⁵³   tɕʰæ⁵⁵zi⁵³   ʔɐ⁵⁵tsi³³   pɐ⁵⁵rɐ³³
   2pl.ERG   SEQ   DM   刚开始   计划   这个   此时此刻

   tsə³³kə³³   ŋɐ³³tʰɐ³³ni⁵⁵   tu³³-ɕɐ⁵³-se⁵⁵   ndə³³=ŋɐ⁵⁵"   tə⁵⁵-si³³.   "tsə³³kə³³   dzɐ³³pu⁵⁵
   SEQ   DM   DIR-讲-PFV.2pl   有=EGO   说-PFV.3   SEQ   国王

rẽ³³pu³³tɕʰe³³　　　mə³³rə⁵⁵　　　ʁɐ⁵⁵-tɕə³³-tsi⁵⁵,　　　je³³ni⁵⁵　　　tsə³³kə⁵⁵　　　tə̠³³rə̠⁵³
仁波切　　　　　　生气之事　　　　DIR-NEG-需要　　　　　2pl.ERG　　　SEQ　　　　　糌粑

tɕɐ⁵⁵si³³=ri⁵⁵　　nə³³si³³=ɣæ³³　　tʰɐ³³ni³³　　keʰ⁵⁵tɕʰæ⁵³　　tu³³-ɕe⁵³=ŋɐ²⁴　　ma³³to³³　　pʰə³³la⁵³
一碗=CONJ　　两碗=POSS　　　　DM　　　　　话语　　　　　　DIR-讲=EGO　　　　仅仅　　　　碗

kɐ³³tsø⁵³　　tɐ³³-lø³³　　tu³³-mu⁵⁵-ɕe²⁴　　pʰə³³la⁵⁵　　kɐ³³tsø³³　　ɦæ⁵⁵zi⁵³　　tə³³-zɐ³³　　nə⁵³,
大小　　　　一-CL　　　DIR-NEG-讲　　　　碗　　　　　　大小　　　　什么　　　　DIR-拿　　　也

ŋe⁵⁵ŋe³³=ji³³　　xɑ⁵⁵-kɐ³³pu²⁴　　tə³³-si³³."
1sg.REFL=ERG　　DIR-知道　　　　说-PFV.3

阿叩登巴回答道:"你们刚开始的时候说了可以拿碗啊","国王啊,请不要生气,你们之前说了可以拿一两个碗装糌粑,但是也没说每个碗的具体大小呢,我们自己也都知道。"

11　wo³³...　　dzɐ³³pu⁵⁵　　nẽ⁵⁵-pʰɐ³³-si³³,　　tɕʰu⁵⁵ɕe⁵³də³³ɕe⁵³　　mə⁵⁵-ne³³　　ɦo⁵⁵xo³³xo³³...
　　INTRO　　　国王　　　　　DIR-输-PFV.3　　　　东说西说　　　　　　　NEG-有　　　　INTRO

nẽ⁵⁵-pʰɐ³³-si³³,　　tsə³³kə⁵⁵　　jo³³lo⁵³　　tsə³³kə⁵³　　ŋɐ³³tʰɐ³³ni⁵⁵　　tsə³³kə⁵⁵　　tʰɐ³³ni⁵⁵
DIR-输-PFV.3　　　　SEQ　　　　　重复　　　　SEQ　　　　　DM　　　　　　　SEQ　　　　　DM

jo³³pu³³-ni³³　　me³³me⁵⁵=ji²⁴　　tsə³³kə³³　　pʰə³³la⁵³　　ki³³kɐ⁵⁵　　tə⁵⁵-zø³³-pi³³,　　pʰə³³la⁵³
佣人-PL　　　　　全部=ERG　　SEQ　　碗　　　　　　大的　　　　DIR-拿-IMPV.3　　碗

ki⁵⁵kɐ³³=kʰu⁵³　　tə̠³³rə̠⁵³　　ɦæ²⁴-ndzi³³-pi³³=ni³³　　jo³³pu³³-nə³³　　tu³³-tɕə⁵⁵-si³³=ni³³.
大的=LOC　　　　熟糌粑　　　DIR-吃-IMPV.3=GNO　　　　佣人-PL　　　　DIR-饱了-PFV.3=GNO

哦呀,国王这下觉得自己输了(说不过阿叩登巴),也就无话可说了。之后,劳工们全都拿了大碗,都能用大碗装熟糌粑吃,大家都能够吃饱了。

12　tsə³³kə⁵⁵　　ti³³　　　læ⁵⁵kæ⁵³　　ʁɐ³³ʁæ⁵³　　tʰə³³-væ⁵⁵　　nə²⁴　　tu³³-tɕə⁵⁵-si³³=ni³³,
　　SEQ　　　　刚刚　　事情　　　　困难的　　　　DIR-变成　　　也　　　DIR-饱了-PFV.3=GNO

tʰẽ³³-gə³³-pi³³=ni³³　　　　　　　no³³wɑ⁵⁵　　tə³³-tɕi³³-pi³³=ni³³,　　　læ³³kæ⁵³　　qʰo⁵⁵-ja⁵³
DIR-高兴-IMPV.3=GNO　　　　　　心情　　　　DIR-变好-IMPV.3=GNO　　事情　　　　DIR-停止

ri²⁴　　ri³³kʰæ⁵³　　mbi³³-si³³=pu⁵⁵kə³³,　　tsə³³kə⁵³　　pʰu³³ɣæ³³mɐ³³kə³³　　ɦæ³³ti³³
刚刚　　地边上　　　坐-PFV.3=LNK:之后　　SEQ　　　　 很大程度　　　　　　 那些

tʰɐ³³kø⁵⁵kæ⁵⁵=ri²⁴　　tsʰælæ³³　　ro³³zi⁵⁵　　tu³³-jy⁵⁵-pi⁵⁵=ni³³=sa⁵³,　　ŋo⁵⁵-nə³³ni⁵³
哼小曲=CONJ　　　　舞蹈　　　　跳　　　　　DIR-想要-IMPV.3=GNO=LNK:但是　　NEG-敢于

ʔɐ⁵⁵nə²⁴　　tʰɑ³³-tɕɑ³³tɕɑ³³　　mbi³³-si³³.
3pl　　　　DIR-蜷缩　　　　　 坐-PFV.3

所以啊,刚刚觉得困难的事情也都变好了(解决了),大家都能吃饱了,劳工们的心情也高兴了。不做工的时候大家都希望可以自由地唱歌跳舞,不过大家还是害怕国王会责备自己,所以就只能蜷缩坐着,默不吭声。

13 ɦæ³³kʰə⁵⁵tũ⁵⁵mbæ³³   ŋdzø²⁴   ɦæ³³mɐ³³qʰɐ³³   ri³³pæ⁵³   tʂæ⁵⁵tʂæ⁵³=ni²⁴,   wɐ³³tsi³³   ri²⁴
    阿叩登巴   人家   事实上   智慧   聪慧的=GNO   那个   青竹
    tæ³³-zæ³³   tsə³³kə⁵⁵   rə̃³³mbə⁵⁵tɕø⁵³lø³³   tæ⁵⁵-zæ⁵³=ji²⁴   tsə³³kə⁵⁵   ŋɐ³³tʰɐ³³ni²⁴   sa³³li⁵³
    一-CL   SEQ   竹子   一-CL=ERG   SEQ   DM   笛子
    tæ⁵⁵-zæ³³   tu⁵⁵tʂi³³   tsə³³kə⁵⁵   #tsə³³kə⁵⁵#   wɐ³³kʰɐ³³=tsi³³   pu³³   ji⁵⁵-ŋi⁵³   tʰɐ³³-di⁵⁵
    一-CL   做   SEQ   那里=NMLZ   可能   DIR-休息   DIR-完毕
    ri²⁴   sa³³li⁵³   tu⁵⁵-ri³³   pʰu³³ɦæ³³mə³³qʰo³³   ti³³li⁵⁵tu⁵⁵lu³³   tə⁵⁵-tə³³,   sa³³li⁵⁵
    刚刚   笛子   DIR-吹   真正的   滴里嘟噜   DIR-说   笛子
    tu⁵⁵-ri³³=kə⁵⁵   ɦã⁵⁵χə³³...   jo³³pu⁵³-nə³³   me³³me⁵³   no³³wa²³   tə³³-tɕi⁵⁵-və²⁴
    DIR-吹=LNK:之后   INTRO   佣人-PL   全部   心情   DIR-变好-LVB
    tɕi³³pu⁵⁵   tsə⁵⁵kə³³   jæ⁵⁵ti³³   tə³³-si³³.
    幸福   SEQ   好的   说-PFV.3

要说这个阿叩登巴呢还真是个聪明人，他发现那里有一根竹子，然后就用竹子做了一根笛子。当大家休息的时候他就在那里吹笛子，笛子发出了滴里咕噜的声音。这笛子一吹，大家的心情都一下子变好了，大家都说自己觉得特别幸福。

14 jø²⁴   wɐ³³tsi⁵⁵   dzɐ³³pu⁵⁵   næ⁵⁵-ɕo⁵³-ra³³   tsə³³kə⁵⁵   ri³³kʰæ⁵³   næ⁵⁵-ɕo⁵³-ra³³
    又   那个   国王   DIR-冲刺-PFV.VIS   SEQ   旁边   DIR-冲刺-PFV.VIS
    #næ⁵³-ɕo³³-ra³³#   tsə³³kə³³   næ²⁴   ɦæ³³mə³³nə³³   sa³³li⁵⁵   tu⁵⁵-ri³³   tsə³³kə³³   no³³wa⁵⁵
    DIR-冲刺-PFV.VISSEQ   2sg   那样   笛子   DIR-吹   SEQ   心情
    tə³³-tɕi⁵⁵   ŋə⁵⁵-tsʰu⁵⁵=ŋɐ²⁴   tə⁵⁵-si³³.   "ɦæ³³le⁵⁵   dzɐ³³pu⁵⁵   rẽ³³pu³³tɕe⁵⁵
    DIR-变成   NEG-准许=EGO   说-PFV.3   INTRO   国王   仁波切
    jɐ³³ŋi⁵⁵ni⁵³   tu³³-ɕɐ⁵⁵=pe³³ra³³   zẽ³³mə⁵⁵zi³³ta⁵³   tsʰæ³³læ⁵⁵   ro⁵⁵zi⁵⁵=ri⁵⁵
    2dl.ERG   DIR-说=LNK:时候   最开始   舞蹈   跳=CONJ
    ɦæ³³læ⁵⁵læ⁵⁵mu⁵⁵   tə⁵⁵-və⁵⁵   ŋə³³-tsʰu⁵⁵=ŋɐ²⁴,   ma³³to⁵³   ŋə³³=le⁵⁵   sa³³li⁵³   tu⁵⁵-rə⁵⁵
    山歌   DIR-唱   NEG-准许=EGO   仅仅   1sg=ERG   笛子   DIR-吹
    ŋə³³-tsʰu³³=ɣæ⁵⁵   tɕʰæ³³zi³³   ri³³-mɐ³³-tɕe³³   tə⁵⁵-si³³."
    DIR-准许=NMLZ   计划   放-NEG-放   说-PFV.3

没过多久，国王过来了。国王看见周围的人都在娱乐，他立刻就制止了大家的娱乐活动。阿叩登巴见此情形立刻说道："国王啊，你只说了不允许我们唱歌跳舞，但又没有说不允许我吹笛子啊。"

15 ɦæ²⁴...   dzæ³³pu⁵⁵   nẽ³³-pʰu³³-si³³,   tɕʰu⁵⁵ɕe⁵³ndə³³ɕɐ⁵³   mə̃³³-ndə⁵⁵-si³³.   jø²⁴
    INTRO   国王   DIR-输掉-PFV.3   说来说去   NEG-有-PFV3.   又

ʔɐ³³tsæ⁵³=pu⁵⁵=tsə³³kə⁵⁵   jo⁵⁵pu⁵³-nə²⁴   me³³me⁵⁵=ji²⁴   sa³³li⁵⁵   tu⁵⁵-ri⁵⁵   ɦɐ⁵⁵mə³³nə³³
这个=LOC=ABL   佣人-PL   全部=ERG   笛子   DIR-吹   那样
və³³   tsə³³kə³³   no⁵⁵ɦɑ³³   tə⁵⁵-tɕi³³-və²⁴.
做   SEQ   心情   DIR-变好-LVB

嗨呀，这下子国王又哑口无言输掉了，他啥也不能辩解了。从这以后，劳工们全都可以像那样吹笛子了，大家的心情也变得好起来啦。

16 tsə³³kə⁵⁵   tɐ³³si³³=kə⁵⁵   dzɐ³³pu⁵⁵=ji³³   so⁵⁵-si²⁴   ʔɐ³³tsæ⁵³   ŋɑ̃⁵⁵mæ⁵⁵=ɣæ²⁴
    SEQ   一天=TOP   国王=ERG   想-PFV.3   3sg.POSS   真正的=POSS
    tsə³³kə³³   mi⁵⁵tø⁵³le²⁴   pʰɐ̃³³mbæ⁵³   tø⁵⁵-lø⁵³   nə³³-mə⁵⁵-və³³   tʰɐ³³ni⁵⁵   pʰũ⁵⁵ŋgi⁵³
    SEQ   名气   有用   一-CL   DIR-做-LVB   DM   非常
    ŋ⁵⁵-ɴæ⁵⁵=ti³³,   ʔɐ³³tsi⁵⁵   tʰɐ³³tʰa⁵³   ŋɑ̃⁵⁵-ku⁵⁵=ti³³   so⁵⁵-si³³,
    NEG-好的=GNO   3sg   指挥   NEG-行动=GNO   想-PFV.3
    ɦæ³³kʰu⁵⁵tũ⁵⁵pæ⁵⁵=le⁵⁵   zi³³və⁵³   lə⁵⁵mi⁵³   xu³³   tə⁵⁵-si³³.
    阿叩登巴=LOC   公牛   放牧   去   说-PFV.3

有一天呢国王想正是因为阿叩登巴才让自己的名声受到伤害（名声没有真正好起来），他就不再吩咐其他劳工了，而是让阿叩登巴一个人去放牛。

17 wo²⁴...   tə³³-si³³   nə⁵⁵je⁵³   qʰə³³-ɕɐ⁵³-pi³³=ti³³   zi³³və⁵³   lə³³mi³³   xu³³   tə⁵⁵-si³³.
    INTRO   说-PFV.3   之后   DIR-到-IMPV.3=GNO   公牛   放牧   去   说-PFV.3
    wo²⁴...   tə³³-si³³   tsə³³kə⁵⁵   la³³so²⁴   tə³³-si³³   zi³³və⁵⁵   lə³³mi³³=rɐ³³   xə⁵⁵-si³³.
    INTRO   说-PFV.3   SEQ   好的   说-PFV.3   公牛   放牧=NMLZ   去-PFV.3

国王话脚刚落就让阿叩登巴去放牛了。哎，没想到阿叩登巴竟然答应了。

18 tɐ³³si⁵⁵   zi³³ɣə⁵⁵-nə³³   ŋgo⁵⁵-tɕɐ⁵³   tsə³³kə⁵⁵   zi³³və⁵⁵-nə³³   me³³me³³=tsi⁵³   wɐ³³tsi³³=kʰu³³
    一天   公牛-PL   DIR-赶回   SEQ   公牛-PL   全部=NMLZ   那个=LOC
    tsə³³kə³³   ŋə³³tʰɐ³³ni³³   rɐ³³tɕɐ⁵³=kʰu³³   næ³³-tæ⁵³   tʰɐ³³ti⁵⁵   tsə³³kə³³   dzɐ³³pu⁵⁵=ji²⁴
    SEQ   DM   院坝=LOC   DIR-关上   DM   SEQ   国王=ERG
    tɕʰɐ²⁴   ɦæ³³kʰə³³tũ³³mbæ³³=le²⁴   qʰa³³-kʰə⁵⁵və²⁴-χi³³   so⁵⁵-pi³³=ni³³,   na³³-ra⁵³
    现在   阿叩登巴=DAT   DIR-欺负-MOD:要   想-IMPV.3=GNO   DIR-去
    tsə³³kə³³   ŋə³³tʰɐ³³ni²⁴   "ɦæ³³kʰə³³tũ³³mbæ³³   næ³³=ji⁵⁵   ɴɣæ³³   zi³³ɣə⁵⁵-nə³³
    SEQ   DM   阿叩登巴   2sg=ERG   1sg.POSS   公牛-PL
    na⁵⁵-qʰa⁵⁵-tɕʰə³³-sø⁵³,   ŋə³³=ɣæ⁵⁵   zi³³və⁵⁵=næ⁵⁵   tsə³³kə³³   və³³lø³³=kʰu⁵⁵=ɣæ³³
    DIR-变瘦-CAUS-PFV.2   1sg=POSS   公牛=PL.POSS   SEQ   肚子=LOC=POSS

tsɐ⁵⁵nə³³   nɐ³³-ru⁵⁵-si³³"   tə⁵⁵si⁵⁵.
肥肉   DIR-融化-PFV.3   说-PFV.3

有一天阿叺登巴把所有的公牛都赶到院坝的房子里去锁上。而国王又想欺负阿叺登巴，就对他说："阿叺登巴啊，你把我的牛全都饿瘦了，肚子上的油都没有了。"

19 "ɦɐ⁵⁵…   dzɐ³³pu³³   rɛ̃³³pu³³tɕʰe³³   mə³³rə⁵⁵   ɣ²⁴-tɕə³³-tsi³³,   tsɑ³³nɐ³³   rø³³-
   INTRO   国王   仁波切   生气   DIR-NEG-要   肥油   融化-
   -<pʰu⁵⁵ŋgi²⁹>-mɐ³³-sø³³-ŋɐ³³,   tsɐ⁵⁵yæ³³   ɦæ³³ti⁵⁵   kʰə³³   pi³³tʰɑ³³ŋɑ³³   tsɐ⁵⁵=kʰu³³
   -<DM>-NEG-PFV.1sg=EGO   肥肉   多少   有   DM   2sg.REFL=LOC
   qʰə³³-ŋɐ⁵³"   tə⁵⁵-si³³,   "wo²⁴…   nɐ³³-ru⁵⁵-si³³   tsɐ⁵⁵   ŋgə³³-tɕʰy⁵⁵"   tə³³-si³³,
   DIR-具有   说-PFV.3   INTRO   DIR-化了-PFV.3   肥肉   DIR-拿来   说-PFV.3
   "ʔɐ⁵⁵tsi³³   tsə³³kə⁵⁵   ziɣə⁵³   tɕø-lø³³=ɣə³³=tsi³³   tsɐ⁵⁵   dzæ³³mæ⁵³   kæ⁵⁵ji⁵³
   这个   SEQ   公牛   一-CL=POSS=NMLZ   肥肉   斤两   很多
   ŋgə³³-tɕʰy⁵³"   tə⁵⁵-si³³,   "ɦɐ⁵⁵…   wu³³læ³³   nɐ³³-rø⁵⁵-mə⁵⁵-si³³=ŋɐ³³   tə⁵⁵-si³³=sɑ⁵⁵,
   DIR-拿   说-PFV.3   INTRO   拜托   DIR-化了-NEG-PFV.3=EGO   说-PFV.3=LNK
   ŋə³³tʂə³³=ni⁵⁵ tsɐ⁵⁵   ŋgə³³-tɕʰy⁵³"   tə⁵⁵-si³³,   ɦɐ³³…   nӕ³³ti⁵⁵   tə³³-si³³.
   没用=GNO 肥肉   DIR-拿来   说-PFV.3   INTRO   好的   说-PFV.3

阿叺登巴说："国王啊你不要生气，我觉得呢这牛的肥肉并没有少，还多的是呢，不信你把肥肉拿过来看看。"阿叺登巴继续说："这牛的肥肉还有两斤多没有少，不信你把它杀了看看减少的油脂到底有多少斤。"国王回答说："好的。"

20 ɦæ³³kʰu⁵⁵tũ⁵⁵mbæ³³=ji³³   ɦɐ⁵⁵mə³³nə³³   nӕ³³pə³³tɕe⁵³=ti³³   ɦɐ⁵⁵mə³³nə⁵⁵   tsi³³tsæ⁵⁵
   阿叺登巴=ERG   DM   腰间=GNO   DM   小的
   ri³³tɕe⁵³   tæ⁵⁵-kæ⁵⁵   kʰi⁵⁵-rɛ̃³³-si³³   tʰe³³-ŋɐ⁵⁵-si³³   ri³³tɕe⁵⁵tsi³³   tɐ³³-tø⁵⁵-
   刀子   一-CL   DIR-挂着-PFV.3   DIR-COP-PFV.3   刀子   DIR-拿出-
   tsə³³kə³³   ɦɐ⁵⁵…   tsɐ⁵⁵   nɐ³³-rø⁵⁵,   ʔæ⁵⁵=si³³-mə³³-si³³?!
   SEQ   INTRO   肥肉   DIR-割掉   Q=PFV.3-NEG-PFV.3

阿叺登巴随后从腰间取出一把刀，然后就要把肥肉割掉了（哎呀，割掉了，是不嘛？！）

21 "ŋi⁵⁵   tæ³³tɕe⁵³   ziɣə⁵⁵-nə³³   tsɐ⁵⁵-lø⁵³   tɕʰə⁵³mɐ⁵³   ɦɑ⁵⁵-pʰɑ³³-po³³=ŋɐ³³,
   1sg.ERG 马上   公牛-PL   一-CL   每一个   DIR-切开-IMPV.1sg=EGO
   ne⁵⁵=ji⁵⁵   kʰə³³-tɕæ⁵⁵ræ³³"   tə³³,   "ziɣə⁵⁵-nə²⁴   tʰɑ³³-tɕo⁵³tɕe⁵³   ziɣə⁵⁵-nə³³
   2sg=ERG   DIR-看看   说   公牛-PL   DIR-赶走   公牛-PL
   kʰə⁵⁵-zø³³-po³³=ŋɐ³³"   tə³³;   dzɐ³³pu³³=ji²⁴   tsɐ⁵⁵=yæ³³   ziɣə⁵⁵-nə³³
   DIR-抓住-IMPV.1sg=EGO   说   国王=ERG   3sg=POSS   公牛-PL

nɐ³³-sɐ³³-pi⁵³　　　ŋə³³mə³³　　　ŋə³³-kə⁵³=ŋɐ³³　　　tə⁵⁵-tə³³.
DIR-杀掉-IMPV.3　　认为　　　　　NEG-可以的=EGO　　DIR-说

阿呷登巴说："那我这就把牛的肉划开，让你看看。"他紧接着说："我把公牛赶过来抓住给你看。"国王认为阿呷登巴真的要杀牛，立刻回答道："不用啦不用啦，不要杀我的牛！"

22　tsə³³kə³³　　ɦɑ³³mə³³nə³³　　nu⁵⁵-və³³　　tsə³³kə³³　　jo⁵⁵pu⁵⁵-nə²⁴　　tɕĩ⁵⁵tʂø⁵³　　to³³-lə³³-si³³,
　　SEQ　　　　DM　　　　　　DIR-做　　　　SEQ　　　　　佣人-PL　　　　解放　　　　　DIR-解开-PFV.3

　　wɐ³³pu³³=tsə³³kə³³　　ŋɐ³³tʰɐ³³ni²⁴　　tsʰə³³je⁵³=tsi³³=pu⁵³　　tsɐ⁵³　　ŋgə³³-tɕʰə⁵³　　nə³³
　　那个=ABL　　　　　　DM　　　　　　　秋天=NMLZ=LOC　　　　　肥肉　　　DIR-拿　　　　也

　　ŋø⁵⁵-χi⁵³,　　wɐ²⁴kə³³ŋɐ³³　　tʰɐ³³ni³³　　tə³³rə⁵⁵　　ki⁵⁵-kɐ⁵³　　ɦæ̃³³-ndzi³³　　nə³³
　　NEG-需要　　DM:那样的话　　DM　　　　　糌粑　　　DIR-大的　　DIR-吃　　　　也

　　tsʰu⁵⁵　　wɐ⁵⁵kə³³ŋɐ³³　　tʰə³³ni³³　　sa³³li⁵⁵　　tu³³-ri⁵⁵.
　　可以　　　DM:那样的话　　DM　　　　笛子　　　DIR-吹

从那以后，劳工们就真的解放啦，并且从那个秋天开始国王也不敢不让大家吃肉了，大家可以吹着笛子吃着大碗的糌粑。

23　tsə³³kə⁵⁵　　no⁵⁵wɑ⁵³　　tə³³tɕi⁴³　　tɕi³³pu⁵³　　və²⁴　　nə³³　　tɕʰu⁵³　　ɦɐ²⁴mə³³nə²⁴,　　tsə³³kə⁵⁵
　　SEQ　　　　心情　　　　变得　　　　事物　　　　做　　　也　　　可以　　　DM　　　　　　SEQ

　　ŋɐ³³tʰɐ³³ni³³　　dzɐ³³pu⁵⁵　　nẽ⁵⁵-pʰɐ⁵³,　　wɐ²⁴kʰə³³tʰɐ³³ni²⁴　　ɦæ³³kʰə⁵⁵tũ⁵⁵mbæ³³=ji²⁴
　　DM　　　　　　国王　　　　DIR-输掉　　　DM　　　　　　　　　阿呷登巴=ERG

　　tsə³³kə³³　　ŋə³³tʰɐ³³ni³³　　jo⁵⁵pu⁵³-nə³³　　me³³me⁵³　　tɕĩ⁵⁵tʂø⁵³　　to³³-lə⁵⁵-si³³,
　　SEQ　　　　DM　　　　　　佣人-PL　　　　　全部　　　　解放　　　　DIR-解开-PFV.3

　　wɐ⁵⁵mə³³nə⁵⁵　　tʰə³³-væ³³-si³³.
　　那样　　　　　DIR-变成-PFV.3

最后，劳工们做工的心情也都变得特别好，当然国王最后也输咯哟。而阿呷登巴也因此解放了劳工，大家的生活变得更好了。

讲述人：登真曲扎（杰噶）

出生年月：1946年3月

讲述时间和地点：2019年9月26日，四川康定城区

语料音频时长：5分37秒

语料整理协助：郎曲拉姆（沙德口音，负责语料整理）、泽汪仁真（贡嘎口音，负责翻译）

语料在线收听地址：http://doi.org/10.5281/zenodo.4816646（2. The monkey king and the wise Akudengba）

全篇意译：

拉萨以南有一个猴王，猴王是当地一个很坏的国王。国王常常虐待劳工，而且一到冬天就让劳工给他供奉吃的。国王对待劳工极其糟糕，大家每天只能中午吃一碗糌粑，休息时候也不能唱歌跳舞。没多久有个叫阿叨登巴的人知道这些事情后请求国王收下他当劳工。阿叨登巴不要别的，只要国王给他一点吃的东西就行了，于是国王答应了。但国王说他有一些条件，第一：阿叨登巴一顿饭只能吃一碗糌粑；第二：在休息的时候不允许阿叨登巴唱歌跳舞；第三：阿叨登巴必须好好喂养牲口，冬天的时候牲口不能受啥委屈被饿瘦了。国王这些要求阿叨登巴都答应了。

第二天阿叨登巴来做工了。他拿了一个很大的碗，然后弄了一碗糌粑。此时国王走到他身边对他说：“阿叨登巴呀，你的碗也太大了吧！"阿叨登巴回答道："尊敬的国王，你们说了只能吃一两碗，但是没有说碗的大小啊。"国王无话可说，之后其他劳工也拿了大碗，从此以后劳工们就能吃饱肚子了。

劳工们在休息的时候挺想唱歌跳舞，但是总害怕国王责怪咒骂他们。此时，聪明的阿叨登巴弄了一节竹子做了一根笛子在那边吹。没过多久，国王走到阿叨登巴旁边对他说："你不能在这里吹笛子娱乐"。阿叨登巴回答道："尊敬的国王啊你说了不能唱歌跳舞，又没说不能吹笛子啊"。这样，阿叨登巴又胜了国王，国王因此很生气。

冬天的时候国王让阿叨登巴去牧场放牧，要他看好牛群，不能让牛变瘦了。冬天过后，阿叨登巴回来了，国王为难他说牛群变瘦了要让他赔。阿叨登巴说："牛没有瘦啊，不信咱俩把它们杀了看看肥肉少了没有"。国王先是同意了，但后来一想却害怕了，就说："算了算了，我相信你就是了"。这样，劳工们也渐渐地解放了，自由了，他们想干啥就能干啥，日子变得越来越好啦。

（三）龟兔赛跑

1　ɦɐ²⁴... tsə³³kə⁵⁵ kæ³³ŋu⁵⁵ tsə³³kə³³ ŋɐ⁵⁵tʰɐ⁵⁵ni³³ ri³³bɐ⁵⁵ tɐ⁵⁵-lø³³=ri²⁴ ri³³və⁵³
　INTRO　SEQ　以前　SEQ　DM　乌龟　一-CL=CONJ　兔子

　tɐ⁵⁵-lø³³ ɕa⁵⁵pu³³ kʰu⁵⁵-tsø⁵³-si³³, tsə³³kə⁵⁵ kɐ³³tə³³tɕə³³ tə³³-ra⁵³ tsə³³kə³³
　一-CL　做朋友之事　DIR-做朋友-PFV.3　SEQ　上面　DIR-去　SEQ

　ŋɐ³³tʰɐ³³ni³³ mbu⁵⁵=le³³ tə³³-ra⁵³ tsə³³kə⁵³ sæ⁵³ ndẽ³³tʰo⁵³ tɐ³³-lø³³=pu⁵⁵=kə³³
　DM　山=LOC　DIR-走　SEQ　土　平地　一-CL=LOC=LNK:的时候

　pʰə³³yo⁵³ tɐ⁵⁵si³³ tu⁵⁵-ndʑi³³-si³³.
　酥油包子　很多　DIR-做-PFV.3

哦呀！很久以前有一只乌龟和一只兔子成为了好朋友。一次，它俩去山上一个坝子上做了很多的酥油包子。

2 tsə³³kə⁵⁵   ri³³vø⁵³   tʂʰæ⁵⁵mbæ³³=ni²⁴   ri³³bɐ⁵⁵=le²⁴   pʰə³³ɣo⁵³   tʰɐ⁵⁵-tɕə⁵⁵-mə³³,
   SEQ   兔子   狡猾的=GNO   乌龟=DAT   酥油包子   DIR-NEG-有
   #ŋɐ⁵⁵#   jɐ³³ɣø⁵⁵=ji²⁴   fiæ³³-ndzi³³-χi²⁴=ti³³.   tɕʰø²⁴   fiæ³³fiɐ⁵⁵   və³³-χi⁵⁵   so⁵⁵
   1pl   REFL=ERG   DIR-吃-MOD:要=GNO   SEQ   怎么办   做-MOD:要   想
   tʰu⁵⁵-sæ⁵⁵mbæ³³=kə³³,   fio³³...   və³³ri⁵³   ndə³³=ti⁵³   ri³³bɐ⁵⁵   dzə³³dzə⁵⁵
   DIR-思考=LNK:的时候   INTRO   办法   有=GNO   乌龟   快快地
   rqæ⁵⁵=ri²⁴   tɕe⁵⁵-tʰa⁵³=ni²⁴   ɣo⁵⁵ɣo³³ɣo⁵⁵ɣo³³   rqæ⁵⁵-pi⁵⁵=ni²⁴.
   走=NMLZ   NEG-动=GNO   慢慢地   走-IMPV.3=GNO

   兔子很狡猾，她就算有酥油包子也不想给乌龟吃，总想自己独吞。兔子想着想着似乎有更好的方法了，她知道乌龟跑得很慢，而她却能跑得很快。

3 tse²⁴   tʰɐ³³-dzu⁵³   ɣo³³ɣo⁵⁵=ni²⁴   tse²⁴   ta³³mbu⁵³   tʂø⁵⁵   so⁵⁵-si²⁴,
   3sg.REFL   DIR-跑   慢慢地=GNO   3sg.REFL   第一   到达   想-PFV.3
   tsə⁵⁵kə⁵⁵   tə⁵⁵-tə³³   tsə³³kə³³   ri³³bɐ⁵⁵=le²⁴   "tɕʰø²⁴   jɐ³³ni³³nə³³   kɐ³³nə⁵⁵tɕʰɐ⁵³   zø²⁴
   SEQ   DIR-说   SEQ   乌龟=DAT   现在   1dl   下面   底部
   nɐ⁵⁵-xə⁵³   tsə³³kə³³   mi⁵⁵dzu⁴⁵   tɐ³³-lə⁵³-χi²⁴,   tæ̃³³mbu⁵⁵   tə⁵⁵-tʂə⁵³=mi³³=tsi⁵³
   DIR-下去 SEQ 跑步   DIR-向上跳-MOD 第一   DIR-到达=NMLZ=NMLZ
   ŋɐ⁵⁵tʰɐ³³ni⁵⁵   pʰə³³ɣo⁵³   me³³me⁵³   fiæ³³-ndzi³³=rø⁵⁵   və³³-χi⁵⁵   rɐ³³və⁵³
   DM   酥油包子   全部   DRI-吃=NMLZ   做-MOD   最后
   fiæ³³-ɣi⁵³=mi³³=tsi⁵³=ɣæ²⁴   pʰə³³ɣo⁵³   fiæ³³-ndzi³³=ri²⁴
   DIR-落下=NMLZ=NMLZ=POSS   酥油包子   DIR-吃=NMLZ
   me⁵⁵-və³³-χi⁵³   tə⁵⁵-se³³."
   NEG-做-MOD   说-PFV.1pl

   兔子自己慢慢地跑，她觉得自己肯定会第一个到达终点，然后她就对乌龟说："咱俩下山，从山底开始比赛跑步，谁得了第一名就能吃掉所有的酥油包子，而最后一名就不能吃酥油包子了"。

4 fio³³...   ri³³bɐ⁵⁵ji²⁴   tæ³³gæ⁵³   tʰu⁵⁵-sæ³³mbæ³³   tsə³³kə⁵⁵   ja²⁴ja²⁴   nӕ³³=ti⁵³
   INTRO   乌龟   一会儿   DIR-思考   SEQ   INTRO   好的=GNO
   nӕ³³=ti⁵³   tə⁵⁵-si³³,   tsə³³kə⁵⁵   ri⁵⁵bɐ⁵³=ji²⁴   tsə³³kə³³   ŋɐ⁵⁵tʰɐ³³ni³³   ndzu³³-nə⁵³
   好的=GNO   说-IMPV.3   SEQ   乌龟=ERG   SEQ   DM   朋友-PL
   qʰo⁵⁵-ræ³³   tsə³³kə³³   ŋɐ⁵⁵tʰɐ³³ni⁵⁵   ndzu³³-nə⁵³   me³³me⁵³   kɐ³³nə⁵⁵tɕʰɐ⁵⁵   nɐ⁵⁵-xe³³.
   DIR-叫来   SEQ   DM   朋友-PL   全部   下面   DIR-下去.3

   乌龟思考了一会儿就同意了，并且随即叫来了一些朋友，让那些朋友都整齐地坐在山底的位置。

5 tsə³³kə³³   ɕiæ²⁴-tʂʰa̠³³tʂʰa̠⁵³-və²⁴   tə⁵⁵-si³³   ɕiæ²⁴-tʂʰa̠³³tʂʰa̠⁵³   tsə³³kə³³   ŋə³³tʰɐ³³ni³³
   SEQ   DIR-排列-LVB   说-PFV.3   DIR-排列   SEQ   DM
   tsə³³kə⁵⁵   ʔɐ³³tsi⁵⁵=ɣə²⁴   ŋə²⁴   kɐ³³nə⁵⁵tɕʰɐ⁵³   tə³³kə³³   mi⁵⁵dzu⁵³   to³³-lə̠⁵³-rɑ²⁴
   SEQ   3sg=POSS   1sg   下面   SEQ   赛跑   DIR-向上跳-PFV.VIS
   no⁵⁵-ndø⁵³=ŋɐ²⁴   tə⁵⁵-si³³,   kɐ³³tə⁵⁵tɕʰɐ⁵³   zi³³   tsi³³mu²⁴   mbi⁵⁵=mi⁵³=tsi⁵⁵=le⁵⁵
   DIR-要去=EGO   说-PFV.3   上面   最   上面   做=NMLZ=NMLZ=DAT
   tsə³³   kə⁵⁵ŋə⁵⁵tʰɐ³³ni⁵⁵   pʰə³³ɣo⁵⁵-nə²⁴   me³³me³³   tsə³³kə³³   ŋə³³tʰɐ³³ni³³   qʰə̠⁵⁵-zø³³,
   SEQ   DM   酥油包子-PL   全部   SEQ   DM   DIR-藏起来
   tsə³³kə⁵⁵   ŋə³³tɕɐ³³ni³³   wɐ³³tsi⁵⁵   ri⁵⁵vø⁵³=le²⁴   tʰɐ⁵⁵-tɕə³³-my²⁴   tə⁵⁵-si³³.
   SEQ   DM   那个   兔子=DAT   DIR-NEG-给予   说-PFV.3

乌龟随后就说让朋友们并排坐着，他自己到山下去跟兔子比赛。他随即让一个朋友把所有的酥油包子都藏起来，还说不要给那只兔子吃。

6 tsə³³kə⁵⁵   ri³³vø⁵⁵=ri³³   ri³³bɐ⁵³-nə³³   nɑ³³-rɑ⁵⁵   tsə³³kə³³   kɐ⁵⁵nə⁵⁵tɕʰɐ⁵³   tsə³³kə³³
   SEQ   兔子=CONJ   乌龟-PL   DIR-下去   SEQ   下面   SEQ
   mi⁵⁵dzu⁵⁵   to³³-lə̠⁵³rø²⁴   ɕɐ⁵⁵tɕi³³,   ɕɐ⁵⁵ni⁵³,   ɕɐ⁵⁵sɐ⁵⁵   tə⁵⁵-pi³³,   tə⁵⁵-dzə³³dzu⁵⁵
   赛跑   DIR-向上跑   一、   二、   三   说-IMPV.3   DIR-跑
   tə⁵⁵-rɑ⁵⁵   tsə³³kə³³   kɐ³³tə⁵⁵tɕʰɐ⁵³   tə³³-tʂæ⁵³-pi⁵⁵=kə³³   ŋə³³tʰɐ³³ni⁵⁵
   DIR-上去   SEQ   上面   DIR-到-IMPV.3=LNK:的时候   DM
   ri³³vø⁵³   ŋø⁵⁵mæ⁵³   nɐ⁵⁵-tɕɐ²⁴=kə³³   zo⁵⁵ri⁵³   te⁵⁵-rɑ²⁴
   兔子   真正的   DIR-向下看=LNK:的时候   相当于   DIR-跟上（来）
   tə⁵⁵-tʂø⁵³-rɑ²⁴=pɑ³³   so³³,   tse⁵⁵   tɑ³³mbu⁵³
   DIR-到达-PFV.VIS=INFR   想   3sg.REFL   第一
   tə⁵⁵-tʂø⁵³-rɑ²⁴=pɑ³³   so⁵³.
   DIR-到达-PFV.VIS=INFR   想

然后兔子跟乌龟就下山去开始比赛了，此时周围的朋友们喊着："一、二、三。"当兔子跑到上面的时候它向下看了看，认为自己跑得最快，自己肯定是第一。

7 wɐ⁵⁵kʰɐ³³   ti³³-kə³³   ɕiæ²⁴-qʰə⁵³ndzu⁵⁵   tsə³³kə⁵⁵   ri³³vø⁵³   tso⁵⁵ndu⁵⁵   ɕiæ³³tsi⁵³
   那里   DIR-待在   DIR-半蹲   SEQ   兔子   蹲着坐   没想啥
   ri³³bɐ⁵³   kɐ³³tə⁵⁵tɕʰɐ⁵³   mbi⁵⁵=mi⁵³=tsi⁵⁵=ji⁵⁵   ri³³bɐ⁵³   ŋo⁵⁵   ndu³³
   乌龟   上面   坐=NMLZ=NMLZ=ERG   乌龟   冥想   坐着
   kæ⁵⁵-pi⁵⁵=ti³³.   kɐ⁵⁵   nbø³³nbø³³   tæ⁵⁵zæ⁵³   ɕio³³-lə⁵³-rɑ²⁴.
   更加-IMPV.3=GNO   声音   粗粗的   一声   DIR-发出-PFV.VIS

兔子随后就坐在那里窃窃私语地说:"兔子蹲着。"而此时乌龟在上面用更大的声音说:"乌龟等着你的哦。"

8 ɦo³³...   mæ³³-tʂə⁵³-rɑ²⁴   so⁵⁵, tə⁵⁵-tɕe³³-rɑ²⁴...   tə⁵⁵-tɕe³³-rɑ²⁴.   tsə³³kə⁵⁵
   INTRO   NEG-到达-PFV.VIS   想 DIR-跑-PFV.VIS   DIR-跑-PFV.VIS   SEQ

   tɕɦə⁵⁵ŋe⁵⁵tʰe³³   ri³³be⁵⁵   tʰə⁵⁵-pʰə⁵³-sø²⁴   ndə⁵⁵   ze⁵⁵ri⁵³   tʰø⁵⁵re⁵⁵
   DM:现在的话   乌龟   DIR-丢掉-PFV.1sg   有   应该   高处

   tə-tʂø⁵³-rɑ²⁴=pa³³   so⁵⁵-si²⁴.   jø²⁴   ɦe⁵⁵kʰe⁵³   ri³³və⁵³
   DIR-到达-PFV.VIS=INFR   想-PFV.1sg   又   这么   兔子

   tsõ⁵⁵ndu³³   ɦæ³³-qə⁵³tsu-pi⁵⁵=kə³³,   jø²⁴   ke³³tə⁵⁵tɕʰe⁵³   mbi⁵⁵=mi⁵⁵=ɣæ²⁴
   半蹲着   DIR-半蹲-IMPV.3=LNK:的时候   又   上面   坐=NMLZ=POSS

   bə⁵⁵mbe⁵³=ji²⁴   ri³³be⁵³   ke⁵⁵tu³³.
   青蛙=ERG   乌龟   冥想坐着

兔子猜测乌龟应该还没到,她就跑呀跑,跑到高处的时候想着应该把乌龟丢掉了。当兔子蹲着的时候,那时坐在上面的乌龟却说:"乌龟等着你啦。"

9 ɦo⁵⁵xo³³xo²⁴...   mæ³³-ɴæ⁵³-rɑ³³   so³³   tə⁵⁵-tse⁵³-rɑ²⁴.   jø²⁴
   INTRO(哦嚯嚯)   NEG-好的-PFV.SEN   想   DIR-跳上去-PFV.VIS   又

   ke³³tə⁵⁵tɕʰe⁵³   kæ³³   tsi⁵⁵mu⁵³   tə⁵³-tʂæ⁵³-pi²⁴=kə³³,   jø²⁴   ri³³ke⁵³
   上面   更加   上面   DIR-到达-IMPV.3=LNK:的时候   又   乌龟

   tsõ⁵⁵ndu³³   tə⁵⁵-pi³³=kə⁵⁵   ndzø⁵⁵   ri³³be⁵³=ji²⁴   ke³³tə⁵⁵tɕʰe⁵³   tsə³³kə³³   ri³³be⁵³
   半蹲着   DIR-说=LNK:的时候   人家   乌龟=ERG   上面   SEQ   乌龟

   ke²⁴ndu³³,   tsə³³kə⁵⁵   tə⁵⁵-tse⁵⁵-rɑ²⁴   tə³³-tʂæ⁵³-pi²⁴=kə³³   ɦæ³³zi³³
   冥想   SEQ   DIR-跳上去-PFV.VIS   DIR-到达-IMPV.3=LNK:的时候   什么

   pʰe³³ɣo⁵⁵-nə²⁴   te⁵⁵-lø³³   nə²⁴   ŋi⁵⁵-tɕo⁵³,   ri³³be⁵⁵   tsə³³kə⁵⁵   ŋe³³tʰe³³ni⁵⁵   qɑ⁵³tɑ⁵³
   酥油包子-PL   一-CL   也   NEG-有   乌龟   SEQ   DM   首先

   tə³³-tʂæ³³,   tse²⁴   re³³və⁵³   ɦæ³³ɣi⁵⁵   pʰə³³ɣo⁵⁵   te⁵⁵-lø³³
   DIR-到达   3sg.REFL   最后   落下   酥油包   一-CL

   ndzi³³-rø⁵³<mo⁵³>tæ⁵³.
   吃-得到<NEG>得到

哦嚯,兔子拼命跑了上去,它想这有些不对劲儿。然后它又跑,等它跑到上面的时候乌龟也正半蹲着。等到兔子跑到终点的时候发现一个酥油包子都没有了,而乌龟却首先到达那里了。所以兔子一个酥油包子都没能吃到。

10 ri⁵⁵be⁵⁵=ji²⁴   tʂʰæ⁵⁵mbæ⁵³   nũ³³-tɕʰo⁵³-si³³=ni³³=sɑ⁵⁵,   tʂʰæ⁵⁵mbæ⁵³
   乌龟=ERG   狡猾   DIR-扮演-PFV.3=GNO=LNK:但是   狡猾

kʰu⁵⁵-mə⁵⁵-ndzi³³-və³³,	tsə³³kə³³	tse⁵⁵	nẽ⁵⁵-pʰɐ⁵³-si³³	wɐ⁵⁵ndɐ⁵⁵lø³³
DIR-NEG-有-LVB	SEQ	3sg.REFL	DIR-输掉-PFV.3	那样
tʰə³³-væ⁵⁵-si³³,	ri³³vø⁵³=ri²⁴	wɐ⁵⁵tsi³³	ri³³bɐ⁵³=næ²⁴	tsə³³kə⁵⁵	ŋɐ³³tʰɐ³³ni³³
DIR-发生-PFV.3	兔子=CONJ	那个	乌龟=PL.POSS	SEQ	DM
pʰə³³ɣo⁵⁵=ɣæ²⁴	tsə³³kə³³	ndzo⁵⁵	ni²⁴.
酥油包子=POSS	SEQ	故事	COP

虽然乌龟扮演了狡猾的角色，但是事实上并不是那样狡猾，而兔子却输掉了那一场比赛。兔子跟乌龟吃酥油包子的故事就是这内容。

讲述人：登真曲扎（杰噶）
出生年月：1946 年 3 月
讲述时间和地点：2019 年 9 月 26 日，四川康定城区
语料音频时长：2 分 42 秒
语料整理协助：郎曲拉姆（沙德口音，负责语料整理）、泽汪仁真（贡嘎口音，负责翻译）
语料在线收听地址：http://doi.org/10.5281/zenodo.4816646（3. The tortoise and the rabbit）

全篇意译：

  很久以前一只乌龟跟一只兔子成为了好朋友，它俩去山上，在一个平地上做了许多酥油包子。兔子很狡猾，不想把那些酥油包子给乌龟吃，自己想独吞。兔子想着想着觉得自己有办法了。乌龟跑起来很慢，而兔子跑起来快，然后兔子对乌龟说："咱俩下山，从山底比赛跑步，得了第一名的就能吃掉所有的这些酥油包子，最后一名就不能吃。"乌龟想了想回答道："可以！可以！"

  然后乌龟叫上了自己所有的朋友，它让一些朋友整齐地坐在山底，并且说："我去比赛了。"乌龟随即让一个朋友把所有的酥油包子藏起来，不给兔子吃。兔子和乌龟下山去比赛了，朋友们都呐喊助威："一、二、三！"兔子跑呀跑，当跑到上面的时候它向下看了看，觉得自己跑得快，自己肯定是第一名。随后兔子就坐在那里说："兔子蹲着啦。"而乌龟此时在上面用更大的声音说："乌龟等着你呢。"兔子觉得不对劲，一直跑呀跑，又想着这次肯定把乌龟甩了，自己应该跑得更快，就说："兔子蹲着啦。"此刻，坐着上面的乌龟又回答道："乌龟等着你呢。"

  兔子觉得越来越不对劲儿，又继续跑呀跑，跑到高处说："兔子蹲着啦。"此时坐在上面的乌龟又说："乌龟等着你呢。"最后等兔子跑到终点的时候发现酥油包子不见了，而乌龟得了第一名，自己却是最后一名，连一个酥油包子都没吃到。兔子的骗局终究没实现，最后兔子只能输了这场比赛。

（四）爱笑的徒弟

1. tsə³³kə⁵⁵   mbu⁵⁵=le³³=kə⁵⁵   ŋe³³tʰɐ³³ni⁵⁵   tsʰæ³³mbæ³³læ³³mæ³³   tɐ³³-lø³³=ri²⁴
   SEQ   山=LOC=TOP   DM   修行者   一-CL=CONJ
   ʔɐ³³tsæ⁵⁵   tsə³³kə³³   tsʰɐ³³jo⁵³   ge³³tʂʰu⁵³   tæ³³-gæ⁵³   tʰɐ³³-ndzə⁵⁵-si²⁴.
   3sg.POSS   SEQ   随从   学子   一-CL   DIR-有-PFV.3
   tsə³³kə⁵⁵   ʔɐ⁵⁵tsi³³nə³³   tsə³³kə³³   tɕi³³pu⁵⁵=wu²⁴   tæ³³-gæ⁵³   tʰɐ³³-ndzə⁵⁵-si²⁴.
   SEQ   3dl   SEQ   幸福=NMLZ   一-CL   DIR-有-PFV.3
   从前有一个修行者和他的一个学徒，他俩的日子都过得很幸福。

2. tsə³³kə⁵⁵   ʔɐ⁵⁵tsi³³   tsʰɐ³³jo⁵³   ge³³tʂʰu⁵³=ɣæ²⁴   ri²⁴   ɕi³³ɕo⁵³   tə⁵⁵-rɐ⁵³-ʁa²⁴=ni²⁴,
   SEQ   这个   随从   学习=POSS   笑声   总是   DIR-发笑-MOD:会=GNO
   xa⁵⁵xa⁵⁵   ɕi³³ɕo⁵³   tə⁵⁵-tə³³   ni³³-ri⁵³   ɕi³³ɕo⁵³-ʁa²⁴=ni²⁴.   tsə³³kə⁵⁵
   发笑   总是   DIR-说   DIR-发笑   总是-MOD:会=GNO   SEQ
   tsʰæ³³mbæ³³læ³³mæ³³=ji²⁴   ŋo²⁴   qʰə³³-dzɐ⁵³-si³³=rɐ⁵⁵=kə⁵⁵   tsə³³kə⁵⁵
   修行=ERG   打坐   DIR-打坐-PFV.3=NMLZ=LNK:时候   SEQ
   tsʰɐ⁵³jo³³tsi⁵⁵   xa⁵⁵xa³³xa⁵³   tə⁵⁵-tə³³   ni³³-ri⁵³   ɕi³³ɕo⁵³   tsə³³kə⁵⁵   ʔɐ³³tsi³³   ŋo²⁴
   打坐   INTRO   DIR-说   DIR-笑   总是   SEQ   3sg   打坐
   qʰə³³-dzɐ⁵³=rɐ²⁴   tʰi⁵⁵-tʂu³³   tsə³³kə⁵⁵   læ³³mæ²⁴=ɣæ²⁴   tsə³³kə³³   ŋe³³tʰɐ³³ni⁵⁵
   DIR-打坐=NMLZ   DIR-打扰   SEQ   喇嘛=POSS   SEQ   DM
   ŋo⁵⁵mba³³   ɦã³³-tsʰo⁵³-və³³.
   生气之事   DIR-生气-LVB
   徒弟是一个很爱笑的人，他天天总是发出哈哈的笑声。一次，当修行者在打坐的时候，徒弟也在那里哈哈地笑，闹得修行者不能安心打坐，修行者因此特别生气。

3. tsə³³kə³³   tsʰɐ³³jo⁵⁵=le²⁴   tə⁵⁵-tə⁵⁵   tsə³³kə³³   næ⁵⁵   tsə³³kə³³   ŋe³³tʰɐ³³ni⁵⁵
   SEQ   随从=DAT   DIR-说   SEQ   2sg.POSS   SEQ   DM
   ɦæ³³ti⁵⁵nə³³   ni³³-ri⁵⁵   ɕi³³ɕo⁵³-pæ²⁴   tɕʰæ²⁴   næ²⁴   so⁵⁵ku⁵³ɣæ²⁴
   总会   DIR-笑   总是-IMPV.2sg   再也   2sg   三次
   ni³³-ræ⁵⁵   tʰɐ⁵⁵ni³³   tʰɐ⁵⁵-si³³-pæ²⁴=ni²⁴   tə⁵⁵-si³³.
   DIR-笑   DM   DIR-死掉-IMPV.2sg=GNO   说-PFV.3
   然后修行者对徒弟说："你这样一直都在笑，如果再笑三次的话你肯定就会死掉。"

4. tsə³³kə⁵⁵   tsʰɐ³³jo³³   ɦo⁵⁵xo³³xo³³   ni³³-tɕə⁵⁵-ri⁵³   ŋə⁵⁵-ku²⁴   tɕʰæ²⁴   ɦæ³³dæ³³kæ³³
   SEQ   随从   INTRO   DIR-NEG-笑   DIR-忍住   再也   怎么

	nə⁵⁵-və³³-χi³³		so³³	tɕʰø²⁴	ŋə³³-tʂə³³	so³³	sæ̃³³mbæ⁵³	nɐ³³-du⁵⁵
	DIR-做-MOD:想要		想	现在	NEG-有用	想	心	DIR-伤悲
	tsə³³kə³³	mbu⁵⁵=le³³	tsə³³kə³³	ŋɐ³³tʰɐ³³ni³³	nɐ⁵⁵-rɐ³³		zy²⁴	na³³-rɐ⁵³.
	SEQ	山=DAT	SEQ	DM	DIR-下来		下面	DIR-下去

然后徒弟就不再笑了，他十分伤心地下山去了。

5　tsə³³kə³³　ʁo²⁴ʁo²⁴　lo⁵⁵mba⁵³=kʰu²⁴　ɣə³³-rɐ⁵³-si²⁴　　sæ̃³³mbæ³³　nɐ³³-du³³-si²⁴,
　　SEQ　　　慢慢　　　山谷=LOC　　　　DIR-去-PFV.3　　　心　　　　DIR-伤害-PFV.3
　　tɕʰø²⁴　　tʰɐ³³-si³³　po⁵⁵　ŋɐ²⁴=ti⁵⁵　so²⁴,　tɕʰø²⁴　ni⁵⁵-tɕə³³-ri⁵³　nə³³
　　SEQ　　　DIR-死　　要　　COP=GNO　　想　　SEQ　　DIR-NEG-笑　　　也
　　mə³³ŋi⁵⁵　nĩ³³-ndzə⁵³　tõ⁵⁵mba⁵³　tæ³³kʰæ⁵³　xə³³=tʰə⁵³　ni³³-ri⁵³　ŋə³³-xo⁵⁵=le²⁴
　　人　　　　DIR-在　　　空的　　　　一个地方　　去=LNK　　DIR-笑　　DIR-用于=DAT
　　tʂə̰⁵⁵　　so²⁴　　ɦa³³-rɐ⁵³　　tɕʰə⁵⁵tʰa⁵³　tɐ⁵⁵-lø³³　tʰɐ³³-tɕə⁵³-si³³　tɕʰə³³tʰa⁵⁵=kʰu²⁴
　　有用　　想　　　DIR-过去　　木磨坊　　　一-CL　　　DIR-有-PFV.3　　木磨坊=LOC
　　tɐ⁵⁵ŋu⁵³　yu⁵⁵-tɕo³³-ri²⁴　ru³³ɣe⁵⁵=ji²⁴　tsə³³kə⁵⁵　ŋɐ³³tʰɐ³³ni⁵⁵
　　一眼　　　DIR-<看>-看见　　熊　　一-CL=ERG　SEQ　　　　DM
　　tɕʰə³³tʰa⁵³　ri³³væ³³le²⁴　tsə³³kə⁵⁵　vɐ²⁴　tĩ³³-ndzæ³³læ³³=pi⁵⁵rɐ²⁴　tæ⁵⁵-si³³.
　　木磨坊　　　木磨盘　　　　SEQ　　　　糌粑　DIR-舔=LNK:的时候　　　看见-PFV.3

徒弟十分伤心地下了山，一想到只要一笑就会死，他就有些害怕了。于是徒弟就马上不笑了，随后去了一个空旷的地方。当他来到一间废弃的木磨坊里时，他发现里面有一只熊正在磨坊的木磨盘周围舔糌粑。

6　ʔɐ³³tsæ³³　tsə³³kə³³　və⁵⁵=rø⁵⁵　tə⁵⁵kø⁵⁵　və³³　tsə³³kə⁵⁵　tɕʰə⁵⁵tʰa⁵³　ʁə²⁴=tsi³³
　　3sg　　　　SEQ　　　做=NMLZ　　恶作剧　　做　　SEQ　　　　木磨坊　　　门=NMLZ.DAT
　　zi³³dø⁵³-və²⁴,tsə³³kə³³　tɕʰə⁵⁵kø⁵³=tsi²⁴　to⁵⁵-tɕa⁵³　　tsə³³kə³³　ŋə³³tʰɐ³³ni³³
　　关上-LVB　　SEQ　　　　　水库=NMLZ.DAT　　DIR-拿起来　　SEQ　　　　DM
　　tɕə³³ʁə⁵⁵=tsi³³　　wo³³lə⁵³-və³³-si³³.　ɦo²⁴…　tɕʰə³³tʰa³³　di³³ri³³　tsə³³-tə³³
　　水库门=NMLZ.DAT　放-LVB-PFV.3　　　　　INTRO　　木磨坊　　　嗡隆隆　　DIR-叫
　　ɦæ³³-rɐ³³pi⁵⁵=ni³³　tse³³　tɕʰə³³tʰa⁵³　ʁə³³to⁵³　tɕe³³kʰu⁵³　ɦo²⁴-ndzɐ³³ndzɐ⁵³-si³³.
　　DIR-转动=GNO　　　　3sg.REFL　木磨坊　　窗户　　　小的　　　DIR-偷看-PFV.3

徒弟马上做了一个恶作剧，他先把木磨坊的门锁上，然后把磨坊封闭起来。结果熊在里面跳来跳去，而徒弟自己却躲在木磨坊的小窗户外面偷看。

7　di³³ri³³ri³³　tə⁵⁵-tə³³　ɦæ³³-rɐ⁵³pi⁵⁵,　ru³³ɣe⁵⁵=ji²⁴　tɕʰə³³tʰa³³=pu³³　mə⁵⁵ri³³ɣə³³=tsi³³
　　隆隆　　　　DIR-叫　　DIR-转动　　熊=ERG　　　　磨板=LOC　　　　　发飙=NMLZ

və²⁴,	tsʰə³³tʰa⁵³	ru⁵⁵ɣe³³=pu⁵⁵	kʰe⁵⁵-ɕo⁵³-və²⁴,	ru³³ɣe⁵⁵=ji⁵⁵	ɦæ³³mə³³kʰo³³
做	磨板（磨坊）	熊=DAT	DIR-发飙-LVB	熊=ERG	DM
tɕʰə³³tʰa⁵³=ɣæ³³	ɕu⁵³	χə⁵⁵tɕʰɐ³³	tʰa⁵³	tɕʰə³³tʰa⁵⁵=ji⁵⁵	ru³³ɣe⁵⁵	wu³³və³³wu³³dæ⁵³,
磨板=POSS	力气	哪里	斗得过	磨板=ERG	熊	丢到后面
jø²⁴	tə⁵⁵-rə³³	tɕʰə³³tʰa⁵⁵=pu⁵⁵	ʁe³³-ɕɐ⁵³	te⁵⁵tɕʰə³³	tʰa⁵³=qo⁵⁵	ru³³ɣe⁵⁵=ri²⁴
又	DIR-起来	磨板=LOC	DIR-冲过来	安全	磨坊=LOC	熊=CONJ
tɕʰə³³tʰa⁵⁵	ri³³væ⁵³=ni²⁴	ɣu²⁴-lə⁵⁵lø³³	tsə³³kə⁵⁵	pʰə⁵⁵lə̰⁵³		
磨板	石板=PL.ERG	DIR-打来打去	SEQ	风		
tə⁵⁵-dzi⁵³si²⁴	ni³³-ri⁵⁵.				
DIR-拼命打架	DIR-笑				

熊在里面嗡隆隆地叫着，到处打转，还趟在磨板上发飙。熊的力气又怎么斗得过磨板呢，磨板一下子把它甩到了后面，并且熊还拼命地撞击磨板。徒弟看着这场景更是哈哈大笑起来。

8

tsə³³kə⁵⁵	†pʰu⁵³	tʰɐ⁵⁵-ge⁵³	zæ³³ŋa⁵³	tʰɐ⁵⁵-si³³-pi²⁴.	ta³³ra⁵³	ni³³-ri⁵⁵-si³³
SEQ	根本	DIR-喘气	快要	DIR-死掉-IMPV.3	首先	DIR-笑-PFV.3
tsə³³kə⁵⁵	sæ̃³³mbæ³³	nɐ⁵⁵-du⁵⁵-si³³	ɦo⁵⁵xo³³xo³³	tɕʰy²⁴	tɐ⁵⁵ku⁵³	ni³³-ri⁵³
SEQ	心	DIR-伤害-PFV.3	INTRO	现在	一次	DIR-笑
tʰɐ⁵⁵-dø⁵³-ra²⁴	tɕʰə²⁴	ni³³-ri⁵³	ŋa³³-de⁵⁵	tɕʰə³³	ŋɐ⁵⁵tʰɐ³³	ti⁵⁵nə³³
DIR-完成-PFV.VIS	现在	DIR-笑	NEG-要	SEQ	DM	不管谁
ɲĩ⁵⁵-ndzə⁵³	tæ⁵⁵-kæ⁵³	xə³³-χi⁵⁵=ti²⁴		so³³.	
DIR-有	一-CL	去-MOD:想要=GNO		想	

徒弟就快要被笑断气了。此时他想到之前已经笑过一次了，内心还是有些害怕。不能再笑了，已经都笑过一次要是再笑就会死掉了。

9

lõ⁵⁵pa⁵³	to³³mba⁵³=kʰu³³	ɦo²⁴ɦo²⁴	ɣə³³-ra⁵³,	ʔɐ³³kʰɐ⁵³	tæ³³-kʰæ³³
山谷	空的=LOC	慢慢	DIR-走	这里	一-CL
ɣi⁵⁵-ni⁵³	tsə³³kə³³	tæ⁵⁵gæ³³	mbi²⁴	tsʰi²⁴pʰo⁵⁵	ta⁵⁵pʰo⁵⁵=ɣæ²⁴	kʰi⁵⁵
DIR-休息	SEQ	一会儿	坐	树	一颗=POSS	旁边
kʰə⁵⁵-tɕe⁵³ri²⁴	tsʰi²⁴pʰo⁵⁵	ᴺGə³³tɕʰy⁵³	tsə³³kə³³	ta⁵⁵	tə³³-lø³³	tʰɐ³³-xi⁵³.
DIR-看	树	下方	SEQ	老虎	一-CL	DIR-出发

徒弟随后在空荡的山谷里慢慢地走着。在山谷里休息了一会儿后，他坐在一棵树旁发现一只老虎往树下方走了过去。

10

tsə³³kə³³	ra³³-si⁵³.	ta⁵³=ɣæ³³	vu⁵⁵	ʔɐ⁵⁵tsi³³	tsʰi²⁴pʰo³³=ɣæ²⁴	tɕʰy⁵⁵	tʰɐ⁵⁵-kʰə⁵³
SEQ	走-PFV.3	老虎=POSS	窝	这	树=POSS	下面	DIR-有

wɐ⁵⁵tsi³³	rɑ⁵³	tʰə⁵⁵-di⁵⁵=pi³³kə³³,	tsʰɨ³³pʰo⁵³=tsi⁵⁵mu⁵³	tsə³³kə³³	ŋɐ³³tʰɐ³³ni⁵⁵
那个	走	DIR-完毕=LNK:时候	树=LOC	SEQ	DM
tsʰɨ³³mə⁵⁵gø³³	tɐ⁵⁵-lø³³	nɑ³³ʏu⁵⁵mə⁵⁵gø⁵⁵	tɐ⁵⁵-lø³³	tsʰɨ³³pʰo⁵⁵=tsi⁵⁵mu⁵³	
猩猩	一-CL	猩猩	一-CL	树=LOC	
jæ⁵⁵gæ⁵³=tsi⁵⁵mu⁵³	tʰə⁵⁵-ŋdzə⁵³-si²⁴,	ʔɐ⁵⁵tsi⁵⁵	nɐ³³-rɐ⁵³-si²⁴	tsə³³kə³³	rɑ³³-si⁵⁵,
树枝=LOC	DIR-有-PFV.3	这个	DIR-下来-PFV.3	SEQ	走-PFV.3
tsẽ⁵⁵næ̃³³	ndze⁵⁵	zu³³ʏæ²⁴=rɐ²⁴	rɑ³³-si⁵³.		
3pl.POSS	饭	找=NMLZ	去-PFV.3		

眼看着老虎这就这样走了。徒弟发现当老虎离开自己树下的窝时有只猩猩蹲在树枝上，此时猩猩也出去找自己的食物了。

11
ʔɐ³³tsæ³³	və³³rʏ⁵⁵tə³³kø⁵³	və²⁴	tsə³³kə³³	kʰə³³ɕɐ⁵³	tsʰɨ³³pʰo⁵⁵=le²⁴	tə³³-rɑ⁵⁵,	
3sg	恶作剧	做	SEQ	快点	树=LOC	DIR-上去	
tsə³³kə³³	wɐ³³tsæ³³	tsə³³kə³³	ŋɐ³³tʰɐ³³ni⁵⁵	jæ³³gæ⁵³=ʏæ²⁴	ri³³tɕɐ⁵³	tɕɐ⁵⁵	tæ⁵⁵-gæ⁵³
SEQ	那个	SEQ	DM	树干=POSS	刀子	小的	一-CL
tʰɨ³³-ndzɹ⁵³,	wɐ³³tsi³³	jæ³³gæ⁵³=ʏæ²⁴	ʁə⁵⁵-tsi⁵⁵tsæ⁵³-və²⁴	tsə³³kə³³			
DIR-有	那个	树干=NMLZ.DAT	DIR-砍-LVB	SEQ			
tʰẽ⁵⁵-ŋgɐ⁵³	mæ³³ræ⁵³	tu⁵⁵-dzi̥⁵⁵.					
DIR-掉落	快点	DIR-做					

徒弟于是又做了个恶作剧。他爬上树用刀子把猩猩建屋的小树枝砍下来一大半，然后迅速地跳下了树。

12
tsə³³kə⁵⁵	#tsə³³kə⁵⁵#	tse³³	ʔɐ⁵⁵kʰə³³kʰu⁵⁵	tə³³-rɑ⁵³	tsə³³kə³³	
SEQ	SEQ	3sg.REFL	那里面	DIR-上去	SEQ	
qʰo⁵⁵-ndze³³ndze³³	mbi⁵⁵-si²⁴	ɕe⁵⁵dzə⁵³-me³³=ti⁵⁵,	nɑ⁵⁵ʏu⁵⁵mə³³gø⁵³	kæ⁵⁵ŋu⁵³		
DIR-偷看	坐-PFV.3	谈论-NEG=GNO	猩猩	首先		
qʰə³³-tʂæ⁵³-si²⁴,	kʰə³³-tʂæ⁵³	tsə³³kə³³	ŋɐ³³tʰɐ³³ni³³	tə³³-rɑ⁵⁵	tsə³³kə³³	ʔɐ⁵⁵tsi³³
DIR-回来-PFV.3	DIR-到达	SEQ	DM	DIR-上去	SEQ	这个
jæ³³gæ⁵³=tsi⁵⁵mu⁵³	mbi⁵⁵-si²⁴,	ŋə³³zæ³³ti³³kə⁵⁵	tɑ⁵³	kʰə³³-tʂæ⁵³-si²⁴.		
树干=LOC	坐-PFV.3	不一会儿	老虎	DIR-回来-PFV.3		

没过多久，徒弟自己就坐在那边一直偷偷看着，他始终一声不吭。这时候猩猩先回来了，猩猩就爬上了树，过了一会儿老虎又回来了。

13
tɑ⁵³	kʰə³³-tʂæ⁵³	tsə³³kə³³	vu³³=kʰu⁵³	kʰə³³-tʂæ⁵³	ʏə⁵⁵-ndy³³=kə³³,
老虎	DIR-回来	SEQ	窝=LOC	DIR-到达	DIR-进去=LNK:时候

ɦo²⁴...	na⁵⁵ɣu⁵³mə³³gø⁵³		wɐ⁵⁵tsi³³	jæ³³gæ⁵⁵=tsi⁵⁵mu⁵³		tsʰi³³pʰo⁵⁵=tsi⁵⁵mu⁵³
INTRO	猩猩		那个	树干=LOC		树=LOC
tsə³³kə³³	ta⁵⁵=pu³³	ndzi³³pu⁵³	və⁵⁵-po³³=ŋɐ³³,		zɐ³³dzɐ⁵³	ɣə³³-dæ⁵³
SEQ	老虎=LOC	威风	做-IMPV.1sg=EGO		屁股	DIR-坐下
tʰæ³³kæ⁵³læ³³=kə⁵⁵		ɦo²⁴xo²⁴...	ʔɐ⁵⁵tsi³³	jæ³³gæ⁵³	tæ⁵⁵-gæ⁵⁵=tsi²⁴	
掉来掉去.REP=LNK:时候		INTRO	这个	树干	一-CL=NMLZ	
na⁵⁵-NGə⁵³-və²⁴	nɐ³³-zi³³-si³³,	ta⁵⁵=pu⁵⁵=wu⁵⁵		nɐ³³-zi³³	ɦo²⁴ja²⁴...	
DIR-断掉-LVB	DIR-掉下-PFV.3	老虎=LOC=NMLZ		DIR-掉下	INTRO	
ta⁵⁵-ri³³		na⁵⁵ɣu⁵³mə³³gø⁵³-nə²⁴	tə⁵⁵-si³³sɐ³³.			
老虎=CONJ		猩猩-DU	DIR-打架			

老虎回来刚到窝里的时候猩猩在树干上面跳来跳去结果把树枝弄掉下来了，此时恰巧掉在老虎的头上，老虎一下子发飙了就跟俩猩猩打了一架。

14
tsə³³kə³³	pʰə⁵⁵lə⁵³	tə̃⁵⁵-tɕʰi³⁵	tsə³³kə³³	jø²⁴	ni³³-ri⁵³-si³³,	ɦæ³³mə³³kʰo³³
SEQ	灰尘	DIR-满天飞	SEQ	又	DIR-笑-PFV.3	DM
tʰɐ³³-ge⁵³-pi³³		ta³³ra⁵³	ni³³-ri⁵³,	tsə³³kə³³	tʰɐ⁵⁵ni⁵⁵	tɕɐ²⁴	ɦo³³...
DIR-笑断气-IMPV.3		一下	DIR-笑	SEQ	DM	再次	INTRO
nə³³ku⁵⁵	ni³³-ri⁵³	tʰɐ³³-dø⁵⁵-ra²⁴,		tɕɐ²⁴	so⁵³ku⁵³	ni³³-ri⁵⁵=tʰɐ²⁴
两次	DIR-笑	DIR-完毕.2sg-PFV.VIS		再次	三次	DIR-笑=LNK:假如
tʰɐ⁵⁵-si⁵⁵-po⁵⁵=ni²⁴		tɕɐ²⁴	ŋɐ²⁴tʰɐ⁵⁵	jø²⁴	kæ²⁴	lõ³³ba⁵³	tõ³³mba⁵³
DIR-死-IMPV.1sg=GNO		再次	DM	又	更加	山谷	空的
tæ⁵⁵kʰæ⁵³	xə³³-χi⁵⁵=ti²⁴		ŋɐ⁵⁵-kə⁵⁵ti²⁴	so³³-si³³.		
一处	去-MOD:要=GNO		NEG-能够	想-PFV.3		

徒弟哈哈大笑，笑得到处都是灰，都快笑断气了。不过他想到自己已经笑了两次了，如果再笑第三次就会死掉了，所以他想想不能待在这里继续笑死，需要去一个很幽静的山谷。

15
jø²⁴	ɣə³³ra⁵³ɣə³³ra⁵³=kə³³	ʔɐ⁵⁵kʰɐ⁵³ti³³kə⁵⁵	kə³³rə³³tɕʰɐ³³ti³³kə⁵⁵	ɕə⁵³	tɐ⁵⁵-lø³³	
又	走着走着=LNK:时候	这地方	那地方	湖	一-CL	
tʰɐ³³-kʰə⁵⁵-si⁵⁵,	tɕɐ⁵⁵-ɣə³³	kʰæ⁵³	tsi³³pʰo³³	ŋɐ³³tʰɐ³³ni⁵⁵	ɳu³⁵mæ⁵³	na⁵⁵ɣu⁵⁵
DIR-有-PFV.3	湖=POSS	岸边	树	DM	竹子	森林
ta⁵⁵na³³	tʰɐ³³-ndzə⁵⁵-si³³,	ʔɐ⁵⁵tsi³³	ɕə⁵⁵=ɣæ²⁴	də⁵⁵kʰæ⁵³	pʰə³³və⁵⁵=le²⁴	
一些	DIR-有-PFV.3	这个	湖=POSS	一边	斜坡=LOC	
tsə³³kə⁵⁵	dzi⁵⁵ku⁵⁵	nɐ⁵⁵-rɐ⁵³	tsə³³kə⁵⁵	dzi³³ku⁵⁵	ɕæ⁵⁵ræ⁵³	tɐ⁵⁵-lø⁵³	tʰɐ³³-ŋɐ⁵⁵-si²⁴.
SEQ	冰	DIR-流下来	SEQ	冰	滑冰	一-CL	DIR-COP-PFV.3

徒弟走着走着发现旁边有一个湖，湖水旁边的树林里有一些竹子，而湖旁边的斜坡上面有

一些冰正掉落下来。徒弟随即就在那里燃了一堆火。

16 zõ³³də⁵⁵-nə²⁴   wɐ⁵⁵tsi³³   wæ⁵⁵rə³³wæ⁵³   tsə³³kə³³   tɐ³³tɕʰi⁵³   tə⁵⁵-xə³³   tsə³³kə³³
    猴子-PL   那个   旁边   SEQ   旁边   DIR-上去   SEQ
    dzi³³ku⁵⁵   ɕæ⁵⁵ræ⁵³   nɐ⁵⁵-rɛ,   tsə³³kə³³   ʔe⁵⁵tsi³³   ɳi³³mæ⁵³   na⁵⁵ɣu⁵⁵=le²⁴
    冰   滑   DIR-下来   SEQ   这个   竹子   森林=LOC
    næ³³-tʂɛ⁵³-pi³³kə⁵⁵   ŋu³³mæ⁵³=le²⁴   kʰə⁵⁵-zy⁵³=ri²⁴   ɦo²⁴...   tsə³³kə³³
    DIR-接近=LNK:的时候   竹子=LOC   DIR-抓住=NMLZ   INTRO   SEQ
    tɕɛ⁵⁵=qo⁵³   nɐ³³-zi⁵⁵   ŋɐ⁵⁵-pi³³=ni²⁴.
    火=LOC:里面   DIR-掉下去   NEG-IMPV.3=GNO

徒弟发现有一些猴子在旁边滑冰。猴子快要滑到竹林的时候幸好都抓住了竹子才没有掉进火堆里面。

17 jø²⁴   dzø⁵⁵-nə⁵³=tɐ³³tɕʰi⁵³   tə⁵⁵-dy⁵³   tʰe³³-ɳe⁵³-si²⁴   jø²⁴   ʔe³³tsæ⁵³
    又   冰-PL=LOC:旁边   DIR-上去   DIR-COP-PFV.3   又   3sg.POSS
    və⁵⁵ry⁵⁵tə⁵⁵kø³³   ʁə³³-ra⁵³   tsə³³kə⁵⁵   wɐ⁵⁵tsi³³   ŋu³³mæ⁵³-næ²⁴   tsə⁵⁵kə³³
    恶作剧   DIR-过去   SEQ   那个   竹子-PL.DAT   SEQ
    ɣi⁵⁵-tsæ⁵³   ɣə⁵⁵-tʂʰi⁵³-və³³   tsə³³kə⁵³   tʰẽ⁵⁵-gɐ⁵³   mæ³³ræ⁵³-və²⁴.
    DIR-砍   DIR-锯-LVB   SEQ   DIR-掉   容易的-LVB

徒弟此时又跑到冰堆旁边去恶作剧，他随即砍掉了一个比较容易锯掉的树枝。

18 tsə³³kə³³   jø²⁴   wu³³və⁵³   ɦa³³-ra⁵³   tsə³³kə⁵³   kʰu³³-jæ⁵⁵-si²⁴   zõ³³ndə⁵⁵-nə³³
    SEQ   又   旁边   DIR-过去   SEQ   DIR-看-PFV.3   猴子-PL
    ɕe⁵⁵dzə⁵⁵-me³³-di⁵⁵   ndzi⁵⁵gu⁵⁵   ɕæ³³ræ³³   no³³-lə⁵³   nɐ⁵⁵-rɛ³³,
    说出-NEG-说出（无话可说）   冰   滑   DIR-下滑   DIR-下来
    tsə³³kə³³   ŋu⁵⁵mæ⁵⁵=ɣæ²⁴   ki⁵⁵   næ³³-tʂɛ⁵³-pi⁵⁵,   ŋu⁵⁵mæ=le²⁴   kʰə⁵⁵-zə⁵⁵=kə⁵⁵
    SEQ   竹子-POSS   旁边   DIR-到达-IMPV.3   竹子=LOC   DIR-抓=LNK:时候
    ɕe³³dzə⁵⁵me³³ti⁵⁵   ŋu⁵⁵mæ³³-nə³³   nã⁵⁵-nə³³.
    显而易见   竹子-PL   DIR-断掉

然后他在旁边偷偷看到一群猴子又跑过去了。徒弟不吭声，看到猴子从冰上滑下来的时候都想抓住旁边的树枝，可是这时候树枝却断掉了。

19 tsə³³kə³³   zõ⁵⁵də⁵⁵   tɕə⁵⁵-lə³³=ji²⁴   ŋə³³tʰɐ⁵⁵   ŋu⁵⁵mæ⁵⁵   tɕə⁵⁵-pʰo⁵⁵   ɣu⁵⁵-vi⁵⁵
    SEQ   猴子   一-CL=ERG   DM   竹子   一-CL   DIR-扛

tsə³³kə³³   tʰi⁵⁵tʰu⁵³=le²⁴   tɕə⁵⁵=qo³³   na³³-ra⁵⁵-si³³,   zõ³³ndə⁵⁵-nə³³   me⁵⁵me⁵³
SEQ   扑通=DAT   湖=LOC   DIR-下去-PFV.3   猴子-PL   全部

tɕə⁵⁵=qo³³   nɐ⁵⁵-zi⁵⁵,   jø⁵⁵   ni³³-ri⁵⁵   tsə³³kə³³   ɦæ³³mə³³kʰo³³   tʰɐ³³-ge⁵³
水=LOC   DIR-掉下去   又   DIR-笑   SEQ   DM   DIR-笑断气

tsə³³kə³³   tɕʰø²⁴   pu³³kə⁵⁵   so³³ku⁵⁵   ni³³-ri⁵³   tʰɐ³³-di⁵⁵-ra²⁴
SEQ   现在   上面   三次   DIR-笑   DIR-完毕-PFV.VIS

ŋə⁵⁵-tʂə⁵⁵=ti²⁴   so⁵⁵.
NEG-有用=GNO   想

只见有一只猴子扛着一个树枝扑通一下掉进了湖里，结果所有的猴子都相继掉了下去。于是徒弟又哈哈大笑起来。这样想起来，他这三次都已经笑完了。

20 tsə³³kə³³   sæ̃³³mbæ³³   nɐ³³-du⁵³   tɕʰy²⁴   ɦæ³³ji³³   tʰɐ³³-si³³-pi³³=kə⁵⁵,
    SEQ   心   DIR-伤心   现在   INTRO   DIR-死-IMPV.3=LNK:时候

læ³³mæ⁵³=ti²⁴   ŋæ³³ndzi⁵⁵-me²⁴   tɕʰø²⁴   læ⁵⁵mæ⁵⁵   ke²⁴   ɦæ³³-xə⁵³   kæ³³
喇嘛=ABL   更好-NEG   SEQ   喇嘛   那里   DIR-走   更加

tei⁵⁵,   tsə³³kə⁵⁵   læ³³mæ³³=ji⁵⁵   ŋe⁵³   tu³³-ndzʐ⁵³   rø³³=ŋɐ²⁴   so⁵⁵   tsə³³kə³³
好   SEQ   喇嘛=ERG   1sg   DIR-超度   就会=EGO   想   SEQ

ɦa³³-ra⁵³   tsə³³kə³³   ŋɐ³³tʰɐ³³   læ³³mæ⁵⁵   ke²⁴   tə³³-ra⁵³   tsə³³kə³³   læ⁵⁵mæ⁵⁵=le²⁴
DIR-走   SEQ   DM   喇嘛   那里   DIR-上去   SEQ   喇嘛=LOC

tsə³³kə⁵⁵   ŋɐ³³tʰɐ³³   tɕʰø²⁴   so⁵⁵ku⁵³   ni³³-ri⁵⁵   tʰɐ³³-dø⁵⁵-ra²⁴.
SEQ   DM   现在   三次   DIR-笑   DIR-完毕.2sg-PFV.VIS

徒弟知道自己要死了，觉得死的时候去修行者那个地方应该是最好的选择，于是他就去了修行者那里，告诉修行者自己这三次都已经笑完了。

21 "tɕʰø²⁴   tsə³³kə⁵⁵   læ³³mæ³³   ne⁵⁵=ji²⁴   tsə³³kə³³   kæ³³   ndzi⁵⁵me³³=ti⁵⁵
    现在   SEQ   喇嘛   2sg=ERG   SEQ   更加   没更好的=GNO

ŋ⁵⁵   tə³³-ndzʐ⁵⁵vo³³"   tə⁵⁵-si³³,   "ŋə⁵⁵   tʰɐ³³-si³³-po³³=kə³³   tsə³³kə⁵⁵
1sg   DIR-超度   说-PFV.3   1sg   DIR-死-IMPV.1sg=LNK:时候   SEQ

læ³³mæ³³=ji⁵⁵   ŋə⁵⁵-tʂʰo⁵³=ŋe²⁴",   næ⁵⁵   qʰe⁵⁵qʰæ⁵⁵-pæ⁵⁵=ni²⁴,   ne³³=ji⁵⁵
喇嘛=ERG   NEG=真的=EGO   2sg   开玩笑-IMPV.2sg=GNO   2sg=ERG

ɦæ³³ti⁵⁵nə³³   χæ⁵⁵χæ³³   tə⁵⁵-te³³=kə⁵³,   so⁵⁵ni⁵⁵-sø⁵³,
总是   哈哈   DIR-说=LNK:的时候   吵闹死-PFV.2sg

qʰe⁵⁵qʰæ⁵³-po²⁴=ni³⁴   ŋə⁵⁵-tʂʰo⁵³=ŋe²⁴."   tsə³³kə³³   tʰɐ⁵⁵-ŋgə⁵³-si⁵⁵.
开玩笑-IMPV.1sg=GNO   NEG=真的=EGO   SEQ   DIR-高兴-PFV.3

然后徒弟说："大师，你要超度我了，我就快要死了。"修行者回答道："哈哈，我说你笑了就要死的事情是假的。因为你太吵了！"结果他俩都哈哈大笑起来。

22　tsə³³kə⁵⁵　　læ³³mæ³³=ri²⁴　　tsʰæ³³ mbæ³³　tsʰo⁵⁵jo⁵³-nə²⁴　tɕi³³pu⁵⁵wu⁵⁵　mbi⁵⁵-si³³
　　SEQ　　　　喇嘛=CONJ　　　喇嘛　　　随从-PL　　　幸福　　　坐着-PFV.3

　　we³³mə³³nə³³　　tʰə⁵⁵-væ⁵³-si³³…　　　fio²⁴…
　　那样　　　　　DIR-发生-PFV.3　　　INTRO

之后，修行者跟他的徒弟又盘坐在那里，他俩继续过上了美好的生活。

讲述人：登真曲扎（杰噶）
出生年月：1946 年 3 月
讲述时间和地点：2019 年 9 月 26 日，四川康定城区
语料音频时长：4 分 50 秒
语料整理协助：郎曲拉姆（沙德口音，负责语料整理）、泽汪仁真（贡嘎口音，负责翻译）
语料在线收听地址：http://doi.org/10.5281/zenodo.4816646（4. The apprentice of the monk master）

全篇意译：
　　从前有一个修行者，他有一个徒弟，他俩在一座山里坐禅。徒弟是一个很爱笑的人，修行者坐禅的时候徒弟天天在笑，导致修行者不能很专心地坐禅。见此情形，修行者对徒弟说如果你再笑三次你就会死。
　　于是徒弟就很伤心地下山了。他先找到一个没人弄糌粑的屋子，打开门发现了一只熊，徒弟十分害怕，就死死地把门锁住了。熊在里面跳来跳去，弄了一身的糌粑，然后徒弟就笑了大半天，又想了一下很伤心。想到自己已经笑了一次了现在再笑第二次，自己就会死掉了。
　　徒弟走了一会儿，看到一棵树上有一个猩猩的窝，下面还有一个老虎窝。当猩猩和老虎去找食物的时候，徒弟就爬上树用刀把猩猩做窝的小树枝砍了一大半，然后自己躲在远处偷看。没过多久老虎和猩猩都回来了，猩猩在树枝上面的窝里跳来跳去，树枝断裂落在老虎窝前，此时猩猩就跟老虎打了一架，徒弟哈哈大笑了半天。
　　此时徒弟想了一下，自己已经笑了二次了，不能再笑了，于是他找了一个很封闭的地方待着。没过多久，徒弟看到一群猴子在冰堆旁玩耍，他又在想坏主意了。他把猴子们避险用的树枝砍了，还放了一把火，结果猴子们全部都掉进了水里。此时徒弟又哈哈大笑了起来。三次机会的确已经笑完了，徒弟知道自己就快要死了。于是他心里想着，就算是死，在临死前也要去修行者那边，这应该是最好的选择。等他到了修行者那边，他说自己笑完了，就快要死了。修行者回答道："嘿嘿，我吹牛的！因为你笑得我不能安心坐禅，所以我才骗你的。"
　　那以后师徒二人还是盘坐在那里坐禅。他俩就这样过上了幸福的生活。

（五）木雅跟西夏的关系（母语者个人见解）

1 tɕʰø²⁴ ɦiæ³³tsi⁵⁵   tə⁵⁵-χi³³=ni³³,   ɦɑ³³...   jæ⁵⁵næ⁵³   mə⁵⁵ŋæ⁵³   tʰɐ⁵⁵ŋɐ⁵³tʰɐ³³
   SEQ   什么   说-MOD:要=GNO   INTER   1pl.POSS   木雅   DM
   lø⁵⁵dzə⁵⁵   mə³³nə³³=pu⁵⁵   tʰɐ³³ŋɐ⁵³tʰɐ³³   ɕe³³to⁵³   tɕʰə³³   kæ⁵⁵ji⁵³   ndə⁵⁵=ni²⁴,
   历史   等等东西=LOC   DM   说法   现在   很多   有=GNO
   tsə³³kə⁵⁵   jæ³³næ⁵⁵   tɕʰə³³   ti³³   tsʰe⁵⁵ri⁵³pæ³³   tʰɐ³³-ŋɐ⁵³   nə⁵⁵-ndzæ³³.
   SEQ   1pl.POSS   现在   时候   科学家   DIR-COP   DIR-好的

   哦，那要说点什么呢？关于我们木雅的历史有很多种说法，很多科学家（学者）都写了关于我们木雅研究的书，那都是挺好的。

2 tsə³³kə⁵⁵   jæ³³næ⁵⁵   lø³³tʂæ⁵³   tɕʰe³³mu⁵⁵   kæ³³ji⁵³   we³³mə³³nə³³   zə³³ŋdzu⁵⁵
   SEQ   1pl.POSS   学校   大的   很多   那样   研究
   və³³-si³³=ɣæ²⁴   dzæ⁵⁵mbu³³   mə³³nə³³   ndə⁵⁵=ni²⁴=sɑ⁵³,   mə⁵⁵ŋæ⁵³=tsi²⁴
   做-PFV.3=POSS   书   一些   有=GNO=LNK:但是   木雅=NMLZ
   tɕʰø²⁴ ti⁵⁵   tu³³-ɕɐ⁵³   tʰɐ³³   jæ³³næ⁵⁵   tɕʰə⁵⁵   tsə³³kə⁵⁵   su⁵⁵=kʰu³³
   SEQ 时候   DIR-说   DM   1pl.POSS   现在   SEQ   语言=LOC
   kʰə³³-tɕɐ⁵⁵rə²⁴   tʰɐ³³   kæ³³dzɐ⁵⁵tsi⁵⁵   tɕʰø²⁴ti²⁴   jæ³³næ⁵³   pu³³pæ⁵⁵=ɣæ³³   tsə³³kə³³
   DIR-研究   DM   大多数的   SEQ   1pl.POSS   藏族=POSS   SEQ
   kə³³ræ⁵³   dæ³³ŋi⁵⁵=le⁵³   tɕɐ³³tɕɐ⁵⁵=ri²⁴   ʔe³³mə³³nə³³   qɑ⁵⁵ɹɐ⁵³   kʰə³³-ndzɐ⁵⁵-si³³
   一点儿   古语=LOC   正如=CONJ   那样   特别地   DIR-混合-PFV.3
   qɑ⁵⁵ɹɐ³³   ndə³³=ti⁵³.
   特别地   有=GNO.IMM

   虽然大学里面有很多研究木雅语的一些书，但是对于木雅藏族而言，木雅语事实上是混杂着藏语古语成分的一种语言。

3 tsə³³kə⁵⁵   pæ⁵⁵næ³³   tɕʰø³³   ŋɐ³³   tʰɐ³³ŋɐ⁵⁵tʰɐ³³ti⁵⁵   jæ³³næ⁵⁵   mə⁵⁵ŋæ⁵³=ɣæ²⁴
   SEQ   比如   现在   1sg   DM   1pl.POSS   木雅=POSS
   kø⁵⁵le³³   tʰɐ³³ŋɐ⁵³tʰɐ³³   tæ³³tsʰi⁵³   mə³³nə³³   tɕʰə⁵³ti²⁴   ŋɐ³³=ji⁵⁵   ndzø⁵⁵nə⁵⁵=le²⁴
   方面   DM   看法   一些   SEQ   1sg=ERG   别人=DAT
   kʰə⁵⁵-tɕɐ⁵⁵ri²⁴-sø³³   mə³³nə⁵⁵   tʰɐ³³ŋɐ⁵⁵tʰɐ³³   nə³³qɑ³³so⁵⁵qɑ³³   ti³³
   DIR-借鉴-PFV.1sg   一些   DM   两三种   样子
   tɕɐ⁵⁵-lø³³   ndə³³=ti⁵³.
   一-CL   有=GNO

   比如现在呢，别人对我们木雅人的研究就体现出两三种不同的观点。

4   tæ³³mbu⁵⁵   ɦæ³³ndə⁵⁵lø³³   ni³³   tə⁵⁵-pi³³,   jæ³³næ⁵³   mə⁵⁵ŋæ⁵³=tsi⁵⁵
    第一   哪样   COP   说-IMPV.3   1pl.POSS   木雅=NMLZ
    tʰɐ³³ni³³   pu³³pæ⁵³   kæ³³χø⁵³   jæ³³næ⁵³=tsi⁵⁵=kə³³   tʰɐ³³ni³³   tɕʰø²⁴   mə³³rə³³
    DM   藏族   以前   1pl.POSS=NMLZ=TOP   DM   SEQ   历代
    zæ³³næ⁵³   tɕʰø²⁴ti²⁴   tõ⁵⁵tʂʰɑ⁵³   tɐ³³lø⁵⁵   ti⁵⁵=ɣæ²⁴   ŋø⁵⁵le³³   tʰɐ³³ŋɐ⁵⁵tʰɐ³³
    大概   SEQ   一千   一年   大概=POSS   之前   DM
    mə³³ŋæ⁵⁵   tɕʰə³³pu⁵⁵   tə⁵⁵=rø⁵³=tsi⁵⁵=ɣæ²⁴   mə³³ŋæ⁵³   ki⁵⁵kɐ⁵³   mə³³ŋæ⁵³
    木雅   大的   说=NMLZ=NMLZ=POSS   木雅   大的   木雅
    tɕʰẽ³³pu⁵⁵=ɣæ²⁴   tsə³³kə³³   kʰu³³si³³   to⁵⁵-pi³³=ni²⁴   tə⁵⁵-pi³³=ni³³.
    大的=POSS   SEQ   里面   包含-IMPV.3=GNO   说-IMPV.3=GNO

要说第一点的话呢，就是如今的木雅藏族在上千年前就包括在大木雅发展时期里。

5   wɐ⁵⁵tsi³³   ri²⁴=le³³   ɦæ³³ri⁵⁵ŋɐ³³   tə⁵⁵-pi³³?   tʰɐ³³   tsə³³kə⁵⁵   mə³³ŋæ⁵³
    那个   时期=LOC   为什么   说-IMPV.3   DM   SEQ   木雅
    tɕʰæ̃³³pu⁵⁵=tsi³³   tɕʰø²⁴   jæ³³næ⁵³   mə³³ŋæ⁵³rɑ³³ɴɢɑ⁵³   tsu⁵⁵və³³   tsə³³kə³³
    大的=NMLZ   SEQ   1pl.POSS   木雅热岗   为主   SEQ
    wɐ⁵⁵tsæ³³   tsə³³kə³³   tʰɐ²⁴ɣæ³³   tə⁵⁵te⁵⁵zi³³   me³³me⁵⁵=tsi³³=le³³   tɕʰø⁵⁵ti³³
    那个   SEQ   边上   一代   全部=NMLZ=DAT   SEQ
    mə⁵⁵næ⁵³   kʰi³³-mi⁵³   tsə³³kə⁵⁵   ŋɐ³³tʰɐ³³ni³³   mə³³ŋæ⁵⁵=ɣæ²⁴   kæ³³χɐ⁵³
    木雅   DIR-命名   SEQ   DM   木雅=POSS   之前
    tsə³³kə⁵⁵   ŋɐ³³tʰɐ³³ni³³   tʰɐ³³ŋɐ³³tʰɐ³³   tɕʰø²⁴ti³³   ʁɑ²⁴~ʁɑ²⁴   su³³-kʰu³³
    SEQ   DM   DM   SEQ   汉族~汉族   语言=LOC
    tə⁵⁵-tə³³   tʰɐ³³   jæ³³næ⁵⁵   tɕʰø²⁴   ti³³   pu²⁴lo³³=le³³   tɕɐ³³tɕɐ⁵³.
    DIR-说   DM   1pl.POSS   SEQ   时候   部落=LOC   就如同……

那为什么要包括在大木雅的发展时期里呢？因为大木雅的称呼源于木雅热岗周边其他地方的地名，它涵盖了现今木雅藏区生活的周边区域。用汉语的话来说就叫做以前的部落。

6   jæ³³næ⁵⁵   pə⁵⁵su³³=kʰu³³   tʰɐ³³ŋɐ³³   kə⁵⁵ræ⁵⁵   de³³pæ⁵³   wɐ⁵⁵mə³³nə³³=ji³³
    1pl.POSS   藏语=LOC   DM   有点   部落   那样些=ERG
    tsə³³kə³³   wɐ³³tsi³³tʰə³³ni³³   tʂʰø³³ɣæ⁵⁵   və²⁴-si³³=ɣæ²⁴,   tsə³³kə³³   tɕʰø²⁴ti³³
    SEQ   DM:那样的话   生活   做-PFV.3sg=NMLZ   SEQ   SEQ
    mə⁵⁵ri⁵³   tə⁵⁵-tə⁵⁵   nə³³-tʂæ⁵⁵   tɕʰø²⁴ti²⁴   ke⁵⁵ri⁵³=ri²⁴   ŋø⁵⁵mæ⁵⁵=ɣæ³³.
    民族   DIR-说   DIR-也好的   SEQ   语种=CONJ   真的=NMLZ

tsə³³kə³³	tʰɐ³³ni³³	mə̃³³-tʂæ⁵⁵=ɣæ²⁴.
SEQ	DM	NEG-一样的=NMLZ

我们有些说藏语的部落就是那样，他们一直都在木雅热岗生活。不过那些说藏语的部落跟说民族语言的群体（也就是当地地脚话的群体）并不一样。

7

tsə³³kə³³	tʰɐ³³ni³³	tsʰo⁵⁵pæ⁵³	tɕ-⁵⁵lø³³	ŋɐ³³=ti⁵³	tə⁵⁵-pi³³=ni²⁴,	wɐ³³tsi³³
SEQ	DM	部落	一-CL	COP=GNO	说-IMPV.3=GNO	那个

tʰɐ³³ŋɐ⁵⁵tʰɐ³³	tɕʰɚ⁵³	mə³³ŋɐ⁵⁵ra³³ɴɢɑ⁵³	tɕʰɚ³³=ɣæ³³	#sæ⁵⁵#	sæ⁵⁵tɕʰɐ⁵³
DM	现在	木雅热岗	现在=POSS	地方	地方

qʰo⁵⁵si³³	to⁵⁵-vɐ⁵⁵	tʰɐ³³	tɕʰɚ²⁴ti²⁴	tɐ⁵⁵wu⁵⁵	mə̃³³tɕʰɐ⁵³=ri²⁴	#mə̃³³tɕʰɐ⁵³=ri²⁴#
区域	包括-LVB	DM	SEQ	道孚	以下=CONJ	以下=CONJ

tsə³³kə⁵⁵	ŋɐ³³tɕʰɐ⁵³	mə³³tɕʰɐ⁵³,	tsə³³kə⁵⁵	tɕʰɚ³³	jæ³³næ³³	mə⁵⁵ŋɐ⁵⁵=ɣæ²⁴
SEQ	雅江	以下	SEQ	现在	1pl.POSS	木雅=POSS

tsə³³kə⁵⁵	tʰɐ³³ni³³	tɕʰɚ²⁴	kɐ̃³³ndzi⁵³=ɣæ³³	kʰɚ³³	tɐ³³-lø³³=tsi³³	me³³me⁵⁵=tsi³³
SEQ	DM	SEQ	甘孜=POSS	州	一个=NMLZ	全部=NMLZ

zæ³³ɴæ⁵⁵	wɐ³³kʰɐ⁴⁴	tɕʰɐ³³rɐ³³.
大概	那里	方向

要说木雅热岗周围区域的话，它首先包括现在的道孚以下，以及雅江以下的区域，同时还包括现在的甘孜全境。

8

tsə³³kə⁵⁵	tʰɐ³³ni³³	mə⁵⁵ŋɐ⁵³=ɣæ²⁴	qʰo⁵⁵-si³³=le²⁴	to⁵⁵-vɚ⁵⁵-si³³=ni²⁴
SEQ	DM	木雅=POSS	DIR-包括=DAT	DIR-做-PFV.3sg=GNO

tə⁵⁵-pi³³,	tɕ-⁵⁵lø³³=ni²⁴	tɕi⁵⁵le³³	wɐ⁵⁵tsi⁵³	ni²⁴.	ni²⁴le⁵⁵	tʰɐ³³ŋɐ⁵⁵tʰɐ⁵⁵
说=IMPV.3	一-CL=GNO	第一个	那样	COP	第二个	DM

mə³³ŋɐ⁵⁵=ɣæ²⁴	tsə³³kə³³	tɕʰõ⁵⁵wæ³³	mə³³næ³³	tɕʰø⁵⁵	jæ³³næ⁵³
木雅=POSS	SEQ	小的	木雅	SEQ	1pl.POSS

tse³³tse⁵⁵=pu³³	kʰə³³-kø⁵³	tʰɐ⁵⁵	jæ⁵⁵næ³³	tɕʰɚ²⁴=ɣæ³³	tsə³³kə⁵⁵	tʰɐ³³ŋi³³
小的=LOC	DIR-包含	DM	1pl.POSS	现在=POSS	SEQ	DM

tsø⁵⁵tɕʰæ³³wæ³³,	tɕʰø²⁴	jæ⁵⁵næ³³	ɣə⁵⁵ndɚ³³	me²⁴-ŋi³³=sa⁵⁵,	tse³³ŋə⁵⁵=ri³³
主要的	SEQ	1pl.POSS	文字	有-NEG=LNK	衣服=CONJ

tsə³³kə⁵⁵ti²⁴	†tɕʰø⁵⁵=ri²⁴	wɐ²⁴nə³³næ³³	tʰɐ³³ŋɐ⁵⁵tʰɐ³³ni⁵⁵=tsi⁵⁵	tɕʰø⁵⁵	jæ³³næ⁵³
SEQ	宗教=CONJ	那些	DM=CONJ	SEQ	1pl.POSS

pu³³pæ⁵³	ŋɐ⁵⁵	ɕɐ³³ɕɐ⁵³=ni²⁴.
藏族	COP	肯定的=GNO

然后要说木雅的话呢，它就包括那样一个范围。第二点，要谈到小木雅的话，它虽则没有

文字，但是在穿着或者宗教方面肯定是属于藏族的。

9 tsə³³kə⁵⁵=ri²⁴   mə⁵⁵ŋæ⁵³   su⁵³=tsi³³   kə⁵⁵ræ⁵³   ŋi⁵⁵-tɕɐ⁵³=ji⁵⁵kə²⁴   su⁵⁵=le³³
   SEQ=CONJ   木雅   话语=NMLZ   一点   NEG-一样=LNK:所以   话语=DAT
   tsə³³kə⁵⁵   tẽ⁵⁵-kʰe⁵⁵-və²⁴   tʰe³³   tɕʰə⁵³   mə⁵⁵ŋæ⁵³   kə⁵⁵ræ⁵³   tɕʰõ³³tʰõ³³   tʰe⁵⁵
   SEQ   DIR-肯定-LVB   DM   现在   木雅   一些   小的   现在
   jæ³³næ³³   pʰõ⁵⁵pu⁵⁵ɕi⁵⁵   ɦɑ²⁴to⁵³ti³³,   tsə³³kə⁵⁵   kæ³³ŋu⁵⁵=ɣæ²⁴=næ³³   ri⁵⁵le²⁴
   1pl.POSS   朋布西   以下的   SEQ   以前=NMLZ=PL.POSS   那一代
   tʰe³³ŋe⁵⁵tʰe³³   tɕʰə⁵⁵   jæ³³næ³³   lø³³ŋø⁵⁵   tʂu³³dzə⁵³dø³³dzə⁵³   we²⁴ti³³ti³³=næ³³
   DM   现在   1pl.POSS   岁数   六七十岁   大约=PL.POSS
   ri⁵⁵le³³   tʰe³³ŋe⁵⁵tʰe²⁴   tɕʰə⁵⁵   zæ³³næ⁵⁵   tɕɐ³³ke⁵³   ɦɑ³³to⁵⁵=ti⁵⁵.
   那一代   DM   现在   大概   甲根坝   以下的=GNO.IMM

木雅语跟藏语不一样，对于木雅语来说，小木雅现在是朋布西以下的区域所说的木雅语。这些地方以前在甲根坝那边，早前那些六七十岁左右的一代人都会讲木雅语。

10 jæ⁵⁵næ³³   mə³³ŋæ⁵⁵su⁵⁵   tə³³-və³³-pi⁵⁵=ni²⁴=kə⁵⁵,   we³³tsi³³   ɦɑ³³to⁵⁵
    1pl.POSS   木雅语   讲-LVB=GNO=LNK:的原因   那里   以下的
    tsə³³kə⁵⁵   jæ³³næ³³   tɕʰə⁵³ tsə³³kə⁵⁵   pũ³³pu⁵⁵ɕi³³   tə⁵⁵-pi³³   mə³³nə³³,
    SEQ   1pl.POSS   现在 SEQ   朋布西   称为-IMPV.3   等等
    sɐ⁵⁵de³³   tə⁵⁵-pi³³   mə³³nə³³,   tsə³³kə⁵⁵   jæ³³næ³³   ᴺᴳrə⁵⁵ndzõ⁵⁵=ɣæ³³
    沙德   称为-IMPV.3 等等   SEQ   1pl.POSS   普沙绒=POSS
    tsə³³kə³³   tʰɐ⁵⁵ni³³   tʰã⁵⁵gu³³   le⁵⁵la³³   tə⁵⁵-pi³³   mə³³nə³³.
    SEQ   DM   汤古   核拉   称为-IMPV.3   等等

要说这一区域为何还讲木雅语的原因呢，主要是因为现在下面的朋布西、沙德、普沙绒和汤古乡核拉村这些地方目前还算仅存的讲木雅语的区域（所以木雅语在这一区域使用范围较广）。

11 tsə³³kə⁵⁵   we³³qʰe³³   tsə³³kə⁵⁵   ɕæ⁵⁵kʰæ⁵³   tə⁵⁵-pi³³   mə³³nə³³   te³³tɕʰi⁵⁵
    SEQ   那里   SEQ   地方   称为-IMPV.3   等等   旁边
    je³³tsi⁵⁵=ti⁵⁵,   tɐ⁵⁵te⁵⁵ji⁵⁵,   jæ⁵⁵næ³³   mə³³ŋæ⁵⁵su³³   tə⁵⁵-və³³   tsə³³kə³³
    一点=GNO.IMM   一群   1pl.POSS   木雅语   讲-LVB   SEQ
    we²⁴tsə³³kə³³   tʰe³³ni³³   mə³³ŋæ³³   tɕʰə²⁴   pə³³nɑ⁵⁵=ɣæ³³   mə³³ŋæ³³
    那样的话   DM   木雅   SEQ   后来=POSS   木雅
    kʰə⁵⁵-kə⁵³=rø³³=tsi³³   mə³³ŋæ⁵⁵su⁵⁵   tə⁵⁵-və³³=mi³³   je³³ɣu⁵⁵=le²⁴
    DIR-称为=NMLZ=NMLZ   木雅语   称为-LVB=NMLZ   仅仅=DAT

tʰɐ³³ni⁵⁵	mə⁵⁵ŋæ⁵³	tə⁵⁵-pi³³		tɐ⁵⁵-lø³³	wɐ̃³³tɐ³³lø³³=ti²⁴	tə⁵⁵-tə⁵⁵-si²⁴
DM	木雅	称为-IMPV.3		一个	那个=GNO.IMM	DIR-说-PFV.3
ŋɐ³³=ti⁵⁵		tɐ³³lø³³=ti⁵⁵.				
COP=GNO.IMM		一个=GNO.IMM				

上面提到的那些区域以及周围的一些地方都称为木雅。不过后来周围也有一群讲我们木雅话的人都住在那里。

12
tsə³³kə⁵⁵	ɦa⁵⁵sõ⁵⁵bæ⁵³=le³³	tʰɐ³³ŋɐ⁵⁵tʰɐ⁵³	tsə³³kə⁵⁵	jæ³³næ⁵⁵	tɕʰø³³ti²⁴
SEQ	第三个问题=DAT	DM	SEQ	1pl.POSS	SEQ
lø³³tʂæ⁵³	tɕʰæ̃⁵⁵pu⁵⁵=kʰu³³	tʰɐ³³ŋɐ⁵⁵	nə³³	ndzə³³,	tsə³³kə³³	jæ³³næ³³	tsə³³kə⁵⁵
学校	大的=LOC	DM	也	好	SEQ	1pl.POSS	SEQ
tʰɐ³³ni³³	kæ³³	ndzi⁵⁵	jɐ³³nə³³	pu⁵⁵pæ⁵³	ŋɐ⁵⁵-ŋɐ³³=ti⁵⁵	ʁa²⁴=pu⁵⁵
DM	更加	好的	我们	藏族	NEG-COP=GNO	汉人=LOC
tsə³³kə³³ti³³	dzæ³³ɕə⁵³=ɣə³³	tsə³³kə³³	kʰɐ³³pæ⁵³	tɕʰə³³pu⁵³-ni³³	və³³	tʰɐ⁵³
SEQ	外国=POSS	SEQ	智者	大的-PL	做	DM
tsə³³kə⁵⁵	mə⁵⁵ŋæ⁵³	tsə³³kə³³	tʰɐ³³ni³³	kæ³³ŋu⁵³	mə⁵⁵ŋæ⁵³=ɣæ²⁴	dzə³³pu⁵⁵
SEQ	木雅	SEQ	DM	以前	木雅=POSS	国王
mə⁵⁵ŋæ⁵³	dzə³³rɐ⁵³	tɕʰø²⁴	jæ³³næ³³	tsə³³kə³³	tʰɐ³³ni³³	ɕi⁵⁵ɕa²⁴=tɕʰi³³
木雅	朝代	SEQ	1pl.POSS	SEQ	DM	西夏=COM
ndzə³³ɣæ⁵³	və³³,	tsə³³kə³³	wɐ³³mə³³nə³³=ɣə³³	ɕɐ³³to⁵³	tə⁵⁵-lø³³	ndə⁵⁵=ti³³.
联系之事	做	SEQ	那样=POSS	说法	一-CL	有=GNO.IMM

第三个问题呢也就是说不管对于某些大学学者也好,还是某些国外学者(智者)也好,他们都认为木雅的历史其实就源于以前木雅君王朝代的历史,木雅朝代还跟西夏有一些关系。也许的确存在那样的说法。

13
tsə³³kə³³	wɐ³³tsi³³=le³³	ɕɐ³³to⁵⁵	ndə⁵⁵,	tsə³³kə⁵⁵	tʰɐ³³ni⁵⁵	tɕʰø³³ti³³ ###
SEQ	那个=DAT	说法	有	SEQ	DM	SEQ
nə⁵⁵qa³³	ni³³:	ɦə³³so⁵³ɦə²⁴	ɕɐ³³to⁵⁵=le²⁴	ta³³qa⁵⁵	tsə³³kə³³	tʰɐ³³ni⁵⁵	jæ³³næ³³
二种	COP	来源	说法=DAT	一种	SEQ	DM	1pl.POSS
tɕʰø²⁴	ɕi⁵⁵ɕa³³=tsi³³=³³	tʰɐ³³ni³³	jæ³³næ⁵³	ʔɐ³³kʰɐ⁵⁵=ɣæ²⁴	mə⁵⁵ŋæ⁵³
SEQ	西夏=NMLZ=TOP	DM	1pl.POSS	这里=POSS	木雅
tɕʰɐ³³pu⁵⁵=ɣæ²⁴	mə³³ɲi⁵⁵-nə²⁴	tsə³³kə³³	tɕø³³mæ³³	tsə³³kə⁵⁵	tʰɐ³³ni³³
大=POSS	人-PL	SEQ	真正的	SEQ	DM
wɐ³³kʰɐ³³		tʰø³³ɣə⁵⁵tʰa⁵⁵ra³³.			
那里(西夏)		走来走去.REP(朝那儿走)			

对于那个传说呢（木雅人源于西夏党项羌人的传说）有两种说法：一种是西夏是由大木雅的人移民去了当地而形成的国家。

14 tsə³³kə³³   tʰɐ³³ni³³   tsə³³kə⁵⁵   wɐ³³mə³³nə³³   tsə³³kə⁵⁵   ɕi⁵⁵ɕɑ⁵⁵   tə⁵⁵-pi³³=tsi³³
    SEQ   DM   SEQ   那样   SEQ   西夏   称为-IMPV.3=NMLZ
    wɐ³³tsi³³=le²⁴   ɦæ³³-dzy⁵⁵,   tsə³³kə⁵⁵   wɐ³³tsi³³=kə⁵⁵   pə³³na⁵³   tsə³³kə³³
    那个=LOC   DIR-繁衍   SEQ   那个=TOP   后面   SEQ
    dzæ³³sæ⁵³   kʰu⁵⁵-zø⁵³.
    首都   DIR-建立
    然后呢那些人就在那样一个称作西夏的地方繁衍后代，并且还在那里建都。

15 tsə³³kə⁵⁵   tʰɐ³³ni³³   ɕi³³ɕɑ⁵³   wã³³kʷi³³   tə⁵⁵=rø³³=tsi³³   wɐ̃⁵⁵dɐ⁵⁵lø³³=ɣæ²⁴
    SEQ   DM   西夏   王国   说=NMLZ=NMLZ   上面=POSS
    le⁵⁵dzy⁵⁵   ta⁵⁵ka⁵⁵   nə²⁴   ndə⁵⁵=ni²⁴,   kæ³³   dzɐ⁵⁵=tsi⁵⁵=ji⁵⁵   mã⁵⁵tɕe⁵⁵ɣæ²⁴=ji³³
    故事   一种   也   有=GNO   更加   多=NMLZ=ERG   大多数=ERG
    tu⁵⁵-ɕɐ⁵³=rø⁵⁵=tsi³³   tʰɐ³³ŋɐ³³tʰɐ³³ni⁵⁵   ɦæ³³ri⁵⁵nɐ³³   tə⁵⁵   tʰɐ³³
    DIR-说=NMLZ=NMLZ   DM   为什么   说   DM
    ᵑjʷã³³tsʰau⁵⁵#tsə⁵⁵kə³³#=ji³³   jæ³³næ⁵⁵   ɕi³³ɕɑ⁵³=tsi³³   me³³pæ⁵⁵   tɐ³³-lə⁵³?
    元朝#SEQ#=ERG   1pl.POSS   西夏=NMLZ   没有   DIR-灭掉
    对于以上的故事呢还有一种说法，相关内容常常被大家传颂，也就是很多故事都在推测为何元朝没有灭掉西夏呢？（我觉得很奇怪）

16 tsə³³kə³³   #tsə³³kə⁵⁵#   †ma³³   so⁵⁵pu⁵³=ji³³tɐ³³-lə⁵³   tsə³³kə³³
    SEQ   SEQ   军队   蒙古=ERG DIR-没有（灭掉）   SEQ
    wɐ⁵⁵kʰɐ⁵³=ɣæ²⁴   tʰɐ⁵⁵te⁵³=tsi²⁴   ŋgə⁵⁵ɣø⁵⁵ŋgə³³tɕʰy⁵³rɐ³³   tsə³³kə³³   jæ³³næ³³
    那里=POSS   一代人=POSS   逃来逃去.REP   SEQ   1pl.POSS
    mə⁵⁵ŋæ⁵³=ɣæ³³   ʔɐ³³kʰɐ⁵³   tsə³³kə⁵⁵   tʰɐ³³ni³³=ri³³põ⁵⁵tɕʰɐ̃³³pø⁵⁵   tɕʰø²⁴ti³³
    木雅=POSS   这里   SEQ   DM=CONJ 大西藏   SEQ
    wɐ³³ti³³=pu³³   tʰɐ³³ŋɐ³³tʰɐ⁵⁵   tʰu⁵⁵po⁵³   ni³³-pu³³.
    那个时代=LOC   DM   吐蕃   COP-MOD.ASSERT
    可能主要还是因为西夏是被蒙古军所灭，那时候有些人就逃到了这里；也有可能西夏在当时吐蕃时期的管辖疆域之内。

17 wɐ³³tsæ³³   tsə³³kə³³   tʰɐ³³ni³³   qʰa⁵⁵yo³³   tsə³³kə⁵⁵   tʰɐ³³ni³³   sæ⁵⁵tɕʰæ³³=pu⁵³
    那个.POSS   SEQ   DM   地方   SEQ   DM   地面=LOC

tsə³³kə⁵⁵	tʰɐ³³ni³³	tæ³³zø⁵³	kʰə⁵⁵-tɕʰɑ⁵³	tsə³³kə³³	#tsə³³kə⁵⁵#	dzɐ³³dzɐ³³-ni³³
SEQ	DM	才	DIR-形成	SEQ	SEQ	子孙-PL

tɕʰə³³	jæ³³næ⁵³	sɑ⁵⁵ŋɑ⁵³si³³wu³³	dzɐ³³pu⁵³	tə⁵⁵-pi³³	mə³³nə³³.
现在	1pl.POSS	木雅色乌	国王	称做-IMPV.3	等等

那些遗民在那个地方繁衍生息才形成了如今的木雅色乌王所统治的一些地方。

18
tsə³³kə⁵⁵	mə⁵⁵ŋæ⁵³	dzɐ³³pu⁵⁵=le³³	kæ⁵⁵ji⁵³	wɐ³³mə³³nə³³	ndə⁵⁵=ni³³,
SEQ	木雅	国王=DAT	很多	那样	有=GNO

wɐ⁵⁵nə³³=le³³	tsə³³kə⁵⁵	tʰɐ³³ni³³	fiæ³³-tɕy³³,	tsə³³kə³³	tæ³³zø⁵³	jæ⁵⁵næ³³
那样=DAT	SEQ	DM	DIR-繁衍	SEQ	这才	1pl.POSS

tsə³³kə³³	tʰɐ³³ni³³	mə⁵⁵ŋæ⁵³=tsi²⁴	qʰə³³-tɕʰɑ⁵³-si³³=ni³³	tə⁵⁵-pi³³	nə³³
SEQ	DM	木雅=NMLZ	DIR-形成-PFV.3=GNO	说-IMPV.3	也

wɐ³³mə³³nə³³	ɕe³³tɐ⁵³=tsi²⁴	kæ³³dzɐ⁵⁵tsi³³	wɐ⁵⁵ndɐ⁵⁵lø³³	ndə³³=ni²⁴.
那样	说法=NMLZ	大多数	那样	有=GNO

事实上，自古就有许多有关木雅王的传说，很多传说也都关系到木雅人的繁衍生息。不过在很多相关传说中有一种说法认为木雅藏族自古就存在。

19
tsə³³kə⁵⁵	tɕʰø⁵⁵ti⁵³	ŋə³³mæ⁵³=ɣæ²⁴	tsə³³kə³³	tʰɐ³³ni³³	mə³³ŋæ³³=ɣæ²⁴
SEQ	SEQ	真正=POSS	SEQ	DM	木雅=POSS

pø²⁴le²⁴	#tsə³³kə³³	tʰɐ³³ni³³	ŋə³³mæ⁵³=ɣæ²⁴#	tsə³³kə³³	kæ³³ŋu⁵³	ndo³³mæ⁵³
藏族	SEQ	SEQ	真正=POSS	SEQ	以前	原始

ŋø⁵⁵le³³	tsə³³kə³³	tʰɐ³³-ndzə⁵³-si³³	tʰɐ³³-ŋɐ⁵³	nə²⁴	ndzæ⁵³=ti³³.
之前	SEQ	DIR-有-PFV.3	DIR-COP	也	好的=GNO.IMM

这一说法认为木雅藏族的确古已有之，且具有很多藏族原始的生活习惯。

20
tsə³³kə⁵⁵	mə³³næ³³	ʔɐ³³kʰɐ³³	tsə³³kə³³	tʰɐ³³ni³³	ɕi⁵⁵ɕɑ³³	tʰɑ³³-rɑ⁵³,	tsə³³kə³³
SEQ	木雅	这里	SEQ	DM	西夏	DIR-去	SEQ

ŋə³³-mæ⁵³=ɣæ²⁴	tsə³³kə³³	ndzɐ⁵³rɐ⁵³	wu³³tsi³³-si³³	tʰɐ³³-ŋɐ⁵³	nə²⁴
DIR-真正的=ATTR	SEQ	王朝	建立-PFV.3	DIR-是	也

ndzæ⁵³=ti³³,	tsə³³kə⁵⁵	mə³³ŋæ³³=ɣæ⁵³	tsə³³kə³³	dzɐ³³rɐ⁵³	me³³pæ⁵³	tʰə³³-væ⁵³
好的=GNO.IMM	SEQ	木雅=POSS	SEQ	国王	灭亡	DIR-做

tsə³³kə³³	ʔɐ³³kʰɐ³³	ŋgə⁵⁵ɣø⁵³ŋgə³³rɐ³³	tsə³³kə³³	#tsə³³kə³³#	ʔɐ³³kʰɐ³³	tsə³³kə³³
SEQ	这里	逃来逃去.REP	SEQ	SEQ	这里	SEQ

mə³³ŋæ³³	tæ³³zø⁵³	kʰə⁵⁵-tɕʰɑ⁵³	nə³³	ndzæ⁵⁵=ti³³.
木雅	才	DIR-形成	也	好的=GNO.IMM

（木雅藏族是这里的原始居民）。然后呢这里的木雅人就去了西夏建立起真正的西夏王朝。最后由于木雅国王被灭掉了，人民四处流散才形成了这里的木雅。

21 tɕɚ⁵³=ɣæ³³   tə⁵⁵tsʰø⁵³=pu³³   tʰɐ³³ŋɐ³³tʰɐ³³ni³³   jɐ³³nə⁵⁵=tsi³³   pu⁵⁵pæ⁵³=ɣæ³³
    现在=ATTR   时期=LOC   DM   1pl=NMLZ   藏族=POSS
    kʰo⁵⁵si³³=tsi³³   ŋɐ³³pæ⁵⁵tu⁵⁵   tə⁵⁵-pi³³=ni⁵⁵,   tsə³³kə⁵⁵   jæ³³nə⁵⁵   tsə³³kə⁵⁵
    区域=NMLZ   必需的   说-IMPV.3=GNO   SEQ   1pl.POSS   SEQ
    tʰɐ³³ni³³   tɕʰø²⁴   jæ³³næ³³   su⁵³   tɐ³³nə³³tsʰi³³   ma³³to³³   tsə³³kə⁵⁵   jæ³³næ³³
    DM   SEQ   1pl.POSS   语言   一二句   只有   SEQ   1pl.POSS
    ndzi³³=rø³³   tɕʰə³³=rø³³...   fio²⁴ja³³...   ndzø⁵³lu⁵³   ndu³³lu⁵³   tsə³³kə⁵⁵   ŋɐ³³mæ⁵³
    吃=NMLZ   喝=NMLZ   哦呀（确信） 站姿   坐姿   SEQ   真的
    tsə³³kə⁵⁵   tʰɐ³³ni³³=ri²⁴   jæ³³næ³³   ŋɐ³³tø⁵⁵mu⁵³   tʰɐ³³ŋɐ³³   nə³³   ndzæ⁵³
    SEQ   DM=CONJ   1pl.POSS   婚礼   DM   也   好的
    tsə³³kə⁵⁵ti³³   ndzu⁵⁵ndzə³³   xæ³³zi⁵³ɕi³³ɕi³³   tʰɐ³³ŋɐ⁵³   nə³³   ndzæ⁵³,   wɐ³³nə³³
    SEQ   节庆   各种各样   DM   也   好的   那些
    me³³me⁵³   tsə³³kə³³   tʰɐ³³ni³³   pu³³pæ⁵³=tsi³³   fiæ³³-ŋɐ⁵³-ŋə³³-ŋɐ⁵³
    全部   SEQ   DM   藏族=NMLZ   DIR-COP-NEG-COP（是不是）
    tə³³-tə³³?   tʰə³³   ŋɐ³³ɳɐ³³ɕɐ⁵³   tɐ³³-lø⁵³   ŋɐ³³=ti⁵³.
    DIR-说   DM   的确是那样   一-CL   COP=GNO.IMM

要说的话，现在的木雅都包括在藏族里面，除了语言有几句不同外，不管是吃的、喝的、站姿、坐姿还是各种婚礼节庆的习俗都是不是藏族的呢？的确就是那样的（的确就是藏族的习俗）。

22 tɕʰø³³   wɐ³³tsi³³   tsə³³kə³³   tʰɐ³³ni⁵⁵   tu³³-ɕɐ³³=rø³³   tsə³³kə⁵⁵   tʰɐ³³   mə⁵⁵ŋæ⁵³
    SEQ   那个   SEQ   DM   DIR-说=NMLZ   SEQ   DM   木雅
    wɐ³³mə³³nə³³   tsə³³kə³³   zə̃³³dzu⁵³   kæ⁵⁵ji⁵³   ndə³³=ti⁵³.
    那样   SEQ   研究   更多   有=GNO.IMM

要说呢，以后从那方面研究木雅人的语言会有更多方向可供参考。

23 wɐ³³tsi³³   tsə³³kə³³   tʰɐ³³ni³³   tɕʰə²⁴ti²⁴   kʰɐ³³pæ⁵³=ɣæ⁵⁵   #kʰɐ⁵³pæ⁵³=ɣæ⁵⁵#
    那个   SEQ   DM   SEQ   智者=POSS   智者=POSS
    ku³³wæ⁵⁵   ni⁵⁵,   lə̃³³pu⁵⁵   #lə̃³³pu⁵⁵#=ɣæ³³   ku³³wæ⁵⁵   ni²⁴.   tsə³³kə⁵⁵
    见解   COP   愚昧者   愚昧者=POSS   见解   COP   SEQ
    wɐ³³mə³³nə³³ɕɐ³³to⁵³   kæ⁵⁵ji⁵³=le³³   tsə³³kə³³   pə³³na⁵³   fiæ³³ndə⁵³lø³³=tsi⁵⁵
    那样   说法   更多的=DAT   SEQ   以后   怎样=NMLZ

ŋə³³-mæ⁵³=ti²⁴		wɐ²⁴tsi³³=tsi³³	tʰɐ³³ni⁵⁵	zə̃³³dzu⁵⁵	və³³=rø³³=tsi³³
DIR-真正的=GNO.IMM		那样=NMLZ	DM	研究	做=NMLZ=NMLZ
tʰɐ³³ni⁵⁵	ke⁵⁵tɕʰæ³³=ɣæ⁵⁵	tɐ³³lø³³=ti²⁴		sɑ⁵⁵=ti²⁴.	
DM	重要=POSS	一个=GNO.IMM		认为=GNO.IMM	

当然，对于那些研究也是仁者见仁智者见智。不过以后如果要真正做研究的话呢，我个人认为上面的这些语言、习俗方面都应该得到重视。

讲述人：尼玛
出生年月：1982 年 12 月
讲述时间和地点：2019 年 9 月 26 日，四川康定城区
语料音频时长：4 分 50 秒
语料整理协助：郎曲拉姆（沙德口音，负责语料整理）、泽汪仁真（贡嘎口音，负责翻译）
语料在线收听地址：http://doi.org/10.5281/zenodo.4816646（5. The relationship between Minyag and Tangut- Personal view）

全篇意译：

  有关我们木雅的历史有很多种说法，也有很多科学家和大学学者写过相关研究的书。对于木雅语来说，它里面的确混有很多藏语的词。下面我来说说我对木雅语的看法吧。

  第一：木雅藏族上千年前应该就包括在大木雅里面，而大木雅的名字主要源于木雅热岗周边区域的名字，也就是汉族所称的部落。木雅热岗周围的区域也就是现在的道孚以下及雅江以下的地方，当然还包括现在的甘孜。

  第二：若从小木雅的范围来说，木雅语虽然没有文字。但从穿着和宗教方面看，木雅的确是藏族。木雅语使用区域不同，小木雅也就是现在朋布西以下的区域，而以前是甲根坝以下的区域。现在的朋布西、沙德、普沙绒、汤古这些地方应该是目前仅存的使用木雅语的地方。

  第三：不管是有些大学学者也好，还是某些国外学者也好，他们都认为现今的木雅是以前木雅色乌王所建立的木雅朝代，它跟西夏有着密切的关系。一般来说该类说法又可细分为两种，第一种说法是：西夏是由大木雅的人去那边建立起来的，木雅人去了那里就建立起了首都。第二种说法是：大多数人都说木雅是因为西夏被蒙古的成吉思汗所灭之后，某些人逃离到了这边，之后才有了几代的木雅君主。

  不管是木雅人古已有之也罢，还是去了西夏后建立了木雅朝代也罢，现在我们木雅人肯定都是包括在藏族里面的。除了语言以外，从吃的、喝的、坐姿、站姿、结婚习俗等等这些方面看，木雅人都肯定是藏族人。我认为今后若是从语言、习俗方面研究木雅的话，才是一件非常有意义的事。

（六）木雅语研究的未来

1. tsə³³kə⁵⁵ tɕʰø²⁴ mə³³næ⁵⁵=ɣæ³³ tɕʰɔ⁵⁵ tʰɐ³³ŋɐ⁵⁵tʰɐ³³ jæ³³næ⁵⁵ ke⁵⁵tɕʰə²⁴=ɣæ³³
SEQ 现在 木雅=POSS 现在 DM 1pl.POSS 重要的=ATTR
tə³³lø³³ tʰə³³ŋə³³tʰɐ³³ ɦæ³³tsi⁵⁵ ŋɐ³³=ti⁵⁵ tə⁵⁵-pi³³ tʰɐ³³, jæ³³næ³³
一个 DM 什么 COP=GNO.IMM 说-IMPV.3 DM 1pl.POSS
tɕʰø²⁴ jæ³³næ⁵⁵ su⁵⁵le³³ tsə³³kə⁵⁵ jæ³³næ⁵⁵ su⁵⁵ tə⁵⁵-və³³=rø³³=le³³=tsi³³
现在 1pl.POSS 语言=DAT SEQ 1pl.POSS 语言 DIR-讲=NMLZ=DAT=NMLZ
tsə⁵⁵tɕø⁵³ və³³rø⁵⁵ tɐ⁵⁵lø³³ ŋə³³mæ⁵³ kæ⁵³ tɕʰə³³nbu⁵⁵ tɐ⁵⁵-lø³³=ti²⁴
保持 做 一个 真的 最 重要 一-CL=GNO.IMM
sø⁵³=ti³³ ɦæ³³ri⁵⁵ŋɐ²⁴ tə⁵⁵-pi³³ tʰɐ³³.
认为.1sg=GNO.IMM 为什么 说-IMPV.3 DM

现在就来说一说木雅语为什么重要的原因吧。其实对于木雅语而言，我认为最重要的就是需要多讲才能够达到保护的目的。

2. tɕʰø²⁴ jæ³³næ³³ lø³³ŋø⁵⁵ tʂu⁵⁵tɕɔ³³=ɣæ³³ wɐ³³ti³³ti³³=ɣæ²⁴ ri³³le²⁴ tʰɐ³³ŋɐ⁵⁵tʰɐ³³
现在 我们的 年份 六十=POSS 那样=ATTR 长短 DM
tsə³³kə⁵⁵ mə⁵⁵næ⁵⁵=ɣæ²⁴ su⁵⁵ tə⁵⁵-və³³-mi²⁴ nɐ⁵⁵ŋi⁵⁵næ³³nɐ³³ŋi⁵³.
SEQ 木雅=POSS 语言 DIR-讲=NMLZ 越来越少

从六十年前开始，讲木雅语的人就越来越少了。

3. tɕi⁵⁵le³³ sæ⁵⁵dzæ⁵³=pu³³ tsə³³kə³³ tʰɐ³³ni³³ tɕʰɔ⁵⁵ næ⁵⁵tsæ³³næ³³næ³³tsæ³³,
第一 地盘=LOC SEQ DM 现在 越来越小
kæ³³ŋu⁵⁵ tʰɐ³³ŋɐ⁵⁵tʰɐ³³ tɕɐ³³ke⁵⁵ wɐ²⁴nə³³=qʰɐ³³ ŋdzə³³=ni⁵⁵, jæ³³næ³³ mə⁵⁵næ⁵³su³³
以前 DM 甲根坝 那里=LOC 有=GNO 1pl.POSS 木雅
tə⁵⁵-və³³-pi⁵⁵=ni³³ tə⁵⁵-pi³³=ni³³, tɕʰø²⁴ ɦæ³³jø³³ɦæ³³rɐ⁵³ tsə³³kə⁵⁵
DIR-讲-IMPV.3=GNO 说-IMPV.3=GNO 现在 上上下下 SEQ
pʰɔ⁵⁵pu⁵⁵ɕi³³ wɐ³³ti³³ti³³=pu²⁴ ɦæ³³-tʂæ⁵³-si²⁴.
朋布西 那地方=LOC DIR-从上往下-PFV.3

一方面看主要是讲木雅语的区域越来越小。以前甲根坝那里讲木雅语，而现在只有朋布西以下的地方才讲木雅语。

4. tsə³³kə⁵⁵ tɕi⁵⁵le³³ tsə³³kə³³ sæ⁵³, sæ⁵³tɕʰæ⁵³ nɐ³³-ni⁵⁵, sæ⁵⁵tɕʰæ⁵³=pu²⁴
SEQ 第一点 SEQ 地盘 地盘 DIR-减少 地盘=LOC

tʰɐ³³ŋɐ³³tʰɐ³³ ᴺGɛ³³næ⁵⁵næ³³ᴺGɛ³³næ⁵³ næ³³-tsæ⁵⁵ tsə³³kə⁵⁵ tɑ⁵⁵qɑ⁵³ wɐ⁵⁵tsi³³ ni³³.
DM 越来越窄 DIR-变小 SEQ 一件 那个 COP
这第一点呢也就是使用木雅语区域减少的问题。

5 ŋi⁵⁵le³³ tʰɐ³³ŋɐ⁵⁵tʰɐ⁵⁵ tsə³³kə⁵⁵ tə³³-və⁵⁵=mi⁵⁵=ɣæ³³ tsə³³kə⁵⁵ mə³³ŋæ⁵⁵
第二 DM SEQ DIR-讲=NMLZ=NMLZ SEQ 木雅
nɐ³³ni⁵⁵næ³³nɐ³³ni⁵⁵, tsə³³kə⁵⁵ ʔɐ⁵⁵tsi⁵⁵=le⁵⁵ tsə³³kə⁵⁵ tʰɐ³³ni⁵⁵ ʔɐ³³tsæ⁵⁵ tɕʰø²⁴ti²⁴
越来越少 SEQ 这个=DAT SEQ DM 这儿的 DM
dzə³³tsʰɐ⁵⁵ kæ⁵⁵ji⁵³ ndə³³-pi³³ ndə³³=ni³³, tɕʰø²⁴ ʔɐ⁵⁵tsi me³³pæ⁵³
原因 很多 有-IMPV.3 有=GNO SEQ 那个 没有的事
tə³³-və⁵⁵=rø⁵⁵=tsi³³... fio³³... tsə³³kə³³ tʰɐ³³ni³³ fiæ³³ri⁵⁵ŋɐ²⁴ tə⁵⁵-pi³³ tʰɐ³³
DIR-做=NMLZ=NMLZ INTER SEQ DM 为什么 DIR-说 DM
tɕi⁵⁵le³³ tʰɐ³³ŋɐ³³tʰɐ³³ jæ³³næ⁵⁵ ke⁵⁵tɕʰe³³=ɣæ³³ tsø⁵⁵tɕʰe³³=ɣæ³³=tsi³³
第一 DM 1pl.POSS 重要的=POSS 主要=POSS=NMLZ
me³³=ɣæ⁵⁵ tsæ³³=ɣæ³³=tsi⁵⁵ ŋɐ²⁴ tə⁵⁵-pi³³ tʰɐ³³ tɑ³³mbu⁵³
没有=NMLZ 根本=POSS=NMLZ COP 说-IMPV.3 DM 首先
jæ³³næ³³=ɣæ³³ ɣɔ̃³³ndə³³ me³³-ji⁵⁵ ŋɐ³³=ti⁵⁵.
1pl=POSS 文字 NEG-有 COP=GNO.IMM
第二点是因为讲木雅语的人越来越少。这种现状的原因有很多种，其中最重要的应该是上面第一点谈到的没有人再讲木雅语了，并且也是因为我们的木雅语没有文字。

6 tɕʰø²⁴ ɣɔ̃³³ndə³³=tsi³³ jæ³³næ³³ tʰɐ³³ni³³ su⁵³ tʰɐ³³ŋɐ³³tʰɐ³³ tsə³³kə⁵⁵
SEQ 文字=NMLZ 1pl.POSS DM 语言 DM SEQ
jæ³³næ⁵⁵me³³næ⁵³ tsə³³kə⁵³ tɕʰø²⁴ ndzə³³tɕʰo⁵³-və³³=ɣæ³³ tsə³³kə³³
最重要的 SEQ SEQ 坚持-LVB=NMLZ=POSS SEQ
tʰɐ³³ni³³ri²⁴ tsæ³³ɣæ³³ te⁵⁵lø³³ jæ³³næ³³ ɣɔ̃³³ndə³³=tsi³³ ŋɐ³³=ti³³.
DM 根本 一个 1pl.POSS 文字=NMLZ COP=GNO.IMM
文字是使我们语言得以更好保护的重要手段，也是语言中最重要的东西。

7 tsə³³kə⁵⁵ jæ³³næ³³ mə⁵⁵ŋæ⁵³=ɣæ³³ su⁵³=ɣæ³³ tsə³³kə⁵⁵ tʰɐ³³ni³³ ɣɔ̃³³ndə³³
SEQ 1pl.POSS 木雅=POSS 语言=POSS SEQ DM 文字
me²⁴-ji⁵⁵=kə³³, tsə³³kə⁵⁵ kæ³³næ⁵⁵kæ³³ nɐ³³-ni⁵³ sæ⁵⁵dzæ⁵³
NEG-有=LNK:因为 SEQ 越来越 DIR-变小 地盘
kæ³³næ⁵⁵kæ³³ næ³³-tsæ⁵³, mə³³ŋi⁵³ kæ³³næ⁵⁵kæ³³ næ³³-ni⁵³.
越来越 DIR-变小 人 越来越 DIR-变小
若是没有木雅语的文字，一旦使用木雅语的地方越来越少，说木雅语的人也越来越少。

8 tsə³³kə³³   tə⁵⁵-vɔ³³=mi²⁴   kæ³³næ⁵⁵kæ³³   ŋo³³ŋo⁵³,   tsə³³kə³³   pə³³nɑ⁵³=kə³³   kæ²⁴
   SEQ   DIR-讲=NMLZ   越来越   少的   SEQ   以后=TOP   更加
   tɕʰə³³nə⁵⁵   lø³³ŋø⁵⁵=ti²⁴,   ŋi⁵⁵tɕə̠⁵³   si⁵⁵tɕə̠⁵³=ɣæ³³   ri⁵⁵le²⁴=kə³³   tsə³³kə⁵⁵   pe⁵³
   还会   年=GNO.IMM   二十   三十=POSS   范围=TOP   SEQ   完全地
   me³³-tʰə⁵⁵-væ⁵³   tsə³³kə³³   wʐ³³mə³³nə³³=ɣæ³³   tsə³³kə³³   tʰʐ³³ni³³   ŋe⁵⁵kʰæ⁵³
   NEG-DIR-变成   SEQ   那样=POSS   SEQ   DM   危险
   tɕʰə̃³³pu⁵⁵   wʐ³³mə³³nə³³   ndɔ³³=ni³³   wʐ³³mə³³nə³³   tʰə³³-væ⁵⁵-pi²⁴
   大的   那样   有=GNO   那样   DIR-变成-IMPV.3
   so⁵⁵-χi³³   tʐ³³-lɔ³³=ti³³.
   想要-MOD:要   一-个=GNO

   说木雅语的人的确是越来越少了。再过二三十年以后木雅语就会面临消失的危险，这是极其可怕的事情。

9 tsə³³kə³³   wʐ³³tsæ³³   tɕʰø²⁴   jə³³ni⁵⁵   jo³³lo⁵⁵   tsə³³kə³³   jæ³³næ³³   tsə³³kə³³
   SEQ   那个   SEQ   1pl.ERG   重新   SEQ   1pl.POSS   SEQ
   tʰʐ³³ni³³   ʔʐ³³tsi³³   ɣɔ̃³³ndə³³   tʐ⁵⁵-lɔ³³   sæ³³tø³³   və³³,   tsə³³kə³³   tʰʐ³³ni³³
   DM   那个   文字   一-个创新之事   做   SEQ   DM
   ri²⁴   mə³³ŋæ⁵⁵   ke⁵³   ʔʐ³³tsi³³   tʰʐ³³ni³³   jə³³lo⁵³   tʐ³³-lɔ³³   nɑ³³nɑ⁵³
   立刻   木雅   语言   这个   DM   重新   一个   好的
   tʐ³³lø³³   ʔʐ³³tsi³³   və³³   ɣæ³³ku⁵⁵=ni³³   tə⁵⁵-pi³³   tʰʐ³³   wʐ³³tsi⁵⁵   ku⁵⁵
   一个   那个   做   能否=GNO   说-IMPV.3   DM   那个   能
   ŋi³³-ŋe⁵⁵=ti³³,   tɕʰø²⁴   vɔ³³=rø⁵⁵=tsi³³   ɦæ³³ri⁵⁵ŋe⁵⁵   tə⁵⁵-pi³³   tʰʐ³³ni³³
   NEG-COP=GNO.IMM   SEQ   做=NMLZ=NMLZ   为什么   说-IMPV.3   DM
   jæ³³næ³³   #jæ³³næ³³#   ke⁵³=le²⁴   tsə³³kə³³   tʰʐ³³ni³³   jə⁵⁵ni³³   tsə³³kə³³
   1pl.POSS   1pl.POSS   语言=DAT   SEQ   DM   1pl.ERG   SEQ
   tsə̃⁵⁵tɕo⁵³-və²⁴.
   尊重-LVB

   如果从现在开始创造木雅文字，让木雅语重新得到广泛应用的话是不太可能的，不过我们可以一直做的是尊重自己的语言。

10 ɦio³³...   tsə³³kə⁵⁵   tʰʐ³³ni⁵⁵   jæ³³næ³³   tsə³³kə³³   tʰʐ³³ni³³   pə⁵⁵tsʰi⁵³-nə²⁴   tʰʐ³³ŋʐ⁵⁵
   INTER   SEQ   DM   1pl.POSS   SEQ   DM   孩子-PL   DM
   nɔ³³   ndzæ⁵³   pə⁵⁵tsʰi⁵³=ɣæ³³   pə⁵⁵tsʰi³³   tʰʐ³³ŋʐ³³   nɔ³³   ndzæ⁵⁵   tsʰʐ⁵⁵yu⁵⁵tsʰʐ⁵⁵yu⁵⁵
   也   好的   孩子=POSS   孩子   DM   也   好的   子子孙孙

附录一　长篇语料　　　373

la²⁴sɔ³³pæ³³=le³³　　tsə³³kə³³　　tʰɐ³³ni³³　　jæ³³næ⁵⁵　　　su⁵⁵=tsɨ⁵⁵　　　ŋə³³pəɹ⁵⁵tu³³
等等=DAT　　　　　SEQ　　　DM　　　　1pl.POSS　　　语言=NMLZ　　 必须要
tə⁵⁵-tə³³-tɕʰə³³-χi³³=ni³³.
DIR-说-CAUS.3-MOD:要=GNO

哎呀，不管我们的孩子也好，还是孩子的孩子也好，对于那些子子孙孙而言也必须让他们讲木雅语。

11　ʔɐ³³tsi³³　pe⁵⁵　tɐ³³-lø³³　ri²⁴tɕe³³　tʰɐ³³　kæ³³xo⁵³　mə³³næ⁵³　gə³³mbu⁵³　ke³³tʂa⁵³
　　这个　　例子　一-个　　列举　　DM　　以前　　　木雅　　 贡布　　　名声
tɕʰɐ³³pu⁵⁵　ŋə³³ti⁵⁵,　me³³me⁵⁵=tsi³³=ji²⁴　xa⁵⁵kø³³=tsi³³=ni³³,　tsə³³kə⁵⁵
大的　　　 COP=GNO.IMM　全部=NMLZ=ERG　知道=NMLZ=GNO　　SEQ
jæ³³næ³³　ᵑpe³³tɕĩ³³　lø⁵⁵tʂa⁵³　tɕʰɐ³³mu⁵⁵=ɣæ³³　tsə³³kə³³　tʰɐ³³ni³³　ge³³ge⁵⁵　ni²⁴.
1pl.POSS　北京　　 学校　　　大的=ATTR　　　SEQ　　 DM　　　老师　　 COP

硬要举一个例子的话就必须提到著名的木雅贡布，大家都该知道他。他是北京一所大学的老师。

12　wɐ³³tsi³³　tsə³³kə⁵⁵　tʰɐ³³ni³³　tse⁵⁵næ³³　#tse⁵⁵næ³³#　tsə³³tse⁵⁵=rɐ³³　tsə³³kə³³
　　那个　　　SEQ　　　DM　　　 3pl.POSS　　3pl.POSS　　　小的=NMLZ　　　SEQ
ndzə⁵⁵=rɐ³³　tɔ̃⁵⁵-tsɐ³³=rɐ³³　nə³³　zæ³³næ⁵⁵　tɔ̃⁵⁵-tsɐ³³=rɐ³³　nə³³,
有=NMLZ　　DIR-长大=NMLZ　也　　孩子们　 DIR-长大=NMLZ　也
tse⁵⁵=ɣæ³³　mbi⁵⁵=rɐ³³　nə³³　me³³me⁵⁵=tsi³³　tsə³³kə³³　tʰɐ³³ni³³　dza³³na⁵⁵
自己=POSS　坐=NMLZ　　也　　全部=NMLZ　　SEQ　　　DM　　 　汉地
ᵑpe³³tɕĩ⁵⁵　ŋə³³=ti³³=sa⁵⁵ra⁵³qʰo⁴³　tʰɐ³³ni³³　tsə³³kə³³　wɐ³³tsæ³³　pə⁵⁵tsʰi⁵⁵=næ³³
北京　　　 COP=GNO.IMM=LNK:虽然　 DM　　　 SEQ　　　 3pl.POSS　　 孩子=PL.POSS
tɕe³³kʰu⁵⁵　kʰə³³-tʂæ⁵³=pi⁵⁵kə³³　tse⁵⁵næ³³　　pə⁵⁵tsʰi⁵⁵　me³³me⁵⁵=tsi³³=ji³³
学校　　　DIR-回来=LNK:的时候　 3pl.POSS　　孩子　　　 全部=NMLZ=ERG
tsə³³kə⁵⁵　tʰɐ⁵⁵ni³³ri²⁴　jæ³³næ³³　su⁵⁵　tə³³-mə⁵³-və³³=ji³³　tsə³³kə³³　tʰɐ³³ni³³
SEQ　　　 DM　　　　　1pl.POSS 语言　说-NEG-LVB=ERG　　SEQ　　　DM
ŋə⁵⁵-ɴæ³³=ni³³　tə⁵⁵-və³³-tɕʰə³³-pi³³=ni³³.
NEG-好的=GNO　讲-LVB-CAUS.3-IMPV.3=GNO

虽然他和孩子们生活的地方都在汉族区域，且孩子们也在汉族区域长大，但是他每次回到家乡的时候都要求孩子们必须讲木雅语。

13　wɐ³³nə³³　tʰə³³ŋɐ⁵⁵tʰɐ³³ni³³ri³³　pe⁵³pe⁵⁵　tɕʰe³³mbu⁵⁵=ɣæ³³　tsə³³kə⁵⁵　tʰɐ³³ni³³
　　那些　　　DM　　　　　　　　　特别的　 大的=POSS　　　　 SEQ　　　DM

pʰɐ̃⁵⁵tʰo³³   mu⁵⁵   wɐ³³mə³³nə³³   ŋɐ³³=ti⁵⁵,   tsə³³kə⁵⁵   jɐ³³nə³³   tɕʰə⁵⁵=ɣæ³³
益处   有   那样   COP=GNO   SEQ   1pl   现在=POSS

tʰɐ³³te³³=tsi³³   tʰə³³ŋɐ⁵⁵   nə³³   ndzæ⁵⁵,   pə³³ɴa⁵⁵=ɣæ²⁴   tə³³-te⁵³=tsi³³   tʰə³³ŋɐ⁵⁵
一代=NMLZ   DM   也   好   后面=POSS   DIR-说=NMLZ   DM

nə³³   ndzæ⁵⁵,   tsø⁵⁵tɕʰe³³ɣæ³³=tsi³³   jæ³³næ³³   su³³=le³³   tsə³³tɕo⁵³   və³³.
也   好   最重要的=NMLZ   1pl.POSS   语言=DAT   尊重之事   做

这对保护木雅语的确是特别有益的尝试。因为不管是我们这一代也好还是下一代也好，都需要尊重我们自己的母语。

14 tsə³³kə³³   tʰə³³ni³³ri³³   jæ³³næ³³   pə⁵⁵tsʰi³³-nə³³=le³³   tsə³³kə³³   tʰɐ³³ni³³   wɐ³³mə³³nə³³
    SEQ   DM   1pl.POSS   孩子-PL=DAT   SEQ   DM   那样

    tsə³³kə³³   tsæ⁵³tɕʰe³³ɣæ³³   və³³,   tsə³³kə³³   wɐ³³mə³³nə³³   su⁵³
    SEQ   重要的事   做   SEQ   那样   语言

    tə³³-və³³-tɕʰə³³=rø⁵⁵=tsi³³   ke⁵⁵tɕʰe³³ɣæ⁵³   tɐ⁵⁵-lø³³   ŋɐ³³=ti⁵⁵.
    说-LVB-CAUS.3=NMLZ=NMLZ   重要的事   一个   COP=GNO.IMM

让我们的孩子们会说木雅语是一件非常了不起的事情。

15 ɦa⁵⁵ɲi³³pæ⁵³=le³³   ɦæ³³ri⁵⁵ŋɐ²⁴   tɐ⁵⁵-pi³³   tʰɐ³³ni³³   tɕʰø²⁴   jæ³³næ³³   tsə³³kə³³
    第二=DAT   为什么   说-IMPV.3   DM   SEQ   1pl.POSS   SEQ

    tʰə³³ni³³   ndzɐ³³mbu⁵⁵li³³=le²⁴   tsə³³kə⁵⁵   tʰɐ³³ni³³   me³³me⁵⁵=tsi³³   pʰe⁵⁵dze⁵⁵   qa⁵⁵rɐ⁵³
    DM   世界=DAT   SEQ   DM   全部=NMLZ   发展   特别的

    tə⁵⁵-xə³³,   tsə³³kə⁵⁵   jæ³³næ³³   tsə³³kə⁵⁵   tʰə³³ni³³   ti³³ti³³   ŋgə³³-mæ⁵³=ɣæ⁵³
    DIR-上去   SEQ   1pl.POSS   SEQ   DM   啥事   DIR-真的=POSS

    tsə³³kə³³   ndzi⁵⁵=rø⁵³   tɕʰə⁵⁵=rø⁵³   pu²⁴   tɐ⁵⁵-ŋgə³³=rø⁵³=pu³³   tʰɐ³³ŋɐ⁵⁵nə²⁴
    SEQ   吃=NMLZ   喝=NMLZ=LOC   DIR-穿=NMLZ=LOC   DM

    me³³me⁵⁵=tsi³³=ɣæ²⁴   tɕi⁵⁵pu⁵³   tɕɐ⁵⁵tɕɐ⁵³   kʰə³³-ɕɐ⁵³.
    全部=NMLZ=POSS   幸福   特别   DIR-发生

要说为啥了不起呢，第二点原因就是：因为当今世界越来越发达，在吃的、喝的方面人们的生活都很幸福了，人们都懂得享受了。

16 tsə³³kə³³   #tsə³³kə⁵⁵#   tɕæ⁵⁵kʰæ⁵³   kæ³³ji³³   tɐ³³si³³   ɴgə³³-ndzo⁵⁵-pi³³=ni³³,
    SEQ   SEQ   东西   很多   一些   DIR-出现-IMPV.3=GNO

    tɕæ³³kʰæ⁵³=le²⁴   ndzæ⁵⁵mə³³ndzæ⁵⁵   ɴgə³³ndzo⁵⁵-pi³³=kə⁵⁵,   tɕæ⁵⁵kʰæ⁵³
    东西=DAT   各种各样   DIR-出现-IMPV.3=LNK:时候   东西

sɛ³³pæ⁵³   NGə³³-ndzo⁵⁵-pi³³=ni⁵⁵,   jæ³³næ⁵⁵   tsə³³kə³³   tʰɐ³³ni³³   mə³³ŋæ⁵⁵=ɣæ²⁴
新的   DIR-出现-IMPV.3=GNO   1pl.POSS   SEQ   DM   木雅=POSS

su⁵⁵=le³³   tsə³³kə³³   mi³³   sɛ³³pæ⁵³   kʰi⁵⁵-mi⁵³-ŋə⁵⁵   Nɛ³³=ni²⁴.
语言=DAT   SEQ   名字   新的   DIR-称作-NEG   好的=GNO

当前呢出现了很多新事物，这些各式各样的新鲜事物出现的时候在我们的木雅语里面都不会使用新的名字。

17 wɐ⁵⁵tsi³³=kə³³   tsə³³kə³³   jæ³³næ³³   tsə³³kə³³   tʰɐ³³ni³³   su³³=kʰu⁵⁵   nɐ³³ni⁵⁵næ³³nɐ³³ni⁵⁵,
    那个=TOP   SEQ   1pl.POSS   SEQ   DM   语言=LOC   越来越少

    tsə³³kə³³   tɕʰø²⁴   jæ³³næ⁵³   po⁵⁵su⁵³=kʰu²⁴   tɐ⁵⁵-tə³³   tʰɐ³³ni⁵⁵   mi³³tsʰi⁵³
    SEQ   SEQ   1pl.POSS   藏语=LOC   DIR-说   DM   词汇

    tə⁵⁵-pi³³=ni³³,   ʔæ²⁴tæ²⁴?
    说-IMPV.3=GNO   对吧

事实上新事物在我们木雅语里面使用的情况比较少，我们更多是使用藏语来表达，对吧？

18 ɦo²⁴jæ³³...   mĩ³³tsʰi⁵³=tsi³³   nɐ³³ni⁵⁵næ³³nɐ³³ni⁵⁵   tɕæ³³kʰæ⁵³=tsi³³   tə³³dzɐ⁵⁵næ³³tə³³dzɐ⁵³,
    INTER   词汇=NMLZ   越来越少   东西=NMLZ   越来越多

    tsə³³kə³³   kæ³³ji⁵⁵   tʰə³-væ⁵³-pi³³=kə⁵⁵   tsə³³kə⁵⁵   mə³³ŋæ⁵⁵su⁵⁵=kʰu³³
    SEQ   多   DIR-变-IMPV.3=LNK:的时候   SEQ   木雅语=LOC

    tsə³³kə³³   tʰɐ³³ni³³   tsʰi⁵⁵   kæ³³ji⁵⁵   me³³-tʰə³-væ⁵⁵,   tsə³³kə⁵⁵   tʰɐ³³ni³³ri⁵⁵
    SEQ   DM   词汇   多   NEG-DIR-变为   SEQ   DM

    tsə³³kə³³   #ʔɐ⁵⁵tsi³³#   ʔɐ³³tsi³³=ri⁵⁵   #jæ³³næ³³#   jæ³³næ³³   so⁵⁵=le²⁴
    SEQ   那个   那个=CONJ   1pl.POSS   1pl.POSS   生命=DAT

    tsə³³kə³³   tʰɐ³³ni³³   so⁵³   #so⁵³#   ŋə³-kʰə³³   tʰə³-væ³³.
    SEQ   DM   生命   生命   DIR-有   DIR-变

哎呀，那些新鲜事物变得越来越多；虽然东西变多了，但这个时候木雅语里面的特有词汇并没有怎么变化，而我们生活中的新事物却都在不停地变化。

19 tsə³³kə³³   ɣo³³ɣo³³   kæ³³næ⁵⁵kæ³³   nɐ³³ni⁵⁵næ³³nɐ³³ni⁵⁵   pæ³³tɕi⁵⁵,   tə⁵⁵-dzɐ⁵³-mi³³
    SEQ   慢慢   越来越   越来越少   差不多   DIR-讲=NMLZ

    mə³³-tʰə³-væ³³=jɐ³³mə⁵⁵næ⁵³   tə³³-dzɐ³³=mi²⁴   tʰə³³-ndə³³,   nə²⁴   ta⁵⁵-mu⁵³   tɐ³³lø³³
    NEG-DIR-变成=LNK:或者   DIR-讲=NMLZ   DIR-有   也   DIR-标准   一个

    tə³³-dzɐ⁵⁵   ŋe⁵⁵-tʰa³³,   jæ⁵⁵næ³³   su⁵⁵=kʰu³³   tsə³³kə³³   tʰɐ³³ni³³   ŋə³³mæ³³   tsə³³kə³³
    DIR-讲   NEG-能够   1pl.POSS   语言=LOC   SEQ   DM   真正的   SEQ

ndzø⁵⁵næ⁵³   su³³...   ɦo²⁴ja³³...   mə³³rə⁵⁵ze⁵⁵ta⁵³=ɣæ³³   su⁵⁵   tsə³³kə⁵⁵   kæ³³ji⁵⁵
别人的.POSS   语言   INTER   别的民族=POSS   语言   SEQ   许多
kʰɔ̃³³-tʂe⁵⁵-si³³=ɣæ²⁴   tsə³³kə³³   wɐ³³mə³³nə³³   su⁵⁵   tʂʰi⁵⁵kə⁵⁵tʂʰæ³³qæ⁵³
DIR-混合-PFV.3=POSS   SEQ   那样   语言   不准确
wɐ³³mə³³nə³³   tʰə³³-væ⁵⁵.
那样   DIR-变成

结果木雅人越来越少，或者会讲木雅语的人也不再变得能讲木雅语了。并且木雅语也没有一个标准，一般都混了其他语言，看起来就像被变成那些不太标准的语言一样。

20 tsə³³kə⁵⁵   tʰə³³ni³³ri³³   su³³   ta³³mu⁵⁵=tsi³³   ndzɐ̃³³tɕʰo⁵³və³³   ŋɐ⁵⁵-ku³³=ni³³,
    SEQ   DM   语言   正确的=NMLZ   坚持   NEG-能够=GNO
wɐ³³tsi⁵⁵   tsə³³kə³³   ɦa⁵⁵ni³³pæ³³   ŋɐ³³=ti⁵⁵.
那个   SEQ   第二点   COP=GNO.IMM

很多人也不能坚持正确地使用木雅语，而这就是第二点原因。

21 sõ⁵⁵pæ⁵⁵le³³   tsə³³kə³³   ɦæ³³tsi⁵⁵   tə⁵⁵-pi³³?   tʰɐ³³ni³³ri²⁴   tsə³³kə⁵⁵   tɕʰø²⁴
    第三点   SEQ   什么   说-IMPV.3   DM   SEQ   SEQ
tɕʰɔ̃³³=ɣæ³³   mə³³ɲi⁵⁵   tʰə³³ŋɐ⁵⁵   nə³³   ndzæ⁵⁵,   pø³³na⁵³=ɣæ³³   tsə³³kə³³ti³³
现在=POSS   人   DM   也   好的   后面=POSS   SEQ
pə⁵⁵tʂʰi⁵³-nə²⁴   tʰə³³ŋɐ⁵³   nə³³   ndzæ⁵⁵,   je³³nə³³   tsə³³kə³³   tʰə³³ni³³   mə³³ŋæ⁵³=ɣæ²⁴
孩子-PL   DM   也   好的   1pl   SEQ   DM   木雅=POSS
ta³³-te⁵³   nə³³   ndzæ⁵³   pø³³pæ⁵³   ta³³-te⁵³   nə³³   ndzæ⁵³.
DIR-说   也   好的   藏族   DIR-说   也   好的

第三点原因要说点什么呢？不管是现在的人也好，还是他们以后的孩子也好，都应好好讲木雅藏族的语言。

22 wɐ³³tsæ³³   kʰɔ̃³³si³³   ŋɐ³³=ti³³=kə²⁴,   tsə³³kə⁵⁵   dze³³mæ⁵³
    那个的.POSS   区域   COP=GNO.IMM=LNK:因为   SEQ   后面
me³³me³³=tsi⁵⁵=ɣæ³³   tsə³³kə³³   tʰə³³ni³³ri³³   wɐ⁵⁵   tsi³³ke⁵⁵=tsi³³   ndzɐ̃³³tɕʰo⁵⁵-və³³.
全部=NMLZ=POSS   SEQ   DM   那个   语言=NMLZ   坚持-LVB

因为那些区域（那些讲木雅语的人）全部都会坚持讲木雅语。

23 ʔɐ³³tsi⁵⁵   mə³³ŋæ⁵⁵=ɣæ³³   tsə³³kə³³   lø³³dzə³³=tsi⁵⁵   tsʰæ⁵³tɐ³³mbu⁵⁵   tɐ³³-lø³³
    那个   木雅=POSS   SEQ   历史=NMLZ   有序的   一-CL

ŋə³³mæ⁵³=ɣæ³³   tsə³³kə⁵⁵   tʰɐ³³ni³³   kʰə³³-ri⁵⁵=rø²⁴   te⁵⁵   nə³³   ndzæ⁵³,
真正的=POSS   SEQ   DM   DIR-写的=NMLZ   说   也   好的
wɐ³³tsi³³   tso⁵⁵tɕʰø⁵³=rø²⁴   †te³³   zu⁵⁵ɣæ³³=rø²⁴   †te³³   nə³³   ndzæ⁵³,   wɐ³³tsi⁵⁵
那个   根源=NMLZ   说的话   找=NMLZ   说的话   也   好的   那个
nə³³mæ³³tɕi³³ndi⁵³=ɣæ³³   tsə³³kə³³   te⁵⁵zi³³tɕə³³mə³³=ɣæ²⁴   tsə³³kə³³   tʰɐ³³ni³³
真正的=POSS   SEQ   每个人的=POSS   SEQ   DM
lə³³ŋge⁵³   kiɐ⁵³kɐ⁵³   te⁵⁵-lə³³   ŋə³³-ti⁵³   so⁵⁵-χi³³=ti⁵³.
责任   大的   一-CL   COP=GNO.IMM   想-MOD:要=GNO.IMM

不管是有条不紊地写木雅的历史事件也好，还是去寻找木雅的源头之地也好，对木雅人而言都是责任重大的事情。

24 tɕʰe³³pæ⁵⁵rə³³tu⁵⁵   jæ³³næ³³   tsə³³kə³³   tʰɐ³³ni³³   tɕʰø³³   ri³³ne⁵³   kʰi³³-zi⁵⁵=mi³³
    特别是   1pl.POSS   SEQ   DM   SEQ   文化   DIR-学习=NMLZ
    tʰɐ³³ŋɐ⁵⁵   nə³³   ndzæ⁵⁵,   wɐ⁵⁵nə³³   tʰɐ⁵⁵te⁵³=tsi²⁴   tsə³³kə⁵⁵   tʰɐ³³ni³³   tsə³³kə³³
    DM   也   好的   那些   一代=NMLZ   SEQ   DM   SEQ
    ŋdzɐ³³qʰa⁵³=ɣæ²⁴   le³³tø⁵³=pu⁵⁵   tʰɐ³³ŋɐ⁵⁵   nə³³   ndzæ⁵⁵,   tsə³³kə⁵⁵   kæ³³kʰæ⁵⁵
    国家=POSS   工作=LOC   DM   也   好的   SEQ   别的
    tsə³³kə⁵⁵   tʰɐ³³ni³³   ŋə³³mæ³³=ɣæ³³   tsə³³kə³³   ndzø⁵⁵næ³³   pʰɐ⁵⁵jy⁵³,   tsə³³kə³³
    SEQ   DM   真正=POSS   SEQ   别人的.POSS   家乡   SEQ
    tʰɐ³³ni³³   ŋə³³mæ³³   tsə³³kə³³   lə³³tø⁵³   kʰu⁵⁵-dzi⁵⁵=rɐ²⁴   ndy⁵⁵=kə⁵⁵,
    DM   真正=POSS   SEQ   事业   DIR-做=NMLZ   去=LNK:的时候
    tsə³³kə⁵⁵   jæ³³næ³³   su³³=tsi³³   tsə³³kə³³   tʰɐ⁵⁵-tɕə³³-mə³³.
    SEQ   我们的.POSS   语言=NMLZ   SEQ   DIR-忘记-NEG

需要强调的是不管是我们那一代学过知识的人，还是在国家公务系统工作的或者其他地方（别人家乡）工作的人，在工作的时候都不可以忘记我们的语言。

25 tsə³³kə³³   tɕʰø²⁴   næ³³=ɣæ³³   wɐ³³tsi³³   lə³³qʰɐ⁵³=ri²⁴   wɐ³³nə⁵³=kʰu³³   jæ³³næ⁵⁵
    SEQ   SEQ   2sg=POSS   那个   单位=CONJ   那些=LOC   1pl.POSS
    tu³³-ɕɐ⁵⁵-rɐ²⁴=ɣæ²⁴   tsə³³kə³³   tʰɐ³³ni³³   tɕʰe³³tɕi⁵⁵   ti²⁴   ndə³³-†jæ⁵⁵=sa⁵⁵,
    DIR-说=NMLZ=POSS   SEQ   DM   条件   大概   有-NEG=LNK:但是
    tsə³³kə⁵⁵   ne³³=ɣæ³³   tɕe³³=qʰɐ⁵⁵=wu³³   tʰɐ³³-ŋɐ⁵⁵   nə³³   ndzæ⁵⁵,   ne⁵⁵=ɣæ²⁴
    SEQ   2sg.REFL=POSS   家=LOC=NMLZ   DIR-COP   也   好   2sg.REFL=POSS
    dzə³³dzu⁵⁵   nə³³   tʰɐ³³-ŋɐ³³   nə³³   ndzæ⁵⁵,   wɐ³³nə³³=pu³³=kə⁵⁵,   jæ³³næ³³
    朋友   也   DIR-COP   也   好的   那些=LOC=LNK:的地方   我们的

su³³=tsi³³   tʰɐ³³-tɕɐ⁵⁵.
语言=NMLZ   DIR-使用

虽然在你的单位或是我们居住的地方并没有说木雅语的条件，但是不管在你家人还是朋友面前都可以说自己的语言。

26 tsə³³kə³³   wɐ³³tsi³³   dzə̃³³tɕʰo⁵³   tɐ³³-lø³³   və³³   tʰɐ³³kuu⁵⁵tʰɐ³³,   tsə³³kə⁵⁵   tʂʰi³³tʂʰi⁵⁵
    SEQ   那个   坚持   一-CL   做   DM:能做到话   SEQ   特别
    ŋɐ³³mæ⁵³=ɣæ³³   tsə³³kə³³   tsæ⁵³tɕʰæ⁵³ɦæ⁵³   tɐ³³-lø³³=ti³³   sø³³-χi³³
    真正=POSS   SEQ   重要   一-CL=GNO.IMM   想.1-MOD:要
    tɐ³³-lø³³=ti³³.
    一-CL=GNO.IMM
    坚持做那件事情（讲木雅语）的话就是一件非常重要并且也是最激励我的事情。

27 tsə³³kə⁵⁵   jæ³³næ³³   kʰæ³³kʰæ⁵⁵=ɣæ³³   tsə³³kə⁵⁵   tʰɐ³³ni³³   ri³³ne⁵⁵   kæ⁵⁵ji⁵³
    SEQ   1pl.POSS   其他=POSS   SEQ   DM   文化   很多
    ndo³³=ni²⁴, tsə³³kə⁵⁵   ʔɐ³³ti³³   tə³³-ŋə³³=rø³³   tʰɐ³³-ŋɐ⁵⁵   nə³³   ndzæ⁵⁵=ti³³
    有=GNO   SEQ   那个   DIR-穿=NMLZ   DIR-COP   也   好的=GNO.IMM
    ɦæ̃³³-ndzi³³=rø³³   pu³³   tʰɐ³³-ŋɐ⁵⁵   nə³³   ndzæ⁵⁵=ti³³.
    DIR-吃=NMLZ=LOC   DIR-COP   也   好的=GNO.IMM
    关于我们木雅人其他的文化也挺多的，穿的文化、吃的文化（衣食文化），样样不少。

28 tʰæ³³mæ³³ji⁵⁵sæ³³   ri²⁴   tʰɐ³³-tʂʰi⁵³   qʰə⁵⁵-rə⁵³   nə³³   tsə³³kə³³   tʰɐ³³ni³³
    甚至   地   一-CL   DIR-种植   也   SEQ   DM
    tʰɐ³³-tɕɐ⁵⁵ri⁵⁵=ɣæ²⁴   tɕæ³³kʰæ⁵³   nə²⁴   me³³me⁵⁵=le²⁴   tsə³³kə⁵⁵   tʰɐ³³ni³³
    DIR-使用=NMLZ=POSS   东西   也   全部=DAT   SEQ   DM
    mi³³   wɐ³³mə³³   nə³³   ndzæ⁵³mə³³ndzæ⁵³.
    名字   那样   也   各种各样
    甚至种地使用工具的名字也是各有千秋的。

29 jæ³³næ³³   tsə³³kə³³   tʰɐ³³ni³³   mə³³ŋæ⁵⁵=ɣæ³³   tsə³³kə⁵⁵   tʰɐ³³ni³³   tɕʰɐ³³pʰɑ⁵³
    1pl.POSS   SEQ   DM   木雅=POSS   SEQ   DM   特殊之事
    tɕʰɐ⁵⁵tə³³pʰɑ⁵⁵pæ⁵³=ɣæ³³   tsə³³kə⁵⁵   tɕɐ³³ni³³   tʰo⁵⁵mo⁵³   mæ³³-ˀjɤ̃⁵⁵-pæ³³.
    特殊的=NMLZ   SEQ   DM   共同的   NEG-COP=IMPV.2
    我们木雅人（文化中）自己独特的东西跟你们汉人的东西并无太大共通性。

30 tsə³³kə⁵⁵   tʰɐ³³ni³³   jæ³³næ³³   tsə³³kə⁵⁵   wɐ³³mə³³nə³³   ke⁵³   ndə³³=ni³³=kə³³,
    SEQ   DM   1pl.POSS   SEQ   那样   语言   有=GNO=LNK:因为
    wɐ³³nə³³   me³³me⁵⁵=tsi³³   †ndzɔ̃³³tɕʰo⁵³-və³³=rø³³=tsi³³,   tsə³³kə³³   tʰɐ³³ni³³
    那样   全部=NMLZ   坚持-LVB=NMLZ=NMLZ   SEQ   DM
    ŋə³³mæ⁵⁵   tsə³³kə³³   †tsæ³³tɕʰẽ³³pu³³   tɐ³³-lə³³=ti³³   sø³³-χi³³=ti²⁴.
    真正   SEQ   重要   一-CL=GNO.IMM   想.1-MOD:要=GNO.IMM

我们要坚持使用木雅语，所以那势必是件非常重要的事情。

讲述人：尼玛
出生年月：1982年12月
讲述时间和地点：2019年9月26日，四川康定城区
语料音频时长：5分06秒
语料整理协助：郎曲拉姆（沙德口音，负责语料整理）、泽汪仁真（贡嘎口音，负责翻译）
语料在线收听地址：http://doi.org/10.5281/zenodo.4816646（6. Comments and ideas of the current research mainstream of Minyag and Tangut）

全篇意译：

  现如今对于木雅藏族来说最重要的是保护木雅语。在六十年以前使用木雅语的人就越来越少了，这从一方面也说明了使用木雅语的地方越来越有限。以前在甲根坝那边还有讲木雅语的，但是现在只有住在朋布西以下的人才会讲木雅语。

  从另一方面来看，讲木雅语的人的确是越来越少了，这种现状的原因应该有很多种，其中最重要的原因是没有文字。文字是一种可以将语言保留下来的重要载体，由于没有记录木雅语的文字，所以使用木雅语的地方只会越来越有限，说木雅语的人也会越来越少。再过二三十年后，木雅语也许就会面临消失的危险。

  如果说从现在开始创立木雅文字，让木雅语复兴起来的话那是不可能完成的事，但我们可以做的是尊重我们自己的语言，让我们自己的子孙后代必须讲木雅语。要举个例子的话呢，就是著名的木雅贡布。贡布是中央民族大学的教授，他和孩子们生活的地方都在北京，但每当回到家后他都会让孩子们必须讲木雅语。那对木雅语的复兴而言的确是一种非常有效的方法。要保护木雅语有以下几点需要说明：

  第一：不管是我们这一代也好，还是下一代也罢，都要尊重我们自己的语言，让孩子们会讲我们自己的语言是一件非常重要的事。

  第二：当今世界变化愈发迅速，新事物层出不穷，在吃、喝、穿方面人们都很享受，因此出现了很多新工具，然而这些新的工具在木雅语里却无法创造新的名字。就算新工具越来越多，但采用木雅语名字来表达的情况却越来越少。有些内容就算能用木雅语表达出来也混杂着其他地方的语言，所以称不上能使用真正的木雅语。

第三：不管是生活在现在还是将来，我们木雅人都应该注重保护自己的语言，而寻找和撰写木雅历史对木雅人来说是一件非常重要的任务。特别是有学问的人，不管在国家工作还是在其他地方工作也不应该忘记我们自己的语言。虽然木雅语在工作上没有太多的使用场合，但是跟家里人和朋友交谈时需要说我们自己的语言。保持这一传统的话将会是一件非常有意义的事。

木雅藏族还有许多其他的文化，但是在吃、穿、种地工具等方面都有我们木雅人自己能够用木雅语说得出名字的事物。这些特有的表达是我们需要重点保护的，因为那的确是一件非常了不起的事。

附录二 分类词表

说明：

1. 本章所收录词条主要依照《中国语言资源调查手册·民族语言（藏缅语族）》调查表中的调查条目。第一节为通用词，是汉语方言与少数民族语言共有的调查词表。第二节为扩展词，是研究藏缅语的专家学者根据各个语族的实际情况制定的调查词表。通用和扩展词表中某些调条目在沙德木雅语中无法表达，或发音人无法回忆起该词。为保持跟调查词表体例的一致且对当前沙德木雅语中词的使用情况有一全面把握，即便无法调查出的词也不删除，在藏语后以横线"—"表示无法表达或者无法调查出的词条。第三节为其他词，主要收录能代表木雅藏族特色文化的建筑、农具、服饰、宗教法器，以及沙德周边常见动植物类的词汇。

2. 本章词条按照词汇的语义分类，共分成以下 14 类。

一	天文地理	六	服饰饮食	十一	动作行为
二	时间方位	七	身体医疗	十二	性质状态
三	植物	八	婚丧信仰	十三	数量
四	动物	九	人品称谓	十四	代副介连词
五	房舍器具	十	农工商文		

3. 为方便读者做相关研究和比较，每一词项除了记录木雅语的读音外，同时在括号内注明藏文及威利转写。由于格式限制，某些藏文转写太长的词提行后再添加威利转写内容。由于能力有限，转写部分势必存在一些问题，欢迎读者指正，待今后继续修订。

4. 词汇表中的借词分别使用†（藏语借词可能属于藏缅语同源词）和 π（四川方言借词）标记，便于相关学者研究同源词或借词时参考使用。藏语中较难表达词条用（—）标记，以求词表完整。某些词在木雅语中有两种表达，此时分别提行记录，并在多种表达前添加斜线。

（一）沙德木雅语通用词

太阳~下山了 (ཉི་མ་nyi ma) nə²⁴
月亮~出来了 (ཟླ་བ་zla ba) læ³³nə⁵³
星星 (སྐར་མ་skar ma) †ke⁵⁵mæ⁵³
云 (སྤྲིན་sprin) ndə³³re⁵⁵
风 (རླུང་rlung) mə³³mə⁵³
台风 (རླུང་འཚུབ་rlung tshub) †lõ³³tʰe⁵³
闪电 (གློག་དམར་འཁྱུག་ glog dmar 'khyug) ti⁵⁵le³³
雷 (འབྲུག་གྲགས་'brug grags) ndzu⁵⁵nẽ³³tɐ³³
雨 (ཆར་བ་char ba) mɔ̃⁵⁵dzɑ³³
下雨 (ཆར་བ་འབབ་char ba 'bab) mɔ̃⁵⁵nɑ̃³³dzɑ³³
淋 (སྦང་sbang) qʰə³³ba⁵³
晒 (ལྡེ་lde) te³³ra⁵³
雪 (ཁ་བ་kha ba) və³³
冰 (འཁྱགས་རོམ་'khyags rom) dzi³³ku⁵³
冰雹 (སེར་བ་ser ba) †se⁵⁵ræ⁵³
霜 (སད་sad) və³³
雾 (སྨུག་པ་smug pa) ndə³³re⁵⁵
露 (ཟིལ་པ་zil pa) rə²⁴
虹 (འཇའ་'ja') ndzæ³³
日食 (ཉི་འཛིན་nyi 'dzin) †ɲi⁵⁵dzi⁵³
月食 (ཟླ་འཛིན་zla 'dzin) †dæ̃⁵⁵dzi⁵³
天气 (གནམ་གཤིས་gnam gshis) mə³³
晴 (གནམ་དྭངས་gnam dwangs) mə⁵⁵ji²⁴nɐ³³
阴 (གནམ་འཐིབས་gnam 'thibs) na³³qʰa⁵⁵
旱 (ཐན་པ་than pa) sɐ⁵⁵tsʰi⁵³
涝 (ཞོད་སྐྱོན་zhod skyon) tɕʰə⁵³ɕa⁵³
天亮 (ནམ་གསལ་བ་nam gsal ba) to⁵⁵sæ⁵⁵
水田 (ཆུ་ཞིང་chu zhing) †tɕʰə⁵⁵ze̠²⁴
旱地 (སྐམ་ཞིང་skam zhing) †kɐ⁵⁵ze̠³³
田埂 (ནང་མ་nang ma) ndzi³³mu⁵⁵ɣæ⁵³ri³³
路 (ལམ་lam) dzɐ³³lɐ⁵³
山 (རི་ri) mbu³³ / †ri²⁴
山谷 (རི་ལུང་ri lung) lõ⁵⁵ba⁵³
江 (གཙང་པོ་gtsang po) †ly⁵⁵tɕə⁵³
溪 (ཆུ་ཕྲན་chu phran) †tɕə⁵³
水沟儿 (ཆུ་ཡུར་chu yur) †tɕʰə³³ɣə⁵³
湖 (མཚེའུ་mtshe'u) tsʰy⁵³
池塘 (རྫིང་བུ་rdzing bu) †tɕə⁵⁵to⁵³
水坑儿 (ཆུ་གཤོང་chu gshong) †tɕʰə⁵⁵ɣə⁵³
洪水 (ཆུ་ལོག་chu log) †tɕʰə⁵⁵ɕa⁵³
淹 (ནུབ་པ་nub pa) ɦa²⁴pʰo⁵⁵pʰa⁵³
河岸 (ཆུ་ངོགས་chu ngogs) tɕə⁵⁵kʰæ³³tʰi⁵⁵pʰe³³
坝 (ཆུ་རགས་chu rags) ᵖpa⁵³
地震 (ས་འགུལ་sa 'gul) sɐ̃⁵⁵gi³³
窟窿 (ཁུང་བུ་khung bu) ndzə³³rø⁵⁵
缝儿 (སྲུབས་ཀ་srubs ka) ʂi⁵³
石 (རྡོ་rdo) dzo³³
土 (ས་sa) rɑ³³
泥 (འདམ་བག་'dam bag) †dɑ̃³³ba⁵⁵
水泥 (ཨར་འདམ་ar 'dam) ʂy⁵⁵ɲi³³
沙子 (བྱེ་མ་bye ma) dzɔ̃⁵⁵mæ⁵³
砖 (སོ་ཕག་so phag) wa³³do⁵⁵
瓦 (རྫ་གཡམ་rdza g.yam) ᵖwa³³
煤 (རྡོ་སོལ་rdo sol) də³³nə⁵³
煤油 (ས་སྣུམ་sa snum) ᵖme³³ju⁵³
炭 (སོལ་བ་sol ba) wɐ⁵⁵si³³
灰 (ཐལ་thal) mə⁵⁵qʰə³³ra³³
灰尘 (ཐལ་རྡུལ་thal rdul) pʰə⁵⁵lə⁵³
火 (མེ་me) †mə³³
烟 (དུ་བ་du ba) mũ⁵⁵kʰə⁵³
涨水 (ཆུ་བྲུག་chu brug) †tɕə⁵³ɣi²⁴gɐ³³
水 (ཆུ་chu) †tɕə⁵³

凉水 (ཆུ་གྲང་མོ་chu grang mo) ᵗtɕo⁵⁵ndzæ⁵³
热水 (ཆུ་ཚ་མོ་chu tsha mo) ᵗtɕo⁵⁵tsɐ⁵³
开水 (ཆུ་འཁོལ་chu khol) ᵗtɕʰə⁵⁵kʰi⁵³
磁铁 (སྡུད་ལྕགས་sdud lcags) ᵗtɕã⁵⁵kʰɐ³³lø³³

时间方位

时候 (དེའི་དུས་de'i dus) pi³³kə⁵³
什么时候 (དུས་ནམ་ཞིག་dus nam zhig) zi³³mɐ⁵⁵xɐ³³
现在 (ད་ལྟ་da lta) tɕʰə⁵³
以前 (སྔོན་ཆད་sngon chad) kæ³³ŋu⁵³
以后 (རྗེས་མ་rjes ma) pə³³qɑ⁵⁵
一辈子 (མི་ཚེ་གཅིག་mi tshe gcig) mə⁵⁵tsʰi⁵³tɐ⁵⁵lø³³
今年 (ད་ལོ་da lo) pə⁵⁵və³³
明年 (སང་ལོ་sang lo) mə⁵⁵rɐ³³
后年 (གནངས་ཕོད་gnangs phod) ɦɐ²⁴və³³
去年 (ན་ནིང་na ning) ja³³za⁵³
前年 (གཞེས་ནིང་gzhes ning) ro³³za³³
往年 (འདས་ལོ་'das lo) ki³³ɣo²⁴
年初 (ལོ་འགོ་lo 'go) ᵗlõ³³ŋgø⁵³
年底 (ལོ་མཇུག་lo mjug) ᵗlõ³³dzu⁵³
今天 (དེ་རིང་de ring) pə⁵⁵si³³
明天 (སང་ཉིན་sang nyin) sæ⁵⁵si³³
后天 (གནངས་ཉིན་gnangs nyin) ɣo²⁴si³³
大后天 (གཞེས་ཉིན་gzhes nyin) ɣo²⁴ndɐ⁵⁵si³³
昨天 (ཁ་སང་kha sang) ji³³si³³
前天 (ཁ་ཉིན་kha nyin) ri²⁴si³³
大前天 (ཁས་གཞེས་ཉིན་khas gzhes nyin) ri³³ŋɐ⁵⁵ri²⁴si³³
整天 (ཉིན་གང་བོ་nyin gang bo) tɐ³³si⁵⁵tsi³³
每天 (ཉིན་རེ་རེ་nyin re re) si⁵⁵ɣo³³
早晨 (ཞོགས་པ་zhogs pa) nɐ⁵⁵nɐ³³

上午 (སྔ་དྲོ་snga dro) nɐ⁵⁵nɐ³³
中午 (ཉིན་གུང་nyin gung) mæ⁵⁵tə³³
下午 (ཕྱི་དྲོ་phyi dro) me³³ɦɐ²⁴
傍晚 (ས་སྲོ་sa sro) xu⁵³ / ᵗsæ³³sø⁵³
白天 (ཉིན་མོ་nyin mo) si⁵³
夜晚 (མཚན་མོ་mtshan mo) xu⁵³
半夜 (མཚན་ཕྱེད་mtshan phyed) xu³³li⁵³
正月 (ཟླ་བ་དང་པོ་zla ba dang po) tã⁵⁵bu³³
藏历正月 (བོད་ཟླ་དང་པོ་bod zla dang po) bø³³dæ⁵³
大年初一 (ལོ་གསར་ཚེས་གཅིག་lo gsar tshes gcig) ᵗtsʰe⁵³ɕi⁵³
元宵节 (ལོ་གསར་ཚེས་པ་བཅོ་ལྔ་lo gsar tshes pa bco lnga) tɕə³³ŋɑ⁵³
清明 (དྭངས་གསལ་དུས་ཚིགས་dwangs gsal dus tshigs) —
端午 (ལྔ་ལྔ་དུས་ཆེན་lnga lnga dus chen) —
中秋 (ཟླ་མཆོད་དུས་ཆེན་zla mchod dus chen) —
冬至 (དགུན་ཉི་ལྡོག་dgun nyi ldog) ᵗɲi³³mæ⁵³ɦa⁵⁵do³³
腊月 (དགུན་ཟླ་བཅུ་གཉིས་dgun zla bcu gnyis) tɕʰo³³ɲi⁵⁵pæ⁵³
除夕 (ལོ་གསར་གནམ་གང་lo gsar gnam gang) nə³³qʰɑ⁵³
历书 (ལོ་ཐོ་lo tho) ri³³li⁵³
阴历 (ལུགས་རྙིང་lugs rnying) —
阳历 (ལུགས་གསར་ལོ་ཐོ་lugs gsar lo tho) —
星期天 (གཟའ་ཉི་མ་gza' nyi ma) —
地方 (ས་གནས་sa gnas) sæ⁵⁵tɕʰæ⁵³
什么地方 (ས་ཆ་གང་ཞིག་sa cha gang zhig) xɐ⁵⁵ti³³ɦa³³sæ³³tɕʰæ³³
家里 (ཁྱིམ་ནང་khyim nang) tɕi³³kʰu⁵³
城里 (གྲོང་ཁྱེར་grong khyer) tʂo⁵⁵kʰu⁵³

乡下 (གྲོང་གསེབ། grong gseb) lõ³³tsʰe⁵⁵kʰu³³
上面 (གོང། gong) kɐ³³tə⁵³tɕʰɐ³³
下面 (འོག 'og) kɐ³³nə⁵⁵tɕʰɐ³³
左边 (གཡོན་ཕྱོགས། g.yon phyogs) mi⁵⁵re³³
右边 (གཡས་ཕྱོགས། g.yas phyogs) ʁə²⁴re³³
中间 (བར་མ། bar ma) ŋgə³³lɐ⁵⁵
前面 (མདུན། mdun) kæ³³ŋu⁵³
后面 (རྒྱབ། rgyab) pə³³qa⁵³
末尾 (མཐའ་མཇུག mtha' mjug) pə³³qa⁵³ / †tʰæ³³kʰæ³³
对面 (ཁ་གཏད། kha gtad) tʰi⁵⁵pʰɐ⁵³
面前 (མདུན་ཕྱོགས། mdun phyogs) ŋgə³³ri⁵⁵kʰu⁵³
背后 (རྒྱབ་ཕྱོགས། rgyab phyogs) pə³³qa⁵³
里面 (ནང་དུ། nang du) kʰu³³
外面 (ཕྱི་ཕྱོགས། phyi phyogs) le³³
旁边 (འགྲམ་དུ། 'gram du) tɐ³³tɕʰi⁵³
上 (ཡར། yar) pu³³
下 (མར། mar) tɕʰy³³
边儿（稍近） (འདི། 'di) kɐ⁵⁵rə³³
边儿（稍远） (དེ། de) kɐ⁵⁵tɕʰi⁵³
角儿 (ཟུར། zur) †zy⁵³
上去 (ཡར་ལ་སོང་། yar la song) tə⁵⁵xə³³
下去 (མར་ལ་ཤོག mar la shog) nɐ⁵⁵xə³³
进去 (ནང་ལ་འཛུལ། nang la 'dzul) ɣə²⁴xə³³
出来 (ཕྱིར་བུད། phyir bud) ɦæ²⁴zɐ³³
出去 (ཕྱིར་སོང་། phyir song) ɦɑ³³rɑ⁵⁵ / ɦæ²⁴xu³³
回来 (ཚུར་ལོག་པ། tshur log pa) kʰə³³tʂæ⁵³
起来 (ཡར་ལངས། yar langs) qʰo⁵⁵rə³³

植物

树 (ཤིང་སྡོང་། shing sdong) tsʰi⁵⁵pʰo⁵³
大木头 (གདུང་མ། gdung ma) do³³ma⁵⁵
小木头 (གདུང་ཕྲ། gdung phra) tsʰi³³rø⁵⁵
松树 (གསོམ་ཤིང་། gsom shing) tʰa³³pʰo⁵⁵
柏树 (རྒྱ་ཤུག rgya shug) mə³³xa⁵⁵
杉树 (ཧྲན་ཧྲུའུ། hran hru'u) ndo³³mbə³³
柳树 (རྒྱ་ལྕང་། rgya lcang) dza³³dzo⁵³
竹子 (སྙུག་མ། snyug ma) ri¹³
笋 (སྨྱུག་རྩ། smyug rtsa) —
叶子 (ལོ་མ། lo ma) †lo³³ma⁵³ / dzy¹³
花 (མེ་ཏོག me tog) †me³³to⁵³
花蕾 (མེ་ཏོག་གང་བུ། me tog gang bu) †me³³to⁵⁵gø³³gø³³
梅花 (དཔྱིད་འགོ་འི་མེ་ཏོག dpyid 'go 'i me tog) †ri³³mbə⁵⁵me³³to³³
牡丹 (ཤིང་པད་མ། shing pad ma) —
荷花 (པད་མ། pad ma) †pe⁵⁵mæ⁵³
草 (རྩྭ། rtswa) ɣu²⁴
藤 (སྦ་བུམ། sba bum) tsʰə⁵³
刺 (ཚེར་མ། tsher ma) tsʰə⁵³
水果 (ཤིང་ཏོག shing tog) †ɕĩ⁵⁵ndo⁵³ / gə̃⁵⁵dzi³³
苹果 (ཀུ་ཤུ། ku shu) pʰʑ³³ko⁵³
桃子 (ཁམ་བུ། kham bu) kʰɐ³³nbə⁵³
梨 (ལི། li) —
李子 (ལི་ཙི། li tsi) —
杏 (ཁམ་བུ། kham bu) xe³³ndzi⁵³
橘子 (ཚ་ལུ་མ། tsha lu ma) si³³qa⁵⁵
柚子 (ཤིང་ཏོག་ཡིའུ་ཙི། shing tog yi'u tsi) —
柿子 (ཨ་མྲ། a mra) —
石榴 (སེ་འབྲུ། se 'bru) —
枣 (ཁ་སུར། kha sur) —
栗子 (ཤིང་འབྲས་ལི་ཙི། shing 'bras li tsi) —
核桃 (སྟར་ཀ star ka) †tæ³³gæ⁵³
银杏 (ཁམ་བུ་དཀར་པོ། kham bu dkar po) —
芙蓉 (པད་མ་མེ་ཏོག pad ma me tog) —
木耳 (མོག་རོ། mog ro) mi⁵⁵gø³³nã⁵⁵dzo⁵³
蘑菇 (ཤ་མོ། sha mo) †ɕɐ³³mu³³

香菇 (སེར་ཤ་ser sha) ——
稻子 (འབྲས་'bras) ndʑe^{53}
稻谷 (འབྲས་སོབ་'bras sob) ——
稻草 (འབྲས་སོག་'bras sog) ——
大麦 (སོ་བ་so ba) ræ^{33}
小麦 (གྲོ་gro) qø^{24} / lə^{33}tʰɐ^{53}
小麦麦穗 (གྲོ་སྙེ་gro snye) ʂa^{33}
麦秸 (གྲོ་སོག་gro sog) ri^{24}ɕy^{33}
谷子 (ཁྲེ་བོ་khre bo) ——
高粱 (ཁྲེ་རྒོད་khre rgod) ——
玉米 (མ་རྨོས་ལོ་ཏོག་ma rmos lo tog) ^{π}ji^{24}mi^{33}
棉花 (སྲིང་བལ་sring bal) re^{24}pe^{33}
油菜 (ཡུངས་དཀར་yungs dkar) ——
芝麻 (ཏིལ་til) ——
向日葵 (ཉི་མ་མེ་ཏོག་ nyi ma me tog)†ɳi^{33} mæ^{53}me^{55}to^{53}
蚕豆 (རྒྱ་སྲན་rgya sran) ——
豌豆 (སྲན་མ་sran ma) ndɐ^{33}xə^{53}
花生 (བ་དམ་ba dam) ^{π}xæ^{33}si^{53}
黄豆 (སྲན་སེར་sran ser) ^{π}fu^{33}tu^{53}
绿豆 (སྲན་ལྗང་sran ljang) ——
豇豆 (སྲན་དམར་sran dmar) ——
大白菜 (ཚོད་དཀར་tshod dkar) ^{π}pe^{33}tsʰe^{53}
包心菜 (ལེན་ཧྭ་པད་ཚལ་len hwa pad tshal) ^{π}la^{33}xɑ^{55}pe^{33}
菠菜 (པོ་ཚལ་po tshal) ——
芹菜 (ཇིན་ཚལ་jin tshal) ——
莴笋 (ཚོད་མ་ོ་སུན་tshod ma o sun) ——
韭菜 (ཀེའུ་ke'u) ——
香菜 ('u su) †wu^{24}si^{55}
葱 (ཙོང་tsong) go^{33}pɑ^{53}
蒜 (སྒོག་པ་sgog pa) †go^{33}pɑ^{53}
姜 (ཅང་cang) tɕæ^{55}gæ^{53}
洋葱 (རྒྱ་ཙོང་rgya tsong) go^{33}pɑ^{53}
辣椒 (སེ་པན་se pan) ɣæ^{24}gə^{33}

茄子 (ཆེ་ཙི་che tsi) ——
西红柿 (ཀྲོ་མ་ཀྲུ་kro ma kru) ——
萝卜 (ལ་ཕུག་la phug) ^{π}lɐ^{55}pʰə^{33}
胡萝卜 (གུང་ལ་ཕུག་gung la phug) ——
黄瓜 (ཧོང་ཀྭ་hong kwa) ——
丝瓜 (སི་ཀྭ་si kwa) ——
瓜瓜菜 (ཀྭ་ཀྭ་ཚལ་kwa kwa tshal) la^{33}qa^{53}
荸荠 (པི་ཙི་pi tsi) ——
红薯 (ཞོག་ཁོག་མངར་མོ་zhog khog mngar mo)
马铃薯 (ཞོག་ཁོག་zhog khog) ^{π}ja^{33}jy^{55}
芋头 (ཞོག་ཁོག་ཡུས་ཐོའུ་zhog khog yus tho'u)
山药 (རི་སྨན་ri sman) ——
藕 (པད་རྩ་pad rtsa) ——

动物

老虎 (སྟག་stag) †tɑ^{53}
猴子 (སྤྲེའུ་spre'u) zɔ̃^{33}də^{55}
蛇 (སྦྲུལ་sbrul) †ro^{53}
老鼠 (བྱི་བ་byi ba) tsʰə̱^{24}
蝙蝠 (ཕ་ཝང་pha wang) və^{24}dzi^{33}
鸟儿 (བྱའུ་bya'u) ɣu̱^{55}zi^{33}
麻雀 (ཁང་བྱིའུ་khang byi'u) tɕi^{55}ŋɐ^{33}
喜鹊 (སྐྱ་ཀ་skya ka) tɕæ^{55}kæ^{53}
乌鸦 (ཁྭ་ཏ་khwa ta) qa^{55}ræ^{55}
鸽子 (ཕུག་རོན་phug ron) ndʑu^{33}ji^{55}
翅膀 (གཤོག་པ་gshog pa) ɣu̱^{24}pʰæ^{53}
爪子 (སྡེར་མོ་sder mo) ræ̃^{33}dzæ^{55}
尾巴 (མཇུག་མ་mjug ma) mə^{33}tə^{55}rqə^{55}rə^{55}
窝 (ཚང་tshang) vu^{24}
虫子 (འབུ་'bu) nbə^{33}tʂɑ^{53}
蝴蝶 (བྱེ་མ་ལེབ་phye ma leb) nbe^{33}nbə^{53}
蜻蜓 (འབུ་བླ་མ་མ་ཎི་'bu bla ma ma ṇi) tɕɐ^{55} zæ^{33}zæ^{33}

蜜蜂 (སྦྲང་མ། sbrang ma) nbø³³lə⁵³
蜂蜜 (སྦྲང་རྩི། sbrang rtsi) nbø¹³lə̃³³nbø³³
知了 (འབུ་འཛིང་འཛིང་། 'bu 'dzing 'dzing) ri³³zə⁵⁵zə⁵⁵
知了叫 (འབུ་འཛིང་འཛིང་གྲགས། 'bu 'dzing 'dzing grags) tʂə³³zi⁵⁵tʂə³³zə⁵⁵
蚂蚁 (གྲོག་མ། grog ma) tʂa³³ɲi⁵³
蚯蚓 (ས་འབུ་ནག་རིང་། sa 'bu nag ring) tɕa³³dzo⁵³
蚕 (དར་འབུ། dar 'bu) —
蜘蛛 (སྡོམ། sdom) tʂo³³ʁo⁵³（益虫，个头最小）
蜘蛛 (སྡོམ། sdom) ɣi³³ma³³rqa³³ra³³（害虫，个头小）
蚊子 (དུག་སྦྲང་། dug sbrang) ɣu³³zæ⁵³
苍蝇 (སྦྲང་ནག sbrang nag) mbø³³lø⁵⁵
跳蚤 (ལྗི་བ། lji ba) rə³³tsʰi⁵³
虱子 (ཤིག shig) tsʰɐ³³mɐ⁵³
鱼 (ཉ། nya) ʁə̱²⁴
鲤鱼 (ཉ་ལི་ཡུས། nya li yus) ʁə̱²⁴
鳙鱼 (བྱ་ཡུལ་ཉ། bya yul nya) ʁə̱²⁴
鲫鱼 (ཉ་འདེམས་པ། nya 'dems pa) ʁə̱²⁴
甲鱼 (རུས་སྦལ། rus sbal) ʁə̱²⁴
鳞 (ཉ་ཁྲབ། nya khrab) ʁə̱²⁴tɕʰə³³tɕʰə³³
虾 (གློ་ཉ་འི། glo nya 'i) tɕə̃³³mbə⁵⁵
螃蟹 (སྡིག་སྲིན། sdig srin) —
青蛙 (སྦལ་བ། sbal ba) ⁺bə̃⁵⁵mbɐ³³
癞蛤蟆 (སྦལ་ནག sbal nag) bə̃⁵⁵mbɐ⁵³
马 (རྟ། rta) ɣji²⁴
驴 (བོང་བུ། bong bu) ɣə³³pə⁵³
骡 (དྲེལ། drel) tʰɐ³³
牛 (ནོར། nor) tɕə⁵⁵tsø⁵³
公牛 (གླང་། glang) mə³³ɣə⁵³
母牛 (བ་མོ། ba mo) ŋə⁵⁵mɐ⁵³
放牛 (ནོར་འཚོ་བ། nor 'tsho ba) tɕə⁵⁵tsø⁵³
tʰo⁵⁵lə⁵³
放牛人 (ནོར་འཚོ་མཁན། nor 'tsho mkhan) lə⁵⁵mi³³
羊 (ལུག lug) ʁa̱²⁴
山羊 (ར་མ། ra ma) tsʰə⁵³
猪 (ཕག phag) zi²⁴
种猪 (ཕག་གསོ་བ། phag gso ba) va³³ɣo⁵³
公猪 (ཕོ་ཕག pho phag) va³³ɣo⁵³
母猪 (མོ་ཕག mo phag) və⁵⁵mɐ³³
猪崽 (ཕག་ཕྲུག phag phrug) və⁵⁵rə⁵⁵qo³³
猪圈 (ཕག་ཚང་། phag tshang) zi²⁴vu⁵³ / zi²⁴tɕe⁵³
养猪 (ཕག་གསོ་བ། phag gso ba) zi²⁴qʰo⁵⁵sɣ³³
猫 (བྱི་ལ། byi la) tsə̱⁵⁵lə̱⁵³
公猫 (བྱི་ལ་ཕོ། byi la pho) tsə̱⁵⁵lə̱⁵³ɣo²⁴
母猫 (བྱི་ལ་མོ། byi la mo) tsə̱⁵⁵lə̱⁵³mɐ²⁴
狗 (ཁྱི། khyi) ⁺kʰə²⁴
公狗 (ཕོ་ཁྱི། pho khyi) kʰə⁵⁵ɣo⁵³
母狗 (ཁྱི་མོ། khyi mo) kʰə⁵⁵mɐ⁵³
叫 (སྒྲོག sgrog) ɦæ²⁴ræ³³
兔子 (རི་བོང་། ri bong) ⁺ri³³vø⁵³
鸡 (བྱ། bya) ɣu̱⁵⁵ɣji³³
公鸡 (བྱ་ཕོ། bya pho) ɣu⁵⁵ro³³ɣo²⁴
母鸡 (བྱ་མོ། bya mo) ɣu⁵⁵ro³³mɐ³³
叫 (སྒྲོག་པ། sgrog pa) tu³³rə⁵³
下 (གཏོང་བ། gtong ba) ɣi³³tɕy⁵⁵
孵 (རུམ་པ། rum pa) qʰu⁵⁵tɕə³³
鸭 (བྱ་གག bya gag) ⁿɳa³³tsi⁵³
鹅 (ངང་པ། ngang pa) ⁿɦo²⁴
阉 (ཉུག་རུམ། nyug rum) nu³³ɣæ⁵³
喂 (ཟས་བྱིན། zas byin) ni³³tɕʰə⁵³
杀猪 (ཕག་བསད་པ། phag bsad pa) nɐ⁵⁵sɐ³³
杀 (གསོད། gsod) ⁺nɐ³³sɐ³³

房舍器具

村庄 (གྲོང་ཚོ་grong tsho) tʂõ³³mba⁵³
胡同 (སྲང་ལམ་srang lam) —
街道 (ཁྲོམ་ལམ་khrom lam) dzi³³rɑ⁵³
盖房子 (ཁང་པ་ལེན་khang pa len) nu⁵⁵gɐ³³
房子 (ཁང་པ་khang pa) tɕe⁵³
屋子 (ཁྱིམ་ནང་khyin nang) tɕe⁵³
卧室 (ཉལ་ཁང་nyal khang) ndzɿ²⁴
茅房 (ཆབ་ཁང་chab khang) —
厨房 (ཐབ་ཚང་thab tshang) tɕe⁵⁵mɐ³³qʰɑ⁵³
灶 (ཐབ་ཀ་thab ka) dzɐ⁵⁵tʰɐ³³ / †tʰy³³kæ⁵⁵
锅 (ཟངས་པ་zangs pa) ŋgə³³
饭锅 (ཟས་སྣོད་zas snod) ŋgə³³
菜锅 (ཚལ་ཟངས་tshal zangs) tsʰæ⁵⁵qo³³
厕所 (ཆབ་ཁང་chab khang) ndzə³³mbə⁵⁵lø³³
檩 (ཙན་དན་tsan dan) —
柱子 (ཀ་བ་ka ba) kæ³³ɣæ⁵³
大门 (སྒོ་ཆེན་sgo chen) tɑ³³gə⁵³
门槛儿 (སྒོ་ཐེམ་sgo them) ʁə²⁴qə⁵⁵lə³³mbi⁵³
窗 (སྒེའུ་ཁུང་sge'u khung) ʁə²⁴to⁵³
梯子 (སྐས་skas) dzɐ³³gɐ⁵³
藏式木梯 (བོད་གཟུགས་ཀྱི་ཤིང་སྐས་bod gzugs kyi shing skas) ɣə³³
扫帚 (ཕྱགས་མ་phyags ma) rə³³
扫地 (གད་རྒྱག་པ་gad rgyag pa) tʰɐ³³ri⁵⁵re⁵³
垃圾 (གད་སྙིགས་gad snyigs) si³³se⁵³ / næ⁵⁵ɲi⁵⁵
家具 (ཁྱིམ་ཆས་khyim chas) —
东西 (ཅ་ལག་ca lag) tɕæ⁵⁵kʰæ⁵³
炕 (ཚ་ཐབ་tsha thab) —
床 (ཉལ་ཁྲི་nyal khri) ɲɐ⁵⁵tʂʰɨ⁵³
枕头 (སྔས་མགོ་sngas mgo) ʁɑ³³ku⁵³
被子 (ཉལ་ཐུལ་nyal thul) pʰu³³ke⁵³
棉絮 (སྲིང་བལ་sring bal) ᵑmẽ³³sɿ⁵³
床单 (རས་གདན་ras gdan) —
褥子 (ཉལ་གདན་nyal gdan) bu³³de⁵⁵
席子 (རྩྭ་གདན་rtswa gdan) —
蚊帐 (ཉལ་གུར་nyal gur) du²⁴
桌子 (ཅོག་ཙེ་cog tse) tɕo⁵⁵tsɿ⁵³
柜子 (ཆ་སྒམ་cha sgam) ŋgɐ²⁴
抽屉 (འཐེན་སྒམ་'then sgam) tʂʰu³³tʰi⁵³
案子 (ཅོག་ཙེ་ནར་རིང་cog tse nar ring) ᵑŋɐ⁵⁵nbæ³³
椅子 (རྐུབ་སྟེགས་rkub stegs) ᵑji⁵⁵tsɿ⁵³
凳子 (རྐུབ་བཀྱག་rkub bkyag) ᵑpẽ⁵⁵tʰe⁵³
马桶 (སྐྱག་ཟོམ་skyag zom) bi³³rø⁵³
菜刀 (ཚལ་གྲི་tshal gri) ᵑtsʰe³³to⁵³
瓢 (སྐྱོགས་skyogs) tɕo⁵³
缸 (རྫ་མ་rdza ma) zã⁵⁵ŋgɐ⁵³
坛子 (རྫ་ཁོག་rdza khog) †ndzæ³³mæ⁵³
瓶子 (ཤེལ་དམ་shel dam) tɐ⁵⁵nbi³³
盖子 (ཁ་ལེབ་kha leb) kʰæ³³lɐ⁵³
碗 (ཕོར་པ་phor pa) pʰə³³lɐ⁵⁵
筷子 (ཐུར་མ་thur ma) kʰe³³tsɿ⁵³
汤匙 (ཐུར་མ་thur ma) kʰɐ³³de⁵⁵
柴火 (བུད་ཤིང་bud shing) tsʰɨ³³rø⁵⁵
火柴 (མུ་ཟི་mu zi) ᵑjɑ³³xo⁵⁵
锁 (སྒོ་ལྕགས་sgo lcags) ɕe³³vɐ⁵³
钥匙 (ལྡེ་མིག་lde mig) ge²⁴
暖水瓶 (ཚ་དམ་tsha dam) tɕʰə³³kʰi⁵⁵tɐ⁵³nbi³³
脸盆 (ཀ་ཏོ་ར་ka to ra) ᵑʁo²⁴ʁɑ⁵⁵pʰẽ³³tsɿ⁵³
洗脸水 (ངོ་འཁྲུད་ཆུ་ngo 'khrud chu) ʁo²⁴ʁɑ⁵⁵tɕo⁵³
毛巾 (ཨ་ཅོར་a cor) pɑ³³re⁵³

手绢 (ལག་ཕྱིས། lag phyis) ʂu⁵⁵pʰa³³tsɿ³³
肥皂 (ཡི་ཙི། yi tsi) ⁿja³³tɕæ⁵³
梳子 (སྐྲ་བཤད། skra shad) ʁa²⁴tsʰi³³
缝衣针 (གོས་འཚེམ་ཁབ། gos 'tshem khab) ʁa³³
剪子 (འཚེམ་གྲི། 'tshem gri) tsi⁵⁵ndo³³
蜡烛 (ཡང་ལཱ། yang lā) la³³tʂu⁵³
手电筒 (ལག་སྒྲོན། lag sgron) ⁿtẽ⁵⁵tʰõ³³
雨伞 (ཆར་གདུགས། char gdugs) †ɕo⁵⁵du³³
自行车 (ལྕགས་རྟ། lcags rta) †tɕa⁵⁵tæ⁵³

服饰饮食

衣服 (གྱོན་ཆས། gyon chas) tse⁵⁵ŋgə³³
穿 (གོན། gon) tə⁵⁵ŋgə³³
脱 (གོས་ཕུད། gos phud) ɦæ³³læ⁵³
系 (མདུད་པ་རྒྱག mdud pa rgyag) ʁe²⁴si³³
衬衫 (ཚིལ་ལེན། tshil len) ⁿtsʰe³³ji⁵³
背心 (ཁན་སྦྱར། khan sbyar) tɕa³³tɕa⁵³
毛衣 (སྤུན་མདོག་གི་སྟོད་གོས། spun mdog gi stod gos) ⁿmʁ³³ji⁵³
棉衣 (ཉིང་བལ་བར་ཚང་།) wu⁵⁵bo³³gõ⁵⁵tʰo³³
袖子 (ཕུ་ཐུང་། phu thung) wu⁵⁵re⁵³
衣袋 (གོས་ཁུག gos khug) kʰy³³mæ⁵³
口袋 (སྒྱེ་མོ། sgye mo) po³³po³³
裤子 (དོར་མ། dor ma) dzə⁵³
短裤 (དོར་ཐུང་། dor thung) dzə⁵⁵qə⁵⁵tø³³
裤腿 (དོར་རྐང་། dor rkang) dzə⁵⁵wu⁵⁵re⁵³
帽子 (ཞྭ་མོ། zhwa mo) tæ³³
鞋子 (ལྷམ། lham) ⁿχe⁵⁵
袜子 (རྐང་འབོབ། rkang 'bob) ⁿwa³³tsi⁵³
围巾 (སྐེ་དཀྲིས། ske dkris) ke⁵⁵tsɿ⁵³
围裙 (པང་གདན། pang gdan) põ³³kʰe⁵³
尿布 (གཅིན་སྟན། gcin stan) pẽ⁵⁵tɕʰʁ³³
扣子 (སྒྲོག་གུ། sgrog gu) zu²⁴
扣 (འཐེན་པ། 'then pa) tʰʁ³³dzʁ⁵³

戒指 (མཛུབ་དཀྲིས། mdzub dkris) ræ̃³³bæ⁵³
手镯 (ལག་གདུབ། lag gdub) re³³kə⁵³
理发 (སྐྲ་བཞར་བ། skra bzhar ba) ʁa²⁴mu⁵³ɦa³³tʂa⁵³
梳头 (སྐྲ་བཤད། skra shad) ʁa²⁴mu⁵³ɦæ⁵⁵tʂʰi³³
米饭 (འབྲས། 'bras) ndze³³
稀饭 (འབྲས་ཐུག 'bras thug) ndze³³tʰu⁵³
青稞面粉 (ནས་ཀྱི་གྲོ་ཞིབ། nas kyi gro zhib) qo³³rə³³
面粉 (ནས་ཕྱེ། nas phye) tʂa³³tʂø³³
混合青稞面 (ནས་ཞིབ་མཉམ་བསྲེས། nas zhib mnyam bsres) qo³³no⁵³
面条 (རྒྱ་ཐུག rgya thug) qa³³mi⁵³
面儿 (གྲོ་ཕྱེ། gro phye) vʁ⁵³
馒头 (མོག་མོག mog mog) mã³³tʰu⁵³ / qa³³ɣæ⁵³
包子 (ཤ་མོག sha mog) mo³³mo⁵³
饺子 (ཅའོ་ཙི། ca'o tsi) —
馄饨 (པི་ཤི། pi shi) —
馅儿 (ནང་སྙིང་། nang snying) mo³³mo⁵³kʰu⁵³
油条 (སྣུམ་བཙོས་ཡིའུ་ཐིའོ། snum btsos yi'u thi'o) —
豆浆 (སྲན་ཁུ། sran khu) —
豆腐脑 (ཏོའུ་ཧཕུ་སྐྱོ་མ། to'u hphu skyo ma)
元宵 (ལྒང་ཞུའི་དུས་ཆེན། lgang zhu'i dus chen)
粽子 (ཙུང་ཙེ། tsung tse) —
年糕 (ལོ་གསར་གྱི་ཐུད་ཟས། lo gsar gyi thud zas) —
点心 (ཏན་ཞིམ། tan zhim) —
菜 (སྔོ་ཚལ། sngo tshal) tsʰe³³
干菜 (སྐམ་ཚོལ། skam tshol) tsʰe⁵⁵ræ³³ræ³³

豆腐 (དོུ་སྦུ|to'u hphu) —
猪血 (ཕག་ཁྲག|phag khrag) zi²⁴sæ⁵³
猪蹄 (ཕག་སུག|phag sug) zi²⁴ŋɐ⁵³
猪舌头 (ཕག་གི་ལྕེ|phag gi lce) zi³³rɐ⁵³
猪肝 (ཕག་མཆིན|phag mchin) zi³³tsʰə⁵³
下水 (ནང་ཁྲོལ|nang khrol) —
鸡蛋 (སྒོ་ང|sgo nga) vɑ³³vɑ⁵⁵
松花蛋 (སྒོ་ང་འཐུམ་བསྙལ་མ|sgo nga 'thum bsnyal ma) —
猪油 (ཏིལ་སྣུམ|til snum) zi²⁴tsa⁵³
香油 (ཕག་ཚིལ|phag tshil) —
酱油 (ཅང་ཡིའུ|cang yi'u) —
盐 (ཚྭ|tshwa) †tsʰi³³
醋 (ཚུའུ|tshu'u) tɕu³³kʰə⁵³
香烟 (ཐ་མག|tha mag) tu³³wæ⁵³
旱烟 (ཐ་མ་ཁ|tha ma kha) tsʰo³³ɣe⁵⁵tu⁵⁵wæ⁵³
白酒 (ཨ་རག་དཀར་པོ|a rag dkar po) ndzæ⁵⁵ræ³³
黄酒 (ཆང་སེར|chang ser) pu⁵⁵ræ³³
江米酒 (འབྲས་ཆང|'bras chang) —
茶叶 (ཇ་ལོ|ja lo) tɕæ²⁴
沏 (སྦོང་བ|sbong ba) ɳi³³tsɨ⁵³
冰棍儿 (འཁྱགས་བག་བྱེ་རིལ|'khyags bag bye ril) —
做饭 (ཟ་མ་ལེན་པ|za ma len pa) ndzi⁵³kʰi³³tsi³³
炒菜 (ཚལ་རྔོ་བ|tshal rngo ba) tsʰe⁵³kʰi³³tsi³³
煮 (བཙོ་བ|btso ba) qʰe⁵⁵ʁæ³³
煎 (བསྲེགས|bsregs) kʰu⁵⁵ŋu⁵³
炸 (སྲེག་མ|sreg ma) kʰu⁵⁵ŋu⁵³
蒸 (རླངས|rlangs) kʰĩ³³kʰæ⁵³
揉 (བརྫི|brdzi) ɦæ³³və⁵⁵ni⁵³
擀 (འདྲིལ|'dril) ɣe²⁴tɕa³³tɕa³³

吃早饭 (ཞོགས་ཟས་ཟ|zhogs zas za) ŋə³³ŋə⁵⁵tɕæ³³ɦæ̃³³ndzi³³
吃午饭 (གུང་ཟས་ཟ|gung zas za) mæ⁵⁵tə⁵⁵tɕæ³³ɦæ̃³³ndzi³³
吃晚饭 (དགོང་ཟས་ཟ་བ|dgong zas za ba) xu⁵⁵ndzi³³ɦæ̃³³ndzi³³
吃 (ཟ|za) ɦæ̃⁵⁵ndzi³³
喝 (འཐུང|'thung) ɦæ̃²⁴tɕʰə³³
抽 (འཐེན|'then) ɦæ̃²⁴tɕʰə³³
盛 (རྒྱས་པ|rgyas pa) ri³³kʰə⁵³
夹 (བཙིར|btsir) tə³³tɐ⁵³
斟 (ལྡུག་པ|ldug pa) ri³³kʰə⁵³
渴 (སྐོམ་པ|skom pa) ti³³vi⁵³
饿 (ལྟོགས་པ|ltogs pa) to³³zo⁵³
噎 (མིད་པ|mid pa) nɐ³³ji⁵³

身体医疗

头 (མགོ|mgo) ʁɑ²⁴lø³³
头发 (ལན་བུ|lan bu) ʁɑ²⁴mu³³
辫子 (སྐྲ|skra) so⁵⁵tʂæ⁵³
旋 (འཁྱིལ་བ|'khyil ba) tsy⁵³
额头 (དཔྲལ་བ|dpral ba) tʰə⁵⁵pæ⁵⁵læ⁵³
相貌 (གཟུགས་ལྟ|gzugs lta) zy³³tæ⁵³
脸 (གདོང|gdong) ɣo²⁴ji³³
眼睛 (མིག|mig) †mi³³
眼珠 (མིག་འབྲས|mig 'bras) mi³³kə⁵⁵lø⁵³
眼泪 (མིག་ཆུ|mig chu) mi⁵⁵tɕə⁵³
眉毛 (སྨིན་མ|smin ma) †mi⁵⁵mo⁵³
耳朵 (རྣ་བ|rna ba) ŋə⁵⁵qʰə⁵⁵sø⁵⁵rø⁵³
鼻子 (སྣ|sna) sɨ³³
鼻涕 (སྣབས|snabs) sə⁵⁵nbə³³
擤 (སྣ་ལུད་དོར་བ|sna lud dor ba) tʰɐ⁵⁵kɐ³³
嘴巴 (ཁ|kha) ŋə³³tsø³³
嘴唇 (མཆུ་ཏོ|mchu to) ŋə⁵⁵tsi⁵³rə³³nbɐ³³
口水 (ཁ་ཆུ|kha chu) dzɐ⁵⁵nbə⁵³

舌头 (ལྕེ་lce) rɐ³³

牙齿 (སོ་so) χə̱³³

下巴 (མ་ནེ་ma ne) mẽ³³nɐ⁵³kʰi⁵³

胡子 (ཁ་སྤུ་kha spu) ɣæ⁵⁵tsø⁵³

脖子 (སྐེ་ske) ɣə²⁴tsæ⁵³

喉咙 (གྲེ་བ་gre ba) ɣə²⁴tsæ⁵³

肩膀 (ཕྲག་པ་phrag pa) ʁa̱²⁴

胳膊 (དཔུང་པ་dpung pa) ʁa̱²⁴

手 (ལག་པ་lag pa) ri²⁴

左手 (གཡོན་ལག་g.yon lag) mi⁵⁵rɐ³³

右手 (གཡས་ལག་g.yas lag) ɣə²⁴rɐ³³

拳头 (ཁུ་ཚུར་khu tshur) ro⁵⁵tsɿ³³gə³³lə³³

手指 (མཛུབ་མོ་mdzub mo) ræ³³nə⁵³

大拇指 (མཐེ་བོང་mthe bong) ta⁵⁵ma⁵³

食指 (གོང་མཛུབ་gong mdzub) ræ³³nə⁵³

中指 (དཀྱིལ་མཛུབ་dkyil mdzub) —

无名指 (སྲིན་ལག་srin lag) —

小拇指 (མཛུབ་ཆུང་mdzub chung) ræ³³nə⁵³tɕe⁵³

手指甲 (སེན་མོ་sen mo) ræ̃³³ndzæ⁵³

腿 (རྐང་པ་rkang pa) ŋɐ³³

脚指甲 (རྐང་སེན་rkang sen) mæ³³ndzæ⁵³

脚 (རྐང་པ་rkang pa) ŋɐ³³

膝盖 (པུས་མོ་pus mo) ŋə³³pʰə⁵⁵la⁵⁵

背 (རྒྱབ་rgyab) ŋgi³³tsʰi⁵³

肚子 ('ཁུར་'khur) və⁵⁵lə³³

肚脐 (ལྟེ་བ་lte ba) ri²⁴tsʰæ³³

乳房 (ནུ་མ་nu ma) nə³³nø⁵³

屁股 (རྐུབ་འཕོང་rkub 'phong) zõ³³tʰa⁵³

肛门 (འོག་སྒོ་'og sgo) sə̱³³ndzə⁵⁵ry³³

阴茎 (ཕོ་མཚན་pho mtshan) tɕə³³tɕu⁵⁵

女阴 (མངལ་ལམ་mngal lam) pɐ³³li⁵³

龟 (རྒྱོ་rgyo) sa⁵⁵ri³³

精液 (ཁམས་དཀར་khams dkar) pə³³ʁə̱⁵⁵

来月经 (ཟླ་མཚན་འབབ་zla mtshan 'bab) tə⁵⁵sa⁵³nɐ³³tʰi⁵⁵

拉屎 (སྐྱག་གཏོང་skyag gtong) ɕəɹ⁵⁵na̱³³qa³³

撒尿 (གཅིན་གཏོང་gcin gtong) bi²⁴nɐ³³bi³³

放屁 (ཕྱེན་phyen) ɕəɹ⁵⁵tʰo³³lə̱³³

病了 (ན་བ་na ba) tə³³ŋe⁵⁵

着凉 (འཁྱག་པ་'khyag pa) tʰu⁵⁵si³³tɕʰa³³

咳嗽 (གློ་ལུ་བ་glo lu ba) tsʰæ⁵⁵tə³³ŋe⁵³

发烧（名词）(ཚ་པ་tsha pa) tsʰæ⁵⁵pæ⁵³

发烧（动词）(ཚ་བ་རྒྱས་པ་tsha ba rgyas pa) tsʰæ⁵⁵pæ³³ɦə³³ro³³

发抖 (འདར་བ་'dar ba) nɐ⁵⁵ndɐ³³ndɐ³³

肚子疼 (ཕོ་བ་ན་བ་pho ba na ba) və⁵⁵lə³³tə⁵⁵ŋe⁵³

拉肚子 (གྲོད་པ་བཤལ་བ་grod pa bshal ba) və⁵⁵lə³³ɦo²⁴ɕɐ³³

患疟疾 (འདར་ནད་ཕོག་པ་'dar nad phog pa) və⁵⁵lə³³ɦo²⁴ɕɐ³³

中暑 (ཚ་གདུག་ཕོག་པ་tsha gdug phog pa) —

肿 (སྐྲངས་skrangs) pe̱⁵³

化脓 (རྣག་མཆིས་པ་rnag mchis pa) næ⁵⁵pə̱³³

疤 (རྨ་ཤུལ་rma shul) mo³³ro⁵³

癣 (རྔོ་ནད་rngo nad) ndæ⁵⁵ndzæ³³

痣 (སྨེ་བ་sme ba) tɕʰə⁵⁵ɲi⁵³

疙瘩 (སྐྲང་འབུར་skrang 'bur) nda²⁴

狐臭 (བསེ་དྲི་bse dri) ru³³mə⁵³tə⁵⁵ne⁵³

看病 (སྨན་པ་བསྟེན་པ་sman pa bsten pa) me⁵⁵le³³kʰə⁵³tɕɐ⁵³ri⁵³

诊脉 (ནད་རྩ་བརྟག་པ་nad rtsa brtag pa) la⁵⁵tsæ⁵³

针灸 (ཁབ་བཙའ་khab btsa') se³³kʰɐ⁵³

打针 (ཁབ་རྒྱག་པ་khab rgyag pa) kʰɐ⁵⁵kʰə³³dzɐ³³

打吊针 (སྨན་ཆུ་དཔྱང་པ་sman chu dpyang pa) me⁵⁵ɲi³³ji⁵³

吃药 (སྨན་འཐུང་བ་sman 'thung ba) me⁵⁵ɦæ²⁴tɕʰə³³

汤药 (ཁུ་བའི་སྨན་khu ba'i sman) tʰɐ³³kʰu³³ɣæ³³me³³

病轻了 (ནད་གཞི་ཡང་བ་nad gzhi yang ba) tə³³ŋe⁵⁵ri⁵⁵kæ³³tɕi⁵³

婚丧信仰

说媒 (གཉེན་སྒྲིག་མཚམས་སྦྱོར་gnyen sgrig mtshams sbyor) —

媒人 (སྨྱན་པ་smyan pa) læ⁵⁵kʰə³³tʰə⁵³mi³³

相亲 (གཉེན་སློང་gnyen slong) jy³³tʰi³³tɕʰə³³

订婚 (གཉེན་གན་འཇོག་པ་gnyen gan 'jog pa) jy³³tʰi³³tɕʰə³³

嫁妆 (མནའ་མའི་སྐལ་བ་mna' ma'i skal ba) kʰə⁵⁵tɕə³³ri³³

结婚 (གཉེན་སྒྲིག་ gnyen sgrig) ŋe³³lɐ⁵³nɐ⁵⁵və³³

娶妻子 (ཆུང་མ་ལེན་པ་chung ma len pa) læ⁵⁵kʰə³³tʰə⁵³

出嫁 (མནའ་མར་འགྲོ་བ་mna' mar 'gro ba) læ⁵⁵tʰɐ³³kʰe⁵³

拜堂 (བག་སྟོན་bag ston) —

新郎 (མག་གསར་mag gsar) pɔ̃⁵⁵tʰɑ³³

新娘子 (བག་གསར་bag gsar) la³³

孕妇 (སྦྲུམ་མ་sbrum ma) vy²⁴tɕə³³mi³³

怀孕 (མངལ་ཆགས་པ་mngal chags pa) ɦæ³³nbø⁵³

害喜 (སྐྱུག་མེར་skyug mer) pʰæ³³tə³³læ³³

分娩 (ཕྲུ་གུ་སྐྱེ་བ་phru gu skye ba) ɦæ²⁴me³³zɨ³³

流产 (མངལ་ཤོར་mngal shor) ɦæ²⁴ɣə³³

双胞胎 (མཚེ་མ་mtshe ma) pə⁵⁵tsʰi⁵⁵tæ³³tɕæ³³

坐月子 (བང་གསོའི་ཟླ་སྡོད་bang gso'i zla sdod) —

吃奶 (ནུ་མ་བསྣུན་nu ma bsnun) nə³⁵nø⁵⁵ɦæ²⁴tɕʰə³³

断奶 (འོ་ཐག་གཅོད་པ་'o thag gcod pa) nə³³nø⁵⁵tʰɐ⁵⁵kɐ³³

满月 (ཟླ་ཁ་གང་zla kha gang) to⁵⁵li³³kʰə⁵⁵tsʰa⁵³

生日 (སྐྱེས་སྐར་skyes skar) tɕe⁵⁵kɑ³³

死 (འཆི་བ་'chi ba) tʰɐ⁵⁵si³³

死 (ཤི་བ་shi ba) tʰɐ³³ɕɑ⁵³nɐ³³

自杀 (རང་སྲོག་བླྀབ་rang srog lceb) so⁵⁵me³³nɐ⁵⁵və³³

咽气 (དབུགས་ཆད་པ་dbugs chad pa) ɕə³³ɣæ⁵⁵me³³tʰə³³væ⁵³

入殓 (གདུང་སྒམ་དུ་འཇུག་པ་gdung sgam du 'jug pa) —

棺材 (རོ་སྒམ་ro sgam) †ro⁵⁵gɐ³³

出殡 (སྤུར་དོན་spur don) —

灵位 (གདུང་གནས་gdung gnas) —

坟墓 (བང་སོ་bang so) ty⁵⁵sæ³³

上坟 (དུར་མཆོད་dur mchod) —

纸钱 (ཤོག་དངུལ་shog dngul) —

老天爷 (གནམ་སྔོན་པོ་nam sngon po) mə³³ŋə³³ŋə⁵⁵

菩萨 (བྱང་ཆུབ་སེམས་དཔའ་byang chub sems dpa') læ³³

观音 (སྤྱན་རས་གཟིགས་spyan ras gzigs) ndzɨ³³mæ⁵³

灶神 (ཐབ་ལྷ་thab lha) †tʰæ⁵⁵lɐ⁵³

寺庙 (དགོན་པ་dgon pa) †ŋu³³nbæ⁵³

祠堂 (མེས་པོའི་མཆོད་ཁང་mes po'i mchod khang) —

和尚 (གྲྭ་པ་grwa pa) tʂi⁵⁵gu⁵³

尼姑 (ཇོ་མོ་jo mo) ʔæ³³ɲi⁵³
道士 (དཔོན་བཅོས་ཆོས་པ་ta'o ca'o chos pa) —
算命 (མོ་འདེབས་པ་mo 'debs pa) mu⁵⁵ty⁵⁵jy⁵³
运气 (རླུང་རྟ་rlung rta) ʂi³³xu⁵³
保佑 (སྐྱོབ་པ་skyob pa) do²⁴ro³³

人品称谓

人 (མི་mi) mə̃³³ɲi⁵³
男人 (སྐྱེས་པ་skyes pa) ɕi⁵⁵pæ⁵³
女人 (བུད་མེད་bud med) mɐ²⁴ɲɐ³³
单身汉 (ཕོ་རྐྱང་pho rkyang) mə³³tɕo⁵³
老姑娘 (བུ་མོ་ལོ་ཆེན་པོ་bu mo lo chen po) —
婴儿 (དམར་འབྱར་dmar 'byar) zæ̃³³ndzæ⁵³
小孩 (ཕྲུ་གུ་phru gu) pə⁵⁵tsʰi⁵³
男孩 (བུ་bu) tɕe⁵³
女孩 (བུ་མོ་bu mo) mə⁵⁵zæ³³
老人 (རྒན་འཁོགས་rgan 'khogs) mə⁵⁵næ̃⁵⁵ndæ³³
亲戚 (གཉེན་ཉེ་gnyen nye) ɲi⁵⁵ɦæ³³
朋友 (གྲོགས་པོ་grogs po) ndzu⁵⁵
邻居 (ཁྱིམ་མཚེས་khyim mtshes) tɕʰə̃⁵⁵tsʰi⁵³
客人 (མགྲོན་པོ་mgron po) ndæ⁵⁵væ³³
农民 (ཞིང་པ་zhing pa) zĩ³³pæ⁵³ / lo³³mi⁵³
商人 (ཚོང་པ་tshong pa) tsʰo⁵⁵mbɑ⁵³
手艺人 (ལག་རྩལ་པ་lag rtsal pa) la³³ɕẽ⁵⁵mbæ³³
泥水匠 (ཨར་པོ་བ་ar po ba) da³³zø⁵³
木匠 (ཤིང་བཟོ་shing bzo) †ɕi⁵⁵zø⁵³
裁缝 (འཚེམ་བཟོ་'tshem bzo) tsʰi³³xo⁵³
理发师 (སྐྲ་བཞར་མཁན་skra bzhar mkhan) ʁɑ²⁴mo²⁴ɦa³³tʂa⁵³mi³³
厨师 (ཇ་མ་ja ma) tɕe⁵⁵mɐ⁵³
师傅 (དགེ་རྒན་dge rgan) †ge³³ge⁵⁵

徒弟 (དགེ་ཕྲུག་dge phrug) ge³³tʂʰu⁵³
乞丐 (སྤྲང་པོ་sprang po) kʰə³³pʰi⁵⁵mi³³
妓女 (སྨད་ཚོང་མ་smad tshong ma) zo⁵⁵tʰy⁵⁵mi³³
流氓 (ཁྲམ་པ་khram pa) —
贼 (རྐུན་མ་rkun ma) kə⁵⁵mi⁵³
瞎子 (ལོང་བ་long ba) lu⁵⁵wæ⁵³
聋子 (འོན་པ་'on pa) bɑ³³pʰi⁵³
哑巴 (ལྐུགས་པ་lkugs pa) ŋgø⁵³
驼子 (སྒུར་པོ་sgur po) ge³³lo⁵⁵
瘸子 (རྐང་ཀྱོག་rkang kyog) dʑe⁵³wu³³
疯子 (སྨྱོན་པ་smyon pa) ʁa³³mi⁵³
傻子 (བླུན་པོ་blun po) ʁa³³mi⁵³
笨蛋 (གླེན་པ་glen pa) ŋgø⁵³
爷爷 (ཨ་མེས་a mes) ræ³³tə⁵³
奶奶 (ཨ་ཕྱི་a phyi) mæ³³mæ⁵³
外祖父 (སྤོ་བོ་ལགས་spo bo lags) væ³³rə⁵⁵ɣæ⁵⁵væ³³və⁵³
外祖母 (རྨོ་བོ་rmo bo) mæ³³mæ⁵⁵ɣæ⁵⁵mæ³³mæ⁵³
父母 (ཕ་མ་pha ma) vɐ³³mɐ⁵³
父亲 (ཨ་ཕ་a pha) ʔæ⁵⁵vɐ³³
母亲 (མ་ma) mɐ²⁴
爸爸 (ཨ་ཕ་a pha) ʔæ⁵⁵vɐ³³
妈妈 (ཨ་མ་a ma) mɐ⁵⁵mɐ³³
继父 (ཕ་གཡར་pha g.yar) †pʰæ⁵⁵jæ⁵³
继母 (མ་ཚབ་ma tshab) †mæ⁵⁵jæ⁵³
岳父 (གྱོས་པོ་gyos po) ʔæ³³pu⁵³
岳母 (སྒྱུག་མོ་sgyug mo) ʔæ³³læ⁵³
公公 (སྒྱུག་པོ་sgyug po) ʔæ³³pu⁵³
婆婆 (སྒྱུག་མོ་sgyug mo) ʔæ³³læ⁵³
伯父 (ཨ་ཁུ་a khu) ʔæ³³pu⁵³
伯母 (ཨ་ནེ་a ne) ʔæ³³læ⁵³
叔父 (ཨ་ཁུ་a khu) ʔæ³³pu⁵³
最小的叔父 (ཅེས་ཆུང་བའི་ཨ་ཁུ་ches chung

ba'i a khu) ʔæ³³pu⁵³tʂɐ³³ɕi⁵³

叔母 (ཨ་ནེ་a ne) ʔæ³³læ⁵³

姑 (ཨ་ནེ་a ne) ʔæ³³læ⁵³

姑父 (ཨ་ནེའི་ཟླ་བོ་a ne'i zla bo) ʔæ³³pu⁵³

舅舅 (ཨ་ཞང་a zhang) ʔæ³³ɣø⁵³

舅妈 (ཨ་ནེ་a ne) ʔæ³³læ⁵³

姨 (ཨ་སྲུ་a sru) ʔæ³³læ⁵³

姨夫 (ཨ་སྲུའི་ཟླ་བོ་a sru'i zla bo) ʔæ³³pu⁵³

弟兄 (སྤུན་ཟླ་spun zla) və⁵⁵kʰi⁵³

姊妹 (གཅེན་གཅུང་gcen gcung) mə⁵⁵te⁵³

哥哥 (ཕུ་བོ་phu bo) ʔæ³³kʰi⁵³

嫂子 (སྲུ་མོ་sru mo) ʔæ⁵⁵tɕi³³

弟弟 (ནུ་བོ་nu bo) kʰi²⁴

弟媳 (ནུ་བོའི་མནའ་མ་nu bo'i mna' ma) kʰi²⁴

姐姐 (ཨ་ལྕེ་a ce) ʔæ⁵⁵tɕi³³

姐夫 (གཅེན་མོའི་ཁྱོ་ག་ gcen mo'i khyo ga) ʔæ³³kʰi⁵³

妹妹 (སྲིང་མོ་sring mo) ræ²⁴ (男人称呼)
(ཤ་གཉེན་sha gnyen) kʰi³³ (女人称呼)

妹夫 (གཅུང་མོའི་བཟའ་ཟླ་gcung mo'i bza' zla) kʰi⁵³

堂兄弟 (ཕ་རྒྱུད་གཅེན་གཅུང་pha rgyud gcen gcung) kʰi²⁴

表兄弟 (མ་སྤུན་མཆེད་ma spun mched) kʰi²⁴

妯娌 (སྤུན་གྱི་ཆུང་མ་spun gyi chung ma) —

儿子 (བུ་bu) tɕe²⁴

儿媳妇 (མནའ་མ་mna' ma) tɕe³³ɣæ⁵⁵læ²⁴

女儿 (བུ་མོ་bu mo) mə⁵⁵zæ⁵³

女婿 (མག་པ་mag pa) pẽ⁵⁵tʰa⁵³

孙子 (ཚ་བོ་tsha bo) tsʰɐ³³wu⁵³

重孙子 (ཡང་ཚ་yang tsha) —

侄子 (ཚ་བོ་tsha bo) tsʰɐ³³wu⁵³

外甥 (ཚ་བོ་tsha bo) —

外孙 (ཚ་བོ་tsha bo) tsʰɐ³³wu⁵⁵ɣæ⁵⁵tsʰɐ³³wu⁵³

夫妻 (ཁྱོ་ཤུག་khyo shug) zɐ⁵⁵mi⁵³

丈夫 (ཁྱོ་ག་khyo ga) ɕi⁵⁵pæ⁵³

妻子 (ཆུང་མ་chung ma) mo⁵⁵ŋo⁵³

名字 (མིང་ming) mi⁵³

绰号 (མཚང་མིང་mtshang ming) mi³³ŋe⁵⁵

农工商文

干活儿 (ལས་ཀ་བྱེད་las ka byed) læ⁵⁵kæ⁵³ tʰɐ⁵⁵və³³

事情 (བྱ་བ་bya ba) læ⁵⁵kæ³³ / tø⁵⁵nda³³

插秧 (འབྲས་ལྗང་འཛུགས་པ་'bras ljang 'dzugs pa) kʰə³³rə³³

割麦 (གྲོ་འབྲེག་པ་gro 'breg pa) ræ⁵⁵tʰɐ³³kɐ³³

种菜 (ཚལ་འདེབས་tshal 'debs) tsʰe⁵⁵kʰə³³rə⁵³

犁 (ཐོང་གཤོལ་thong gshol) to⁵³

锄头 (རྐོ་མ་rko ma) tsʰu³³ji²⁴

镰刀 (ཟོར་ར་zor ra) so³³le⁵⁵ / †zø³³ɦæ⁵³

把儿 (ཡུ་བ་yu ba) rə̃⁵⁵pɐ⁵⁵tɐ⁵⁵

扁担 (ཕྲག་ཤིང་phrag shing) ⁿpã⁵⁵dã³³

箩筐 (སླེ་པོ་sle po) kə³³lø⁵⁵

筛子 (ཁྲོལ་ཚགས་khrol tshags) ɕæ⁵⁵ræ⁵³

簸箕 (ཟོར་ར་zor ra) kə³³lø⁵⁵

独轮车 (འཁོར་གཅིག་འབུད་འཁོར་'khor gcig 'bud 'khor) †tɕi⁵⁵qo⁵⁵tʂɐ⁵³

轮子 (འཕྲག་ཤིང་phrag shing) kʰo³³lø⁵³

碓 (འབྲུས་གཏུན་sle po) ndzɐ⁵⁵

臼 (གཏུན་khrol tshags) —

磨 (འཐག་'thag) tɕʰə⁵⁵tʰa⁵⁵

走江湖 (རྒྱལ་ཁམས་འགྲིམ་པ་rgyal khams 'grim pa) —

打工 (གླ་པ་བྱེད་པ་gla pa byed pa) kʰə³³læ⁵³

斧子 (སྟ་རེ་sta re) tsʰi⁵⁵və⁵³

钳子 (སྐམ་པ་skam pa) ⁿtɕʰã⁵⁵tsi³³

螺丝刀 (གཅུས་གཟོང་gcus gzong) ⁿkə⁵⁵tɐ³³

锤子 (ཐོ་བ་tho ba) tʰu⁵⁵wæ⁵³

钉子 (གཟེར་མ|gzer ma) ᵖtĩ⁵⁵dzɨ³³

绳子 (ཐག་པ|thag pa)tʰa³³qa⁵³（与"害怕"同音）

棍子 (རྒྱུག་པ|rgyug pa) dɐ̠³³mbɐ̠⁵³

做买卖 (ཉོ་ཚོང་བྱེད|nyo tshong byed) tsʰo⁵⁵də³³dzɐ³³

商店 (ཚོང་ཁང|tshong khang) qo³³sɨ⁵³

饭馆 (ཟས་ཁང|zas khang) zẽ⁵⁵qʰa³³

旅馆 (མགྲོན་ཁང|mgron khang) ᵖly⁵⁵kæ³³/kʰə³³ɕi³³rɐ³³

贵 (གོང་ཆེན|gong chen) qo⁵⁵kɐ̠⁵⁵kɐ³³

便宜 (གོང་ཆུང|gong chung) qo⁵⁵tsɨ³³tsæ⁵³

合算 (རྩིས་བྱེད་རིམ་ཡོད་པ|rtsis byed rim yod pa) ᴺɢæ³³ti⁵³

折扣 (ཕབ་ཆ་གཅོག་པ|phab cha gcog pa) qo⁵⁵ne³³tsø⁵³

亏本 (མ་རྩ་ཆག་པ|ma rtsa chag pa) nɐ³³sɨ⁵³

钱 (སྒོར་མོ|sgor mo) ta⁵⁵jæ⁵⁵/ᵗŋu⁵³

零钱 (སྒོར་མོ་སིལ་མ|sgor mo sil ma) ta⁵⁵jæ⁵⁵ndɐ³³ndə⁵³

硬币 (དངུལ་སྒོར|dngul sgor) jã³³tɕʰæ⁵³

本钱 (མ་རྩ|ma rtsa) ᵖpẽ⁵⁵tɕʰæ³³

工钱 (གླ་ཆ|gla cha) læ³³pʰo⁵³

路费 (ལམ་གྲོན|lam gron) tʂʰe⁵⁵fɨ³³

花 (འགྲོ་སོང|'gro song) nu³³ɕi⁵³

赚 (ཁེ་བཟང|khe bzang) tʰu³³tsæ⁵³

挣 (ཁེ་བཟང་རག་ཐབས|khe bzang rag thabs) tʰu³³tsæ⁵³

欠 (ཆད|chad) pə⁵⁵lø⁵⁵

算盘 (རྩིས་གཞོང|rtsis gzhong) sã⁵⁵pʰæ⁵³

秤 (རྒྱ་མ|rgya ma) dzæ³³mæ⁵³

称 (འདེགས་འཇལ|degs 'jal) ta⁵⁵tɕʰə³³

赶集 (ཚོང་འདུས་ལ་འགྲོ་བ|tshong 'dus la 'gro ba) tʰẽ³³tɕʰɐ⁵⁵

集市 (ཚོང་འདུས|tshong 'dus) tʂo⁵⁵pæ⁵³

庙会 (ཚོགས་མཆོད|tshogs mchod) —

学校 (སློབ་གྲྭ|slob grwa) ᵖɕo³³ɕɐ⁵³

教室 (སློབ་ཁང|slob khang) ᵖtɕɐ³³sɨ⁵⁵

上学 (སློབ་གྲྭ་འགྲོ|slob grwa 'gro) ɕo³³se⁵⁵ɣə²⁴xə³³

放学 (སློབ་གྲྭ་གྲོལ་བ|slob grwa grol ba) nẽ⁵⁵nbɐ³³

考试 (རྒྱུགས་སྤྲོད|rgyugs sprod) dzu²⁴tə³³tʂɐ³³

书包 (དཔེ་ཁུག|dpe khug) ɕo³³se⁵⁵qʰã³³bo⁵⁵

本子 (འབྲི་དེབ|'bri deb) ᵖpẽ⁵⁵dzɨ³³

铅笔 (ཞ་སྨྱུག|zha smyug) ja³³pi⁵³

钢笔 (ལྕགས་སྨྱུག|lcags smyug) ɕy⁵⁵pi³³

圆珠笔 (སྨྱུ་གུ་རྩེ་རིལ|smyu gu rtse ril) ᵖjæ³³tsɨ⁵⁵pi³³

毛笔 (སྤུ་སྨྱུག|spu smyug) ᵖmo³³pi⁵³

墨 (སྣག་ཚ|snag tsha) ᵖme³³ɕy⁵⁵

砚台 (སྣག་ཀོང|snag kong) —

信 (འཕྲིན་ཡིག|'phrin yig) ɣe⁵⁵də³³

连环画 (རི་མོའི་དེབ་ཆུང|ri mo'i deb chung)

动作行为

捉迷藏 (གབ་རྩེད|gab rtsed) ku⁵⁵ku⁵⁵qʰə⁵⁵və³³

跳绳 (ཐག་མཆོང|thag mchong) tʰɐ⁵⁵tɕʰo³³

毽子 (ཐེ་པེད|the ped) tʰi⁵⁵ɕã³³zi³³

风筝 (ཤོག་བྱ|shog bya) —

舞狮 (སེང་གེ་འཁྲབ|seng ge 'khrab) —

鞭炮 (ཤོག་སྦག|shog sbag) xo⁵⁵pʰɐ³³zi³³

唱歌 (གླུ་ལེན་པ|glu len pa) dzɐ⁵⁵lə³³nẽ⁵⁵tʰe³³

演戏 (ཟློས་གར་འཁྲབ་པ|zlos gar 'khrab pa) nẽ⁵⁵tɕʰɐ³³

锣鼓 (འཁར་རྔ|'khar rnga) ŋæ³³

弦子 (རྒྱུད|rgyud) dzæ³³ɲi⁵³

笛子 (གླིང་བུ་gling bu) sɑ³³li⁵³

划拳 (སོར་ཁེ་sor khe) —

下棋 (མིག་མངས་རྩེ་བ་mig mangs rtse ba) dzæ⁵⁵kʰə³³dzɐ⁵³

打扑克 (ཏག་ཤོག་འཕེན་རྒྱག་པ་tag shog 'phen rgyag pa) pʰe⁵⁵kʰə³³dzɐ⁵³

打麻将 (མཱ་ཅང་རྒྱག་པ་mā cang rgyag pa) ⁿma³³tɕa⁵³kʰə³³dzɐ⁵³

变魔术 (མིག་འཕྲུལ་འཁྲབ་mig 'phrul 'khrab) mĩ³³tʂʰy⁵⁵nɐ̃⁵⁵tɕʰɐ³³

讲故事 (གཏམ་རྒྱུད་བཤད་པ་gtam rgyud bshad pa) dzo²⁴tə⁵⁵tɕɐ³³

猜谜语 (གབ་ཚིག་gab tshig) ɦæ³³tæ³³mə³³tæ³³tə⁵⁵tɕɐ³³

玩儿 (རྩེད་མོ་རྩེ་rtsed mo rtse) ndzu⁵⁵ndzə³³

串门儿 (སྒོ་འཛུལ་རྒྱག་sgo 'dzul rgyag) ʁə³³tə³³ti⁵⁵tæ³³

走亲戚 (གཉེན་ཚན་འབྲེལ་འདྲིས་gnyen tshan 'brel 'dris) ŋi⁵⁵ɦæ³³nə⁵⁵ke⁵³rqæ⁵³

看 (ལྟ་lta) kʰə³³tɕɐ⁵³ri²⁴

听 (ཉན་nyan) qʰə³³se⁵⁵ɴɢæ⁵³

闻 (སྣོ་go) kʰə³³sø⁵⁵næ⁵³

吸 (འཇིབ་'jib) tʰu⁵⁵tɕə³³

睁 (ཕྱེ་phye) tə³³qa⁵⁵

闭 (བཙུམ་btsum) næ³³mə̃⁵³

眨 (མིག་བརྡ་བྱེད་mig brda byed) tə³³dɐ⁵³

张 (གདང་བ་gdang ba) tə³³qa⁵⁵

闭 (ཟུམ་zum) nɐ⁵⁵dɐ⁵³

咬 (རྨུག་rmug) kʰə³³væ⁵⁵læ⁵³

嚼 (ལྡད་ldad) nɐ³³tsi⁵⁵tsa⁵⁵

咽 (མིད་པ་mid pa) næ³³ɣə⁵³

舔 (ལྡག་ldag) tʰɨ⁵⁵tɕæ³³læ³³

含 (ཚུད་པ་tshud pa) ɦæ³³tɕu⁵⁵tɕɐ⁵³

亲嘴 (འོ་སྐྱེལ་པ་'o skyel pa) kʰə⁵⁵və⁵³

吮吸 (འཇིབ་པ་'jib pa) ɦæ²⁴tɕʰə³³

吐 (སྐྱུག་པ་skyug pa) ɦæ²⁴væ³³

吐 (ཁ་ཆུ་གཏོར་བ་kha chu gtor ba) tu⁵⁵pʰɐ³³

打喷嚏 (ཧབ་སྦྲིད་རྒྱག་པ་hab sbrid rgyag pa) nɐ⁵⁵ɕə³³

拿 (འཛིན་བཟུང་'dzin bzung) tə⁵⁵zø³³

给 (སྟེར་ster) tʰə³³kʰe⁵³

摸 (རེག་པ་reg pa) kʰə³³ɕu⁵⁵ɕi⁵³

伸 (རྐྱོང་rkyong) ɣi³³ki⁵³

挠 (འཕྲུག་པ་'phrug pa) kʰə³³tʂʰɨ⁵³na⁵³

掐 (སེན་འཐོག་རྒྱག་པ་sen 'thog rgyag pa) qʰo⁵⁵tsa³³

拧 (གཅུས་gcus) næ⁵⁵sɨ³³

拧 (སྒྲིལ་sgril) nɐ³³pə⁵³tsi⁵⁵tso³³

捻 (འཁེལ་བ་'khel ba) tə⁵⁵kə⁵³（捻羊毛）tə³³tsi⁵⁵ɕu⁵⁵（捻钱）

掰 (གཅོག་པ་gcog pa) ɦæ³³dæ⁵³

剥 (བཤུ་བ་bshu ba) ɣi²⁴mɐ³³

撕 (གཤགས་gshags) nɐ⁵⁵tʂʰɐ⁵³

折 (ལྟེབ་lteb) ne⁵⁵qə³³

拔 (འབལ་'bal) tʰa³³pa⁵³

摘 (འཐོག་པ་'thog pa) tʰɐ⁵⁵kɐ³³

站 (ལངས་པ་langs pa) tə⁵⁵rə³³

倚 (དབྱིབས་dbyibs) ɦæ³³gɐ⁵³

蹲 (ཙོག་པུར་སྡོད་པ་tsog pur sdod pa) næ⁵⁵tɕʰə³³

坐 (སྡོད་sdod) mbi³³

跳 (མཆོང་mchong) ti³³tsʰi⁵³

迈 (གོམ་སྤོ་gom spo) tʰy⁵⁵jy²⁴

踩 (རྫིས་པ་rdzis pa) ni⁵⁵tʰæ⁵³

翘 (གུག་gug) ɦæ³³dæ⁵³

弯 (ཀྱག་ཀྱོག་kyag kyog) nɐ⁵⁵ŋu⁵⁵ŋu⁵⁵

挺 (འདེགས་པ་'degs pa) ɦæ⁵⁵qæ³³læ³³læ³³

趴 (ཁ་སྦུབ་kha sbub) nɐ³³gɐ⁵⁵

爬 (འཛེགས་'dzegs) tʰæ³³ɴɢə⁵⁵ɕy⁵⁵ɕy⁵⁵

走 (འགྲོ'gro) rqæ⁵³
跑 (རྒྱུགས་པ་rgyugs pa) tʰʑ⁵⁵dzu³³
逃 (བྲོས་བ་bros pa) tɕʰi⁵⁵χə³³
追 (འདེད་'ded) tʰo³³tɕo⁵⁵tɕo⁵³
抓 (འཛིན་པ་'dzin pa) kʰə⁵⁵zø⁵³
抱 (པང་པ་pang pa) kʰə⁵⁵rə⁵⁵ŋgə³³
背 (ཁུར་པོ་khur po) to³³ku⁵⁵
搀 (སྐྱོར་skyor) kʰə⁵⁵də³³də³³
推 (འདེད་'ded) tʰy⁵⁵ndy³³
摔 (འགྱེལ་པ་'gyel ba) tʰæ⁵⁵læ⁵³
撞 (རྡེ་བ་rde ba) ʁe²⁴dzo³³
挡 (འགོག་'gog) tʰi⁵⁵li³³
躲 (གབ་པ་gab pa) qʰə⁵⁵və³³
藏 (སྦས་sbas) qʰə⁵⁵və³³
放 (འཚོ་བ་'tsho ba) tʰo⁵⁵lə⁵³（放羊）
摞 (བརྩེགས་པ་brtsegs pa) nʑ⁵⁵zi⁵⁵zʑ⁵³
埋 (སྦས་པ་sbas pa) na³³pʰo⁵⁵pʰa⁵³
盖 (བཀབ་པ་bkab pa) nu⁵⁵kʑ³³
压 (གནོན་gnon) nu⁵⁵tæ³³
摁 (གནོན་gnon) nu⁵⁵tæ³³
捅 (རྡེག་པ་rdeg pa) ɣi²⁴tsʰu³³
插 (འཇུག་པ་'jug pa) ni³³ndzʑ⁵⁵
戳 (ཐེལ་ཚེ་thel tse) ʁe²⁴xø⁵⁵
砍 (གཅོད་པ་gcod pa) ni⁵⁵tsæ⁵³ / tʰa⁵⁵qa⁵³
剁 (གཙབ་པ་gtsab pa) ni⁵⁵tsæ⁵³
削 (གཞོག་པ་gzhog pa) ɣi²⁴mʑ³³
裂 (གས་པ་gas pa) tə⁵⁵sɿ³³
皱 (ལྟེབ་རིས་lteb ris) qʰə³³qə⁵⁵tɕu⁵⁵ru⁵³
腐烂 (རུལ་བ་rul ba) nʑ⁵⁵mbɑ³³
擦 (ཕྱི་བ་phyi ba) tʰe³³sæ⁵³
涂上 (བྱུག་པ་byug pa) kʰə⁵⁵mæ⁵³
倒 (གསོ་བ་gsho ba) ŋi³³ndzɿ⁵³
扔 (དབྱུག་པ་dbyug pa) vʑ⁵⁵næ³³dæ³³
扔 (འཕེན་པ་'phen pa) tʰæ⁵⁵tæ⁵⁵ŋgə³³tæ³³
掉 (ལྷུང་བ་lhung ba) nʑ³³zi⁵⁵

滴 (ཟགས་པ་zags pa) nʑ⁵⁵ndu³³
丢 (དབྱུག་པ་dbyug pa) ɦæ²⁴pʰə³³
找 (འཚོལ་བ་'tshol ba) tʰu³³tsæ⁵³
捡 (སྒྲུག་པ་sgrug pa) tʰʑ³³ti⁵³
提 (ལེན་པ་len pa) tə⁵⁵tɕʰə³³
挑 (འདེམས་'dems) ɦæ²⁴vi³³
扛 (འཁུར་བ་'khur ba) ɦæ²⁴vi³³
抬 (མཐོ་རུ་འདེགས་པ་mtho ru 'degs pa) tə⁵⁵tɕʰə³³
举 (འདེགས་པ་'degs pa) ti⁵⁵ndy³³
往上顶 (ཡར་འདེགས་yar 'degs) ti⁵⁵ndzu³³
撑 (འདེགས་པ་'degs pa) nʑ⁵⁵tɕə³³
撬 (རྡེག་རྡུང་rdeg rdung) ɣi²⁴di³³
挑 (འཁུར་བ་'khur ba) ɣi²⁴si³³
收拾 (བསྡུ་གསོག་bsdu gsog) tʰʑ⁵⁵tɕə³³tɕæ⁵³
挽 (ཟློག་པ་zlog pa) ɣi³³ndø⁵⁵
涮 (བཤལ་འཁྲུད་bshal 'khrud) ɦã³³ʂɑ⁵³
洗 (འཁྲུད་པ་'khrud pa) na⁵⁵ʁo³³
捞 (ལེན་len) tə³³tø⁵⁵
拴 (འཆིང་པ་'ching pa) kʰu⁵⁵wo³³
捆 (འཆིང་བ་'ching ba) nʑ⁵⁵tɕə³³tɕʑ⁵⁵
解 (བཀྲོལ་ཐོབ་bkrol thob) ɦã³³qo⁵³
挪 (སྣུར་snur) tʰi⁵⁵ndy³³
端 (ཡོ་བསྲང་yo bsrang) tə⁵⁵zø³³
摔 (བརྡབ་brdab) na⁵⁵mbɑ³³
掺 (མཉམ་བསྲེས་mnyam bsres) nẽ⁵⁵tsʰʑ³³
烧 (སྲེག་པ་sreg pa) ɣə³³tsʰɿ³³
拆 (བཤིག་པ་bshig pa) nʑ⁵⁵pə³³tɕʑ⁵³
转 (འཁོར་བ་'khor ba) næ³³rə⁵⁵ɣə²⁴lø³³
捶 (རྡུང་པ་rdung pa) nʑ⁵⁵dy³³
打 (རྒྱག་rgyag) nʑ⁵⁵dy³³
打架 (འཛིང་རེས་རྒྱག་པ་'dzing res rgyag pa) tə⁵⁵si³³sʑ³³
休息 (ངལ་གསོ་ngal gso) ɣi²⁴ȵi³³
打哈欠 (གླལ་བ་རྒྱག་པ་glal ba rgyag pa) xɑ⁵⁵

tə⁵⁵tɕə⁵⁵tɕə⁵³

打瞌睡 (གཉིད་ཁུག་པ་gnyid khug pa) ɣi²⁴nɐ³³ɽɐ³³

睡 (ཉལ་nyal) kʰi⁵³

打呼噜 (སྡུར་བ་འཐེན་པ་sdur ba 'then pa) næ⁵⁵qʰɑ³³

做梦 (རྨི་ལམ་རྨི་rmi lam rmi) nə⁵⁵mi³³

起床 (མལ་ལས་ལངས་པ་mal las langs pa) tə⁵⁵ɽə³³

刷牙 (སོ་འཁྲུད་so 'khrud) xə⁵³ɦɑ³³ʂɑ⁵³

洗澡 (ལུས་པོ་འཁྲུད་བ་lus po 'khrud ba) kʰo⁵⁵pa⁵⁵na⁵⁵ɣo³

想 (དྲན་dran) nu⁵⁵sæ³³mbæ³³

想 (བསམ་བློ་bsam blo) ŋgə⁵⁵tʂe⁵⁵

打算 (བསམ་ཚུལ་bsam tshul) so⁵⁵po³³ni³³

记得 (སེམས་སུ་ངེས་པ་sems su nges pa) xa⁵⁵kɐ³³ti³³

忘记 (བརྗེད་པ་brjed pa) tʰɐ⁵⁵mə⁵³

怕 (སྐྲག་skrag) tʰɑ⁵⁵qɑ³³

相信 (ཡིད་ཆེས་yid ches) tʂʰɑ⁵⁵se⁵³ / †ɣi²⁴tɕʰe⁵³

发愁 (སེམས་ཁྲལ་སྐྱེས་sems khral skyes) nɐ⁵⁵du³³

小心 (གཟབ་གཟབ་བྱེད་gzab gzab byed) qʰə³³za⁵⁵tɐ³³

喜欢 (དགའ་བ་dga' ba) †gø²⁴ni³³

讨厌 (སུན་སྣང་sun snang) ɲi⁵⁵se³³

舒服 (སྐྱིད་པོ་skyid po) tɕi³³pu⁵³

难受 (བཟོད་དཀའ་བ་bzod dka' ba) ɲĩ⁵⁵pə³³（不安）

难过 (ཡིད་སྐྱོ་བ་yid skyo ba) nɐ⁵⁵du³³

高兴 (དགའ་སྤྲོ་dga' spro) tʰɐ⁵⁵gə³³

生气 (རླུང་ལངས་rlung langs) mə⁵⁵ri³³

责怪 (ལེ་བདའ་le bda') qʰõ³³qʰɑ⁵⁵

后悔 (འགྱོད་པ་'gyod pa) dzø⁵⁵pæ³³

忌妒 (ཕྲག་དོག་phrag dog) nu⁵⁵ndzɨ³³ / †tʂʰɑ⁵⁵to⁵³

害羞 (ངོ་ཚ་ngo tsha) pʰə⁵⁵ʁe³³

丢脸 (ཞབས་འདྲེན་ཞུ་བ་zhabs 'dren zhu ba) ŋo⁵⁵lo³³tʰo³³sæ⁵³

欺负 (བརྙས་བཅོས་brnyas bcos) qʰɑ³³kʰə⁵³və⁵³

装 (རྫོང་བ་rdzong ba) nɐ³³ɕy⁵⁵ɕy³³

疼 (ན་བ་na ba) si⁵⁵se³³

要 (དགོས་dgos) xo³³ti⁵³

有 (ཡོད་yod) ndzɐ⁵⁵ni³³

没有 (མེད་med) ɲi³³ndzɐ⁵³

是 (རེད་red) ŋɐ³³ti⁵³

不是 (མ་རེད་ma red) tɕæ²⁴ŋɐ³³

在 (འདུག་'dug) mə²⁴

不在 (མི་འདུག་mi 'dug) ŋə³³mə⁵³

知道 (ཤེས་པ་shes pa) kɐ²⁴ni³³

不知道 (མི་ཤེས་པ་mi shes pa) ŋə³³kɐ⁵³

懂 (ཤེས་པ་shes pa) kɐ²⁴ni³³

不懂 (མི་ཤེས་པ་mi shes pa) ŋə³³kɐ⁵³

会 (ཤེས་shes) və²⁴ni³³

不会 (མི་ཤེས་པ་mi shes pa) ŋə³³ɽə⁵³

认识 (ངོ་ཤེས་ngo shes) ŋø⁵⁵ɕe³³

不认识 (ངོ་མི་ཤེས་ngo mi shes) ŋø⁵⁵ŋə³³ɕe⁵³

行 (ཆོག་པ་chog pa) ɴæ³³ti⁵³

不行 (མི་ཆོག་པ་mi chog pa) ŋə³³ɴæ⁵⁵

肯 (ཁས་ལེན་khas len) ɦæ⁵⁵pæ³³

应该 (འོས་པ་'os pa) zi³³de⁵⁵le⁵⁵ / †χi⁵⁵ni³³

可以 (ཆོག་པ་chog pa) ɴæ²⁴ni³³

说 (བཤད་bshad) tə⁵⁵tə³³

话 (གཏམ་gtam) kʰæ⁵⁵dɐ³³

聊天儿 (ཁ་བརྡ་གློད་པ་kha brda glod pa) kʰæ⁵⁵tu³³dɐ³³

叫 (འབོད་'bod) qʰə³³qə⁵⁵ɽæ³³

吆喝 (ངར་སྐད་སྒྲོག་པ་ngar skad sgrog pa) qʰə³³qə³³ræ³³

哭 (ངུ་བ་ngu ba) ɴɑ⁵⁵ɴɢɑ³³

骂 (དམོད་པ་dmod pa) xa³³mbɐ⁵³

吵架 (འཁྲུག་རྩོད་'khrug rtsod) tə⁵⁵tsɿ³³tsø⁵³

骗 (མགོ་སྐོར་mgo skor) lə̱³³tu⁵⁵dzy²⁴

哄 (མགོ་སྐོར་གཏོང་བ་mgo skor gtong ba) qʰæ⁵⁵qʰæ⁵³

撒谎 (རྫུན་བཤད་rdzun bshad) lə̱⁵⁵tu⁵⁵dzy²⁴

吹牛 (ཨུད་ཤོབ་'ud shob) lə̱⁵⁵tu⁵⁵dzy²⁴

拍马屁 (རྔོ་བསྟོད་ngo bstod) lə̱⁵⁵tu⁵⁵dzy²⁴

开玩笑 (ཀུ་རེ་རྩེ་བ་ku re rtse ba) ndzʉ⁵⁵ndzə³³

告诉 (བཤད་པ་bshad pa) tə⁵⁵tə³³

谢谢 (ཐུགས་རྗེ་ཆེ་thugs rje che) nɐ³³kɐ⁵⁵læ⁵⁵væ⁵³

对不起 (དགོངས་པ་མ་ཚོམ་dgongs pa ma tshom) mə⁵⁵rə³³tə⁵⁵tɕɑ³³zi³³

再见 (རྗེས་སུ་མཇལ་rjes su mjal) kɐ⁵⁵lɐ³³

性质状态

大 (ཆེ་བ་che ba) ki⁵⁵kɐ³³

小 (ཆུང་བ་chung ba) tsɿ³³tsæ⁵³

粗 (སྦོམ་པོ་sbom po) nbø³³nbø⁵³

细 (ཕྲ་མོ་phra mo) tsʰe³³tsʰe⁵³

长 (རིང་པོ་ring po) ri³³ri⁵³

短 (ཐུང་thung) tsʰø³³tsʰø⁵³

长 (སྐྱེ་བ་skye ba) ri³³ri⁵³

短 (མི་འདང་བ་mi 'dang ba) tsʰø⁵⁵tsʰø⁵³

宽 (ཡངས་པོ་yangs po) de⁵⁵de³³

宽敞 (ཡངས་ཤིང་རྒྱ་ཆེ་བ་yangs shing rgya che ba) ki⁵⁵kɐ⁵⁵

窄 (དོག་པོ་dog po) ɣu⁵⁵ɣu³³

高 (མཐོ་mtho) ki⁵⁵kɐ³³

低 (དམན་dman) mbɐ³³mbɐ³³

高 (ཚད་མཐོ་tshad mtho) ki⁵⁵kɐ³³（人高）tʰõ³³tʰø⁵³（房子高）

矮 (ཐུང་thung) tsi³³tsæ⁵³（个头矮）mbɐ³³mbɐ³³（房子矮）

远 (ཐག་རིང་པོ་thag ring po) qʰɑ⁵⁵rɐ³³

近 (ཐག་ཉེ་བ་thag nye ba) qa³³rɐ⁵⁵

深 (གཏིང་ཟབ་gting zab) ki⁵⁵kɐ³³ / ndze³³ndze⁵³

浅 (གཏིང་ཐུང་gting thung) tsi³³tsæ⁵³

清 (གཙང་མ་gtsang ma) †tso⁵⁵ma³³

浑 (རྙོག་པོ་rnyog po) tɕʰa³³ma³³

圆 (སྒོར་མོ་sgor mo) ɣø³³ɣø³³

扁 (ལེབ་leb) tɕɑ²⁴tɕɑ⁵³

方 (གྲུ་བཞི་gru bzhi) do⁵⁵do³³

尖 (རྣོ་བ་rno ba) ndzɑ³³ndzɑ³³

平 (སྙོམས་པོ་snyoms po) dɐ̰⁵⁵dɐ̰³³

肥 (ཚོན་པོ་tshon po) tsa⁵³（肥肉）

瘦 (སྐམ་པ་skam pa) ɕɑ⁵⁵na³³（瘦肉）

肥 (ལུད་lud) ɲi³³ɲɐ⁵³（动物或人）

胖 (རྒྱགས་པ་rgyags pa) ɕɑ³³dzɑ³³pɑ³³（动物或人）

瘦 (རིད་པ་rid pa) qə³³ræ³³（动物或人）

黑 (ནག་པོ་nag po) ŋɐ³³tʰæ̃³³tʰæ̃³³

白 (དཀར་པོ་dkar po) tsʰə³³tsʰø³³

红 (དམར་པོ་dmar po) ɲi⁵⁵ɲi³³

黄 (སེར་པོ་ser po) nə̱⁵⁵nə̱³³

绿 (ལྗང་ཁུ་ljang khu) ndzã³³kʰu⁵³

蓝 (སྔོན་པོ་sngon po) ŋə⁵⁵ŋə³³

紫 (སྨུག་པོ་smug po) ɴɢɑ³³wu⁵⁵zi⁵⁵

灰 (ཐལ་མདོག་thal mdog) pə⁵⁵ɕɑ³³ɕæ³³

多 (མང་པོ་mang po) kæ⁵⁵ji³³

少 (ཉུང་nyung) ɲi⁵⁵ɲi³³

重 (ལྗིད་པོ་ljid po) ɣə̱⁵⁵ɣə̱³³

轻 (ཡང་བ་yang ba) ɣje⁵⁵ɣje³³

直 (དྲང་པོ་drang po) tɐ̰⁵⁵tɐ̰³³

陡 (གཟར་པོgzar po) zɐ⁵⁵zɐ³³
弯 (གུགgug) qo⁵⁵ro³³ro³³
歪 (འཁྱོག་པོ'khyog po) tʰæ³³qæ³³
厚 (མཐུག་པོmthug po) ri³³ri³³
薄 (སྲབ་མོsrab mo) ndzə³³ndzə³³
稠 (གར་པོgar po) tʂi³³ŋe⁵⁵
稀 (སླ་པོsla po) ndʑi³³ndʑi⁵³
密 (མཐུག་པོmthug po) dzə³³dzə³³
稀 (དཀོན་པོdkon po) ndʑi³³ndʑi⁵³
亮 (གསལ་པོgsal po) sæ³³sæ³³
黑 (མུན་ནགmun nag) ŋe³³qo³³qo³³
热 (ཚtsha) tsɐ³³tsɐ³³
暖和 (དྲོད་པོdrod po) tsɐ³³tsɐ³³
凉 (བསིལbsil) ndzæ³³ndzæ⁵³
冷 (གྲང་མོgrang mo) ndzæ³³ndzæ⁵³
热 (ཚtsha) tsɐ³³tsɐ³³（体温）
凉 (བསིལbsil) ndzæ³³ndzæ⁵³（身体）
干 (སྐམ་པོskam po) tə³³ʁæ⁵³
湿 (རློན་པrlon pa) ndzæ³³ndzæ³³
干净 (གཙང་མgtsang ma) †tso³³ma³³
脏 (བཙོག་པbtsog pa) tɕʰa³³ma³³
快 (རྣོན་པོrnon po) dzə³³dzə³³（锋利）
钝 (རྟུལ་པོrtul po) dɐ³³dɐ⁵³
快 (མགྱོགསmgyogs) dzə³³dzə³³
慢 (དལ་པོdal po) ke³³ke⁵³
早 (སྔsnga) ŋg³³ŋg⁵³
晚 (དགོང་མོdgong mo) tʰæ³³ʁə⁵³
晚 (ཕྱིphyi) tʰæ³³ʁə⁵³
松 (ལྷོད་པlhod pa) χə³³χə³³
紧 (དམ་པོdam po) sə⁵⁵sə³³
容易 (སླ་མོsla mo) ʁi⁵⁵ʁɐ³³
难 (དཀའ་མོdka' mo) kɐ⁵⁵le³³
新 (གསར་པgsar pa) sæ³³pæ⁵³
旧 (རྙིང་པrnying pa) ŋi⁵⁵nbæ³³
老 (རྒནrgan) tʰæ³³ndæ⁵³

年轻 (གཞོན་མོgzhon mo) lỹ³³tɕʰo⁵³
软 (མཉེན་པོmnyen po) və⁵⁵və³³
硬 (སྲ་མོsra mo) ɴɢæ⁵⁵ɴɢæ³³
烂 (རུལ་བrul ba) næ³³mə⁵³
糊 (རྙོག་པོrnyog po) kʰi³³si⁵³
结实 (མཁྲེགས་པོmkhregs po) le³³le⁵³
破 (རལ་བral ba) nɐ⁵⁵ndzɐ³³
富 (ཕྱུག་པོphyug po) tø⁵⁵me³³
穷 (དབུལ་ཕོངསdbul phongs) tʰa⁵⁵tɕʰa³³
忙 (བྲེལ་བbrel ba) ŋə⁵⁵ge³³
闲 (ཁོམ་པkhom pa) ke⁵⁵ke⁵³
累 (ངལ་དུབngal dub) ɦæ⁵⁵ɕɐ⁵³
疼 (ན་ཟུགna zug) tə⁵⁵ŋe⁵³
痒 (ཟ་འཕྲུགza 'phrug) kʰi⁵⁵ŋə³³
热闹 (འཁྲུག་པོ'khrug po) jæ³³jæ⁵³
熟悉 (རྒྱུས་ཡོདrgyus yod) dzø²⁴jø⁵⁵
陌生 (རྒྱུས་མེདrgyus med) dzy³³me⁵³
味道 (བྲོ་བbro ba) tʂi⁵⁵mæ³³
气味 (དྲི་མdri ma) tʂi⁵⁵mæ³³
咸 (ཚྭ་བྲོtshwa bro) tsʰɨ⁵⁵qʰə³³qʰæ⁵³
淡 (རོ་བསྐ་བro bska ba) tsʰɨ⁵⁵ŋə³³ne⁵³
酸 (སྐྱུར་མོskyur mo) tə³³tɕu⁵⁵
甜 (མངར་མོmngar mo) mbø²⁴tə³³ne⁵³
苦 (ཁ་བkha ba) tə³³qʰæ⁵⁵
辣 (ཁ་ཚkha tsha) tə⁵⁵dzɐ⁵³
鲜 (སོས་པsos pa) †sæ³³pæ³³
香 (དྲི་ཞིམ་པོdri zhim po) ɣɐ³³ɣɐ³³
臭 (དྲི་ངནdri ngan) nbə³³də⁵⁵ne⁵³
馋 (རུལ་བrul ba) næ⁵⁵xə³³
腥 (ཁྲག་དྲིkhrag dri) tə⁵⁵ne⁵³
好 (བཟངbzang) si⁵⁵və³³
坏 (ངནngan) qæ³³tɕʰæ⁵³
差 (སྡུག་པོsdug po) qæ³³tɕʰæ⁵³
对 (ཡང་དག་པyang dag pa) tʰæ³³gæ⁵³
错 (ནོར་འཁྲུལnor 'khrul) næ³³ndø⁵⁵

漂亮 (མཛེས་པོmdzes po) tʂʰæ³³tʂʰæ⁵³
丑 (སྐྱེ་འབྲས་ཞན་པskye 'bras zhan pa) tsʰo³³rə⁵³
勤快 (བརྩོན་པbrtson pa) tʂʰø̃³³tʂʰø̃⁵³
懒 (བརྩོན་པbrtson pa) ni³³tɕu⁵³
乖 (སྙིང་རྗེ་པོsnying rje bo) tʂʰø̃³³tʂʰø̃⁵³
顽皮 (རྒོད་པོrgod po) ɴGæ̃³³ɴGæ̃⁵³
老实 (བདེན་པbden pa) ŋə̃³³tɕʰə⁵³
傻 (བླུན་པོblun po) gø²⁴
笨 (གླེན་པglen pa) gø²⁴
大方 (བཤངས་པོbshangs po) jæ⁵⁵ræ³³pæ³³
小气 (སེར་སྣser sna) mæ⁵⁵ræ³³pæ³³
直爽 (རྒྱུད་དྲངrgyud drang) jæ⁵⁵ræ⁵³
犟 (མཁྲེགས་པོmkhregs po) tɕã⁵⁵pʰĩ³³tsi³³

数量

一 (གཅིགgcig) tɐ⁵⁵lø³³
二 (གཉིསgnyis) tɐ⁵⁵ndʐe³³
三 (གསུམgsum) †so⁵⁵lø³³
四 (བཞིbzhi) †ri²⁴lø³³
五 (ལྔlnga) †ɴɑ⁵⁵lø³³
六 (དྲུགdrug) tɕʰy⁵⁵lø³³
七 (བདུནbdun) ŋə⁵⁵lø³³
八 (བརྒྱདbrgyad) ɕæ⁵⁵lø³³
九 (དགུdgu) †ŋə⁵⁵lø³³
十 (བཅུbcu) ɣæ³³kø⁵⁵lø³³
二十 (ཉི་ཤུnyi shu) †ɲi⁵⁵ɕə³³tʰæ³³mbæ³³
三十 (སུམ་ཅུsum cu) †sø⁵⁵tɕə³³tʰæ³³mbæ³³
一百 (བརྒྱbrgya) dzæ³³tʰæ³³mbæ³³
一千 (ཆིག་སྟོངchig stong) tõ³³tʂʰa³³tɐ⁵⁵lø³³
一万 (ཆིག་ཁྲིchig khri) tʂʰĩ³³ŋu³³tɐ⁵⁵lø³³
一百零五 (བརྒྱ་དང་ལྔbrgya dang lnga) †dzæ³³tæ³³ɴɑ³³
一百五十 (བརྒྱ་དང་བཅུbrgya dang lnga bcu) †dzæ³³tæ³³ɴæ⁵⁵tɕə³³
第一 (དང་པོdang po) †ʔa⁵⁵tã³³bu⁵³
一两 (སྲང་གངsrang gang) so⁵⁵tɐ⁵⁵lø³³
几个 (ཁ་ཤསkha shas) ɦæ³³ti⁵⁵lø³³
俩 (གཉིསgnyis) nə³³
个把 (རེ་གཉིསre gnyis) tɕə³³lø⁵⁵tɕə³³lø⁵⁵
个 (—) (tɐ⁵⁵)lø³³
匹 (—) (tɐ⁵⁵)lø³³
头 (—) (tɐ⁵⁵)lø³³
头 (—) (tɐ⁵⁵)lø³³
只 (—) (tɐ⁵⁵)lø³³
只 (—) (tæ⁵⁵)væ³³
只 (—) (tæ⁵⁵)væ³³
条 (—) (tæ⁵⁵)zæ³³
条 (—) (tæ⁵⁵)zæ³³
张 (—) (tɐ⁵⁵)lø³³
张 (—) (tɐ⁵⁵)lø³³
床 (—) (tæ⁵⁵)væ³³
领 (—) (tæ⁵⁵)væ³³
双 (—) (tɐ⁵⁵)tʂʰĩ⁵³
把 (—) (tæ⁵⁵)zæ³³
把 (—) (tɐ⁵⁵)lø³³
根 (—) (tæ⁵⁵)zæ³³
支 (—) (tæ⁵⁵)zæ³³
副 (—) (tæ⁵⁵)tɕʰæ³³
面 (—) (tæ⁵⁵)væ³³
块 (—) (tɐ⁵⁵)lø³³
辆 (—) (tɐ⁵⁵)lø³³
座 (—) (tɐ⁵⁵)lø³³
座 (—) (tæ⁵⁵)zæ³³
条 (—) (tæ⁵⁵)zæ³³
条 (—) (tæ⁵⁵)zæ³³
棵 (—) (tɑ⁵⁵)pʰo³³
朵 (—) (tɐ⁵⁵)lø³³
颗 (—) (tɐ⁵⁵)lø³³

粒 (—) (tɐ⁵⁵)lø³³
顿 (—) (tɐ⁵⁵)wu³³
剂 (—) (tɐ⁵⁵)wu³³
股 (—) (tɐ⁵⁵)tʂʰɿ⁵³
行 (གྲལ་གཅིག gral gcig) (tɐ⁵⁵)tʂɐ³³
块 (ལེབ leb) (tɐ⁵⁵)lø³³
毛 (—) ᵖmo⁵³
件 (—) (tɐ⁵⁵)lø³³
点儿 (—) (tæ⁵⁵)gæ³³
些 (འགའ་'ga') (tɑ⁵⁵)xɑ³³
下 (—) (tæ³³)dæ⁵³
会儿 (—) (tæ³³)gæ⁵³
顿 (—) (tɐ³³)gu⁵³
阵 (—) (tɐ³³)tʂe⁵³
趟 (—) (tɐ³³)gu³³

代副介连词

我 (ང་ nga) ŋə³³
你 (ཁྱོད་ khyod) næ²⁴
您 (ཁྱེད་ khyed) næ²⁴
他 (ཁོང་ khong) ʔɐ³³tsɿ⁵³
我们 (ང་ཚོ nga tsho) ŋə³³nə⁵³
咱们 (ངེད་ཅག nged cag) jɐ³³nə⁵³
你们 (ཁྱོད་ཚོ khyod tsho) næ³³nə⁵³
他们 (ཁོ་ཚོ kho tsho) ʔɐ³³nə⁵³
大家 (ཚང་མ tshang ma) jɐ³³nə⁵³
自己 (རང་ཉིད་ rang nyid) ŋɐ²⁴ŋɐ³³
别人 (མི་གཞན་ mi gzhan) ndzɐ⁵⁵nə³³
我爸 (ངའི་ཨ་ཕ་ nga'i a pha) ŋə³³ɣæ⁵⁵vø³³
你爸 (ཁྱོད་ཀྱི་ཨ་ཕ་ khyod kyi a pha) ne³³ɣæ⁵⁵vø³³
他爸 (ཁོའི་ཕ་ kho'i pha) ʔɐ³³tsæ⁵⁵vø³³
这个 (འདི་'di) ʔɐ⁵⁵tsɿ³³
那个 (དེ་de) wɐ²⁴tsɿ³³
哪个 (གང་gang) xɐ⁵⁵tsɿ³³

谁 (སུ་su) ɦæ²⁴nə³³
这里 (འདིར་'dir) ʔɐ³³kʰɐ⁵³
那里 (དེ་ན་de na) wɐ²⁴kʰɐ⁵³
哪里 (གང་དུ་gang du) χɑ⁵⁵ti³³
这样 (འདི་ལྟར་'di ltar) ʔɐ³³ndɐ⁵⁵lø³³
那样 (དེ་ལྟར་de ltar) wɐ⁵⁵ndɐ⁵⁵lø³³
怎样 (ཅི་འདྲ་ci 'dra) ɦæ³³ndɐ⁵⁵lø³³
这么 (འདི་འདྲ་'di 'dra) ʔɐ³³mẽ⁵⁵næ³³
怎么 (ཅི་འདྲ་ci 'dra) ɦæ³³ndɐ⁵⁵lø³³
什么 (ཅི་ཞིག་ci zhig) ɦæ³³tsɿ⁵⁵
为什么 (ཅིའི་ཕྱིར་ci'i phyir) ɦæ³³ri⁵⁵ŋɐ³³
干什么 (ཅི་ཞིག་བྱེད་དམ་ci zhig byed dam) ɦæ³³tʰæ⁵⁵pæ³³
多少 (མང་ཉུང་mang nyung) ɦæ³³ti⁵³
很 (ཧ་ཅང་ha cang) tɕʰə³³tɕʰæ⁵³
非常 (ཤིན་ཏུ་shin tu) tɕʰə³³tɕʰæ⁵³
更 (ལྷག་པར་lhag par) kæ²⁴
太 (ཧ་ཅང་ha cang) tɕʰə³³tɕʰæ⁵³
最 (ཆེས་ches) zɿ²⁴
都 (ཚང་མ་tshang ma) me³³me⁵³
一共 (བསྡོམས་པ་bsdoms pa) me³³me⁵³
一起 (མཉམ་དུ་mnyam du) tæ³³læ⁵³
只 (ཁོ་ན་kho na) mə³³tsʰe⁵⁵
刚 (ད་ལྟ་da lta) tʂʰɿ⁵⁵sɿ³³kʰæ³³
刚 (ཏག་ཏག་tag tag) tɕʰə⁵⁵jɐ³³re⁵⁵
才 (ད་གཟོད་da gzod) tæ³³zø⁵⁵
就 (དེ་ནས་de nas) tsə³³kə⁵⁵
经常 (རྟག་པར་rtag par) ty⁵⁵dzə³³
又 (ཡང་yang) jø²⁴
还 (ད་རུང་da rung) tɕʰə³³nə⁵³
再 (ཡང་བསྐྱར་yang bskyar) tɕʰə³³nə⁵³
也 (ཡང་yang) nə²⁴
反正 (གང་ལྟར་gang ltar) —
没有 (མེད་med) mɐ⁵⁵
不 (མིན་min) mɐ⁵⁵

别 (མ་བྱེད|ma byed) tɕə³³
甭 (མི་དགོས|mi dgos) tɕə³³
快 (མྱུར་པོ|myur po) zæ³³ɴæ⁵³
差点儿 (ཏོག་ཙམ་མ་གཏོགས|tog tsam ma gtogs) zæ³³ɴæ⁵³
宁可 (ལས་དགའ|las dga') ti³³qʰo⁵⁵
故意 (བསམ་བཞིན་དུ|byas na dga') dø³³næ⁵³
随便 (རང་དགར|rang dgar) wo²⁴ti³³ti³³
白白地 (སྟོང་ཟད|stong zad) wo²⁴ti³³ti³³
肯定 (ཁོ་ཐག|kho thag) ŋɐ²⁴ɕɐ³³ɕɐ³³
可能 (ཕལ་ཆེར|phal cher) ŋɐ³³ri⁵⁵væ³³sɨ³³
一边 (ཕྱོགས་གཅིག་ནས|phyogs gcig nas) pi⁵⁵ɕy³³
和 (དང|dang) ri³³
随 (དང|dang) tɕʰi⁵⁵
对 (ཆ་གཅིག cha gcig) †le²⁴
往 (རྒྱུན་དུ|rgyun du) tɕʰɐ³³le³³
向 (ཡར་མཐོ|yar mtho) †le²⁴
按 (ལྟར|ltar) ʔɐ³³tsi⁵⁵le⁵⁵qʰə³³tɕɐ⁵⁵re³³sɨ³³kə⁵⁵
替 (ཚབ|tshab) qʰə³³ʁɐ⁵⁵
如果 (གལ་སྲིད|gal srid) tʰɐ³³ŋi⁵⁵
不管 (གང་ལྟར་ཡང|gang ltar yang) ɦiæ³³ndɐ⁵⁵lø³³

（二）沙德木雅语扩展词

天文地理

天 (གནམ|gnam) mə̱²⁴
阳光 (ཉི་འོད|nyi 'od) nə̱³³ndzɨ³³
日出 (ཉི་མ་ཤར|nyi ma shar) nə̱³³qʰə³³tsy³³
日落 (ཉི་མ་ནུབ་པ|nyi ma nub pa) nə̱³³nu³³ɕə⁵³
彗星 (སྐར་མ་དུ་བ་མཇུག་རིང|skar ma du ba mjug ring) ——
北极星 (བྱང་སྣེའི་སྐར་མ|byang sne'i skar ma) ——
七姐妹星 (སྐར་མ་མིང་སྲིང་བདུན|skar ma ming sring bdun) kɐ⁵⁵dø³³pu⁵⁵mu⁵³
光 (འོད|'od) se⁵⁵ndæ³³
影子 (གྲིབ་གཟུགས|grib gzugs) ndza³³ri⁵³
刮风 (རླུང་འཚུབ་པ|rlung 'tshub pa) †lõ³³tʰe⁵³
风声 (རླུང་སྒྲ|rlung sgra) mə̱⁵⁵mə̱³³dzæ⁵³
打雷 (འབྲུག་གྲགས|'brug grags) ndzu̱⁵⁵na⁵⁵nda³³
响雷 (འབྲུག་སྒྲ་གྲགས|'brug sgra grags) ndzu̱⁵⁵na⁵⁵nda³³
大雨 (ཆར་ཆེན་འབབ|char chen 'bab) †tɕʰa⁵⁵ɕo³³
下雨 (ཆར་པ་འབབ|char pa 'bab) na⁵⁵ndza⁵³
毛毛雨 (ཆར་ཟིམ|char zim) ŋgə³³tɕe⁵³
暴风雨 (ཆར་རླུང་དྲག་པོ|char rlung drag po) tɕʰa⁵⁵ɕo³³
雨声 (ཆར་སྒྲ|char sgra) mə̱⁵⁵ndza⁵³dzæ⁵³
下雪 (ཁ་བ་འབབ|kha ba 'bab) vɐ̱⁵⁵nɐ³³re³³
雪崩 (གངས་རུད|gangs rud) vɐ²⁴tʰə³³lə³³
雪水 (གངས་ཆུ|gangs chu) vɐ²⁴tɕə³³
结冰 (དར་ཆགས་པ|dar chags pa) kʰə³³ku⁵⁵
融化 (ཞུ་བ|zhu ba) ɦiæ³³ru⁵³
乌云 (སྤྲིན་ནག|sprin nag) ndə³³re⁵⁵
彩云 (མཚམས་སྤྲིན|mtshams sprin) ndzæ⁵⁵næ³³ɕæ⁵⁵sɨ³³
蒸汽 (རླངས་པ|rlangs pa) qʰa⁵⁵la⁵³
地板 (པང་གཅལ|pang gcal) kə⁵⁵lə³³
土地 (ས་ཞིང|sa zhing) †sæ⁵⁵tɕʰæ⁵³
坡地 (ལྡེབས་ཞིང|ldebs zhing) ndæ⁵⁵
荒地 (ས་རྒོད|sa rgod) ri³³pø⁵³

山地 (རི་ཞིང་|ri zhing) †ri⁵³
平地 (ཐང་ཞིང་|thang zhing) sæ⁵⁵tɕʰæ⁵³de³³de⁵³
地界 (ས་མཚམས|sa mtshams) ri²⁴ri³³tsʰẽ³³
庄稼地 (ས་ཞིང་|sa zhing) ri²⁴
沼泽地 (འདམ་ཞིང་|'dam zhing) ndæ³³qʰə⁵³
坝子 (ཐང་|thang) pa³³tsɨ⁵³
地陷 (ས་རིད་|sa rdib) —
海 (མཚེ|mtshe) ndzẽ⁵⁵tsʰỹ⁵³
田 (ས་ཞིང་|sa zhing) ri³³
梯田 (སྐས་ཞིང་|skas zhing) ri³³
田坎 (རྣང་རི|rnang ri) ndzi³³mu⁵⁵
秧田 (ལྗང་ཞིང་|ljang zhing) ri³³
试验田 (ཚོད་ལྟའི་ས་ཞིང་|tshod lta'i sa zhing) ri³³
小山 (རི་ཆུང་|ri chung) mbu³³tɕe⁵³
荒山 (རི་ཐེར|ri ther) †ri³³pø⁵³
雪山 (གངས་རི|gangs ri) rə⁵⁵mbu⁵³
山顶 (རི་མགོ|ri mgo) mbu⁵⁵tsi³³mu³³
山峰 (རི་རྩེ|ri rtse) mbu⁵⁵tsi³³mu³³
山腰 (རི་སྐེད|ri sked) mbu⁵⁵pæ⁵⁵ke⁵³
山脚 (རི་འདབས|ri 'dabs) mbu³³tɕy³³
阴山 (སྲིབ་རི|srib ri) læ⁵⁵qʰæ⁵⁵pʰe⁵³
阳山 (ཉིན་རི|nyin ri) †ri³³kʰø⁵³
岩洞 (བྲག་ཕུག|brag phug) †tʂa⁵⁵pʰu⁵³
岩石 (བྲག་རྡོ|brag rdo) tʂa³³ri⁵⁵
花岗岩 (འཛེང་རྡོ|'dzeng rdo) —
鹅卵石 (གྲམ་རྡོ|gram rdo) —
平原 (བདེ་ཐང་|bde thang) tɕa⁵⁵le³³le³³
滑坡 (རི་ཉིལ་བ|ri nyil ba) næ³³ɕæ⁵³
陡坡 (རི་གཟར་པོ|ri gzar po) ndæ²⁴zi³³zi⁵⁵
悬崖 (གཡང་གཟར|g.yang gzar) tʂa⁵⁵
石板 (རྡོ་གཡམ|rdo g.yam) ri³³væ⁵³
小河 (ཆུ་ཕྲན|chu phran) tɕa⁵⁵qə³³ra³³

河水 (ཆུ་བོ|chu bo) tɕə⁵³
上游 (སྟོད་རྒྱུད|stod rgyud) tɕʰə⁵⁵ŋgø⁵³
下游 (སྨད་རྒྱུད|smad rgyud) tɕʰə⁵⁵ndæ⁵³
漩涡 (ཆུ་འཁོར|chu 'khor) †tɕʰə³³kʰø⁵⁵
泡沫 (ལྦུ་བ|lbu ba) pʰɐ⁵⁵mɐ³³
泉水 (ཆུ་མིག|chu mig) †tɕə⁵³
清水 (ཆུ་དྭངས་མོ|chu dwangs mo) †tɕə⁵⁵tso³³ma³³
瀑布 (རྦབ་ཆུ|rbab chu) tɕʰə³³tʰə³³lə³³
草原 (རྩྭ་ཐང་|rtswa thang) pa⁵³
沙漠 (བྱེ་ཐང་|bye thang) tɕə³³mæ³³nbu³³
峡谷 (གྲོག་རོང་|grog rong) lo⁵⁵mba⁵³
泥石流 (འདམ་རྡོའི་ཆུ་རུད|'dam rdo'i chu rud) sa⁵⁵mba⁵³
地洞 (ས་ཁུང་|sa khung) lə³³
洞口 (ཕུག་སྒོ|phug sgo) lə³³wæ⁵³
山路 (རི་ལམ|ri lam) ndzɐ⁵⁵lɐ⁵³
岔路 (ལམ་མདོ|lam mdo) ndzɐ³³lɐ⁵³qʰa⁵⁵ra⁵³
大路 (ལམ་ཆེན|lam chen) ndzɐ³³lɐ⁵³
小路 (ལམ་ཆུང་|lam chung) ndzɐ³³lɐ⁵³
公路 (གཞུང་ལམ|gzhung lam) ma⁵⁵lu³³
桥 (ཟམ་པ|zam pa) ndzo³³
石桥 (རྡོ་ཟམ|rdo zam) ndzo³³
渡口 (རབ་ཁ|rab kha) —
菜园 (ཚལ་ཞིང་|tshal zhing) ᵖtsʰe⁵⁵zi³³
果园 (ཤིང་ཏོག་ལྡུམ་ར|shing tog ldum ra) kɐ⁵³
尘土 (ཐལ་རྡུལ|thal rdul) ra³³
红土 (ས་དམར|sa dmar) qʰo³³tsæ³³
粉末 (ཕྱེ་ཞིབ|phye zhib) vɐ³³
渣滓 (སྙིགས་རོ|snyigs ro) vɐ³³
煤渣 (སོལ་སྙིགས|sol snyigs) vɐ³³
锅烟子 (ཁོག་ཐལ|khog thal) zã⁵⁵na³³
金 (གསེར|gser) †ga³³
银 (དངུལ|dngul) ŋu³³

铜 (ཟངས་zangs) †zɑ³³
铁 (ལྕགས་lcags) †ɕe⁵³
锈 (བཙའ་btsa') †tsæ⁵⁵
生锈 (བཙའ་ཆགས་btsa' chags) kʰi³³wu⁵³
钢 (དར་ལྕགས་ngar lcags) qɐ⁵⁵nbæ³³
锡 (གནའ་gsha') —
铝 (ཧ་ཡང་ha yang) xɑ³³zæ⁵³
铅 (ཞ་ཉེ་zha nye) †zɐ⁵⁵ɲi³³
玉 (གཡུ་g.yu) jy²⁴
翡翠 (གཡང་ཏི་g.yang ṭi) —
玛瑙 (མ་ན་ཧོ་ma na ho) pu³³ɕe⁵³
玻璃 (ཤེལ་shel) ɕe³³gø³³
硫磺 (མུ་ཟི་mu zi) tɑ³³xɑ⁵³
碱 (བུལ་bul) xɑ³³xi⁵³
火药 (མེ་རྫས་me rdzas) mə³³zi³³
硝 (ཟེ་ཚྭ་ze tshwa) †pɑ³³tsʰɑ⁵³
火种 (མེ་བཙའ་me btsa') mə⁵⁵ʁɑ³³
火光 (མེ་འོད་me 'od) †mə³³ndæ⁵³
火焰 (མེ་ལྕེ་me lce) †mə⁵⁵ʁɑ³³
火塘 (མེ་གཞོང་me gzhong) †mə⁵⁵ɕə³³qo³³
打火石 (མེ་རྡོ་me rdo) tʰɑ⁵⁵mə³³rə³³
山火 (རི་མེ་ri me) —
火把 (དཔལ་འབར་dpal 'bar) tʰɑ⁵⁵mə³³rə³³
火星 (མེ་སྟག་me stag) mə⁵⁵tsʰɑ³³
火舌 (མེ་ལྕེ་me lce) —
火灾 (མེ་སྐྱོན་me skyon) mə³³tə³³χə³³
火石 (མེ་རྡོ་me rdo) mə⁵⁵dze⁵³
火铲 (མེ་ཁྱེམ་me khyem) kõ³³tʂʰæ³³
汽油 (རླངས་སྣུམ་rlangs snum) tɕʰi³³ju³³
油漆 (རྩི་rtsi) tɕʰi¹³
井 (ཁྲོན་པ་khron pa) tɕʰə³³do³³tɕə⁵³
沸水 (ཆུ་ཁོལ་chu khol) †tɕʰə³³kʰi³³
温水 (ཆུ་དྲོད་འཇམ་chu drod 'jam) tɕə³³tsə⁵³
碱水 (བུལ་ཆུ་bul chu) —

时间方位

春天 (དཔྱིད་ཀ་dpyid ka) zɑ³³
夏天 (དབྱར་ཁ་dbyar kha) nə̃⁵⁵je⁵³
秋天 (སྟོན་ཁ་ston kha) tsʰə⁵⁵je⁵⁵
冬天 (དགུན་ཁ་dgun kha) tsʰo³³
过年 (ལོ་གསར་རོལ་བ་lo gsar rol ba) ly³³sɐ³³
过节 (དུས་ཆེན་རོལ་བ་dus chen rol ba) ndzu³³ndzø³³
每年 (ལོ་རེ་རེ་lo re re) ki⁵⁵ʁo³³
上半年 (ལོ་སྟོད་lo stod) lø³³ŋgø⁵³
下半年 (ལོ་འཇུག་lo 'jug) lø³³ndzø⁵⁵
闰月 (བཤོལ་ཟླ་bshol zla) ŋi³³pæ⁵³
二月 (ཟླ་བ་གཉིས་པ་zla ba gnyis pa) †ŋi³³pæ⁵³
三月 (ཟླ་བ་གསུམ་པ་zla ba gsum pa) †sõ³³pæ⁵³
四月 (ཟླ་བ་བཞི་བ་zla ba bzhi ba) †zə²⁴pæ⁵³
五月 (ཟླ་བ་ལྔ་བ་zla ba lnga ba) †ɴɑ³³pæ⁵³
六月 (ཟླ་བ་དྲུག་པ་zla ba drug pa) †tʂu³³pæ⁵³
七月 (ཟླ་བ་བདུན་པ་zla ba bdun pa) †dõ³³pæ⁵³
八月 (ཟླ་བ་བརྒྱད་པ་zla ba brgyad pa) †dze³³pæ⁵³
九月 (ཟླ་བ་དགུ་པ་zla ba dgu pa) †ŋgə³³pæ⁵³
十月 (ཟླ་བ་བཅུ་པ་zla ba bcu pa) †tɕə³³pæ⁵³
十一月 (ཟླ་བ་བཅུ་གཅིག་པ་zla ba bcu gcig pa) †tɕə³³tɕi⁵⁵pæ⁵³
十二月 (ཟླ་བ་བཅུ་གཉིས་པ་zla ba bcu gnyis pa) †tɕə³³ɲi⁵⁵pæ⁵³
每月 (ཟླ་རེ་zla re) li⁵⁵ʁo³³
月初 (ཚེས་འགོ་tshes 'go) ndæ̃³³gø⁵³
月底 (ཟླ་མཇུག་zla mjug) ndæ̃³³dzu⁵⁵
元旦 (གནམ་ལོ་གསར་ཚེས་gnam lo gsar tshes) ʁɑ²⁴ly³³sɐ³³
初一 (ཚེས་གཅིག་tshes gcig) †tsʰe³³tɕi⁵³

初二 (ཚེས་གཉིས་tshes gnyis) †tsʰe³³ɲi³³
初三 (ཚེས་གསུམ་tshes gsum) †tsʰe³³sõ⁵³
初四 (ཚེས་བཞི་tshes bzhi) †tsʰe³³zə⁵³
初五 (ཚེས་ལྔ་tshes lnga) †tsʰe³³ɴa⁵³
初六 (ཚེས་དྲུག་tshes drug) †tsʰe³³tʂu⁵³
初七 (ཚེས་བདུན་tshes bdun) †tsʰe³³dø⁵³
初八 (ཚེས་བརྒྱད་tshes brgyad) †tsʰe³³dze⁵³
初九 (ཚེས་དགུ་tshes dgu) †tsʰe³³ŋu⁵³
初十 (ཚེས་བཅུ་tshes bcu) †tsʰe³³tɕə⁵³
昼夜 (ཉིན་མཚན་nyin mtshan) xu³³si⁵³
半天 (ཉིན་ཕྱེད་nyin phyed) si³³lɐ̯⁵³
古时候 (གནའ་དུས་gna' dus) kæ³³ŋu⁵⁵
东 (ཤར་shar) †ɕɐ⁵³
南 (ལྷོ་lho) †lø⁵⁵
西 (ནུབ་nub) †nə⁵³
北 (བྱང་byang) †tɕã⁵³
正面 (མདུན་ཕྱོགས་mdun phyogs) ŋgə³³rə³³kʰu⁵⁵
反面 (ལྡོག་ཕྱོགས་ldog phyogs) pʰa³³no⁵³
附近 (ཉེ་འགྲམ་nye 'gram) kɐ⁵⁵re³³
周围 (མཐའ་སྐོར་mtha' skor) †kɐ⁵⁵re³³
对岸 (ཆུའི་ཕར་ངོགས་chu'i phar ngogs) †tʰi⁵⁵pʰo⁵³
门上 (སྒོ་ཐོག་sgo thog) ʁə²⁴pu⁵³
楼上 (ཁང་བའི་སྟེང་ཤོད་khang ba'i steng shod) mbo³³tɐ⁵³
楼下 (ཁང་ཞབས་khang zhabs) mbo⁵⁵væ³³
角落 (ཟུར་ཁུག་zur khug) †zy²⁴kʰo³³
在……后 (རྗེས་rjes) pʰa³³no⁵³
在……前 (མདུན་དུ་mdun du) ŋgə³³rə³³kʰu⁵⁵
在……之间 (བར་bar) ŋgə³³lɐ̯⁵³

植物

樟树 (ཤིང་ག་པུར་shing ga pur) —
梧桐 (ཤིང་ཝུའུ་ཐུང་shing wu'u thung) kʰu³³dzə⁵³
杨树 (ཤིང་སྦྱར་བ་shing sbyar ba) mə³³xa⁵³
枫树 (ཇ་སྡོང་སེར་པོ་ja sdong ser po) kʰu³³dzə⁵³
白桦 (སྟག་དཀར་stag dkar) mə³³xa⁵³
桑树 (དར་ཤིང་dar shing) ri²⁴pʰo³³
椿树 (ཤིང་སྡོང་ཁྲུན་ཧྲུའུ་shing sdong khrun hru'u) —
棕树 (ཏ་ལའི་སྡོང་བོ་ta la'i sdong bo) —
冷杉 (གསོམ་ནག་gsom nag) ri²⁴pʰo³³
桉树 (ཨན་ཤིང་an shing) —
槐树 (ཚོས་སེར་སྡོང་པོ་tshos ser sdong po) —
漆树 (བཀྲག་རྩི་ཤིང་bkrag rtsi shing) —
青冈栎 (བེ་ནག་be nag) ndə̣³³pʰo⁵³
万年青 (ན་གཞོན་ཤིང་སྡོང་na gzhon shing sdong) jɐ³³ŋə⁵³gø³³ŋə³³
树皮 (ཤིང་ལྤགས་shing lpags) tsʰə³³rə³³mbo³³
树枝 (ཡལ་ག་yal ga) †jæ³³gæ³³
树干 (སྡོང་བོ་sdong bo) jæ³³gæ³³
树梢 (ཤིང་རྩེ་shing rtse) tsʰɨ³³pʰo⁵³tsi⁵⁵mu³³
根 (རྩ་བ་rtsa ba) kɐ³³ndzɛ⁵³
树浆 (ཤིང་གཤེར་shing gsher) —
年轮 (ལོ་རིས་lo ris) tsʰɨ⁵⁵ndzɨ³³
松球 (ཐང་ཤིང་གི་འབྲས་རིལ་thang shing gi 'bras ril) mba³³xa⁵⁵lø³³lø³³
松针 (ཐང་ཤིང་གི་ལོ་མ་thang shing gi lo ma) tʰæ³³mə⁵³
松脂 (ཐང་ཆུ་thang chu) tʰã³³dzæ⁵³
松香 (ཐང་ཆུ་thang chu) tʰa³³
松包 (སུང་འབྲུ་sung 'bru) tʰa³³dzæ⁵³
松明 (སྒྲོན་ཤིང་sgron shing) tʰa⁵³
桐油 (བཀྲག་རྩི་bkrag rtsi) tsʰɨ³³rø⁵⁵dza⁵⁵
火麻 ('བར་མ་'bar ma) qʰa̱³³lɐ̯⁵³
荸荠 (སིལ་ཏོག་ཆུ་འབྲུམ་sil tog chu 'brum) —

西瓜 (ཞི་ཀྭ zhi kwa) ᵖɕi³³qɑ⁵³
桃核 (སྟར་ཀ star ka) dæ³³gæ⁵³
葡萄 (རྒུན་འབྲུམ rgun 'brum) pʰu³³tʰo³³ / ŋge³³ndzɨ³³
樱桃 (སྲེའུ sre'u) væ³³lɐ̯⁵⁵lɐ̯⁵³
枇杷 (ཞུ་མཁན zhu mkhan) ᵖpʰi³³pʰa³³
壳 (སྐོགས་ཤུན skogs shun) dæ³³gæ⁵⁵rə³³mbo³³
核儿 (ནང་སྙིང nang snying) ndzɐ³³nbu⁵³
菠萝 (པོ་ལུའོ po lu'o) ᵖpo³³lo³³
香蕉 (ངང་ལག ngang lag) ᵖɕã³³tɕo³³
芭蕉 (ཆུ་ཤིང chu shing) —
柠檬 (ཤིང་ཏོག་ཉིང་མོང shing tog nying mong) —
柑子 (ཚ་ལུ་མ tsha lu ma) ᵖtɕy³³tsɨ⁵³
橙子 (ཚ་ལུ་མ tsha lu ma) ᵖtɕy³³tsɨ⁵³
山楂 (སྐྱུ་རུ་ར skyu ru ra) gə³³mɐ⁵⁵
果皮 (སིལ་ཤུན sil shun) ŋgə⁵⁵ndzɨ³³rə⁵⁵mbo³³
果干 (སིལ་སྐམ sil skam) ŋgə⁵⁵ndzɨ³³qə⁵⁵ræ³³
杏仁 (མཁམ་ཚིག་གི་ནང་སྙིང kham tshig gi nang snying) tɕæ⁵⁵lə⁵³qʰɐ̯⁵⁵qʰɐ̯⁵³
葵花籽 (ཉི་འབྲུ nyi 'bru) ᵖ†ɲi³³mæ⁵⁵qɑ⁵⁵tsɨ³³
瓜蔓 (ཀྭའི་འཁྲི་ཤིང kwa'i 'khri shing) —
艾草 (རྩྭ་ཨ་ཀྲོང rtswa a krong) wo³³bɐ⁵⁵
仙人掌 (མེ་ཏོག་དབང་ལག me tog dbang lag) ki⁵⁵sɐ⁵⁵do⁵⁵pa³³
狗尾草 (མ་མ་སྒོ་ལྕགས ma ma sgo lcags) ʔæ³³li⁵⁵bə³³dæ³³
含羞草 (སྔོ་རེག་སྐུམ sngo reg skum) —
草根 (རྩྭ་རྩ rtswa rtsa) ɣu²⁴kẽ³³dzɐ⁵³
青苔 (སྔོ་དྲེག sngo dreg) —

菊花 (ལུག་མིག་མེ་ཏོག lug mig me tog) —
桂花 (ཀུའེ་ཧྭ་མེ་ཏོག ku'e hwa me tog) —
杜鹃花 (སྟག་མ་མེ་ཏོག stag ma me tog) †ta³³ma⁵⁵me³³to⁵³
月季花 (རྒྱ་སེའི་མེ་ཏོག rgya se'i me tog) —
海棠花 (ཧའེ་ཐང་མེ་ཏོག ha'e thang me tog) —
水仙花 (ཆུ་ལྷ་མེ་ཏོག chu lha me tog) —
鸡冠花 (མེ་ཏོག་བྱ་ཟེ me tog bya ze) —
葵花 (ཉི་མ་མེ་ཏོག nyi ma me tog) †ɲi³³mæ⁵⁵me³³to⁵³
桃花 (ཁམ་བུའི་མེ་ཏོག kham bu'i me tog) †kʰẽ³³bə⁵³me³³to⁵³
茉莉花 (བ་སྤུ་མེ་ཏོག ba spu me tog) —
金银花 (ཅིན་དབྱིན་མེ་ཏོག cin dbyin me tog) —
花瓣 (འདབ་མ 'dab ma) †me³³to⁵⁵lo³³ma⁵³
花蕊 (ཟེའུ་འབྲུ ze'u 'bru) †me³³to⁵⁵ndzɐ³³bu⁵³
芦苇 (འདམ་རྩྭ 'dam rtswa) —
菖蒲 (ཤུ་དག shu dag) —
水葫芦 (ཆུ་ཀ་བེད chu ka bed) —
鸡棕菌 (བྱ་ཙོང་སྲིན bya tsong srin) ɕe⁵⁵mĩ⁵⁵tɕʰæ³³
茶树菇 (ཇ་ཤིང་ཤ་མོ ja shing sha mo) —
红菌 (ཤ་མོ་དམར་པོ sha mo dmar po) ɕe³³wu⁵⁵ɦa³³mi⁵³
黄菌 (ཤ་མོ་སེར་པོ sha mo ser po) pã³³də⁵³qʰo³³lo³³
松茸 (བེ་ཤ be sha) ɕe³³mu⁵³
毒菇 (དུག་ལྡན་ཤ་མོ dug ldan sha mo) ɕe³³rə⁵³ɦa³³ɲi⁵³
笋衣 (སྨྱུག་གོས smyug gos) —
瓜籽 (ཀྭ་འབྲུ kwa 'bru) ndzɐ³³bu⁵³
籽 (འབྲུ 'bru) tsʰe⁵⁵ndzɐ³³bu³³

莲子 (པད་པ་pad pa) —
荷叶 (པད་ལོ་pad lo) —
薄荷 (དག་ཅི་dag ci) —
枸杞 (འདྲེ་ཚེར་མ་'dre tsher ma) —
紫苏 (ཙི་སུའུ་tsi su'u) —
猩猩 (སྤྲ་spra) —
马蓝 (མ་ལན་ma lan) —
灵芝 (ཀོ་ཤ་ko sha) —
银耳 (མོག་རོ་དཀར་པོ་mog ro dkar po) ri²⁴
竹根 (སྨྱུག་རྩ་smyug rtsa) kɐ³³ndzɿ⁵³
竹节 (སྨྱུག་ཚིགས་smyug tshigs) rə³³nbə⁵⁵tsæ⁵³
竹竿 (སྨྱུག་དབྱུག་smyug dbyug) rə³³nbə⁵⁵tɕø⁵⁵lø⁵³
柳絮 (ལྕང་བལ་lcang bal) tɕø⁵⁵mə³³re³³
篾条 (སྨྱུག་ལྕུག་smyug lcug) ri²⁴pʰæ⁵³
发芽 (མྱུ་གུ་འབུས་པ་myu gu 'bus pa) ɦæ³³ŋə⁵³
结果 (འབྲས་བུ་འདོགས་པ་'bras bu 'dogs pa) kʰə³³ndzɿ⁵³
成熟 (སྨིན་པ་smin pa) tə³³mi⁵³
开花 (མེ་ཏོག་བཞད་པ་me tog bzhad pa) ɦæ³³nbi³³
凋谢 (བརུལ་བ་brul ba) no³³dzi⁵³
粮食 (འབྲུ་རིགས་'bru rigs) ɕa⁵³
种子 (ས་བོན་sa bon) ɤə²⁴
秧 (ལྗང་པ་ljang pa) ɤə²⁴ya³³po⁵³
稻穗 (འབྲུ་སྙེ་'bru snye) te⁵⁵mo³³
抽穗 (སྙེ་མ་ཐོན་པ་snye ma thon pa) —
大米 (འབྲས་'bras) ndzɿ³³
小米 (ཁྲེ་khre) —
糯米 (ཆང་འབྲས་chang 'bras) —
红米 (འབྲས་དམར་'bras dmar) —
秕谷 (སྙེ་སྟོང་snye stong) —
稗子 (པི་ཙེ་pi tse) —

糠 (འབྲས་ཤུན་'bras shun) —
粟 (ཞིང་འབྲས་ལི་ཙི་shing 'bras li tsi) —
玉米包 (མ་རྨོས་ལོ་ཏོག་ma rmos lo tog) ⁿji²⁴mi³³po⁵⁵po⁵³
玉米秆 (མ་རྨོས་ལོ་ཏོག་གི་སྡོང་པོ་ma rmos lo tog gi sdong po) ⁿji²⁴mi³³dʐ̩³³nbʐ̩⁵³
玉米须 (མ་རྨོས་ལོ་ཏོག་གི་སྤུ་ma rmos lo tog gi spu) ⁿji²⁴mi³³tsʰa³³lo⁵³
青稞 (ནས་nas) ɕa⁵⁵ŋi³³
燕麦 (ཡུ་གུ་yu gu) —
荞麦 (བྲ་བོ་bra bo) tʂɐ³³wu⁵³
苦荞 (བྲ་བོ་bra bo) tʂɐ³³wu⁵³
麦芒 (གྲ་མ་gra ma) —
麦穗 (གྲོ་སྙེ་gro snye) te⁵⁵mɐ³³
麦茬 (གྲོ་སོག་gro sog) mbə⁵³
荞花 (བྲ་བོའི་མེ་ཏོག་bra bo'i me tog) —
荞壳 (བྲ་བོའི་ཤུན་bra bo'i shun) —
苎麻 (ཀྲུའུ་མ་གསོ་མ་kru'u ma gso ma) —
蓖麻 (དན་ཁྲ་dan khra) —
豆子 (སྲན་མ་sran ma) ndə³³xə⁵³
豆秸 (སྲན་སོག་sran sog) —
豆芽 (སྲན་མྱུག་sran myug) —
四季豆 (ཚལ་སྲན་tshal sran) sə³³tɕə⁵⁵tʰu³³
豆 (སྲན་མྱུག་sran myug) ndə³³xə⁵⁵ɤə²⁴tʂʰɿ⁵³
扁豆 (སྲན་ལེབ་sran leb) —
冬瓜 (ཏུང་ཀྭ་tung kwa) —
苦瓜 (ཁུའུ་ཀྭ་khu'u kwa) —
青菜 (སྔོ་ཚལ་sngo tshal) —
菜花 (ཀོའོ་པིག་མེ་ཏོག་ko'o pig me tog) —
空心菜 (ཁོག་སྟོང་ཚོད་མ་khog stong tshod ma) —
苋菜 (ཚལ་དམར་tshal dmar) —
蕨菜 (རེ་རལ་ཚལ་རིགས་re ral tshal rigs) ɤæ⁵⁵ŋgu³³ŋgu³³
荠菜 (སོག་རྐང་sog rkang) —

卷心菜 (ལོ་སྒོར་པད་ཚལ lo sgor pad tshal) —

苦菜 (ཚོད་མ་ཁ་བོ tshod ma kha bo) —

百合 (ལུག་མཉེ lug mnye) rə⁵⁵ma³³za³³

蒜苗 (སྒོག་མྱུག sgog myug) —

青椒 (སུར་སྔོན sur sngon) ɣæ²⁴gə³³mɐ³³

红椒 (སུར་པན་དམར་པོ sur pan dmar po) ɣæ²⁴gə³³mɐ³³

干辣椒 (སུར་པན་སྐམ་པོ sur pan skam po) ɣæ²⁴gə³³ræ³³ræ³³

春笋 (དཔྱིད་ཀྱི་མྱུ་གུ dpyid kyi myu gu) —

冬笋 (དགུན་ཁའི་མྱུ་གུ dgun kha'i myu gu) —

笋壳 (སྨྱུག་ཤུབས smyug shubs) —

笋干 (སྨྱུག་རྩ་སྐམ་པོ smyug rtsa skam po) —

萝卜干 (ལ་ཕུག་སྐམ་པོ la phug skam po) ᵑlɐ⁵⁵pʰə³³qə⁵⁵ræ³³

萝卜缨子 (ལ་ཕུག་ལོ་མ la phug lo ma) ᵑlɐ⁵⁵pʰə³³lo³³ma³³

根茎 (རྩ་སྡོང rtsa sdong) kɐ³³dzɐ⁵³

动物

野兽 (གཅན་གཟན gcan gzan) †ri²⁴ta³³

狮子 (སེང་གེ seng ge) †si⁵⁵ŋgi³³

豹 (གཟིག gzig) †zi³³

大熊猫 (དོམ་ཁྲ dom khra) ru³³we⁵⁵

狗熊 (དོམ dom) ru³³we⁵⁵

熊掌 (དོམ་སྡེར dom sder) we³³ŋgɐ⁵³

熊胆 (དོམ་མཁྲིས dom mkhris) we³³tsɨ⁵³

野猪 (ཕག་རྒོད phag rgod) pʰa³³gɐ⁵³

獒 (བོད་ཁྱི bod khyi) tɕʰə⁵⁵ta⁵³

豺狗 ('ཕར་བ 'phar ba) ɕɐ⁵⁵tɕʰə³³

豪猪 (ཕག་པ་བྱི་ཐུར phag pa byi thur) gõ³³tʰə⁵³

鹿 (ཤྭ་བ shwa ba) tsɐ⁵³

鹿茸 (ཤ་རྭ sha rwa) tsɐ⁵⁵tsʰøɹ⁵³tsʰøɹ⁵³

麂子 (ཤྭ་བ shwa ba) —

狐狸 (ཝ་མོ wa mo) dzə̣⁵⁵

狼 (སྤྱང་ཀི spyang ki) də³³bə⁵⁵xy⁵⁵

黄鼠狼 (སྲེ་མོང sre mong) ru³³mə³³

穿山甲 (ན་གི na gi) —

水獭 (ཆུ་སྲམ chu sram) dzɐ³³

旱獭 ('ཕྱི་བ 'phyi ba) dzɐ³³

野牛 ('བྲོང 'brong) ndzo³³

牦牛 ('བྲི་གཡག 'bri g.yag) ndzo³³

挤 ('ཇོ་བ 'jo ba) nɐ³³tsy⁵³

骆驼 (རྔ་མོང rnga mong) †ŋɐ⁵⁵mə³³

驼峰 (རྔ་མོང་གི་ཤ་ཚོགས rnga mong gi sha tsog) ŋɐ⁵⁵mə³³tɕə⁵³

大象 (གླང་ཆེན glang chen) †la⁵⁵mbu³³tɕʰe³³

象牙 (བ་སོ ba so) †pæ⁵⁵sø⁵³

象鼻 (གླང་ཆེན་གྱི་སྣ glang chen gyi sna) la⁵⁵mbu³³tɕʰe³³si³³

松鼠 (ནགས་བྱི nags byi) qʰə³³tɕæ⁵⁵kæ⁵⁵ræ³³

金丝猴 (སྤྲེའུ་སྤུ་སེར spre'u spu ser) zə³³ndə⁵³

啄木鸟 (ཤིང་རྟ་མོ shing rta mo) tsʰɨ⁵⁵dzi³³

布谷鸟 (བྱ་ཁུ་བྱུག bya khu byug) ku⁵⁵ku³³

斑鸠 (བྱིའུ་ཁྲ་ཁྲ byi'u khra khra) —

燕子 (ཁུག་རྟ khug rta) ɣæ³³dzi²⁴və⁵⁵dzi³³

野鸡 (རྒྱབ་བྱ rgyab bya) wu³³li⁵⁵tɕæ⁵⁵χæ⁵⁵

老鹰 (བྱ་གླག bya glag) ɕa⁵³

鹰爪 (བྱ་གླག་གི་སྡེར་མོ bya glag gi sder mo) ɕa⁵⁵ræ³³ndzæ⁵³

猫头鹰 (འུག་པ 'ug pa) qʰə⁵⁵lə³³mba³³

孔雀 (རྨ་བྱ rma bya) mæ⁵⁵tɕæ⁵³

鹦鹉 (ནེ་ཚོ་ne tso) ɦæ³³nu⁵⁵nə⁵⁵tsi⁵³
画眉鸟 (འཇོལ་མོ་'jol mo) —
白鹤 (ཁྲུང་ཁྲུང་དཀར་པོ་khrung khrung dkar po) tʂʰõ⁵⁵tʂʰõ⁵³
鹌鹑 (སྲེག་པ་sreg pa) —
鸟蛋 (བྱིའུ་སྒོང་ང་byi'u sgo nga) ʁu⁵⁵zi³³va³³va⁵³
鸟笼 (བྱིའུ་གཞེབ་byi'u gzeb) ʁu⁵⁵zi³³vu³³
鸳鸯 (ངུར་བ་ngur ba) —
鱼鹰 (ཉ་ཁྲ་nya khra) —
麝 (གླ་བ་gla ba) ʁə³³tsʰi⁵³
麝香 (གླ་རྩི་gla rtsi) lɐ⁵⁵tsɨ³³
野兔 (རི་བོང་ri bong) ri³³vɐ⁵³
毒蛇 (དུག་སྦྲུལ་dug sbrul) ro³³
蟒蛇 (སྦྲུལ་ཆེན་sbrul chen) ro³³
水蛇 (ཆུ་སྦྲུལ་chu sbrul) ro³³
眼镜蛇 (དུག་སྦྲུལ་མིག་ཤེལ་ཅན་dug sbrul mig shel can) ro³³
菜花蛇 (ཚལ་སྦྲུལ་tshal sbrul) ro³³
竹叶青 (སྨྱུག་འདབ་དུག་སྦྲུལ་smyug 'dab dug sbrul) ro³³
蛇皮 (སྦྲུལ་ལྤགས་sbrul lpags) ro³³
七寸 (ཚུན་བདུན་tshun bdun) ro³³
蛇胆 (སྦྲུལ་མཁྲིས་sbrul mkhris) ro³³tsɨ⁵³
蛇洞 (སྦྲུལ་ཁུང་sbrul khung) ro³³vu²⁴
刺猬 (རྒང་rgang) gõ³³tʰə⁵³
田鼠 (ཨ་བྲ་a bra) mə̣³³ki⁵³lu³³wæ³³
母老鼠 (ཙི་གུ་མ་tsi gu ma) tsʰə⁵⁵mɐ⁵³
蜥蜴 (རྩངས་པ་སྒལ་རལ་rtsangs pa sgal ral) tɕi³³mæ⁵⁵re³³re³³
壁虎 (རྩངས་པ་rtsangs pa) tɕæ⁵⁵ro⁵⁵mæ³³mæ³³
蜈蚣 (རྐང་བརྒྱ་ལག་བརྒྱ་rkang brgya lag brgya) —
蝎子 (སྡིག་པ་ར་ཚ་sdig pa rwa tsa) —

头虱 (མགོ་ཤིག་mgo shig) tsʰe³³mɐ⁵³
虮子 (སྲོ་མ་sro ma) tsʰe³³ri⁵³
蟑螂 ('བུ་ཀྲང་ལང་'bu krang lang) pæ⁵⁵pæ³³
蝗虫 (ཅ་ག་པ་cha ga pa) nda³³tsʰɨ⁵⁵mæ⁵⁵ŋgæ³³
螳螂 (རྩྭ་འབུ་ཀ་ལ་rtswa 'bu ka la) —
蟋蟀 (འཛིང་འབུ་'dzing 'bu) nda³³tsʰɨ⁵⁵mæ⁵⁵mæ³³
蚕丝 (དར་སི་dar si) —
蚕蛹 (སྲིན་ཁོག་ཉལ་འབུ་srin khog nyal 'bu) —
地蚕 (ས་འབུ་མགོ་སེར་sa 'bu mgo ser) —
蜂 (སྦྲང་མ་sbrang ma) mbø⁵⁵lø³³
蜂窝 (སྦྲང་ཚང་sbrang tshang) mbø⁵⁵lø³³vu²⁴
蜂王 (སྦྲང་བའི་རྒྱལ་པོ་bung ba'i rgyal po) ta⁵⁵se³³
蜂箱 (སྦྲང་སྒམ་sbrang sgam) mbø⁵⁵lø³³vu²⁴
蜂蜡 (སྦྲང་སྙིགས་sbrang snyigs) mbø⁵⁵kə³³tɕæ³³
飞蛾 (འབུ་མེ་ལྕེབ་'bu me lceb) mbe³³mbə⁵³
萤火虫 (སྲིན་འབུ་མེ་ཁྱེར་srin 'bu me khyer) mbo³³sæ⁵⁵sæ⁵⁵
白蚁 (གྲོག་དཀར་grog dkar) —
蚁窝 (གྲོག་ཚང་grog tshang) tsa³³vu⁵⁵
蚁蛋 (གྲོག་སྒོང་grog sgong) tsa³³va⁵⁵va⁵³
田蚂蟥 (པད་པ་pad pa) —
牛虻 (ཤ་སྦྲང་sha sbrang) —
蠓 (སྦྲང་རིགས་ཆུང་བ་sbrang rigs chung ba) —
臭虫 (འདྲེ་ཤིག་'dre shig) mbo³³ne⁵³
毛毛虫 (སྤུ་གཞེངས་འབུ་ཕྲུག་spu gzengs 'bu phrug) mbo³³sæ⁵³
蛔虫 (གྲོལ་འབུ་grol 'bu) tɕa³³dzo⁵³

肉蛆 (ཤ་འབུ་sha 'bu) mbo⁵⁵ro³³
屎蛆 (སྐྱག་འབུ་skyag 'bu) mbo⁵⁵ro³³
滚屎虫 (བསེ་སྦུར་bse sbur) —
绿头蝇 (སྦྲང་ནག་ལྗང་ཁུ་sbrang nag ljang khu) ro³³dzə⁵³
蜘蛛网 (སྡོམ་དྲ་sdom dra) dzo³³ɣø⁵³
织网 (དྲ་ཐགས་dra thags) ɦẽ²⁴tʰɑ̃³³
乌龟 (རུས་སྦལ་rus sbal) se⁵⁵tɕi³³ræ³³bæ³³
蟹夹 (སྡིག་སྲིན་གྱི་སྐམ་པ་sdig srin gyi skam pa) —
蜗牛 (འབུ་སྐྱོགས་'bu skyogs) lə³³mbi⁵⁵tæ⁵⁵ræ⁵³
蚌 (ཉ་སྐྱོབ་nya skyob) —
田螺 (འབུ་སྐྱོགས་དུང་འདྲ་'bu skyogs dung 'dra) —
海螺 (དུང་དཀར་dung dkar) ly³³
蝌蚪 (ལྕོང་མོ་lcong mo) nba³³wu⁵⁵
黄鳝 (སྦྲུལ་ཉ་sbrul nya) —
泥鳅 (འདམ་ཉ་'dam nya) tɕa³³dzo⁵³
金鱼 (གསེར་ཉ་gser nya) ʁə²⁴
带鱼 (ཉ་ལེབ་རིང་nya leb ring) ʁə²⁴
鲈鱼 (ལུའུ་ཉ་lu'u nya) ʁə²⁴
娃娃鱼 (ཉ་ཁྱེའུ་nya khye'u) ʁə²⁴
白鳝 (མཱན་ཉ་mān nya) —
鱼鳍 (ཉ་གཤོག་nya gshog) ʁə²⁴
鱼刺 (ཉ་རུས་nya rus) ʁə²⁴tsʰɨ⁵³
鱼子 (ཉ་སྒོང་nya sgong) ʁə²⁴va³³va³³
鱼苗 (ཉ་ཕྲུག་nya phrug) ʁə²⁴tɕe⁵³
鱼饵 (ཉ་ཟན་nya zan) —
鱼鳔 (ཉ་ལྒང་nya lgang) —
鱼鳃 (ཉའི་རྣ་གཤོག་nya'i rna gshog) ʁə²⁴sa⁵³
剖鱼 (ཉ་བཤགས་པ་nya bshags pa) ɣə²⁴lə̥⁵³
钓鱼竿 (ཉ་འཛིན་དབྱུག་པ་nya 'dzin dbyug pa) ʁə²⁴də̃³³bə³³
皮子 (པགས་པ་pags pa) rẽ⁵⁵bɐ³³

毛 (སྤུ་spu) mo³³
羽毛 (སྒྲོ་sgro) mo³³
角 (ར་ཅོ་rwa co) tsʰə̃³³bə⁵³
蹄子 (རྨིག་པ་rmig pa) qə⁵⁵tsʰɨ⁵³
发情 (འཁོར་བ་'khor ba) tə³³tsʰə⁵³pi⁵³
产崽 (ཕྲུ་གུ་སྐྱེ་བ་phru gu skye ba) ɣi³³ndzɨ⁵⁵
开膛 (ཁོག་པ་འདོན་པ་khog pa 'don pa) ɦæ²⁴lə̥³³
交尾 (འཁྲིག་སྦྱོར་'khrig sbyor) tə³³lo⁵⁵pi³³
蝉脱壳 (ཅ་ག་བ་པགས་པ་བུད་cha ga ba pags pa bud) —
水牛 (མ་ཧེ་ma he) †mæ³³χe⁵³
黄牛 (བ་ལང་ba lang) mə³³ɣə⁵³
公牛 (གླང་glang) mə³³ɣə⁵³
牛犊 (བེའུ་be'u) †mbi²⁴
牛角 (གླང་ར་glang rwa) tsʰə̃³³bə⁵³
牛皮 (ཀོ་བ་ko ba) rẽ⁵⁵bɐ³³
牛筋 (གླང་རྒྱུས་glang rgyus) ndzi̥⁵³
牛打架 (ཟོག་རྡུང་རེས་zog rdung res) nɐ³³tə⁵⁵ty⁵⁵
牛反刍 (ཟོག་ལྡད་zog ldad) —
公马 (ར་ཕོ་rta pho) rɐ³³ʁə⁵⁵
母马 (རྒོད་མ་rgod ma) †rɐ³³mɐ⁵⁵
马驹 (རྟེའུ་rte'u) rɐ³³kə⁵³
马鬃 (རྟའི་ཛེ་rta'i ze) rɐ³³mo⁵³
绵羊 (ལུག་lug) ʁa²⁴
岩羊 (ར་མ་ra ma) tsʰə⁵³
公羊 (ར་ཕོ་ra pho) ʁa³³tʰy⁵³
母羊 (མ་མོ་ma mo) ʁa³³mɐ⁵⁵
羊羔 (ལུ་གུ་lu gu) ʁa³³tɕe⁵³
羊毛 (བལ་bal) mo³³
羊皮 (ལུག་ལྤགས་lug lpags) ʁa³³rɐ³³bɐ³³
公驴 (བོང་བུ་ཕོ་bong bu pho) ɣə³³pə⁵³ʁo²⁴
母驴 (བོང་བུ་མོ་bong bu mo) ɣə³³pə⁵³mɐ⁵³

看家狗 (སྒོ་ཁྱི་sgo khyi) kʰə³³
哈巴狗 (རྒྱ་ཁྱི་rgya khyi) ᵑxa³³pa⁵³
猎狗 (རྔོན་ཁྱི་rngon khyi) ɕe⁵⁵tɕʰɐ³³
疯狗 (ཁྱི་སྨྱོན་khyi smyon) kʰə³³ʁa²⁴
鸡窝 (བྱ་ཚང་bya tshang) ɣu⁵⁵ɣi³³vu²⁴
冠 (བྱ་ཟེ་bya ze) tʰə³³dzo⁵⁵
鸡崽 (བྱ་ཕྲུག་bya phrug) ɣu⁵⁵ɣi³³tɕe⁵³
鸡爪 (བྱ་སྡེར་bya sder) ɣu⁵⁵ræ̃³³tsæ⁵³
鸡屎 (བྱ་སྐྱག་bya skyag) ɣu⁵⁵ɣi³³ɕə⁵³
鸡胗 (བྱའི་ཕོ་བ་bya'i pho ba) —
蛋壳 (སྒོང་ཤུན་sgong shun) va³³va⁵⁵rə⁵⁵ mbɐ³³
蛋清 (སྒོང་ངའི་དཀར་སྤྲི་sgo nga'i dkar spri) va³³va⁵⁵tʂʰø⁵⁵tʂʰø³³tsi³³
蛋黄 (སྒོང་ངའི་སེར་རིལ་sgo nga'i ser ril) va³³va⁵⁵kʰu⁵⁵nə̰⁵⁵nə̰³³tsi³³
嗉囊 (ལྐོག་གསོག་lkog gsog) —
脚蹼 (རྐང་པ་སྡེར་སྐྱི་rkang pa sder skyi) ŋa³³tsi⁵⁵ŋgɐ²⁴
蜕皮 (པགས་པ་བུད་པ་pags pa bud pa) ɦæ²⁴mæ³³læ³³
叮 (སོ་བཏབ་པ་so btab pa) qʰo³³ndɑ⁵⁵
蜇 (མདའ་རྒྱག་mda' rgyag) qʰo³³ndɑ⁵⁵
爬 (འཛེགས་'dzegs) rə³³qɑ⁵⁵
叫 (སྒྲོག་པ་sgrog pa) tə³³su⁵⁵

房舍器具

楼房 (ཞོག་ཁང་shathog khang) tɕe⁵³
木板房 (ཤིང་ལེབ་ཁང་བ་shing leb khang ba) tsʰi³³rø⁵⁵tɕe⁵³
砖瓦房 (སོ་ཕག་གི་ཁང་པ་so phag gi khang pa) wa⁵⁵tɕe⁵³
碓房 (གཏུན་ཁང་gtun khang) —
磨坊 (རང་འཐག་rang 'thag) tɕʰə³³tʰɑ⁵³
仓库 (མཛོད་ཁང་mdzod khang) ŋge²⁴

棚子 (སྤྱིལ་བུ་spyil bu) pʰõ³³tsi⁵³
草棚 (རྩྭ་སྤྱིལ་rtsa spyil) ɣu²⁴tɕe⁵³
窑 (ས་དོང་sa dong) wḛ⁵⁵si³³lə³³
碉楼 (མཁར་རྫོང་mkhar rdzong) dzu³³
山寨 (རི་གྲོང་ri grong) —
屋檐 (མདའ་གཡབ་mda' g.yab) ŋgu³³wæ⁵⁵
屋顶 (རྒྱ་ཕིབས་rgya phibs) nbɐ³³tɐ⁵⁵
梁 (གདུང་མ་gdung ma) pʰo³³
椽子 (ལྕམ་ཤིང་lcam shing) —
立柱 (ཀ་བ་ka ba) †kæ³³wæ³³
榫头 (མཐུད་ཁ་mthud kha) —
门 (སྒོ་sgo) ʁə²⁴
寨门 (གྲོང་སྡེའི་སྒོ་grong sde'i sgo) †ta³³gø⁵⁵
门口 (སྒོ་འགྲམ་sgo 'gram) ʁə²⁴va³³
闩 (ཨ་ཤིང་a shing) ndy³³læ⁵³
篱笆 (རིབ་མ་rib ma) da³³mba⁵⁵
栏杆 (ལྕགས་སྒྲོམ་lcags sgrom) lã⁵⁵tsʰe⁵³
桩子 (ཕུར་པ་phur pa) kæ³³wæ³³
级 (རིམ་པ་rim pa) ᵑtɕe⁵³
木料 (ཤིང་ཆ་shing cha) ndo³³ma⁵³
圆木 (ཟླུམ་ཤིང་zlum shing) ndo³³ma⁵³
板子 (པང་ལེབ་pang leb) to⁵⁵væ⁵³
墙板 (གྱང་པང་gyang pang) ndzɐ³³ji⁵⁵
楼板 (ཐོག་པང་thog pang) ndzɐ³³ji⁵⁵
木板 (ཤིང་ལེབ་shing leb) to⁵⁵væ⁵³
天花板 (གནམ་གཅལ་gnam gcal) tĩ⁵⁵pʰu³³
门板 (སྒོ་པང་sgo pang) ʁə²⁴to⁵⁵væ³³
墙壁 (གྱང་gyang) ndzɐ³³
围墙 (ལྕགས་རི་lcags ri) ru³³wæ³³
砌墙 (གྱོ་རྩིག་gyo rtsig) ndzɐ⁵⁵nɐ³³tsi³³
砖墙 (གྱང་རྩིག་gyang rtsig) wa³³do⁵⁵ndzɐ³³
土墙 (ས་གྱང་sa gyang) nda⁵⁵ndzɐ³³
城墙 (ལྕགས་རི་lcags ri) ndzɐ³³
石墙 (རྡོ་རྩིག་rdo rtsig) ndzɐ³³

房间 (བང་མིག khang mig) ndzy³³

外间 (ཕྱི་ཁང་phyi khang) le³³ndzy³³

里间 (བང་མིག་སྦུག་མ་khang mig sbug ma) kʰu³³ndzy³³

箱子 (སྒམ་sgam) gʴ²⁴

木箱 (ཤིང་སྒམ་shing sgam) tsʰi³³rø⁵⁵gʴ³³

皮箱 (ཀོ་སྒམ་ko sgam) qo³³wa⁵⁵gʴ³³

衣柜 (གོས་སྒམ་gos sgam) tsẽ⁵⁵gə³³pã⁵⁵tɕʰe⁵³

饭桌 (གསོལ་ཅོག་gsol cog) tɕæ²⁴tʂo³³tsi⁵³

小板凳 (རྐུབ་སྟེགས་ཆུང་ཆུང་rkub stegs chung chung) pẽ³³tʰe⁵⁵tɕe⁵³

棕垫 (ཏ་ལའི་གདན་ta la'i gdan) mbu³³de⁵⁵

电视 (བརྙན་འཕྲིན་brnyan 'phrin) ⁿtẽ³³si⁵³

冰箱 ('khyags sgam) ⁿpĩ³³ɕa⁵³

洗衣机 (གོས་འཁྲུད་འཕྲུལ་ཆས་gos 'khrud 'phrul chas) ⁿɕi⁵⁵ji³³tɕi³³

电灯 (གློག་སྒྲོན་glog sgron) ⁿtæ̃³³ti⁵⁵

灯泡 (གློག་ཞུའི་ཤེལ་ཏོག་glog zhu'i shel tog) ⁿpʰʴ³³tsi⁵³

电线 (གློག་སྐུད་glog skud) ⁿtẽ³³ɕæ⁵³

开关 (བསད་སྤར་bsad spar) kʰe³³kæ⁵³

油灯 (སྒྲོན་མེ་sgron me) ⁿmi³³ju⁵⁵te⁵³

灯罩 (སྒྲོན་ཁེབས་sgron khebs) tʰɑ³³zø⁵⁵mæ⁵³

灯芯 (སྡོང་རས་sdong ras) †ndø³³re⁵⁵

灯花 (སྡོང་རོ་sdong ro) —

灯笼 (གང་ཞུ་lgang zhu) —

松明灯 (གསོམ་སྒྲོན་gsom sgron) tʰɑ³³mbə⁵⁵rə⁵³

电池 (གློག་སྨན་glog sman) ⁿtẽ³³tʂʰi⁵³

钟 (ཆུ་ཚོད་འཁོར་ལོ་chu tshod 'khor lo) †tɕʰə⁵³tsʰy⁵³

盆 (གཞོང་པ་gzhong pa) ⁿpʰẽ³³tsi⁵³

镜子 (མེ་ལོང་me long) ɕʴ³³gʴ⁵³

风箱 (སྒམ་སྦུད་sgam sbud) kʰu⁵⁵mə³³

篮子 (ལག་གཟེབ་lag gzeb) la³³ndzu⁵⁵

瓜果盘 (ཤིང་ཏོག་སྡེར་མ་shing tog sder ma) †dæ³³mæ⁵³

背篓 (སླེལ་པོ་slel po) kə⁵⁵lø⁵³

服饰饮食

袋子 (སྒྱེ་མོ་sgye mo) pə³³tʰə⁵³

麻袋 (སོ་ཕད་so phad) kʰy³³mæ⁵³

钩子 (ལྕགས་ཀྱུ་lcags kyu) lõ³³tʰa⁵³

抹布 (ཕྱིས་རས་phyis ras) tsʰa³³na⁵³

手纸 (གཙང་ཤོག་gtsang shog) —

蓑衣 (ཕྱིང་གོས་phying gos) li³³tɕu⁵⁵te⁵⁵pʰʴ³³

斗笠 (སྨྱུག་ཞྭ་smyug zhwa) —

雨衣 (ཆར་གོས་char gos) ⁿjy³³jy³³

炉子 (མེ་ཐབ་me thab) qã⁵⁵lu³³

吹火筒 (ཕུ་མདོང་phu mdong) —

火钳 (མེ་སྐམ་me skam) kæ³³nbæ⁵³

铁锅 (ལྕགས་ཟངས་lcags zangs) ŋgə³³

铝锅 (ཧ་ཡང་སླ་ང་ha yang sla nga) xa³³di⁵³

砂锅 (རྫ་ཁོག་rdza khog) tsʰe³³qo³³

小锅 (སླ་ང་ཆུང་བ་sla nga chung ba) di²⁴tɕe³³

锅盖 (ཁོག་ཁེབས་khog khebs) kʰæ³³lo⁵³

锅垫圈 (སླ་ངའི་གདན་འཁོར་sla nga'i gdan 'khor) rʴ³³rʴ³³

三脚架 (རྐང་གསུམ་rkang gsum) tɕa⁵⁵dze³³

锅铲 ('དྲད་སོ་'drad so) tsʰe³³kõ³³tʂʰæ⁵³

刷子 (སྤུ་ཤད་spu shad) ⁿʂa³³tsi⁵³

锅刷 (སླང་འཁྲུད་slang 'khrud) ndzi³³ʁo²⁴

调羹 (ཐུར་མ་thur ma) qʰʴ³³de⁵³

勺子 (སྐྱོགས་skyogs) kʰʴ³³de⁵³

木勺子 (ཤིང་སྐྱོགས་shing skyogs) qʰʴ³³de⁵³

饭勺 (ཟ་སྐྱོགས་za skyogs) kʰɐ³³de⁵³
砧板 (གཏུབ་གདན་gtub gdan) ȵe̱⁵⁵nbæ³³
饭碗 (དཀར་ཡོལ་dkar yol) pʰə³³la⁵³
大碗 (དཀར་ཡོལ་ཆེ་བ་dkar yol che ba) pʰə³³la³³pa³³
小碗 (དཀར་ཡོལ་ཆུང་བ་dkar yol chung ba) pʰə³³la³³tɕe³³
木碗 (ཤིང་ཕོར་shing phor) zø⁵⁵mɐ̃³³
筷子筒 (ཐུར་མ་ཟོ་བ་thur ma zo ba) ᵑkʰe³³tsɨ³³ɕy³³
盘子 (སྡེར་མ་sder ma) dæ³³mæ⁵³
碟子 (སྡེར་མ་sder ma) dæ³³mæ⁵³
刀 (གྲི་gri) ri³³tɕe⁵³
尖刀 (ཁེ་གྲི་khe gri) zĩ⁵⁵ndo³³
刀刃 (གྲིའི་དངོ་gri'i dngo) ri³³zi³³mu³³
缺口 (ཁ་ཆག་kha chag) tʰɐ⁵⁵tʂʰɨ³³
刀面 (གྲི་ངོས་gri ngos) ri³³tɕe⁵⁵ŋø³³
刀背 (གྲི་ལྟག་gri ltag) ri³³tɕe⁵⁵pe³³na⁵⁵
刀鞘 (གྲི་ཤུབས་gri shubs) ri³³pə⁵⁵ɕy⁵⁵
柴刀 (གོ་གྲི་go gri) ri³³tɕe⁵⁵ɦo²⁴so³³
磨刀石 (རྡར་རྡོ་rdar rdo) so³³ro⁵³
瓦罐 (རྫ་ཁོག་rdza khog) dzæ³³mæ⁵³
杯子 (པེ་ཙི་pe tsi) ᵑpi³³tsɨ⁵³
玻璃杯 (ཤེལ་ཕོར་shel phor) ᵑpo⁵⁵li³³pi³³tsɨ³³
酒杯 (ཆང་ཕོར་chang phor) ᵑwi⁵⁵pi³³tsɨ³³
茶杯 (ཇ་ཕོར་ja phor) ᵑᵗtɕæ³³pi⁵⁵tsɨ³³
蒸笼 (རླངས་ཚགས་rlangs tshags) mo³³kʰe⁵³
笼屉 (ཀྲིན་ལུང་krin lung) —
箅子 (བར་ཚགས་bar tshags) —
捞箕 (སྨྱུག་ཚགས་smyug tshags) —
烧水壶 (སྐོལ་དེམ་skol dem) ᵑtʂʰa³³xu⁵³
臼窝 (གཏུན་gtun) —
碓杵 (རྡོར་དྲིལ་rdor dril) —
工具 (ལག་ཆ་lag cha) ᵗla³³tɕʰæ⁵³

铁锤 (ལྕགས་ཐོ་lcags tho) tʰy⁵⁵tɕʰe⁵³
锯子 (སོག་ལེ་sog le) so⁵⁵tɕʰe⁵³
推刨 (འབུར་ལེན་'bur len) ᵗmbu³³le⁵³
钻子 (གསོར་gsor) ndzɐ³³
凿子 (གཟོང་gzong) ndzɐ³³
墨斗 (ཐིག་ཕོར་thig phor) tʰi³³qʰe⁵³
尺子 (ཁྲེ་ཙེ་khre tse) ᵑtʂʰɨ³³tsɨ³³
铁丝 (ལྕགས་སྐུད་lcags skud) qɑ̃³³si⁵³
纺车 ('ཁེལ་འཁོར་'khel 'khor) —
织布机 (རས་འཐག་འཕྲུལ་འཁོར་ras 'thag 'phrul 'khor) tʂʰɨ³³
纺线 (སྐུད་པ་འཁེལ་བ་skud pa 'khel ba) tə³³tʰo⁵³
梭子 (སོ་ཙེ་so tse) pi⁵⁵ri³³
针眼 (ཁབ་མིག་khab mig) ʁa²⁴du³³
顶针 (མཛུབ་ལྕིབས་mdzub lcibs) ndy²⁴ly³³
枪 (མེ་མདའ་me mda') ᵗmi³³ndæ³³
子弹 (མདེའུ་mde'u) ᵗnde³³wu⁵³
子弹头 (མདེའུ་མགོ་mde'u mgo) nde³³wu⁵⁵ɣæ²⁴ʁa²⁴lø³³
子弹壳 (མདེའུ་སྐོགས་mde'u skogs) nde³³wu⁵⁵ɕy⁵⁵
土铳 (རྫས་མདའ་rdzas mda') põ³³də⁵⁵kə³³tɕo³³
炮 (མེ་སྒྱོགས་me sgyogs) ta³³po⁵⁵
长矛 (མདུང་རིང་mdung ring) ndo³³
弓箭 (མདའ་གཞུ་mda' gzhu) ᵗndæ³³
弓 (གཞུ་gzhu) zi³³mæ³³
箭 (མདའ་mda') ri³³tɕe⁵⁵
毒箭 (དུག་མདའ་dug mda') do³³ndæ³³
箭绳 (མདའ་ཐག་པ་mda' thag pa) kʰu⁵⁵tʰa⁵³
马笼头 (རྟ་གཟེབ་མགོ་rta gzeb mgo) qo⁵³
马嚼子 (ཁ་སྲབ་kha srab) qo⁵³
马鞭 (རྟ་ལྕག་rta lcag) mbæ³³tɕæ⁵³
马鞍 (རྟ་སྒ་rta sga) tə³³qo³³ji³³

马垫子 (རྟ་གདན་rta gdan) ŋgɐ³³tɛ⁵³
脚蹬 (ཡོབ་yob) jɐ³³tɕɛ³³
前鞘 (རྨེད་ rmed) mi⁵⁵tɕɛ⁵³
后鞘 (རྨེད་ rmed) mi⁵⁵tɕɛ⁵³
缰绳 (མཐུར་ཐག་mthur thag) qhə⁵⁵ndæ³³
缝纫机 (འཚེམ་འཁོར་'tshem 'khor) †tshe³³nbə⁵⁵khø⁵⁵lø⁵³
箍 (ཤན་པ་shan pa) zø³³tʂi⁵³
柴草 (བུད་ཤིང་bud shing) ɣu²⁴
锉子 (སེག་རྡར་seg rdar) ndzɐ³³
槌子 (འདེབས་དབྱུག་པ་'debs dbyug pa) ndzɐ³³
锥子 (འབིག་ 'big) ndzɐ²⁴
车轴 (འཁོར་ལོའི་གདུང་མ་'khor lo'i gdung ma) ru²⁴
铃 (དྲིལ་བུ་dril bu) †ri³³bu³³ / tʂi³³bu⁵⁵
蒲团 (རྩྭ་བསླས་འབོལ་གདན་rtswa bslas 'bol gdan) —
手表 (ལག་གདུབ་ཆུ་ཚོད་lag gdub chu tshod) †tɕhə³³tshi⁵³
眼镜 (མིག་ཤེལ་mig shel) ɕɛ³³mi⁵³
扇子 (རླུང་གཡབ་rlung g.yab) ʂã³³tsi⁵³
拐杖 (འཁར་བ་'khar ba) ndæ³³zi⁵³
篦子 (སྲོ་ཤད་sro shad) —
钱包 (དངུལ་ཁུག་dngul khug) ŋu³³khy⁵⁵
大烟 (ཉལ་ཐ་nyal tha) jã⁵⁵phæ³³ / tu³³wæ³³
烟头 (ཐ་མག་རོ་ཏོ་tha mag ro to) tu⁵⁵wæ³³ qhə³³dø³³ / tu⁵⁵wa³³mə³³zi³³
烟灰 (དུ་ཐལ་du thal) ty⁵⁵mə⁵³
烟丝 (རྡོ་ཐ་ཞིབ་ཞིབ་rdo tha zhib zhib) tu³³ræ⁵³
烟斗 (གང་ཟག་gang zag) tə⁵⁵ræ⁵³
水烟筒 (ཆུ་དུད་མདོང་chu dud mdong) —
烟嘴 (ཅུས་ཙི་cus tsi) tu³³ɣæ³³mə³³tsi⁵³
烟锅 (གང་ཟག་གི་གང་མགོ་gang zag gi gang mgos) —
竹签 (སྨྱུག་གཟེར་smyug gzer) ja³³tɕhæ⁵³
水桶 (ཆུ་ཟོ་chu zo) ⁿʂỹ⁵⁵tho³³
洗衣粉 (འདག་ཕྱེ་'dag phye) thi³³khu⁵³
花瓶 (མེ་ཏོག་བུམ་པ་me tog bum pa) †me³³tɐ⁵⁵tɐ⁵⁵mbi³³
花盆 (མེ་ཏོག་གཞོང་མ་me tog gzhong ma) ⁿ†me³³tɐ⁵⁵phẽ³³zi⁵³
刀架 (གྲི་སྒྲོམ་gri sgrom) ri³³tɐ⁵⁵ɕɛ³³
刨花 (ཤིང་ཞོགས་shing zhogs) ɕi³³dzo³³ / so³³və³³
锯末 (ཤིང་ཕྱེ་shing phye) so³³və³³
水磨 (ཆུ་འཁོར་chu 'khor) tɕhə³³tha⁵³
筲箕 (འཁྲབ་མ་'khrab ma) ⁿʂɐ⁵⁵ɕɛ³³
磨盘 (རང་འཐག་ rang 'thag) †tɕhə³³tha⁵⁵rə³³væ⁵³
磨眼儿 (རྡར་མིག་ rdar mig) tɕhə³³tha⁵⁵ndzə³³rø⁵³
老虎钳 (སྐམ་པ་skam pa) —
推剪 (འདེད་འབྲེག་ 'ded 'breg) ɦa³³tʂa⁵³
剃头刀 (སྐྲ་བཞར་གྲི་skra bzhar gri) thy⁵⁵zi³³
剃须刀 (ཁ་སྤུ་བཞར་གྲི་kha spu bzhar gri) ɦæ⁵⁵zø⁵³nɐ⁵⁵ɣji³³ro⁵³
棉被 (ཤིང་བལ་ཉལ་ཁེབས་shing bal nyal khebs) ⁿphu³³ke⁵³
被里 (ཉལ་ཐུལ་ནང་ཤ་ nyal thul nang sha) —
被面儿 (ཉལ་ཐུལ་ཤུབས་nyal thul shubs) ⁿphu³³ke⁵⁵pu⁵³
毯子 (གདན་gdan) ⁿthã⁵⁵dzi³³
枕巾 (སྔས་ཁེབས་sngas khebs) pɑ³³re⁵³
枕芯 (སྔས་སྙིང་sngas snying) ʁa³³kø⁵⁵khu⁵³
水池 (རྫིང་བུ་rdzing bu) tɕhə³³do⁵⁵
沉淀物 (དིམ་དངོས་dim dngos) nɑ³³ndzɐ³³

ndza³³

大刀 (གཤང་ལང་shang lang) ri³³tɕe⁵⁵pa⁵³ / ki³³kɐ⁵³

小刀 (གྲིའུ་ཆུང་gri'u chung) ri³³tɕe⁵⁵tɕe⁵³

匕首 (གློ་གྲིglo gri) ri³³tɕe⁵⁵tɕe⁵³

铁箍 (ལྕགས་ཤནlcags shan) —

门帘 (སྒོ་ཡོལsgo yol) ŋgø³³jø³³

火镰 (མེ་ལྕགསme lcags) kæ³³mbæ⁵³

炭火盆 (སོལ་མེ་ཕོརsol me phor) mi³³qʰo³³

瓶塞儿 (ཤེལ་དམ་གྱི་ཁ་གཅོདshel dam gyi kha gcod) tʰẽ³³pə⁵³

水碓 (ཆུ་ཤུགས་གཏུན་བུchu shugs gtun bu) —

木臼 (ཤིང་གཏུནshing gtun) tɕo⁵³

水碾 (ཆུས་སྐོར་བགྲུད་འཁོརchus skor bgrud 'khor) —

拖拉机 (འདྲུད་འཐེན་འཁོར་ལོ་) tʰo³³læ³³ji³³

驮架 (ཁལ་སྒྲོམkhal sgrom) —

靠背 (རྒྱབ་འབོལrgyab 'bol) ɦæ³³gɐ⁵⁵re³³

牙刷 (སོ་ཤདso shad) χə̃³³na⁵³ʁo³³re³³

牙膏 (སོ་སྨནso sman) ᵑja³³kɐ³³

收音机 (སྒྲ་སྡུད་འཕྲུལ་འཁོརsgra sdud 'phrul 'khor) ᵑʂu³³jĩ³³tɕi³³

手机 (ལག་ཁྱེར་ཁ་པརlag khyer kha par) ᵑʂu³³tɕi³³

飞机 (གནམ་གྲུgnam gru) ᵑfi³³tɕi³³

布 (རསras) re³³

棉布 (རསras) †re³³

麻布 (སོ་རསso ras) ɕa³³pu⁵³

灯芯绒 (ཤུར་མshur ma) læ³³gə³³

线 (སྐུད་པskud pa) ri³³kə⁵³

毛线 (བལ་སྐུདbal skud) mo³³ɕæ⁵³

棉线 (སྲིང་སྐུདsring skud) re³³pe³³tʰa³³qa⁵³

麻线 (སོ་སྐུདso skud) qə⁵⁵do³³

线团 (གྲུ་གུgru gu) qə⁵⁵do³³

绸子 (དར་གྲུའུdar gru'u) to⁵⁵kə⁵³

皮革 (ཀོ་ལྤགསko lpags) ri⁵⁵mbə⁵⁵gæ³³ / †qo³³wa⁵³

皮袄 (སློག་པslog pa) ndzø⁵⁵mbə³³

上衣 (སྟོད་གོསstod gos) qõ⁵⁵tʰo⁵³

内衣 (ནང་གོསnang gos) kʰu⁵⁵qõ³³tʰo³³

夹袄 (སྟོད་གོས་ནང་ཤ་ཅནstod gos nang sha can) wu⁵⁵bo⁵⁵qõ⁵⁵tʰo³³

外衣 (ཐོག་གོསthog gos) le⁵⁵qõ⁵⁵tʰo⁵³

单衣 (གོས་རྐྱངgos rkyang) tæ⁵⁵væ³³

长袖 (ཕུ་རིངphu ring) wu⁵⁵ræ⁵⁵ri³³ri³³

夹衣 (གོས་ནང་ཤ་ཅནgos nang sha can) —

短袖 (ཕུ་ཐུངphu thung) wu⁵⁵ræ⁵⁵qə⁵⁵dø³³

扣眼 (འཛིན་འཕྲི་མིག'then 'phri mig) zu³³lo⁵³

袖口 (ཕུ་ཁphu kha) wu⁵⁵zæ⁵³

衣襟 (ཐུ་བthu ba) ku⁵⁵wæ³³

大襟 (ཐུ་ཁ་སྒང་མthu kha sgang ma) ku⁵⁵wæ³³

小襟 (ཐུ་བ་འོག་མthu ba 'og ma) ku⁵⁵wæ³³

裙子 (སྨད་གཡོགསsmad g.yogs) tɕʰỹ³³tsi⁵³

绣花 (མེ་ཏོག་གཚག་དྲུབme tog gtsag drub) †me³³to⁵⁵na³³tsa⁵³

花边 (མཐའ་རྒྱནmtha' rgyan) †me³³to⁵⁵dæ³³mæ³³

领子 (གོང་བgong ba) ku⁵⁵wæ³³

衣袋 (ལྭ་བའི་ཁུག་མlwa ba'i khug ma) pʰə³³tʰə³³

内裤 (ནང་དོརnang dor) kʰu³³dzə³³

裤裆 (དོར་རྟdor rta) ndzə³³mbə³³ʁɐ³³

布鞋 (རས་ལྷམras lham) re³³xe³³

靴子 (ལྷམ་ཡུ་རིངlham yu ring) ndzu⁵⁵dæ³³ / ze³³nbɐ⁵³

草鞋 (རྩྭ་ལྷམrtswa lham) ʁu²⁴ze³³nbɐ³³

皮鞋 (ཀོ་ལྷམ།ko lham) qo³³wa⁵⁵ze³³nbʑ³³
胶鞋 (འགྱིག་ལྷམ།'gyig lham) tɕʑ⁵⁵xe³³
鞋底 (ལྷམ་མཐིལ།lham mthil) xe³³væ⁵³
鞋后跟 (ལྷམ་ཕྱི་རྟིང་།lham phyi rting) mo⁵⁵so³³
鞋带 (ལྷམ་སྒྲོག།lham sgrog) xe⁵⁵zu³³
草帽 (རྩྭ་ཞྭ།rtswa zhwa) ɣu²⁴tɕhæ³³tæ³³
皮帽 (པགས་ཞྭ།pags zhwa) qo³³wa⁵⁵tæ⁵³
棉帽 (སྲིང་ཞྭ།sring zhwa) re⁵⁵tæ³³
手套 (ལག་ཤུབས།lag shubs) †lɑ³³ɕy³³
腰带 (ཀེད་རགས།rked rags) ndə³³ræ⁵⁵
围腰帕 (པང་ཁེབས།pang khebs) pã⁵⁵khe⁵⁵ / ŋə³³rɑ⁵³
绑腿 (ཉྭ་དགྲིས།nywa dkris) zə³³ɣi⁵⁵
带子 (སྒྲོག sgrog) thɑ³³qɑ⁵³
头巾 (མགོ་རས།mgo ras) pa³³re⁵³
头绳 (སྐྲ་འཆིང་།skra 'ching) tʂã⁵⁵thə³³
镯子 (གདུ་བུ།gdu bu) tʂo³³tsi⁵³ / rɑ⁵⁵gə³³
耳环 (རྣ་རྒྱན།rna rgyan) lõ³³thu³³
项链 (སྐེ་རྒྱན།ske rgyan) ge³³dze³³
珠子 (རིལ་བུ།ril bu) χa³³ŋu⁵³
粉 (ཕྱེ་མ།phye ma) ⁿfẽ⁵³
食物 (ཟས་རིགས།zas rigs) ndzɿ³³
肉 (ཤ།sha) ndo³³
肥肉 (ཤ་ཚོན་པོ།sha tshon po) tsa⁵³
瘦肉 (ཤ་སྣག sha snag) ndo³³
肉皮 (ཤ་ཤུན།sha shun) ndo³³re³³mbo³³
排骨 (རྩིབས་ཤ།rtsib sha) phe³³ku⁵³
剔骨头 (རུས་པ་དབྱེ་ཕྲལ།rus pa dbye phral) nʑ³³xe³³xæ³³
扣肉 (འཐེན་འཕྲི་ཤ། 'then 'phri sha) —
腊肉 (ཤ་བསྙལ་མ།sha bsnyal ma) zi²⁴tɕhə³³lɑ³³jə³³
熏腊肉 (བདུག་ཤ། bdug sha) ndo³³khi³³sø⁵⁵næ³³

炖肉 (ཤ་བཙོས་མ།sha btsos ma) qhæ⁵⁵ʁɑ³³
坨坨肉 (—) ndo³³gø³³gø³³
猪腰子 (ཕག་མཁལ་མ།phag mkhal ma) zi²⁴khi³³lə³³
锅巴 (འབྲས་སྐོགས།'bras skogs) ŋi³³sɿ⁵³ / khi³³sɿ⁵⁵
粉丝 (ཕིང་ཕྲ་མོ།phing phra mo) ⁿfi⁵⁵thiau³³
米线 (འབྲས་ཞིམ phing sbom po) —
粉条 (ཕིང་སྦོམ།phing sbom) —
粉皮 (འབྲས་ཐིག།'bras thig) —
面片儿 (ལྷེབ་ཐུག lheb thug) pə³³tæ⁵³
粑粑 (བག་ལེབ།bag leb) gə³³dzæ⁵³
烧饼 (བག་ལེབ།bag leb) —
月饼 (ཟླ་སྒོར་བག་ལེབ།zla sgor bag leb) —
素菜 (དཀར་ཟས།dkar zas) tshe⁵³
荤菜 (དམར་ཟས།dmar zas) ndo³³tshe³³
咸菜 (བསྙལ་ཚལ།bsnyal tshal) —
酸菜 (སྐྱུར་ཚལ།skyur tshal) tɕə³³pu⁵⁵
豆豉 (སྲན་རིལ་བསྙལ་མ།sran ril bsnyal ma) —
汤 (ཁུ་བ།khu ba) ri³³
米汤 (འབྲས་ཁུ།'bras khu) ndze³³ri³³
肉汤 (ཤ་ཁུ།sha khu) ndo³³ri³³
菜汤 (ཚལ་ཁུ།tshal khu) tshe³³ri³³
舀汤 (ཁུ་བ་འཆུ་བ།khu ba 'chu ba) khʑ³³de⁵⁵
豆腐干 (ཏོའུ་ཧཕུ་སྐམ་མྱིད།to'u hphu skam myid) ⁿtu³³fu⁵⁵ræ³³ræ³³
面筋 (ཕྱེ་བཀྲུས་མ།phye bkrus ma) —
糖 (ཀ་ར།ka ra) bø⁵³
白糖 (བྱེ་མ་ཀ་ར།bye ma ka ra) tshə³³bø³³
冰糖 (ཤེལ་ཀ་ར།shel ka ra) ɕe³³mæ³³gæ³³ræ³³
红糖 (བུ་རམ།bu ram) xã³³thɑ⁵³
瓜子儿 (འབྲུ་གུ།'bru gu) qɑ⁵⁵tsi³³
茶 (ཇ།ja) †tɕæ²⁴

浓茶 (ཇ་གར་པོ་ja gar po) †tɕæ²⁴qʰæ³³
油 (སྣུམ་snum) mɑ³³
板油 (ཚིལ་རྡོག་tshil rdog) zi³³tsʰɑ⁵³
猪油 (ཕག་ཚིལ་phag tshil) zi³³tsʰɑ⁵³
油渣 ('བའ་ཆ་'ba' cha) tsʰɑ³³qʐ̞³³rʐ̞³³
菜籽油 (ཚལ་འ་tshal 'a) tsʰe⁵⁵tsi³³mɑ³³nɑ³³
芝麻油 (ཏིལ་སྣུམ་til snum) —
花生油 (བ་དམ་སྣུམ་ba dam snum) ᵖxuɑ⁵⁵se³³mɑ³³nɑ³³
八角 (མཚོན་གྱི་འཁོར་ལོ་mtshon gyi 'khor lo) —
桂皮 (ཤིང་ཚ་shing tsha) —
花椒 (ག་ཡེར་མ་g.yer ma) zɐ⁵³
胡椒面儿 (ཕོ་བ་རིལ་བུ་pho ba ril bu) —
豆腐渣 (སྲན་ཕྱུར་སྙིག་sran phyur snyig) —
面糊 (སྐྱོ་མ་skyo ma) —
麻花 (ལག་བསྡོགས་lag bsdogs) zæ⁵⁵tæ³³
酥油茶 (དཀྲུགས་ཇ་dkrugs ja) tɕæ³³tʂu⁵⁵mæ⁵³
牛奶 ('ོ་མ་'o ma) lʐ̞³³
酒 (ཆང་chang) wi³³
蛇胆酒 (སྦྲུལ་མཁྲིས་ཆང་sbrul mkhris chang) ro⁵⁵tʂi³³wi³³
酒曲 (ཆང་ཕབས་chang phabs) ndzɐ³³
冷水 (ཆུ་འཁྱག་chu 'khyag) tɕə³³ndzæ³³
蒸饭 ('བྲས་བཙོས་'bras btsos) ndzɐ⁵⁵kʰi³³kʰæ⁵³
夹生饭 (ཚོས་མ་འབྲས་tshos ma 'bras) mɐ⁵⁵qo³³mɐ³³mi³³
白饭 ('བྲས་རྐྱང་'bras rkyang) ndzɐ³³
硬饭 ('བྲས་སྲ་མོ་'bras sra mo) ndzɐ⁵⁵qɑ³³rɑ³³
软饭 ('བྲས་མཉེན་མོ་'bras mnyen mo) ndzɐ⁵⁵və³³və³³
碎米 (སིལ་འབྲས་sil 'bras) ndzɐ⁵⁵qə³³tsʰɐ³³
咸蛋 (བསྙལ་སྒོང་bsnyal sgong) —
寡淡 ('ཆར་ཅན་'char can) —
粽子 (ཙུང་ཙི་tsung tsi) —
凉粉 (ལ་ཕིང་la phing) —

身体医疗

身体 (ལུས་lus) qʰo³³pɑ³³
个头 (གཟུགས་ཚད་gzugs tshad) qʰo³³pɑ³³
皮肤 (སྐྱི་པགས་skyi pags) ɕæ⁵⁵tsæ⁵³
皱纹 (གཉེར་མ་gnyer ma) tʰə⁵⁵ru⁵³
肌肉 (ཤ་གནད་sha gnad) do⁵⁵ɣə³³ɣə³³
血液 (ཁྲག་རྒྱུན་khrag rgyun) sæ³³
骨头 (རུས་པ་rus pa) tɕʰe⁵⁵rə³³
骨髓 (རྐང་མར་rkang mar) qo³³lə⁵³
肋骨 (རྩིབ་རུས་rtsib rus) zi³³mæ⁵⁵
脊椎 (སྒལ་ཚིགས་sgal tshigs) pə⁵⁵rə³³tsæ⁵³
头盖骨 (མགོ་རུས་mgo rus) tʰə³³pæ³³læ³³
肩胛骨 (སོག་རུས་sog rus) pʰe⁵⁵rə³³
踝骨 (ལོང་བུ་long bu) mæ̃⁵⁵qʰə³³ri³³lə³³
内脏 (ནང་ཁྲོལ་nang khrol) ŋgə³³kʰu⁵⁵ / kʰu³³kʰu⁵³
心 (སྙིང་snying) sẽ⁵⁵mbæ³³
肝 (མཆིན་པ་mchin pa) zi²⁴
脾 (མཚེར་mtsher) —
肺 (གློ་glo) tsʰɨ³³pʰæ⁵³
肾 (མཁལ་མ་mkhal ma) pʐ̞⁵⁵lʐ̞³³
胃 (ཕོ་བ་pho ba) tə³³kə³³lə³³
胆 (མཁྲིས་mkhris) tʂɨ³³
筋 (རྒྱུས་པ་rgyus pa) ndʐɨ³³
脉 (རྩ་rtsa) lɑ⁵⁵tsʰæ⁵³
血管 (ཁྲག་རྩ་khrag rtsa) sa⁵⁵tʰi³³dzu⁵⁵rɐ³³
肠子 (རྒྱུ་མ་rgyu ma) wi³³tɕʰæ⁵³
大肠 (ལོང་ག་long ga) ɦu²⁴tsʰø³³

小肠 (རྒྱུ་ནག rgyu nag) ɦu²⁴ȵi⁵⁵
发髻 (སྐྲ་ཐོར skra thor) so⁵⁵tʂæ⁵⁵
头顶 (སྤྱི་གཙུག spyi gtsug) ʁɑ²⁴lə³³tsɨ³³mu³³
头顶旋儿 (སྤྱི་གཙུག་འཁྱིལ spyi gtsug 'khyil) tʂy³³
脑髓 (ཀླད་ཞོ klad zho) ni³³mbə⁵⁵
后脑 (ཀླད་རྒྱབ klad rgyab) ʁɑ²⁴lə³³tɕe³³
囟门 (མཚོག་མ mtshog ma) —
白发 (སྐྲ་དཀར skra dkar) ʁɑ²⁴mə³³tʂʰu³³
鬓角 (ཡར་གོང yar gong) tsæ̃³³tsʰo⁵³
睫毛 (རྫི་མ rdzi ma) mi³³mo⁵³
气管 (གློ་ཡུ glo yu) tsʰi³³qɑ³³rø³³rø³³
食道 (མིད་པ mid pa) tsʰi³³qɑ³³rø³³rø³³
喉结 (ཨོལ་མདུད ol mdud) ɦã⁵⁵do³³
酒窝 (འཛུམ་ཁུང 'dzum khung) lɐ⁵⁵qʰo³³
颧骨 (མཁུར་རུས mkhur rus) nbə³³lø⁵⁵
太阳穴 (མུར་གོང mur gong) zẽ⁵⁵gi³³
眼皮 (མིག་ལྕིབས mig lcibs) †mi³³rə̃³³bo³³
单眼皮 (མིག་ལ་ཀྲི་ག་མེད་པ mig la kri ga med pa) †mi³³xu³³lo³³
双眼皮 (དཀྲི་ག་གཉིས་བརྩེགས dkri ga nyis brtsegs) mi³³ræ³³
眼角 (མིག་ཟུར mig zur) †mi³³zy³³
眼白 (མིག་འབྲས་དཀར་པོ mig 'bras dkar po) †mi³³tʂʰø⁵⁵
眼屎 (མིག་སྐྱག mig skyag) †mi³³pə̠⁵³
耳孔 (རྣ་ཁུང rna khung) ŋə³³qə³³sø³³rø³³kʰu³³
耳垂 (རྣ་ཤལ rna shal) ŋə³³ndzɑ³³do³³
耳屎 (རྣ་སྐྱག rna skyag) ŋə³³tɕʰə³³
痰 (ལུད་པ lud pa) ndzə̃³³bə̠⁵³
鼻孔 (སྣ་ཁུང sna khung) sɨ⁵⁵qo³³
鼻尖 (སྣ་རྩེ sna rtse) sɨ⁵⁵tsi³³mu³³
鼻梁 (སྣ་གདོང sna gdong) sɨ³³

鼻毛 (སྣ་སྤུ sna spu) sɨ⁵⁵mo³³
鼻屎 (སྣབས་རྟུག snabs rtug) sɨ⁵⁵nbə³³
门牙 (མདུན་སོ mdun so) χə⁵⁵mɑ⁵³
犬牙 (ཁྱི་སོ khyi so) χə³³ndzɑ³³
臼齿 (སྦུག་སོ sbug so) —
齿龈 (སོ་རྙིལ so rnyil) nə³³
牙缝 (སོ་སྲུབས so srubs) sɨ³³gʷɐ³³
牙垢 (སོ་དྲེག so dreg) χə³³ɕə³³
假牙 (སོ་ཚབ so tshab) ʂu³³tɕo³³χə⁵³
小舌 (ལྕེ་ཆུང lce chung) rɐ³³
舌尖 (ལྕེ་རྩེ lce rtse) rɐ³³tsi³³mu³³
兔唇 (ཁ་ཤོ kha sho) qʰɑ⁵⁵ɕe³³
人中 (མཆུ་གཤོངས mchu gshongs) ɣji⁵⁵pæ³³mæ³³
络腮胡 (རྒྱ་བོ rgya bo) dzɐ³³wu⁵⁵
八字胡 (སྨ་ར sma ra) ɦiæ³³zə⁵⁵
乳头 (ནུ་མགོ nu mgo) nə³³nə⁵⁵ʁɑ²⁴lə³³
乳汁 ('ོ་མ 'o ma) lə̠³³
胸脯 (བྲང་ཁོག brang khog) qɑ³³lə̠⁵³
腰 (སྐེད་པ sked pa) nda³³
小腹 (གསུས་སྨད gsus smad) rə³³lə³³tɕe³³
手心 (ལག་མཐིལ lag mthil) rɐ³³tɐ⁵⁵ŋgə³³lɐ³³
手背 (ལག་རྒྱབ lag rgyab) ri³³pu³³
手茧子 (ལག་པའི་ཤ་དྲེག lag pa'i sha dreg) tɕʰə³³kʰi³³
手腕 (མཁྲིག་མ mkhrig ma) rə⁵⁵tsʰe³³ŋgə³³
汗毛 (བ་སྤུ ba spu) zẽ³³də³³mo³³
汗毛孔 (བ་སྤུའི་བུ་ག ba spu'i bu ga) mo³³ndzə⁵⁵rø³³
粉刺 (བད་ཐོར bad thor) nda³³
痱子 (ཚ་འབྲུམ tsha 'brum) mə³³nda³³
指纹 (མཛུབ་རིས mdzub ris) ɣji³³ri³³mə³³
虎口 (གར་ཤ gar sha) —

倒刺 (སེན་སྐྱི│sen skyi) rɛ³³tɕʰɐ³³

腋窝 (མཆན་ཁུང་│mchan khung) jæ³³næ⁵⁵væ⁵³

腿肚子 (ཉྭ་རིལ│nywa ril) mɔ̃³³də³³rə³³lə̣³³

脚心 (རྐང་པའི་སྦོ│rkang pa'i sbo) mɐ³³dzi³³væ³³

脚趾 (རྐང་མཛུབ│rkang mdzub) mæ³³nə̣⁵³

脚印 (རྐང་རྗེས│rkang rjes) gɐ³³dzi³³

响屁 (གྲགས་ཕྱེན│grags phyen) ɕə³³tʰo³³lə̣³³

闷屁 (ལྐོག་ཕྱེན│lkog phyen) ɕə³³tʰo³³lə̣³³

稀屎 (རྙང་མ│rnyang ma) ɕə³³dzo³³

膀胱 (ལྒང་བུ│lgang bu) —

子宫 (བུ་སྣོད│bu snod) —

阴道 (གསང་ལམ│gsang lam) —

阴毛 (ལྐོག་སྤུ│lkog spu) —

睾丸 (རླིག་འབྲས│rlig 'bras) —

汗 (རྔུལ་ཆུ│rngul chu) tɕu³³

汗垢 (རྔུལ་དྲེག│rngul dreg) tɕu³³tʂi⁵⁵mæ³³

唾沫 (ཁ་ཆུ│kha chu) ndzɔ̃³³bə⁵⁵

医院 (སྨན་ཁང│sman khang) †mẽ³³qʰɐ³³

药店 (སྨན་ཚོང་ཁང་│sman tshong khang) †mẽ³³qʰɐ³³

中医 (ཀྲུང་དབྱིའི་གསོ་རིག│ krung dbyi'i gso rig) pu³³me³³

藏医 (བོད་སྨན│bod sman) ri³³

小病 (ནད་ཆུང་│nad chung) nɛ³³ri³³tsi³³tʂæ⁵³

大病 (ན་ཚ་ལྕི་མོ│na tsha lci mo) nɛ³³ri³³ki³³ko⁵³

内伤 (ཁོང་སྐྱོན་ཞུགས་པ│khong skyon zhugs pa) kʰu³³tə³³ŋɛ³³ri³³

外伤 (ལུས་ཕྱིའི་རྨས་སྐྱོན│lus phyi'i rmas skyon) lɛ³³tə³³ŋɛ³³ri³³

药 (སྨན│sman) †me³³

药丸 (སྨན་རིལ│sman ril) †me³³

药粉 (སྨན་ཕྱེ│sman phye) †me³³vo³³

药水 (སྨན་ཆུ│sman chu) †me³³tɕə³³

药膏 (བྱུག་སྨན│byug sman) †me³³

药酒 (སྨན་ཆང│sman chang) †jy³³me³³

草药 (རྩྭ་སྨན│rtswa sman) †ɣu²⁴me³³

蛇药 (སྦྲུལ་སྨན│sbrul sman) ro³³me³³

毒药 (དུག་སྨན│dug sman) †tu³³me³³

开药方 (སྨན་ཐོ་འབྲི│sman tho 'bri) †me³³kʰə³³ri³³

熬药 (སྨན་སྐོལ་བ│sman skol ba) †me³³ti³³tsi³³

搽药 (སྨན་བྱུག་པ│sman byug pa) †me³³qʰə³³mæ³³

动手术 (གཤག་བཅོས་བྱེད་པ│gshag bcos byed pa) kʰə³³to³³no³³və³³

麻药 (སྦྲིད་སྨན│sbrid sman) dzɐ³³me⁵³

补药 (གསོས་སྨན│gsos sman) ji³³sy⁵⁵rɛ³³ɣæ³³me³³

忌口 (ཁ་འཛེམ་པ│kha 'dzem pa) zɛ̃³³dze³³

治 (སྨན་བཅོས│sman bcos) kʰu³³te³³

呕 (སྐྱུག་པ│skyug pa) tu³³pʰɑ³³

发冷 (གྲང་ཤུམ་རྒྱག་པ│grang shum rgyag pa) tʰu³³si³³tɕʰɑ³³

打冷战 (འཁྱག་འདར་ཤོར་བ│'khyag 'dar shor ba) tʰu³³si³³tɕʰɑ³³

感冒 (ཚམ་ནད│cham nad) tʰɐ³³su³³

传染 (འགོས་པ│'gos pa) kʰə³³tu³³

头晕 (མགོ་ཡུ་འཁོར་བ│mgo yu 'khor ba) ʁə³³mi³³nɐ³³ndzɐ³³

头疼 (མགོ་ན་བ│mgo na ba) ʁə³³lə̣³³

按摩 (འཕུར་མཉེད│'phur mnyed) nɐ³³wu⁵⁵

穴位 (གསང་མིག│gsang mig) —

发汗 (རྔུལ་འབྱིན་པ│rngul 'byin pa) tʰu³³si³³

牙痛 (སོ་ན་བ་so na ba) χə³³tə³³ŋe³³
抽筋 (རྩ་འཁུམ་rtsa 'khum) tʰi³³və³³gæ³³
抽风 (གཟའ་རྒྱག་པ་gza' rgyag pa) tə³³ʁɑ³³
瘟疫 (ནད་ཡམས་nad yams) —
哮喘 (དབུགས་ཧལ་བ་dbugs hal ba) tə³³tsʰɨ³³qo⁵³
麻风 (མཛེ་ནད་mdze nad) tʰɑ³³qʰɑ⁵⁵
天花 (ལྷ་འབྲུམ་lha 'brum) tʰɑ³³qʰɑ⁵⁵
水痘 (ཆུ་ཐོར་chu thor) lø³³ndʐɨ³³
疟疾 (འདར་ནད་'dar nad) və³³lø³³ɦo²⁴ɕɑ³³
麻疹 (ཤིབ་བི་sib bi) lø³³ndʐɨ³³
痢疾 (འཁྲུ་ནད་'khru nad) və³³lø³³ɦo²⁴ɕɑ³³
中风 (གྲིབ་ཕོག་པ་grib phog pa) mi³³kʰæ³³
大脖子病 (ལྦ་ནད་lba nad) vɐ³³lø³³
骨折 (རུས་ཆག་rus chag) næ³³ɴGə³³
脱臼 (ཚིགས་བུད་པ་tshigs bud pa) tʰe³³qə³³
伤口 (རྨ་ཁ་rma kha) mɐ³³re⁵³
痂 (རྨ་ཤུབས་rma shubs) mɐ³³tɕe⁵³
疮 (རྨ་rma) †mɐ³³
痔疮 (གཞང་འབྲུམ་gzhang 'brum) ze³³re⁵³
冻疮 (འཁྱགས་སྦོས་'khyags sbos) tɕə̃³³tse³³
起泡 (ཕུ་བ་འདུག་wu ba 'dug) tɕʰə³³kʰi³³ tə³³re³³
水泡 (ལྦུ་བ་lbu ba) tɕʰə³³kʰi³³
血泡 (ཁྲག་སྦུག་khrag sbug) sə³³tɕə³³ndze³³
流鼻血 (སྣ་ཁྲག་བཞུར་བ་sna khrag bzhur ba) mo³³sæ⁵³
梅毒 (སྦྱར་ནད་sbyar nad) —
伤痕 (རྨ་ཤུལ་rma shul) mɐ³³re⁵⁵tʂʰi⁵⁵ɦæ⁵⁵
胀 (སྦོས་sbos) tə⁵⁵ndʐɨ³³
麻 (སྦྲིད་པ་sbrid pa) tʰi⁵⁵və³³gæ³³
僵硬 (རེངས་པོ་rengs po) gə³³ræ³³
伤 (རྨས་rmas) mɐ³³re⁵³
出血 (ཁྲག་དོན་པ་khrag don pa) sæ³³ɦæ³³ rɐ³³

瘀血 (ཁྲག་འགག་པ་khrag 'gag pa) tʰɑ³³sɨ⁵⁵dzɑ³³
茧 (ཤ་རོ་sha ro) dzæ³³pæ³³
雀斑 (གྲོ་ཐིག་gro thig) ɣĩ³³tsə⁵³
麻子 (ངོ་སྲེ་བོ་ngo sre bo) ᵑma³³tsɨ⁵⁵
胎记 (མངལ་རྟགས་mngal rtags) —
结巴 (ཁ་དིག་པ་kha dig pa) tʰə⁵⁵bɑ³³
脚气 (རྐང་དྲི་rkang dri) ŋgɐ⁵⁵nbə³³
灰指甲 (སེན་མདོག་སྐྱ་འགྱུར་sen mdog skya 'gyur) —
癞痢头 (མགོ་རྔོ་ཅན་mgo rngo can) ʁɑ²⁴ lə³³bə³³du³³
左撇子 (གཡོན་ལག་g.yon lag) mi³³rə³³qə³³tɕø³³
六指 (མཐེབ་དྲུག་mtheb drug) ndzɨ³³tʂu⁵⁵
近视眼 (རྒྱང་སྒྲིབ་མིག་rgyang sgrib mig) —
老花眼 (རྒན་མིག་rgan mig) —
白内障 (ལིང་གྲིབ་ling grib) —
鸡眼 (རྐང་མཛེར་rkang mdzer) —
独眼 (མིག་གཅིག་མ་mig gcig ma) —
对眼 (མིག་གཟི་ལོག་mig gzi log) tʰe³³ndzɨ³³
斜眼 (མིག་ཡོ་mig yo) tʰe³³ndzɨ³³
歪嘴 (ཁ་ཡོན་kha yon) ŋɑ³³tsø⁵³ɦæ²⁴ji³³
瘫痪 (གྲིབ་སྐྱོན་grib skyon) ji⁵⁵ro³³kʰu³³ɦæ³³zi⁵³

婚丧信仰

招赘 (མག་པ་ལེན་པ་mag pa len pa) pə̃³³tʰɑ³³tʰu³³tse⁵³
接亲 (མནའ་མ་བསུ་བ་mna' ma bsu ba) —
抢婚 (མནའ་མ་བཙན་ལེན་mna' ma btsan len) —
离婚 (བཟའ་ཚང་ཁ་བྲལ་bza' tshang kha bral) kʰæ³³kʰæ̃³³nɐ⁵⁵xə⁵³

胎 (སྦྲུམ་sbrum) vi³³tɕə⁵⁵ma³³
胎衣 (ཤ་མ་sha ma) zẹ³³ndzɑ⁵⁵kõ⁵⁵tʰo³³
脐带 (ལྟེ་ཐག་lte thag) vi³³tsʰɑ³³
小产 (མངལ་ཤོར་mngal shor) ʁẹ²⁴ʁə³³
打胎 (མངལ་འབྱིན་པ་mngal 'byin pa) zɑ³³næ³³tæ⁵³
寿命 (ཚེ་སྲོག་tshe srog) mə³³tsʰi³³
岁数 (ལོ་lo) ki⁵³
送葬 (སྐུ་ཕུང་སྐྱེལ་བ་sku phung skyel ba) tʰɐ³³tɕʰə³³xə³³
尸体 (སྲོག་ཆགས་ཀྱི་རོ་srog chags kyi ro) pø³³（动物）
尸体 (མི་རོ་mi ro) pʰũ⁵⁵pu³³（人）
寿衣 (གདུང་གོས་gdung gos) tɕə³³zø³³me³³mbæ³³
火葬 (སྤུར་བཞུས་spur bzhus) mə³³le³³kʰo³³lə³³
火葬场 (སྤུར་སྲེག་ཁང་pur sreg khang) mə⁵⁵kʰo³³lə³³rə³³jæ⁵³sæ³³tɕʰæ³³
土葬 (ས་སྦས་གཏོང་བ་sa sbas gtong ba) no³³ty⁵³ / nɑ³³pʰo⁵⁵pʰɑ³³
天葬 (བྱ་གཏོར་bya gtor) tɕɐ⁵⁵mbu³³
坟地 (དུར་ས་dur sa) †ty³³sæ³³
灵魂 (བླ་སྲོག་bla srog) nɑ³³ɕe³³
法术 (རྫུ་འཕྲུལ་rdzu 'phrul) də³³tʂʰi³³
作法 (མཐུ་འདེབས་པ་mthu 'debs pa) tɕʰɐ⁵⁵nɐ³³tɕɐ³³
命运 (ལས་དབང་las dbang) le³³
打卦 (མོ་འདེབས་mo 'debs) mu⁵⁵ty³³jy⁵⁵
拜菩萨 (ཆོས་མཇལ་འགྲོ་chos mjal 'gro) læ³³kʰu³³ndzo³³
佛 (སངས་རྒྱས་sangs rgyas) læ²⁴
鬼 (འདྲེ་'dre) ɣi²⁴
祸 (ཆག་སྒོ་chag sgo) tæ⁵⁵mbæ³³nu³³ɕi⁵⁵
仙 (དྲང་སྲོང་drang srong) læ²⁴

巫师 (ལྷ་པ་lha pa) —
巫婆 (ལྷ་མ་lha ma) —
经书 (རུ་ལུགས་པའི་བསྟན་བཅོས་ru'u lugs pa'i bstan bcos) ɣə̃⁵⁵də³³
龙 (འབྲུག་'brug) ndzu³³
许愿 (གསོལ་བ་འདེབས་gsol ba 'debs) mu⁵⁵lɐ⁵⁵tə³³dzɐ³³
还愿 (དམ་བཅའ་སྒྲུབ་dam bca' sgrub) teu⁵⁵wæ³³to³³lɑ³³
占卜 (མོ་འདེབས་པ་mo 'debs pa) mu⁵⁵ty³³jy⁵⁵
供祭品 (མཆོད་རྫས་mchod rdzas) kʰu³³ɕɐ³³ri³³
鬼火 (འདྲེ་མེ་'dre me) qʰɑ³³mə³³ / ᵑɣui³³mə⁵³
凤凰 (ཁྱུང་ཆེན་khyung chen) tɕæ³³dzæ³³tɕʰo³³

人品称谓

高个儿 (གཟུགས་རིང་gzugs ring) kʰo⁵⁵pa⁵⁵ki³³go³³
光头 (མགོ་རིལ་mgo ril) ʁɑ²⁴lə³³bə³³du³³
老太婆 (རྒན་མོ་rgan mo) mæ⁵⁵ndæ³³
老头子 (རྒན་པོ་rgan po) væ⁵⁵ndæ³³
年轻人 (གཞོན་པ་gzhon pa) lỹ⁵⁵tɕʰo³³
小伙子 (ཕོ་གསར་pho gsar) †pʰu⁵⁵so³³
姑娘 (བུ་མོ་bu mo) mə⁵⁵zæ³³
熟人 (ངོ་ཤེས་ngo shes) ŋø⁵⁵ɕɕ³³
生人 (མི་ཆ་མེད་mi cha med) ŋø⁵⁵ŋə³³ɕe³³
富人 (ཕྱུག་པོ་phyug po) tø⁵⁵me³³
穷人 (དབུལ་པོ་dbul po) tʰɑ⁵⁵tɕʰɑ³³
工人 (བཟོ་པ་bzo pa) qo⁵⁵re³³
官 (དཔོན་dpon) ŋgø³³tʂʰi⁵³
头目 (འགོ་བ་'go ba) ŋgø³³tʂʰi⁵³
土司 (ཡུལ་དཔོན་yul dpon) tʰu³³si³³

医生 (སྨན་པ་sman pa) †me³³mbæ³³
猎人 (རྔོན་པ་rngon pa) †ŋæ³³mi⁵³
屠夫 (ཤན་པ་shan pa) ɕe⁵⁵nɐ³³və³³mi³³
老板 (སྦྱིན་བདག་sbyin bdag) ᵖlɐ⁵⁵pəɹ³³
强盗 (ཆོམ་རྐུན་chom rkun) †tɕɑ³³qɑ³³
土匪 (ཇག་པ་jag pa) tɕɑ³³qɑ³³
骗子 (ཁྲམ་པ་khram pa) lə̃³³tu³³zɣ³³mi³³
胖子 (རྒྱགས་པ་rgyags pa) ɕɑ³³dzɑ³³pɑ³³
民族 (མི་རིགས་mi rigs) mə³³ŋæ³³
汉族 (རྒྱ་རིགས་rgya rigs) ʁɑ²⁴
老百姓 (མི་སེར་mi ser) mə³³mɑ³³ / mə⁵⁵se⁵³
姓 (རུས་མིང་rus ming) —
主人 (བདག་པོ་bdag po) †dɑ³³pu⁵³
兵 (དམག་མི་dmag mi) †mɑ³³mi⁵⁵
老师 (དགེ་རྒན་dge rgan) †ge³³ge⁵⁵
学生 (སློབ་མ་slob ma) ᵖɕo³³se⁵³
敌人 (དགྲ་བོ་dgra bo) dzɑ̠³³
伙伴 (རོགས་པ་rogs pa) ndzu³³
裁判 (ཤན་འབྱེད་པ་shan 'byed pa) tʂɑ⁵⁵tʂɑ⁵⁵no³³tʰə³³mi³³
摆渡人 (གྲུ་གཏོང་མཁན་gru gtong mkhan) pʰæ³³ɦɑ²⁴tɕʰɑ³³mi³³
酒鬼 (ཆང་རྐྱལ་chang rkyal) wɐ³³ndzɐ⁵⁵ʁɑ³³mi³³
证人 (དཔང་མི་dpang mi) †tɑ⁵⁵tə³³pʰi³³mi³³
鳏夫 (ཡུགས་ཕོ་yugs pho) —
寡妇 (ཡུགས་མོ་yugs mo) ji³³sæ⁵⁵mæ⁵⁵
接生婆 (ཕྲུ་གུ་སྐྱེ་ལེན་མ་phru gu skye len ma) —
国王 (རྒྱལ་པོ་rgyal po) dzɐ³³pu⁵⁵
王后 (བཙུན་མོ་btsun mo) zɨ³³mu³³
头人 (འགོ་བ་'go ba) —
石匠 (རྡོ་བཟོ་rdo bzo) dzo³³tə³³pʰɑ³³mi³³
篾匠 (སྨྱུག་མཁན་smyug mkhan) —
铁匠 (མགར་བ་mgar ba) gæ³³ræ³³
渔夫 (ཉ་པ་nya pa) ʁə³³sɐ⁵⁵mi⁵⁵
中人 (བར་དཔང་bar dpang) —
流浪汉 (འཁྱམ་པོ་'khyam po) tə̃³³tɕʰɐ⁵⁵mi³³
叛徒 (ངོ་ལོག་པ་ngo log pa) —
本地民族 (འདྲ་པ་'dra pa) ndʑe³³pæ³³ (扎坝)
本地民族 (དབྱིས་རིགས་dbyis rigs) lo³³lo³³ (彝族)
本地民族 (རྒྱ་རིགས་rgya rigs) ʁɑ²⁴ (汉族)
私生子 (ནལ་བུ་nal bu) ndɑ³³mə³³pu³³
囚犯 (བཙོན་པ་btson pa) †tsõ⁵⁵bæ³³
赶马人 (རྟ་འདེད་མཁན་rta 'ded mkhan) †tæ³³dzu³³
长辈 (རྒན་རབས་rgan rabs) mə³³næ⁵⁵ndæ⁵⁵
曾祖父 (ཡང་མེས་yang mes) —
曾祖母 (ཡང་ཕྱི་yang phyi) —
大舅 (ཨ་ཞང་ཆེ་བ་a zhang che ba) ʔæ³³ɣu⁵³
小舅 (ཨ་ཞང་ཆུང་བ་a zhang chung ba) ʔæ³³ɣu⁵³
大舅母 (ཞང་བཟའ་ཆེན་པོ་zhang bza' chen po) ʔæ³³læ⁵⁵
小舅母 (ཞང་བཟའ་ཆུང་བ་zhang bza' chung ba) ʔæ³³læ⁵⁵
兄弟 (སྤུན་ཟླ་spun zla) və³³kʰi³³（背称）
兄弟 (སྤུན་ཟླ་spun zla) ɕɑ⁵³（面称）
姐妹 (ལྕམ་སྲིང་lcam sring) və³³kʰi³³（背称）
姐妹 (ལྕམ་སྲིང་lcam sring) ɕɑ⁵³（面称）
堂兄 (པ་རྒྱུད་གཅེན་པོ་pha rgyud gcen po) ʔæ³³kʰi⁵⁵

堂弟 (པ་རྒྱུད་གཅུང་པོ་pha rgyud gcung po) kʰi³³

堂姐 (པ་རྒྱུད་གཅེན་མོ་pha rgyud gcen mo) ʔæ³³tɕi³³

堂妹 (པ་རྒྱུད་གཅུང་མོ་pha rgyud gcung mo) kʰi³³

表姐 (ཨ་ཅེ|a ce) ʔæ³³tɕi³³

表妹 (གཅུང་མོ|sring mo) kʰi³³

表哥 (མ་སྤུན་ཕུ་བོ་ma spun phu bo) ʔæ³³kʰi³³

表弟 (མ་སྤུན་ནུ་བོ་ma spun nu bo) kʰi³³

子女 (བུ་ཕྲུག bu phrug) †pu⁵⁵dzə³³

侄女 (ཚ་མོ་tsha mo) †tsʰɐ³³mu⁵⁵

外甥女 (ཚ་མོ་tsha mo) —

孙女 (ཚ་མོ་tsha mo) †tsʰɐ³³mu⁵⁵

外孙女 (ཚ་མོ་tsha mo) —

重孙 (ཡང་ཚ|yang tsha) —

祖宗 (མེས་པོ་mes po) —

孤儿 (དྭ་ཕྲུག dwa phrug) vo³³

母女俩 (མ་མད་གཉིས་ཀ་ma mad gnyis ka) mɐ³³zɨ³³

男朋友 (མཛའ་བོ་mdza' bo) mə³³zɑ⁵⁵ɣæ³³ndzu³³

女朋友 (མཛའ་མོ་mdza' mo) tɕe³³ɣæ³³ndzu³³

大舅子 (བཟའ་མོའི་གཅེན་པོ་bza' mo'i gcen po) ʔæ³³ɣu⁵³

小舅子 (ཆུང་མའི་གཅུང་པོ་chung ma'i gcung po) ʔæ³³ɣu⁵³

大姨子 (བཟའ་མོའི་གཅེན་མོ་bza' mo'i gcen mo) ʔæ³³læ⁵⁵

小姨子 (ཆུང་མའི་གཅུང་མོ་chung ma'i gcung mo) ʔæ³³læ⁵⁵

兄弟俩 (གཅེན་གཅུང་གཉིས་ཀ་gcen gcung gnyis ka) kʰi³³rə³³kʰi³³nə³³

夫妻俩 (བཟའ་ཟླ་གཉིས་ཀ་bza' zla gnyis ka) zæ³³mi³³nə³³

姐妹俩 (མིང་སྲིང་གཉིས་ཀ་ming sring gnyis ka) rə³³kʰi³³nə³³

曾孙 (ཡང་ཚ་yang tsha) —

母子俩 (མ་བུ་གཉིས་ཀ་ma bu gnyis ka) mɐ³³zi³³nə³³

父女俩 (པ་བུ་གཉིས་pha bu gnyis) və³³zi⁵⁵nə³³

婆家 (ཁྱོ་གའི་ནང་khyo ga'inang) la̠³³ɣæ³³tɕe³³kʰu³³

亲家 (གཉེན་བ་གསར་པ་gnyen ba gsar pa) pə³³tʰɑ⁵⁵ɣæ³³tɕe³³kʰu³³

亲家公 (མག་པའི་ཨ་ཕའམ་མནའ་མའི་ཨ་ཕ་mag pa'i a pha'am mna' ma'i a pha) pə³³tʰɑ³³ɣæ³³və³³

亲家母 (མག་པའི་ཨ་ཕའམ་མནའ་མའི་ཨ་ཕ་mag pa'i a pha'am mna' ma'i a pha) pə³³tʰɑ³³ɣæ³³mɐ³³

父子 (པ་བུ་pha bu) və³³zi³³

父女 (པ་བུ་pha bu) və³³zi³³

母子 (མ་བུ་ma bu) mɐ³³zi³³

母女 (མ་མད་ma mad) mɐ³³zɨ³³

农工商文

农种 (རྨོ་འདེབས་rmo 'debs) ri²⁴qʰə³³rə³³

播种 (ས་བོན་འདེབས་པ་sa bon 'debs pa) qʰə⁵⁵rə³³

点播 (ཕུར་འདེབས་phur 'debs) —

撒播 (ས་བོན་གཏོར་འདེབས་sa bon gtor 'debs) ɣə²⁴kʰə³³tə³³

犁田 (ཞིང་རྨོ་བ་zhing rmo ba) nɐ³³tʂʰø⁵⁵

种田 (ས་ཞིང་འདེབས་sa zhing 'debs) ri²⁴kʰə³³ri³³

栽种 (འདེབས་འཛུགས་'debs 'dzugs) —

耙田 (གཤལ་རྒྱག་པ།shal rgyag pa) ɦæ³³tɕi⁵⁵
挖地 (ས་བརྐོ་བ།sa brko ba) ɦɑ²⁴ŋo⁵³
锄地 (ཡུར་མ་ཡུར།yur ma yur) ɦæ³³tɕi⁵⁵
除草 (ཡུར་མ་ཡུར་བ།yur ma yur ba) na³³tʰo⁵⁵gɑ³³
收割 (ལོ་ཏོག་བརྔ་བསྡུ།lo tog brnga bsdu) ti³³ʂu³³
开荒 (ས་རྒོད་སློག་པ།sa rgod slog pa) ri³³pø⁵⁵te³³læ³³
浇水 (ཆུ་འདྲེན་པ།chu 'dren pa) tɕə⁵⁵kʰə³³tə³³
肥料 (ལུད།lud) ɣə³³mbə⁵⁵
施肥 (ལུད་རྒྱག་པ།lud rgyag pa) ɣə³³mbə⁵⁵kʰə⁵⁵tə³³
沤肥 (ལུད་སྙོལ་བ།lud snyol ba) —
掰玉米 (མ་རྨོས་ལོ་ཏོག་གཅོག་པ།ma rmos lo tog gcog pa) ji³³mi³³tʰe³³go³³
杠子 (འདེགས་ཤིང་།'degs shing) —
楔子 (ཁྱིའུ།khyi'u) —
连枷 (རྒྱག་དབྱུག rgyag dbyug) —
连枷把 (རྒྱག་དབྱུག་གི་ཡུ་བ།ga dbyug gi yu ba) —
连枷头 (རྒྱག་དབྱུག་གི་མགོ།rgyag dbyug gi mgo) —
锄柄 (རྐོ་མའི་ཡུ་བ།rko ma'i yu ba) ji³³jæ⁵⁵
铁锹 (ལྕགས་ཁེམ།lcags khem) qɑ̃⁵⁵tɕʰæ⁵³
铲子 (ཁྱེམ།khyem) jɑ̃³³tʂʰæ⁵³
犁头 (གཤོལ་འགོ།gshol 'go) to³³
犁铧 (གཤོལ་ལྕགས།gshol lcags) —
犁架 (གཤོལ་རྟེན།gshol rten) —
犁弓 (གཤོལ་མདའ།gshol mda') —
犁把 (གཤོལ་མདའ།gshol mda') ɕu³³
铡刀 (རྩྭ་གྲི།rtswa gri) so³³le³³
耙 (ཤལ་བ།shal ba) tʰæ³³qə⁵⁵ɕy³³ɕy³³
牛轭 (གཉའ་ཤིང་།gnya' shing) —

打场 (ག་ཡུལ་ལས་བྱེད་ས།g.yul las byed sa) —
晒谷 (འབྲས་ལྡེ་པ།'bras lde pa) ɕɑ³³ɦæ²⁴kʰe³³
晒谷场 (ཉི་སྐམ་གཏོང་ས།nyi skam gtong sa) —
风车 (རླུང་འཁོར།rlung 'khor) —
碌子 (རྡོ་རིལ།rdo ril) —
麻绳 (གསོ་ཐག gso thag) tsʰæ³³ræ⁵³
撮箕 (སྙིགས་གཞོང་།snyigs gzhong) tsʰo³³tɕe⁵⁵
木耙 (ཤིང་ཤལ།shing shal) ndzɑ²⁴
鞭子 (ལྕག་ཚན།lcag tshan) mbæ³³dzæ⁵³
牛鼻绳 (ནོར་གྱི་སྣ་ཐག nor gyi sna thag) wo³³lø³³
筐 (སླེལ་པོ།slel po) kə³³lø³³
粗筛 (ཁྲོལ་ཚགས་ཧྲལ་ཧྲལ།khrol tshags hral hral) ʂæ⁵⁵tsi³³
细筛 (ཕྲ་ཚགས།phra tshags) ʂæ⁵⁵tsi³³
圈儿 (སྒོར་སྒོར།sgor sgor) wo³³lə³³
牛圈 (ཕྱུགས་ལྷས།phyugs lhas) wo³³lə³³
马棚 (རྟ་ར།rta ra) ⁺tæ⁵⁵tsʰi³³
羊圈 (ལུག་ར།lug ra) ʁɑ²⁴ɣə³³tæ⁵⁵ro³³
鸡窝 (བྱ་ཚང་།bya tshang) ɣu⁵⁵ɣi³³vu³³
笼子 (གཟེབ་མ།gzeb ma) mba³³pʰi⁵³
猪槽 (ཕག་གཞོང་།phag gzhong) zi³³vu⁵³
木槽 (ཤིང་གཞོང་།shing gzhong) ŋgə³³ræ⁵³
谷桶 (འབྲུ་ཟོམ།'bru zom) —
碾米 (འབྲས་བགྲུས།'bras bgrus) —
舂米 (འབྲས་རྡུང་བ།'bras rdung ba) —
猪草 (ཕག་རྩྭ།phag rtswa) —
猪食 (ཕག་ཟས།phag zas) zi³³ndzi⁵³
利息 (སྐྱེད་ཁེ།skyed khe) tɕi⁵⁵kʰe³³
买 (ཉོ།nyo) qʰə³³tə⁵⁵
卖 (བཙོང་།btsong) tʰy³³jy³³
交换 (བརྗེ་རེས།brje res) tsʰo⁵⁵tə³³dzo³³

价钱 (རིན་གོང་|rin gong) qo²⁴
借钱 (དངུལ་གཡར་བ|dngul g.yar ba) kʰi³³zi⁵⁵
还钱 (དངུལ་སྤྲད|dngul sprad) tʰo³³tɑ⁵³
讨价 (གོང་གཏམ་པ|gong gtam pa) kʰu⁵³tʂi³³
还价 (གོང་སྒྲིག་པ|gong sgrig pa) kʰu³³tʂi³³
出租 (བོགས་མར་གཏོང་|bogs mar gtong) kʰə³³ŋə³³
债 (བུ་ལོན|bu lon) †pə³³lø⁵⁵
赢 (རྒྱལ|rgyal) kʰə⁵⁵kʰe⁵³
输 (ཕམ|pham) †nẽ³³pʰɐ³³
戥子 (རྒྱ་ཐུར|rgya thur) —
秤钩 (རྒྱ་ཀྱུ|rgya kyu) —
秤盘 (རྒྱ་སྡེར|rgya sder) ᵖdzæ³³mæ⁵⁵pʰæ̃⁵⁵pʰæ̃³³
称星 (རྒྱ་མིག| rgya mig) —
秤砣 (རྒྱ་རྡོ|rgya rdo) dza³³do⁵⁵
火车 (མེ་འཁོར|me 'khor) xo⁵⁵tʂʰe³³
汽车 (རླངས་འཁོར|rlangs 'khor) tɕʰi³³tʂʰe⁵⁵
船 (གྲུ་གཟིངས|gru gzings) tʂɨ³³dzi⁵⁵
渡船 (སྒྲོལ་གྲུ|sgrol gru) —
划船 (གྲུ་གཏོང་བ|gru gtong ba) dzə⁵⁵dzi⁵³ɦɑ³³tɕʰɑ⁵³
邮局 (སྦྲག་ཁང་|sbrag khang) ji³³tẽ⁵⁵tɕy³³
电话 (ཁ་པར|kha par) tã⁵⁵xa³³
机器 (འཕྲུལ་འཁོར|'phrul 'khor) ᵖtɕĩ⁵⁵tɕʰi³³
属相 (ལོ་རྟགས|lo rtags) lø³³tæ³³
子 (བྱི|byi) tɕu³³ɦæ³³wu³³
丑 (གླང་|glang) la³³wu³³
寅 (སྟག|stag) tɑ³³wu³³
卯 (ཡོས|yos) jy³³pu⁵⁵wu³³
辰 (འབྲུག་གི་དུས་ཚོད/སྔ་དྲོ་དུས་ཚོད་བདུན་པ་ནས་དགུ་པའི་བར| 'brug gi dus tshod/snga dro dus tshod bdun pa nas dgu pa'i bar) ndzu³³wu³³

巳 (ཤྲུ་ཕོགས་སུ་དྲོ་དུས་ཚོད་དགུ་པ་ནས་བཅུ་གཅིག་བར|snga thog snga dro dus tshod dgu pa nas bcu gcig bar) ndzi³³wu³³
午 (ཉིན་གུང་|nyin gung—) tæ³³wu³³
未 (ཕྱི་དྲོ་དུས་ཚོད་དང་པོ་ནས་གསུམ་པ་བར| phyi dro'i dus tshod dang po nas gsum pa bar) lu³³wu³³
申 (ཕྱི་དྲོའི་དུས་ཚོད་གསུམ་པ་ནས་ལྔ་བ་བར|phyi dro'i dus tshod gsum pa nas lnga ba bar) tse⁵⁵wu³³
酉 (ཕྱི་དྲོའི་དུས་ཚོད་ལྔ་པ་ནས་བདུན་པ་བར|phyi dro'i dus tshod lnga pa nas bdun pa bar) tɕæ⁵⁵wu³³
戌 (མཚན་མོ་དུས་ཚོད་བདུན་ནས་དགུ་པ་བར|mtshan mo dus tshod bdun pa nas dgu pa bar) tɕʰə⁵⁵wu³³
亥 (མཚན་ཐུན་མོ་དུས་ཚོད་དགུ་བར་ནས་བཅུ་གཅིག་བར| mtshan thun mo dus tshod dgu bar nas bcu gcig bar) pʰa⁵⁵wu³³
国家 (རྒྱལ་ཁབ|rgyal khab) †ndzɑ³³kʰɑ⁵³
政府 (སྲིད་གཞུང་|srid gzhung) si³³jõ³³
乡政府 (ཤང་སྲིད་གཞུང|shang srid gzhung) ɕã³³
省 (ཞིང་ཆེན|zhing chen) ᵖsẽ⁵³
县 (རྫོང|rdzong) †ndzõ
村 (གྲོང་ཚོ|grong tsho) tʂu³³mpa⁵⁵
印章 (ཐམ་ག|tham ga) tʰi³³
私章 (སྒེར་ཐམ|sger tham) tʰi³³
记号 (རྟགས|rtags) tɑ⁵³
证据 (དཔང་རྟགས|dpang rtags) tɑ³³tə³³pʰi³³
黑板 (ནག་པང|nag pang) ᵖxe³³pæ⁵³
粉笔 (ས་སྨྱུག|sa smyug) ᵖpe³³mi⁵⁵
笔 (སྨྱུ་གུ|smyu gu) ja³³mi⁵⁵
纸 (ཤོག་བུ|shog bu) †ɕo⁵⁵wu³³

书 (དཔེ་ཆ་dpe cha) ɣə̃⁵⁵də⁵³

念书 (དཔེ་ཆ་ཀློག་dpe cha klog) ɣə̃³³də³³ ɣi²⁴ŋo³³

小学 (སློབ་ཆུང་slob chung) ɕɛ⁵⁵ɕo³³

中学 (སློབ་འབྲིང་slob 'bring) tʂõ⁵⁵ɕo³³

大学 (སློབ་ཆེན་slob chen) ta³³ɕo³³

请假 (དགོངས་པ་ཞུ་dgongs pa zhu) ŋo³³nba³³kʰə⁵⁵zə³³

放假 (གུང་སེང་གཏོང་བ་gung seng gtong ba) fɑ̃³³tɕa⁵³

毕业 (སྦྱངས་ཐོན་sbyangs thon) pi³³ŋe³³

荡秋千 (དཔྱང་ཐག་རྩེད་པ་dpyang thag rtsed pa) sæ³³pi⁵⁵ba³³na³³da³³

踩高跷 (རྐང་བརྫུས་ཤིང་རིང་rkang brdzus shing ring) —

吹口哨 (སི་རྒྱག་si rgyag) si³³tu⁵⁵rə⁵⁵

唱调子 (གཞས་གདངས་gzhas gdangs) —

练武术 (དྲག་རྩལ་སྦྱོང་བ་drag rtsal sbyong ba) —

打弹弓 (འགྱིག་མདའ་རྒྱག་པ་'gyig mda' rgyag pa) ʂũ³³dæ⁵⁵qʰo³³lə³³

翻筋斗 (མགོ་རྟིང་སློག་པ་mgo rting slog pa) qʰə³³lɐ⁵⁵mĩ⁵⁵dzu³³

潜水 (ཆུར་འཛུལ་chur 'dzul) —

跳舞 (ཞབས་བྲོ་འཁྲབ་zhabs bro 'khrab) nẽ⁵⁵tɕʰə³³

锣 (འཁར་རྔ་'khar rnga) ŋæ³³

钹 (སྦུག་ཆལ་sbug chal) ŋæ³³

鼓 (རྔ་rnga) ŋæ³³

腰鼓 (རྐེད་རྔ་rked rnga) ŋæ³³

琴 (རོལ་མོ་rol mo) ndzæ³³ŋe⁵⁵

镲 (སྦུག་ཆལ་sbug chal) nbũ⁵⁵tɕʰo³³

萧 (བཞའོ་zha'o) sa³³li⁵⁵

号 (དུང་dung) dza³³li⁵⁵

唢呐 (རྒྱ་གླིང་rgya gling) dza³³li⁵⁵

口弦 (ཁ་ཝང་kha wang) ja³³rə⁵⁵qʰõ⁵⁵qʰõ⁵³

簧 (རྩིབ་ལྷེབ་rtsib lheb) —

哨子 (ཤུ་shu) si³³ri⁵⁵ri⁵⁵

喇叭 (སྒྲ་དུང་sgra dung) ᵑla³³pa³³

戏 (ཟློས་གར་zlos gar) tɕʰe⁵⁵ne³³dze³³

木鱼 (ཉ་ཁོག་nya khog) —

照相 (པར་ལེན་par len) pe³³ne³³dze³³

相片 (འདྲ་པར་'dra par) pe³³

颜色 (ཁ་དོག་kha dog) nda⁵⁵kʰæ³³

射击 (འཕེན་པ་'phen pa) qʰo³³lə⁵³

墨水 (སྣག་ཚ་snag tsha) ᵑme³³ʂy⁵⁵

墨汁 (སྣག་ཚ་snag tsha) dzæ⁵⁵næ³³

糨糊 (སྐྱོ་མ་skyo ma) pĩ⁵⁵tɕʰə³³

地图 (ས་བཀྲ་sa bkra) sæ³³pi³³

图画 (རི་མོ་ri mo) ri³³mu³³

涂改 (སུབ་བཅོས་རྒྱག་པ་sub bcos rgyag pa) nẽ³³tɕʰa⁵⁵

字 (ཡིག་འབྲུ་yig 'bru) ɣə̃³³ndə³³

算 (རྩིས་rtsis) ᵗtsi³³tʂu⁵⁵

数 (གྲངས་grangs) tsi³³tʂu⁵⁵

加 (སྣོན་snon) nẽ⁵⁵tsʰɐ³³

减 ('phri) tʰə³³kɐ³³ / na³³tʂa⁵³

乘 (སྒྱུར་sgyur) ᵑse³³ji⁵⁵

除 (བགོ་bgo) tʰə³³kɐ³³

球 (སྤོ་ལོ་spo lo) ᵗpa⁵⁵lo³³

倒立 (སྤྱི་ཚུགས་spyi tshugs) tʰə⁵⁵tʰə⁵⁵ni⁵⁵mə³³

对歌 (གླུ་ཤགས་རྒྱག་པ་glu shags rgyag pa) je⁵⁵je⁵⁵kʰə³³tsʰɐ³³

唱山歌 (རི་གླུ་ལེན་ri glu len) le³³ri⁵⁵nẽ⁵⁵tʰe³³

动作行为

棋子 (མིག་མངས་mig mangs) dzæ³³

比赛 (འགྲན་བསྡུར་'gran bsdur) kʰə³³tsʰɐ³³

游泳 (ཆུ་རྐྱལ། chu rkyal) tɕə³³tɕe³³

骑马 (རྟ་བཞོན། rta bzhon) ɣji²⁴qʰə̃³³tsæ³³

钓鱼 (ཉ་འཛིན་པ། nya 'dzin pa) ʁʐ²⁴tə³³te⁵³

燃烧 (འབར་བ། 'bar ba) tə³³tʂy⁵⁵

吸气 (དབུགས་རྔུབ་པ། dbugs rngub pa) ɕə³³ʁʐ⁵⁵tʰo³³lə³³

浮 (གཡེང་བ། g.yeng ba) kʰi³³ndzə⁵³

流 (བཞུར། bzhur) nʁ⁵⁵re³³

飞 (འཕུར། 'phur) tʰi³³ndze⁵⁵

往 (འགྲོ། 'gro) tʰə⁵⁵rə⁵³

来 (འོང་། 'ong) ɣe³³ro³³

吹 (འབུད་པ། 'bud pa) qʰu⁵⁵tə³³tə³³

拉 (འཐེན། 'then) ɦæ²⁴tø⁵⁵

挖 (བརྐོས་པ། brkos pa) ɦa²⁴qʐ³³

捉 (བཟུང་། bzung) kʰə⁵⁵zø³³

挠 (འཕྲུག་པ། phrug pa) qʰə⁵⁵tʂʰi⁵⁵na⁵³

圈 (ལྷས་ར་ར་སྡོད། lhas ra ra sdod) ti³³ɣu³³

刺 (ཚེར་མ། tsher ma) ɣi²⁴tsʰu³³

搓 (འཕུར་པ། 'phur pa) ɣə²⁴zo³³za³³

榨 (བཙིར་བ། btsir ba) kʰi³³ndə⁵³

抹 (ཕྱིས་པ། phyis pa) kʰə³³mæ³³

笑 (གད་མོ། da mo) ni³³ri⁵⁵

旋转 (འཁོར་སྐྱོད། 'khor skyod) næ³³rə⁵⁵ɣə²⁴lø³³

沉 (ནུབ། nub) ɦa³³pʰo⁵⁵pʰa⁵⁵

浸 (སྦོང་བ། sbong ba) ne³³paʁ⁵³

漏 (ཟགས་པ། zags ba) nõ⁵⁵tu³³

溢 (འཕྱུར་བ། phyur ba) tʰɑ⁵⁵tɕʰɑ⁵³

取名 (མིང་འདོགས་པ། ming 'dogs pa) kʰi³³mi³³

晾衣 (ལྭ་བ་སྐམ་པ། lwa ba skam pa) te³³ræ⁵⁵

补 (ལྷན་པ། lhan pa) kʰə³³tsʁ⁵⁵

剪 (བྲེག་པ། breg pa) ɦa³³tʂɑ⁵⁵

裁 (དྲས། dras) ɦa³³tʂɑ⁵⁵

织 (འཐག 'thag) †ɦã²⁴tʰɑ³³

扎 (དྲུབ་པ། drub pa) nʁ⁵⁵tɕə³³tɕʐ³³

砍柴 (བུད་ཤིང་འཐུ་བ། bud shing 'thu ba) ni³³tsæ⁵³

淘米 (འབྲས་བཀྲུས། 'bras bkrus) ɦa²⁴ʁʐ³³

洗碗 (ཕོར་པ་བཀྲུས་པ། phor pa bkrus pa) na⁵⁵ʁʐ³³

搅拌 (སྐྲོག་པ། skrog pa) næ³³rə⁵⁵ræ⁵⁵

焖 (སུབ་བཙོས། sub btsos) —

炖 (བཙོས་པ། btsos pa) qʰe³³ʁɑ⁵³

烤 (སྲེག sreg) kʰə⁵⁵vɑ⁵³

腌 (སྙོལ། snyol) kʰi⁵⁵rə³³

饱 (རྒྱགས་པ། rgyags pa) tu³³tɕə⁵³

醉 (བཟི་བ། bzi ba) tʰɑ³³ʁɑ³³

打嗝 (སྐྱིགས་བུ། skyigs bu) tə⁵⁵ke³³

讨饭 (ལྟོ་སློང་བ། lto slong ba) kʰə³³tʰə³³

酿酒 (ཆང་བསྙལ། chang bsnyal) nʁ⁵⁵tʂʰi⁵³

搬家 (གནས་སྤོ། gnas spo) tʰɑ³³po⁵³

分家 (ཁྱིམ་ཚང་གྱེས་པ། khyim tshang gyes pa) tsø⁵⁵ni³³ri³³

开门 (སྒོ་འབྱེད། sgo 'byed) ʁʐ²⁴tʰi³³xæ⁵³

关门 (སྒོ་བརྒྱག sgo rgyag) nʁ³³dzʁ⁵⁵

洗脸 (ངོ་འཁྲུད། ngo 'khrud) na⁵⁵ɣø³³ʁɑ³³

漱口 (ཁ་བཤལ། kha bshal) ɦa³³ʂɑ⁵³

做鬼脸 (ཁ་ཉེར་སྣ་ཉེར། kha nyer sna nyer) kʰi³³tɕə³³

伸懒腰 (བྱ་རྨྱང་། bya rmyang) ndzʁ⁵⁵ndzʁ³³ɦæ³³væ³³

点灯 (སྒྲོན་མེ་འབར། sgron me 'bar) qʰo³³sæ⁵⁵

熄灯 (ཞུན་མར་གསོད་པ། zhun mar gsod pa) nĩ³³pʰi⁵⁵

说梦话 (གཉིད་ལབ་རྒྱག་པ། gnyid lab rgyag pa) tə⁵⁵mɑ³³

醒 (སད། sad) tə³³tɕə³³

晒太阳 (ཉི་མ་ལྡེ་བ། nyi ma lde ba) nə̣³³jy³³rø³³

烤火 (མེར་སྲོ་བ།mer sro ba) mə³³kʰi⁵⁵ʁø³³
暖被窝 (མལ་ཆས་དྲོད།mal chas drod) ji³³ʁe³³kʰi³³dzy³³
等待 (སྒུག་པ།sgug pa) kʰi³³li⁵⁵
走路 (གོམ་པ་སྤོ།gom pa spo) rqæ³³
遇见 (ཐུག thug) kʰə³³ti³³ti⁵⁵
去 (འགྲོ།'gro) tʰʑ⁵⁵xə³³
进 (འཛུལ།dzul) ɣə²⁴xə³³
出 (ཐོན།thon) ɦæ²⁴ʁø³³
进来 (ཚུར་ཡོང་བ།tshur yong ba) ɣə²⁴ʁø³³
上来 (ཡར་ཡོང་བ།yar yong ba) tə³³ʁø³³
下去 (མར་འགྲོ་བ།mar 'gro ba) ne³³xə³³
争 (རྩོད།rtsod) na³³tʑ⁵⁵ta⁵³
吃亏 (གྱོང་ཕོག་པ།gyong phog pa) ne³³pʰʑ³³
上当 (གཡོ་འོག་ཏུ་ཚུད་པ།g.yo 'og tu tshud pa) ʂã³³da⁵⁵væ⁵³
道歉 (དགོངས་དག་ཞུ་བ།dgongs dag zhu ba) ɕa³³pa³³tə³³və³³
帮忙 (རོགས་རམ།rogs ram) qʰə³³ɣo³³
请客 (མགྲོན་འབོད།mgron 'bod) ndzø³³qʰæ³³ræ³³
送礼 (ལག་རྟགས་སྤྲོད་པ།lag rtags sprod pa) ŋge³³nu³³ne³³kʰə³³
告状 (ཁྲིམས་སྦྱོར།khrims sbyor) tə³³tə³³
犯法 (ཁྲིམས་འགལ།khrims 'gal) tə³³mbæ³³nu³³ɕi³³
赌博 (རྒྱན་འགྱེད།rgyan 'gyed) ndzə³³tə⁵⁵tɕə⁵³
坐牢 (བཙོན་དུ་འཇུག་པ།btson du 'jug pa) tsø³³kʰo³³kʰu³³ɦæ³³xə³³
砍头 (མགོ་བོ་གཅོད།mgo bo gcod) ɣa²⁴lø³³tʰʑ³³kʑ³³
吻 1 (སྣ་སྦྱར་བ།sna sbyar ba) kʰə³³sø³³næ³³
（吻鼻子）
吻 2 (མཆུ་སྒྲོས།mchu sgros) wu⁵⁵kʰə³³rə³³
（吻嘴巴）
呛 (འཚང་།tshang) tʰu³³ŋi⁵⁵
呼气 (དབུགས་འབྱིན་པ།dbugs 'byin pa) ɕə³³ʁæ⁵⁵tʰo³³la³³
抬头 (མགོ་འདེགས་པ།mgo 'degs pa) ɦæ³³ʁæ⁵⁵
低头 (མགོ་སྒུར་བ།mgo sgur ba) no⁵⁵gu³³gu³³
点头 (མགོ་བོ་ལྕོག་ལྕོག mgo bo lcog lcog) na⁵⁵tɕa³³ŋo³³
摇头 (མགོ་བོ་གཡུག་པ།mgo bo yug pa) ʁa²⁴lø³³tə³³rə³³ræ³³
摇动 (སྒུལ་བ།sgul ba) tə³³rə³³ræ³³
招手 (ལག་གཡོབ།lag g.yob) ri³³tə³³rə³³ræ³³
举手 (ལག་པ་ཡར་བཀྱགས།lag pa yar bkyags) ri³³ti³³ki⁵⁵
笼手 (ལག་པས་སྒྲིབ་པ།lag pas sgrib pa) ri³³wu⁵⁵ræ³³kʰu³³ɦæ³³kʰə³³
拍手 (ཐལ་མོ་རྡེབ་པ།thal mo rdeb pa) la⁵³tɕa³³ɦæ³³dæ³³
握手 (ལག་པ་འཇུས་རེས།lag pa 'jus res) ⁿwo³³ʂu⁵³
弹 (དཀྲོལ།dkrol) nda⁵⁵la³³
掐 (བཙུར།btsur) ni⁵⁵tɕʑ³³ / kʰo⁵⁵tsa⁵⁵na³³
抠 (འཕྲུག་པ།'phrug pa) ɦa³³qʑ⁵⁵qa⁵⁵ / qʰə³³tʂʰi⁵⁵na⁵³
牵 (འདྲུད་འཐེན།'drud 'then) ro³³zi⁵⁵
扳 (འགྱེལ་བ།gyel ba) la³³ɕu³³
捧 (བསྟོད་པ།bstod pa) tɕa³³kʰə³³tsʰu³³
抛 (འཕེན་པ།'phen pa) væ³³næ³³dæ³³
掏 (བཏོན་པ།bton pa) ɦa³³qʑ⁵⁵qa⁵⁵
骗 (རླིག་རིལ་འདོན་པ།rlig ril 'don pa) ——
夹 (བཙིར།btsir) qʰe³³tʰa³³
抓 (འཛིན་པ།'dzin pa) ta³³ʁa³³（放在手心

上抓）
甩 (དབྱུག་པ་dbyug pa) væ³³næ³³dæ³³
搓 (འཕུར་བ་'phur ba) ɦæ³³və⁵⁵ŋi⁵³
跟 (རྗེས་སུ་འབྲང་rjes su 'brang) tʰa³³tɕo⁵⁵tɕɑ³³
跪 (པུས་མོ་བཙུགས་pus mo btsugs) ŋə³³pʰə³³la³³kʰi³³ndzu³³
踢 (རྡོག་ཚུགས་རྒྱག་པ་rdog tshugs rgyag pa) ɣə²⁴tso³³
躺 (ཉལ་བ་nyal ba) tə⁵⁵læ⁵³
侧睡 (ཟུར་ཉལ་zur nyal) tʰæ³³rə³³kʰi³³
靠 (བརྟེན་པ་brten pa) ɦæ³³gɐ⁵⁵
遗失 (བོར་བ་bor ba) ɦæ⁵⁵pʰə³³
堆放 (སྤུང་བ་spung ba) tu⁵⁵bə³³
叠 (བརྩེགས་པ་brtsegs pa) ɦæ³³zi³³zo³³
折断 (བཅོག་པ་bcog pa) nɐ³³qə³³
搬 (སྤོས་པ་spos pa) tʰɐ³³tɕə³³tɕə³³
塞 (ནང་ལ་རྫོང་nang la rdzong) nã³³tsɑ³³
抢 (འཕྲོག་'phrog) tʰõ³³qə³³
砸 (གཅོག་པ་gcog pa) na³³pʰɑ³³
刮 (འབྲད་'brad) nɐ³³ɣɐ²⁴
揭 (ཁ་འབྱེད་པ་kha 'byed pa) nɑ³³tʂɑ⁵⁵
翻 (སློག་slog) te³³lɐ³³
挂 (འགེལ་'gel) ni³³ji⁵⁵
包 (ཐུམ་སྒྲིལ་thum sgril) kʰu³³lə³³
贴 (སྦྱར་བ་sbyar ba) ɣə²⁴pʰe⁵³
割 (འབྲེག་པ་'breg pa) ɦɑ³³tʂɑ⁵⁵
锯 (གཏུབ་gtub) na³³tʂɑ⁵⁵
雕 (རྐོ་བ་rko ba) nɐ³³dzɨ⁵⁵
箍 (ཤན་shan) zø³³tsɨ⁵⁵
装 (རྫོད་བ་rdzod ba) nø³³kʰə⁵⁵
卷 (ཚུད་པ་tshud pa) ɦæ³³væ³³læ³³
染 (ཚོས་རྒྱག་པ་tshos rgyag pa) qʰo³³lə⁵⁵
吓 (འཇིགས་'jigs) qʰa³³rɐ³³ni³³tɕɐ⁵⁵
试 (ཚོད་ལྟ་tshod lta) kʰə³³tsʰɐ³³

换 (བརྗེ་brje) tʰy³³jy³³
填 (ཁ་སྐོང་kha skong) ni³³lɐ⁵⁵
留 (བཞག་bzhag) mbi³³
使用 (བེད་སྤྱོད་bed spyod) kʰə³³tɕɐ³³
顶 (ཚབ་བྱེད་པ་tshab byed pa) kʰi³³ty³³
刨 (གཞོག་gzhog) ɦɑ²⁴qɐ⁵⁵qa⁵⁵
晒衣 (ལྭ་བ་སྐེམ་པ་lwa ba skem pa) tse³³ŋə³³ɣæ³³kʰe³³
摘菜 (ཚལ་འཐོག་པ་tshal 'thog pa) tsʰe³³tʰɐ³³kɐ³³
切菜 (ཚལ་གཏུབ་tshal gtub) tsʰe³³no³³tʂʰi³³
烧开水 (ཆུ་ཁོལ་སྐོལ་chu khol skol) tɕə³³ti³³tsi³³
熬 (སྐོལ་བ་skol ba) ni³³tsi⁵⁵
烘 (སྲོ་སྐམ་sro skam) te³³ra⁵⁵
蘸 (སྨོག་པ་smog pa) ni³³tsø³³
溅 (འཕྱོ་བ་'phyo ba) ɦã²⁴tɕʰa⁵⁵
洒水 (ཕྱིར་ལོག་phyir log) kʰə³³tse³³
返回 (ཆུ་གཏོར་བ་chu gtor ba) ᴺGə⁵⁵ʁɐ³³
到达 (སླེབས་པ་slebs pa) tʰi³³rø³³
招待 (སྣེ་ལེན་sne len) ndzə³³qə³³ræ³³
认罪 (ངོས་ལེན་ngos len) kʰɐ³³kʰə³³le³³
包庇 (འགེབས་སྲུང་'gebs srung) næ³³zi³³
卖淫 (སྨད་འཚོང་བ་smad 'tshong ba) zo³³də⁵⁵tʰø⁵⁵ji³³
偷盗 (རྐུ་བ་rku ba) kə³³kʰə³³və³³
毒 (དུག་dug) tu²⁴
听见 (གོ་བ་go ba) ndo³³ra³³
偷听 (ལྐོག་ཉན་lkog nyan) qʰə³³se³³ᴺGæ³³
看见 (རིག་rig) tæ⁵⁵ra³³（别人看见）
看见 (མཐོང་བ་mthong ba) ti⁵⁵ra³³（我看见）
瞄准 (མོ་ཁ་ལྟ་བ་mo kha lta ba) ɦæ³³ndzɨ³³ndzɨ³³

剐蹭 (རྡེབ་པ་rdeb pa) —

啃 (སོ་བཏབ་so btab) nḛ³³vɐ³³le³³

磕头 (ཕྱག་འཚལ་phyag 'tshal) tɕʰa³³kʰə³³və³³

拖 (འདྲུད་'drud) dzɐ⁵³

拍 (རྡེབ་པ་rdeb pa) nə³³dɐ³³

托 (མངགས་བཅོལ་mngags bcol) tə³³tɕʰə³³

压 (གནོན་gnon) nɐ³³tʰɑ³³

抽 (འཐེན་'then) ɦæ³³tø⁵⁵tɕæ⁵³

勒 (བཙན་འདེད་btsan 'ded) te³³sə³³

抖 (འདར་བ་'dar ba) nɐ³³pʰu⁵⁵tʰæ³³

拄 (མཛུག་རྟེན་mdzug rten) kʰɿ³³zu³³

垫 (གདན་gdan) ɦæ²⁴kʰe³³

划 (དབྱེ་བ་dbye ba) ɦæ³³tʂæ⁵³

锉 (གསེག་རྡར་gseg rdar) ɦæ³³tʂæ⁵³

钻 (འབིགས་'bigs) nɐ³³tɕə³³

捂 (འགེབས་པ་'gebs ba) wu³³kɐ³³

渗 (སིམ་པ་sim pa) nɐ³³tɕɐ³³

滤 (འཚག་'tshag) ɦo²⁴tsɑ⁵³

叼 (ཁུར་khur) ɦɑ²⁴tʰɑ³³

叉腰 (སྐེད་གཟེར་sked gzer) gẽ³³ndi⁵⁵nɑ⁵⁵zɿ³³zɑ³³

赤膊 (སྟོད་ཧྲང་stod hrang) —

敲打 (རྡུང་བ་rdung ba) ʁə³³dɐ³³

撒娇 (གླགས་ཡུས་བཤད་པ་glags yus bshad pa) —

呻吟 (ངན་སྐད་རྒྱག་པ་ngan skad rgyag pa) ɦæ³³zɿ³³nə³³

仰睡 (གན་རྐྱལ་དུ་ཉལ་gan rkyal du nyal) tə³³læ³³

喂草 (རྩྭ་སྦྱིན་བ་rtswa sbyin ba) ɣu²⁴tʰɐ³³mu³³

放夹 (འཇབ་ཙེ་བཞག་'jab tse bzhag) —

装索 (ཐག་པ་སྒྲིག་འཇུག་བྱེད་thag pa sgrig 'jug byed) —

拔毛 (སྤུ་འཐོག་པ་spu 'thog pa) ɦæ³³su³³ɦæ³³

燎毛 (སྤུ་སྲེག་པ་spu sreg pa) —

剥皮 (པགས་པ་བཤུ་བ་pags pa bshu ba) ɣi²⁴mo³³

烧砖 (སོ་ཕག་བསྲེག་པ་so phag bsreg pa) —

烧窑 (སྲེག་དོང་sreg dong) wḛ³³sɿ⁵⁵nɐ³³tʰə³³

烧石灰 (རྡོ་ཐལ་སྲེག་པ་rdo thal sreg pa) —

刷墙 (གྱང་ལ་དཀར་རྩི་གཏོང་བ་gyang la dkar rtsi gtong ba) dzɑ³³lɑ³³tə³³dzɐ³³

穿针 (ཁབ་མིག་བརྒྱུས་པ་khab mig brgyus pa) ɣi³³zɐ⁵⁵

绣花 (མེ་ཏོག་གཙག་དྲུབ་me tog gtsag drub) nɐ³³tsɑ⁵⁵

缠足 (རྐང་པ་དཀྲི་བ་rkang pa dkri ba) —

磨刀 (གྲི་རྡར་བ་gri rdar ba) ɦo²⁴so³³

劈柴 (ཤིང་གཤགས་མ་shing gshags ma) ɣe²⁴ndə³³

发芽 (མྱུ་གུ་འབུ་myu gu 'bu) ɣe²⁴tsʰɿ⁵⁵

酒醒 (ཆང་དྭངས་པ་chang dwangs pa) tə³³tɑ³³

闩门 (སྒོ་གཏན་sgo gtan) nɐ³³dzɐ⁵⁵

剪指甲 (སེན་མོ་གཅོད་པ་sen mo gcod pa) ɦæ³³tʂɑ⁵⁵

掏耳朵 (རྣ་སྐྱག་རྐོ་rna skyag rko) tə³³qʰo³³

动身 (རྡོག་ཐོན་rdog thon) qʰo³³pɑ³³tə³³mə³³ni³³

赶路 (མྱུར་བཞུད་myur bzhud) tʰɐ³³xi⁵⁵

让路 (ལམ་གཟུར་བ་lam gzur ba) tʰe³³nə³³

劝架 (ཁ་ཏ་བར་འདུམ་kha ta bar 'dum) kʰæ³³kʰæ³³no³³tʰə³³

报恩 (དྲིན་གཟོ་drin gzo) tsɐ³³le⁵⁵tʰɣ³³sɣ³³

报仇 (དགྲ་ཤ་ལེན་པ་dgra sha len pa) ɕɐ³³lɐ³³tə³³zø³³

照顾 (ལྟ་རྟོག lta rtog) zo³³tɕʰe⁵⁵kʰə⁵³zə³³

收礼 (ལག་རྟགས་ལེན་པ lag rtags len pa) tʰɐ³³ti⁵⁵

抢劫 (འཕྲོག་བཅོམ 'phrog bcom) tɕɑ³³qɑ³³nɐ³³dzɐ³³

杀人 (མི་བསད mi bsad) mə³³ni⁵⁵nɐ⁵⁵sɐ³³

劳改 (རྩོལ་སྒྱུར rtsol sgyur) zo³³mbæ³³

鞭打 (ལྕག་ཚན་གཞུ་བ lcag tshan gzhu ba) tə³³tæ³³

胜利 (རྒྱལ་ཁ་ཐོབ rgyal kha thob) kʰə³³kʰe⁵⁵

失败 (ཕམ་ཁ་ལེན pham kha len) nẽ³³pʰe⁵³

瞪 (སྡང་མིག་ལྟ་བཞིན sdang mig lta bzhin) nɐ³³ndzɐ³³

拽 (འཐེན 'then) ɦæ³³tø³³tɕæ³³

捊 (བྱིལ་བྱིལ་བྱེད་པ byil byil byed pa) ɣi³³ndø⁵⁵

搁 (ཞོག zhog) ri³³tɕə³³

揣 (འཁྱེར་བ 'khyer ba) nɐ³³kʰə⁵⁵

携带 (འཁྱེར་བ 'khyer ba) tə³³zø³³

扒 (བཤུས bshus) ɦɑ³³qɐ⁵⁵qɑ³³

蹦 (མཆོང mchong) ti³³tsʰi⁵⁵

跺脚 (རྐང་བརྡབ rkang brdab) nɑ³³tso⁵⁵ŋɐ⁵⁵læ⁵⁵

打滚 (འགྲེ་ལོག་རྒྱག 'gre log rgyag) tə³³və³³læ³³

扑 (མཆོང mchong) kʰə³³zə³³

粘 (འབྱར 'byar) ʁɐ³³pʰe³³

剖 (གཤགས་བཅོས gshags bcos) ɦɑ²⁴pʰɑ⁵⁵

劈 (གཏུབ gtub) ɣe²⁴ndə³³

漆 (རྩི rtsi) tsʰi³³qʰo³³lə³³

搓 (འཕུར་བ 'phur ba) ɣe³³pe³³læ³³

钉 (གཟེར gzer) ʁɐ³³tsɐ⁵⁵

绞 (གཙབ gtsab) ʁɐ³³rɐ⁵⁵ræ³³

蒙 (གཡོ་ཟོལ g.yo zol) ɣu³³ko³³

胡 (མགོ་སྐོར་གཏོང་བ mgo skor gtong ba) —

和 (སྲུབ་དཀྲུག srub dkrug) —

发脾气 (རླུང་ལངས rlung langs) pʰi⁵⁵tɕi⁵⁵ɦæ³³tɕo³³

赌气 (མ་འདོད་པ ma 'dod pa) mə³³rə³³tə³³zi³³

生长 (སྐྱེས་པ skyes pa) tə⁵⁵rɐ⁵⁵

打猎 (རི་དྭགས་རྔོན་པ ri dwags rngon pa) nɑ³³ndɑ³³

蛀 (མུག་ཟོས mug zos) ʁɐ³³xø⁵⁵

系围裙 (པང་ཁེབས་སྡོམ་པ pang khebs sdom pa) põ³³kʰe³³ɦæ³³dzɐ³³

打结 (མདུད་པ་རྒྱག་པ mdud pa rgyag pa) ty³³læ⁵⁵

认得 (ངོ་ཤེས་པ ngo shes pa) nø³³ɕe³³

伤心 (སེམས་སྡུག sems sdug) nɐ³³du³³

讨喜 (མི་དགའ་སློང་བ mi dga' slong ba) se³³se³³

恨 (ཞེ་སྡང zhe sdang) ni³³se³³

满意 (ཚིམ་པ tshim pa) xɑ³³kʰə³³le³³

着急 (བློ་འཚབ་པ blo 'tshab pa) tsʰɑ⁵⁵tʂɑ⁵³

理睬 (ཁ་ཡ kha ya) kʰə³³lɐ³³wu³³

担心 (སེམས་ཁྲལ sems khral) sẽ⁵⁵tʂʰæ⁵³

放心 (བློ་བདེ་པོ་བྱེད blo bde po byed) sẽ³³mbæ³³kʰə³³mbə³³

愿意 (འདོད་པ 'dod pa) sɑ³³ti⁵⁵

变 (འགྱུར 'gyur) tʰi³³dzy⁵⁵

恼火 (ཚིག་པ་ཟ་བ tshig pa za ba) kʰɐ⁵⁵lɐ³³

心痛 (སེམས་ཕམ་པ sems pham pa) jɐ³³tə³³ŋe⁵⁵

记仇 (ཞེ་འཁོན་འཛིན་པ zhe 'khon 'dzin pa) tʂʰu³³tə³³zø³³

害 (གནོད gnod) qʰɑ³³qʰə³³və³³

反悔 (བློ་འགྱོད blo 'gyod) tʰɐ³³ndzy³³

可惜 (ཕངས་པ་phangs pa) tsʰo³³la³³
声音 (སྐད་སྒྲ་skad sgra) ndzæ³³
喊 (འབོད་པ་'bod pa) tʰæ³³qə³³ræ³³
问 (འདྲི་'dri) kʰi³³mə³³
答应 (ཁས་ལེན་khas len) kʰɐ³³kʰə³³le³³
介绍 (ངོ་སྤྲོད་བྱེད་ngo sprod byed) ŋø⁵⁵kʰə³³ɕe³³
回答 (ལན་འདེབས་lan 'debs) lẽ³³pu³³nɐ³³dzɐ³³
造谣 (གཏམ་འཆལ་བཤད་པ་gtam 'chal bshad pa) lə̩³³du³³zy³³
打听 (ཉན་ཞིབ་nyan zhib) tʰɐ³³mi³³mæ³³

性质状态

凸 (འབུར་'bur) tə⁵⁵gy³³gy³³
凹 (ཀོང་ཀོང་kong kong) na³³qʰo³³qʰo³³
正 (དྲང་ཕྱོགས་drang phyogs) ŋə³³rə³³kʰu⁵⁵
反 (ལྡོག་ཕྱོགས་ldog phyogs) pʰa³³no⁵⁵
斜 (གསེག་gseg) tʰa⁵⁵qa³³
横 (འཕྲེད་phred) tʰĩ⁵⁵tʂʰe³³tʂʰe³³
竖 (སྒྲེང་བ་sgreng ba) no³³dza⁵⁵
活 (གསོན་gson) zi⁵⁵zi³³
满 (ཁེངས་khengs) to⁵⁵si³³
足 (དང་ངེས་'dang nges) tsʰu²⁴
光滑 (འཇམ་པོ་'jam po) tʰi³³tɕɐ³³
冷清 (འཇམ་ཞིང་ཞིང་'jam thing thing) ɦæ̃³³tsæ⁵⁵
浊 (རྙོག་པོ་rnyog po) pə⁵⁵ri³³ri³³
空 (སྟོང་བ་stong ba) to⁵⁵mbɑ³³
嫩 (མཉེན་mnyen) və³³və³³
生 (རྗེན་rjen) qø³³qø³³
熟 (ཚོས་tshos) tə³³mi⁵⁵
乱 (ཟང་ཟིང་zang zing) tɕʰa³³ma³³
真 (ངོ་མ་ngo ma) ta³³mæ³³
假 (རྫུན་མ་rdzun ma) †ndzø³³mæ³³

暗 (ལྐོག་lkog) nɐ³³qo³³qo³³
闷热 (ཚ་བ་tsha ba) ŋɔ³³tsɐ³³qʰɑ³³
破 (བརྟོལ་brtol) ɦæ³³xø⁵⁵
缩 (འཁུམ་khum) ɦæ³³tø⁵⁵
困了 (ངལ་དུབ་ngal dub) ɦæ³³ɕe⁵⁵
瘦 (ཞུད་zhud) nɐ³³tɕa³³tɕa³³
倒 (ལྡོག་ldog) ni³³mə⁵⁵lə³³tæ⁵³
纯 (དྭངས་མ་dwangs ma) ta³³mæ⁵⁵
枯 (སྐམ་skam) nɐ³³dzi⁵⁵
潮 (རླན་rlan) ndzæ³³ndzæ³³
强 (དྲག་drag) ŋɐ³³ŋɐ⁵⁵
弱 (ཞན་zhan) tʰa⁵⁵tɕʰa³³
焦 (སེམས་འཚབ་sems 'tshab) kʰə⁵⁵ndə³³
清楚 (གསལ་པོ་gsal po) xa⁵⁵kɐ³³
模糊 (རབ་རིབ་rab rib) pə⁵⁵re³³re³³
准确 (ཡང་དག་yang dag) ta⁵⁵tɑ³³
耐用 (སྤྱོད་ཤན་ཆེ་བ་spyod shan che ba) ŋi³³ŋɐ⁵⁵
空闲 (བར་གསེང་bar gseng) ke³³ke⁵⁵
涩 (སྐ་བ་ska ba) tə⁵⁵qʰa³³
脆 (སོབ་པོ་sob po) qə⁵⁵ræ³³
霉烂 (རུལ་བ་rul ba) nɐ⁵⁵xə³³
不要紧 (སྐྱོན་མེད་skyon med) ŋỹ³³kæ⁵⁵
方便 (སྟབས་བདེ་stabs bde) to⁵⁵de³³mu⁵⁵
浪费 (འཕྲོ་བརླགས་chud zos) tsʰo⁵⁵la³³
疏忽大意 (སྣང་མེད་དོགས་མེད་snang med dogs med) no⁵⁵ɦa³³me³³
顺利 (བདེ་བླག་bde blag) ɕi³³xu⁵⁵ʁæ⁵⁵
聪明 (བློ་རྣོ་blo rno) sa⁵⁵sa³³
狡猾 (གཡོ་སྒྱུ་g.yo sgyu) tʂʰæ⁵⁵mbæ³³
大胆 (སྙིང་ཆེ་snying che) jɐ⁵⁵mbo³³ki³³ko³³
胆小 (སྡར་མ་sdar ma) jɐ⁵⁵mbo³³tsi³³te⁵³
慌张 (འབྲེལ་འཚབ་brel 'tshab) tsʰa⁵⁵tʂa³³
麻利 (གྲུང་པོ་grung po) mbo⁵⁵ro³³ro³³

节俭 (སྒྲོན་ཆུང་|gron chung) tʂhi⁵⁵tʂhi³³
厉害 (ཕུལ་བྱུང་|phul byung) mɐ⁵⁵lø³³si³³
勇敢 (དཔའ་ངར་ཆེ|dpa' ngar che) mɐ⁵⁵lø³³si³³
可怜 (སྙིང་རྗེ|snying rje) zɐ⁵⁵di³³
麻烦 (རྙོག་དྲ|rnyog dra) tha⁵⁵si³³
光荣 (གཟི་བརྗིད|gzi brjid) to⁵⁵ke⁵³
孤独 (གྲོགས་མེད་ཁེར་རྐྱང་|grogs med kher rkyang) ɕi³³tə⁵⁵rə³³
亲 (བྱམས་བརྩེ|byams brtse) ndzi³³ni³³
齐心 (བློ་སེམས་གཅིག་སྒྲིལ|blo sems gcig sgril) sæ⁵⁵mbæ³³tæ³³zæ³³
贪心 (བརྣབ་སེམས|brnab sems) tu⁵⁵la³³qha³³mu³³
拖拉 (ནར་འགྱངས|nar 'gyangs) ndzi³³mæ³³ri³³mbu³³

数量

十一 (བཅུ་གཅིག|bcu gcig) †tɕo³³tɕi⁵⁵
十二 (བཅུ་གཉིས|bcu gnyis) †tɕo³³ni⁵⁵
十三 (བཅུ་གསུམ|bcu gsum) †tɕo⁵⁵so⁵³
十四 (བཅུ་བཞི|bcu bzhi) †tɕo³³zi⁵⁵
十五 (བཅོ་ལྔ|bco lnga) †tɕo³³ɴa⁵⁵
十六 (བཅུ་དྲུག|bcu drug) †tɕo³³tʂu⁵⁵
十七 (བཅུ་བདུན|bcu bdun) †tɕo³³dø⁵⁵
十八 (བཅོ་བརྒྱད|bco brgyad) †tɕo³³dze⁵⁵
十九 (བཅུ་དགུ|bcu dgu) †tɕo³³gu⁵⁵
二十一 (ཉེར་གཅིག་པ|nyer gcigpa) †ni⁵⁵tɕi⁵⁵tsæ³³tɕi⁵³
四十 (བཞི་བཅུ|bzhi bcu) †dze⁵⁵tɕo⁵³
五十 (ལྔ་བཅུ|lnga bcu) †ɴæ⁵⁵tɕo⁵³
六十 (དྲུག་ཅུ|drug cu) †tʂu⁵⁵tɕo⁵³
七十 (བདུན་ཅུ|bdun cu) †dø⁵⁵tɕo⁵³
八十 (བརྒྱད་ཅུ|brgyad cu) †dzæ⁵⁵tɕo⁵³
九十 (དགུ་བཅུ|dgu bcu) †ŋu⁵⁵tɕo⁵³

百一 (བརྒྱ་དང་གཅིག|brgya dang gcig) †dzæ³³tæ³³tɕi⁵³
百把个 (བརྒྱ་དྲག་ཙམ|brgya drag tsam) ndze⁵⁵qha³³tʂo³³
千把个 (སྟོང་དྲག་ཙམ|stong drag tsam) tõ³³tʂha³³qha³³tʂo³³
左右 (ཡས་མས|yas mas) ɣa²⁴rə⁵⁵khu³³mi⁵⁵rə⁵⁵khu³³
三四个 (གསུམ་མམ་བཞི|gsum mam bzhi) so⁵⁵lø³³ri³³lø³³
十几个 (བཅུ་དྲག་ཙམ|brgya drag tsam) tɕə⁵⁵kha³³tʂo³³
十多个 (བཅུ་ལྷག་ཙམ|bcu lhag tsam) tɕə⁵⁵kha³³tʂo³³
第二 (གཉིས་པ|gnyis pa) †ni³³pæ⁵³
第三 (གསུམ་པ|gsum pa) †sõ³³pæ⁵³
大约 (ཧ་ལམ|ha lam) zæ³³ɴæ⁵⁵
半个 (ཕྱེད་ཀ|phyed ka) tæ³³lɐ⁵⁵
倍 (ལྡབ|ldab) (ȵi³³) lo⁵⁵
串 (ཕྲེང|phreng) tɐ³³tʂi³³ɦæ³³
间 (ཁང་མིག|khang mig) tɐ⁵⁵lø³³
堆 (སྤུང|spung) tɐ³³mbɐ⁵⁵lø³³
节 (དུམ་བུ|dum bu) ta⁵⁵do³³do³³
本 (དེབ|deb) tæ⁵⁵væ³³
句 (ཚིག|tshig) tɐ³³tshi⁵⁵
庹 (འདོམ་པ|'dom pa) tɐ³³de⁵⁵
拃 (མཐོ་སྙེག|mtho snyeg) tɐ³³tɕo⁵⁵
斤 (རྒྱ་མ|rgya ma) tæ³³dæ⁵⁵mæ³³
两 (སྲང|srang) tɐ⁵⁵ndzɐ³³
分 (སྐར་མ|skar ma) dzæ³³the³³mbæ³³
厘 (ལི|li) zø³³qo³³
斗 (འབོ|'bo) tɕo⁵⁵tə³³si³³
升 (བྲེ|bre) —
寸 (ཚོད|tshod) zø³³tɐ³³lø³³
尺 (ཁྲེ་ཙེ|khre tse) tʂhi³³zi³³tɐ³³si³³

亩 (སུའུ|mu'u) mo³³tɐ³³lø³³
里 (ལེ|le) —
步 (གོམ་པ|gom pa) tɐ³³mõ⁵⁵tʂɨ³³
次 (ཐེངས|thengs) tɐ³³ku⁵⁵ɦæ³³

副介连词

这些 (འདི་དག|'di dag) ʔɐ⁵⁵nə³³
那些 (དེ་དག|de dag) wɐ⁵⁵nə³³
哪些 (གང་དག|gang dag) ɦæ⁵⁵nə³³
我俩 (ང་གཉིས|nged gnyis) jɐ⁵⁵nə³³nə³³ / jɐ⁵⁵ni³³nə³³
咱俩 (འུ་གཉིས|'u gnyis) ŋə⁵⁵nə³³nə³³ / ŋə⁵⁵ni³³nə³³
他俩 (ཁོ་གཉིས|kho gnyis) næ⁵⁵nə³³nə³³ / næ⁵⁵ni³³nə³³
人家 (གཞན|gzhan) ndzø⁵⁵nə³³
每人 (མི་རེ|mi re) tɐ⁵⁵zɨ⁵³tɕʰə³³mə⁵³
多久 (དུས་ཡུན|dus yun) zɨ³³mɐ⁵⁵xɐ³³
人们 (མི་རྣམས|mi rnams) mə³³ni⁵⁵nə³³
到底 (དོན་ངོ་མ|don ngo ma) mæ³³de⁵⁵le³³
差不多 (ཕལ་ཆེར|phal cher) zæ³³ɴæ⁵⁵
起码 (མ་མཐར་ཡང|ma mthar yang) ɣi²⁴qʰə³³ndzæ³³
马上 (མྱུར་དུ|myur du) tæ³³tæ⁵⁵
先 (སྔོན|sngon) ta³³ra⁵⁵
后 (རྗེས|rjes) pə³³qa⁵⁵

一直 (ཐོག་མཐའ་བར་གསུམ|thog mtha' bar gsum du) tɐ³³
从前 (སྔོན་དུས|sngon dus) kæ³³ŋu⁵⁵
后来 (ཕྱིས་སུ|phyis su) pə³³qa⁵⁵
来不及 (ཁོམ་པ་མི་འདུག|khom pa mi 'dug) ŋ̊³³ke⁵⁵
来得及 (ལོང་མེད|long med) ke³³
偷偷地 (ལྐོག་ཏུ|lkog tu) zi³³zɨ³³væ³³
够 (འདང|'dang) —
真 (ངོ་མ|ngo ma) tɕʰə³³tɕʰɑ⁵⁵
好 (བཟང|bzang) si³³və⁵⁵
难 (དཀའ་བ|dka' ba) tsʰo³³və⁵⁵
完全 (གཏན་ནས|gtan nas) te³³
全部 (ཚང་མ|tshang ma) me³³me⁵⁵
难道 (ཨོ་ན|'o na) —
究竟 (དངོས་གནས|dngos gnas) mæ³³de⁵⁵le³³
也许 (ཕལ་ཆེར|phal cher) tæ³³dzə⁵⁵me³³
一定 (ངེས་པར་དུ|nges par du) tã³³mæ³³jæ³³
暂时 (གནས་སྐབས|gnas skabs) ta³³ra⁵⁵
互相 (ཕན་ཚུན|phan tshun) tæ³³læ⁵⁵
居然 (དངོས་གནས|dngos gnas) —
趁 (གསེང་དབར|gseng dbar) zo³³zo⁵⁵ro³³
像 (མཚུངས་པ|mtshungs pa) mə³³nə³³
归 (ཕྱིར་ལོག|phyir log) qʰə³³tæ⁵⁵qə⁵⁵

（三）其他词

植物类

西康玉兰 (ཞི་ཁང་ཡུས་ལན|zhi khang yus lan) me³³to⁵⁵tʂʰø⁵⁵tʂʰø³³
红豆杉 (སེང་གེ་ཤིང|seng ge shing) ri³³mbi⁵⁵ri³³mbo⁵⁵
康定木兰 (དར་མདོའི་མུ་ལན|dar mdo'i mu lan) tɕe³³mɐ⁵⁵me³³to⁵⁵
水青树 (ཆུ་སྔོ་ཤིང|chu sngo shing) sɐ⁵⁵me⁵⁵to³³
苞叶大黄 (ལྕུམ་རྩྭ|lcum rtswa) bə³³rə⁵⁵ɴɑ⁵⁵
独叶草 (ལོ་རྐྱང་རྩྭ|lo rkyang rtswa) tɕa³³mə⁵⁵ŋɐ⁵⁵lo⁵⁵

高寒水韭 (མཐོ་འཁྱགས་ཆུ་ཀེའུ་mtho 'khyags chu ke'u) tɕe⁵⁵mø⁵⁵tsʰæ³³læ²⁴

动物类

白唇鹿 (ཤ་བ་མཆུ་དཀར་sha ba mchu dkar) tsɐ⁵³

四川羚羊 (སི་ཁྲོན་གཙོད་si khron gtsod) ndzɑ⁵³

野鸡 (རྒྱབ་བྱ་rgyab bya) dzæ³³dzæ⁵³

白马鸡 (བྱ་ཝང་དཀར་པོ་bya wang dkar po) †ma⁵³

喜马拉雅山獭 (ཧི་མ་ལ་ཡའི་སྲམ་hi ma la ya'i sram) pɐ⁵⁵kə³³rə³³

高山麝 (རི་མཐོའི་གླ་བ་ri mtho'i gla ba) ʁə³³tsʰi⁵⁵

林麝 (ནགས་གླ་བ་nags gla ba) ʁə³³tsʰi⁵⁵

羚羊 (གཙོད་gtsod) mbu³³li³³ʁɑ³³ndzɑ⁵³

绿尾虹雉 (དེ་བོ་de bo) pə³³ty⁵⁵ty³³

黑鹤 (ཁྲུང་ཁྲུང་ནག་པོ་khrung khrung nag po) ndzə⁵³

金雕 (གླག་སྐེ་སེར་glag ske ser) ɕɐ⁵³

狗熊 (དོམ་dom) ru³³we⁵³

农具家庭用具类

木箱子(ཤིང་སྒམ་shing sgam) kʰo³³ɕo⁵³

苯教雍仲符号 (བོན་ཆོས་ཀྱི་རྟགས་bon chos kyi rtags) ɣɿ³³tʂo³³tɕɑ³³le⁵⁵

丰收壁画 (ལྡེབས་རིས་ཕུན་སུམ་ཚོགས་པ་ldebs ris phun sum tshogs pa) po³³ʁo⁵⁵dæ³³mæ⁵³

三脚架 (སྒྲོམ་རྐང་གསུམ་མ་sgrom rkang gsum ma) tɕɑ⁵⁵tɕe⁵³

挂腌肉的架子 (ཤ་སྒྲོམ་sha sgrom) mɑ⁵⁵tʂʰə³³to⁵³

藏式储物柜 (བམ་མཛོད་bam mdzod) to³³tɕe⁵⁵

榫枷 (一) tɕʰə³³ræ⁵³

木质双齿耙 (གཉིས་སོ་ཤིང་སྤར་བ་gnyis so shing spar ba) ndzɑ⁵³

木质拍土板 (ཤིང་བཟོ་བང་ཐོ་shing bzo bang tho) ndzɑ³³tɕʰæ⁵³

木水桶 (ཤིང་ཟོམ་shing zom) tɕə³³dzə⁵³

木耙 (ཤིང་ཤལ་shing shal) tsæ⁵⁵væ⁵³

木质藏斗 (ཤིང་གི་བོད་འབོ་shing gi bod 'bo) tə⁵⁵və⁵³

包牛皮木箱 (ཀོ་བའི་ཁུག་མ་གི་ཤིང་སྒམ་ko ba'i khug ma gi shing sgam) tɕe⁵⁵gɐ⁵³

木瓢 (ཤིང་སྐྱོགས་shing skyogs) və⁵⁵go⁵³

木质刮皮器 (ཤིང་གི་པགས་པ་གཞོག་ཆས་shing gi pags pa gzhog chas) lo⁵⁵pʰə⁵³so³³dɐ⁵³

木质糌粑盒 (ཤིང་བཟོས་རྩམ་པའི་སྒམ་shing bzos rtsam pa'i sgam) və⁵⁵kʰə³³lə³³

包牛皮木桶 (ཀོ་བའི་སྒྲིལ་པའི་ཤིང་སྒམ་ko ba'i sgril pa'i shing sgam) ri²⁴mɐ³³pu³³

对窝 (ཤིང་གཏུན་shing gtun) tsø⁵⁵kʰø⁵³

对窝木柄 (ཤིང་གཏུན་ཡུ་བ་shing gtun yu ba) to³³re⁵³（上方器皿）

藏族酒桶 (བོད་ཀྱི་ཆང་ཟོམ་bod kyi chang zom) tɕʰo⁵⁵ndo⁵³

石磨 (རང་འཐག་rang 'thag) və³³to⁵³

奶桶 (འོ་ཟོམ་'o zom) zy⁵⁵mo⁵³

酥油打奶桶 (ཇ་མདོང་ja mdong) tɕã⁵⁵to⁵³

藏式水缸 (བོད་ཀྱི་ཆུ་རྫ་bod kyi chu rdza) zã⁵⁵gɐ⁵³

马鞍 (སྒ་sga) lə⁵⁵

马背坐垫 (སྒ་སྟན་sga stan) ʁə³³rə⁵³

干牛粪 (ལྕི་བ་སྐམ་པོ་lci ba skam po) tɕʰã³³bə⁵³

服饰类

木雅女性衣服 (—) mbɑ³³go⁵³

木雅男性耳环 (—) mbu³³tʂi⁵³

木雅女性耳环 (—) lõ³³tʰu⁵³

木雅女性吊坠耳环 (—) se⁵⁵næ⁵³

藏族象牙发箍 (བོད་ཀྱི་བ་སོའི་སྐྲ་འཛེར།bod kyi ba so'i skra 'dzer) tʰe̠³³kʰu⁵³

象牙手环 (བ་སོའི་ལག་གདུབ།ba so'i lag gdub) rə⁵⁵gə³³

黑土陶奶壶 (རྫ་ཁོག་ནག་པོ།rdza khog nag po) †dzæ³³mæ⁵³tø⁵⁵lø³³

木雅衣服 长的~ (མི་ཉག་གི་ལྭ་རིང་།mi nyag gi lwa ring) lə̃⁵⁵ndzæ⁵⁵kə̃³³kʰu⁵³

胸前配饰 女人的~ (བུ་མོའི་མགུལ་རྒྱན།bu mo'i mgul rgyan) tɕɑ̃³³tsʰæ⁵³bõ³³kʰe⁵³

木雅女性耳环 (—) lõ³³tʰu⁵³

十字绣 女性服饰的~ (རྒྱ་གྲམ་གྱི་གཙག་དྲུབ།rgya gram gyi gtsag drub) zɛ³³pu⁵³

项链 木雅女性的~ (མི་ཉག་བུ་མོའི་མགུལ་རྒྱན།mi nyag bu mo'i mgul rgyan) ge³³tɕe³³

银带子 男子佩戴的~ (ལྕགས་ཐག།lcags thag) ŋõ³³tsi⁵⁵ŋo³³tʰɑ⁵³

宗教法器类

藏族经堂 (བོད་རིགས་ཆོས་ཁང་།bod rigs chos khang) tɕʰy³³ɕo⁵³

玛尼石堆 (མ་ཎི་རྡོ་ཕུང་།ma ṇi rdo phung) lɑ̃³³tsʰe⁵⁵

藏族旋子 (བོད་ཀྱི་རོལ་དབྱངས།bod kyi rol dbyangs) ndzæ³³ɲe⁵⁵

铜箔法器 (ཟངས་ཤོག་ཆོས་ཆས།zangs shog chos chas) pũ³³tɕʰo⁵³

藏族铜钦长号 (བོད་རིགས་ཀྱི་ཟངས་གྲུབ་རྒྱང་གླིང་།bod rigs kyi zangs grub rgyang gling) ndzɑ³³le⁵³

藏族法铃 (བོད་ཀྱི་དྲིལ་བུ།bod kyi dril bu) tʂi⁵⁵pu⁵³

金刚杵 (རྡོ་རྗེ།rdo rje) †ndu³³dzi⁵³

嘎乌盒 (ག་ཨུ་སྒམ།ga'u sgam) də³³ge⁵⁵po⁵⁵kʰø⁵³

附录三 动词词根元音交替现象

（一）三身代词作主语时词根元音或体标记元音交替变化情况

该部分所列举例子仅仅是由三身代词作主语时动词词根元音的交替变化类型，并不考虑三身代词作宾语的情况。

动词词根为 ni^{55}tʰæ^{33} "踩"，且动作情状为完成					
1sg:	ni^{55}tʰø^{33}	1dl:	ni^{55}tʰe^{33}	1pl:	ni^{55}tʰe^{33}
2sg:	ni^{55}tʰæ^{33}sø^{33}	2dl:	ni^{55}tʰæ^{33}se^{33}	2pl:	ni^{55}tʰæ^{33}se^{33}
3sg:	ni^{55}tʰæ^{33}	3dl:	ni^{55}tʰæ^{33}	3pl:	ni^{55}tʰæ^{33}
动词词根为 ni^{55}tʰæ^{33} "踩"，且动作情状为未完成					
1sg:	ni^{55}tʰø^{33}po^{33}	1dl:	ni^{55}tʰe^{33}pe^{33}	1pl:	ni^{55}tʰe^{33}pe^{33}
2sg:	ni^{55}tʰæ^{33}pe^{33}	2dl:	ni^{55}tʰæ^{33}pe^{33}	2pl:	ni^{55}tʰæ^{33}pe^{33}
3sg:	ni^{55}tʰæ^{33}pi^{33}	3dl:	ni^{55}tʰæ^{33}pi^{33}	3pl:	ni^{55}tʰæ^{33}pi^{33}

动词词根为 ɦæ^{33}dæ^{53} "翘"，且动作情状为完成					
1sg:	ɦæ^{33}dø^{55}ŋɐ^{24}	1dl:	ɦæ^{33}de^{55}ŋɐ^{24}	1pl:	ɦæ^{33}de^{55}ŋɐ^{24}
2sg:	ɦæ^{33}dæ^{53}rɑ^{24}	2dl:	ɦæ^{33}dæ^{53}rɑ^{24}	2pl:	ɦæ^{33}dæ^{53}rɑ^{24}
3sg:	ɣu^{33}dæ^{53}rɑ^{24}	3dl:	ɣu^{33}dæ^{53}rɑ^{24}	3pl:	ɣu^{33}dæ^{53}rɑ^{24}
动词词根为 ɦæ^{33}dæ^{53} "翘"，且动作情状为未完成					
1sg:	ɦæ^{33}dæ^{53}po^{55}ŋɐ^{24}	1dl:	ɦæ^{33}dæ^{53}pe^{55}ŋɐ^{24}	1pl:	ɦæ^{33}dæ^{53}pe^{55}ŋɐ^{24}
2sg:	ɦæ^{33}dæ^{53}pæ^{55}ni^{24}	2dl:	ɦæ^{33}dæ^{53}pe^{55}ni^{24}	2pl:	ɦæ^{33}dæ^{53}pe^{55}ni^{24}
3sg:	ɦæ^{33}dæ^{53}pi^{55}	3dl:	ɦæ^{33}dæ^{53}pi^{55}	3pl:	ɦæ^{33}dæ^{53}pi^{55}

动词词根为 kʰə⁵⁵tɕɐ⁵⁵ri³³ "看"，且动作情状为完成					
1sg:	kʰə⁵⁵tɕɐ⁵⁵ri³³	1dl:	kʰə⁵⁵tɕɐ⁵⁵re³³	1pl:	kʰə⁵⁵tɕɐ⁵⁵re³³
2sg:	kʰə⁵⁵tɕæ⁵⁵ræ³³	2dl:	kʰə⁵⁵tɕɐ⁵⁵ri³³	2pl:	kʰə⁵⁵tɕɐ⁵⁵re³³
3sg:	kʰu⁵⁵tɕɐ⁵⁵ri³³	3dl:	kʰu⁵⁵tɕɐ⁵⁵ri³³	3pl:	kʰu⁵⁵tɕɐ⁵⁵ri³³
动词词根为 kʰə⁵⁵tɕɐ⁵⁵ri³³ "看"，且动作情状为未完成					
1sg:	kʰə⁵⁵tɕɐ⁵⁵ri³³po²⁴	1dl:	kʰə⁵⁵tɕɐ⁵⁵ri³³pe²⁴	1pl:	kʰə⁵⁵tɕɐ⁵⁵ri³³pe²⁴
2sg:	kʰə⁵⁵tɕɐ⁵⁵ri³³pe²⁴	2dl:	kʰə⁵⁵tɕɐ⁵⁵ri³³pe²⁴	2pl:	kʰə⁵⁵tɕɐ⁵⁵ri³³pe²⁴
3sg:	kʰə⁵⁵tɕɐ⁵⁵ri³³pi²⁴	3dl:	kʰə⁵⁵tɕɐ⁵⁵ri³³pi²⁴	3pl:	kʰə⁵⁵tɕɐ⁵⁵ri³³pi²⁴

动词词根为 kʰə³³sø⁵⁵næ⁵³ "嗅"，且动作情状为完成					
1sg:	kʰə³³tɕɐ⁵⁵ri³³ŋɐ²⁴	1dl:	kʰə³³tɕɐ⁵⁵re³³ŋɐ²⁴	1pl:	kʰə³³tɕɐ⁵⁵re³³ŋɐ²⁴
2sg:	kʰə³³tɕæ⁵⁵ræ³³rɑ²⁴	2dl:	kʰə³³tɕɐ⁵⁵ri³³rɑ²⁴	2pl:	kʰə³³tɕɐ⁵⁵re³³rɑ²⁴
3sg:	kʰu³³tɕɐ⁵⁵ri³³sɿ²⁴	3dl:	kʰu³³tɕɐ⁵⁵ri³³ sɿ²⁴	3pl:	kʰu³³tɕɐ⁵⁵ri³³sɿ²⁴
动词词根为 kʰə³³sø⁵⁵næ⁵³ "嗅"，且动作情状为未完成					
1sg:	kʰə³³sø⁵⁵næ²⁴po⁵⁵ŋɐ²⁴	1dl:	kʰə³³sø⁵⁵næ²⁴pe⁵⁵ŋɐ²⁴	1pl:	kʰə³³sø⁵⁵næ²⁴pe⁵⁵ŋɐ²⁴
2sg:	kʰə³³sø⁵⁵næ²⁴pæ⁵⁵ni²⁴	2dl:	kʰə³³sø⁵⁵næ²⁴pe⁵⁵ni²⁴	2pl:	kʰə³³sø⁵⁵næ²⁴pe⁵⁵ni²⁴
3sg:	kʰə³³sø⁵⁵næ²⁴pi⁵⁵ni²⁴	3dl:	kʰə³³sø⁵⁵næ²⁴pi⁵⁵ni²⁴	3pl:	kʰə³³sø⁵⁵næ²⁴pi⁵⁵ni²⁴

动词词根为 qʰə³³se⁵⁵ɴɢæ⁵³ "听"，且动作情状为完成					
1sg:	qʰə³³se⁵⁵ɴɢɐ̰⁵³	1dl:	qʰə³³se⁵⁵ɴɢḛ⁵³	1pl:	qʰə³³se⁵⁵ɴɢḛ⁵³
2sg:	qʰə³³se⁵⁵ɴɢæ⁵⁵sø³³	2dl:	qʰə³³se⁵⁵ɴɢæ⁵³	2pl:	qʰə³³se⁵⁵ɴɢḛ⁵³
3sg:	qʰo³³se⁵⁵ɴɢæ⁵⁵sɿ³³	3dl:	qʰo³³se⁵⁵ɴɢæ⁵⁵sɿ³³	3pl:	qʰo³³se⁵⁵ɴɢæ⁵⁵sɿ³³
动词词根为 qʰə³³se⁵⁵ɴɢæ⁵³ "听"，且动作情状为未完成					
1sg:	qʰə³³se⁵⁵ɴɢæ⁵⁵po²⁴	1dl:	qʰə³³se⁵⁵ɴɢæ⁵⁵pe²⁴	1pl:	qʰə³³se⁵⁵ɴɢæ⁵⁵pe²⁴
2sg:	qʰə³³se⁵⁵ɴɢæ⁵⁵pe²⁴	2dl:	qʰə³³se⁵⁵ɴɢæ⁵⁵pe²⁴	2pl:	qʰə³³se⁵⁵ɴɢæ⁵⁵pe²⁴
3sg:	qʰə³³se⁵⁵ɴɢæ⁵⁵pi²⁴	3dl:	qʰə³³se⁵⁵ɴɢæ⁵⁵pi²⁴	3pl:	qʰə³³se⁵⁵ɴɢæ⁵⁵pi²⁴

动词词根为 tu⁵⁵tɕə³³ "吸"，且动作情状为完成					
1sg:	tu⁵⁵tɕɐ⁵³ŋɐ²⁴	1dl:	tu⁵⁵tɕe⁵³ŋɐ²⁴	1pl:	tu⁵⁵tɕe⁵³ŋɐ²⁴
2sg:	tu⁵⁵tɕy⁵³rɑ²⁴/sø²⁴	2dl:	tu⁵⁵tɕe⁵³rɑ²⁴/sɿ²⁴	2pl:	tu⁵⁵tɕe⁵³rɑ²⁴/se²⁴
3sg:	tu⁵⁵tɕə⁵³rɑ²⁴/sɿ²⁴	3dl:	tu⁵⁵tɕə⁵³rɑ²⁴/sɿ²⁴	3pl:	tu⁵⁵tɕə⁵³rɑ²⁴/sɿ²⁴

	动词词根为 tu⁵⁵tɕə³³ "吸"，且动作情状为未完成				
1sg:	tu⁵⁵tɕə⁵³po⁵⁵ŋɐ²⁴	1dl:	tu⁵⁵tɕə⁵³pe⁵⁵ŋɐ²⁴	1pl:	tu⁵⁵tɕə⁵³pe⁵⁵ŋɐ²⁴
2sg:	tu⁵⁵tɕə⁵³pæ⁵⁵ni²⁴	2dl:	tu⁵⁵tɕə⁵³pi⁵⁵ni²⁴	2pl:	tu⁵⁵tɕə⁵³pe⁵⁵ni²⁴
3sg:	tu⁵⁵tɕə⁵³pi⁵⁵ni²⁴	3dl:	tu⁵⁵tɕə⁵³pi⁵⁵ni²⁴	3pl:	tu⁵⁵tɕə⁵³pi⁵⁵ni²⁴

	动词词根为 tə³³qɑ⁵⁵ "睁"，且动作情状为完成				
1sg:	tə³³qɐ⁵³ŋɐ²⁴	1dl:	tə³³qe⁵³ŋɐ²⁴	1pl:	tə³³qe⁵³ŋɐ²⁴
2sg:	tə³³qɑ⁵³rɑ²⁴/sɨ²⁴	2dl:	tə³³qɑ⁵³rɑ²⁴/se²⁴	2pl:	tə³³qæ⁵³rɑ²⁴/qɑ⁵⁵se²⁴
3sg:	to³³qɑ⁵³rɑ²⁴/sɨ²⁴	3dl:	to³³qɑ⁵³rɑ²⁴/sɨ²⁴	3pl:	to³³qɑ⁵³rɑ²⁴/sɨ²⁴

	动词词根为 tə³³qɑ⁵⁵ "睁"，且动作情状为未完成				
1sg:	tə³³qɑ⁵³po⁵⁵ŋɐ²⁴	1dl:	tə³³qɑ⁵³pe⁵⁵ŋɐ²⁴	1pl:	tə³³qɑ⁵³pe⁵⁵ni²⁴
2sg:	tə³³qɑ⁵³pe⁵⁵ni²⁴	2dl:	tə³³qɑ⁵³pe⁵⁵ni²⁴	2pl:	tə³³qɑ⁵³pe⁵⁵ni²⁴
3sg:	tə³³qɑ⁵³pi⁵⁵ni²⁴	3dl:	tə³³qɑ⁵³pi⁵⁵ni²⁴	3pl:	tə³³qɑ⁵³pi⁵⁵ni²⁴

	动词词根为 næ³³mɔ̃³³ "闭"，且动作情状为完成				
1sg:	næ³³mɑ⁵³ŋɐ²⁴	1dl:	næ³³me⁵³ŋɐ²⁴	1pl:	næ³³me⁵³ŋɐ²⁴
2sg:	næ³³mø⁵³rɑ²⁴ næ³³mɔ̃⁵³sø²⁴	2dl:	næ³³me⁵³rɑ²⁴ næ³³mɔ̃³³se²⁴	2pl:	næ³³me⁵³rɑ²⁴ næ³³mɔ̃³³se²⁴
3sg:	no³³me⁵³rɑ²⁴ no³³mɔ̃⁵³sɨ²⁴	3dl:	no³³me⁵³rɑ²⁴/sɨ²⁴	3pl:	no³³me⁵³rɑ²⁴/sɨ²⁴

	动词词根为 næ³³mɔ̃³³ "闭"，且动作情状为未完成				
1sg:	næ³³mɔ̃³³po⁵⁵ŋɐ²⁴	1dl:	næ³³mɔ̃³³pe⁵⁵ŋɐ²⁴	1pl:	næ³³mɔ̃³³pe⁵⁵ŋɐ²⁴
2sg:	næ³³mɔ̃³³pæ⁵⁵ni²⁴	2dl:	næ³³mɔ̃³³pe⁵⁵ni²⁴	2pl:	næ³³mɔ̃³³pe⁵⁵ni²⁴
3sg:	næ³³mɔ̃³³pi⁵⁵ni²⁴	3dl:	næ³³mɔ̃³³pi⁵⁵ni²⁴	3pl:	næ³³mɔ̃³³pi⁵⁵ni²⁴

	动词词根为 kʰə³³væ⁵⁵læ⁵³ "咬"，且动作情状为完成				
1sg:	kʰə³³vø⁵⁵lø⁵³ŋɐ²⁴	1dl:	kʰə³³ve⁵⁵le⁵³ŋɐ²⁴	1pl:	kʰə³³ve⁵⁵le⁵³ŋɐ²⁴
2sg:	kʰə³³væ⁵⁵læ⁵³rɑ²⁴sø²⁴	2dl:	kʰə³³ve⁵⁵le⁵³rɑ²⁴ kʰə³³væ⁵⁵læ⁵³se²⁴	2pl:	kʰə³³ve⁵⁵le⁵³rɑ²⁴ kʰə³³væ⁵⁵læ⁵³se²⁴
3sg:	kʰu³³væ⁵⁵læ⁵³rɑ²⁴/sɨ²⁴	3dl:	kʰu³³væ⁵⁵læ⁵³rɑ²⁴/sɨ²⁴	3pl:	kʰu³³væ⁵⁵læ⁵³rɑ²⁴/sɨ²⁴

	动词词根为 kʰə³³væ⁵⁵læ⁵³ "咬"，且动作情状为未完成				
1sg:	kʰə³³væ⁵⁵læ⁵³po⁵⁵ŋɐ²⁴	1dl:	kʰə³³væ⁵⁵læ⁵³pe⁵⁵ŋɐ²⁴	1pl:	kʰə³³væ⁵⁵læ⁵³pe⁵⁵ŋɐ²⁴
2sg:	kʰə³³væ⁵⁵læ⁵³pe⁵⁵ni²⁴	2dl:	kʰə³³væ⁵⁵læ⁵³pe⁵⁵ni²⁴	2pl:	kʰə³³væ⁵⁵læ⁵³pe⁵⁵ni²⁴
3sg:	kʰu³³væ⁵⁵læ⁵³pi⁵⁵ni²⁴	3dl:	kʰə³³væ⁵⁵læ⁵³pi⁵⁵ni²⁴	3pl:	kʰə³³væ⁵⁵læ⁵³pi⁵⁵ni²⁴

	动词词根为 tɕ⁵⁵tɕæ³³læ³³ "舔"，且动作情状为完成				
1sg:	tɕ⁵⁵tɕø⁵⁵læ²⁴ŋɐ²⁴	1dl:	tɕ⁵⁵tɕe⁵⁵le²⁴ŋɐ²⁴	1pl:	tɕ⁵⁵tɕe⁵⁵le²⁴ŋɐ²⁴
2sg:	tɕ⁵⁵tɕæ³³læ³³ra²⁴sø²⁴	2dl:	tɕ⁵⁵tɕe⁵⁵le³³ra²⁴se²⁴	2pl:	tɕ⁵⁵tɕe³³le³³ra²⁴ tɕ⁵⁵tɕæ³³læ³³se²⁴
3sg:	tɕ⁵⁵tɕæ³³læ³³ra²⁴/si²⁴	3dl:	tɕ⁵⁵tɕæ³³læ³³ra²⁴/se²⁴	3pl:	tɕ⁵⁵tɕæ³³læ³³ra²⁴/se²⁴
	动词词根为 tɕ⁵⁵tɕæ³³læ³³ "舔"，且动作情状为未完成				
1sg:	tɕ⁵⁵tɕæ³³læ³³po⁵⁵ŋɐ²⁴	1dl:	tɕ⁵⁵tɕæ³³læ³³pe⁵⁵ni²⁴	1pl:	tɕ⁵⁵tɕæ³³læ³³pe⁵⁵ni²⁴
2sg:	tɕ⁵⁵tɕæ³³læ³³pe⁵⁵ni²⁴	2dl:	tɕ⁵⁵tɕæ³³læ³³pe⁵⁵ni²⁴	2pl:	tɕ⁵⁵tɕæ³³læ³³pe⁵⁵ni²⁴
3sg:	tɕ⁵⁵tɕæ³³læ³³pi⁵⁵ni²⁴	3dl:	tɕ⁵⁵tɕæ³³læ³³pi⁵⁵ni²⁴	3pl:	tɕ⁵⁵tɕæ³³læ³³pi⁵⁵ni²⁴
	动词词根为 ɦæ³³tɕu⁵⁵tɕɐ⁵³ "含"，且动作情状为完成				
1sg:	ɦæ³³tɕu⁵⁵tɕø⁵⁵ŋɐ²⁴	1dl:	ɦæ³³tɕu⁵⁵tɕɐ⁵⁵ŋɐ²⁴	1pl:	ɦæ³³tɕu⁵⁵tɕɐ⁵⁵ŋɐ²⁴
2sg:	ɦæ³³tɕu⁵⁵tɕæ³³ra²⁴ ɦæ³³tɕu⁵⁵tɕɐ⁵³sø²⁴	2dl:	ɦæ³³tɕu⁵⁵tɕɐ⁵⁵ra²⁴ ɦæ³³tɕu⁵⁵tɕɐ⁵⁵se²⁴	2pl:	ɦæ³³tɕu⁵⁵tɕɐ⁵⁵ra²⁴ ɦæ³³tɕu⁵⁵tɕɐ⁵⁵se²⁴
3sg:	ɣu³³tɕu⁵⁵tɕɐ⁵⁵ra²⁴/si²⁴	3dl:	ɣu³³tɕu⁵⁵tɕɐ⁵⁵ra²⁴/si²⁴	3pl:	ɣu³³tɕu⁵⁵tɕɐ⁵⁵ra²⁴/si²⁴
	动词词根为 ɦæ³³tɕu⁵⁵tɕɐ⁵³ "含"，且动作情状为未完成				
1sg:	ɦæ³³tɕu⁵⁵tɕɐ⁵⁵po⁵⁵ŋɐ²⁴	1dl:	ɦæ³³tɕu⁵⁵tɕɐ⁵⁵pe⁵⁵ŋɐ²⁴	1pl:	ɦæ³³tɕu⁵⁵tɕɐ⁵⁵pe⁵⁵ŋɐ²⁴
2sg:	ɦæ³³tɕu⁵⁵tɕɐ⁵⁵pe⁵⁵ni²⁴	2dl:	ɦæ³³tɕu⁵⁵tɕɐ⁵⁵pe⁵⁵ni²⁴	2pl:	ɦæ³³tɕu⁵⁵tɕɐ⁵⁵pe⁵⁵ni²⁴
3sg:	ɦæ³³tɕu⁵⁵tɕɐ⁵⁵pi⁵⁵ni²⁴	3dl:	ɦæ³³tɕu⁵⁵tɕɐ⁵⁵pi⁵⁵ni²⁴	3pl:	ɦæ³³tɕu⁵⁵tɕɐ⁵⁵pi⁵⁵ni²⁴
	动词词根为 kʰə⁵⁵və⁵³ "亲嘴"，且动作情状为完成				
1sg:	kʰə⁵⁵və⁵³	1dl:	kʰə⁵⁵ve⁵³	1pl:	kʰə⁵⁵ve⁵³
2sg:	kʰə⁵⁵vø⁵³	2dl:	kʰə⁵⁵ve⁵³	2pl:	kʰə⁵⁵ve⁵³
3sg:	kʰə⁵⁵və⁵³	3dl:	kʰə⁵⁵və⁵³	3pl:	kʰə⁵⁵və⁵³
	动词词根为 kʰə⁵⁵və⁵³ "亲嘴"，且动作情状为未完成				
1sg:	kʰə⁵⁵və⁵³	1dl:	kʰə⁵⁵və⁵³	1pl:	kʰə⁵⁵və⁵³
2sg:	kʰə⁵⁵və⁵³	2dl:	kʰə⁵⁵və⁵³	2pl:	kʰə⁵⁵və⁵³
3sg:	kʰə⁵⁵və⁵³	3dl:	kʰə⁵⁵və⁵³	3pl:	kʰə⁵⁵və⁵³
	动词词根为 ɣi³³ki⁵³ "伸"，且动作情状为完成				
1sg:	ɣi³³kø⁵³ŋɐ²⁴	1dl:	ɣi³³ke⁵³ŋɐ²⁴	1pl:	ɣi³³ke⁵³ŋɐ²⁴
2sg:	ɣi³³kæ⁵³ra²⁴ ɣi³³ki⁵³sø²⁴	2dl:	ɣi³³ke⁵³ra²⁴ ɣi³³ki⁵³se²⁴	2pl:	ɣi³³ke⁵³ra²⁴ ɣi³³ki⁵³se²⁴
3sg:	ɣi³³ki⁵³ra²⁴/si²⁴	3dl:	ɣi³³ki⁵³ra²⁴/si²⁴	3pl:	ɣi³³ki⁵³ra²⁴/si²⁴

附录三 动词词根元音交替现象

动词词根为 ɣi³³ki⁵³ "伸"，且动作情状为未完成					
1sg:	ɣi³³ki⁵⁵po⁵⁵ni²⁴	1dl:	ɣi³³ki⁵⁵pe⁵⁵ni²⁴	1pl:	ɣi³³ke⁵⁵pe⁵⁵ni²⁴
2sg:	ɣi³³ki⁵⁵pæ⁵⁵ni²⁴	2dl:	ɣi³³ki⁵⁵pe⁵⁵ni²⁴	2pl:	ɣi³³ki⁵⁵pe⁵⁵ni²⁴
3sg:	ɣi³³ki⁵⁵pi⁵⁵ni²⁴	3dl:	ɣi³³ki⁵⁵pi⁵⁵ni²⁴	3pl:	ɣi³³ki⁵⁵pi⁵⁵ni²⁴

动词词根为 mbi³³ "坐"，且动作情状为完成					
1sg:	mbɐ³³ŋɐ²⁴	1dl:	mbe³³ŋɐ²⁴	1pl:	mbe³³ŋɐ²⁴
2sg:	mbæ³³ra²⁴	2dl:	mbe³³ra²⁴	2pl:	mbe³³ra²⁴
3sg:	mbi³³ra²⁴	3dl:	mbi³³ra²⁴	3pl:	mbi³³ra²⁴

动词词根为 mbi³³ "坐"，且动作情状为未完成					
1sg:	mbi⁵⁵po³³ni²⁴	1dl:	mbi⁵⁵pe³³ni²⁴	1pl:	mbi⁵⁵pe³³ni²⁴
2sg:	mbi⁵⁵pæ³³ni²⁴	2dl:	mbi⁵⁵pe³³ni²⁴	2pl:	mbi⁵⁵pe³³ni²⁴
3sg:	mbi⁵⁵pi³³ni²⁴	3dl:	mbi⁵⁵pi³³ni²⁴	3pl:	mbi⁵⁵pe³³ni²⁴

动词词根为 ʁe̝²⁴dzo³³ "撞"，且动作情状为完成					
1sg:	ʁe̝²⁴dza³³ŋɐ²⁴	1dl:	ʁe̝²⁴dze³³ŋɐ²⁴	1pl:	ʁe̝²⁴dze³³ŋɐ²⁴
2sg:	ʁe̝²⁴dzø³³ra²⁴	2dl:	ʁe̝²⁴dze³³ra²⁴	2pl:	ʁe̝²⁴dze³³ra²⁴
3sg:	ʁe̝²⁴dzo³³ra²⁴	3dl:	ʁe̝²⁴dzo³³ra²⁴	3pl:	ʁe̝²⁴dzo³³ra²⁴

动词词根为 ʁe̝²⁴dzo³³ "撞"，且动作情状为未完成					
1sg:	ʁe̝³³dzo³³po⁵⁵ŋɐ²⁴	1dl:	ʁe̝³³dzo³³pe⁵⁵ni³³	1pl:	ʁe̝³³dzo³³pe⁵⁵ni³³
2sg:	ʁe̝³³dzo³³pe⁵⁵ni³³	2dl:	ʁe̝³³dzo³³pe⁵⁵ni³³	2pl:	ʁe̝³³dzo³³pe⁵⁵ni³³
3sg:	ʁe̝³³dzo³³pi⁵⁵ni³³	3dl:	ʁe̝³³dzo³³pi⁵⁵ni³³	3pl:	ʁe̝³³dzo³³pi⁵⁵ni³³

动词词根为 rqæ⁵³ "走"，且动作情状为完成					
1sg:	rqɐ⁵⁵ŋɐ²⁴	1dl:	rqæ⁵⁵se⁵⁵	1pl:	rqæ⁵⁵ŋɐ²⁴
2sg:	rqæ⁵⁵ra²⁴	2dl:	rqæ⁵⁵ra²⁴	2pl:	rqæ⁵⁵ra²⁴
3sg:	rqæ⁵⁵ra²⁴	3dl:	rqæ⁵⁵ra²⁴	3pl:	rqæ⁵⁵ra²⁴

动词词根为 rqæ⁵³ "走"，且动作情状为未完成					
1sg:	rqæ⁵⁵ndø³³ni²⁴	1dl:	rqæ⁵⁵pe⁵⁵ni²⁴	1pl:	rqæ⁵⁵nde³³ni²⁴
2sg:	rqæ⁵⁵nde³³ni²⁴	2dl:	rqæ⁵⁵pe⁵⁵ni²⁴/nde³³ni²⁴	2pl:	rqæ⁵⁵nde³³ni²⁴
3sg:	rqæ⁵⁵ndø³³ni²⁴	3dl:	rqæ⁵⁵ndø³³ni²⁴	3pl:	rqæ⁵⁵ndø³³ni²⁴

动词词根为 ʁe̠²⁴χø⁵⁵ "戳"，且动作情状为完成					
1sg:	ʁe̠²⁴χa⁵⁵ŋɐ²⁴	1dl:	ʁe̠²⁴χe⁵⁵ŋɐ²⁴	1pl:	ʁe̠²⁴χe⁵⁵ŋɐ²⁴
2sg:	ʁe̠²⁴χø⁵⁵ra²⁴	2dl:	ʁe̠²⁴χe⁵⁵ra²⁴	2pl:	ʁe̠²⁴χe⁵⁵ra²⁴
3sg:	ʁe̠²⁴χø⁵⁵ra²⁴	3dl:	ʁe̠²⁴χø⁵⁵ra²⁴	3pl:	ʁe̠²⁴χø⁵⁵ra²⁴
动词词根为 ʁe̠²⁴χø⁵⁵ "戳"，且动作情状为未完成					
1sg:	ʁe̠²⁴χø⁵⁵po⁵⁵ni²⁴	1dl:	ʁe̠²⁴χø⁵⁵pe⁵⁵ni²⁴	1pl:	ʁe̠²⁴χø⁵⁵pe⁵⁵ni²⁴
2sg:	ʁe̠²⁴χø⁵⁵pe⁵⁵ni²⁴	2dl:	ʁe̠²⁴χø⁵⁵pe⁵⁵ni²⁴	2pl:	ʁe̠²⁴χø⁵⁵pe⁵⁵ni²⁴
3sg:	ʁe̠²⁴χø⁵⁵pi⁵⁵ni²⁴	3dl:	ʁe̠²⁴χø⁵⁵pi⁵⁵ni²⁴	3pl:	ʁe̠²⁴χø⁵⁵pe⁵⁵ni²⁴

动词词根为 ɦɑ³³qʰo⁵³ "解"，且动作情状为完成					
1sg:	ɦɑ³³qʰa⁵³ŋɐ²⁴	1dl:	ɦæ³³qʰe⁵³ŋɐ²⁴	1pl:	ɦæ³³qʰe⁵³ŋɐ²⁴
2sg:	ɦɑ³³qʰø⁵³ra²⁴	2dl:	ɦæ³³qʰe⁵³ra²⁴	2pl:	ɦæ³³qʰe⁵³ra²⁴
3sg:	ɦo³³qʰo⁵³ra²⁴	3dl:	ɦo³³qʰo⁵³ra²⁴	3pl:	ɦo³³qʰo⁵³ra²⁴
动词词根为 ɦɑ³³qʰo⁵³ "解"，且动作情状为未完成					
1sg:	ɦɑ³³qʰo⁵³po⁵⁵ni²⁴	1dl:	ɦæ³³qʰo⁵³pe⁵⁵ni²⁴	1pl:	ɦɑ³³qʰo⁵³pe⁵⁵ni²⁴
2sg:	ɦɑ³³qʰo⁵³pe⁵⁵ni²⁴	2dl:	ɦɑ³³qʰo⁵³pe⁵⁵ni²⁴	2pl:	ɦɑ³³qʰo⁵³pe⁵⁵ni²⁴
3sg:	ɦɑ³³qʰo⁵³pi⁵⁵ni²⁴	3dl:	ɦɑ³³qʰo⁵³pe⁵⁵ni²⁴	3pl:	ɦɑ³³qʰo⁵³pe⁵⁵ni²⁴

动词词根为 tʰi⁵⁵ndy³³ "挪"，且动作情状为完成					
1sg:	tʰi⁵⁵ndɐ³³ŋɐ²⁴	1dl:	tʰi⁵⁵nde³³ŋɐ²⁴	1pl:	tʰi⁵⁵nde³³ŋɐ²⁴
2sg:	tʰi⁵⁵ndy³³ra²⁴	2dl:	tʰi⁵⁵nde³³ra²⁴	2pl:	tʰi⁵⁵nde³³ra²⁴
3sg:	tʰi⁵⁵ndy³³ra²⁴	3dl:	tʰi⁵⁵ndy³³ra²⁴	3pl:	tʰi⁵⁵ndy³³ra²⁴
动词词根为 tʰi⁵⁵ndy³³ "挪"，且动作情状为未完成					
1sg:	tʰi⁵⁵ndy³³po⁵⁵ni²⁴	1dl:	tʰi⁵⁵ndy³³pe⁵⁵ni²⁴	1pl:	tʰi⁵⁵ndy³³pe⁵⁵ni²⁴
2sg:	tʰi⁵⁵ndy³³pe⁵⁵ni²⁴	2dl:	tʰi⁵⁵ndy³³pe⁵⁵ni²⁴	2pl:	tʰi⁵⁵ndy³³pe⁵⁵ni²⁴
3sg:	tʰi⁵⁵ndy³³pi⁵⁵ni²⁴	3dl:	tʰi⁵⁵ndy³³pi⁵⁵ni²⁴	3pl:	tʰi⁵⁵ndy³³pi⁵⁵ni²⁴

动词词根为 tə⁵⁵si³³sɐ³³ "打架"，且动作情状为完成					
1sg:	tə⁵⁵si³³sø³³ŋɐ²⁴	1dl:	tə⁵⁵si³³se³³ŋɐ²⁴	1pl:	tə⁵⁵si³³se³³ŋɐ²⁴
2sg:	tə⁵⁵si³³sæ³³ra²⁴	2dl:	tə⁵⁵si³³se³³ra²⁴	2pl:	tə⁵⁵si³³se³³ra²⁴
3sg:	tə⁵⁵si³³sɐ³³ra²⁴	3dl:	tə⁵⁵si³³sɐ³³ra²⁴	3pl:	tə⁵⁵si³³sɐ³³ra²⁴

附录三 动词词根元音交替现象

	动词词根为 tə⁵⁵si³³sɐ³³ "打架"，且动作情状为未完成				
1sg:	tə⁵⁵si³³sɐ³³po⁵⁵ni²⁴	1dl:	tə⁵⁵si³³sɐ³³pe⁵⁵ni²⁴	1pl:	tə⁵⁵si³³sɐ³³pe⁵⁵ni²⁴
2sg:	tə⁵⁵si³³sɐ³³pe⁵⁵ni²⁴	2dl:	tə⁵⁵si³³sɐ³³pe⁵⁵ni²⁴	2pl:	tə⁵⁵si³³sɐ³³pe⁵⁵ni²⁴
3sg:	tə⁵⁵si³³sɐ³³pi⁵⁵ni²⁴	3dl:	tə⁵⁵si³³sɐ³³pi⁵⁵ni²⁴	3pl:	tə⁵⁵si³³sɐ³³pi⁵⁵ni²⁴

	动词词根为 xa⁵⁵tə⁵⁵tɕə⁵⁵tɕə⁵³ "打哈欠"，且动作情状为完成				
1sg:	xa⁵⁵tə⁵⁵tɕə⁵⁵tɕə⁵³ŋɐ²⁴	1dl:	xa⁵⁵tə⁵⁵tɕə⁵⁵tɕə⁵³ŋɐ²⁴	1pl:	xa⁵⁵tə⁵⁵tɕə⁵⁵tɕe⁵³ŋɐ²⁴
2sg:	xa⁵⁵tə⁵⁵tɕə⁵⁵tɕə⁵³ra²⁴	2dl:	xa⁵⁵tə⁵⁵tɕə⁵⁵tɕe⁵³ra²⁴	2pl:	xa⁵⁵tə⁵⁵tɕə⁵⁵tɕe⁵³ra²⁴
3sg:	xa⁵⁵tə⁵⁵tɕə⁵⁵tɕə⁵³ra²⁴	3dl:	xa⁵⁵tə⁵⁵tɕə⁵⁵tɕə⁵³ra²⁴	3pl:	xa⁵⁵tə⁵⁵tɕə⁵⁵tɕə⁵³ra²⁴

	动词词根为 xa⁵⁵tə⁵⁵tɕə⁵⁵tɕə⁵³ "打哈欠"，且动作情状为未完成				
1sg:	xa⁵⁵tə⁵⁵tɕə⁵⁵tɕə⁵³po⁵⁵ni²⁴	1dl:	xa⁵⁵tə⁵⁵tɕə⁵⁵tɕə⁵³pe⁵⁵ni²⁴	1pl:	xa⁵⁵tə⁵⁵tɕə⁵⁵tɕə⁵³pe⁵⁵ni²⁴
2sg:	xa⁵⁵tə⁵⁵tɕə⁵⁵tɕə⁵³pe⁵⁵ni²⁴	2dl:	xa⁵⁵tə⁵⁵tɕə⁵⁵tɕə⁵³pe⁵⁵ni²⁴	2pl:	xa⁵⁵tə⁵⁵tɕə⁵⁵tɕə⁵³pe⁵⁵ni²⁴
3sg:	xa⁵⁵tə⁵⁵tɕə⁵⁵tɕə⁵³pi⁵⁵ni²⁴	3dl:	xa⁵⁵tə⁵⁵tɕə⁵⁵tɕə⁵³pi⁵⁵ni²⁴	3pl:	xa⁵⁵tə⁵⁵tɕə⁵⁵tɕə⁵³pi⁵⁵ni²⁴

	动词词根为 χɔ̝⁵³ɦa³³ʂa⁵³ "刷牙"，且动作情状为完成				
1sg:	χɔ̝⁵³ɦɑ³³ʂo⁵³ŋɐ²⁴	1dl:	χɔ̝⁵³ɦæ³³ʂe⁵³ŋɐ²⁴	1pl:	χɔ̝⁵³ɦæ³³ʂe⁵³ŋɐ²⁴
2sg:	χɔ̝⁵³ɦa³³ʂa⁵³ra²⁴	2dl:	χɔ̝⁵³ɦæ³³ʂe⁵³ra²⁴	2pl:	χɔ̝⁵³ɦæ³³ʂe⁵³ŋɐ²⁴
3sg:	χɔ̝⁵³ɦo³³ʂa⁵³ra²⁴	3dl:	χɔ̝⁵³ɦo³³ʂa⁵³ra²⁴	3pl:	χɔ̝⁵³ɦo³³ʂa⁵³ra²⁴

	动词词根为 χɔ̝⁵³ɦa³³ʂa⁵³ "刷牙"，且动作情状为未完成				
1sg:	χɔ̝⁵³ɦa³³ʂa⁵³po⁵⁵ŋɐ²⁴	1dl:	χɔ̝⁵³ɦa³³ʂa⁵³pe⁵⁵ni²⁴	1pl:	χɔ̝⁵³ɦa³³ʂa⁵³pe⁵⁵ni²⁴
2sg:	χɔ̝⁵³ɦa³³ʂa⁵³pe⁵⁵ni²⁴	2dl:	χɔ̝⁵³ɦa³³ʂa⁵³pe⁵⁵ni²⁴	2pl:	χɔ̝⁵³ɦa³³ʂa⁵³pe⁵⁵ni²⁴
3sg:	χɔ̝⁵³ɦa³³ʂa⁵³pi⁵⁵ni²⁴	3dl:	χɔ̝⁵³ɦa³³ʂa⁵³pi⁵⁵ni²⁴	3pl:	χɔ̝⁵³ɦa³³ʂa⁵³pe⁵⁵ni²⁴

	动词词根为 nu⁵⁵sæ³³mbæ³³ "思索、想"，且动作情状为完成				
1sg:	nø⁵⁵sø³³mbø³³ŋɐ²⁴	1dl:	nu⁵⁵se³³mbe³³ŋɐ²⁴	1pl:	nu⁵⁵se³³mbe³³ra²⁴
2sg:	nu⁵⁵sæ³³mbæ³³ra²⁴	2dl:	nu⁵⁵se³³mbe³³ra²⁴	2pl:	nu⁵⁵se³³mbe³³ra²⁴
3sg:	nu⁵⁵sæ³³mbæ³³ra²⁴	3dl:	nu⁵⁵sæ³³mbæ³³ra²⁴	3pl:	nu⁵⁵sæ³³mbæ³³ra²⁴

动词词根为 nu⁵⁵sæ³³mbæ³³ "思索、想"，且动作情状为未完成					
1sg:	nu⁵⁵sæ³³mbæ³³po⁵⁵ŋɐ²⁴	1dl:	nu⁵⁵sæ³³mbæ³³pe⁵⁵ŋɐ²⁴	1pl:	nu⁵⁵sæ³³mbæ³³pe⁵⁵ŋɐ²⁴
2sg:	nu⁵⁵sæ³³mbæ³³pæ⁵⁵ni²⁴	2dl:	nu⁵⁵sæ³³mbæ³³pe⁵⁵ni²⁴	2pl:	nu⁵⁵sæ³³mbæ³³pe⁵⁵ni²⁴
3sg:	nu⁵⁵sæ³³mbæ³³pi⁵⁵ni²⁴	3dl:	nu⁵⁵sæ³³mbæ³³pi⁵⁵ni²⁴	3pl:	nu⁵⁵sæ³³mbæ³³pi⁵⁵ni²⁴

动词词根为 qʰə³³za⁵⁵tɕ³³ "小心"，且动作情状为完成					
1sg:	qʰə³³zo⁵⁵tɕ³³ŋɐ²⁴	1dl:	qʰə³³za⁵⁵tɕ³³ŋɐ²⁴	1pl:	qʰə³³ze⁵⁵tɕ³³ŋɐ²⁴
2sg:	qʰə³³za⁵⁵tæ³³ra²⁴	2dl:	qʰə³³ze⁵⁵tɕ³³ŋɐ²⁴	2pl:	qʰə³³ze⁵⁵tɕ³³ra²⁴
3sg:	qʰə³³za⁵⁵tɕ³³ra²⁴	3dl:	qʰə³³za⁵⁵tɕ³³ra²⁴	3pl:	qʰə³³za⁵⁵tɕ³³ra²⁴

动词词根为 qʰə³³za⁵⁵tɕ³³ "小心"，且动作情状为未完成					
1sg:	qʰə³³za⁵⁵tɕ³³po⁵⁵ni²⁴	1dl:	qʰə³³za⁵⁵tɕ³³χi⁵⁵ni²⁴	1pl:	qʰə³³za⁵⁵tɕ³³χi⁵⁵ni²⁴
2sg:	qʰə³³za⁵⁵tæ³³	2dl:	qʰə³³ze⁵⁵te³³	2pl:	qʰə³³za⁵⁵tɕ³³χi⁵⁵ni²⁴
3sg:	qʰə³³za⁵⁵tɕ³³χi⁵⁵ni²⁴	3dl:	qʰə³³za⁵⁵tɕ³³χi⁵⁵ni²⁴	3pl:	qʰə³³za⁵⁵tɕ³³χi⁵⁵ni²⁴

动词词根为(kʰə⁵⁵) gø⁵⁵ "喜欢"，且动作情状为完成					
1sg:	gø⁵⁵ra²⁴	1dl:	ge⁵⁵ra²⁴	1pl:	gæ⁵⁵se⁵⁵ni²⁴
2sg:	gæ⁵⁵ra²⁴	2dl:	gæ⁵⁵ra²⁴	2pl:	ge⁵⁵ra²⁴
3sg:	gæ⁵⁵ra²⁴	3dl:	gæ⁵⁵ra²⁴	3pl:	gæ⁵⁵ra²⁴

动词词根为(kʰə⁵⁵) gø⁵⁵ "喜欢"，且动作情状为未完成					
1sg:	gø⁵⁵ni²⁴	1dl:	gæ⁵⁵pe⁵⁵ni²⁴	1pl:	gæ⁵⁵pe⁵⁵ni²⁴
2sg:	gæ⁵⁵ni²⁴	2dl:	gæ⁵⁵pe⁵⁵ni²⁴	2pl:	gæ⁵⁵pe⁵⁵ni²⁴
3sg:	gæ⁵⁵ni²⁴	3dl:	gæ⁵⁵pi⁵⁵ni²⁴	3pl:	gæ⁵⁵pi⁵⁵ni²⁴

动词词根为 χo³³ni⁵³ "要"，且动作情状为完成					
1sg:	χo⁵⁵ni²⁴	1dl:	χe⁵⁵ni²⁴	1pl:	χe⁵⁵ni²⁴
2sg:	χæ⁵⁵ni²⁴	2dl:	χe⁵⁵ni²⁴	2pl:	χe⁵⁵ni²⁴
3sg:	χi⁵⁵ni²⁴	3dl:	χi⁵⁵ni²⁴	3pl:	χi⁵⁵ni²⁴

动词词根为 χo³³ti⁵³ "要"，且动作情状为未完成					
1sg:	χo⁵⁵ŋɐ²⁴	1dl:	χe⁵⁵ni²⁴	1pl:	χe⁵⁵ni²⁴
2sg:	χæ⁵⁵ni²⁴	2dl:	χe⁵⁵ni²⁴	2pl:	χe⁵⁵ni²⁴
3sg:	χi⁵⁵ni²⁴	3dl:	χi⁵⁵ni²⁴	3pl:	χi⁵⁵ni²⁴

附录三 动词词根元音交替现象

动词词根为 ndzɐ⁵⁵ "有"，且动作情状为完成					
1sg:	ndzɐ⁵⁵ni²⁴	1dl:	ndze⁵⁵ni²⁴	1pl:	ndze⁵⁵ni²⁴
2sg:	ndzæ⁵⁵ni²⁴	2dl:	ndze⁵⁵ni²⁴	2pl:	ndze⁵⁵ni²⁴
3sg:	ndzy⁵⁵ni²⁴	3dl:	ndzy⁵⁵ni²⁴	3pl:	ndze⁵⁵ni²⁴
动词词根为 ndzɐ⁵⁵ "有"，且动作情状为未完成					
1sg:	ndzɐ⁵⁵ni²⁴	1dl:	ndze⁵⁵ni²⁴	1pl:	ndze⁵⁵ni²⁴
2sg:	ndzæ⁵⁵ni²⁴	2dl:	ndze⁵⁵ni²⁴	2pl:	ndze⁵⁵ni²⁴
3sg:	ndzy⁵⁵ni²⁴	3dl:	ndzy⁵⁵ni²⁴	3pl:	ndze⁵⁵ni²⁴

（二）三身代词作宾语时词根元音或体标记元音交替变化情况

该部分所列举凡例同时考察了由三身代词作主语和宾语时动词词根元音的交替变化类型。其中黑体底纹部分是作宾语的人称代词。

动词词根为 ni⁵⁵tʰæ³³ "踩"，且动作情状为完成					
1sg + **2SG**	ni⁵⁵tʰæ³³	1dl + **2DL**	ni⁵⁵tʰæ³³	1pl + **2PL**	ni⁵⁵tʰæ³³
1sg + **3SG**	ni⁵⁵tʰæ³³	1dl + **3DL**	ni⁵⁵tʰæ³³	1pl + **3PL**	ni⁵⁵tʰæ³³
2sg + **1SG**	ni⁵⁵tʰø³³	2dl + **1DL**	ni⁵⁵tʰø³³	2pl + **1PL**	ni⁵⁵tʰø³³
2sg + **3SG**	ni⁵⁵tʰæ³³	2dl + **3DL**	ni⁵⁵tʰæ³³	2pl + **3PL**	ni⁵⁵tʰæ³³
3sg + **1SG**	ni⁵⁵tʰø³³	3dl + **1DL**	ni⁵⁵tʰæ³³	3pl + **1PL**	ni⁵⁵tʰø³³
3sg + **2SG**	ni⁵⁵tʰæ³³	3dl + **2DL**	ni⁵⁵tʰæ³³	3pl + **2PL**	ni⁵⁵tʰæ³³
动词词根为 ni⁵⁵tʰæ³³ "踩"，且动作情状为未完成					
1sg + **2SG**	ni⁵⁵tʰæ³³	1dl + **2DL**	ni⁵⁵tʰæ³³	1pl + **2PL**	ni⁵⁵tʰæ³³
1sg + **3SG**	ni⁵⁵tʰæ³³	1dl + **3DL**	ni⁵⁵tʰæ³³	1pl + **3PL**	ni⁵⁵tʰæ³³
2sg + **1SG**	ni⁵⁵tʰæ³³	2dl + **1DL**	ni⁵⁵tʰæ³³	2pl + **1PL**	ni⁵⁵tʰæ³³
2sg + **3SG**	ni⁵⁵tʰæ³³	2dl + **3DL**	ni⁵⁵tʰæ³³	2pl + **3PL**	ni⁵⁵tʰæ³³
3sg + **1SG**	ni⁵⁵tʰæ³³	3dl + **1DL**	ni⁵⁵tʰæ³³	3pl + **1PL**	ni⁵⁵tʰæ³³
3sg + **2SG**	ni⁵⁵tʰæ³³	3dl + **2DL**	ni⁵⁵tʰæ³³	3pl + **2PL**	ni⁵⁵tʰæ³³

\multicolumn{8}{c}{动词词根为 kʰə³³sø⁵⁵næ⁵³ "嗅"，且动作情状为完成}
1sg + 2SG	kʰə³³sø⁵⁵næ⁵³	1dl + 2DL	kʰə³³sø⁵⁵næ⁵³	1pl + 2PL	kʰə³³sø⁵⁵næ⁵³
1sg + 3SG	kʰə³³sø⁵⁵næ⁵³	1dl + 3DL	kʰə³³sø⁵⁵næ⁵³	1pl + 3PL	kʰə³³sø⁵⁵næ⁵³
2sg + 1SG	kʰə³³sø⁵⁵nø⁵³	2dl + 1DL	kʰə³³sø⁵⁵nø⁵³	2pl + 1PL	kʰə³³sø⁵⁵nø⁵³
2sg + 3SG	kʰə³³sø⁵⁵næ⁵³	2dl + 3DL	kʰə³³sø⁵⁵næ⁵³	2pl + 3PL	kʰə³³sø⁵⁵næ⁵³
3sg + 1SG	kʰə³³sø⁵⁵nø⁵³	3dl + 1DL	kʰə³³sø⁵⁵nø⁵³	3pl + 1PL	kʰə³³sø⁵⁵nø⁵³
3sg + 2SG	kʰə³³sø⁵⁵næ⁵³	3dl + 2DL	kʰə³³sø⁵⁵næ⁵³	3pl + 2PL	kʰə³³sø⁵⁵næ⁵³

\multicolumn{8}{c}{动词词根为 kʰə³³sø⁵⁵næ⁵³ "嗅"，且动作情状为未完成}
1sg + 2SG	kʰə³³sø⁵⁵næ⁵³	1dl + 2DL	kʰə³³sø⁵⁵næ⁵³	1pl + 2PL	kʰə³³sø⁵⁵næ⁵³
1sg + 3SG	kʰə³³sø⁵⁵næ⁵³	1dl + 3DL	kʰə³³sø⁵⁵næ⁵³	1pl + 3PL	kʰə³³sø⁵⁵næ⁵³
2sg + 1SG	kʰə³³sø⁵⁵næ⁵³	2dl + 1DL	kʰə³³sø⁵⁵næ⁵³	2pl + 1PL	kʰə³³sø⁵⁵næ⁵³
2sg + 3SG	kʰə³³sø⁵⁵næ⁵³	2dl + 3DL	kʰə³³sø⁵⁵næ⁵³	2pl + 3PL	kʰə³³sø⁵⁵næ⁵³
3sg + 1SG	kʰə³³sø⁵⁵næ⁵³	3dl + 1DL	kʰə³³sø⁵⁵næ⁵³	3pl + 1PL	kʰə³³sø⁵⁵næ⁵³
3sg + 2SG	kʰə³³sø⁵⁵næ⁵³	3dl + 2DL	kʰə³³sø⁵⁵næ⁵³	3pl + 2PL	kʰə³³sø⁵⁵næ⁵³

\multicolumn{8}{c}{动词词根为 kʰə³³və⁵³ "亲嘴"，且动作情状为完成}
1sg + 2SG	kʰə³³vø⁵³	1dl + 2DL	kʰə³³vø⁵³	1pl + 2PL	kʰə³³vø⁵³
1sg + 3SG	kʰə³³və⁵³	1dl + 3DL	kʰə³³və⁵³	1pl + 3PL	kʰə³³və⁵³
2sg + 1SG	kʰə³³vɐ⁵³	2dl + 1DL	kʰə³³vɐ⁵³	2pl + 1PL	kʰə³³vɐ⁵³
2sg + 3SG	kʰə³³və⁵³	2dl + 3DL	kʰə³³və⁵³	2pl + 3PL	kʰə³³və⁵³
3sg + 1SG	kʰə³³vɐ⁵³	3dl + 1DL	kʰə³³vɐ⁵³	3pl + 1PL	kʰə³³vɐ⁵³
3sg + 2SG	kʰə³³vø⁵³	3dl + 2DL	kʰə³³vø⁵³	3pl + 2PL	kʰə³³vø⁵³

动词词根为 $k^h\mathrm{ə}^{33}\mathrm{və}^{53}$ "亲嘴"，且动作情状为未完成					
1sg + 2SG	$k^h\mathrm{ə}^{33}\mathrm{və}^{53}$	1dl + 2DL	$k^h\mathrm{ə}^{33}\mathrm{və}^{53}$	1pl + 2PL	$k^h\mathrm{ə}^{33}\mathrm{və}^{53}$
1sg + 3SG	$k^h\mathrm{ə}^{33}\mathrm{və}^{53}$	1dl + 3DL	$k^h\mathrm{ə}^{33}\mathrm{və}^{53}$	1pl + 3PL	$k^h\mathrm{ə}^{33}\mathrm{və}^{53}$
2sg + 1SG	$k^h\mathrm{ə}^{33}\mathrm{və}^{53}$	2dl + 1DL	$k^h\mathrm{ə}^{33}\mathrm{və}^{53}$	2pl + 1PL	$k^h\mathrm{ə}^{33}\mathrm{və}^{53}$
2sg + 3SG	$k^h\mathrm{ə}^{33}\mathrm{və}^{53}$	2dl + 3DL	$k^h\mathrm{ə}^{33}\mathrm{və}^{53}$	2pl + 3PL	$k^h\mathrm{ə}^{33}\mathrm{və}^{53}$
3sg + 1SG	$k^h\mathrm{ə}^{33}\mathrm{və}^{53}$	3dl + 1DL	$k^h\mathrm{ə}^{33}\mathrm{və}^{53}$	3pl + 1PL	$k^h\mathrm{ə}^{33}\mathrm{və}^{53}$
3sg + 2SG	$k^h\mathrm{ə}^{33}\mathrm{və}^{53}$	3dl + 2DL	$k^h\mathrm{ə}^{33}\mathrm{və}^{53}$	3pl + 2PL	$k^h\mathrm{ə}^{33}\mathrm{və}^{53}$

附录四 动词词根与趋向前缀的搭配情况

"—"符号表示动词词根无法跟相应的趋向前缀进行搭配。黑色底纹表示动词词根跟趋向前缀组合后发展出了别的比喻义，跟趋向前缀的趋向义无直接关联。

前缀	词根为"踩"	词根为"翘"	词根为"看"
ti^{55}	—	tə^{55}dæ^{53} "往上翘"	tə^{55}jɐ^{53} "往上看"
ni^{55}	ni^{55}tʰæ^{33} "向下踩"	næ^{33}dæ^{53} "往下翘"	nu^{55}jɐ^{53} "往下看"
tʰi^{55}	—	—	tʰu^{55}jɐ^{53} "往左看"
ŋgi^{55}	—	—	ŋgu^{55}jæ^{53} "往右看"
ɣi^{55}	ɣi^{55}tʰæ^{33} "向前踩"	—	ɣu^{55}jæ^{53} "往里看"
ɦi^{55}	ɦi^{55}tʰæ^{33} "向外踩"	ɦæ^{24}dæ^{53} "往外翘"	ɦu^{55}jæ^{33} "往外看"
kʰi^{55}	—	—	—

前缀	词根为"听"	词根为"嗅"	词根为"吸"
ti^{55}	tə^{55}sɐ^{55}ɴɢa̠^{53} "向上听"	tə^{55}sø^{55}næ^{53} "往上嗅"	tu^{55}tɕə^{53} "往上吸"
ni^{55}	na̠^{55}sɐ^{55}ɴɢa̠^{53} "向下听"	nɐ^{33}sø^{55}næ^{53} "往下嗅"	nu^{55}tɕə^{53} "往下吸"
tʰi^{55}	tʰa̠^{55}sɐ^{55}ɴɢa̠^{53} "彼此听"	tʰɐ^{55}sø^{55}næ^{53} "往彼方嗅"	tʰu^{55}tɕə^{53} "往左吸"
ŋgi^{55}	—	—	ŋgu^{55}tɕə^{53} "往右吸"
ɣi^{55}	ɣə^{55}sɐ^{55}ɴɢa̠^{53} "向里听"		ɣu^{55}tɕə^{53} "往里吸"
ɦi^{55}	ɦa^{55}sɐ^{55}ɴɢa̠^{53} "向外听"		
kʰi^{55}	—	kʰə^{33}sø^{55}næ^{53} "嗅"	kʰu^{55}tɕə^{53} "往外吸"

附录四 动词词根与趋向前缀的搭配情况

前缀	词根为"舔"	词根为"摸"	词根为"伸"
ti⁵⁵	tĩ⁵⁵tɕæ³³læ³³ "向上舔"	tə⁵⁵ɕu⁵⁵ɕi⁵³ "往上摸"	ti³³ki⁵³ "往上伸"
ni⁵⁵	nĩ⁵⁵tɕæ³³læ³³ "向下舔"	nə⁵⁵ɕu⁵⁵ɕi⁵³ "往下摸"	ni³³ki⁵³ "往下伸"
tʰi⁵⁵	tʰĩ⁵⁵tɕæ³³læ³³ "向左舔"	tʰə⁵⁵ɕu⁵⁵ɕi⁵³ "往左摸"	tʰi³³ki⁵³ "往左伸"
ŋgi⁵⁵	ŋgĩ⁵⁵tɕæ³³læ³³ "向右舔"	ŋgə⁵⁵ɕu⁵⁵ɕi⁵³ "往右摸"	ŋgi³³ki⁵³ "往右伸"
ɣi⁵⁵	ɣĩ⁵⁵tɕæ³³læ³³ "向里舔"	ɣə⁵⁵ɕu⁵⁵ɕi⁵³ "向里摸"	ɣi⁵⁵ki⁵³ "往里伸"
ɦi⁵⁵	ɦĩ⁵⁵tɕæ³³læ³³ "向外舔"	—	—
kʰi⁵⁵	—	kʰə³³sø⁵⁵næ⁵³ "摸"	—

前缀	词根为"挠"	词根为"拧"	词根为"剥"
ti⁵⁵	tə³³tʂʰi⁵³na⁵³ "向上挠"	tɑ⁵⁵sɿ³³ "往上拧"	ti³³mɐ³³ "往上翻/划"
ni⁵⁵	nə³³tʂʰi⁵³na⁵³ "向下挠"	nɑ⁵⁵sɿ³³ "往下拧"	ni³³mɐ³³ "往下翻/划"
tʰi⁵⁵	tʰɑ³³tʂʰi⁵³na⁵³ "向左挠"		
ŋgi⁵⁵	ŋgĩ⁵⁵tɕæ³³læ³³ "向右挠"		
ɣi⁵⁵	ɣə³³tʂʰi⁵³na⁵³ "向里挠"	ɣɑ⁵⁵sɿ³³ "缠住"	ɣi³³mɐ³³ "剥"
ɦi⁵⁵	ɦə³³tʂʰi⁵³na⁵³ "向外挠"		
kʰi⁵⁵	kʰə³³tʂʰi⁵³na⁵³ "向外挠"	qʰɑ³³sɿ³³ "拧"	

前缀	词根为"倚"	词根为"跳"	词根为"弯~腰"
ti⁵⁵	tə³³gɐ⁵³ "向上倚靠"	ti³³tsʰi⁵³ "往上跳"	—
ni⁵⁵	nə³³gɐ⁵³ "向下倚靠"	ni³³tsʰi⁵³ "往下跳"	nɐ⁵⁵ŋgu⁵⁵ŋgu⁵⁵ "往下弯"
tʰi⁵⁵	tʰə³³gɐ⁵³ "向左倚靠"	tʰi³³tsʰi⁵³ "往左跳"	tʰɐ⁵⁵ŋgu⁵⁵ŋgu⁵⁵ "往左弯"
ŋgi⁵⁵	ŋgɐ³³gɐ⁵³ "向右倚靠"	ŋgi³³tsʰi⁵³ "往右跳"	ŋgɐ⁵⁵ŋgu⁵⁵ŋgu⁵⁵ "往右弯"
ɣi⁵⁵	ɣə³³gɐ⁵³ "向里倚靠"	ɣi³³tsʰi⁵³ "向里跳"	ɣə²⁴ŋgu⁵⁵ŋgu⁵⁵ "往里弯"
ɦi⁵⁵	ɦæ³³gæ⁵³ "向外倚靠"	ɦi³³tsʰi⁵³ "向外跳"	ɦæ²⁴ŋgu⁵⁵ŋgu⁵⁵ "往外弯"
kʰi⁵⁵	kʰə³³gɐ⁵³ "倚靠"	—	—

前缀	词根为"挺~胸"	词根为"爬"	词根为"跑"
ti⁵⁵	tə̱⁵⁵qa³³læ³³læ³³ "向上挺"	tə³³ɴɢə⁵⁵ɕy⁵⁵ɕy⁵⁵ "往上爬"	tɐ⁵⁵dzu³³ "往下跑"
ni⁵⁵	—	nə³³ɴɢə⁵⁵ɕy⁵⁵ɕy⁵⁵ "往下爬"	nɐ⁵⁵dzu³³ "往下跑"
tʰi⁵⁵	tʰa̱⁵⁵qa³³læ³³læ³³ "向左挺"	tʰa̱³³ɴɢə⁵⁵ɕy⁵⁵ɕy⁵⁵ "往左爬"	tʰɐ⁵⁵dzu³³ "往左跑"
ŋgi⁵⁵	ŋgə̱³³qa³³læ³³læ³³ "向右挺"	—	ŋgɐ⁵⁵dzu³³ "往右跑"
ɣi⁵⁵	—	ɣə̱³³ɴɢə⁵⁵ɕy⁵⁵ɕy⁵⁵ "向里爬"	ɣə²⁴dzu³³ "往里跑"
ɦi⁵⁵	—	ɦa̱³³ɴɢə⁵⁵ɕy⁵⁵ɕy⁵⁵ "向外爬"	ɦæ²⁴dzu³³ "往外跑"
kʰi⁵⁵	qʰə̱⁵⁵qa³³læ³³læ³³ "来回挺"	—	—

前缀	词根为"追"	词根为"背"	词根为"推"
ti⁵⁵	to³³tɕo⁵⁵tɕɐ⁵³ "向上追"	tu³³ku⁵⁵ "往上背"	ti⁵⁵ndy³³ "往下推"
ni⁵⁵	no³³tɕo⁵⁵tɕɐ⁵³ "向下追"	nu³³ku⁵⁵ "往下背"	ni⁵⁵ndy³³ "往下推"
tʰi⁵⁵	tʰo³³tɕo⁵⁵tɕɐ⁵³ "向左追"	tʰu³³ku⁵⁵ "往左背"	tʰi⁵⁵ndy³³ "往左推"
ŋgi⁵⁵	—	ŋgu³³ku⁵⁵ "往左背"	ŋgi⁵⁵ndy³³ "往右推"
ɣi⁵⁵	ɣo³³tɕo⁵⁵tɕɐ⁵³ "向里追"	ɣu³³ku⁵⁵ "向里背"	ɣi⁵⁵ndy³³ "往里推"
ɦi⁵⁵	ɦo³³tɕo⁵⁵tɕɐ⁵³ "向外追"	ɦu³³ku⁵⁵ "向外背"	ɦi⁵⁵ndy³³ "往外推"
kʰi⁵⁵	kʰo³³tɕo⁵⁵tɕɐ⁵³ "催促"	—	—

前缀	词根为"撞"	词根为"挡"	词根为"放"
ti⁵⁵	tɕɐ⁵⁵dzɐ³³ "向上撞"	ti⁵⁵li³³ "往上挡"	to³³lə⁵³ "往上放（气球）"
ni⁵⁵	nɐ⁵⁵dzɐ³³ "向下撞"	ni⁵⁵li³³ "往下挡"	no³³lə⁵³ "往下放（寄东西）"
tʰi⁵⁵	tʰɐ⁵⁵dzɐ³³ "向左撞"	tʰi⁵⁵li³³ "往左挡"	tʰo³³lə⁵³ "往左放"
ŋgi⁵⁵	ɴɢɐ⁵⁵dzɐ³³ "向右撞"	ŋgi⁵⁵li³³ "往右挡"	—
ɣi⁵⁵	ʁɐ⁵⁵dzɐ³³ "向里撞"	ɣi⁵⁵li³³ "向里挡"	ɣo³³lə⁵³ "往里放"
ɦi⁵⁵	jɐ⁵⁵dzɐ³³ "向外撞"	ɦi⁵⁵li³³ "向外挡"	ɦo³³lə⁵³ "往外推"
kʰi⁵⁵	—	—	kʰo³³lə⁵³ "开（车）"

前缀	词根为"摞"	词根为"捅"	词根为"戳"
ti⁵⁵	tə⁵⁵zi⁵⁵zɐ⁵³ "向上摞"	ti⁵⁵tsʰu³³ "往上捅"	tɕɐ²⁴χø⁵⁵ "敲打（瓶子）"
ni⁵⁵	nɐ⁵⁵zi⁵⁵zɐ⁵³ "向下摞"	ni⁵⁵tsʰu³³ "往下捅"	nɐ²⁴χø⁵⁵ "往下戳"
tʰi⁵⁵	tʰɐ⁵⁵zi⁵⁵zɐ⁵³ "向左摞"	tʰi⁵⁵tsʰu³³ "往左捅"	tʰɐ²⁴χø⁵⁵ "往左戳"
ŋgi⁵⁵	—	ŋgi⁵⁵tsʰu³³ "往右捅"	ɴɢɐ²⁴χø⁵⁵ "往右戳"
ɣi⁵⁵	ɣə⁵⁵zi⁵⁵zɐ⁵³ "向里摞"	ɣi⁵⁵tsʰu³³ "向里捅"	ʁɐ²⁴χø⁵⁵ "往里戳"
ɦi⁵⁵	ɦæ⁵⁵zi⁵⁵zɐ⁵³ "向外摞"	ɦi⁵⁵tsʰu³³ "向外捅"	jɐ²⁴χø⁵⁵ "往外戳"
kʰi⁵⁵	kʰə⁵⁵zi⁵⁵zɐ⁵³ "向上摞"	kʰi⁵⁵tsʰu³³ "刺骨"	—

前缀	词根为"砍"	词根为"剁"	词根为"削"
ti⁵⁵	ti⁵⁵tsæ⁵³ "向上砍"	ti⁵⁵tsʰu³³ "往上剁"	ti⁵⁵mɐ³³ "往上削"
ni⁵⁵	ni⁵⁵tsæ⁵³ "向下砍"	ni⁵⁵tsʰu³³ "往下剁"	ni⁵⁵mɐ³³ "往下削"
tʰi⁵⁵	tʰi⁵⁵tsæ⁵³ "向左砍"	tʰi⁵⁵tsʰu³³ "往左剁"	tʰi⁵⁵mɐ³³ "往左削"
ŋgi⁵⁵	ŋgi⁵⁵tsæ⁵³ "向右砍"	ŋgi⁵⁵tsʰu³³ "往右剁"	ŋgi⁵⁵mɐ³³ "往右削"
ɣi⁵⁵	ɣi⁵⁵tsæ⁵³ "向里砍"	ɣi⁵⁵tsʰu³³ "向里剁"	—
ɦi⁵⁵	ɦi⁵⁵tsæ⁵³ "向外砍"	ɦi⁵⁵tsʰu³³ "向外剁"	ɦi⁵⁵mɐ³³ "往外削"
kʰi⁵⁵	kʰi⁵⁵tsæ⁵³ "砍"	kʰi⁵⁵tsʰu³³ "剁"	—

附录四 动词词根与趋向前缀的搭配情况

前缀	词根为"裂"	词根为"倒"	词根为"扔"
ti⁵⁵	tə⁵⁵ʂi³³ "向上裂"	—	tə⁵⁵tæ⁵⁵næ³³tæ⁵⁵ "上下扔"
ni⁵⁵	nə⁵⁵ʂi³³ "向下裂"	ni³³ndzɿ⁵³ "往下倒"	—
tʰi⁵⁵	tʰə⁵⁵ʂi³³ "向左裂"	tʰi³³ndzɿ⁵³ "往左倒"	tʰæ⁵⁵tæ⁵⁵ŋæ³³tæ⁵⁵ "扔"
ŋgi⁵⁵	ŋgə⁵⁵ʂi³³ "向右裂"	ŋgi³³ndzɿ⁵³ "轮流倒"	—
ɣi⁵⁵	ɣə⁵⁵ʂi³³ "向里裂"	ɣi³³ndzɿ⁵³ "向里倒"	ɣə⁵⁵tæ⁵⁵ɦæ³³tæ⁵⁵ "内外扔"
ɦi⁵⁵	ɦæ⁵⁵ʂi³³ "向外裂"	ɦi³³ndzɿ⁵³ "向外倒"	—
kʰi⁵⁵	—	kʰi⁵⁵ndzɿ⁵³ "洒（水）"	—

前缀	词根为"掉"	词根为"提"	词根为"撑"
ti⁵⁵	tə³³zi⁵⁵ "掉出"	tə⁵⁵tɕʰə³³ "往上提"	ti⁵⁵tɕə⁵⁵ "往上削"
ni⁵⁵	nɐ³³zi⁵⁵ "掉下"	nɐ⁵⁵tɕʰə³³ "往下提"	nɐ⁵⁵tɕə⁵⁵ "往上撑"
tʰi⁵⁵	tʰɐ³³zi⁵⁵ "紧靠"	tʰɐ⁵⁵tɕʰə³³ "往左提"	—
ŋgi⁵⁵	ŋgə³³zi⁵⁵ "依靠"	ŋgɐ⁵⁵tɕʰə³³ "往右提"	—
ɣi⁵⁵	ɣə³³zi⁵⁵ "向里掉"	ɣə⁵⁵tɕʰə³³ "向里提"	ɣə³³tɕə⁵⁵ "放过去"
ɦi⁵⁵	ɦæ³³zi⁵⁵ "向外掉"	ɦæ⁵⁵tɕʰə³³ "向外提"	ɦæ⁵⁵tɕə⁵⁵ "放过去"
kʰi⁵⁵	kʰə³³zi⁵⁵ "射中（中剑）"	—	kʰə⁵⁵tɕə³³ "按上去"

前缀	词根为"挑"	词根为"捞/拿"	词根为"挪"
ti⁵⁵	ti⁵⁵si³³ "向上挑（好的）"	tə³³tø⁵⁵ "往上拿"	ti⁵⁵ndy³³ "往上挪"
ni⁵⁵	ni⁵⁵si³³ "向下挑（差的）"	na³³tø⁵⁵ "往下拿"	ti⁵⁵ndy³³ "往下挪"
tʰi⁵⁵	—	tʰa³³tø⁵⁵ "往左拿"	tʰi⁵⁵ndy³³ "往左挪"
ŋgi⁵⁵	ŋgi⁵⁵si³³ "左挑挑"	ɴGə³³tø⁵⁵ "往右拿"	ŋgi⁵⁵ndy³³ "往右挪"
ɣi⁵⁵	ɣi⁵⁵si³³ "挑选"	ʁə³³tø⁵⁵ "从里拿"	ɣi⁵⁵ndy³³ "往里挪"
ɦi⁵⁵	ɦi⁵⁵si³³ "向外挑"	ɦa³³tø⁵⁵ "从外拿"	ɦi⁵⁵ndy³³ "往外挪"
kʰi⁵⁵	kʰi⁵⁵si³³ "（无目的）挑选"	—	—

前缀	词根为"转"	词根为"捶"
ti⁵⁵	tə³³rə⁵⁵ɣə²⁴lə³³ "转圈"	tə⁵⁵dy³³ "往上捶"
ni⁵⁵	næ³³rə⁵⁵ɣə²⁴lə³³ "反时针转"	nɐ⁵⁵dy³³ "往下捶"
tʰi⁵⁵	tʰə³³rə⁵⁵ɣə²⁴lə³³ "向左转"	tʰə⁵⁵dy³³ "往左捶"
ŋgi⁵⁵	ŋgæ³³rə⁵⁵ɣə²⁴lə³³ "向右转"	ŋgə⁵⁵dy³³ "往右捶"
ɣi⁵⁵	ɣə³³rə⁵⁵ɣə²⁴lə³³ "反复转"	ɣə⁵⁵dy³³ "向里捶"
ɦi⁵⁵	ɦæ³³rə⁵⁵ɣə²⁴lə³³ "转"（很少用）	ɦæ⁵⁵dy³³ "向外捶"
kʰi⁵⁵	kʰæ³³rə⁵⁵ɣə²⁴lə³³ "四处转"	—

参考文献

一 书籍

才让太、顿珠拉杰:《苯教史纲要》,中国藏学出版社2012年版。
池田巧:《西夏语与木雅语的存在动词》,《中国多文字时代的历史文献研究》,社会科学文献出版社2010年版。
戴庆厦:《景颇语的韵律与语法结构演变》,《汉语韵律语法新探》,中西书局2015年版。
邓少琴:《邓少琴西南民族史地论集》,巴蜀书社2001年版。
格勒:《论藏族文化的起源、形成与周围民族的关系》,中山大学出版社1988年版。
格桑居冕、格桑央京:《藏语方言研究》,民族出版社2002年版。
黄布凡:《川西藏区的语言》,中国藏学出版社2009年版。
黄布凡、戴庆厦等:《藏缅语族语言词汇》,中央民族学院出版社1992年版。
黄成龙:《蒲溪羌语研究》,民族出版社2007年版。
黄成龙:《致使结构调查研究框架》,载《中国民族语言学报》第3辑,商务印书馆2021年版。
黄阳、泽仁卓玛:《木雅语的致使结构》,载《中国民族语言学报》第3辑,商务印书馆2021年版。
康定民族师专:《甘孜藏族自治州民族志》,当代中国出版社1994年版。
康定县志编纂委员会:《康定县志》,四川辞书出版社1995年版。
康定市地方志编纂委员会编:《康定年鉴2017》,线装书局2017年版。
孔江平等:《藏语方言调查表》,商务印书馆2011年版。
李范文:《西夏移民调查记》,载《西夏研究论集》,宁夏人民出版社1983年版。
李星星、袁晓文、刘俊波:《川西南藏族图录集》,民族出版社2017年版。
凌立:《康巴藏族民族文化》,四川人民出版社2012年版。
林英津:《木雅语资料:狮子和兔子的故事》,载《首届西夏学国际学术研讨会论文集》，宁夏人民出版社1998年版。
刘辉强：《木雅语言研究》，载《雅砻江流域民族考察报告》，民族出版社2008年版。
刘鸿勇、巫达：《论凉山彝语的"名+（数）+量+su^{33}"结构》，载《汉藏语系量词研究》，中央民族大学出版社2005年版。
森格桑波：《木雅五学者传（藏文本）》，四川民族出版社1986年版。
孙宏开：《八江流域的藏缅语》，中国社会科学出版社2013年版。
孙宏开、胡增益、黄行：《中国的语言》，商务印书馆2007年版。
孙天心：《藏缅语的调查》，载《语言学论丛》第36辑，商务印书馆2007年版。
王静如：《西夏研究》第1辑，中研院历史语言研究所1932年版。
吴天墀：《西夏史稿》，商务印书馆2017年版。
杨时逢：《四川方言调查报告》，中研院历史语言研究所1984年版。
尹蔚彬：《木雅语空间关系的表述》，载《中国社科院民族学与人类学研究所青年学术论坛文集》，社会科学文献出版社2011年版。

二 期刊

池田巧：《木雅语语音结构的几个问题》，《内陸アジア言語の研究》1998年第13期。
达瓦卓玛：《木雅藏族服饰的特点研究》，《青藏高原论坛》2017年第2期。
代刚：《康定"木雅"藏族部落历史初探》，《康定民族师专学报》1993年第1期。
戴庆厦：《我国藏缅语族松紧元音来源初探》，《民族语文》1979年第1期。
范俊军：《语言活力与语言濒危的评估——联合国教科文组织文件"语言活力与语言濒危"述评》，《现代外语》2006年第2期。
费孝通：《关于我国民族的识别问题》，《中国社会科学》1980年第1期。
冯胜利：《汉语的自然音步》，《中国语文》1998年第1期。
高扬、饶敏：《木雅语动词的人称后缀》，《民族语文》2016年第5期。
高扬、饶敏：《木雅语的趋向前缀》，《中央民族大学学报》2017年第6期。
黄布凡：《木雅语概况》，《民族语文》1985年第3期。
黄雪贞：《西南官话的分区》，《方言》1986年第4期。
黄阳：《扎坝语的名物化和关系化》，《民族语文》2020年第4期。
李国太、李锦萍：《木雅藏族研究百年的回顾与前瞻》，《四川民族学院学报》2015年第2期。
李锦芳：《中国濒危语言认定及保护研究工作规范》，《广西大学学报》（哲学社会科学版）2015年第2期。
林俊华：《扎坝"走婚部落"的历史与文化》，《四川民族学院学报》2006年第4期。
林英津：《关于木雅语和西夏语的词汇比较》，《宁夏大学学报》1996年第4期。
卢梅、聂鸿音：《藏文史籍中的木雅诸王考》，《民族研究》1996年第5期。
冉琳闻：《四川省石棉县木雅藏族嫁娶习俗调查》，《康定民族师范高等专业学校学报》2007年第3期。
上官剑壁：《四川的木雅人与西夏》，《宁夏社会科学》1994年第3期。
孙宏开：《羌语动词的趋向范畴》，《民族语文》1981年第1期。
孙宏开：《六江流域的民族语言及其系属分类》，《民族学报》1983年第3期。
孙宏开：《从词汇比较看西夏语与藏缅语族羌语支的关系》，《民族语文》1991年第2期。
孙宏开：《西夏与羌——兼论西夏语在羌语支中的历史地位》，《阿坝师范学院学报》2016年第2期。
孙天心：《草登嘉戎语的关系句》，《语言暨语言学》2006年第4期。
涂薇、李天社：《扎坝：遗失在雅砻江深谷中的走婚部落》，《中国西部》2003年第6期。
西田龙雄：《西夏语研究的发展历程（鲁忠慧译）》，《西夏研究》2011年第3期。

三　学位论文

何钰馨：《川西木雅藏区九龙县汤古乡语言生态研究》，硕士学位论文，西南交通大学，2017年。
蒲娜：《康定木雅藏族语言使用状况调查研究》，硕士学位论文，西南交通大学，2016年。
尹蔚彬：《木雅语东部方言研究》，博士后出站论文，上海师范大学，2013年。

四　英文参考文献

Aikhenvald, Alexandra Y. 2004. *Evidentiality*. Oxford: Oxford University Press.
Aikhenvald, Alexandra Y. 2010. *Imperatives and Commands*. Oxford: Oxford University Press.
Aikhenvald, Alexandra Y. 2014. The grammar of knowledge: A cross-linguistic view of evidentials and the expression of information source. In Alexandra

Y. & R. M. W. Dixon (eds.), *The Grammar of Knowledge: A Cross-Linguistic Typology*, 1-51. Oxford: Oxford University Press.

Aikhenvald, Alexandra Y. 2015. *The Art of Grammar: A Practical Guide*. Oxford: Oxford University Press.

Ansaldo, Umberto. 1999. *Comparative constructions in Sinitic: Areal typology and patterns of grammaticalization*. PhD thesis in partial fulfillment of requirements for the degree of Doctor of Philosophy, Department of Linguistics, Stockholm University. Sweden: Stockholm University.

Bai, Junwei. 2019a. Numeral classifiers in Munya, a Tibetan-Burman language. In Alexandra Aikhenvald & Elena I. Mihas (eds.), *Genders and Classifiers: A Cross-Linguistic Typology*, 282-298. Oxford: Oxford University Press.

Bai, Junwei. 2019b. *A Grammar of Munya*. A PhD thesis submitted to College of Arts, Society and Education, James Cook University, Australia.

Berlin, B & P. Kay. 1969. *Basic Color Terms*. Berkeley: University of California Press.

Bisang, Walter. 1999. Classifiers in East and Southeast Asian languages: Counting and beyond. In Jadranka Gvozdanovic (ed.), *Numeral Types and Changes Worldwide*, 113-186. Berlin & New York: Mouton de Gruyter.

Bradley, David. 2007. East and Southeast Asia. In Christopher Moseley (ed.), *Encyclopedia of the World's Endangered Languages*, 349-424. London & New York: Routledge.

Brinton, Laurel J. 1995. Pragmatic markers in a diachronic perspective. In J. Ahlers et al. (eds.), *Proceedings of the Twenty-First Annual Meeting of Berkeley Linguistic Society*, 377-388. Berkeley: Berkeley Linguistic Society.

Brinton, Laurel J. 2017. *The Evolution of Pragmatic Markers in English: Pathways of Change*. Cambridge: Cambridge University Press.

Chafe, Wallace. 1995. The realis-irrealis distinction in Caddo, the Northern Iroquoian language, and English. In Joan Bybee & Suzanne Fleischman (eds.), *Modality in Grammar and Discourse*, 349-366. Amsterdam: John Benjamins Publishing Company.

Chiu, Chenghao & Jackson T.-S. Sun. 2020. On pharyngealized vowels in Northern Horpa: An acoustic and altrasound study. *The Journal of Acoustical Society of America* 147.4: 2928-2946.

Comrie, Bernard. 1974. Causatives and universal grammar. *Transactions of the*

Philological Society 73.1: 1-32.

Comrie, Bernard. 1976. *Aspect*. Cambridge: Cambridge University Press.

Comrie, Bernard & Edward L. Keenan. 1979. Noun phrase accessibility revisited. *Language* 55.1: 649-664.

DeLancey, Scott. 2018. Evidentiality in Tibetic. In Alexandra Y. Aikhenvald (ed.), *The Oxford Handbook of Evidentiality*, 580-594, Oxford: Oxford University Press.

Dixon, R. M. W. 1979. Ergativity. *Language* 55.1: 59-138.

Dixon, R. M. W. 1982. *Where Have All the Adjective Gone? and Other Essays in Semantics and Syntax*. Berlin & New York: Mouton de Gruyter.

Dixon, R. M. W. 2012. *Basic Linguistic Theory, Vol. 3: Further Grammatical Topics*. Oxford: Oxford University Press.

Enfield, N. J. 2008. Verbs and multi-verb constructions in Lao. In Anthony Diller, Jerold Edmonson and Yongxian Luo (eds.), *The Tai-Kadai Languages*, 83-183. London & New York: Routledge.

Evans, Nicholas. 2006. View with a view: Toward a typology of multiple perspective constructions. *Proceedings of the Annual Meeting of the Berkeley Linguistic Society* 31.1: 93-120.

Fillmore, C. J. 1968. The case for case. In E. Bach & R. T. Harms (eds.), *Universals in Linguistic Theory*, 1-88. New York: Holt, Rinehart, and Winston.

Gasde, Horst-Dieter. 1999. *Are there "Topic-prominence" and "Subject-prominence" along the lines of Li & Thompson (1976)*. Konstanz: 21st Conference of German Linguistic Society.

Genetti, Carol & Kristine Hildebrandt. 2004. The two adjective classes in Manage. In R. M. W. Dixon & Alexandra Y. Aikhenvald (eds.), *Adjective Classes: A Cross-Linguistic Typology*, 74-96. Oxford: Oxford University Press.

Haspelmath, Martin. 1997. *Indefinite Pronouns*. Oxford: Oxford University Press.

Huang, Yang. 2022. Classifiers in nDrapa: A Tibeto-Burman language in Western Sichuan. *Asian Languages and Linguistics* 3.2: 202-238.

Hyman, Larry. 2001. Tone systems. In Haspelmath & König et al. (eds.), *Language Typology and Language Universals: An International Handbook, Vol. 2*, 1367-1380. Berlin & New York: Walter de Gruyter.

Ikeda, Takumi. 1999. Mu-nya, a descendant of the Tongut language? Its social environment and the future [Ikiteita Seikago? Mu-nyago no saihakken to sonbou]. *Kotoba to Shakai*.

Ikeda, Takumi. 2002. On pitch accent in the Mu-nya language. *Linguistics of the Tibeto-Burman Area* 25.2: 27-45.

Ikeda, Takumi. 2006. Exploring the Mu-nya people and their language. *ZINBUN* 39: 19-147.

Ikeda, Takumi. 2007. 200 example sentences in the Mu-nya language. *ZINBUN* 40: 71-140.

Jiang, Li. 2015. *A Grammar of Guiqiong*. Leiden & Boston: Brill.

Krifka, Manfred. 2008. Basic notions of information structure. *Acta Linguistica Hungarica* 55: 243-276.

Ladefoged, Peter & Ian Maddieson. 1996. *The Sounds of the World's Languages*. London: Blackwell Publishers.

Lakoff, George & Mark Johnsen. 2003. *Metaphors We Live By*. London: The University of Chicago Press.

Lambrecht, Knud. 1994. *Information Structure and Sentence Form: Topic, Focus, and the Mental Representation of Discourse Referents*. Cambridge: Cambridge University Press.

LaPolla, Randy. 2004. On nominal relational morphology in Tibeto-Burman. In Ying-chin Lin, Fang-min Hsu, Chun-chih Lee, Jackson T.-S. Sun, Hsiu-fang Yang & Dah-an Ho (eds.), *Studies on Sino-Tibetan Languages: Papers in Hornor of Professor Hwang-cherng Gong on His Seventieth Birthday*, 43-73. Taipei: Academia Sinica.

Luo, Tianhua. 2013. *Interrogative strategies: An areal typology of the languages of China*. Dissertation zur Erlangung des akademischen Grades eines Doktors der Philosophie, University of Konstanz.

Matisoff, James A. 1972. Lahu nominalization, relativization, and genitivization. In J. Kimball (ed.), *Syntax and Semantics* Ⅰ, 237-257. New York: Seminar Press.

Matisoff, James A. 1989. Tone, intonation, and sound symbolism in Lahu: Loading the syllable canon. *Linguistics of the Tibeto-Burman Area* 12.2: 147-163.

Matisoff, James A. 2003. *Handbook of Proto-Tibeto-Burman*. Berkeley &

London: University of California Press.

Palmer, F. R. 2001. *Mood and Modality (2nd edition)*. Cambridge: Cambridge University Press.

Payne, Thomas E. 1997. *Describing Morphosyntax*. Cambridge: Cambridge University Press.

Payne, Thomas E. 2011. *Understanding English Grammar: A Linguistic Introduction*. Cambridge: Cambridge University Press.

San Roque, Lila, Simeon Floyd & Elisabeth Norcliffe. 2018. Egophoricity: An introduction. In Floyd et al. (eds.), *Egophoricity*, 1-78. Amsterdam: John Benjamins Publishing Company.

Sun, Jackson T.-S. 1993. Evidentials in Amdo Tibetan. *Bulletin of the Institute of History and Philology* 63.4: 143-188.

Sun, Jackson T.-S. 1997. The Typology of Tone in Tibetan. *Symposium Series of the Institute of History and Philology Academia Sinica, Number 2*, 485-521. Taipei: Academia Sinica.

Sun, Jackson T.-S. 2018. Evidentials and person. In Alexandra Aikhenvald (ed.), *The Oxford Handbook of Evidentiality*, 47-63. Oxford: Oxford University Press.

Tournadre, Nicholas. 2008. Arguments against the concept of "conjunct/ disjunct" in Tibetan. In B. Huber et al. (eds.), *Chomolangma, Demawend und Kasbek, Festchrift fur Roland Bielmeier*, 281-308. Saale: International Institute for Tibetan and Buddhist Studies.

Tournadre, Nicolas & Sangda Dorje. 2003. *Manual of Standard Tibetan*. New York: Snow Lion Publications.

Tournadre, Nicolas & Randy J. LaPolla. 2014. Towards a new approach to evidentiality: Issues and directions for research. *Linguistics of the Tibeto-Burman Area* 37.2: 240-263.

Van, Valin, JR, & Randy J. LaPolla. 1997. *Syntax: Structure, Meaning and Function*. Cambridge: Cambridge University Press.

Van Way, John R. 2018. *The phonetics and phonology of Nyagrong Minyag, an Endangered Language of Western China*. A dissertation submitted to the UHM graduate division for the degree of doctor of philosophy in linguistics. Mānoa: University of Hawai'i at Mānoa.

Voorhoeve, Jan. 1973. Safwa as a restricted tone language. *Studies in African*

Linguistics 4: 1-22.

Widmer, Manuel & Fernando Zuniga. 2017. Egophoricity, involvement, and semantic roles in Tibeto-Burman languages. *Open Linguistics* 3: 419-441.

Yip, Moira. 2007. Tone. In Paul de Lacy (ed.), *The Cambridge Handbook of Phonology*, 229-252. Cambridge: Cambridge University Press.

后　记

　　马提索夫教授经常鼓励年轻学者在调查语言时最终应该交出含有"三件宝"的成绩单：一册大词典（而非简单词表）、一册参考语法，外加一册详细译注的语料文本，这应是每位藏缅语言调查者的光荣任务（孙天心 2007）。正是怀揣着这样的理想和使命，本书研究任务主要是对当前通行于四川省甘孜州东南部的濒危少数民族语言"沙德木雅语"进行系统调查和描写，记录常用词汇，分析形态句法特征，并对长篇话语材料进行整理和注释。通过与周边某些羌语支语言的比较，进一步考察"沙德木雅语"这一地处羌语支中支的语言跟周围的藏缅语在语言特征上所表现出的共相与殊相，以期为川西藏缅语的未来研究贡献微薄之力，努力完成现阶段对年轻学者学术研究考核的答卷。

　　2016 年 6 月我接到了国家社科基金委的通知，作为年度青年项目负责人对四川康定沙德镇以西的木雅语西部方言进行系统调查，并以现代化的手段摄录语料、系统入库，同时为后期参考语法的撰写作准备。作为青年一代学者，自己当时的确有几分忧虑，担心刚刚从香港城市大学博士毕业的自己是否能按时高质量地完成该项工作。2017 年年初，我带着自己的研究生和研究助理（泽仁卓玛、呷让拉姆）一起前往康定沙德镇跟发音人见面，由此开启了对甘孜州东南部木雅语方言的调查。本项调查一共分为六个阶段：第一阶段在康定新城进行，主要是记录 3000 词，系统整理音系，附带简略记录了调查词表中的一部分民族文化词。第二阶段于 2017 年 9 月在沙德镇生古村发音人的家中进行，主要补录 3000 词的音频文件，同时在发音人的协助下记录 1000 常用短句和部分长篇语料。第三阶段于 2018 年下旬在沙德镇生古村进行，当时我独自一人扛着一些调查设备，拖着箱子住进了生古村藏族老乡家中，系统调查语法结构。第四阶段于 2019—2020 年在西南民族大学进行，一旦没有授课任务我就跟来自生古村的木雅学生朗曲拉姆一起进行长篇语料的转写，核对各种语料，力求细致、精确地标注长篇语料以及对某些审音、音变、形态句法特征进行分析。第五阶段于 2021 年年初进行，由于这三年新冠疫情肆虐，许多田野调查的任务都被搁置。恰逢 2021 年初成都疫情相对缓解，我抓紧时间拖着设备和材料又一次住进了沙德镇生古村，在老乡们的帮助下系统核对语料，整理长篇故事，并且重点对沙德木雅语中极其复杂的元音交替现象进行了全面的调查。第六阶段于 2022 年 7 月进行，此时我已经接到了国家社科基金委对本项目的鉴定报告，根据前期五位盲评专家的修改意见和建议再次跟项目主要发音人取得联系，逐一修改成果书稿中的相关部分。

在为期五年多的调查中，我必须感谢我的主要母语老师朗曲拉姆、泽仁卓玛，以及协助发音人泽汪仁真、杰噶老先生、尼玛、扎西智马的帮助，没有他们的细心指导，本书难以收稿，对某些问题的分析也无法展开。同时也要感谢生古村各位木雅老乡的热情和帮助，他们总是不厌其烦地教我如何准确念好木雅语中的小舌音，告诉我木雅藏族的各种生活习俗，以及木雅人生活中的点点滴滴。由于沙德地处环贡嘎山一带，常年平均气温较低，为了不在松茸或虫草收获季节去影响老乡们的农忙计划，我一般选择冬季进入沙德，而此时恰逢是甘孜州最寒冷的时候。白天我跟老乡们一起盘腿坐在院坝里依靠阳光取暖，同时完成调查任务；晚上老乡们围坐在火炉旁有说有笑，我就静静地听着，每当能听懂一些简单表达的时候，自己就特别兴奋，而我在日常生活中模仿的"川式木雅语"也时常逗得他们哄堂大笑。生在山中，与山为伴，木雅人那种乐观、热情，足以体现他们的好客风俗。

孙宏开先生一直都关心川内本土学者对四川境内藏缅语言研究的最新情况，不管是在项目设计初期还是后期撰写阶段，孙宏开先生始终都扮演了指路人的角色。2016 年初夏，孙先生和刘光坤先生到成都西南交通大学讲学，此时孙先生建议我花时间首先完成四川雅江境内扎坝语的系统调查研究。正是跟先生的这次交谈，才使我下定决心，依托本土学者研究的地理优势，扎根田野，沉浸下来对川西甘孜州东南部的濒危羌语支语言进行系统调查，撰写语言志或参考语法。也正是因为孙先生的指导，使我真正明确了今后的学术方向。在先生广阔的学术视野以及孜孜不倦的严谨治学风格的熏陶下，我们这些学术后生才能够沿着前人的道路继续前进。

同时，我要感谢黄成龙、邱富元、林幼菁、Satoko Shirai、邵明园、管璇、沈瑞清、丁泓棣、卜维美、Agnes Conrad 等师友对此参考语法撰写及相关学术问题的解答提供了建设性的意见。吴福祥、Bernd Heine 等老师对某些古代汉语、历史语言演变的情况提供了指导。每当我遇到相关问题时，就会以邮件形式跟孙天心、Alexandra Aikhenvald 老师取得联系，他们总是不厌其烦地为我提供相关指导，提出我平时撰写文章中的某些问题，并提供参考资料，鼓励我踏踏实实地阅读和思考。书中部分内容在某些国际或国内会议上宣读，曾在线与 Randy LaPolla 和 Ikeda Takumi 老师讨论，在此一并感谢。

我要感谢我的研究助理呷让拉姆，她总是放下自己在甘孜州藏文中学的沉重工作，跟我一起深入调查现场协助调查，并逐条逐条核对书稿词汇部分的藏文内容。同时还要感谢我的学生刘忠莉在书稿语料编排和录入方面提供的协助。陈伟、沈江涛、李勤、刘宇等同学在材料搜集方面给予我很大的帮助，每次课堂上跟学生们的沟通和交流让我从不同学科背景或不同民族语母语者的视角去重新审视沙德木雅语的音系和形态句法问题。

本书是笔者主持的国家社科基金青年项目"木雅语西部方言语法研究"（批准号 16CYY058）的最终成果。中国社会科学出版社责任编辑张林女士和王龙先生为本书的编审付出了辛勤的劳动，作者深表谢忱。本书出版受"西南交通大学研究生教材（专著）经费建设项目专项（SWJTU-ZZ2022-048）"和"西南交通大学人文学院学术著作成果出版专项"资助，亦此申谢。

在这几年的调查过程中，我经历了藏区的塌方、折多山的厚厚积雪、极寒天气下高反的折磨。但跟前辈学者们比起来，这一切都仅仅是九牛一毛。田野调查是一项艰难而又有意义的工作，每当在田野调查中发现某些有趣的语言现象，那种惊喜的感觉是无以言表的。沙德木雅语处于木雅语西部方言使用区域的中心地带，长期以来都备受国内和国外学者关注。随着西夏学研究的蓬勃发展，对全面描写木雅语材料的渴望日益加深，但一直以来都未出现一部全面研究木雅语的汉语专著。木雅语保留了原始藏缅语中极具价值的语言现象，但由于所处的独特地理环境以及内部演变和外部接触程度的加深，使得木雅语不同方言片区存在或多或少的差别。这也需要我们这一代的年轻学者在今后的研究过程中能对讲木雅语的每个村落进行普查，从而对其有一全面把握。

扎根田野，在田野中体会语言的本真状态，这是对语言研究者必备技能的要求。川西藏、羌、彝走廊历来是民族融合和语言多样性的宝库。由于地势的阻隔，这里的民族文化和语言瑰宝得以较好的保留，也为汉藏语研究提供了不可多得的语言活化石佐证。文明在开放中发展，民族在融合中共存。近些年来随着川藏铁路工程的发展，以往沟壑天谴的艰难蜀道如今已经汇入到新时代交通建设的潮流之中，这为沿途少数民族的经济发展提供了契机，但同时也不可避免地会对本土民族文化和民族语言发展的生态环境构成一些挑战。这要求我们一代又一代的语言工作者尽早抢救某些濒危语言，为语言保护贡献微薄力量，而本书的研究工作即是在这样的时代背景下展开的。

由于调查能力和作者研究能力的局限,书中某些地方难免出现错误。我们诚惶诚恐,虚心接受读者和学界同仁的批评、指正和指导(作者信箱 elvishuang@swjtu.edu.cn)。也希望川西某些还未被系统研究的民族语言能进一步受到更多学者,特别是年青一代学者的关注。这些藏缅语,特别是羌语支语言能够真正为汉藏语内部比较做出应有的贡献。

黄 阳
2022 年仲夏 于成都华润二十四城